# *Introdução a*
# SISTEMAS DE INFORMAÇÃO

Preencha a **ficha de cadastro** no final deste livro
e receba gratuitamente informações
sobre os lançamentos e as promoções da
Editora Campus/Elsevier.

Consulte também nosso catálogo
completo e últimos lançamentos em
**www.campus.com.br**

*Efraim* **Turban**

*R. Kelly* **Rainer, Jr.**

*Richard E.* **Potter**

# *Introdução a* SISTEMAS DE INFORMAÇÃO
## *Uma Abordagem Gerencial*

CONSULTORIA EDITORIAL
**Sandra Regina Holanda Mariano, D.Sc.**
*Professora da Universidade Federal Fluminense*
*Professora convidada do IBMEC Business School*

TRADUÇÃO
**Daniel Vieira**
*Presidente da Multinet Informática*
*Programador e tradutor especializado em Informática*

REVISÃO TÉCNICA
**Cláudio Boghi**
*Consultor de Informática em Gestão de Novas Tecnologias*
*Professor Universitário de Graduação e Pós-Graduação*

ELSEVIER

CAMPUS

Do original
*Introduction to Information Systems — 4th edition*
Tradução autorizada do idioma inglês da edição publicada por John Wiley & Sons, Inc.,
Copyright © 2007 by John Wiley & Sons, Inc.

© 2007, Elsevier Editora Ltda.

*Copidesque*
Cláudia Melo Belhassof

*Editoração Eletrônica*
DTPhoenix Editorial

*Revisão Gráfica*
Marco Antonio Correa
Marília Pinto de Oliveira

*Projeto Gráfico*
Editora Campus/Elsevier
A Qualidade da Informação
Rua Sete de Setembro, 111 — 16º andar
20050-006 — Rio de Janeiro — RJ — Brasil
Telefone: (21) 3970-9300 Fax (21) 2507-1991
E-mail: info@elsevier.com.br
*Escritório São Paulo*
Rua Quintana, 753 — 8º andar
04569-011 — Brooklin — São Paulo — SP
Telefone: (11) 5105-8555

ISBN 13: 978-85-352-2206-7
ISBN 10: 85-352-2206-5
Edição original: ISBN 13: 978-0-471-73636-3 / ISBN 10: 0-471-73636-8

**Nota:** Muito zelo e técnica foram empregados na edição desta obra. No entanto, podem ocorrer erros de digitação, impressão ou dúvida conceitual. Em qualquer das hipóteses, solicitamos a comunicação à nossa Central de Atendimento, para que possamos esclarecer ou encaminhar a questão.

Nem a editora nem o autor assumem qualquer responsabilidade por eventuais danos ou perdas a pessoas ou bens, originados do uso desta publicação.

*Central de atendimento*
tel.: 0800-265340
Rua Sete de Setembro, 111, 16º andar — Centro — Rio de Janeiro
e-mail: *info@elsevier.com.br*
site: *www.campus.com.br*

CIP-Brasil. Catalogação-na-fonte.
Sindicato Nacional dos Editores de Livros, RJ

---

T843i   Turban, Efraim
      Introdução a sistemas de informação / Efraim Turbain, R. Kelly Rainer
Jr. e Richard E. Potter; tradução Daniel Vieira. — Rio de Janeiro: Elsevier,
2007.
        il.

      Tradução de: Introduction to information systems
      Anexos
      Inclui bibliografia
      ISBN 978-85-352-2206-7

      1. Computadores — Equipamentos e acessórios. 2. Tecnologia da
informação. 3. Sistema de informação gerencial — Planejamento.
I. Rainer, R. Kelly (Rex Kelly). II. Potter, Richard E. III. Título.

                           CDD: 004
07-0439                                CDU: 004

# Prefácio

## O que os sistemas de informação têm a ver com a empresa?

*Introdução aos Sistemas de Informação*, de Rainer, Turban e Potter, tem a resposta para esta pergunta. Em cada capítulo, você verá como as empresas globais utilizam a tecnologia e os sistemas de informação para aumentar sua lucratividade, conquistar participação no mercado, melhorar seu serviço ao cliente e gerenciar suas operações cotidianas. Em outras palavras, os sistemas de informação oferecem o alicerce para a empresa.

Nosso objetivo é ensinar a todos os alunos da área empresarial, especialmente os que ainda não se formaram, a utilizar a TI para dominar suas funções atuais e futuras e ajudar a garantir o sucesso da organização. Nosso foco não é apenas no *aprendizado* dos conceitos da tecnologia da informação, mas na *aplicação* desses conceitos para facilitar os processos da empresa. Vamos nos concentrar em inserir os sistemas de informação no contexto da empresa, de modo que os alunos entendam mais rapidamente os conceitos apresentados no texto.

## O que a **TI** pode me proporcionar?

O tema deste livro é "O que a TI pode me proporcionar?". Essa pergunta é feita por todos os alunos que fazem o curso. Nosso livro mostrará a você que a TI é a espinha dorsal de qualquer empresa, esteja você na área de Contabilidade, Finanças, Marketing, Recursos Humanos ou Gestão de Produção/Operações. Também incluímos um ícone para a área de Sistemas de Informações Gerenciais (SIG).

## Principais recursos

Temos sido guiados pelos seguintes objetivos que acreditamos melhorar a experiência de ensino e aprendizado.

### Técnica de função cruzada

Mostramos por que a TI é importante destacando como o tópico de TI de cada capítulo se relaciona aos alunos em cada área. Os ícones orientam o leitor para as questões relevantes de sua área funcional específica — contabilidade (CTB), finanças (FIN), marketing (MKT), gestão de produção/operações (GPO), sistemas de informação gerencial (SIG) e gestão de recursos humanos (GRH). Além disso, os capítulos terminam com um resumo de como os conceitos se relacionam a cada área funcional ("O que a TI pode me proporcionar?").

### Aprendizado ativo

Reconhecemos a necessidade de envolver os alunos ativamente na solução de problemas, pensamento criativo e aproveitamento de oportunidades. Cada capítulo traz uma série de exercícios práticos, atividades e minicasos, incluindo exercícios que pedem aos alunos que usem ferramentas de aplicação de software. Por meio dessas atividades e de um website interativo, permitimos que os alunos realmente façam algo com os conceitos aprendidos, por exemplo, como melhorar uma empresa por meio da TI, configurar produtos e usar planilhas para facilitar a solução de problemas.

Os apêndices do tipo "como fazer" são seções curtas que oferecem aos alunos informações práticas sobre atividades do dia-a-dia no computador, como compras on-line ou proteção antivírus. Por exemplo, dois apêndices "como fazer" são "Como proteger seu computador" e "Como evitar roubo de identidade e o que fazer se sua identidade for roubada".

### Exemplos diversificados e exclusivos de diferentes setores

O uso extenso de exemplos vivos de grandes e pequenas empresas e organizações governamentais e sem fins lucrativos ajuda a fortalecer os conceitos, mostrando aos alunos as habilidades da TI, seu custo e justificativa e as maneiras inovadoras pelas quais empresas reais estão usando a TI em suas operações. Cada capítulo realça constantemente a conexão integral entre TI e a empresa. Isso é evidenciado especialmente nos quadros "TI e a empresa". Além dos indicados anteriormente, outros ícones destacam exemplos do governo (GOV) e empresas de serviços (ESV).

### Sucessos e fracassos

Assim como em outros livros, apresentamos muitos exemplos de sucesso da TI. Mas também oferecemos diversos exemplos de fracassos da TI, no contexto das lições que podem ser aprendidas com tais fracassos. O mau uso da TI pode ser muito dispendioso, conforme ilustraremos.

### Inovação e criatividade

No ambiente em rápida mudança de hoje, a criatividade e a inovação são necessárias para uma empresa operar de modo eficaz e lucrativo. No decorrer do livro, mostraremos como esses conceitos são facilitados pela TI.

### Foco global

Visto que é indispensável um conhecimento da competição, parcerias e comércio globais para o sucesso nos negócios, oferecemos uma seleção ampla de casos e exemplos internacionais. Analisamos como a TI facilita a exportação e a importação, a gestão de empresas multinacionais e os negócios eletrônicos por todo o mundo. Os exemplos globais são destacados com o ícone do globo.

### Informação de ponta sobre tecnologias sem fio, comércio eletrônico e Web Services

As tecnologias móvel e de Internet criaram uma mudança de paradigma no modo como o mundo faz negócios. Elaboramos um capítulo sobre comércio eletrônico (Capítulo 6) e um capítulo abrangente sobre tecnologias sem fio (Capítulo 7). Além do mais, oferecemos diversos exemplos sobre Web Services, incluindo como as empresas utilizam Web Services para melhorar a cadeia de suprimentos.

## Foco na ética

Com escândalos corporativos nas manchetes diariamente, a ética e as questões éticas estão nas mentes de homens e mulheres de negócios. Além de um capítulo voltado para a ética e a segurança (Capítulo 3), incluímos exemplos e casos que abordam a ética empresarial no decorrer dos capítulos. Esses exemplos são destacados com o ícone da ética.

## Estrutura pedagógica

Outros recursos pedagógicos proporcionam um sistema de aprendizagem estruturado, que reforça os conceitos por meio de recursos como organizadores de abertura de capítulo, revisões de seção, aplicações freqüentes e exercícios e atividades práticas.

*Organizadores de abertura de capítulo* incluem os seguintes recursos pedagógicos:

- A *Prévia do capítulo* oferece uma visão geral dos conceitos e tópicos abordados no capítulo.
- O *Esboço do capítulo* lista os principais conceitos abordados no capítulo.
- *Metas de aprendizagem* dizem o que os alunos podem aprender no capítulo.
- Um *caso* de abertura identifica um problema empresarial encarado por uma empresa real, descreve a solução de TI aplicada ao problema empresarial, apresenta os resultados da solução de TI e resume o que os alunos podem aprender com o caso.

*Auxiliares do Estudo* são fornecidos em cada capítulo. Incluem o seguinte:

- Os quadros *TI e a empresa* oferecem aplicações do mundo real, com problemas que se relacionam aos conceitos abordados no texto. Ícones relacionam essas seções às áreas funcionais específicas.
- *Exemplos* em destaque, intercalados no texto, mostram o uso (e mau uso) da TI em organizações do mundo real, ajudando a ilustrar a discussão conceitual.
- *Checklists gerenciais* avaliam as vantagens/benefícios e as desvantagens/limitações de sistemas e processos importantes.
- *Tabelas* listam os pontos principais ou resumem diferentes conceitos.
- Revisões de fim de seção (*Antes de prosseguir...*) pedem aos alunos que parem e testem seu conhecimento dos conceitos antes de passarem à próxima seção.

*Auxiliares do estudo no fim do capítulo* apresentam muitas oportunidades para que os leitores revisem e realmente façam algo com os conceitos que acabaram de estudar:

- *O que a TI pode me proporcionar?* é uma seção exclusiva de resumo do capítulo que mostra a relevância dos tópicos para diferentes áreas funcionais (contabilidade, finanças, marketing, gestão de produção/operações e gestão de recursos humanos).
- O *Resumo do capítulo*, ligado aos objetivos de aprendizagem que foram listados no início do capítulo, permite que os alunos revejam os principais conceitos abordados no capítulo.
- O glossário no fim do capítulo serve de ferramenta de estudo para destacar a importância do vocabulário de cada capítulo e facilitar o estudo.
- *Questões para discussão*, *Atividades de solução de problemas*, *Atividades na Internet* e *Trabalhos em equipe* oferecem a prática por meio da aprendizagem ativa. Esses exercícios são oportunidades práticas para usar os conceitos discutidos no capítulo.
- *Caso* apresenta um caso organizado em torno do problema da empresa e mostra como a TI ajudou a solucioná-lo; as perguntas no final do caso o relacionam aos conceitos discutidos no capítulo.

### Agradecimentos

Criar, desenvolver e produzir um novo livro para o curso de introdução à tecnologia da informação é um empreendimento formidável. Nessa jornada, tivemos a sorte de receber avaliação, crítica e orientação contínuas de muitos colegas que lecionam regularmente esse curso. Gostaríamos de agradecer as contribuições feitas pelas seguintes pessoas.

Somos extremamente gratos a Dana Newton, da Eastern Michigan University, pela revisão cuidadosa de cada capítulo, além da ajuda e do apoio no decorrer do processo de elaboração do livro.

Também agradecemos a Chrysty Cheung, da City University de Hong Kong, por suas contribuições ao livro, e a Robert Davison, da City University de Hong Kong, pelos cenários de questões éticas e profissionais no Apêndice de Ética On-line.

Gostaríamos de agradecer à equipe da Wiley: Beth Lang Golub, editora executiva, Lorraina Raccuia, editora assistente, Allison Morris, editor de mídia sênior, Jillian Rice, gerente de marketing assistente, e Jennifer Snyder, assistente editorial. Também agradecemos à equipe de produção, incluindo Jeanine Furino, gerente de produção, Nicole Repasky, editora de produção, e Suzanne Ingrao, da Ingrao Associates; bem como a Harry Nolan, diretor de criação, pelo projeto do livro. Obrigado a Lisa Gee, editora de fotos, e Anna Melhorn, editora de ilustrações. Gostaríamos de agradecer, da mesma forma, a Robert Weiss pela revisão cuidadosa e completa do manuscrito.

## *Revisores*

Muraugan Anadarajan, Drewxel University,
Bay Arinze, Drexel University,
Hellene Bankowski, Philadelphia University,
Louis Beaubien, Providence College,
Jack Becker, University of North Texas,
Warren Briggs, Suffolk University,
Evan Duggan, University of Alabama,
Badie Farah, Eastern Michigan University,
Roger Geyer, Old Dominion University,
Tim Greer, Middle Tennessee State University,
Wayne Huang, Ohio University,
Mark Kesh, University of Texas El Passo,
Brian Kovar, Kansas State University,
Joo Eng Lee-Partridge, Central Connecticut State University,
Ronald Lemos, California State University of Los Angeles,
Keith Lindsey, Trinity University,
David Little, Highpoint University,
Oveta Popjoy, University of Baltimore,
Luis Rabelo, University of Central Florida,
Sreeram Ramakrishnan, University of Missouri Rolla,
Robert Rokey, University of Cincinnati,
Thomas Shaw, Louisiana State University Baton Rouge,
Joseph Sherif, California State University em Fullerton,
Keng Siau, University of Nebraska Lincoln,
Craig Tidwell, University of Central Florida,
Shouhong Wang, University of Massachusetts Dartmouth

KELLY RAINER
EFRAIM TURBAN
RICHARD POTTER

# Sumário

**Capítulo** 1

# Sistemas de informação: conceitos e gerenciamento

## PRÉVIA DO CAPÍTULO

No Capítulo 1, apresentaremos os conceitos básicos dos sistemas de informação nas organizações. Os sistemas de informação coletam, processam, armazenam, analisam e disseminam informações com uma finalidade específica. Os dois principais determinantes do suporte aos sistemas de informação são a estrutura organizacional e as funções que os empregados desempenham dentro das organizações. Como veremos neste capítulo, os sistemas de informação tendem a seguir a estrutura das organizações e se baseiam nas necessidades de indivíduos e grupos.

Os sistemas de informação estão em toda parte dentro das organizações, bem como entre organizações. Este capítulo examina os tipos de suporte que os sistemas de informação oferecem aos empregados da organização. Como esses sistemas são muito diferentes, seu gerenciamento pode ser muito difícil. Portanto, este capítulo também fala brevemente sobre como as organizações gerenciam seus sistemas de TI.

Os dois termos — sistemas de informação e tecnologia da informação — podem ser confusos. **Tecnologia da Informação (TI)** pode ter vários significados. Neste livro, usamos o termo *TI* em seu sentido mais amplo — para descrever o conjunto dos recursos de informação de uma organização e para identificar a gerência que o supervisiona. Em geral, no entanto, o termo *tecnologia da informação* é usado indistintamente com o termo *sistemas de informação*, e usamos os dois termos com o mesmo sentido neste livro. O propósito deste livro é familiarizá-lo com todos os aspectos dos sistemas de informação/tecnologia da informação.

## Esboço do capítulo

1.1 Sistemas de informação: conceitos e definições
1.2 Tipos de sistemas de informação
1.3 Exemplos de sistemas de informação
1.4 Gerenciando recursos de informação
1.5 O plano deste livro

## Metas de aprendizagem

1. Estabelecer as diferenças entre dados, informação e conhecimento.
2. Estabelecer as diferenças entre infra-estrutura de tecnologia da informação e arquitetura de tecnologia da informação.
3. Descrever os componentes dos sistemas de informação baseados em computador.
4. Descrever os vários tipos de sistemas de informação, de acordo com a extensão do suporte.
5. Identificar os principais sistemas de informação que apóiam cada nível organizacional.
6. Descrever como os recursos de informação são gerenciados e discutir os papéis do departamento de sistemas de informação e dos usuários finais.

## O que a  pode me proporcionar?

## O Boston Red Sox: campeões mundiais!

### ■ O problema da empresa

Desde que o proprietário do Boston Red Sox (*www.redsox.com*), Harry Frazee, vendeu Babe Ruth para os Yankees após a temporada de 1919, o Sox não ganhou uma World Series — uma calamidade conhecida no beisebol como a "Maldição do Bambino". Mas 2004 seria diferente, e os números diziam isso.

O problema empresarial do Red Sox é identificar os melhores jogadores disponíveis, comprá-los antes dos rivais e, depois, descobrir por quanto tempo deve mantê-los antes que parem de produzir. O processo envolve gerenciamento de capital humano no mais alto grau. Os objetivos definitivos para Theo Epstein, gerente-geral do Sox: vencer os Yankees de Nova York e ganhar a World Series.

### ■ A solução da TI

O beisebol é um esporte em que o desempenho do contratado pode ser medido em cada arremesso, salto ou passo dado. Os analistas de beisebol podem facilmente estabelecer diretrizes sobre cada aspecto das características físicas do atleta, como peso, altura e condição de saúde. Essa observação estende-se até mesmo a atividades minuciosamente definidas, como força do braço, ritmo cardíaco e erros mentais. Hoje, as equipes registram, em detalhes, a carreira de cada jogador, dos jogos colegiais em diante. O Rex Sox chega a exigir que os jogadores em seu sistema de desenvolvimento de novos jogadores (farm system) mantenham um registro de suas jogadas como rebatedor.

O Red Sox é praticante da Sabermetrics, um termo derivado do acrônimo SABR — Society of American Beisebol Research. Os "sabermétricos" alegam que as medidas tradicionais do desempenho dos jogadores não são precisas. Por exemplo, os RBIs (*runs batted in*)* são fortemente dependentes de onde o jogador arremessa na ordem de rebatimento. Portanto, os sabermétricos desenvolveram medidas que refletem mais precisamente o valor de um jogador em direção à conquista de vitória. Essas medidas são "baseadas nos *runs*". Essas estatísticas contam o número de vezes em que um rebatedor chega à base, seja por *walk* ou rebatida, e os fatores de valor agregado para a potência de uma rebatida, seja um *single* ou *home run*.

Para usar a Sabermetrics, o Red Sox precisa ter muitos dados. O time usa um software chamado ScoutAdvisor (*www.scoutadvisor.com*), que registra o talento do jogador desde as categorias de base até os profissionais. O coração do sistema reside em um centro de dados em Tampa, Flórida. Lá, os computadores armazenam dados brutos sobre jogadores de beisebol, como notas no colégio e na universidade, antecedentes familiares, perfis psicológicos e históricos médicos.

O sistema reúne dados diariamente de uma gama de origens. O Major League Beisebol Scouting Bureau fornece os resultados do teste Athletic Success Profile, composto de 110 perguntas elaboradas para revelar o perfil psicológico do atleta. O SportsTicker (*www.sportsticker.com*) fornece relatórios de jogos, enquanto a STATS, Inc. (*www.stats.com*) emprega um exército de "repórteres" nos jogos para coletar estatísticas, como a contagem de lançamentos no final de uma jogada como rebatedor, tipos de arremessos e onde as bolas caem no campo após serem rebatidas. A grande vantagem do ScoutAdvisor é que o sistema pode dividir e distribuir dados do jogador da maneira que o time quiser. Basicamente, o ScoutAdvisor permite que o Rex Sox analise os dados para gerar informações empresariais que possam ajudar nas decisões. Por exemplo, o Rex Sox fez um bom proveito do sistema quando o time pagou uma grande soma de dinheiro pelo famoso arremessador Curt Schilling e vendeu o astro Nomar Garciaparra para o Chicago Cubs.

### ■ Os resultados

O Red Sox, agora, pode decidir quais jogadores procurar e quanto pagar por cada um. O principal resultado: em 2004, o Red Sox ganhou a World Series pela primeira vez em 86 anos!

---

* *Run batted in* (RBI) é concedido ao jogador por cada *run* conquistado por rodada.

■  **O que aprendemos com este caso**

O Red Sox usou sistemas de informação para ajudá-lo a alcançar seu objetivo de ganhar a World Series. Por exemplo, todo o sistema de descobrimento e avaliação de jogadores mudou de um método baseado em papel para outro baseado em computador (o ScoutAdvisor). Cada time no beisebol tem acesso aos mesmos dados, mas talvez o Red Sox tenha usado seus sistemas de informação para coletar e analisar esses dados de maneira mais eficaz que os outros times. Afinal, Boston agora tem um título da World Series. Neste capítulo, descreveremos como os sistemas de informação de diferentes tipos são estruturados, organizados e gerenciados de modo a apoiar os negócios no século XXI.

*Fontes*: Compilado de M. Duvall, "Boston Red Sox: Backstop Your Business", *Baseline Magazine*, 14 de maio de 2004; e *eWeek*, 21 de maio de 2004.

## 1.1 Sistemas de informação: conceitos e definições

Costuma-se dizer que a finalidade dos sistemas de informação é obter as informações certas para as pessoas certas, no momento certo, na quantidade certa e no formato certo. Como os sistemas de informação devem fornecer informações úteis, começamos definindo informações e dois termos intimamente relacionados: dados e conhecimento.

### Dados, informações e conhecimento

Um dos principais objetivos dos sistemas de informação é transformar economicamente os dados em informações ou conhecimento. Vejamos mais de perto esses conceitos.

Os **itens de dados** se referem a uma descrição elementar de coisas, eventos, atividades e transações que são registrados, classificados e armazenados, mas não são organizados para transmitir qualquer significado específico. Os itens de dados podem ser números, letras, figuras, sons ou imagens. Exemplos de itens de dados são as notas de um aluno em uma disciplina e o número de horas que um empregado trabalhou em determinada semana.

A **informação** se refere a dados que foram organizados de modo a terem significado e valor para o receptor. Por exemplo, a nota é um dado, mas o nome de um aluno associado a sua nota é uma informação. O receptor interpreta o significado e elabora conclusões e implicações da informação.

O **conhecimento** consiste em dados e/ou informações que foram organizados e processados para transmitir entendimento, experiência, aprendizagem acumulada e prática aplicados a um problema ou atividade empresarial atual. Por exemplo, uma empresa recrutando em uma universidade descobriu, ao longo do tempo, que alunos com médias acima de 3,00 foram mais bem-sucedidos em seu programa de gerenciamento. Com base nessa experiência, a empresa pode decidir entrevistar apenas alunos com média acima de 3,00. O conhecimento organizacional, que reflete a experiência e a prática de muitas pessoas, tem grande valor para todos os empregados.

Agora que temos uma idéia melhor do que são informações e de como elas podem ser organizadas para transmitir conhecimento, mudaremos nosso foco para as maneiras como as empresas organizam e usam as informações. Para isso, precisamos olhar de perto a arquitetura de tecnologia da informação e a infra-estrutura de tecnologia da informação de uma organização. Esses conceitos fundamentam todos os sistemas de informação dentro da organização.

### Arquitetura de tecnologia da informação

A **arquitetura de tecnologia da informação (TI)** é um mapa ou plano de alto nível dos recursos de informação em uma organização. É tanto um guia para operações atuais quanto um esquema para decisões futuras. A arquitetura de TI integra todas as necessidades de informação da organização, a infra-estrutura de TI (discutida na próxima seção) e todas as aplicações. A arquitetura de TI é análoga à arquitetura de uma casa. Uma planta arquitetônica descreve como a casa vai ser construída, incluindo como os vários componentes, como os sistemas hidráulico e elétrico, serão integrados. Da mesma forma, a arquitetura de TI mostra como todos os aspectos da tecnologia da informação em uma organização se integram. A Figura 1.1 ilustra a arquitetura de TI de uma agência de viagens. Examinaremos cada parte dessa figura em capítulos subseqüentes.

### Infra-estrutura de tecnologia da informação

A **infra-estrutura de TI** de uma organização consiste nas instalações físicas nos componentes de TI, serviços de TI e pessoal de TI que oferecem suporte à organização inteira (ver Figura 1.2). Começando da parte inferior da Figura 1.2, vemos que os *componentes de TI* são o hardware de computador, o software e as tecnologias de comunicação que proporcionam a base para todos os sistemas de informação de uma organização. Conforme subimos na pirâmide da Figura 1.2, vemos que o *pessoal de TI* usa componentes de TI para prestar *serviços de TI*, que incluem gerenciamento de dados, desenvolvimento de sistemas e questões de segurança. Para ilustrar esse modelo, o Quadro 1.1 mostra como o Queen Mary 2 usa sua infra-estrutura de TI para garantir um cruzeiro agradável e inesquecível para seus passageiros.

### Sistemas de informação baseados em computador

A arquitetura de TI e a infra-estrutura de TI fornecem a base para todos os sistemas de informação na organização. Um **sistema de informação (SI)** coleta, processa, armazena, analisa e dissemina informações para um fim específico. Um **sistema de informação baseado em computador (SIBC)** é um sistema de informação que usa a tecnologia de computador para realizar algumas ou todas as tarefas pretendidas. Embora nem todos os sistemas de informação sejam computadorizados, a maioria é. Por essa razão, o termo "sistema de informação" normalmente é usado como sinônimo de "sistema de informação baseado em computador". Os componentes básicos dos sistemas de informação são listados a seguir. Observe na Figura 1.2 que o hardware, o software e as redes são componentes de TI, e o banco de dados é um serviço de TI.

- **Hardware** é um dispositivo, como processador, monitor, teclado e impressora. Juntos, esses dispositivos recebem dados e informações, os processam e os exibem.
- **Software** é um programa ou conjunto de programas que permite que o hardware processe os dados.
- Um **banco de dados** é uma coleção de arquivos ou tabelas relacionados contendo dados.
- Uma **rede** é um sistema de conexão (com ou sem fio) que permite que diferentes computadores compartilhem recursos.
- **Procedimentos** são um conjunto de instruções sobre como combinar todos os componentes para processar informações e gerar a saída desejada.
- **Pessoas** são os indivíduos que usam o hardware e o software, interagem com eles ou usam sua saída.

Os sistemas de informação baseados em computador possuem muitas capacidades. A Tabela 1.1 resume os mais importantes.

### Programas de aplicação

Um **programa de aplicação** é um programa de computador projetado para realizar uma tarefa ou processo comercial específico. Cada área ou departamento funcional dentro de uma organização comercial utiliza dezenas de programas de aplicação. Observe que programas de aplicação são sinônimos de aplicações. Por exemplo, o departamento de recursos humanos algumas vezes usa uma aplicação para selecionar candidatos a

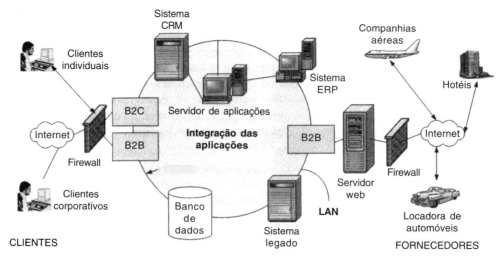

**Figura 1.1** Arquitetura de uma agência de viagens on-line.

cargos e outro para monitorar a rotatividade de empregados. O conjunto de programas de aplicação em um único departamento normalmente é chamado de *sistema de informação departamental*. Por exemplo, a coleção de programas de aplicação na área de recursos humanos é chamada de *sistema de informação de recursos humanos (SIRH)*. Podemos ver na Figura 1.2 que existem pacotes de programas de aplicação — ou seja, sistemas de informação — também nas outras áreas funcionais, como contabilidade e finanças. O Quadro 1.2 mostra como uma variedade de aplicações permite que o Commerce Bank sirva satisfatoriamente seus clientes.

*Antes de prosseguir...*
1. Forneça outros exemplos de dados, informações e conhecimento.
2. Descreva a diferença entre arquitetura de tecnologia da informação e infra-estrutura de tecnologia da informação.
3. Qual é a diferença entre aplicações e sistemas de informação baseados em computador?

## 1.2 Tipos de sistemas de informação

Hoje, as organizações utilizam muitos tipos diferentes de sistemas de informação. A Figura 1.2 ilustra os diferentes tipos de sistemas de informação dentro das organizações, e a Figura 1.3 mostra os diferentes tipos de sistemas de informação entre organizações. Discutiremos superficialmente os sistemas de informação na próxima seção. Assim, destacamos os muitos e diversos tipos de suporte que esses sistemas fornecem, tanto dentro de uma única organização quanto entre organizações.

*Extensão do suporte dos sistemas de informação*
Certos sistemas de informação apóiam partes de organizações, outros apóiam organizações inteiras e outros, ainda, apóiam grupos de organizações. Discutimos cada um desses tipos de sistemas nesta seção.

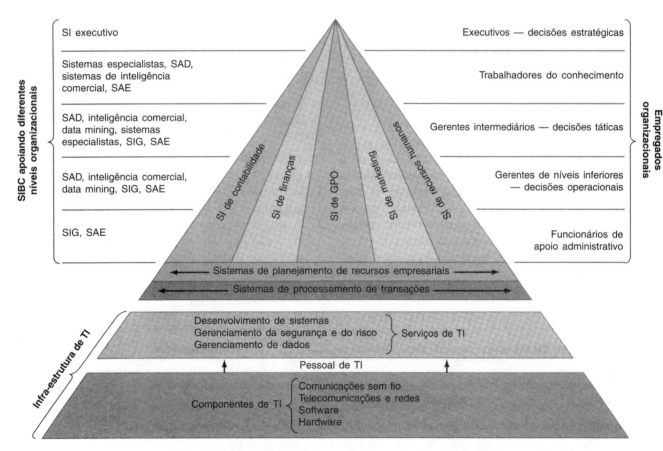

**Figura 1.2** Tecnologia da informação dentro da sua organização.

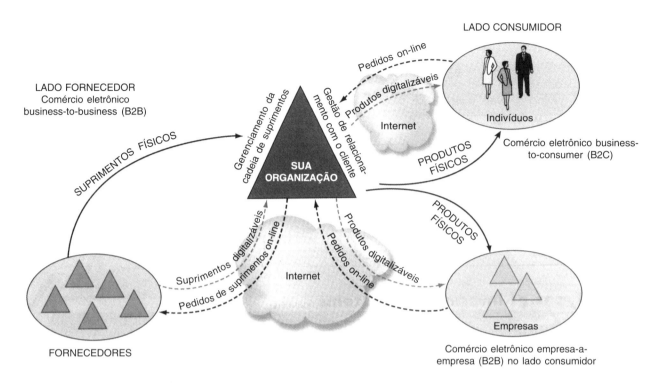

**Figura 1.3** Tecnologia da informação fora da organização (cadeia de suprimentos).

Como vimos, cada departamento ou área funcional dentro de uma organização possui o próprio acervo de programas de aplicação, ou sistemas de informação. Esses **sistemas de informação departamentais**, ou **sistemas de informação de área funcional**, estão localizados no alto da Figura 1.2. Cada sistema de informação apóia uma área funcional específica na organização. Exemplos são SI de contabilidade, SI de finanças, SI de gerenciamento de produção/operação (GPO), SI de marketing e SI de recursos humanos.

Logo abaixo do SI de área funcional estão dois sistemas de informação que apóiam a organização inteira: sistemas de planejamento de recursos empresariais e sistemas de processamento de transações. Os **sistemas de planejamento de recursos empresariais (ERP)** são projetados para corrigir um problema dentro do SI de área funcional. Os sistemas de ERP foram uma importante inovação porque os vários SIs de área funcional freqüentemente eram desenvolvidos como sistemas independentes e não se comunicavam de modo eficiente (e, algumas vezes, sequer se comunicavam) uns com os outros. Os sistemas de ERP resolvem esse problema integrando intimamente o SI de área funcional através de um banco de dados comum. Desse modo, eles melhoram as comunicações entre as áreas funcionais de uma organização. Por essa razão, os especialistas creditam aos sistemas de ERP o aumento cada vez maior da produtividade organizacional.

O **sistema de processamento de transações (SPT)**, por sua vez, apóia o monitoramento, a coleta, o armazenamento e o processamento de dados das transações comerciais básicas da organização, cada um destes gerando dados. Por exemplo, quando você está no caixa do Wal-Mart, cada vez que ele passa um item pelo leitor de código de barras, isso é uma transação. O SPT coleta dados de modo contínuo, geralmente em

**Tabela 1.1** Principais capacidades dos sistemas de informação

- Realizar cálculos numéricos de alta velocidade e alto volume.
- Fornecer comunicação e colaboração rápidas e precisas dentro da organização e entre organizações.
- Armazenar enormes quantidades de informação em um espaço fácil de acessar embora pequeno.
- Permitir acesso rápido e barato a enormes quantidades de informação em todo o mundo.
- Facilitar a interpretação de grandes quantidades de dados.
- Aumentar a eficácia e a eficiência das pessoas trabalhando em grupos em um local ou em vários locais, em qualquer lugar.
- Automatizar processos comerciais semi-automáticos e tarefas manuais.

*tempo real* — isto é, assim que os dados são gerados —, e fornece os dados de entrada para os bancos de dados corporativos. Os SPTs são considerados vitais para o sucesso de qualquer empresa, pois apóiam operações essenciais. Discutiremos os SPTs e os sistemas de ERP em detalhes no Capítulo 8.

Os sistemas de informação que conectam duas ou mais organizações são chamados de **sistemas de informação interorganizacionais (SIIs)**. Os SIIs apóiam muitas operações interorganizacionais, das quais o gerenciamento da cadeia de suprimentos é o mais conhecido. A **cadeia de suprimentos** de uma organização descreve o fluxo de materiais, informações, dinheiro e serviços, desde os suprimentos de matéria-prima, passando pelas fábricas e depósitos, até os consumidores finais.

Note que a cadeia de suprimentos na Figura 1.3 mostra fluxos físicos e fluxos de informação. Os fluxos de informação e os produtos digitalizáveis (por exemplo, música e software) são transmitidos através da Internet, enquanto os produtos físicos são transportados. Por exemplo, quando você compra um computador

---

## TI E A EMPRESA

### 1.1 Passageiros recebem tratamento real no Queen Mary 2

O Queen Mary 2 (QM2) é o primeiro navio construído pela Cunard Line desde que lançou o Queen Elizabeth 2 (QE2) em 1969. O QM2 é o maior navio de passageiros da história. Custou mais de US$780 milhões, incluindo US$8 milhões para a infra-estrutura de TI. Possui mais de 1.300 cabines e pode transportar mais de 2.600 passageiros. Para ver um tour do QM2, visite *www.cunard.com/QM2/home.asp*.

A Cunard Line precisava garantir que os sistemas de informação do navio correspondessem às expectativas dos passageiros que pagavam entre US$2.800 e US$37.499 para viajar. O QM2 possui uma infra-estrutura de TI de alta qualidade. A embarcação dispõe de três salas de comunicações, cada uma localizada em uma área de incêndio diferente. Significativamente, os principais sistemas de computador são duplicados entre as salas de comunicações, e o cabeamento de fibra ótica é disposto em conexões paralelas. Esse arranjo garante que cada componente principal da rede possua um *backup*.

O QM2 também possui um sistema de TV interativa. Toda cabine tem um controlador de TV escondido no gabinete. Embora os sistemas de TV interativa na maioria dos navios de turismo usem *racks* de vídeos controlados por computador para transmitir filmes *pay-per-view*, o QM2 trata os filmes como qualquer outro conteúdo digital, armazenando-os em discos rígidos. Esse sistema proporciona aos passageiros maior flexibilidade de visualização. Por exemplo, os passageiros podem parar a reprodução de um filme antes do jantar e continuar no mesmo ponto mais tarde. O sistema também permite que os passageiros enviem e recebam e-mail, façam reservas no restaurante e peçam uma garrafa de vinho para o jantar. As contas de e-mail de TV interativa têm se tornado populares entre os passageiros, o que, a US$1,50 por mensagem, é uma boa notícia para a Cunard.

Além disso, cada loja e restaurante a bordo do navio possui computadores pessoais e terminais de ponto de venda. O QM2 também oferece aos passageiros um serviço de acesso à Internet através de um cibercafé e pontos de acesso sem fio em todas as áreas públicas.

Infelizmente, a implementação da tecnologia da informação no QM2 teve seus contratempos. Por exemplo, quando o navio fez suas viagens de teste, os passageiros alegavam não conseguir entrar nas cabines. O sistema do QM2 para controlar as fechaduras eletrônicas estava com problema. Para cabines com mais de um passageiro, o sistema de fechadura estava gerando um código de chave diferente para cada pessoa. Entretanto, a fechadura reconhecia apenas uma combinação de cada vez. Esse problema de software levou dois dias para ser corrigido.

Uma passageira tirou vantagem da tecnologia do QM2 desta maneira. Ela usava a TV interativa para comprar fotos tiradas pelos fotógrafos do navio, fazer reservas no restaurante e trocar e-mails com sua *dog-sitter*. Ela também evitava fazer viagens ao escritório do comissário e outros locais distantes na embarcação.

*Fontes*: Compilado de D. Carr, "Cunard Line: Royal Treatment". *Baseline Magazine*, 1º de agosto de 2004; e *www.cunard.com*, acessado em 1º de março de 2005.

### PERGUNTAS
1. Descreva a infra-estrutura de TI no QM2.
2. Que considerações adicionais poderiam estar envolvidas na instalação de uma infra-estrutura de TI em um navio *versus* em terra? Como você trataria essas considerações?

no site *www.dell.com*, sua informação vai para a Dell através da Internet. Quando sua transação está completa (ou seja, seu cartão de crédito é aprovado e seu pedido é processado), a Dell remete o computador para você. A Figura 1.3 representa os fluxos de informação e os produtos digitalizáveis com linhas tracejadas e os produtos físicos com linhas contínuas. Os produtos digitalizáveis são os que podem ser representados na forma eletrônica, como música e software.

Os **sistemas de comércio eletrônico** são outro tipo de sistema de informação interorganizacional. Esses sistemas permitem que as organizações realizem transações, chamadas de comércio eletrônico empresa-a-empresa (business-to-business — B2B) e os consumidores realizem transações com empresas, chamadas de comércio eletrônico empresa-a-consumidor (business-to-consumer — B2C). Essas transações normalmente são baseadas na Internet. A Figura 1.3 ilustra o comércio eletrônico B2B e B2C. Os sistemas de comércio eletrônico são tão importantes que serão discutidos detalhadamente ao longo de todo o livro. Por exemplo, o Quadro 1.3 mostra como a Pratt & Whitney usa a Internet para colaborar com seus clientes e fornecedores.

### Apoio para empregados organizacionais

Até aqui, nos concentramos nos sistemas de informação que apóiam áreas funcionais e operações específicas. Agora, consideraremos sistemas de informação que apóiam empregados específicos dentro da organização. O lado direito da Figura 1.2 identifica esses empregados. Observe que eles variam de funcionários administrativos até executivos.

*Funcionários de apoio administrativo*, que auxiliam gerentes em todos os níveis da organização, incluem técnicos de contabilidade, secretários, responsáveis por arquivo eletrônico e processadores de reclamações de seguros. *Gerentes de níveis inferiores* manipulam as operações cotidianas da organização, tomando decisões de rotina, como atribuir tarefas a empregados e fazer pedidos de compras. *Gerentes intermediários* tomam decisões táticas, que lidam com atividades como planejamento, organização e controle de curto prazo. Os **trabalhadores do conhecimento** incluem profissionais como analistas financeiros e de marketing, engenheiros, advogados e contadores. Todo trabalhador do conhecimento é especialista em uma área específica. Cria informações e conhecimento, que integram na empresa. O trabalhador do conhecimento atua como conselheiro para os gerentes intermediários e os executivos. Finalmente, os *executivos* tomam decisões que lidam com situações que podem mudar significativamente a maneira como os negócios são feitos. Exemplos de decisões executivas são o lançamento de uma nova linha de produtos, a aquisição de outras empresas e o remanejamento de operações para um país estrangeiro. O suporte da TI para cada nível de empregado aparece no lado esquerdo da Figura 1.2.

Os **sistemas de automação de escritórios (SAE)** normalmente apóiam a equipe de apoio administrativo, os gerentes de níveis inferior e médio e os trabalhadores do conhecimento. Esses empregados usam SAE para desenvolver documentos (software de processamento de textos e editoração eletrônica), recursos de agenda (calendários eletrônicos) e comunicação (e-mail, voice-mail, videoconferência e groupware).

Os **sistemas de informações de gerenciais (SIG)** resumem dados e preparam relatórios, principalmente para gerentes intermediários, mas, algumas vezes, também para gerentes de níveis inferiores. Como esses relatórios geralmente se referem a uma área funcional específica, os SIG são um tipo importante de SI de área funcional.

Os **sistemas de apoio à decisão (SAD)** fornecem apoio baseado em computador para decisões especiais e complexas, principalmente para gerentes intermediários e trabalhadores do conhecimento. (Eles também apóiam gerentes de níveis inferiores, mas em menor grau.) Dois tipos de SAD — sistemas de inteligência empresarial (BI — business intelligence) e data mining — são usados com um data warehouse e permitem que os usuários realizem suas próprias análises de dados. Discutiremos os SDs no Capítulo 9 e data warehouses, sistemas de BI e data mining no Capítulo 4.

Os **sistemas especialistas (SE)** tentam imitar o trabalho dos especialistas humanos aplicando habilidades de raciocínio, conhecimento e experiência dentro de um domínio específico. Esses sistemas são primordialmente projetados para apoiar os trabalhadores de conhecimento. Por sua vez, os **sistemas de informação executiva (SIE)** apóiam os altos gerentes da organização. O SIE fornece acesso rápido a informações oportunas e acesso direto a informações estruturadas na forma de relatórios. Discutiremos o SE e o SIE no Capítulo 9. A Tabela 1.2 apresenta um resumo dos diferentes tipos de sistemas de informação usados pelas organizações.

---

### Antes de prosseguir...

1. Explique como os sistemas de informação fornecem apoio para os trabalhadores do conhecimento.
2. À medida que subimos na hierarquia da organização, dos funcionários de apoio administrativo até os executivos, quais são as alterações no tipo de apoio fornecido pelos sistemas de informação?

---

## 1.3 Exemplos de sistemas de informação

Milhões de sistemas de informação diferentes estão em uso em todo o mundo. Os exemplos a seguir mostram a diversidade de aplicações de TI e as inúmeras vantagens que elas oferecem.

---

### Exemplos

■ **TI ajuda sua 7-Eleven local a conquistar clientes ricos**
A 7-Eleven (*www.7-eleven.com*) está procurando clientes mais ricos e margens de lucro mais elevadas. Assim, ela está contando com uma nova linha de produtos.

Em 1927, a 7-Eleven criou o conceito das lojas de conveniência. Na década de 1980, entretanto, a empresa passou por sérios problemas. Primeiro enfrentou a concorrência de companhias de petróleo, que começaram a transformar seus postos de gasolina em minilojas de conveniência. Além disso, a cadeia de suprimentos da 7-Eleven era caótica. Algumas vezes, as lojas recebiam mais de 80 entregas por semana, sendo que todos os produtos, desde leite até revistas, chegavam em separado e geralmente durante horários de pico de compra. Para piorar a situação, os executivos da "velha guarda" da 7-Eleven viam os clientes da rede como motoristas de

**Tabela 1.2** Tipos de sistemas de informação organizacionais

| Tipo de sistema | Função | Exemplo |
|---|---|---|
| *SI* de área funcional | Apoiar as atividades dentro de uma área funcional específica. | Sistema de processamento da folha de pagamentos |
| Sistema de processamento de transações | Processar os dados de transação dos eventos empresariais. | Terminal de ponto-de-venda no caixa do Wal-Mart |
| Sistema de planejamento de recursos empresariais | Integrar todas as áreas funcionais da organização. | Oracle, SAP |
| Sistema de automação de escritório | Apoiar as atividades de trabalho diárias de indivíduos e grupos. | Microsoft Office |
| Sistema de informações gerenciais | Produzir relatórios resumidos dos dados de transação, geralmente em uma área funcional. | Relatório sobre as vendas totais de cada cliente |
| Sistema de apoio à decisão | Fornecer acesso a dados e a ferramentas de análise. | Análise condicional *(What-if)* das mudanças no orçamento |
| Sistema especialista | Imitar a experiência humana em determinada área e tomar uma decisão. | Análise de aprovação de cartão de crédito |
| Sistema de informação executiva | Apresentar aos executivos informações resumidas e estruturadas sobre aspectos importantes da empresa. | Status da produção por produto |
| Sistema de gerenciamento da cadeia de suprimentos | Gerenciar fluxos de produtos, serviços e informações entre organizações. | Sistema Wal-Mart Retail Link conectando fornecedores ao Wal-Mart |
| Sistema de comércio eletrônico | Permitir transações entre organizações e entre organizações e clientes. | *www.dell.com* |

caminhão de "colarinho-azul" e não pensavam que a empresa poderia atrair uma base de clientes mais ampla. Esses problemas se tornaram tão graves que, em 1990, a empresa declarou falência.

Para reconquistar seu status competitivo, a 7-Eleven gastou mais de US$500 milhões em tecnologia da informação na última década. A empresa desenvolveu sistemas sofisticados para prever a demanda e as vendas e para preencher pedidos. Por exemplo, ela equipou cada loja com palmtops que os operadores da loja usam para enviar pedidos todas as manhãs de itens que precisam ser repostos no dia seguinte. Esses pedidos freqüentemente são encaminhados para um dos 23 centros de distribuição terceirizados dos quais a 7-Eleven é parceira. Os dados também vão para a sede a fim de serem analisados. Nos centros de distribuição, os fornecedores descarregam os estoques para classificação. Toda tarde, os pedidos são divididos por loja e rota. Às 5 horas do dia seguinte, todos os produtos já chegaram aos destinos.

Graças a esse moderno sistema, o gerente de loja, em questão de segundos, pode obter dados em tempo real sobre que produtos estão vendendo melhor em sua loja ou através do país. Pode acessar previsões de tempo instantaneamente. Dependendo dessas previsões, a loja pode se abastecer de guarda-chuvas ou de muffins, que vendem muito bem quando a temperatura cai para menos de 5 graus. Além disso, a 7-Eleven treina os gerentes para estarem atualizados com os próximos eventos esportivos ou atividades escolares a fim de se preparar para uma onda de compras de cervejas ou cadernos.

A revisão tecnológica da 7-Eleven ajudou a empresa a reconquistar o controle sobre as decisões de distribuição e de produtos que, por décadas, foi ditado pelos seus principais fornecedores. Tradicionalmente, grandes fornecedores, como a Anheuser-Busch e a Coca-Cola, haviam exercido uma enorme influência sobre que produ-

## TI E A EMPRESA

### 1.2 TI ajuda agência do Commerce Bank

O Commerce Bank (*www.commerceonline.com*) está expandindo consideravelmente seu número de agências. O foco do banco nos clientes varejistas vem em uma hora em que a maioria dos bancos está tentando fechar suas agências. As agências bancárias exigem prédios, pessoal e manutenção — áreas que custam mais do que caixas eletrônicos ou on-line banking. Entretanto, pesquisas mostram que os clientes gostam de fazer transações pessoalmente, e as agências continuam sendo o único grande canal de negócios para os bancos.

O Commerce Bank usa a TI extensivamente para prestar aos clientes um serviço bastante eficiente, incluindo acesso rápido aos caixas. Uma agência típica do Commerce manipula 45.000 transações por mês, e algumas chegam a manipular o dobro desse número. Entretanto, o local nunca fica cheio porque os caixas do Commerce Bank levam, em média, menos de 11 segundos para realizar cada transação.

Os funcionários do Commerce ficam encantados com os sistemas de TI, como o sistema de "assinatura na tela". Esse sistema exibe uma imagem digitalizada da assinatura do cliente assim que ele insere o número de uma conta, verificando, dessa forma, sua identidade instantaneamente. Os funcionários também gostam do guia de resposta WOW do banco. Trata-se de um sistema de ajuda on-line projetado para assegurar que qualquer um que esteja trabalhando com clientes possa encontrar respostas às dúvidas sem precisar se afastar do cliente

ou pedir a ajuda de outra pessoa. Além disso, o novo Browser Teller System (sistema de caixa navegador) permite que o chefe da seção de caixas feche o livro caixa diário da agência com apenas algumas teclas. Os sistemas de TI permitem que o Commerce Bank esteja em conformidade com o novo Check Clearing for the Twenty-First Century Act (Check 21), que exige que os bancos disponibilizem os fundos depositados no próximo dia útil. O Check 21 elimina o período de compensação — aquele tempo entre o dia em que o cliente deposita um cheque e o dia em que ele tem acesso ao dinheiro.

A TI certamente contribuiu para o resultado do Commerce Bank. No último trimestre, o faturamento do banco cresceu 31%, os lucros cresceram 42%, os depósitos aumentaram em 34% e os ativos totais cresceram 33%.

*Fontes*: Compilado de M. Fitzgerald, "Branching Out", *CIO Insight*, 5 de janeiro de 2005; e *www.commerceonline.com*, acessado em 3 de março de 2005.

**PERGUNTAS**

1. Como os sistemas de informação no Commerce Bank fornecem ao banco uma vantagem competitiva?
2. Que aspectos, além da velocidade, o Commerce deve considerar ao planejar o serviço ao cliente? Você pode dar alguma sugestão sobre como o Commerce poderia lidar com esses aspectos?

tos uma loja de conveniência podia vender, quantos produtos podia manter na loja e quando e, até mesmo, como eles eram apresentados. Agora, a 7-Eleven está fazendo os fornecedores jogarem de acordo com suas regras, em parte porque os dados de vendas precisos que ela gera ajudam os fornecedores a preverem a demanda de produtos em todo o país.

O resultado? Em 2004, a empresa 7-Eleven apresentou um faturamento de US$12 bilhões, 12% a mais que no ano anterior. Os lucros totalizaram US$106 milhões. A empresa apresentou 32 trimestres consecutivos de crescimento no faturamento e suas ações atingiram uma alta pós-falência.

*Fontes*: Compilado de Elizabeth Esfahani, "7-Eleven Gets Sophisticated", *Business 2.0*, janeiro/fevereiro de 2005; e *www.7-eleven.com*, acessado em 10 de março de 2005.

### ■ TI também nas bicicletas

Lance Armstrong é a única pessoa a vencer sete vezes a corrida de bicicleta mais difícil do mundo: o Tour de France. Para alcançar esse tipo de resultado, Armstrong passa seis horas ou mais por dia treinando em sua bicicleta, principalmente na Espanha e no sul da França, para estar em forma e poder enfrentar corredores mais novos. Ele é seu próprio motor, mas o veículo é importante. Se Armstrong, de 32 anos, conseguir poupar 10 watts de energia durante algum trecho dos 193 quilômetros do Tour, seu tempo será um minuto mais rápido. Um simples minuto pode realmente fazer diferença em uma competição tão longa? Considere que, em seu quinto Tour com tempo recorde, vencido em 2003, Armstrong superou o rival alemão Jan Ullrich por um total de 61 segundos após 3.420 quilômetros de corrida.

Para ajudar a poupar essa energia, a Trek Bicycle Corporation (*www.trekbikes.com*) entrou em ação. Quando a empresa testa as bicicletas, ela instala sensores em várias partes da estrutura. Esses sensores, que são calibradores comuns, são ligados a uma unidade de aquisição de dados que também é conectada à estrutura. Esse sistema insere o resultado de cada corrida em um banco de dados de mais de 5.000 corridas realizadas pelos testadores da Trek. O banco de dados da Trek ajuda os projetistas a entenderem o que acontece com o ar que passa pelas pernas de Armstrong e pelas peças da bicicleta. O banco de dados também permite que a equipe da Trek identifique os locais exatos do atrito nas fibras de carbono que compõem a bicicleta. Valendo-se de uma combinação de software de modelagem 3D e software de desenho mecânico, os projetistas da Trek usam esses dados para projetar as bicicletas.

A Trek, na verdade, projeta duas bicicletas para Armstrong. A primeira é para o "passeio diário" no pelotão, e a segunda é projetada especificamente para subidas. De fato, Lance venceu a etapa mais difícil do Tour de France 2004, o L'Alpe d'Huez, o trecho de montanha mais íngreme de toda a competição. Esse desempenho foi tão superior que ele alcançou seu maior rival, Ivan Basso, mesmo Basso tendo iniciado o treino de tempo dois minutos antes dele.

Há 10 anos, uma bicicleta de estrada top de linha da Trek era vendida por US$2.200. Neste ano, a etiqueta de preço normal é de US$4.800. Em 2003, a Trek produziu 3.880 bicicletas Madone (o modelo de Lance) para venda comercial. Em 2004, a Trek produziu mais de 30.000 bicicletas. As vitórias e a visibilidade mundial de Lance, pelo menos parcialmente atribuível às bicicletas projetadas por computador, estão realmente estimulando as vendas na Trek.

*Fontes*: Compilado de T. Steinart-Threlkeld, "Trek Bicicle Corp: Tour de Force". *Baseline Magazine*, 28 de junho de 2004; e *www.trekbikes.com*, acessado em 3 de março de 2005.

### ■ O impacto da Lei Sarbanes-Oxley sobre a Blue Rhino

A Blue Rhino (*www.bluerhino.com*), subsidiária independente da Ferrellgas Partners (*www.ferrellgas.com*), é a maior fornecedora de gás propano em cilindro dos Estados Unidos para uso em churrasqueiras de quintal. (Quando você fica sem propano, você leva o cilindro vazio para o fornecedor e o troca por um cilindro cheio de propano.) No verão de 2002, ocorreu um evento que afetou consideravelmente a empresa. O Congresso aprovou a Lei Sarbanes-Oxley, que torna os executivos corporativos mais responsáveis pelos balanços e demonstrativos de resultados das empresas. Especificamente, a lei exige que os principais executivos e diretores financeiros atestem a exatidão dos relatórios trimestrais e anuais da empresa. Além disso, esses executivos são presos se as declarações financeiras forem falsas. Para se certificarem de que estão protegidas de fraude interna e sabotagem, as empresas com uma capitalização de mercado maior que US$75 milhões precisam, no final do ano fiscal atual, emitir um relatório administrativo, assinado pelo auditor externo, atestando que usaram controles adequados sobre todos os sistemas financeiros.

A Sarbanes-Oxley está forçando a Blue Rhino a amenizar a atitude agressiva adotada desde o início do negócio. O principal problema da empresa é o grande número de pessoas que precisam aprovar quase qualquer iniciativa. Por exemplo, para alterar um processo no sistema financeiro, os programadores precisam obter três aprovações diferentes. (Antes da Sarbanes-Oxley, apenas uma era necessária.) Além disso, conforme as novas

## TI E A EMPRESA

### 1.3 Pratt & Whitney colabora com clientes

Mesmo durante o vôo, os motores dos aviões comerciais estão constantemente transmitindo informações sobre o estado de suas peças. No solo, os registradores de dados na Pratt & Whitney (*www.pratt-whitney.com*), que constroem e mantêm esses motores para operadoras como a Delta Air Lines, capturam essas informações e as comparam aos padrões exigidos para garantir a saúde constante dos motores.

Ter acesso a essas informações costumava ser complicado e demorado. Se você fosse uma empresa aérea cliente da Pratt & Whitney, precisaria ligar para a companhia para obter informações atualizadas do seu motor. A Pratt, então, tinha de consultar o motor, encontrar os registros e retornar para você. Para agilizar esse processo, a Pratt decidiu instalar linhas de cabo totalmente seguras que davam aos clientes acesso direto aos sistemas da Pratt. Entretanto, esse processo tem suas desvantagens. Primeiro, a US$2,6 milhões por ano, é muito caro. Talvez, a maior de todas é que, como os dados estavam dispersos por mais de 400 sistemas de informação diferentes, o novo sistema era quase tão lento para o cliente quanto o antigo.

Para tornar o processo de busca mais eficiente, a Pratt colocou todos os dados sob um guarda-chuva virtual baseado na Web. Depois, personalizou a experiência, dependendo de quem — desde o encarregado da manutenção até o executivo da empresa aérea — estivesse procurando a informação. Em resumo, a Pratt criou um portal externo que dava aos clientes e fornecedores acesso ao mesmo portal interno usado pelos 12.000 funcionários da Pratt.

A Pratt também optou por software que permite aos usuários personalizarem os navegadores. Isso significa que, em alguns casos, o conteúdo é adaptado para um cliente que está autorizado a fazer compras. Para outros usuários — um engenheiro, por exemplo —, a tela irá proporcionar um modo de acompanhar o histórico de atualização de informações de qualquer motor ou peça em especial. Além disso, mais de 400 fornecedores agora têm acesso a desenhos e documentos das peças que constroem para a Pratt. Finalmente, as empresas parceiras e os clientes participam mais de perto de licitações de contratos no "Virtual Proposal Center", onde engenheiros, fornecedores e parceiros colaboram em uma proposta. Tempo economizado: 45 dias dos 90 típicos de um processo de proposta.

*Fontes*: Compilado de L. Rich, "Case Study: Pratt & Whitney". *CIO Insight*, 1º de junho de 2004; e *www.pratt-whitney.com*, acessado em 27 de fevereiro de 2005.

**PERGUNTAS**

1. Como os sistemas de informação da Pratt permitem que a empresa esteja mais perto de seus clientes?
2. É uma boa idéia permitir que os clientes da Pratt personalizem seus navegadores? Que problemas esse processo de personalização poderia gerar? Por exemplo, isso poderia levar a problemas de controle? Explique.

regras, um programador individual precisa gerenciar cada atapa da modificação. Como resultado, realizar mesmo a menor alteração pode demorar até três vezes mais do que antes.

No lado positivo, entretanto, os esforços da Blue Rhino para se adequar à Sarbanes-Oxley produziu alguns benefícios para a empresa. Por exemplo, a lei tornou urgente um esforço de reengenharia financeira que a empresa já havia iniciado. Ao enfrentar um crescimento na rede de varejo, a Blue Rhino estava se afogando no estoque. Esse problema ocorreu porque os distribuidores enviavam dados sobre contas a receber e a pagar para a sede aos poucos, no final de cada mês. Os membros da equipe de contabilidade tinham de inserir manualmente os dados em planilhas e, depois, integrar essas planilhas à rede corporativa central. Nesse sistema, fechar o livro-caixa poderia levar uma semana ou mais. Durante esse intervalo, os níveis do estoque no campo não eram monitorados com pontualidade suficiente.

Para resolver esse problema, a Blue Rhino documentou cada processo e os meios de proteção associados para garantir que essas informações não pudessem ser alteradas sem níveis de permissão apropriados. Implementar essa solução custou US$400.000 e levou meses de trabalho.

Os esforços para se adequar à Sarbanes-Oxley também ajudaram a Blue Rhino a descobrir processos que precisavam ser corrigidos com urgência embora não se relacionassem diretamente aos sistemas financeiros. Como exemplo, o departamento de recursos humanos costumava fornecer informações sobre cada nova contratação, como data de início e cargo, para o grupo de TI por telefone ou e-mail. Esse procedimento informal tornava lento o processo de colocar um empregado no fluxo de trabalho. Para agilizar o processo, a empresa desenvolveu uma aplicação de recursos humanos automatizada que envia imediatamente ao departamento de TI os detalhes sobre uma nova contratação.

A Blue Rhino também mudou seu sistema de compras de um processo manual para formulários on-line. Os distribuidores podem inserir seus pedidos nesses formulários, que são automaticamente enviados para a central de compras. Se o pedido for aprovado, com base nos limites de gasto e outros critérios, ele é atendido instantaneamente. Além disso, os dados pertencentes ao pedido serão compartilhados com a contabilidade, o estoque, a gestão de cadeia de suprimentos e os executivos da empresa.

Todo esse esforço teve um resultado interessante. Quando a Blue Rhino foi adquirida pela Ferrallgas Partners, em abril de 2004, foi vendida com um ágio de 22% sobre o preço das ações na época.

*Fontes*: Compilado de J. Rothfelder, "Better Safe Than Sorry: Blue Rhino Corp." *CIO Insight*, 1º de fevereiro de 2004; e *www.bluerhino.com*, acessado em 4 de março de 2005.

## 1.4 Gerenciando recursos de informação

Sem dúvida, uma organização moderna processa muitos recursos de informação. Recursos de informação é um termo geral que inclui todo hardware, software (sistemas de informação e aplicações), dados e redes de uma empresa. Além dos recursos de computação, existem inúmeras aplicações, e muitas outras estão continuamente sendo desenvolvidas. As aplicações têm enorme valor estratégico. As empresas precisam tanto delas que, em alguns casos, quando não estão funcionando (mesmo por um curto espaço de tempo), elas nem conseguem funcionar. Além disso, esses sistemas de informação são muito caros para adquirir, operar e manter. Desse modo, é essencial gerenciá-los corretamente.

Entretanto, está se tornando cada vez mais difícil gerenciar com eficiência os recursos de informação de uma organização. O motivo dessa dificuldade vem da evolução da função do SIG na organização. Quando as empresas começaram a usar computadores, no início da década de 1950, o *departamento de sistemas de informação (DSI)* possuía o único recurso de computação da organização, o mainframe. Nessa época, os usuários finais não interagiam diretamente com o mainframe.

Hoje, os computadores estão em toda parte da organização, e a maioria dos empregados usa computadores no trabalho. Esse sistema é conhecido como *computação para o usuário final*. Como resultado dessa mudança, o DSI não possui mais os recursos de informação da organização. Em vez disso, desenvolveu-se uma parceria entre o DSI e os usuários finais. O DSI agora age mais como um consultor para os usuários finais, vendo-os como clientes. Na verdade, a principal função do DSI é usar a TI para resolver problemas empresariais dos usuários finais.

### Que recursos de TI são gerenciados e por quem?

Como acabamos de dizer, a responsabilidade por gerenciar recursos de informação agora está dividida entre o DSI e os usuários finais. Esse arranjo levanta várias questões importantes: que recursos são gerenciados por quem? Qual o papel do DSI, sua estrutura e seu lugar dentro da organização? Qual é a relação correta entre o DSI e os usuários finais? Nesta seção, forneceremos respostas breves a essas questões.

Existem muitos tipos de recursos de sistemas de informação. Além disso, seus componentes podem vir de vários fornecedores e ser de diferentes marcas. As principais categorias de recursos de informação são hardware, software, bancos de dados, redes, procedimentos, ferramentas de segurança e instalações físicas. Esses recursos estão espalhados por toda a organização e alguns deles mudam freqüentemente. Portanto, podem ser difíceis de gerenciar.

Para, complicar ainda mais a situação, não há nenhum menu-padrão definindo como dividir entre o DSI e os usuários finais responsabilidade para desenvolver e manter recursos de informação. Em vez disso, essa divisão depende de muitos fatores: o tipo e a natureza da organização, a quantidade e o tipo dos recursos de TI, as atitudes da organização em relação à computação, as atitudes do gerente-geral em relação à computação, o nível de maturidade da tecnologia, a quantidade e a natureza do trabalho de TI terceirizado e mesmo o país em que a empresa opera. Falando de modo geral, o DSI é responsável pelos recursos em nível corporativo e compartilhados, e os usuários finais são responsáveis pelos recursos departamentais.

É importante que o DSI e os usuários finais trabalhem juntos e cooperem independentemente de quem está fazendo o quê. Vamos começar vendo o papel do DSI dentro da organização.

## O papel do departamento de SI

A função do diretor do DSI está mudando de um gerente técnico para um executivo sênior, que normalmente é chamado de **CIO** (Chief Information Officer). Como mostra o Checklist Gerencial 1.1, o papel do DSI também está mudando de um puramente técnico para um mais administrativo e estratégico. Por exemplo, o DSI agora é responsável por gerenciar a terceirização de projetos e por criar alianças comerciais com fornecedores e departamentos de SI de outras organizações. Como seu papel se expandiu muito, o DSI agora está diretamente subordinado a um vice-presidente sênior da administração ou mesmo ao CEO. (Antes ele estava subordinado a um departamento funcional, como contabilidade.) Em seu novo papel, o DSI precisa ser capaz de trabalhar de perto com organizações externas como fornecedores, parceiros comerciais, consultores, instituições de pesquisa e universidades.

Dentro da organização, o DSI e as unidades de usuários finais precisam ser parceiros próximos. O DSI tem a responsabilidade de definir padrões para compras de hardware e software, bem como para segurança da informação. O DSI também monitora compras de hardware e software de usuário e serve como guardião em relação ao licenciamento de software e downloads ilegais (por exemplo, arquivos de música).

## A TI oferece oportunidades de carreira

Como a tecnologia da informação é vital para a operação das empresas modernas, ela oferece muitas oportunidades de emprego. A demanda pela equipe de TI tradicional — como programadores, analistas de negócios, analistas de sistemas e projetistas — é significativa. Além disso, existem muitos cargos bem-remunerados em áreas emergentes, como Internet e comércio eletrônico, comércio móvel, segurança de rede, programação orientada a objeto, telecomunicações e projeto de multimídia. Para saber detalhes sobre carreiras na TI, veja *www.computerworld.com/careertopics/careers* e *www.monster.com*. Além disso, a Tabela 1.3 fornece uma lista dos empregos de TI juntamente com uma descrição de cada um.

---

### Antes de prosseguir...

1. Qual a importância dos usuários finais para o gerenciamento dos recursos de informação da organização?
2. Onde você acha que a equipe de TI deveria estar localizada? Descentralizada nas áreas funcionais? Centralizada no nível empresarial? Uma combinação dos dois? Explique sua resposta.

---

## 1.5 O plano deste livro

Agora que examinamos os fundamentos da tecnologia da informação e dos sistemas de informação, analisaremos rapidamente como este livro aborda esses aspectos. Um dos principais objetivos é ajudar o leitor a entender os papéis da tecnologia da informação nas organizações digitais modernas. O livro também é elaborado com o intuito de incentivar o pensamento estratégico sobre os sistemas de informação. Ou seja, queremos que você seja capaz de olhar para o futuro e ver como essas ferramentas podem ser úteis a você, sua organização e o mundo. Finalmente, o livro demonstra como a TI apóia todas as áreas funcionais da organização.

Este capítulo introduziu os conceitos básicos dos sistemas de informação nas organizações. O Capítulo 2 discutirá como as organizações estão usando os sistemas de informação para obter vantagem estratégica em um ambiente de negócios extremamente competitivo.

O Capítulo 3 aborda três tópicos vitais e oportunos: ética, segurança e privacidade. Escândalos empresariais, como o da Enron e o da Worldcom, enfatizaram a importância da ética. Ataques em nossos sistemas de informação (como vírus, *worms* e roubo de identidade) fazem com que seja essencial mantermos a segurança em mente todo o tempo. Finalmente, a miniaturização e a expansão das tecnologias de vigilância levam muitas pessoas a duvidarem se lhes restou alguma privacidade.

**Checklist Gerencial 1.1**
A mudança de papel do Departamento de Sistemas de Informação

| Principais Funções Tradicionais de SI |
| --- |
| ☐ Administrar o desenvolvimento de sistemas e o projeto de sistemas. |
| ☐ Administrar as operações dos computadores, inclusive o centro de computação. |
| ☐ Contratar, treinar e desenvolver funcionários com habilidades de SI. |
| ☐ Prestar serviços técnicos. |
| ☐ Planejar, desenvolver e controlar a infra-estrutura. |

| Principais Funções Atuais (de Consultoria) de SI |
| --- |
| ☐ Iniciar e projetar sistemas de informação estratégica específicos. |
| ☐ Incorporar a Internet e o comércio eletrônico à empresa. |
| ☐ Gerenciar a integração do sistema, incluindo Internet, intranet e extranets. |
| ☐ Ensinar TI aos gerentes de outros departamentos. |
| ☐ Educar a equipe de TI sobre a empresa. |
| ☐ Apoiar a computação de usuário final. |
| ☐ Trabalhar em parceria com os executivos. |
| ☐ Administrar a terceirização. |
| ☐ Usar proativamente o conhecimento técnico e empresarial para semear idéias inovadoras sobre a TI. |
| ☐ Criar alianças comerciais com fornecedores e departamentos de SI de outras organizações. |

A quantidade de dados disponíveis para nós está crescendo exponencialmente, significando que precisamos encontrar métodos e ferramentas para administrar esse fluxo. O Capítulo 4 discute como gerenciar dados de modo a usá-los para tomar decisões com eficácia.

O Capítulo 5 examina as redes e as comunicações, incluindo a Internet. Vivemos em um mundo conectado, e a importância das redes de computadores não pode ser subestimada.

O comércio eletrônico, facilitado pela Internet, revolucionou a maneira como as empresas operam atualmente. O Capítulo 6 aborda esse assunto importante. Uma das últimas tecnologias a impactar as organizações são as comunicações sem fio (wireless). Exploraremos essa tecnologia no Capítulo 7. O Capítulo 8 fornece um quadro detalhado dos vários tipos de sistemas de informação usados nas organizações de hoje. O Capítulo 9 discute os diversos sistemas de informação que apóiam a tomada de decisões gerencial. O Capítulo 10 observa como as organizações adquirem ou desenvolvem novas aplicações. Finalmente, os Guias de Tecnologia 1 (hardware) e 2 (software) fornecem uma visão detalhada dos dois componentes de TI mais elementares, que são a base para todos os sistemas de informação.

# O que a **TI** pode me proporcionar?

Agora que você tem uma idéia de como este livro está estruturado e organizado, concluiremos o capítulo discutindo como e por que a TI é relevante para alunos que cursam administração. À medida que você examina esta seção, tenha em mente que a tecnologia desempenhará um papel cada vez mais vital em cada função e departamento das organizações comerciais modernas.

### ■ **Para o setor de contabilidade**

Dados e informações são a alma da contabilidade. Os sistemas de processamento de transações — que agora são baseados na Web — capturam, organizam, analisam e disseminam dados e informações por toda a organização, normalmente por meio de intranets corporativas. A Internet aumentou significativamente o número de transações (especialmente globais) em que se envolvem as empresas modernas. Transações como cobrar clientes, preparar folhas de pagamento e comprar e pagar materiais geram dados que o departamento de contabilidade precisa registrar e controlar. Essas transações, particularmente com clientes e fornecedores, agora costumam ocorrer on-line, através de extranets. Além disso, os sistemas de informação de contabilidade precisam compartilhar informa-

**Tabela 1.3**   Cargos de tecnologia da informação

| Cargo | Descrição |
|---|---|
| Chief Information Officer (CIO) | O administrador de SI de nível mais alto; responsável pelo planejamento estratégico na organização |
| Diretor de SI | Responsável por administrar todos os sistemas na organização inteira e pelas operações cotidianas de toda a organização de SI |
| Gerente do centro de informações | Gerencia os serviços de SI, como suporte, hot lines, treinamento e consultoria |
| Gerente de desenvolvimento de aplicações | Coordena e gerencia os projetos de desenvolvimento de novos sistemas |
| Gerente de projetos | Gerencia o projeto de desenvolvimento de novos sistemas |
| Gerente de sistemas | Gerencia um sistema existente específico |
| Gerente de operações | Supervisiona as operações cotidianas do centro de dados e/ou computação |
| Gerente de programação | Coordena todos os esforços de programação de aplicações |
| Analista de sistemas | Realiza a interface entre usuários e programadores; determina requisitos de informação e especificações técnicas para novas aplicações |
| Analista de negócios | Focaliza o projeto de soluções para problemas empresariais; trabalha de perto com os usuários para mostrar como a TI pode ser usada de modo inovador |
| Programador de sistemas | Escreve o código de computador para desenvolver novas aplicações ou manter as existentes |
| Gerente de tecnologias emergentes | Faz previsões de tendências tecnológicas e avalia e experimenta novas tecnologias |
| Gerente de rede | Coordena e gerencia as redes de voz e dados da organização |
| Administrador de banco de dados | Gerencia os bancos de dados da organização e supervisiona o uso do software de gerenciamento de banco de dados |
| Gerente de auditoria ou segurança de computador | Gerencia o uso ético e legal dos sistemas de informação |
| Webmaster | Gerencia o website da organização |
| Web designer | Cria sites e páginas da Web |

ções com sistemas de informação de outras partes de uma grande organização. Por exemplo, informações transacionais de um SI de vendas ou marketing agora são também entrada para o sistema de contabilidade.

### ■ Para o setor de finanças

O mundo financeiro moderno depende da velocidade, do volume e da precisão do fluxo de informações. Os sistemas de informação e as redes tornam tudo isso possível. Os departamentos de finanças usam sistemas de informação para monitorar mercados financeiros mundiais e para fornecer análises quantitativas (por exemplo, para projeções de fluxo de caixa). Usam sistemas de apoio à decisão para apoiar a tomada de decisões financeiras (por exemplo, gerenciamento de portfólio). Os gerentes financeiros agora usam software de inteligência empresarial para analisar informações em data warehouses. Finalmente, sistemas de informação de grande porte (por exemplo, pacotes de planejamento de recursos empresariais) integram intimamente as finanças com todas as outras áreas funcionais dentro de uma empresa.

### ■ Para o setor de marketing

O marketing agora usa bancos de dados de clientes, sistemas de apoio à decisão, automação de vendas, data warehouses e software de inteligência empresarial para executar suas funções. A Internet criou um canal global inteiramente novo para o marketing através do business-to-business (empresa-a-empresa) e do business-to-consumer (empresa-a-consumidor). Ela também aumentou consideravelmente a quantidade de informação disponível aos consumidores, que, agora, podem comparar preços de modo rápido e abrangente. Como resultado, os vendedores se tornaram mais bem informados e sofisticados. Os gerentes de marketing, por sua vez, precisam dedicar-se mais para conquistar e manter clientes. Para atingir esse objetivo, agora usam software de gestão do relacionamento com o cliente. A Internet ajuda nisso porque permite um contato muito mais próximo entre o consumidor e o fornecedor.

### ■ Para o setor de produção/operações

As organizações estão competindo em termos de preço, qualidade, tempo (velocidade) e serviço ao cliente — gerando preocupações para o gerente de produção e operações. Cada processo nas operações de uma empresa que agrega valor a um produto ou serviço (por exemplo, adquirir estoque, controlar qualidade, receber matérias-primas e despachar produtos) pode ser aprimorado pelo uso de sistemas de informação baseados na Web. Além disso, os sistemas de informação têm permitido que a função de produção e operações vincule a organização com outras organizações na cadeia de suprimentos da empresa. Do projeto auxiliado por computador e fabricação auxiliada por computador até os sistemas de pedido baseados na Web, os sistemas de informação apóiam a função de produção e operações.

### ■ Para o setor de recursos humanos

Os sistemas de informação fornecem um valioso apoio para o gerenciamento de recursos humanos. Por exemplo, a manutenção de registros está significativamente melhor em termos de velocidade, conveniência e precisão, como resultado da tecnologia. Além disso, disseminar informações de RH através da empresa via intranets permite que os empregados recebam informações constantes e manipulem eles próprios muitos de seus interesses pessoais (por exemplo, configurar os próprios benefícios), sem ajuda do pessoal de RH. A Internet disponibiliza uma enorme quantidade de informações para quem procura emprego, aumentando a fluidez do mercado de trabalho. Finalmente, muitas carreiras exigem experiência no uso de sistemas de informação. Os profissionais de RH precisam ter conhecimento desses sistemas e habilidades para lidar com contratação, treinamento e retenção dentro de uma organização.

### ■ A função do SIG

O departamento de SIG apóia diretamente qualquer pessoa das outras áreas funcionais em uma organização. O objetivo geral do pessoal do SIG é resolver os problemas empresariais dos usuários por meio da tecnologia de informação. Freqüentemente, a função do SIG é estereotipada como sendo apenas programação de computador, mas não é bem assim.

Alguns empregados do SIG realmente escrevem programas de computador. Mais comumente, entretanto, eles agem como analistas, provendo uma interface entre usuários empresariais de um lado e os programadores do outro. Por exemplo, se um gerente de marketing precisar analisar dados que não estejam no data warehouse da empresa, ele deverá encaminhar seus requerimentos a um analista de SIG. O analista, então, trabalharia com o pessoal de banco de dados de SIG para obter os dados necessários e inseri-los no data warehouse.

## Resumo

### 1. Estabelecer as diferenças entre dados, informações e conhecimento

Os itens de dados se referem a uma descrição elementar de coisas, eventos, atividades e transações que são registradas, classificadas e armazenadas, mas não são organizadas para transmitir qualquer significado específico. Informações são dados que foram organizados de modo a terem significado e valor para o receptor. Conhecimento consiste em dados e/ou informações que foram organizados e processados para transmitir entendimento, experiência, aprendizagem acumulada e aplicados a um problema empresarial atual.

### 2. Estabelecer as diferenças entre infra-estrutura de tecnologia da informação e arquitetura de tecnologia da informação

A *arquitetura* de tecnologia da informação de uma organização é um mapa ou plano dos recursos de informação em uma organização. A arquitetura de TI integra todas as necessidades de informação da organização e todos os usuários individuais, a infra-estrutura de TI e todas as aplicações. A *infra-estrutura* de tecnologia da informação de uma organização consiste nas instalações físicas, nos componentes de TI, serviços de TI e gerenciamento de TI, que apóiam a organização inteira.

### 3. Descrever os componentes dos sistemas de informação baseados em computador

Um sistema de informação baseado em computador (SIBC) é um sistema de informação que usa tecnologia de computador para realizar algumas ou todas as tarefas pretendidas. Os componentes básicos de um SIBC são hardware, software, bancos de dados, redes de telecomunicações, procedimentos e pessoas. Hardware é um conjunto de dispositivos que recebe dados e informações, os processa e os exibe. Software é um conjunto de programas que permite que o hardware processe os dados. Um banco de dados é uma coleção de arquivos relacionados, tabelas, relacionamentos etc., que armazena dados e faz associações entre eles. Uma rede é um sistema de conexão (com ou sem fio) que permite que diferentes computadores compartilhem recursos. Os procedimentos são o conjunto de instruções sobre como combinar todos os componentes para processar informações e gerar a saída desejada. As pessoas são os indivíduos que trabalham com os sistemas de informação, interagem com eles ou usam sua saída.

### 4. Descrever os vários sistemas de informação de acordo com a extensão do apoio

Cada um dos sistemas de informação departamentais, também conhecidos como sistemas de informação de área funcional, apóia uma área funcional específica na organização. Dois sistemas de informação apóiam a organização inteira: os sistemas de planejamento de recursos empresariais (ERP) e os sistemas de processamento de transações (SPTs). Os sistemas de ERP integram firmemente o SI de área funcional através de um banco de dados comum, melhorando as comunicações entre as áreas funcionais de uma organização. Um SPT apóia o monitoramento, a coleta, o armazenamento e o processamento de dados das transações empresariais básicas da organização.

Os sistemas de informação que conectam duas ou mais organizações são chamados de sistemas de informação interorganizacionais (SIIs). Os SIIs apóiam muitas operações interorganizacionais, das quais o gerenciamento da cadeia de suprimentos é a mais conhecida. Os sistemas de comércio eletrônico permitem que organizações conduzam comércio eletrônico business-to-business (B2B) e business-to-consumer (B2C). Eles normalmente são baseados na Internet.

### 5. Identificar os principais sistemas de informação que apóiam cada nível organizacional

No nível de apoio administrativo, os empregados são auxiliados por sistemas de automação de escritório e sistemas de informações gerenciais. No nível operacional, os gerentes são auxiliados por sistemas de automação de escritório, sistemas de informações gerenciais, sistemas de apoio à decisão e sistemas de inteligência empresarial. No nível gerencial, os sistemas de informações gerenciais de área funcional (normalmente chamados apenas de SIGs) fornecem o principal apoio. Os gerentes intermediários também recebem apoio de sistemas de automação de escritório, sistemas de apoio à decisão e sistemas de inteligência empresarial. No nível dos trabalhadores do conhecimento, os sistemas especialistas, os sistemas de apoio à decisão e os sistemas de inteligência empresarial fornecem apoio. Os executivos são apoiados, principalmente, por sistemas de informação executiva.

### 6. Descrever como os recursos de informação são gerenciados e analisar os papéis do departamento de sistemas de informação e dos usuários finais

A responsabilidade por gerenciar recursos de informação é dividida entre duas entidades organizacionais: o departamento de sistemas de informação (DSI), que é uma entidade corporativa, e os usuários finais, que estão localizados em toda a organização. De modo geral, o DSI é responsável pelos recursos compartilhados e no nível corporativo, enquanto os usuários finais são responsáveis pelos recursos departamentais.

## Glossário

**arquitetura de tecnologia da informação** Mapa ou plano de alto nível dos recursos de informação em uma organização.

**banco de dados** Conjunto de arquivos relacionados, tabelas, relacionamentos etc. que armazena dados e as associações entre eles.

**cadeia de suprimentos** O fluxo de materiais, informações, dinheiro e serviços, desde os suprimentos de matéria-prima, passando pelas fábricas e pelos depósitos, até os consumidores finais.

**Chief Information Officer (CIO)** Executivo responsável pelo departamento de sistemas de informação em uma organização.

**conhecimento** Dados e/ou informações que foram organizados e processados para transmitir entendimento, experiência, aprendizagem acumulada e prática aplicados a um problema ou atividade empresarial atual.

**hardware** Conjunto de dispositivos (como processador, monitor, teclado e impressora) que, juntos, recebem dados e informações, os processam e os exibem.

**informações** Dados que foram organizados de modo a terem significado e valor para o receptor.

**infra-estrutura de tecnologia da informação** As instalações físicas, os componentes de TI, serviços de TI e pessoal de TI que apóiam a organização inteira.

**itens de dados** Descrição elementar das coisas, eventos, atividades e transações que são registradas, classificadas e armazenadas, mas não são organizadas para transmitir qualquer significado específico.

**pessoas** Indivíduos que usam o hardware e software, interagem com eles ou usam sua saída.

**procedimentos** Conjunto de instruções sobre como combinar os componentes dos sistemas de informação para processar informações e gerar a saída desejada.

**programa de aplicação** (também chamado de **programa**) Programa de computador projetado para realizar uma tarefa ou processo comercial específico.

**rede** Sistema de conexão (com ou sem fio) que permite que diferentes computadores compartilhem suas informações.

**sistema de informação (SI)** Programa que coleta, processa, armazena, analisa e dissemina informações para um fim específico; a maioria dos SIs é computadorizada.

**sistema de informação baseado em computador (SIBC)** Sistema de informação que usa tecnologia de computador para realizar algumas ou todas as tarefas pretendidas.

**sistema de processamento de transações** Sistema de informação que apóia o monitoramento, a coleta, o armazenamento e o processamento de dados das transações comerciais básicas da organização.

**sistemas de apoio a decisões (SADs)** Sistemas de informação que fornecem apoio baseado em computador para decisões complexas e especiais, principalmente para gerentes intermediários e trabalhadores do conhecimento.

**sistemas de automação de escritórios (SAEs)** Sistemas de informação que normalmente apóiam a equipe de apoio administrativo, os gerentes dos níveis inferior e intermediário, e os trabalhadores de conhecimento.

**sistemas de comércio eletrônico** Um tipo de sistema de informação interorganizacional que permite que as organizações realizem transações com outras empresas e com clientes.

**sistemas de informação de área funcional** (também chamados de sistemas de informação departamentais) Sistemas de informação projetados para resumir dados e preparar relatórios para as áreas funcionais, como contabilidade e marketing.

**sistemas de informação departamentais** (ver sistemas de informação de área funcional).

**sistemas de informação executiva (SIEs)** Sistemas de informação que apóiam os altos gerentes da organização, fornecendo acesso rápido, informações oportunas e acesso direto a informações estruturadas na forma de relatórios.

**sistemas de informação interorganizacionais (SIIs)** Sistemas de informação que conectam duas ou mais organizações.

**sistemas de informações gerenciais (SIGs)** Sistemas de informação que resumem dados e preparam relatórios, principalmente para gerentes intermediários, mas, algumas vezes, também para gerentes de níveis inferiores.

**sistemas de planejamento de recursos empresariais (ERP)** Sistemas que integram firmemente os sistemas de informação de área funcional através de um banco de dados comum.

**sistemas especialistas (SE)** Sistemas de informação que tentam imitar o trabalho dos especialistas humanos aplicando habilidades de raciocínio, conhecimento e experiência dentro de um domínio específico.

**software** Conjunto de programas que permite que o hardware processe os dados.

**tecnologia da informação** Conjunto de recursos de informação de uma organização, dos usuários desses recursos e dos gerentes que supervisionam esses recursos.

**trabalhadores do conhecimento** Profissionais que são especialistas em uma área específica e que criam informações e conhecimento.

## Perguntas para discussão

**1.** Analise a lógica de construir sistemas de informação de acordo com a estrutura hierárquica da organização.

**2.** Descreva como a arquitetura de TI e a infra-estrutura de TI estão inter-relacionadas.

**3.** A Internet é uma infra-estrutura, uma arquitetura ou um programa de aplicação? Por quê? Se não é nenhuma delas, o que ela é?

**4.** Os trabalhadores do conhecimento formam o maior segmento da mão-de-obra nas empresas norte-americanas hoje. Entretanto, muitos setores precisam de pessoal capacitado que não é trabalhador do conhecimento. Cite alguns exemplos desses setores. O que poderia substituir esse pessoal capacitado? Em que situações a economia dos Estados Unidos poderia precisar de mais pessoal capacitado do que de trabalhadores do conhecimento?

**5.** Usando a Figura 1.3 como guia, desenhe um modelo de uma cadeia de suprimentos tendo sua universidade como foco central. Tenha em mente que toda universidade possui fornecedores e clientes.

**6.** Explique como os sistemas de automação de escritório, os sistemas de informações gerenciais e os sistemas de apoio à decisão podem apoiar diversos níveis da organização.

## Atividades de solução de problemas

1. Caracterize cada um dos seguintes sistemas como um (ou mais) dos sistemas de apoio de TI:
   a. Um sistema de registro de alunos em uma universidade.
   b. Um sistema que aconselha médicos sobre qual antibiótico usar em determinada infecção.
   c. Um sistema de admissão de pacientes em um hospital.
   d. Um sistema que fornece a um gerente de recursos humanos relatórios sobre a remuneração de empregados por anos de serviço.
   e. Um sistema de robótica que pinta carros em uma fábrica.
2. Analise os sistemas das seguintes empresas, relacionadas neste capítulo, e identifique o apoio fornecido pela TI:
   - The Boston Red Sox
   - 7-Eleven
   - The Cunard Line
   - Commerce Bank
   - Pratt & Whitney
   - Trek Bicycle
   - Blue Rhino
   - Albertson's

## Atividades na Internet

1. Entre no site da *Dell.com* e descubra os sistemas de informação atuais usados pela empresa. Explique como as inovações dos sistemas contribuem para o sucesso da Dell.

2. Busque na Internet informações sobre a Homeland Security. Examine as informações disponíveis e comente o papel das tecnologias da informação na Homeland Security.

3. Acesse Truste (*www.truste.org*) e procure as orientações que os websites que exibem seu logo precisam seguir. Quais são as orientações? Por que é importante os websites serem capazes de exibir o logo do Truste?

4. Entre no site *cio.com* e encontre informações recentes sobre a mudança do papel do CIO e do DSI. Qual é o papel do CIO nas organizações de hoje?

## Trabalhos em equipe

1. Observe o caixa do seu supermercado. Encontre material na Web que descreva como o código escaneado pelo leitor ótico é traduzido para o preço pago pelo consumidor. (Dica: Procure em *www.howstuffworks.com*.)
   a. Identifique os seguintes componentes do sistema do supermercado: entradas, processos e saídas.
   b. Que tipo de sistema é o scanner (SPT, SAD, SIE, SE etc.)? Por que você o classificaria assim?
   c. Manter as informações eletronicamente no sistema pode gerar oportunidades para usos gerenciais adicionais dessas informações. Identifique esses usos.
   d. Os sistemas de caixa agora estão sendo substituídos por terminais e scanners de auto-atendimento. Compare os dois em termos de velocidade, facilidade de uso e problemas que possam surgir (por exemplo, um item que o scanner não reconhece).

2. Divida a classe em duas equipes. Cada qual escolherá o governo de um país e visitará seu website oficial (por exemplo, experimente Estados Unidos, Austrália, Nova Zelândia, Cingapura, Noruega, Canadá, Reino Unido, Holanda, Dinamarca, Alemanha e França). Por exemplo, o portal oficial da Web para o governo dos Estados Unidos é *www.firstgov.gov*. Examine e compare os serviços oferecidos por país. Como você classificaria os Estados Unidos? Você está surpreso com o número de serviços oferecidos pelos países através dos websites? Qual país oferece mais serviços? E qual oferece menos?

## A TI pode fazer o Albertson's sobreviver ao Wal-Mart?

### O PROBLEMA DA EMPRESA

O Wal-Mart mudou as regras de concorrência no seu setor. Usa seu forte poder de compra, sua mão-de-obra barata, lojas de vendas por atacado e seus centros de distribuição automatizados para superar as redes de supermercados existentes. A empresa vende hoje US$56 bilhões em itens de mercearia por ano.

O Wal-Mart está ameaçando o Albertson's, uma rede de supermercados com US$36 bilhões em faturamento (*www.albertsons.com*). O Wal-Mart tem um lucro de 3,3 centavos em cada dólar das vendas, comparado com apenas 1,4 para o Albertson's. Para piorar ainda mais a situação, os custos de distribuição e transporte do Albertson's são de 3% a 5% maiores que os do Wal-Mart.

O Albertson's costumava afirmar que suas lojas eram menores que as do Wal-Mart. Como resultado, os clientes podiam encontrar itens mais rapidamente e ter uma experiência de compras melhor. Entretanto, para competir com os supermercados tradicionais, o Wal-Mart respondeu com os Wal-Mart Neighborhood Markets, que são do tamanho do Albertson's e muito menores que os Supercenters Wal-Mart. Os Neighborhood Markets possuem menos caixas humanos que o Albertson's. Em vez disso, eles se baseiam pesadamente em caixas de auto-atendimento em que os clientes podem escanear e embalar suas próprias compras.

A realidade é que, comparado com o Wal-Mart, os custos do Albertson's são mais altos, os salários são maiores, os preços são mais altos e as margens de lucro são menores. O Wal-Mart também pode negociar preços melhores com os fornecedores e colocam esses produtos nas lojas com mais velocidade e menor custo.

### A SOLUÇÃO DA TI

O Albertson's está implementando muitas iniciativas de TI:

- Para agilizar a passagem no caixa, a empresa está instalando 4.500 terminais de auto-atendimento NCR nas 2.300 lojas, a um custo estimado de aproximadamente US$18 milhões. Os terminais ajudarão os clientes a saírem das lojas mais rapidamente e reduzirão os custos do Albertson's com pessoal.
- O Albertson's quer ocupar uma parte maior de cada cesta de compras. Para fazer isso, ele precisa conhecer melhor os clientes. Para atingir esse objetivo, a empresa instalou um data warehouse NCR Teradata na matriz para analisar dados corporativos e de clientes. Usando dados dos cartões de fidelidade do cliente, o Albertson's pode adequar as preferências de compra individuais aos estoques da loja. O Albertson's também pode iniciar ataques preventivos contra os concorrentes premiando os melhores clientes com promoções e preços especiais.
- O Albertson's está desenvolvendo portais da Web iSupplier, que permitem que os fornecedores vejam e aceitem pedidos de compra, bem como criem avisos de despacho. A empresa quer eliminar os pedidos de compra enviados pelos correios e acabar com as onerosas solicitações por telefone e fax.
- O Albertson's implementou o software de marcação de preços de varejo da KhiMetrics (*www.khimetrics.com*) para manter seus preços competitivos com os do Wal-Mart, ao mesmo tempo que maximiza a margem de lucro.
- A IBM está fornecendo um depósito para informações padronizadas sobre os produtos para o Albertson's. Além disso, o Albertson's pediu a todos os fornecedores que sincronizassem suas informações de produtos através da UCCnet (*www.uccnet.org*), uma organização setorial sem fins lucrativos. A UCCnet criou um banco de dados na Web de códigos de produto com 14 caracteres que espera que venha a substituir os atuais UPCs (Universal Product Codes). O objetivo é criar uma linguagem global para varejistas e fornecedores. Desse modo, os compradores do Albertson's podem conversar e "estar sincronizados" com fornecedores do mundo inteiro.
- Em seu escritório central, o Albertson's consolidou as operações financeiras em aplicações comerciais da Oracle. A empresa aplicou o PeopleSoft (agora pertencente à Oracle) todas as funções de recursos humanos.

## OS RESULTADOS

Apesar de todas essas iniciativas de TI, o resultado não é promissor para o Albertson's. Embora a empresa tenha sido capaz de reduzir os custos em mais de US$500 milhões, as despesas administrativas e operacionais continuaram a aumentar. Enquanto isso, o Wal-Mart continua a melhorar sua Retail Link Network, que oferece aos fornecedores informações sobre como seus produtos estão sendo vendidos nas lojas Wal-Mart. O Wal-Mart agora vende 50% mais itens de mercearia que o Albertson's. Na verdade, foram inaugurados 30 Wal-Mart Neighborhood Markets e 210 Supercenters somente em 2004. Como resultado, apesar de um pesado investimento em tecnologia da informação, o futuro do Albertson's a longo prazo é incerto.

*Fontes*: Compilado de M. Duvall e K. Nash, "Albertson's: A Shot at the Crown", *Baseline Magazine*, 5 de fevereiro de 2004; e *www.albertsons.com*, acessado em 19 de janeiro de 2005.

## PERGUNTAS

1. Que sistemas de informação o Albertson's está desenvolvendo na tentativa de competir com o Wal-Mart?
2. Você acha que, no longo prazo, o Albertson's será capaz de competir com o Wal-Mart? Por quê? (Dicas: Analise muitas variáveis, como níveis de salários e benefícios, fornecedores, nome e reputação da loja, quantidade e acessibilidade das lojas. Além disso, os Supercenters atraem consumidores que desejam comprar itens não perecíveis.)

# Capítulo 2

# A organização moderna na economia digital

## PRÉVIA DO CAPÍTULO

No Capítulo 1, discutimos o conceito de tecnologia da informação e como as empresas usam a TI em cada faceta de suas operações. Neste capítulo, abordaremos mais especificamente os papéis fundamentais e avançados que as tecnologias da informação exercem em ajudar empresas a sobreviverem e prosperarem no ambiente dinâmico, competitivo e global de hoje. Para isso, precisamos, primeiro, examinar como os negócios são conduzidos no início do século XXI. Também descreveremos como várias pressões estão forçando as empresas a mudarem da Velha Economia para a Nova Economia. Depois, demonstraremos que qualquer sistema de informação pode ser *estratégico*, o que significa que ele pode oferecer uma vantagem competitiva, se for usado corretamente. Ao mesmo tempo, também fornecemos exemplos de sistemas de informação que falharam, normalmente a um custo alto para a empresa. Terminamos o capítulo analisando por que você deve aprender sobre tecnologia da informação.

## Esboço do capítulo

2.1 Fazendo negócios na economia digital
2.2 Pressões comerciais, respostas organizacionais e apoio de TI
2.3 Vantagem competitiva e sistemas de informação estratégica
2.4 Por que você deve aprender sobre tecnologia da informação?

## Metas de aprendizagem

1. Descrever as características da economia digital e do e-business.
2. Analisar as relações entre pressões comerciais, respostas organizacionais e sistemas de informação.
3. Descrever os sistemas de informação estratégica (SIEs) e explicar suas vantagens.
4. Descrever o modelo das forças competitivas de Porter e como a TI ajuda as empresas a melhorarem suas posições competitivas.
5. Descrever cinco estratégias que as empresas podem usar para obter vantagem competitiva em seus setores.

## O que a **TI** pode me proporcionar?

CTB  FIN  MKT  GPO  GRH  SIG

## A TI pode diminuir o congestionamento nos principais aeroportos?

■ **O problema da empresa**

Se você já ficou horas a fio em filas aparentemente intermináveis em um aeroporto, esse caso sobre o Aeroporto Internacional de Toronto (*www.gtaa.com*) veio em boa hora. Quando o setor de aviação norte-americano foi desregulamentado em 1978, foi desenvolvido o sistema *hub-and-spoke* (sistema de conexão) para controlar os vôos. Um *hub* é um aeroporto central através do qual os vôos são direcionados. Desse *hub*, os vôos *spoke* (escala) levam os passageiros a seus destinos. As principais empresas aéreas possuem vários *hubs* (por exemplo, a Delta Airlines tem *hubs* em Atlanta, Cincinnati e Salt Lake City). Elas afirmam que os *hubs* lhes permitem oferecer mais vôos para os passageiros.

Os concorrentes questionam o argumento de que o *hub-and-spoke* é eficiente. Eles alegam que, embora os céus tenham sido desregulamentado, o solo não foi. As principais empresas aéreas, especialmente em seus aeroportos *hub*, geralmente ocupam terminais inteiros e, portanto, possuem acesso único a todos os portões nesses terminais. Como resultado, quando essas operadoras não estão usando um de seus portões, nenhuma outra empresa aérea pode usá-lo. Assim, o portão permanece desocupado enquanto os aviões dos concorrentes estão presos na faixa de aterrissagem ou são obrigados a atracar em portões alugados em um aeroporto menor e menos conveniente, localizado nas proximidades. Esse sistema ineficiente gerou grandes problemas de agendamento em relação aos portões disponíveis. Esses problemas, por sua vez, levaram a filas intermináveis no *check-in* e na segurança.

Em seus aeroportos *hub*, as grandes empresas aéreas podem alugar portões por até 30 anos em um trecho. Portanto, elas têm liberdade para instalar suas próprias redes de computador, executar seus próprios sistemas de telefonia e configurar terminais de computador proprietários. Como conseqüência, os principais aeroportos precisam acomodar diferentes sistemas proprietários de várias empresas aéreas. Esse arranjo também cria grandes ineficiências.

Uma solução para os problemas em grandes aeroportos é o "aeroporto de uso comum", que descreveremos adiante. Entretanto, as empresas aéreas que dominam seus *hubs* freqüentemente resistem a mudar para aeroportos de uso comum por receio de perder sua vantagem competitiva. Para entender como os aeroportos de uso comum poderiam tornar a viagem aérea mais eficiente, vamos dar uma olhada no novo Terminal 1 do Aeroporto Internacional de Toronto. (Ver *http://www.airport-technology.com/projects/toronto/images/overhead_t3.jpg*.)

■ **A solução da TI**

Nos aeroportos de uso comum, o aeroporto — não as empresas aéreas — gerencia a rede de telecomunicações, as telecomunicações, as entradas de vídeo, os balcões de *check-in*, os portões, a segurança e os sistemas de bagagem. O hardware, o software e as telecomunicações são padronizados em todo o aeroporto. Além disso, os balcões de *check-in* e os portões podem ser alternados harmoniosamente entre empresas aéreas, e os passageiros e os aviões deslocam-se com mais facilidade dentro e em torno do aeroporto.

No Terminal 1 em Toronto, o aeroporto instalou 50 terminais de *check-in* automáticos, 40 telefones de informação aos passageiros em quatro níveis diferentes do terminal, 250 balcões de *check-in* de passageiros, 450 monitores que informam sobre os vôos e as esteiras da bagagem (todos de tela plana), 300 quadros de mensagem eletrônicos e 9.700 placas informativas. O aspecto mais importante do grande projeto foi o uso do Internet Protocol (IP) para telefones, terminais de passagens e terminais de auto-atendimento para passageiros. Milhares de câmeras de segurança, fornecendo entradas de vídeo, transmitem através da rede IP e de aparelhos de televisão. Os passageiros e agentes do aeroporto podem ver essas informações nos monitores localizados nas áreas de espera, retirada de bagagem e bares e restaurantes. Essas informações incluem número do vôo, destino, tempo de embarque e condições do tempo na cidade de destino. Os passageiros sabem quando ir para os portões e quando embarcarão.

O custo dessas tecnologias da informação? Aproximadamente US$1 bilhão e quatro anos de trabalho.

■ **Os resultados**

O Terminal 1 foi inaugurado em abril de 2004. No final de junho, o aeroporto relatava um aumento de 15% no total de passageiros. O Terminal 1 administra passageiros de 800 vôos diários de 57 empresas aéreas, totalizando aproximadamente 10 milhões de passageiros por ano. O modelo de uso comum economiza dinheiro tanto das empresas aéreas quanto dos aeroportos. As empresas aéreas deixam de ter os custos e problemas de administrar seus sistemas de TI proprietários em cada cidade que servem. Ao mesmo tempo, os aeroportos podem criar uma fonte de renda inteiramente nova. Na verdade, o sistema de uso comum no Terminal 1 está poupando ao aeroporto de Toronto aproximadamente US$3 milhões por portão.

## ■ O que aprendemos com este caso

Este caso ilustra como uma organização pode usar a tecnologia da informação para obter uma vantagem competitiva na era digital. O novo sistema de informação no Aeroporto Internacional de Toronto ilustra os seguintes pontos.

- Algumas vezes, é necessário mudar os modelos e as estratégias empresariais para ter sucesso na economia digital.
- A TI permite que organizações obtenham vantagem competitiva e sobrevivam diante de sérias pressões comerciais.
- A TI pode exigir um grande investimento por um longo período.
- Uma infra-estrutura de computação em rede é necessária para apoiar grandes organizações hoje.
- Aplicações baseadas na Internet podem ser usadas para prestar um excelente serviço ao cliente.

Este caso mostrou que mesmo grandes organizações em setores maduros podem adotar medidas radicais, para encontrar meios de reduzir custos, aumentar a produtividade e melhorar o serviço ao cliente na luta pela concorrência. Esses esforços são mais bem realizados por meio de sistemas baseados na Internet, que são os principais capacitadores na transição para um *e-business* na economia digital. O Aeroporto Internacional de Toronto agora realiza várias funções eletronicamente para melhorar suas operações. O aeroporto usa os novos sistemas de informação no Terminal 1 para reduzir custos, aumentar lucros e melhorar a experiência do passageiro. Todas essas mudanças, em última análise, aumentarão a satisfação do cliente.

Na próxima seção, descreveremos as pressões sob as quais as empresas operam no ambiente extremamente competitivo de hoje. Também examinamos as atitudes que as empresas estão tomando para enfrentar essas pressões.

*Fontes*: Compilado de Dan Briody, "Seize the Gate", *CIO Insight*, 1º de julho de 2004; D. Grossman, "Disappearing Hub: It's a Myth", *USA Today*, 14 de março de 2005; e *www.gtaa.com*, acessado em 22 de fevereiro de 2005.

## 2.1 Fazendo negócios na economia digital

No século XXI, todas as organizações — comerciais, sem fins lucrativos, privadas, públicas — operam na **economia digital**, que é uma economia baseada nas tecnologias digitais. A economia digital também é chamada de *economia da Internet*, *nova economia* ou *economia da Web*.

Nessa nova economia, as infra-estruturas digitais proporcionam uma plataforma global sobre a qual pessoas e organizações interagem, comunicam-se, colaboram e procuram informações. Essa plataforma global inclui:

- Um grande número de produtos digitalizáveis, ou seja, produtos que podem ser convertidos para o formato digital. Os produtos digitalizáveis mais comuns são livros, revistas, programas de TV e rádio, filmes, jogos eletrônicos, CDs de música e software de computador.
- Consumidores e empresas que realizam transações financeiras digitalmente.
- Bens físicos, como aparelhos domésticos e automóveis, que contêm *chips* de computador e habilidades de conectividade incorporados.

Dentro da economia digital, as empresas cada vez mais realizam funções básicas — comprar e vender produtos e serviços, servir clientes e colaborar com parceiros comerciais — eletronicamente. Esse processo é conhecido como **e-business** (empresa eletrônica) ou **e-commerce** (comércio eletrônico). Organizações e pessoas usam tecnologias digitais para acessar informações armazenadas em muitos locais e para se comunicar e colaborar com outros tudo de seus computadores desktop ou laptop. Os computadores podem ser conectados ao ambiente de rede global conhecido como *Internet*, ou a um correspondente dentro das organizações, chamado de *intranet*. Além disso, muitas empresas conectam suas intranets com as intranets de seus parceiros comerciais através de redes chamadas de *extranets*. Essas conexões normalmente são feitas através de sistemas *wireline*. Desde 2000, porém, cada vez mais a comunicação e a colaboração estão sendo realizadas através de sistemas *wireless* (sem fio).

## A nova economia versus a velha economia

As tecnologias de informação trouxeram mudanças significativas ao modo como as organizações fazem negócios. Na verdade, essas tecnologias pavimentaram a estrada para a transformação da velha economia na nova economia digital. Aqui estão alguns exemplos que ilustram as diferenças.

### Exemplo 1: Matriculando-se em turmas

***Velha economia (o modo como a geração dos seus pais se matriculava)*** Você precisa visitar pessoalmente cada departamento para obter um cartão perfurado com as informações dos cursos. Depois, precisa ir ao departamento de matrícula para inserir os cartões. Lá, você espera em longas filas para ter os cartões processados por um funcionário.

***Nova economia*** Para matricular-se em turmas, você acessa o website do seu campus, faz o login no site de matrículas e matricula-se eletronicamente nas turmas sem sair da sua sala. O website verifica automaticamente os pré-requisitos, os excedentes, as turmas cheias e outras restrições.

### Exemplo 2: Fotografia

***Velha economia*** Você usa uma câmera com filme, que precisa ser comparado e revelado. Além disso, se quiser outras cópias precisa voltar à loja. Se a família e os amigos também quiserem cópias, então, você tem de ir aos correios para lhes enviar. É claro que, se quiser fazer filmes, precisa de um outro tipo de câmera.

***Nova economia*** A fotografia digital de primeira geração lhe permite digitalizar fotos tiradas usando o processo da velha economia. Após digitalizar as fotos, é possível ampliá-las ou enviá-las para parentes ou amigos via e-mail.

Na segunda geração da fotografia digital, as câmeras digitais agora são capazes de tirar fotos e fazer gravações sem a necessidade de filmes ou processamento. Você pode ver o resultado imediatamente e, depois, editá-lo no computador. Finalmente, é possível enviar fotografias para parentes e amigos, que podem receber em seus computadores, PDAs ou celulares.

Na fotografia digital de terceira geração, a câmera digital é integrada ao celular ou palmtop. É possível tirar fotos em qualquer lugar e, então, retransmiti-las em segundos para qualquer destino na Internet para exibição ou impressão. Os *paparazzi* usam essa tecnologia para vender imagens de celebridades para as revistas.

### Exemplo 3: Colocando combustível

***Velha economia*** Você dirige até um posto de gasolina, pede para abastecer o tanque e, depois, entra em uma fila para pagar o combustível, usando dinheiro ou cartão.

***Nova economia*** O motorista insere seu cartão no *slot* apropriado na bomba, recebe autorização para a compra, coloca o combustível e apanha um recibo antes de sair com o carro.

O Speedpass da Exxon Mobil (*www.exxonmobil.com*) é um exemplo da mais nova geração de sistemas *pay-at-the-pump* (literalmente, "pague na bomba"). Você simplesmente passa o *token* do Speedpass — que você leva em um chaveiro — em um sensor. O link sem fio de curta distância inicia um processo automático de ativação e autorização, e a compra total é, então, debitada de um cartão de crédito pré-aprovado. Você não precisa tirar seus cartões ou dinheiro do carro. É possível se cadastrar on-line para obter o Speedpass em *http://www.speedpass.com/care/signup.jsp*.

### Exemplo 4: Pagando o transporte na cidade de Nova York

***Velha economia*** Os nova-iorquinos usaram fichas por mais de 50 anos para o transporte em ônibus e metrô. As fichas substituíram o dinheiro, eliminando, assim, as longas filas de espera. Entretanto, elas custam mais de US$6 milhões por ano para fabricar, coletar e processar.

***Nova economia*** Os passageiros de ônibus e metrô agora usam MetroCards, que são vendidos em lojas de desconto. Chicago e Washington, D.C., assim como Paris e Londres, agora usam vale-transporte eletrônico. Em Hong Kong, milhões de trabalhadores usam cartões sem contato não só para transporte mas também para telefone, acesso à Internet, máquinas que vendem café ou lanches e muito mais. Os cartões sem contato não usam bateria nem energia. Quando estão próximos de uma leitora, eles são "acordados" pelas ondas eletromagnéticas. Um pequeno transmissor de rádio no cartão transmite as informações da conta para a leitora. Analisaremos os cartões sem contato no Capítulo 7.

Na próxima geração, os passageiros usarão dispositivos sem fio, talvez transportados em um chaveiro. Eles caminharão por uma leitora que debitará automaticamente a seus cartões de crédito, cartões de débito ou contas bancárias.

### Exemplo 5: Pagando mercadorias: a experiência no caixa

*Velha economia* Na "velha" velha economia, o cliente escolhe os produtos, espera na fila para que o caixa registre o preço de cada produto e faz o pagamento em dinheiro. Nem a loja nem o cliente mantém qualquer informação referente à compra.

Na primeira geração de caixas digitais, o cliente leva os itens para o caixa e o funcionário passa o item pela leitora ótica para capturar o preço e a descrição pelo código de barras. O caixa, então, imprime uma nota discriminada com o preço total. O comprador paga com dinheiro, cheque, cartão de crédito ou cartão de débito. As informações escaneadas para o banco de dados da loja ficam disponíveis quase instantaneamente para análise pela empresa. O sistema é um exemplo de *automação da entrada de dados*, que minimiza a participação das pessoas na entrada de dados.

Na segunda geração de caixas digitais, o consumidor leva seus itens a caixas terminal de auto-atendimento e ele mesmo passa o código de barra de cada item por uma leitora. Em seguida, paga com dinheiro, cheque, cartão de crédito ou cartão de débito. As informações são coletadas para uso futuro, como na geração anterior de caixas digitais.

*Nova economia* A tecnologia sem fio fixada em cada item lhe permite selecionar itens e passar por um scanner. O scanner lê os sinais emitidos de todos os itens simultaneamente e gera uma conta discriminada das compras. Então, totaliza os preços e debita automaticamente a quantia da conta escolhida para pagamento. As filas nos caixas são totalmente eliminadas e você se dirige para seu carro.

Em cada um dos exemplos anteriores, podemos ver as vantagens da nova economia sobre a velha economia em termos de, no mínimo, um dos seguintes itens: custo, qualidade, tempo, inovação e serviço ao cliente. Entretanto, a transformação da velha economia na nova economia pode ser penosa em alguns setores, como veremos no Quadro 2.1.

Agora que consideramos vários aspectos sobre como fazer negócios na economia digital, voltamos nossa atenção para as pressões que as empresas estão enfrentando e a algumas respostas a essas pressões.

---

### Antes de prosseguir...

1. Cite exemplos de tecnologias digitais.
2. Quais são as principais diferenças entre a velha economia e a nova economia?
3. Cite alguns outros exemplos da nova economia e da velha economia.

---

## 2.2 Pressões comerciais, respostas organizacionais e apoio de TI

As modernas organizações digitais precisam competir em um mercado desafiador — complexo, imprevisível, global, hipercompetitivo, que está mudando rapidamente e voltado para o cliente. As empresas precisam reagir rapidamente a problemas e oportunidades que estão surgindo nesse ambiente dinâmico.

### Pressões comerciais

O *ambiente empresarial* é a combinação de fatores sociais, jurídicos, econômicos, físicos e políticos que afetam as atividades comerciais. Mudanças significativas em qualquer um desses fatores provavelmente criam pressões comerciais nas organizações. As organizações normalmente respondem a essas pressões com atividades apoiadas pela TI. A Figura 2.1 mostra as relações entre pressões comerciais, respostas organizacionais e TI. Abordaremos três tipos de pressões comerciais que as organizações enfrentam: pressões do mercado, da tecnologia e sociais.

## TI E A EMPRESA

## 2.1 O setor imobiliário na nova economia

A Internet está mudando drasticamente a maneira como as pessoas procuram novas casas. Hoje, mais de 70% dos compradores procuram on-line antes de comprar uma casa, contra 41% em 2000. Com alguns cliques no mouse, o interessado vê fotografias, plantas baixas e, algumas vezes, videoclipes de todos os tipos de imóveis.

O que é menos óbvio é como todos esses ciber-compradores de imóveis estão mudando o setor imobiliário. Com essa abundância de dados na ponta dos dedos, eles estão se tornando mais instruídos e, por sua vez, estão usando esse conhecimento para ficar com os 6% de comissão que os corretores ganham em cada imóvel que vendem. As empresas estão respondendo às necessidades desses novos clientes virtuais. Por exemplo, usando a Web para cortar custos, a ZipRealty Inc. (*www.ziprealty.com*) pode repassar 20% da comissão para os compradores e 25% para os vendedores. A ZipRealty reduz os custos fazendo seus corretores trabalharem pela Internet em suas casas, e não em escritórios. Os corretores recebem treinamento on-line e ferramentas de vendas, o que os ajuda a vender duas ou três vezes mais casas que corretores convencionais.

Além disso, a HomeGain.com (*www. homegain.com*) e a LendingTree (*www.lendingtree. com*), dois líderes no setor de hipoteca, também terão um grande impacto sobre o setor imobiliário. Essas empresas estão usando a Web para identificar vendedores e compradores de imóveis e afunilá-los para os corretores. As empresas estão dando nomes de clientes potenciais para vários agentes imobiliários e deixando-os brigar. Esse processo pressiona os corretores a serem mais competitivos, a oferecerem um melhor serviço e a diminuírem preços. Em troca por ajudá-los a encontrar clientes de modo mais rápido e barato, os corretores pagam à HomeGain e à LendingTree até 35% de suas comissões quando fecham uma venda.

Um serviço melhor e comissões reduzidas afetam as expectativas do cliente. Como resultado, muitos corretores imobiliários estão reduzindo as comissões em meio às pressões dos clientes.

*Fontes*: Compilado de T. J. Mullaney, "Real Estate's New Reality", *BusinessWeek*, 10 de maio de 2004, p. 88, 90; *www.ziprealty.com, www.homegain.com* e *www.lendingtree.com*, acessados em 3 de março de 2005.

### PERGUNTAS
1. Como as empresas imobiliárias tradicionais devem competir na economia digital?
2. Como as taxas de comissão continuam a cair devido às pressões de preço, como o setor imobiliário será em cinco anos? O setor pode sobreviver em sua forma atual? Se não, o que pode vir a substituí-lo?

### Pressões do mercado
As pressões do mercado advêm da economia global e da concorrência acirrada, da natureza dinâmica da força de trabalho e do poder do consumidor. Veremos cada um desses fatores.

### *Economia global e concorrência acirrada*
A mudança para uma economia global foi facilitada pelas redes de telecomunicações avançadas, particularmente pela Internet. Acordos regionais, como o North American Free Trade Agreement (Nafta, que inclui os Estados Unidos, o Canadá e o México) e a criação de um mercado europeu unificado com moeda única — o euro —, contribuíram para um comércio mundial fortalecido.

Existe uma pressão importante para as empresas em um mercado global: o custo do trabalho, que varia muito entre países. Em geral, os custos de mão-de-obra são mais altos nos países desenvolvidos, como Estados Unidos e Japão, do que em países em desenvolvimento, como China e El Salvador.

Além disso, os países desenvolvidos geralmente oferecem mais benefícios aos empregados, como plano de saúde, o que torna o custo empresarial ainda mais alto. Portanto, muitos setores que dependem pesadamente de mão-de-obra mudaram suas operações para países com baixo custo de mão-de-obra. A TI facilitou muito a implementação dessas mudanças.

### *Natureza dinâmica da força de trabalho*
A força de trabalho, especialmente nos países desenvolvidos, está se tornando mais diversificada. Um número cada vez maior de mulheres, pais solteiros, minorias e pessoas com deficiência agora trabalha em

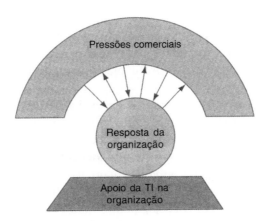

**Figura 2.1** Relações entre pressões comerciais, respostas organizacionais e TI.

todos os tipos de funções. A TI está facilitando a integração desses empregados na força de trabalho tradicional. Está permitindo que as pessoas trabalhem em casa.

### Poder do consumidor

A sofisticação e as expectativas do consumidor aumentam à medida que os consumidores se tornam mais instruídos quanto à disponibilidade e à qualidade dos produtos e serviços. Os clientes podem usar a Internet para encontrar informações detalhadas sobre produtos e serviços, comparar preços e adquirir itens em leilões eletrônicos.

A importância dos clientes obrigou as organizações a aumentarem os esforços para conquistar e manter os clientes. Um esforço para fazer apenas isso em uma empresa inteira é chamado de **gestão de relaionamento com o cliente (CRM).** Trataremos desse assunto no Capítulo 8.

### Pressões tecnológicas

A segunda categoria de pressões comerciais consiste nas pressões relacionadas à tecnologia. Duas importantes pressões relacionadas à tecnologia são a inovação tecnológica e a sobrecarga de informação.

### Inovação tecnológica e obsolescência

Tecnologias novas e melhoradas rapidamente criam ou apóiam substitutos para produtos, opções de serviço alternativas e qualidade excelente. Como resultado, os produtos de ponta hoje podem se tornar obsoletos amanhã. Por exemplo, com que velocidade os aparelhos de TV e os monitores de plasma estão substituindo os volumosos aparelhos de TV e monitores de pouco tempo atrás? Com que velocidade os antigos celulares comuns estão sendo substituídos pelos novos celulares com câmera? Essas mudanças significam que as empresas têm de acompanhar as demandas dos consumidores.

### Sobrecarga de informação

A quantidade de informações disponíveis na Internet mais do que dobra a cada ano, e grande parte dela é gratuita. A Internet e outras redes de telecomunicações estão trazendo uma enorme quantidade de informações para os administradores. Para tomar decisões de modo eficiente e eficaz, os administradores precisam ser capazes de acessar, navegar e utilizar esses vastos depósitos de dados, informações e conhecimento. As tecnologias da informação, como mecanismos de busca e data mining (abordado no Capítulo 4), proporcionam um importante apoio.

### Pressões sociais

A terceira categoria de pressões comerciais inclui responsabilidade social, regulamentação/desregulamentação governamental, gastos com programas sociais, gastos com proteção antiterrorismo e ética. Nesta seção, examinamos como todos esses elementos afetam as empresas de hoje.

### Responsabilidade social

Os aspectos sociais que afetam as empresas variam do estado do ambiente físico às contribuições das empresas para educação (por exemplo, empregando estagiários). Algumas organizações estão dispostas a gastar tempo e/ou dinheiro para resolver vários problemas sociais. Esses esforços são conhecidos como *responsabilidade social organizacional*.

Um problema social que afeta a empresa moderna é a exclusão digital. A *exclusão digital* se refere ao abismo entre os que têm acesso às informações e à tecnologia de comunicações e aqueles que não têm. Essa lacuna existe tanto dentro dos países quanto entre um país e outro.

Segundo relatórios das Nações Unidas, mais de 90% de todos os *hosts* da Internet estão localizados em países desenvolvidos, embora esses países contenham apenas 15% da população mundial. Aproximadamente 60% da população dos Estados Unidos têm acesso à Internet. Além disso, essa distribuição está altamente relacionada à renda familiar. Ou seja, quanto maior a renda familiar, mais provavelmente essa família terá acesso à Internet. Os governos estaduais e federal dos Estados Unidos estão tentando minimizar a exclusão digital dentro do país, apoiando a formação e patrocinando melhorias na educação e infra-estrutura.

Um dos desenvolvimentos que podem ajudar a promover a inclusão digital são os terminais de Internet em locais públicos e cibercafés. Nos Estados Unidos, computadores com acesso à Internet normalmente também estão disponíveis em bibliotecas públicas.

**Cibercafés** são locais públicos, como restaurantes e lanchonetes, em que terminais de Internet estão disponíveis, normalmente por uma pequena taxa. Os cibercafés existem em todas as formas e tamanhos, variando de uma rede de lanchonetes (*www.easyeverything.com* e *www.easy.com*) que inclui centenas de terminais em um único local (por exemplo, 760 em um café em Nova York) até um único computador em um canto de muitos restaurantes. De acordo com *www.cybercaptive.com*, em 2005 existiam aproximadamente 6.000 cibercafés, pontos de acesso público à Internet e terminais localizados em 161 países.

Os computadores surgiram em muitos outros locais públicos: lavanderias, bares de karaokê, livrarias, lojas de CD, redes de hotéis e lojas de conveniência. Alguns locais permitem acesso livre aos clientes; outros cobram uma pequena taxa.

Muitas outras organizações governamentais e internacionais também estão tentando minimizar a exclusão digital em todo o mundo. À medida que as tecnologias se desenvolverem e se tornarem menos caras, a velocidade em que a exclusão pode ser sanada irá acelerar. No exemplo a seguir, o Media Lab do Massachusetts Institute of Technology (MIT) responde a esse problema (*www.media.mit.edu*).

---

### Exemplo

---

#### MIT ajuda minimizar a exclusão digital

O Siengle é uma cidade no nordeste remoto do Camboja, onde a renda *per capita* média é de US$1 por dia. Na escola elementar de O Siengle, placas solares alimentam três computadores. Uma vez por dia, um "motoboy" da Internet passa lentamente com uma motocicleta Honda pela escola. No banco do carona, existe uma caixa de metal cinza com uma pequena antena. A caixa contém uma configuração Wi-Fi (sem fio) que permite que a caixa troque mensagens de e-mail com os três computadores. Durante esse curto período, então, o pátio dessa escola, que tem um poço com uma bomba d'água manual, se torna um *hot spot* de Internet.

Cinco dias por semana, cinco motoboys percorrem suas rotas, recebendo e enviando e-mails em várias cidades. Esse sistema está sendo chamado de "expresso digital". O sistema usa um receptor alimentado pela bateria da motocicleta. O motorista precisa apenas passar lentamente pela escola para baixar todos os e-mails recebidos e enviar os e-mails escritos no vilarejo. No final da tarde, os motoboys se encontram na capital da província, onde uma escola de ensino médio é equipada com uma antena parabólica que permite a troca de grande volume de e-mails com o mundo externo. O Media Lab do MIT fornece a tecnologia usada pelos motoboys.

Os usuários dizem que o sistema do motoboy está começando a mudar a vida das pessoas no Camboja. Por exemplo, os médicos do país agora têm acesso à telemedicina para ajudá-los nos diagnósticos. Eles podem enviar fotografias de pacientes, raios-X, ultra-sonografias e eletrocardiogramas para especialistas da Partners Telemedicine, em Boston. Os médicos do Massachusetts General Hospital e da Harvard Medical School, então, examinam os arquivos e enviam diagnósticos, tudo gratuitamente.

(*Fontes*: Compilado de J. Brooke, "Rural Camboja, Though Far Off the Grid, Is Finding Its Way Online", *New York Times*, 26 de janeiro de 2004; e *www.media.mit.edu*, acessado em 12 de março de 2005.)

### *Regulamentação e desregulamentação governamentais*

Outras pressões comerciais estão relacionadas com as regulamentações governamentais referentes ao controle da saúde, da segurança e do meio ambiente. As empresas costumam ver as regulamentações governamentais como caras restrições a suas atividades. Em geral, a desregulamentação governamental intensifica a concorrência.

### *Proteção antiterrorismo*

Desde 11 de setembro de 2001, as organizações estão sob pressão cada vez maior para proteger-se contra ataques terroristas. Além disso, os empregados que estão na reserva militar podem ser convocados para a ativa, criando problemas de pessoal. A tecnologia da informação pode ajudar a proteger as empresas fornecendo sistemas de segurança e, possivelmente, identificando padrões de comportamento associados a atividades terroristas, o que ajudará a prevenir ataques terroristas (inclusive ciberataques) contra as organizações. O próximo exemplo ilustra uma arma no ataque global ao terrorismo —, o software de reconhecimento facial —, que tem preocupado muitos defensores da privacidade.

### Exemplo

### Software de reconhecimento facial (biometria) ajuda na luta contra o terrorismo, mas preocupa defensores da privacidade

Os Estados Unidos estão prestes a exigir que os cidadãos tenham uma carteira de identidade que possa ser lida a distância. Em breve, os passaportes norte-americanos podem vir com *chips* de rádio embutidos. O congresso está considerando a obrigatoriedade do uso de tecnologia semelhante nas habilitações de motorista. O governo alega que as mudanças tornarão a nação mais segura contra terroristas. Entretanto, os defensores da privacidade temem que as informações possam ser roubadas ou mal utilizadas.

Em 2002, o Congresso aprovou o Enhanced Border Security Act. Uma provisão dessa lei exige que os novos passaportes sejam equipados com um *chip* com informações de identificação pessoal. Para essas informações, o governo escolheu o reconhecimento facial, que os defensores da privacidade consideram menos confiável do que alternativas como leitura da retina. O software de reconhecimento facial mapeia certos pontos do rosto de modo que a pessoa possa ser reconhecida mesmo que tente alterar a aparência, por exemplo, colocando uma barba, pintando o cabelo ou usando óculos. A leitura da retina emite luz no fundo do olho e mapeia o padrão dos vasos sanguíneos na retina. As leituras de retina são extremamente confiáveis porque os padrões de vasos sanguíneos na retina são únicos para cada indivíduo. Além disso, os chips com essas informações permitiriam que o governo lesse suas informações pessoais a mais de 15 metros de distância. Se os guardas de aeroportos e fronteiras podem ler secretamente as carteiras de identidade de todo mundo, então qualquer pessoa (desde terroristas a ladrões de identidade) com uma leitora de *chip* de rádio pode fazer o mesmo.

(*Fontes*: Compilado de J. Carrey, "Big Brother's Passport to Pry", *BusinessWeek Online*, 5 de novembro de 2004; e "LAPD May Use Facial Recognition Software", *NewsMax Wires*, 26 de dezembro de 2004.)

### *Aspectos éticos*

A ética relaciona-se a padrões gerais de certo e errado. A *ética da informação* se refere especificamente aos padrões de certo e errado nas práticas de processamento de informações. Os aspectos éticos são muito importantes porque, se tratados inadequadamente, podem danificar a imagem de uma organização e destruir o moral dos empregados. O uso da TI levanta muitas questões éticas, desde o monitoramento de e-mail até a invasão da privacidade de milhões de clientes cujos dados são armazenados em bancos de dados privativos e públicos. O Capítulo 3 examina os aspectos éticos em detalhes.

Claramente, então, as pressões sobre as organizações estão aumentando, e as organizações precisam estar preparadas para tomar atitudes responsáveis se quisessem ter sucesso. Exploraremos essas respostas organizacionais na próxima seção.

## Respostas organizacionais

As organizações estão reagindo às pressões que acabamos de discutir implementando TI como sistemas estratégicos, foco no cliente, make-to-order (fabricação sob encomenda), personalização em massa e e-business. O caso do Aeroporto Internacional de Toronto, no início do capítulo, ilustrou todas essas respostas. Discutiremos cada item em mais detalhes nesta seção.

---

**TI E A EMPRESA**

### 2.2 Ignore seus sistemas de informação por sua conta e risco

O Kmart e a Sears (*www.sears.com*) anunciaram uma fusão de US$11 bilhões no final de 2004. Em meio a toda a conversa sobre investimento imobiliário e conversão das lojas Kmart em Sears, os sistemas de informação de placas receberam apenas uma menção passageira. Nas palavras do CEO da Sears, A. J. Lacy, "tivemos cerca de US$12 bilhões em despesas de vendas, gerais e administrativas, e creio que há oportunidades nas áreas da cadeia de suprimentos, TI e administração." Na realidade, a empresa combinada provavelmente está a dois anos de começar a descobrir como fazer uso eficaz da TI para poupar dinheiro ou impulsionar as vendas.

A empresa combinada, Sears Holdings, pretende converter centenas das quase 1.500 lojas Kmart em lojas Sears. Os analistas dizem que a Sears Holding precisa decidir qual será sua estratégia comercial: uma revendedora de nível médio por catálogo? Uma operadora de megalojas nas áreas rurais? Ambas? Após a empresa tomar essas decisões estratégicas, ela terá de projetar processos de comercialização, preços, pagamento e outros para dar suporte à nova estratégia. Finalmente, ela precisa decidir que sistemas de informação são necessários para apoiar os processos e a estratégia.

Os analistas alertam, no entanto, que a empresa não pode demorar a integrar os sistemas de informação porque a tarefa é muito complexa. Segundo uma empresa de pesquisas, o Kmart possui três sistemas de gerenciamento de estoque, cinco sistemas de gestão de logística, cinco sistemas de gerenciamento da cadeia de suprimentos e quatro sistemas de planejamento de vendas. Já a Sears possui cinco sistemas de gerenciamento de estoque, quatro aplicativos de logística, cinco sistemas de cadeia de suprimentos e seis sistemas de planejamento de vendas.

Apenas para a parte de operações dos dois revendedores, as duas empresas possuem, atualmente, 37 sistemas, que são administrados por uma ampla gama de fornecedores.

Simplesmente deixar os sistemas existentes operando também não funcionará. A Sears Holdings precisa competir com empresas como o Wal-Mart e a Target, que operam com eficácia no ambiente comercial moderno. Comprando mercadorias globalmente, gerenciando informações com eficácia e instituindo processos de cadeia de suprimentos eficientes, o Wal-Mart tem sido capaz de superar rivais em quase todas as categorias. O Wal-Mart e a Target continuarão melhorando as vantagens estratégicas que estabeleceram através da TI. Enquanto a Sears Holdings planeja sua estratégia, o Wal-Mart e a Target estarão longe no uso da etiqueta de identificação por radiofreqüência (examinada no Capítulo 7), que aumentará as vendas e as ações.

*Fontes*: Compilado de L. Dignan, "Oh, Yeah, the Computers", *Baseline Magazine*, 6 de dezembro de 2004; *www.sears.com*, acessado em 21 de março de 2005; e "Sears Holdings Corporation", *http://premium.hoovers.com*, acessado em 14 de março de 2005.

**PERGUNTAS**

1. Discuta as razões por que a integração de TI entre Sears e Kmart será atrasada. Esse é o procedimento correto? Por quê?
2. Que vantagens o Wal-Mart tem sobre a Sears Holdings?

## Sistemas estratégicos

Os sistemas estratégicos proporcionam às organizações vantagens que lhes permitem aumentar sua fatia de mercado e/ou seus lucros para negociar melhor com fornecedores ou para evitar que os concorrentes entrem em seus mercados. No Quadro 2.2, a fusão do Kmart e da Sears ilustra a relação entre estratégia de negócios e sistemas de informação estratégica. Abordaremos os os sistemas estratégicos em detalhes na próxima seção deste capítulo.

## Foco no cliente

As tentativas organizacionais de prestar um serviço impecável ao cliente podem fazer a diferença entre conquistar e manter clientes por um lado e perdê-los para os concorrentes por outro. Muitas ferramentas de TI e processos comerciais foram projetados para manter os clientes satisfeitos. Por exemplo, considere a Amazon.com. Após a primeira visita ao website da Amazon, sempre que você visitá-lo novamente, será cumprimentado, pelo seu nome, receberá informações sobre livros que você poderia ler, com base em suas compras anteriores. Em outro exemplo, a Dell o conduz através do processo de compra de um computador apresentando informações e escolhas que o ajudam a tomar uma decisão de compra consciente.

## Make-to-order e personalização em massa

*Make-to-order* é uma estratégia de fabricar produtos e serviços personalizados. O problema empresarial é como fabricar produtos personalizados de modo eficiente e a um custo razoavelmente baixo. Parte da solução é mudar do processo de fabricação da produção em massa para a personalização em massa. Na produção em massa, uma empresa fabrica uma grande quantidade de itens idênticos. Na **personalização em massa**, ela também fabrica uma grande quantidade de itens, mas os personaliza para atender aos desejos de cada cliente. O próximo exemplo mostra como a TI facilita o processo de personalização em massa no setor da moda feminina.

---

### Exemplo

### Encontrando o jeans de caimento perfeito

Encontrar uma calça jeans que vista perfeitamente pode ser um verdadeiro pesadelo. Agora, a Bodymetrics (*www.bodymetrics.com*) desenvolveu o Full Body 3-D Scanner Structure Light System, que permite que os estilistas criem roupas de caimento perfeito. Quando um cliente sobe no *scanner* de corpo, em menos de 10 segundos ele captura mais de 200.000 pontos da aparência física do comprador através do reflexo de uma luz branca. Desses pontos, o scanner extrai mais de 100 medidas do corpo com precisão absoluta. Finalmente, ele as converte em uma simulação 3-D em um monitor de computador. Os resultados, então, são enviados por e-mail para a unidade de fabricação. O estilista inglês Tristan Webber propôs um novo conceito em roupas jeans, o Digital Couture, em conjunto com a Bodymetrics. Suas roupas são tão específicas para o corpo do consumidor que elas têm o nome do cliente e a data da leitura do *scanner* na etiqueta.

*Fontes*: Compilado de P. Hancocks, "Scanner Creates Perfect-Fit Jeans", *CNN.com*, 7 de janeiro de 2005; e *www.bodymetrics.com*, acessado em 21 de março de 2005.

---

### E-business e e-commerce

Como vimos no caso de abertura sobre o Aeroporto Internacional de Toronto, as empresas estão transformando parte ou todas as suas operações em *e-business*. Fazer negócios eletronicamente é a mais nova — e, talvez, mais promissora — estratégia que muitas empresas podem almejar. O Capítulo 5 abordará extensivamente esse assunto. Além disso, as aplicações de *e-commerce* (comércio eletrônico) aparecem por todo o livro.

Descrevemos as pressões que afetam as empresas no ambiente comercial moderno e como as organizações agem para lidar essas pressões. Para planejar as medidas mais eficientes, as empresas formulam estratégia. Na nova economia digital, essas estratégias se baseiam fortemente na tecnologia da informação, especialmente nos sistemas de informação estratégicos. Na próxima seção, trataremos da estratégia corporativa e dos sistemas de informação estratégica.

---

**Antes de prosseguir...**

---

1. Descreva algumas pressões que caracterizam o ambiente empresarial global moderno.
2. Cite algumas respostas organizacionais a essas pressões. Algumas das respostas são específicas para uma pressão em particular? Se sim, qual ou quais delas?

---

## 2.3 Vantagem competitiva e sistemas de informação estratégica

Uma estratégia competitiva é uma declaração que identifica as estratégias de uma empresa para competir, seus objetivos e os planos e políticas necessários para atingir esses objetivos (Porter, 1985). Por meio de sua estratégia competitiva, uma organização busca uma **vantagem competitiva** em determinado setor. Ou seja, ela busca superar seus concorrentes em alguma área, como custo, qualidade ou velocidade. A vantagem competitiva ajuda uma empresa a controlar um mercado e a gerar lucros acima da média.

A vantagem competitiva é ainda mais importante na economia digital do que na velha economia, como demonstramos em todo este livro. Na maioria dos casos, a economia digital não mudou o *negócio principal* das empresas. Ou seja, as tecnologias da informação simplesmente oferecem as ferramentas que podem aumentar o sucesso de uma organização através de suas fontes tradicionais de vantagem competitiva, como baixo custo, serviço excelente ao cliente e gerenciamento superior da cadeia de suprimentos. Os **sistemas de informação estratégica (SIEs)** proporcionam uma vantagem competitiva que ajuda a organização a implementar suas metas estratégicas e aumentar seu desempenho e produtividade. Qualquer sistema de informação que ajude uma organização a obter uma vantagem competitiva *ou* reduzir uma desvantagem competitiva é um sistema de informação estratégica.

### Modelo das forças competitivas de Porter

A estrutura mais conhecida para analisar a competitividade é o **modelo das forças competitivas** de Michael Porter (Porter, 1985). As empresas usam o modelo de Porter para desenvolver estratégias que aumentem sua vantagem competitiva. O modelo de Porter também demonstra como a TI pode tornar uma empresa mais competitiva.

O modelo de Porter identifica cinco grandes forças que poderiam ameaçar a posição de uma empresa em determinado setor. A Figura 2.2 destaca essas forças. Ao longo da última década, a Internet mudou a natureza da concorrência, e Porter (2001) conclui que o impacto *geral* da Internet deve aumentar a concorrência, o que influi negativamente na lucratividade. Vamos examinar as cinco forças e as maneiras como a Internet as influencia.

1. *A ameaça da entrada de novos concorrentes.* Para a maioria das empresas, a Internet *aumenta* a ameaça de que novos concorrentes entrem no mercado. A Internet reduz drasticamente as barreiras tradicionais à entrada, como a necessidade de uma força de vendas ou de um ponto físico para oferecer produtos e serviços. Agora, os concorrentes normalmente só precisam criar um website. Essa ameaça é particularmente intensa nos setores que desempenham o papel de intermediação, um elo entre compradores e vendedores (por exemplo, corretores de ações e agentes de viagem), bem como nos setores em que o produto ou serviço principal é digital (por exemplo, a indústria fonográfica). Além disso, o alcance geográfico da Internet permite que concorrentes distantes concorram mais diretamente com uma empresa existente.
2. *O poder de barganha dos fornecedores.* O impacto da Internet sobre os fornecedores é misto. Por um lado, os compradores podem encontrar fornecedores alternativos e comparar preços mais facilmente, reduzindo o poder de barganha do fornecedor. Por outro lado, como as empresas usam a Internet para integrar suas cadeias de suprimentos, os fornecedores participantes dessas cadeias prosperam por meio da união com clientes.
3. *O poder de barganha dos clientes (compradores).* A Web aumenta significativamente o acesso do comprador às informações sobre produtos e fornecedores. As tecnologias da Internet podem reduzir os *custos de mudança* dos clientes, que são os custos (em dinheiro e tempo) de uma decisão de comprar em outro lugar; e os compradores podem comprar mais facilmente de outros fornecedores. Desse modo, a Internet aumenta o poder de barganha dos clientes.

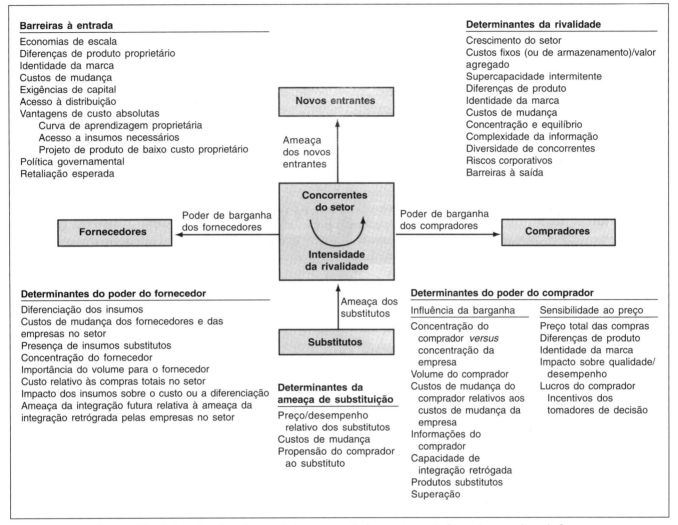

**Figura 2.2** Modelo das cinco forças de Porter, incluindo os principais determinantes de cada força.
(*Fonte*: Adaptado com permissão da Free Press, uma divisão da Simon & Schuster, Inc., de Michael Porter, *Competitive Advantage: Creating and Sustaining Superior Performance*, p. 6 © 1985, 1998 por Michael Porter.)

4. *A ameaça de produtos ou serviços substitutos*. Os setores baseados na informação são os mais ameaçados pelos substitutos. Qualquer setor em que informações digitalizadas possam substituir produtos físicos (por exemplo, música, livros, software) precisa ver a Internet como uma ameaça, pois a rede pode transmitir essas informações de maneira eficiente e barata.

5. *A rivalidade entre empresas existentes no setor*. A visibilidade das aplicações de Internet na Web torna mais difícil de manter segredo os sistemas proprietários. O resultado é uma diferença menor entre os concorrentes. Em termos simples, quando vejo o novo sistema on-line do meu concorrente, rapidamente implemento seus recursos para permanecer competitivo. De muitas outras formas, os sistemas baseados na Internet estão mudando a natureza da concorrência e mesmo a estrutura do setor. Por exemplo, a livraria Barnes & Noble, The Home Depot e outras empresas criaram divisões on-line independentes que estão concorrendo com as lojas físicas das empresas-mãe. As empresas que possuem operações de vendas tanto on-line quanto físicas são chamadas de empresas *click-and-mortar* (com vendas on-line e físicas) porque combinam operações *brick-and-mortar* (lojas físicas) e comércio eletrônico.

A concorrência também está sendo afetada pelo custo variável extremamente baixo dos produtos digitais. Ou seja, depois que o produto é desenvolvido, o custo de produzir "unidades" adicionais aproxima-se de zero. Considere a indústria da música. Quando os artistas gravam, as músicas são capturadas no formato digital. Fabricar produtos físicos, como CDs ou DVDs, para venda em lojas de música envolve custos. Os custos em um canal de distribuição físico são muito mais altos que os custos envolvidos na distribuição das músicas pela Internet na forma digital.

Na verdade, alguns produtos podem ser distribuídos gratuitamente. Por exemplo, alguns analistas preveem que as comissões para negociação de ações on-line chegarão perto de zero, porque os investidores podem acessar as informações necessárias através da Internet para tomar suas próprias decisões referentes à compra e à venda de ações. Os clientes não precisam mais de corretores para obter informações que eles mesmos podem conseguir praticamente de graça.

### Estratégias para obter vantagem competitiva

As organizações estão sempre tentando desenvolver estratégias para combater as cinco forças de Porter. Analisaremos cinco dessas estratégias aqui.

1. **Estratégia de liderança de custo**. Fabricar produtos e/ou serviços com o menor custo do setor. Um exemplo é o sistema de reposição de estoque automático do Wal-Mart, que permite à loja reduzir as necessidades de armazenamento de estoque. Como resultado, as lojas Wal-Mart usam o espaço físico para vender produtos, não para armazená-los, reduzindo, assim, os custos de estocagem.
2. **Estratégia da diferenciação.** Oferecer produtos, serviços ou características diferenciados. A Southwest Airlines, por exemplo, tem se diferenciado como uma empresa aérea expressa de curta distância e de baixo custo. Essa tem sido uma estratégia bem-sucedida para competir no setor altamente competitivo da aviação. A Dell também se diferenciou no mercado de computadores pessoais graças à sua estratégia de personalização em massa.
3. **Estratégia de inovação**. Lançar novos produtos e serviços, acrescentar novos recursos aos produtos e serviços existentes ou desenvolver novas formas de produzi-los. Um exemplo clássico é o lançamento dos caixas automáticos pelo Citibank. A conveniência e os recursos de redução de custos dessa inovação deram ao Citibank uma enorme vantagem sobre os concorrentes. Como muitos produtos inovadores, os caixas automáticos mudaram a natureza da concorrência no setor bancário. Hoje, um caixa eletrônico é uma *necessidade* competitiva para qualquer banco.
4. **Estratégia de eficácia operacional**. Melhorar a maneira como os processos empresariais internos são executados de modo que uma empresa realize atividades semelhantes melhor que as rivais. Essas melhorias aumentam a qualidade, a produtividade e a satisfação do empregado e do consumidor, ao mesmo tempo que diminui o time to market.* Por exemplo, as melhorias no Terminal 1 do Aeroporto Internacional de Toronto economizaram milhões de dólares ao aeroporto e às companhias aéreas.
5. **Estratégia de foco no cliente**. Concentrar-se em deixar os consumidores satisfeitos. Os sistemas baseados na Web são particularmente eficazes nessa área, pois podem proporcionar uma relação personalizada e individualizada com cada cliente. É interessante notar que a estratégia de foco no cliente pode ser uma faca de dois gumes, como mostra o Quadro 2.3.

---

**Antes de prosseguir...**

1. O que são os sistemas de informação estratégica?
2. Quais são as cinco forças que, segundo Porter, poderiam ameaçar a posição de uma empresa em seu setor ou mercado?
3. Que estratégias as empresas podem usar para obter vantagem competitiva?

---

### Falhas dos sistemas de informação

Até agora, apresentamos muitas histórias de sucesso. Entretanto, você pode perguntar: "A TI é só sucesso?" A resposta é "Absolutamente não". Existem muitas falhas e podemos aprender tanto com as falhas quanto com os sucessos. Forneceremos exemplos de falhas dos sistemas de informação em todo o livro. Nosso próximo exemplo descreve uma falha da TI.

---

* Tempo desde a concepção até a comercialização do produto. (N.T.)

## TI E A EMPRESA

### 2.3 TI ajuda a criar clientes diabólicos*

J. E. é um cliente diabólico, o pior pesadelo de um varejista. Quando decidiu comprar uma câmera de vídeo, pesquisou o produto on-line, visitou várias lojas varejistas de eletrônicos, fez inúmeras perguntas aos vendedores das lojas e testou rigorosamente vários modelos. Depois, foi para casa e comprou uma câmera on-line, com um desconto substancial. J. E. não está preocupado com fidelidade à marca ou com serviço ao cliente. Faz pesquisas nas lojas físicas, ocupando vendedores por horas. Pode até mesmo comprar um produto, testá-lo em casa por uma semana e devolvê-lo com restituição total do dinheiro. Depois, encontra a fonte mais barata possível onde comprá-lo, seja on-line ou nas lojas. É um comprador multicanais.

J. E. não está sozinho. Durante uma simples compra, os clientes normalmente revezam entre os mundos on-line e físico. Na verdade, desde o momento em que iniciam sua pesquisa até fecharem a compra, metade de todos os compradores multicanais troca de marca. Uma razão para esse comportamento é que a maioria dos varejistas fez pouca ou nenhuma tentativa de coordenar suas operações on-line e na loja. Em muitos casos, tratam as duas coisas como unidades comerciais completamente separadas. Alguns varejistas, como o Victoria's Secret Direct, sequer permitem que as compras feitas on-line sejam trocadas nas lojas. A Toys "R" Us delega toda a sua operação on-line à Amazon.com.

Os compradores multicanais também usam websites como *www.bondfaro.com.br*, *www.buscape.com.br* e *www.shoppinguol.com.br* para fazer pesquisas on-line. Esses sites fornecem comparações de preço, informações de produto detalhadas, dicas e feedback de clientes. Agora, eles incluíram mais informações confidenciais, como itens que um varejista atualmente está vendendo com prejuízo, quais varejistas possuem políticas de troca mais favoráveis e quais varejistas planejaram vendas futuras.

Os varejistas estão contra-atacando. Na The Gap, se um item com preço normal não estiver disponível na cor ou no tamanho certo em uma loja, a empresa o enviará de outra loja para a casa do cliente, sem qualquer custo adicional. Os clientes também podem fazer pedidos on-line dentro das próprias lojas The Gap.

A Recreational Equipment Inc. (REI) (*www.rei.com*) fez um investimento em TI para integrar seus bancos de dados de clientes e sistemas de estoque on-line e off-line. Quando clientes on-line querem evitar despesas de envio — que são significativos para itens grandes como canoas — podem apanhar os itens em sua loja local. Os esforços da REI têm obtido um grande sucesso. As retiradas na loja das vendas feitas on-line agora representam um terço das vendas on-line anuais da empresa. A REI também oferece aos clientes da loja acesso a informações de produtos em terminais.

A Best Buy (*www.bestbuy.com*) e a Circuit City (*www.circuitcity.com*) permitem que os clientes comprem produtos on-line e, depois, passem imediatamente na loja local para retirar suas compras. A Best Buy até responde com um e-mail, envia um assistente de vendas para tirar o item da prateleira e guardá-lo até que o cliente chegue para comprá-lo. Desse modo, os clientes podem ter certeza de que sua viagem à loja não será perdida.

*Fontes*: Compilado de N. McKay, "Two-Faced and Tight-Fisted", *CIO Insight*, 1º de dezembro de 2004; e J. Freed, "The Customer Is Aways Right? Not Anymore", *www.sfgate.com*, 5 de julho de 2004.

**PERGUNTAS**
1. Os clientes diabólicos são necessariamente algo ruim para os verejistas? Justifique sua resposta.
2. Explique como você lidaria com clientes diabólicos.
3. Explique como a tecnologia da informação cria clientes diabólicos.

---

**Exemplo**

### Sistema de informação do IRS apresenta mau desempenho

Um software projetado para fazer o Internal Revenue Service (IRS – Imposto de Renda) detectar e analisar casos de acesso não-autorizado aos dados dos contribuintes não tem funcionado corretamente desde que o IRS o recebeu. Segundo o inspetor-geral do departamento do tesouro nacional, esses problemas de software criam riscos de segurança e custam aos cofres públicos centenas de milhares de dólares a cada ano.

---

\* Clientes diabólicos (demon customer) são os clientes não-lucrativos. Os clientes lucrativos são denominados clientes angelicais (angel customers). (N. T.)

Em novembro de 2002, a Computer Sciences Corporation entregou o software Security Audit and Analysis System (SAAS) para o IRS. A aplicação destina-se a reunir informações de auditoria dos sistemas do IRS e armazenar essas informações em um banco de dados central que a administração do IRS pode acessar. O IRS queria que o sistema permitisse que os administradores gerassem relatórios e criassem consultas personalizadas para detectar atividades não-autorizadas. Ele também planejava usar o sistema para reconstruir eventos quando ocorressem atividades não-autorizadas. Entretanto, a equipe do inspetor-geral descobriu que o SAAS não permite que os usuários acessem seus dados depois de terem sido coletados. Ela também revelou que o IRS sabia que o SAAS estava incompleto, mas aceitou o sistema assim mesmo.

Os problemas com o SAAS têm um custo alto. Os auditores prevêem que o IRS gastará quase US$600.000 em custos de manutenção no ano fiscal de 2006 para continuar usando o sistema que o SAAS deveria substituir. Além disso, o IRS gastou US$400.000 no biênio 2004/2005 para pagar funcionários contratados para dar suporte ao sistema atual.

(*Fontes*: Compilado de L. Greenemeier, "Report Says IRS Software Program Is Not Doing the Job". *InformationWeek*, 31 de agosto de 2004; e *www.irs.gov*, acessado em 31 de março de 2005.)

Também é possível que muita TI possa ser "demais" para determinada situação. Na verdade, o Dollar General acha que quanto menos TI, melhor. Entretanto, como mostra o Quadro 2.4, esse método pode causar problemas.

Embora haja muitas razões pelas quais um projeto de TI pode falhar, uma das mais críticas é a nossa incapacidade de prever o futuro da TI com precisão. A tecnologia da informação está evoluindo e mudando continuamente de maneira rápida, como comentamos no Capítulo 1.

## Antes de prosseguir...

1. Por que os SIEs apóiam muitas estratégias corporativas?
2. Além de nossa incapacidade de prever o futuro, quais são as outras razões por que os projetos de TI podem falhar?

## 2.4 Por que você deve aprender sobre tecnologia da informação?

Em todo este capítulo, vimos que vivemos em uma economia digital e que as maneiras como vivemos e fazemos negócio estão mudando consideravelmente. Os impactos organizacionais da TI estão crescendo rapidamente, sobretudo com o surgimento da Internet e do comércio eletrônico. Estamos nos tornando cada vez mais dependentes dos sistemas de informação. Agora abordaremos mais detalhadamente o motivo pelo qual as pessoas em vários cargos comerciais devem conhecer melhor a tecnologia da informação.

### A TI é essencial para o trabalho nas organizações

De forma simples, as organizações não podem funcionar sem a tecnologia da informação. Por esse motivo, todo gerente e membro de equipe profissional deve aprender sobre TI dentro de seu campo de especialização, bem como em toda a organização e entre organizações.

Você será mais eficaz em sua carreira se entender como os sistemas de informação bem-sucedidos são construídos, usados e administrados. Você também será mais eficaz se souber como reconhecer e evitar sistemas malsucedidos. Finalmente, tornar-se conhecedor da TI pode aumentar suas chances de conseguir um bom emprego. Embora a informatização tenha eliminado alguns cargos, ela criou muitos outros.

### A TI reduzirá o número de gerentes intermediários

A TI torna os gerentes mais produtivos e aumenta o número de empregados que podem estar subordinados a um único gerente. Desse modo, diminui efetivamente o número de gerentes e especialistas. É razoável supor, então, que existirão menos níveis gerenciais em muitas organizações e que haverá menos gerentes de equipe e de linha.

### A TI mudará a função do gerente

Uma das tarefas mais importantes dos gerentes é tomar decisões. Como veremos no Capítulo 7, a TI pode mudar a maneira como muitas decisões são tomadas. Assim, em última análise, pode mudar as funções do gerente.

Muitos gerentes informaram que a TI finalmente lhes deu tempo para sair do escritório e ir para o campo. Eles também acham que podem passar mais tempo planejando atividades em vez de "apagando incêndios". Os gerentes agora podem obter informações para a tomada de decisão mais rapidamente, usando mecanismos de busca e intranets.

A TI tende a reduzir o tempo necessário para completar qualquer etapa no processo de tomada de decisão. Usando a TI corretamente, então, os gerentes hoje podem realizar tarefas de modo mais eficiente e eficaz.

Outro possível impacto na função do gerente é uma mudança nas necessidades gerenciais. O uso da TI pode levar as organizações a reconsiderarem as qualidades que desejam ver em um bom gerente. Por exemplo, muito do trabalho de um empregado normalmente é realizado on-line e armazenado eletronicamente. Para esses empregados, a supervisão eletrônica ou "remota" pode se tornar mais comum. A supervisão remota impõe mais ênfase no trabalho completado e menos nos contatos pessoais e nas políticas de escritório. A supervisão gerencial se torna particularmente difícil quando empregados trabalham em locais geograficamente dispersos, incluindo as próprias casas, distantes de seus supervisores.

### Meu cargo será eliminado?

Uma das maiores preocupações de todo empregado, seja de meio expediente ou tempo integral, é a segurança no emprego. Devido ao contexto economicamente difícil, à maior concorrência global, à demanda por personalização e à maior sofisticação do consumidor, muitas empresas têm aumentado seus investimentos em TI. Na verdade, à medida que os computadores ganham mais inteligência e habilidades, a vantagem competitiva de substituir pessoas por máquinas aumenta rapidamente. Por esse motivo, algumas pessoas acreditam que a sociedade está caminhando em direção a um aumento do desemprego. Outras discordam.

Outra preocupação de todos os empregados é a terceirização para países estrangeiros, como Índia, China e México, que têm salários muito mais baixos. Discutiremos a terceirização em detalhes no Capítulo 10.

### A TI influencia empregados no trabalho

Muitas pessoas experimentaram uma perda de identidade por causa da informatização. Elas se sentem como "apenas mais um número", porque os computadores reduzem ou eliminam o elemento humano que estava presente nos sistemas não computadorizados.

A Internet ameaça ter uma influência ainda mais isoladora que os computadores e a televisão. Se as pessoas são incentivadas a trabalhar e fazer compras em suas salas de estar, então, como resultado poderão surgir alguns efeitos psicológicos desagradáveis, como depressão e solidão. Nosso próximo exemplo mostra que algumas pessoas se tornaram tão viciadas na Internet que abandonaram suas atividades sociais regulares na escola, no trabalho ou em casa.

---

## Exemplo

### O vício da Internet afeta o exército finlandês

Alguns soldados da Finlândia foram dispensados de seu período de serviço militar porque estão viciados na Internet, segundo as Forças Armadas finlandesas. Os médicos descobriram que os jovens sentem tanta falta dos computadores que não conseguem suportar seis meses de serviço obrigatório nas Forças Armadas.

Como disse um comandante, "para pessoas que jogam na Internet toda noite e não têm amigos e *hobbies*, o ingresso nas Forças Armadas é um grande choque". Não existem números oficiais para o índice de "vício da Internet".

O exército manda os jovens para casa por três anos. Após isso, eles precisam voltar.

(*Fontes*: Compilado de "Web Addiction Gets Conscripts Out of Army", *Reuters*, 3 de agosto de 2004; e "Finnish Army Drops Web Addicts", *BBC News*, 5 de agosto de 2004.)

---

## TI E A EMPRESA

### 2.4 A Dollar General está realmente prosperando com a minimização da TI?

Agora que o Wal-Mart vende televisões de plasma e pacotes de férias juntamente com seu detergente barato, há espaço para redes dedicadas apenas a produtos de baixo preço. Essas redes normalmente são chamadas de "lojas de dólar" (correspondente às nossas populares lojas de "1,99"). É claro que, nem tudo na loja de dólar custa apenas um dólar. Entretanto, a combinação de xampus de US$1 e inseticidas de US$3 é um grande negócio. Em 2004, os consumidores gastaram US$16,6 bilhões nas cinco principais lojas de dólar, contra US$12,2 bilhões em 2003.

A Dollar General (*www.dollargeneral.com*) lidera o mercado do baixo preço, gerando mais de US$7 bilhões por ano em vendas nas mais de 7.000 lojas espalhadas por 30 estados. Em 2004, o Wal-Mart lucrou 3,5 centavos de dólar em cada dólar vendido. Nesse mesmo ano, a Dollar General ganhou 4,3 centavos de dólar, tornando a empresa 12% mais lucrativa que o maior varejista do mundo. Os lucros vêm da simplicidade da loja.

Embora os sete centros de distribuição da Dollar General tenham leitoras de radiofreqüência e software de gerenciamento de depósitos e logística, suas lojas usam pouquíssima TI. Não há uma rede, um e-mail ou um servidor local controlando o estoque. Um computador mainframe na matriz apura os registros de caixa de cada loja via satélite toda noite, registrando a quantidade de cada item vendido e em que local.

Cada caixa registradora vem equipada com um software simples que controla as vendas. A empresa vetou uma aplicação gráfica porque considera muito lenta e complicada de reiniciar após uma falta de energia. Esse é um problema freqüente para a Dollar General em áreas rurais no sul e centro-oeste dos Estados Unidos. Além disso, a Dollar General escolheu as comunicações por satélite depois que conexões lentas e falhas em cidades pequenas impediram de 5% a 8% de suas lojas de se conectarem com a matriz toda noite para apresentar relatórios de vendas importantes.

A Dollar General gasta menos em tecnologia por empregado todo ano — cerca de US$3.000 — do que qualquer uma das lojas de dólar concorrentes. Essa política ajuda a manter baixo o custo operacional da loja. Entretanto, também traz conseqüências negativas. Cerca de 3% das vendas desapareceram em 2004 devido a perdas, ou seja, roubo e danos. Os itens possuem código de barras, mas os empregados da loja não possuem leitoras ou software para verificar carregamentos e checar produtos, enquanto tiram centenas de caixas de papelão dos caminhões toda semana. A empresa também não tem qualquer sistema de estoque no nível da loja.

Os índices de perdas da Dollar General têm crescido constantemente desde 1998. Uma aplicação de prevenção de perdas instaladas para sinalizar transações incomuns nas caixas registradoras não fez diferença. A empresa instalou câmeras de vídeo nas lojas com altos índices de perdas. Significativamente, as lentes estão apontadas para os caixas, o estoque e o escritório da gerência. Os executivos seniores acreditam claramente que os empregados, e não ladrões de loja, são os responsáveis pelas perdas.

Entretanto, alguns gerentes de loja afirmam que o grande problema está no modo como os produtos são recebidos. Como os empregados não possuem leitoras ou software para verificar os produtos que chegam, qualquer coisa pode acontecer com as caixas depois que saem do centro de distribuição. Além disso, a aplicação de prevenção de perdas não faz nada para detectar ladrões de loja ou empregados que roubam caixas que saem do centro de distribuição.

*Fontes*: Compilado de Kim Nash, "Dollar General: 8 Days to Grow", *Baseline Magazine*, 1º de julho de 2004; *www.dollargeneral.com* e *http://company.monster.com/dgcorp/*, acessado em 30 de março de 2005.

**PERGUNTAS**
1. A Dollar General pode sobreviver com a minimização de TI? Fundamente sua resposta.
2. Você é o CIO da Dollar General. Você deveria expandir as funções de TI nas suas lojas? Quais delas você acrescentaria, se fosse o caso?

Outro possível impacto psicológico está associado ao ensino doméstico, que é muito mais fácil de realizar através da Internet (veja *www.homeschool.com*). Os críticos do ensino doméstico alegam que a falta de contato social pode prejudicar o desenvolvimento social, moral e cognitivo das crianças em idade escolar, que passam longos períodos trabalhando sozinhas no computador.

## A TI causa impacto à saúde e à segurança dos empregados

Os computadores e os sistemas de informação são uma parte do ambiente que pode afetar negativamente a saúde e a segurança das pessoas. Para ilustrar essa questão, discutiremos os efeitos do estresse associado ao trabalho, dos monitores de vídeo e do uso prolongado do teclado.

Um aumento da carga de trabalho e/ou das responsabilidades de um empregado pode disparar o *estresse associado ao trabalho*. Embora a informatização tenha beneficiado as organizações aumentando a produtividade, ela também criou uma carga de trabalho cada vez maior para alguns empregados. Alguns trabalhadores se sentem sobrecarregados e ficam cada vez mais ansiosos quanto ao desempenho profissional. Esses sentimentos de estresse e ansiedade podem diminuir sua produtividade. A responsabilidade da gerência é ajudar a amenizar esses sentimentos fornecendo treinamento, redistribuindo a carga de trabalho entre os empregados ou contratando mais trabalhadores.

A exposição aos *monitores de vídeo* gera o problema da exposição à radiação, que tem sido associada ao câncer e a outros problemas de saúde. Por exemplo, alguns especialistas afirmam que essa exposição por longos períodos pode danificar a visão da pessoa.

Finalmente, o uso prolongado do teclado pode levar a *lesões por esforço repetitivo (LERs)*, como dores nas costas e tensão muscular nos punhoss e dedos. A *síndrome de túnel do carpo* é uma forma especialmente danosa de LER que afeta os punhos e as mãos.

Os designers estão cientes dos problemas potenciais associados ao uso prolongado dos computadores. Para tratar esses problemas, eles têm procurado projetar um ambiente de computação mais confortável. A **ergonomia**, ciência de adaptar máquinas e ambientes de trabalho às pessoas, envolve a criação de um ambiente seguro, bem iluminado e confortável. Por exemplo, telas anti-reflexo têm ajudado a aliviar os problemas de visão cansada ou danificada. Além disso, cadeiras que se amoldam ao corpo humano têm ajudado a diminuir as dores nas costas. A Figura 2.3 mostra alguns exemplos de produtos ergonômicos.

## A TI oferece oportunidades para pessoas com deficiências

Os computadores podem criar novas oportunidades de emprego para pessoas com necessidades especiais ao integrar habilidades de reconhecimento de voz e visão. Por exemplo, as pessoas que não podem digitar são capazes de usar um teclado operado por voz, e pessoas que não conseguem se deslocar podem trabalhar em casa.

Equipamentos adaptáveis para computadores permitem que pessoas com deficiências realizem tarefas que normalmente não seriam capazes de realizar. A Figura 2.4 mostra um PC para usuários com deficiência visual, um PC para usuários com deficiência auditiva e um PC para usuários com deficiência motora.

Outros dispositivos ajudam a melhorar a qualidade de vida de pessoas com necessidades especiais de maneiras mais simples e úteis: um telefone de escrita bidirecional, um virador de páginas automático, uma escova de cabelos automática e um passeio virtual ao zoológico e ao museu para quem está em uma cama de hospital. Várias organizações lidam com a TI projetada para pessoas com deficiências.

### A TI melhora a qualidade de vida

Em uma escala maior, a TI exerce uma influência considerável na qualidade de vida. O local de trabalho pode ser expandido do emprego tradicional de 9 às 17 em um escritório no centro da cidade para 24 horas por dia em qualquer local. A TI pode proporcionar aos empregados uma flexibilidade que pode melhorar significativamente a qualidade do tempo de lazer, mesmo que não aumente o tempo total de lazer. Entretanto, a TI também pode colocar empregados em "prontidão permanente" de modo que nunca estejam realmente longe do escritório.

## Revolução robótica a caminho

Antes vistos principalmente nos filmes de ficção científica, os robôs que podem realizar tarefas práticas estão se tornando mais comuns. Na verdade, os "cyberpooches", os robôs-enfermeiros e outros seres mecânicos podem se tornar nossos companheiros a qualquer momento. Em todo o mundo, dispositivos semiautomáticos têm se tornado cada vez mais comuns em chãos de fábricas, corredores de hospitais e campos de cultivo. A Carnegie Mellon University, em Pittsburgh, por exemplo, desenvolveu tratores com piloto automático que colhem centenas de hectares de plantação, 24 horas por dia, na Califórnia. Esses tratores "robôs" usam sistemas de posicionamento global (GPS) combinados com processamento de imagens que identificam as filas de plantação não colhidas.

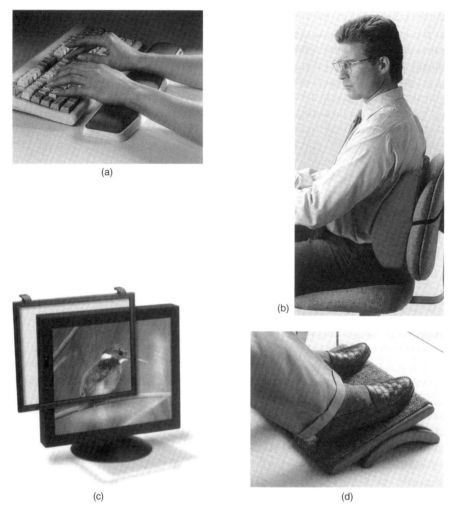

(a)

(b)

(c)

(d)

**Figura 2.3** Os produtos ergonômicos protegem os usuários de computadores. (a) Apoio para punho. (b) Apoio para coluna. (c) Filtro de proteção dos olhos. (d) Descanso de pé ajustável. [(a), (b) e (d) cortesia da Ergodyne; (c) cortesia da 3M.com)]

(a)                                    (b)                                    (c)

**Figura 2.4** Como permitir que pessoas com deficiências trabalhem com computadores. (a) PC para um usuário com deficiência visual, equipado com uma leitora ótica Oscar e uma impressora em Braille, ambos da TeleSensory. A leitora ótica converte texto em código ASCII ou em formato de processamento de texto proprietário. Os arquivos salvos no disco podem, então, ser traduzidos para Braille e enviados para a impressora. Os usuários com deficiência visual também podem ampliar o texto na tela instalando um software de ampliação TSR. (b) O PC para usuários deficientes auditivos é conectado a um telefone por um modem Ultratec InteleModem Baudolt/ASCH. O usuário está enviando e recebendo mensagens para e de alguém em um local remoto que está usando um dispositivo de telecomunicações para surdos (direita). (c) Essa pessoa com deficiência motora está se comunicando com um PC usando um apontador de cabeça ótico da Pointer Systems para acessar todas as funções do teclado em um teclado virtual exibido no monitor do PC. O usuário pode "acionar" uma tecla de duas maneiras. Pode focalizar a tecla desejada por um período de tempo definido pelo usuário (fazendo com que a tecla seja realçada), ou pode clicar um botão adaptado quando escolhe a tecla desejada. (*Fonte*: J. J. Lazzaro, "Computers for the Disabled", *Byte*, junho de 1993.)

Muitos dispositivos de robótica também estão sendo desenvolvidos para fins militares. Por exemplo, o Pentágono está pesquisando veículos com piloto automático e pequenos robôs de vigilância, sendo que cada um contribuiria com uma visão ou ângulo diferente de uma zona de combate.

Provavelmente haverá um longo tempo antes de vermos robôs tomando decisões por si mesmos, cuidando de situações incomuns e interagindo com pessoas. Entretanto, os robôs são extremamente úteis em vários ambientes, como veremos no Quadro 2.5.

### Avanços na medicina

A TI trouxe grandes avanços na área de saúde. Os médicos usam a TI para fazer diagnósticos melhores e mais rápidos e para monitorar pacientes com doenças graves de modo mais preciso. A TI também tornou mais eficiente o processo de pesquisa e desenvolvimento de novos medicamentos. Sistemas especialistas agora auxiliam no diagnóstico de doenças, e a machine vision está aprimorando o trabalho dos radiologistas. Recentemente, os cirurgiões começaram a usar a realidade virtual para planejar cirurgias complexas. Eles também estão usando um robô cirurgião para realizar cirurgias a longa distância, controlando os movimentos do robô. Cardiologistas podem interpretar a distância os sinais vitais dos corações dos pacientes (ver *http:// www.micromedtech.com/real/micromed01.html*). Finalmente, os médicos agora podem discutir casos médicos complexos não só por telefone, mas também com o apoio de imagens e sons.

O setor médico há muito tempo tem usado tecnologia avançada para diagnosticar e tratar problemas de saúde. Por exemplo, existe uma pílula com uma "câmera digerível" que, quando engolida, captura imagens coloridas do interior dos intestinos. Depois, transmite as imagens para um dispositivo sem fio instalado no cinto do paciente para exame posterior (visite *www.givenimaging.com* e veja a PillCam). Além disso, novas simulações de computador recriam o sentido do tato, permitindo que médicos em treinamento realizem procedimentos virtuais sem o risco de prejudicar um paciente real. O exemplo a seguir demonstra o uso da TI para combater infecções hospitalares.

---

### Exemplo

**Hospitais combatem infecções com dados**

A cada ano, 2 milhões de pacientes contraem infecções nos hospitais dos Estados Unidos, e aproximadamente 90.000 deles acabam morrendo. Apesar da gravidade desse problema, os médicos não têm uma forma sistemática de identificar de modo rápido e eficaz infecções que estão se espalhando por um hospital. Agora, os hospitais dos Estados Unidos estão adotando tecnologias de análise de dados para alertar os médicos para problemas que, de outra forma, poderiam ignorar.

Uma empresa que ajuda os hospitais a controlar as infecções é a MedMined (*www.medmined.com*). Os hospitais transmitem dados criptografados dos registros de pacientes e exames laboratoriais para a MedMined, que, então, usa o *data mining* (exploração de dados) para descobrir padrões incomuns no hospital. Por exemplo, o *data mining* pode descobrir traços comuns a pacientes com a infecção. A MedMined também analisa dados das salas de emergência e dos pacientes externos para detectar sinais de epidemias na comunidade e eventos de bioterrorismo.

Os hospitais têm um incentivo para tentar controlar as infecções. A fiscalização pública de infecções hospitalares está aumentando. Por exemplo, Illinois, Pensilvânia e Missouri criaram leis exigindo que os hospitais revelem publicamente seus índices de infecção, e projetos semelhantes estão em andamento na Flórida e na Califórnia.

(*Fontes*: Compilado de C. Lok, "Fighting Infections with Data", *MIT Technology Review*, outubro de 2004, p. 24; e *www.medmined.com*, acessado em 17 de março de 2005.)

---

Dos milhares de outros aplicativos relacionados à saúde, é interessante destacar os sistemas administrativos. Esses sistemas variam da detecção de fraudes de seguro e escalas de enfermagem ao gerenciamento de marketing e finanças.

A Internet contém enormes quantidades de informações médicas. Por exemplo, um site sobre câncer (*www.cancer.org*) apresenta uma grande gama de documentos, artigos, descrições de experiências pessoais,

## TI E A EMPRESA

### 2.5 Os robôs vêm aí

A primeira grande onda dos robôs industriais começou a aparecer nas fábricas na década de 1980. A maioria desses dispositivos era máquinas estacionárias que imitavam um braço, destinadas a executar tarefas monótonas, difíceis ou perigosas, como pintar com *spray* ou soldar. Hoje, em vez de trabalhar em tarefas apresentadas a eles por esteiras rolantes, os robôs móveis vão até o local onde o trabalho precisa ser feito.

### Limpando cascos de navios

A maneira tradicional de remover tinta antiga do casco de um navio envolve montar um andaime através do qual trabalhadores aplicam produtos de limpeza com ar comprimido. É uma tarefa suja e perigosa. Os trabalhadores se arriscam a cair dos andaimes, e o processo lança poeira tóxica contra o vento.

Para reduzir o trabalho envolvido no processo, a Ultrastrip Systems (*www.ultrastrip.com*) decidiu automatizar o processo construindo um robô autônomo. O robô se move sobre rodas de borracha direcionáveis e possui poderosos ímãs permanentes que aderem ao casco do navio. O robô é operado por uma pessoa que usa um joystick. Cada robô substitui 10 homens e a qualidade da superfície limpa é superior àquela obtida com o processo tradicional. Os robôs da Ultrastrip mantêm os navios da Carnival Cruise Lines impecáveis. Eles também trabalharam no USS *Cole* após ter sido danificado em um ataque terrorista.

### Descobrindo vazamentos subterrâneos

À medida que a rede de tubulação subterrânea dos Estados Unidos envelhece, as empresas de utilidades públicas se deparam com o desafio de localizar e consertar um número cada vez maior de vazamentos subterrâneos. Detectar um vazamento pode ser surpreendentemente difícil. É por isso que as empresas de utilidades públicas freqüentemente precisam cavar vários buracos para localizar um único problema.

Os fornecedores de gás natural no nordeste americano concluíram que poderiam reduzir os custos de manutenção se fizessem mais manutenção preventiva e menos procedimentos emergenciais. Essa é a idéia por trás do Explorer, um robô de inspeção de tubulação que se parece com uma corrente de salsichas de metal. Graças às suas múltiplas juntas, o robô Explorer, de 20 quilos, possui a impressionante capacidade de fazer curvas de 90 graus nos tubos de gás de 6 e 8 polegadas através dos quais ele se desloca. O robô, alimentado por bateria, é dotado de câmeras de vídeo com grande angular nas duas pontas. É auto-impulsionado por roldanas motorizadas fixadas nos pés tipo pés-de-pato, que fazem pressão contra as paredes de um tubo. (Ver *http://electronicosonline.com/imagenes/noticias/18082004.jpg*.)

### Robôs domésticos

Os robôs começaram a aparecer nos lares para diversas finalidades: tarefas repetitivas como aspirar o carpete, cortar o gramado, vigiar a casa e servir de companhia para as crianças. Embora não estejam no nível dos C-3PO e R2-D2 de *Guerra nas estrelas*, os robôs de hoje estão incrivelmente sofisticados. Aqui estão alguns exemplos.

O cão robô da Sony, Aibo, pode brincar de buscar, responder à voz do dono, tirar fotos e encontrar o carregador quando a bateria está fraca. (Ver *http://www-2.cs.cmu.edu/~robosoccer/image-gallery/legged/2003/aibo-with-ball12.jpg*.)

O Roomba é um aspirador de pó automático no formato de uma pílula redonda gigante. Um monitor de ultra-som o ajuda a não bater na mobília e um olho com infravermelho evita que ele caia das escadas. (Ver *http:/techdigestuk.typepad.com/tech_digest/roomba_virtual.JPG*.)

Da Yujin Robotics, o robô iRobi canta, dança e até ensina inglês para crianças pequenas. Quando a mãe está fora de casa, ela pode usar um link sem fio para observar a casa através dos olhos com câmera de vídeo do robô. Ela também pode enviar mensagens de vídeo para as crianças através de um monitor embutido. (Ver *http://www.liputan6.com/ln/img/070304aLnRobot.jpg*.)

A Honda Motor Co. desenvolveu novas tecnologias para os robôs humanóides ASIMO de última geração. A nova versão funcionará com mais eficácia, processando informações de modo mais ligeiro em ambientes reais. O ASIMO pode correr de maneira quase humana e tomar caminhos alternativos até um destino. (Ver *http://world.honda.com/HDTV/ASIMO/200412-run/index.html*.)

*Fontes*: Compilado de S.F. Brown, "Send in the Robots", *Fortune*, 24 de janeiro de 2005, p. 140 [C]-140 [L]; e C. Edwards, "Ready to Buy a Home Robot?" *BusinessWeek*, 19 de julho de 2004, p. 84-90.

### PERGUNTAS

1. Qual será o impacto sobre os empregos à medida que os robôs assumem cada vez mais tarefas anteriormente realizadas por seres humanos?
2. Que outras funções você acha que os robôs serão capazes de realizar no futuro?

sugestões de dietas e links para recursos globais para pessoas que sofrem de câncer. Ele também fornece informações sobre os últimos estudos de pesquisa e sobre o controle da dor. Além disso, ajuda as famílias de pacientes com câncer a lidar com seus problemas emocionais e financeiros.

Existem inúmeros sites dedicados a todos os tipos de assuntos de saúde. O supersite de saúde mais conhecido é o WebMD (*www.webmd.com*). Entre os sites específicos, o iEmily (*www.iemily.com*) fornece informações sobre a saúde física e mental das adolescentes. TeenGrowth (*www.teengrowth.com*) e KidsHealth (*www.kidshealth.org*) contêm artigos sobre saúde geral, sexual e emocional, bem como sobre aspectos de fisicultura, esportes, família e segurança. Organizados como revistas interativas, esses sites também oferecem fóruns de discussão, salas de bate-papo e hiperlinks para recursos relacionados.

Finalmente, epidemia de síndrome respiratória aguda grave (SARS) demonstrou como a TI pode apoiar as necessidades sociais e psicológicas dos pacientes. Tecnologias como webcams, telefones e videofones e software de webconferência permitem que pacientes fiquem em contato com seus parentes e amigos enquanto estão internados.

## Combate ao crime e outros benefícios

Outras melhorias na qualidade de vida proporcionadas pela TI se relacionam ao combate ao crime e outros serviços e benefícios governamentais. Aqui estão alguns exemplos de como os aplicativos de computador podem beneficiar a sociedade.

- Desde 1997, informações sobre estupradores estão disponíveis na Internet. As pessoas agora podem descobrir se criminosos anteriormente condenados estão morando na vizinhança.
- A cidade de Los Angeles possui um sofisticado programa de computador para informar e rastrear mais de 150.000 membros de gangues na cidade. O programa ajuda a reduzir significativamente os crimes associados a gangues.
- A geração de imagens eletrônicas e o fax eletrônico aprimoram as buscas de crianças desaparecidas. Além do website (*www.missingkids.com*), que recebe mais de um milhão de visitas por dia, o Center for Missing and Exploited Children (centro para crianças desaparecidas e exploradas) pode enviar fotografias de alta qualidade, além de texto, para muitos aparelhos de fax e equipamentos portáteis em viaturas de polícia. Os computadores aperfeiçoaram a qualidade da transmissão de fax e aumentaram o número de pessoas que recebem os anúncios.
- Um sistema de informação geográfica ajuda o departamento de polícia de San Bernardino a visualizar os padrões do crime e alocar recursos.
- Sensores eletrônicos e computadores reduzem o congestionamento de trânsito em muitas grandes cidades, de Los Angeles a Tóquio.
- A polícia agora pode rastrear chamadas de emergência (911) feitas de telefones celulares equipados com sistemas GPS.

### A TI é usada por todos os departamentos

Vimos no Capítulo 1 que os sistemas de TI integram todas as áreas funcionais de uma organização. Nos departamentos de *finanças* e *contabilidade*, por exemplo, os gerentes usam sistemas de TI para prever os lucros e as atividades comerciais, para determinar as melhores fontes e usos de fundos e para realizar auditorias para assegurar que a organização é fundamentalmente sólida e que todos os relatórios e documentos financeiros são precisos. O próximo exemplo ilustra como a Lei Sarbanes-Oxley está ajudando a Crown Media Holdings de duas maneiras diferentes.

---

### Exemplo

### Crown Media obedece à Sarbanes-Oxley

Como vimos no Capítulo 1, a Lei Sarbanes-Oxley de 2002 define uma série de prazos para empresas de capital aberto certificarem que seus resultados financeiros são corretos, que todas as informações materiais são prestadas pontualmente, e que elas possuem controles de processo blindados para proteger a integridade dos dados financeiros. A Crown Media Holdings (*www.crownmedia.net*), proprietária do Hallmark Channel, precisava produzir seu relatório de conformidade no final de 2004. Para atender a essa exigência, a empresa mapeou em seu balanço cada grande processo que ela usou para lidar com receitas e despesas de entrada e saída. Muitos desses dados estavam localizados em planilhas do Excel independentes, normalmente sem qualquer proteção para garantir que os números não eram alterados antes de serem consolidados nos resultados gerais da empresa.

A Crown Media enviou dados do Excel e os processos usados no registro de cada transação financeira para um software chamado Movaris Certainty (*www.movaris.com*), que foi especificamente projetado para cumprir a Lei Sarbanes-Oxley. O software produziu uma hierarquia de controles preventivos para cada divisão e para cada tipo de atividade financeira na empresa. Com esses controles, quando existe um descumprimento da lei ou um possível mau uso de dados internos, os executivos recebem um alerta que aponta o problema e aciona uma possível ação disciplinar ou de mitigação.

Esse processo deve satisfazer as exigências da Sarbanes-Oxley. Entretanto, ele também proporciona um benefício adicional para a Crown Media. O novo sistema tornou os dados financeiros internos instantaneamente disponíveis em toda a empresa. Essa disponibilidade permite à Crown Media realizar campanhas de marketing que as empresas maiores tradicionalmente têm sido capazes de realizar.

(*Fontes*: Compilado de J. Rothfeder, "Analysis: High Speed Compliance", *CIO Insight*, 1º de maio de 2004; e *www.crownmedia.net* e *www.movaris.com*, acessados em 22 de março de 2005.)

---

Nos departamentos de *vendas* e *marketing*, os gerentes usam a tecnologia da informação para realizar as seguintes funções:

- *Análise de produto*: desenvolvendo novos produtos e serviços
- *Análise de local*: determinando o melhor local para instalações de produção e distribuição
- *Análise de promoção*: identificando os melhores canais de propaganda
- *Análise de preço*: definindo preços de produtos para obter as maiores receitas totais

Os gerentes de marketing também usam a TI para administrar o relacionamento com os clientes.

Na *produção*, os gerentes usam a TI para processar pedidos de clientes, desenvolver cronogramas de produção, controlar os níveis de estoque e monitorar a qualidade dos produtos. Eles também usam a TI para projetar e fabricar produtos. Esses processos são chamados de CAD (projeto auxiliado por computador) e CAM (fabricação auxiliada por computador).

Os gerentes de *recursos humanos* usam a TI para selecionar candidatos a empregos, aplicar testes de desempenho em funcionários e monitorar a produtividade do trabalho. Esses gerentes também usam TI jurídica para analisar a legalidade e as garantias de produtos e para desenvolver documentos e relatórios jurídicos importantes. O exemplo a seguir demonstra como a PriceWaterhouseCoopers usa seu software de recursos humanos para obter uma vantagem competitiva.

---

### Exemplo

### O sistema de gerenciamento de recursos humanos da PWC

A PriceWaterhouseCoopers (PWC) (*www.pwc.com*) é uma grande empresa de consultoria global que viu a necessidade de tornar sua função de gerenciamento de RH mais dinâmica em todo o mundo. Muitas das filiais da empresa tinham seu próprio sistema de RH ou não tinham sistema algum. Essa ineficiência não só aumentava os custos, como também deixava a PWC sem qualquer processo de RH comum. Essa situação era um grande desafio porque, embora a PWC seja global, suas operações principais tendem a ser em nível local.

A PWC tratou esse problema instituindo um sistema de gerenciamento de RH em 12 países e 12 idiomas. A primeira vantagem advinda do novo sistema de RH foi a redução de custos e um processo comum para gerenciar o RH na empresa. A segunda vantagem é que a PWC agora pode oferecer um serviço melhor aos clientes. Quando a PWC vence uma concorrência, a empresa normalmente precisa montar uma equipe imediatamente. O novo sistema de RH permite que a PWC saiba quais funcionários estão disponíveis, quais possuem as qualificações para atender às necessidades do cliente e como a empresa pode contatá-los. A terceira vantagem foi que o novo sistema ajuda a PWC a administrar o risco e a exposição em um ambiente rigidamente regulado por meio da melhoria do acompanhamento e do cumprimento da lei. A PWC agora tem informações detalhadas sobre o que as pessoas estão fazendo e os clientes com quem elas estão trabalhando.

(*Fontes*: Compilado de *www.peoplesoft.com* e *www.pwc.com*, acessado em 7 de fevereiro de 2005.)

Esses são apenas alguns exemplos dos papéis da tecnologia da informação nas várias áreas funcionais de uma organização. Consideramos importante que alunos de diferentes áreas funcionais vejam o valor dos sistemas de informação em seus campos.

## Antes de prosseguir...

1. Quais são as principais razões por que é importante que os empregados em todas as áreas funcionais se familiarizem com a TI?
2. Por que é importante adquirir conhecimento sobre a tecnologia da informação se você não está trabalhando como funcionário de TI?

## O que a **TI** pode me proporcionar?

### Para a função de SIG

A função de SIG tem a responsabilidade de fornecer as informações de que cada uma das áreas funcionais necessita para tomar decisões. Para fornecer essas informações, o pessoal de SIG precisa entender as necessidades de informação dos gerentes de cada área funcional, bem como compreender a tecnologia. Portanto, achamos que o pessoal de SIG precisa pensar nas "necessidades empresariais" primeiro e na "tecnologia" depois.

## Resumo

### 1. Descrever as características da economia digital e do e-business

Realizar comércio eletrônico na economia digital significa usar sistemas baseados na Web e em outras redes eletrônicas. A economia digital baseia-se nas tecnologias digitais, incluindo redes de comunicações digitais (a Internet, intranets, extranets e outras), computadores, software e outras tecnologias da informação relacionadas. As infra-estruturas de rede digital tornam possível a economia digital porque proporcionam uma plataforma global através da qual pessoas e organizações interagem, comunicam-se, colaboram e buscam informações.

### 2. Analisar as relações entre pressões comerciais, respostas organizacionais e sistemas de informação

O ambiente empresarial é a combinação de fatores sociais, jurídicos, econômicos, físicos e políticos que afetam as atividades empresariais. Mudanças significativas em qualquer um desses fatores provavelmente criarão pressões comerciais. As organizações normalmente respondem a essas pressões com atividades apoiadas pela TI. Essas atividades incluem sistemas estratégicos, foco no cliente, *make-to-order* e personalização em massa e e-business.

### 3. Descrever os sistemas de informação estratégica (SIEs) e explicar suas vantagens

Os sistemas de informação estratégica apóiam ou modelam a estratégia competitiva de uma unidade empresarial. Um SIE pode mudar significativamente a maneira como os negócios são realizados para ajudar a empresa a obter uma vantagem competitiva ou reduzir uma desvantagem competitiva.

### 4. Descrever o modelo das forças competitivas de Porter e como a TI ajuda as empresas a melhorarem suas posições competitivas

As empresas usam o modelo de forças competitivas de Porter para desenvolver estratégias para obter vantagens competitivas. O modelo de Porter também demonstra como a TI pode aumentar a competitividade de uma empresa. Ele identifica cinco grandes forças que podem colocar em risco a posição de uma empresa em determinado setor: (1) a ameaça de entrada de novos concorrentes no mercado; (2) o poder de barganha dos fornecedores; (3) o poder de barganha dos clientes (compradores); (4) a ameaça de produtos ou serviços substitutos; e (5) a rivalidade entre empresas existentes no setor. A Internet mudou a natureza da concorrência. Porter conclui que o impacto *geral* da Internet é aumentar a concorrência, o que produz um impacto negativo sobre a lucratividade.

### 5. Descrever cinco estratégias que as empresas podem usar para obter vantagem competitiva em seus setores

As cinco estratégias são: (1) *estratégia de liderança de custo* — fabricar produtos e/ou serviços com o menor custo do setor; (2) *estratégia da diferenciação* — oferecer produtos, serviços ou características diferenciados; (3) *estratégia de inovação* — novos produtos e serviços, acrescentar novos recursos nos produtos e serviços existentes ou desenvolver novas formas de produzi-los; (4) *estratégia de eficácia operacional* — melhorar a maneira como os processos empresariais internos são realizados de modo que uma empresa realize atividades semelhantes melhor que as rivais; e (5) *estratégia de foco no cliente* — concentrar-se em deixar os consumidores satisfeitos.

## Glossário

**cibercafés** Locais públicos, como restaurantes e lanchonetes, em que terminais da Internet estão disponíveis, normalmente por uma pequena taxa.

**e-business/e-commerce** Realização de funções comerciais (comprar e vender produtos e serviços, servir clientes e colaborar com parceiros comerciais) eletronicamente, para melhorar as operações de uma organização.

**economia digital** Economia baseada nas tecnologias digitais, incluindo redes de comunicações (Internet, intranets e extranets), computadores, software e outras tecnologias relacionadas. Também é chamada de economia da Internet, nova economia ou economia da Web.

**ergonomia** Ciência de adaptar máquinas e ambientes de trabalho às pessoas, envolve a criação de um ambiente seguro, bem iluminado e confortável.

**gestão do relacionamento com o cliente (CRM)** Esforço de toda a empresa para conquistar e manter os clientes, normalmente apoiado pela TI.

*make-to-order* Estratégia de fabricar produtos e serviços personalizados.

**modelo das forças competitivas** Estrutura empresarial criada por Michael Porter, que analisa a competitividade reconhecendo cinco grandes forças que poderiam ameaçar a posição de uma empresa.

**personalização em massa** Processo de produção em que itens são fabricados em grandes quantidades, mas são personalizados para atender aos desejos de cada consumidor.

**sistemas de informação estratégicos (SIEs)** Sistemas que ajudam uma organização a implementar suas metas estratégicas e aumentar seu desempenho e produtividade.

**vantagem competitiva** Vantagem de algum tipo sobre os concorrentes, como custo, qualidade ou rapidez; leva ao controle do mercado e a lucros acima da média.

## Perguntas para discussão

1. Como a economia digital afetou a concorrência?
2. Reveja os exemplos de casos da nova economia, comparando-os com os da velha economia. De que maneira a TI fez diferença em cada caso?
3. A TI é uma arma estratégica ou uma ferramenta de sobrevivência? Faça uma análise.
4. Por que poderia ser difícil justificar um sistema de informação estratégica?
5. Descreva as cinco forças do modelo das forças competitivas de Porter e explique como a Internet afetou cada uma.
6. Por que a Internet foi chamada de criadora de novos modelos de negócios?
7. Discuta a idéia de que um sistema de informação por si só raramente pode oferecer uma vantagem competitiva sustentável.
8. Discuta as razões por que alguns sistemas de informação falham.

## Atividades de solução de problemas

1. Visite alguns websites que oferecem oportunidades de emprego na área de TI. Exemplos relevantes são: *www.hotjobs.com*, *www.monster.com*, *www.collegerecruiter.com*, *www.careerbuilder.com*, *www.directemployers.com*, *www.job.com*, *www.career.com*, *www.truecareers.com*. Compare os salários de TI com os salários oferecidos para contadores, pessoal de marketing, pessoal de finanças, pessoal de operações e pessoal de recursos humanos. Para obter outras informações sobre salários de TI, confira a pesquisa anual de salários da *Computerworld*.
2. Prepare um breve relatório sobre o papel da TI no governo. Comece com *www.whitehouse.gov/omb/egov*, *www.estrategy.gov*, *www.ctg.albany.edu* e *www.e-government.govt.nz*. Encontre planos de governo eletrônico (*e-government*) em Hong Kong e Cingapura (*www.info.gov.hk/digital21/e-gov/eng/index.htm* e *www.egov.gov.sg*).
3. O Wal-Mart pode oferecer "preços sempre baixos" principalmente como resultado da eficiência de sua cadeia de suprimentos facilitada pela TI. Visite *www.wal-mart.com* e examine os requisitos para se tornar fornecedor do Wal-Mart. Como o Wal-Mart pode impor requisitos tão rígidos a seus fornecedores?

## Atividades na Internet

1. Acesse os websites líderes no setor de viagem, como *www.orbitz.com*, *www.travelocity.com* *www.sidestep.com* e *www.expedia.com*. Examine e compare as características de cada site. Qual deles é mais fácil de usar? O mais útil? Explique por quê. Em seguida, descubra outros sites de viagem e compare-os com esses quatro.
2. Acesse *www.digitalenterprise.org*. Prepare um relatório sobre os desenvolvimentos mais recentes de comércio eletrônico na era digital.
3. Acesse *www.x-home.com* e encontre informações sobre a casa do futuro.
4. Experimente a personalização desenhando seus próprios sapatos em *www.nike.com*, seu carro em *www.jaguar.com*, seu CD em *www.easternrecording.com* e seu cartão de visitas em *www.iprint.com*. Resuma suas experiências.

## Trabalhos em equipe

1. Envie membros do grupo a cada uma das principais empresas de locação de automóveis. Pesquise as últimas estratégias referentes a serviço ao cliente. Visite websites e compare as descobertas. Peça a cada grupo que prepare uma apresentação sobre o motivo pelo qual sua empresa deve receber o título de "melhor prestador de serviço ao cliente". Além disso, cada grupo deve usar o modelo das forças competitivas de Porter para ajudar na justificativa.
2. Envie membros de grupo à UPS, FedEx, DHL e aos Correios. Peça a cada grupo que estude as estratégias de comércio eletrônico de uma organização. Depois, peça que os membros apresentem a organização, explicando por que ela é a melhor.

## Sobrevivendo na era digital: a história da Kodak

### O PROBLEMA DA EMPRESA

O principal desafio da Kodak (*www. kodak.com*) é substituir seu negócio altamente lucrativo de venda e revelação de filmes por um negócio digital com margens de lucro muito pequenas e complexidades técnicas que um forte reconhecimento da marca por si só não pode resolver. O negócio digital da Kodak promete aos clientes que eles podem pedir impressões em qualquer lugar a qualquer hora. À medida que a fotografia migra do filme tradicional para bits em redes, a Kodak precisa desenvolver uma série de serviços inteiramente novos para fornecer aos varejistas e outros parceiros comerciais. Caso contrário, a empresa simplesmente não sobreviverá.

Desde 1990, a Kodak investiu US$7 bilhões no desenvolvimento de câmeras digitais, impressão digital e outros produtos e serviços digitais. Além disso, em setembro de 2003, a empresa reduziu os lucros para investir mais de US$3 bilhões no desenvolvimento desses produtos. Apesar do grande investimento, as ações da Kodak caíram 70% desde 1998.

Para complicar a situação, impressoras fotográficas de alta qualidade agora estão disponíveis — e acessíveis — a fotógrafos profissionais e, também, amadores. Como resultado, os clientes agora podem evitar completamente a Kodak na captura, no processamento e na impressão de imagens. Para superar esse desafio, a Kodak precisa convencer seus clientes, cada vez mais independentes, de que ela continua sendo a (melhor) fonte para impressões de alta qualidade e baixo custo. A empresa também quer reconquistar seu papel de central intermediária de processamento de impressão. Para atingir esse objetivo, ela precisa desenvolver uma estratégia para dominar as comunicações e padrões de impressão globais. Esses padrões serão abertos e compartilhados não apenas com seus clientes varejistas e industriais, mas também com serviços de fotografia, fabricantes de câmeras e produtores de impressão rivais.

### A SOLUÇÃO DA TI

A Kodak está utilizando três estratégias para entrar na era digital. A primeira estratégia da empresa é servir o fotógrafo através do Ofoto.com. O serviço armazena fotos permanentemente de graça e, depois, cobra do cliente para imprimir e remeter as fotos.

A segunda estratégia da Kodak é o desenvolvimento do Common Picture Exchange Environment (CPXe). O CPXe é o conjunto de padrões que permitirá que a Kodak e seus clientes transmitam imagens de câmeras digitais, computadores pessoais e softwares de edição para serviços de fotoacabamento, em qualquer lugar. Os fotógrafos serão capazes de escolher entre esses fotoacabadores, como lojas ou quiosques em shoppings, minilaboratórios em farmácias, portais na Internet e uma fábrica de impressões mantida pela própria Kodak. Para tornar o CPXe um "ambiente comum", a Kodak precisará de muitos aliados, desde fabricantes de câmeras como Olympus, Canon e Nikon e a fabricante e reveladora de filmes rival Fuji até fabricantes de computadores e impressoras como Hewlett-Packard e Dell. A terceira estratégia da Kodak é investir no processamento de imagens médicas e em aplicativos digitais para o crescente mercado da impressão comercial.

### OS RESULTADOS

Em relação à primeira estratégia da Kodak, os fotógrafos digitais tiram muitas fotos, mas fazem poucas impressões. O Ofoto agora possui mais de 13 milhões de usuários registrados, mas apenas 1 milhão pediu uma impressão até hoje. Como resultado, a Kodak ainda não teve lucro com o Ofoto.

Quanto à segunda estratégia da Kodak, até agora, poucas empresas se dispuseram a participar do CPXe. Em vez disso, muitos concorrentes estão adotando, eles próprios, estratégias semelhantes. Por exemplo, os fabricantes de câmeras, da Canon à Sony, acreditam que podem se tornar tão importantes para os usuários da fotografia digital quanto a Kodak. Além disso, quase 80% da receita operacional da Hewlett-Packard vem do processamento e impressão de imagens. Os principais fornecedores de software para envio de documentos pela Internet, como Microsoft e Adobe Systems, estão buscando suas próprias estratégias de pedido de fotografias on-line. Muitas empresas dizem que o esforço da Kodak para ser tão completamente entrincheirada em todos os aspectos do mercado de imagem digital é exatamente o motivo pelo qual poucas empresas se uniram ao CPXe. Por exemplo, os fabricantes de câmeras e os fotoacabadores estão se associando entre si com base em hardware e software proprietários. Conseqüentemente, quase 90% de todas as imagens digitais são impressas em casa em impressoras a jato de tinta.

A terceira estratégia da Kodak tem se mostrado mais bem-sucedida. As vendas e os lucros pela captura e processamento de imagens para hospitais e outros prestadores de serviços médicos têm aumentado. No geral, entretanto, a margem de lucro bruto da Kodak caiu de 45% em 1998 para 32% em 2004. As câmeras digitais têm margens de lucro pequenas e o Ofoto não tem margem alguma. A despeito de todos os esforços, a Kodak ainda não mostrou como ganhará dinheiro na era digital.

(*Fontes*: Compilado de L. Barrett e D. F. Carr, "Eastman Kodak: Picture Imperfect", *Baseline Magazine*, 1º de setembro de 2004; e "Kodak Posts Loss, Citing Costs of Shifts to Digital Photography", *New York Times*, 23 de abril de 2005.)

### PERGUNTAS

1. A Kodak está implementando três estratégias de TI para competir na economia digital. Você acha que elas vão funcionar? Por quê?
2. Faça uma analogia entre a Kodak e os varejistas da indústria de música. Que impacto a era digital teve para cada um? A Kodak e os varejistas da indústria de música podem sobreviver?

# Capítulo 3

# Ética, privacidade e segurança da informação

## PRÉVIA DO CAPÍTULO

As tecnologias da informação, quando usadas corretamente, podem trazer enormes benefícios para indivíduos, organizações e sociedades inteiras. Nos dois primeiros capítulos, analisamos as diversas formas como a TI tem tornado as empresas mais produtivas, eficientes e receptivas aos consumidores. Também exploramos áreas como a medicina, em que a TI melhorou a saúde e o bem-estar das pessoas. Infelizmente, as tecnologias da informação também podem ser mal utilizadas, normalmente com conseqüências devastadoras. Considere o seguinte:

- Os indivíduos podem ter suas identidades roubadas.
- As organizações podem ter informações sobre clientes roubadas, levando a perdas financeiras e diminuição da confiança do cliente.
- Os países enfrentam a ameaça do ciberterrorismo e da ciberguerra.

Na verdade, o mau uso das tecnologias da informação está à frente de qualquer discussão sobre TI. Agora que você está familiarizado com as principais habilidades da TI, trataremos dos problemas complexos da ética, da privacidade e da segurança.

## Esboço do capítulo

3.1 Questões éticas
3.2 Ameaças à segurança da informação
3.3 Protegendo recursos de informação

## Metas de aprendizagem

1. Descrever as principais questões éticas relacionadas à tecnologia da informação e identificar as situações em que elas ocorrem.
2. Identificar as muitas ameaças à segurança da informação.
3. Entender os vários mecanismos de defesa usados para proteger os sistemas de informação.
4. Explicar a auditoria e o planejamento de TI para a recuperação de acidentes.

## O que a TI pode me proporcionar?

## O que a cidade do pecado pode ensinar ao departamento de segurança nacional

■ **O problema da empresa**

Nenhuma cidade tem atraído mais indivíduos suspeitos que Las Vegas. A "Cidade do Pecado" é a usuária mais atenta e diligente das tecnologias avançadas de vigilância, identificação, verificação de antecedentes e segurança. O problema empresarial é simples: apanhar os bandidos. A solução tecnológica, no entanto, é bastante complexa porque os cassinos utilizam um grande número de tecnologias da informação em seus esforços de segurança.

■ **A solução da TI**

### NORA e ANNA

O software NORA (Non-Obvious Relationship Awareness) pesquisa relações óbvias e não-óbvias entre dados armazenados em vários bancos de dados. O NORA identifica indivíduos de alto risco — de trapaceiros de cassino a terroristas — e, depois, compara o que sabe sobre eles com as informações nos bancos de dados de reservas de vôos, passaporte e outros.

O NORA é capaz de identificar todos os tipos de relações. Em termos técnicos, ele pode revelar conexões que abrangem mais de 30 graus de separação. O termo "grau de separação" se refere ao grau de proximidade que existe entre diversos tipos de dados. Geralmente, quanto menor o grau de separação, mais próximo o relacionamento. Por exemplo, duas pessoas que trabalham no mesmo cassino e declaram o mesmo endereço nos currículos apresentariam um grau de separação. O segundo grau poderia ser um fornecedor terceirizado que vende fichas para o cassino e que freqüentou a mesma faculdade que um dos dois empregados. O terceiro grau seria se esses três indivíduos mantivessem contas-correntes no mesmo banco. Visto que pode analisar mais de 30 graus, o NORA pode descobrir um grande número de conexões que podem indicar até as possibilidades mais remotas de riscos de segurança.

O software ANNA (Anonymized Data Analysis) permite que os investigadores pesquisem bancos de dados sem ver nomes, endereços e outras informações que estiverem examinando. Com o ANNA, os proprietários dos dados enviam esses dados a uma empresa terceirizada em formato codificado. Essa terceirizada age como mantenedora independente dos dados. Ela indexa o conteúdo e, depois, aplica outro nível de codificação que possibilita ler ou restaurar os dados ao formato original.

Os investigadores, então, realizam consultas nos dados codificados, mas não podem ver ou ler os nomes, endereços ou informações originais. Se as consultas dos investigadores indicam conexões, eles pedem ao mantenedor original dos dados as informações específicas por trás dessas conexões. Por exemplo, empregados de cassino que fazem muitas ligações de celular para criminosos seriam uma conexão suspeita.

### Monitoramento de clientes

Além desses sistemas, os cassinos usam vários dispositivos de alta tecnologia para criar perfis de possíveis trapaceiros. Entre essas tecnologias estão as câmeras de vídeo digital de segurança, software de reconhecimento facial e sistemas de rastreamento de transações.

A vigilância por vídeo digital permite que os cassinos gravem o que acontece no interior e no exterior de suas instalações 24 horas por dia, todos os dias. Um software de análise, então, pesquisa e analisa as imagens. O vídeo digital facilita a programação de sistemas de vídeo para alertar os operadores sobre atividades suspeitas. Comparado com a filmagem em VHS, o vídeo digital também gera melhores imagens faciais e reduz de horas para segundos o tempo necessário para localizar quadros de vídeo específicos.

O software de reconhecimento facial mede matematicamente características como a distância entre os olhos de uma pessoa ou a estrutura do maxilar para comparar um rosto com imagens armazenadas. Esses sistemas são projetados para descobrir disfarces. Os cassinos admitem, porém, que o software de reconhecimento facial sozinho não é suficiente. Por essa razão, contratam operadores treinados, incluindo guardas de segurança, supervisores de jogo, vigias contra fraudes e investigadores para tomarem decisões sobre as pessoas que desejam identificar. Esses operadores carregam PDAs ou laptops que recebem imagens de vídeo digital através de uma rede sem fio.

Os sistemas de monitoramento usados pelos cassinos são muito meticulosos. Por exemplo, se você chega de carro alugado ou de táxi, esses sistemas fotografam tanto você quanto a placa do veículo. Na verdade, eles fotografam você mesmo que chegue a pé. Além disso, raios X e cães farejadores de bombas verificarão suas bolsas, laptops e pacotes. Se você comprar mais de US$1.000 em fichas de uma só vez, o cassino secretamente faz uma investigação de lavagem de dinheiro. Se você ganhar mais de US$600, terá de apresentar duas formas legítimas de identificação antes de receber o dinheiro. Suas compras em bares ou restaurantes são gravadas. Se você usar dinheiro, o número de série de cada cédula é registrado. Se você fizer ligações telefônicas de seu quarto, mesmo chamadas locais "gratuitas", a hora, o número chamado e o tempo da ligação são registrados. Os pedidos de serviço de quarto e os filmes escolhidos também são registrados.

Alguns cassinos estão, até mesmo, usando fichas com etiquetas de identificação por radiofreqüência embutidas. O cassino pode monitorar os padrões de aposta e detectar tentativas de fraude — como movimentar as fichas depois que todas as apostas foram feitas.

### Monitorando funcionários

Os cassinos percebem que as pessoas e suas condições mudam o tempo todo. Por essa razão, não é suficiente verificar os antecedentes ou o crédito dos empregados antes da contratação. Os cassinos precisam saber o que está acontecendo com eles a cada instante. Para atingir esse objetivo, aplicam as mesmas tecnologias que usam para monitorar os clientes.

### Compartilhando informações

Os cassinos compartilham suas informações sobre clientes e empregados uns com os outros há anos. Eles também compartilham informações com o departamento de polícia de Las Vegas e o FBI. Por outro lado, o FBI envia aos cassinos um relatório diário por e-mail com nomes e descrições de suspeitos de terrorismo.

### ■ Os resultados

De acordo com o FBI, desde 2001, Las Vegas tem registrado o menor índice de crimes em comparação com qualquer outra cidade dos Estados Unidos com mais de 1 milhão de residentes. O departamento de segurança nacional e outras agências federais agora usam as mesmas tecnologias para procurar terroristas. Entretanto, a dúvida é se as agências compartilharão informações até o nível necessário. O chefe de segurança de um cassino em Las Vegas disse que, se as agências do governo estivessem usando essas tecnologias e compartilhando informações, poderiam ter apanhado os terroristas de 11 de setembro de 2001 e evitado os ataques.

### ■ O que aprendemos com esse caso

Os eventos de 11 de setembro de 2001 levaram a administração de Bush a criar o departamento de segurança nacional. Os ataques e a resposta do governo geraram um intenso debate sobre até que ponto os cidadãos norte-americanos precisam (e estão dispostos a) abrir mão da privacidade em troca de mais segurança. Esse debate envolve tanto as estratégias governamentais para proporcionar essa segurança quanto as questões éticas envolvidas nessas estratégias.

As lições que podemos aprender com os cassinos de Las Vegas tratam dos três importantes aspectos discutidos neste capítulo: ética, privacidade e segurança. Cada um desses aspectos está intimamente relacionado à TI e traz à tona questões significativas. Por exemplo, é ético os cassinos coletarem tantas informações sobre cada visitante? Esse monitoramento tão rigoroso é necessário? A vigilância intensificada, por definição, leva a uma perda de privacidade ao mesmo tempo que aumenta a segurança. Vale a pena trocar privacidade por segurança? Quanta privacidade será e deverá ser perdida para se obter o nível desejado de segurança? Finalmente, quem deve tomar essas decisões?

As respostas a essas e outras questões não estão claras. À medida que examinarmos ética, privacidade e segurança no contexto da tecnologia da informação, você adquirirá um entendimento melhor desses aspectos, sua importância, suas relações e suas compensações.

*Fontes*: Compilado de L. Barret e S. Gallagher, "What Sin City Can Teach Tom Ridge", *Baseline Magazine*, 4 de abril de 2004; R. Jarvis, "Cassinos Bet Big on RFID", *Business 2.0*, 23 de março de 2005; e *http://lasvegas.about.com/cs/casinohotelsjobs/Security.htm*, acessado em 3 de março de 2005.

## 3.1 Questões éticas

Como discutimos no Capítulo 2, a ética lida com o que é considerado certo e errado. Antes de prosseguir, é muito importante que você perceba que o que é *antiético* não é necessariamente *ilegal*. Na maioria dos casos, então, uma pessoa ou organização diante de uma decisão ética não está considerando se deve infringir a lei. Entretanto, isso não significa que as decisões éticas não tenham sérias conseqüências para as pessoas, as organizações ou a sociedade como um todo.

Decidir o que é certo e o que é errado nem sempre é fácil ou simples. Por essa razão, muitas empresas e organizações profissionais desenvolvem seus próprios códigos de ética. Um **código de ética** é um conjunto de princípios destinados a guiar a tomada de decisões pelos membros da organização. A diversidade e o uso cada vez mais difundido de aplicações de TI criaram diversos aspectos éticos. Esses aspectos se encaixam em quatro categorias gerais: privacidade, exatidão, propriedade e acessibilidade.

1. Os aspectos de *privacidade* envolvem coletar, armazenar e disseminar informações sobre pessoas.
2. Os aspectos de *exatidão* envolvem a autenticidade, a fidelidade e a correção das informações coletadas e processadas.
3. Os aspectos de *propriedade* envolvem a propriedade e o valor das informações.
4. Os aspectos de *acessibilidade* envolvem quem deve ter acesso às informações e se essas pessoas devem pagar por esse acesso.

O Checklist Gerencial 3.1 relaciona questões e aspectos representativos para cada uma dessas categorias.

## Protegendo a privacidade

Em geral, **privacidade** é o direito de ficar em paz e de estar livre de invasões pessoais injustificáveis. A *privacidade da informações* é o direito de determinar quando e até que ponto as informações sobre você podem ser coletadas e/ou comunicadas a outros indivíduos. Os direitos de privacidade se aplicam a pessoas, grupos e instituições.

**Checklist Gerencial 3.1**

Um esboço para as questões éticas

---

**Aspectos de privacidade**
- ❑ Que informações sobre alguém um indivíduo deve ser obrigado a revelar a outras pessoas?
- ❑ Que tipo de vigilância um empregador pode exercer sobre seus empregados?
- ❑ O que as pessoas podem guardar para si mesmas, sem serem obrigadas a revelar a outras pessoas?
- ❑ Que informações sobre indivíduos devem ser mantidas em bancos de dados e qual o nível de segurança dessas informações?

**Aspectos de exatidão**
- ❑ Quem é responsável pela autenticidade, fidelidade e exatidão das informações coletadas?
- ❑ Como se pode garantir que as informações serão processadas corretamente e apresentadas com precisão aos usuários?
- ❑ Como se pode garantir que os erros em bancos de dados, transmissões de dados e processamento de dados são acidentais, e não intencionais?
- ❑ Quem deve ser responsabilizado pelos erros de informação e como as partes prejudicadas devem ser compensadas?

**Aspectos de propriedade**
- ❑ Quem é o proprietário das informações?
- ❑ Quais são os preços justos para sua troca?
- ❑ Como se deve tratar a pirataria de software (cópia de software registrado)?
- ❑ Sob que circunstâncias se podem usar bancos de dados proprietários?
- ❑ Os computadores corporativos podem ser usados para fins particulares?
- ❑ Como devem ser remunerados os especialistas que contribuem com seu conhecimento para criar sistemas especialistas?
- ❑ Como o acesso aos canais de informação deve ser alocado?

**Aspectos de acessibilidade**
- ❑ Quem tem permissão para acessar as informações?
- ❑ Quanto deve ser cobrado para permitir acesso às informações?
- ❑ Como se pode proporcionar o acesso de empregados portadores de deficiências a computadores?
- ❑ A quem será fornecido o equipamento necessário para acessar informações?
- ❑ Que tipo de informação exige que uma pessoa ou organização tenha um direito ou privilégio para obter, e sob que condições e com que restrições?

A definição de privacidade pode ser interpretada de maneira muito ampla. Entretanto, as decisões judiciais em muitos países têm seguido duas regras praticamente à risca:

**1.** O direito de privacidade não é absoluto. A privacidade precisa ser contrastada com as necessidades da sociedade.
**2.** O direito do público de saber está acima do direito de privacidade do indivíduo.

Essas duas regras mostram por que é difícil, em alguns casos, determinar e fazer cumprir leis de privacidade. O direito à privacidade é reconhecido, hoje, em todos os estados norte-americanos e pelo governo federal dos Estados Unidos, seja por estatuto ou por lei comum. Na próxima seção, examinaremos algumas questões representativas que envolvem a privacidade.

### Vigilância eletrônica

Segundo a American Civil Liberties Union (ACLU), monitorar as atividades das pessoas com o auxílio de computadores se tornou um grande problema relacionado à privacidade. A ACLU observa que esse monitoramento, ou **vigilância eletrônica**, está aumentando rapidamente, sobretudo com o surgimento de novas tecnologias. O Quadro 3.1 demonstra que esse monitoramento pode não ser bem recebido pelos empregados.

Em geral, os empregados têm pouca proteção contra a vigilância dos empregadores. Embora vários problemas legais estejam agora em andamento, a lei parece apoiar o direito dos empregadores de lerem os e-mails e outros documentos eletrônicos dos empregados, bem como de monitorar o uso da Internet.

A vigilância também é uma preocupação para os indivíduos, seja realizada por empresas, órgãos governamentais ou criminosos. Muitos norte-americanos ainda estão tentando determinar o equilíbrio ideal entre privacidade pessoal e vigilância eletrônica, especialmente nas áreas em que há envolvimento de ameaças à segurança nacional. Os ataques terroristas de 11 de setembro e os subseqüentes ataques de antraz levaram muitos norte-americanos a mudarem de opinião em relação a permitir mais vigilância governamental. O próximo exemplo ilustra como a tecnologia pode levar ao aumento da vigilância dos indivíduos.

---

### Exemplo

---

#### Valores de seguro de automóvel com base em rastreamento por GPS

E se os prêmios de seguro fossem calculados com base não em fatores demográficos (por exemplo, idade e sexo) e nos registros do Departamento de Trânsito (por exemplo, número de multas que você teve nos últimos 3 anos), mas nos hábitos de direção? Com ajuda do GPS, a companhia de seguros inglesa Norwich Union (*www.norwichunion.com*) está tentando fazer exatamente isso.

Em um teste piloto, a Norwich Union monitorou 5.000 clientes instalando receptores GPS nos chassis de seus carros. A empresa, então, usou os dados dos dispositivos para ajustar os prêmios dos motoristas a cada mês. Dessa forma, calculou tudo, desde a velocidade e a aceleração até se os motoristas estão freando muito cedo ou muito tarde nos cruzamentos. No geral, a Norwich Union coletou dados em aproximadamente 1 milhão de viagens. Os estatísticos da empresa agora estão usando os dados para recalcular as tabelas de seguro. A empresa planeja tornar a tecnologia disponível para o restante de seus 3,5 milhões de clientes, esperando que o feedback gere menos acidentes — e, portanto, mais lucros.

(*Fontes*: Compilado de E. Schonfeld, "GPS-Tracked Car Insurance", *Business 2.0*, janeiro/fevereiro de 2005, p. 49; e "UK: Customised Car Insurance", *www.qualisteam.com/news/mar05/15-03-05-7.html*, acessado em 10 de março de 2005.)

---

### Informações pessoais em bancos de dados

Informações sobre indivíduos estão sendo mantidas em muitos bancos de dados. Talvez os locais mais visíveis desses registros sejam as agências de proteção ao crédito. Outras instituições que armazenam informações pessoais incluem:

- Bancos e instituições financeiras
- Empresas de TV a cabo, telefonia e utilidades públicas
- Empregadores
- Imobiliárias
- Empresas de hipoteca
- Empresas de aluguel de equipamentos
- Hospitais, escolas e universidades
- Supermercados, estabelecimentos de varejo e empresas de vendas pelo correio
- Agências governamentais (órgãos públicos, o estado e o município em que você reside)
- Bibliotecas
- Companhias de seguros
- Dados de questionários que você preenche na Internet (por exemplo, para concorrer a um prêmio)

Existem várias preocupações quanto às informações que você fornece a esses guardadores de registros. As principais são:

- Você sabe onde os registros estão armazenados?
- Os registros estão corretos?
- Você pode alterar dados incorretos?
- Quanto tempo levará para fazer uma alteração?
- Sob que circunstâncias os dados pessoais serão liberados?
- De que maneira os dados são usados?
- Para quem eles são entregues ou vendidos?
- Até que ponto os dados estão protegidos contra acesso de pessoas não-autorizadas?

Obviamente, armazenar informações em bancos de dados pode gerar sérios problemas. O exemplo a seguir mostra como esses problemas podem surgir.

## Exemplo

### Câmeras ocultas e política

Nos Estados Unidos, o Fundrace.org (*www.fundrace.org*) acompanha o dinheiro da política. Os registros de doações de campanha há muito tempo estão disponíveis on-line. Com o simples ato de inserir qualquer endereço, você pode obter uma lista de todos os doadores em um bairro, seus endereços e ocupações, os nomes dos candidatos patrocinados e as quantias que eles doaram. Esses dados básicos fazem parte do registro público e são fornecidos pelo Federal Election Committee (FEC).

O website do Fundrace, no entanto, leva essas informações mais adiante submetendo os dados de localização à geocodificação. *Geocodificação* é um processo que atribui uma coordenada de latitude-longitude a cada endereço. O site também apresenta vários índices que usam dados do censo para avaliar candidatos pelas características dos doadores. O índice GrassRoots mostra quem recebeu pequenas doações de pessoas em diferentes locais de todo o país. O índice Devotion mostra quem inspira doações repetidas e sacrifício financeiro. Finalmente, o índice FatCats mostra quem recebe grandes doações dos norte-americanos mais ricos. Em maio de 2004, o presidente Bush foi líder nos índices GrassRoots e Devotion, e o senador Kerry liderou nas doações FatCats. Finalmente, o website apresenta mapas das 10 cidades que mais doam, mostrando as doações para democratas e republicanos como círculos azuis ou vermelhos sobrepostos. Os usuários também podem usar o Fundrace para pesquisar doadores por nome, o que pode ser ótimo para xeretar a vida de celebridades.

O Fundrace recebeu centenas de reclamações sobre os endereços, e dezenas de pessoas pediram que o Fundrace removesse suas informações. Um doador escreveu para o FEC reclamando que o site estava violando seus direitos civis. "Um futuro empregador", reclamou ele, "poderia dar um emprego ao qual eu estivesse me candidatando para alguém que partilhasse de sua filosofia política." O Fundrace não aceita remover quaisquer endereços sob o argumento de que eles fazem parte do registro público e podem ser encontrados no website do FEC.

(*Fontes*: Compilado de T. McNichol, "Street Maps in Political Hues", *New York Times*, 20 de maio de 2004; e *http://libraries.mit.edu/gis/teach/geocoding.html* e *www.fundrace.org*, acessados em 8 de março de 2005.)

## TI E A EMPRESA

### 3.1 Seu chefe está observando

Muitas empresas monitoram os e-mails dos empregados e como eles usam a Internet, e câmeras de segurança baseadas na Web são comuns em muitos prédios. Entretanto, tecnologias como GPS e crachás com etiquetas de identificação por radiofreqüência (RFID) prometem levar o monitoramento de funcionários a um novo nível. Os sistemas de monitoramento atuais podem gravar, exibir e arquivar a localização exata de qualquer empregado, tanto dentro quanto fora do trabalho, a qualquer hora, oferecendo aos gerentes a inigualável capacidade de monitorar o comportamento do empregado.

Aparentemente, monitorar empregados parece uma forma óbvia de melhorar a produtividade. Rastrear a localização dos motoristas de caminhão na estrada, por exemplo, permite que escritórios de despacho planejem as rotas de entrega com mais eficácia. O monitoramento de estradas pode facilitar o socorro nas estradas, reduzir reclamações e processos por danos e reduzir o excesso de pausas. Da mesma forma, monitorar empregados no escritório usando tecnologia RFID pode ajudar a gerência a localizar rapidamente pessoas-chave e manter pessoal não-autorizado fora de áreas de alta segurança.

Apesar das vantagens potenciais, muitos empregados acham que as tecnologias de monitoramento são extremamente invasivas. Como exemplo, considere o departamento de polícia de Orlando, na Flórida. O pesadelo de todo policial é ser ferido nas ruas enquanto está sozinho. Para minimizar esse receio, o departamento de polícia de Orlando testou novas unidades GPS, que permitem que o batalhão central monitore a localização do pessoal. Em vez de ficarem felizes, como o departamento esperava, os policiais se ofenderam por serem monitorados 24 horas por dia, 7 dias por semana. Além disso, não viram muita vantagem no sistema para o trabalho diário. Após os sindicatos terem contestado energicamente, o projeto foi cancelado.

*Fontes*: Compilado de G. James, "Can't Hide Your Prying Eyes", *Computerworld*, 1º de março de 2004; "A Post-Privacy Future for Workers", *BW Online*, 13 de abril de 2004; e *www.privacyrights.org/fs/fs7-work.htm*, acessado em 7 de março de 2005.

**PERGUNTAS**

1. Descreva como você se sentiria se fosse monitorado no trabalho com uma etiqueta de RFID no crachá de identificação. Isso seria excessivamente invasivo? Por quê?
2. Monitorar seus e-mails e o uso da Internet seria excessivamente invasivo? Por quê?
3. Qual é a diferença — se houver — entre monitorar sua localização e monitorar seu uso do computador? Você se sentiria diferente em cada um dos dois casos? Explique.

### Informações em fóruns e grupos de discussão da Internet

Todos os dias, vemos na Internet cada vez mais *fóruns*, *grupos de discussão* e *conversas eletrônicas*, como salas de bate-papo. Esses sites aparecem na Internet, dentro de intranets corporativas e em blogs. Um *blog* (abreviação de weblog) é um diário pessoal informal que é freqüentemente atualizado e destinado à leitura do público em geral. Como a sociedade evita que os donos de grupos de discussão disseminem informações que podem ser ofensivas aos leitores ou simplesmente mentirosas? Esse é um problema difícil porque envolve o conflito entre a liberdade de expressão de um lado e a privacidade do outro. Esse conflito é um problema ético fundamental e contínuo na sociedade norte-americana.

### Códigos e políticas de privacidade

**Políticas de privacidade** ou **códigos de privacidade** são as diretrizes de uma organização com respeito à proteção da privacidade dos consumidores, clientes e empregados. Em muitas empresas, a gerência sênior começou a entender que, quando coletam grandes quantidades de informação, é preciso protegê-las. O Checklist Gerencial 3.2 apresenta um exemplo de diretrizes de política de privacidade.

Ter uma política de privacidade pode ajudar as organizações a evitarem problemas legais. Entretanto, os criminosos não respeitam códigos e políticas de privacidade, como mostra o Quadro 3.2.

**Checklist Gerencial 3.2**

Diretrizes de política de privacidade

**Coleta de dados**

❑ Dados sobre indivíduos só devem ser coletados com a finalidade de alcançar um objetivo comercial legítimo.

❑ Os dados devem ser adequados, relevantes e não excessivos em relação ao objetivo comercial.

❑ As pessoas precisam dar consentimento antes que os dados sejam coletados. Esse consentimento pode estar implícito nas ações do indivíduo (por exemplo, propostas de crédito, seguro ou emprego).

**Exatidão dos dados**

❑ Dados sensíveis coletados de indivíduos devem ser verificados antes de serem inseridos no banco de dados.

❑ Sempre que necessário, os dados devem ser atualizados.

❑ O arquivo deve ficar disponível para que a pessoa possa se certificar de que estão corretos.

❑ Se houver uma discordância quanto à exatidão dos dados, a versão do indivíduo deve ser observada e incluída em qualquer exibição do arquivo.

**Sigilo dos dados**

❑ Procedimentos de segurança em computadores devem ser implementados para evitar a exposição não-autorizada dos dados. Devem incluir medidas de segurança física, técnica e administrativa.

❑ Empresas terceirizadas não devem ter acesso aos dados sem o conhecimento ou permissão do indivíduo, exceto quando exigido por lei.

❑ Revelações dos dados, além das rotineiras, devem ser registradas e mantidas pelo tempo em que os dados forem armazenados.

❑ Os dados não devem ser revelados por razões incompatíveis com o objetivo comercial para o qual foram coletados.

---

## TI E A EMPRESA

### 3.2  Empresa obrigada a divulgar violação de dados

A ChoicePoint é uma agregadora de dados. Ou seja, a empresa recupera, armazena, analisa e distribui dados para empresas de todos os tipos e tamanhos, bem como para governos federais, estaduais e municipais. Em sua política de privacidade, a ChoicePoint Inc. (*www.choicepoint.com*) afirma que é "dedicada a proteger a privacidade dos indivíduos". Para fazer isso, a empresa adere a "rígidos padrões quanto ao uso e à disseminação de informações pessoais". Essas declarações parecem bastante tranqüilizadoras. Na realidade, porém, as salvaguardas da empresa contra disseminação de informações pessoais provaram ser altamente inadequadas. Ladrões de identidade criaram 50 empresas fictícias e enganaram a ChoicePoint para que lhes concedesse acesso a quase 150.000 perfis de dados de consumidores. A fraude foi antiquada, simples e não envolveu invasão dos computadores da ChoicePoint. Cada empresa falsa coletou exatamente a quantidade de dados suficiente para passar despercebida pela ChoicePoint. Em conjunto, no entanto, as informações roubadas formavam o perfil financeiro quase completo das pessoas envolvidas.

A ChoicePoint foi alertada da violação em outubro de 2004. Entretanto, cerca de 35.000 consumidores californianos não perceberam que eram vítimas potenciais até a ChoicePoint alertá-los sobre a falha de segurança no mês de fevereiro seguinte. Significativamente, a lei da Califórnia exigiu que a ChoicePoint divulgasse o acidente. A empresa concordou, ainda, em emitir 110.000 notificações adicionais aos consumidores de fora da Califórnia. Ainda não conhecemos a real extensão da fraude que surgiu desse incidente.

*Fontes*: Compilado de T. Claburn, "Law Prompts Company to Disclose Data Breach", *InformationWeek*, 21 de fevereiro de 2005; "The ChoicePoint Incident", *Red Herring*, 23 de fevereiro de 2005; e B. Sullivan, "Database Giant Gives Access to Fake Firms", *MSNBC News*, 14 de fevereiro de 2005.

**PERGUNTAS**

1. Você acha que a ChoicePoint deveria ser legalmente responsabilizada pelos dados de consumidores roubados? Justifique sua resposta.

2. Discuta possíveis maneiras de se defender de ataques por empresas agregadoras de dados como a ChoicePoint. Dica: Veja o Apêndice 2.

### Aspectos internacionais de privacidade

As regulamentações de privacidade variam muito de um país para outro. A ausência de padrões coerentes ou uniformes pode obstruir o fluxo de informações entre países. A União Européia, por exemplo, tomou atitudes para resolver esse problema. Em 1998, a Comissão da Comunidade Européia (CCE) publicou diretrizes para todos os seus países-membros com relação aos direitos dos indivíduos de acessarem informações sobre si mesmos. As leis de proteção de dados da CCE são mais rígidas que as leis dos Estados Unidos e, portanto, podem criar problemas para empresas multinacionais, que podem enfrentar processos por violação de privacidade.

A transferência de dados para o interior ou o exterior de uma nação sem o conhecimento das autoridades ou dos indivíduos envolvidos traz à tona vários aspectos relacionados à privacidade. Que leis têm jurisdição quando registros são roubados em um país diferente para fins de reprocessamento ou retransmissão? Por exemplo, se dados forem transmitidos por uma empresa polonesa através de um satélite norte-americano para uma empresa inglesa, as leis de privacidade de qual país controlam os dados, e quando? Questões como essas se tornarão mais complexas e freqüentes com o passar do tempo. Os governos precisam fazer um esforço para desenvolver leis e padrões para lidar com as tecnologias da informação altamente dinâmicas, a fim de resolver alguns desses problemas de privacidade.

### Antes de prosseguir...

1. Defina ética e cite as quatro categorias que se aplicam à TI.
2. Descreva a questão da privacidade no que se refere à TI.
3. O que contém um código de ética?
4. Descreva a relação entre TI e privacidade.

## 3.2 Ameaças à segurança da informação

Vários fatores estão aumentando as ameaças à segurança da informação hoje. Primeiro, os dispositivos de computação estão ficando menores, com mais capacidade e mais baratos. Como resultado, mais pessoas podem comprar computadores com significativo poder de processamento e capacidade de armazenamento. Quanto mais informações pessoais elas armazenam nesses computadores, maior a ameaça de roubo e fraude. Além disso, como alguns desses dispositivos são pequenos o bastante para as pessoas carregarem consigo, eles podem ser perdidos ou extraviados.

Segundo, a Internet colocou milhões de redes de computadores desprotegidas em comunicação umas com as outras. Nossa capacidade de proteger informações armazenadas em um computador agora é influenciada (ou até determinada) pela segurança de cada um dos outros computadores aos quais ele está conectado. As redes aumentam significativamente a produtividade e são essenciais para as operações no ambiente empresarial moderno. Ao mesmo tempo, entretanto, tornam os dados e as informações organizacionais muito mais suscetíveis a ameaças.

À medida que mais e mais membros da comunidade internacional aprendem a usar computadores e os dispositivos de computação ficam disponíveis à maioria da população, a segurança dos computadores se torna ainda mais vital. No ambiente conectado de hoje, usuários remotos podem acessar sistemas de computação de modo rápido e fácil com custo muito baixo. Isso significa que indivíduos maliciosos podem atacar de qualquer lugar do mundo a qualquer hora.

Antes de discutirmos as muitas ameaças à segurança da informação, vejamos alguns termos importantes. As organizações possuem muitos recursos de informação. Esses recursos estão sujeitos a uma grande quantidade de ameaças. Uma **ameaça** a um recurso de informação é qualquer perigo ao qual um sistema pode estar exposto. A **exposição** de um recurso de informação diz respeito ao prejuízo, à perda ou ao dano que podem ocorrer se uma ameaça comprometer esse recurso. A **vulnerabilidade** de um sistema é a possibilidade de ele sofrer algum dano devido a uma ameaça. **Risco** é a probabilidade de uma ameaça ocorrer. Os **controles de sistemas de informação** são os procedimentos, dispositivos ou software destinados a evitar o comprometimento do sistema. Examinaremos esses controles na Seção 3.3.

Os sistemas de informação possuem muitos componentes em vários locais. Portanto, cada sistema de informação é vulnerável a diversos perigos e ameaças. A Figura 3.1 ilustra as principais ameaças à segurança de um sistema de informação. Como existem muitas ameaças, o resumo a seguir ajudará você a acompanhar nossa discussão.

**Ameaças aos sistemas de informação**

- Involuntárias
- Intencionais
  - Espionagem ou invasões
  - Extorsão de informações
  - Sabotagem ou vandalismo
  - Roubo
  - Roubo de identidade
  - Ataques de software
    - Vírus
    - Cavalos de Tróia
    - Back doors
    - Software invasivo (pestware, adware, spyware, spamware, spam, cookies, Web bugs)
    - Phishing
    - Pharming
    - Worms
    - Bombas lógicas
    - Negação de serviço
  - Transgressões à propriedade intelectual

### Ameaças involuntárias

As ameaças involuntárias podem ser divididas em três grandes categorias: erros humanos, riscos ambientais e falhas no sistema de computação. Os *erros humanos* podem ocorrer no projeto do hardware e/ou do sistema de informação. Também podem ocorrer na programação, no teste, na coleta de dados, na entrada de dados, na autorização e nos procedimentos. Os erros humanos são responsáveis por mais da metade dos problemas relacionados ao controle e à segurança em muitas organizações.

Os *riscos ambientais* incluem terremotos, furacões, inundações, interrupções ou fortes flutuações na energia, incêndios (o risco mais comum), ar-condicionado defeituoso, explosões, precipitação radiativa e falhas no sistema de resfriamento da água. Esses riscos podem prejudicar o funcionamento normal dos computadores e resultar em um longo tempo de espera e custos exorbitantes, enquanto os programas de computador e os arquivos de dados são recriados.

As *falhas no sistema de computação* podem ocorrer como resultado de uma fabricação ruim ou do uso de materiais defeituosos. As falhas involuntárias também podem ocorrer por outras razões, como falta de experiência do usuário ou testes malfeitos.

### Ameaças intencionais

As ameaças intencionais normalmente são de natureza criminosa. **Cibercrimes** são atividades fraudulentas cometidas com o uso de computadores e redes de comunicação, particularmente a Internet. O cibercrime é um sério problema nas sociedades modernas. Segundo o FBI, um roubo médio envolve cerca de US\$3.000 e um crime de colarinho branco médio envolve US\$23.000. Por sua vez, um cibercrime padrão envolve aproximadamente US\$600.000.

Os cibercrimes podem ser cometidos por *pessoal externo* que invade um sistema de computador ou por *pessoal interno* que tem autorização para usar o sistema, mas abusam dessa autorização. Uma pessoa externa que invade um sistema de computação, normalmente sem intenção de cometer um crime, é chamada de **hacker**. Um **cracker** é um *hacker malicioso*, que pode representar sérios problemas para uma organização.

Os crackers, algumas vezes, envolvem pessoas internas acima de qualquer suspeita em seus crimes. Por exemplo, em uma estratégia chamada **engenharia social**, criminosos de computação ou espiões corporativos

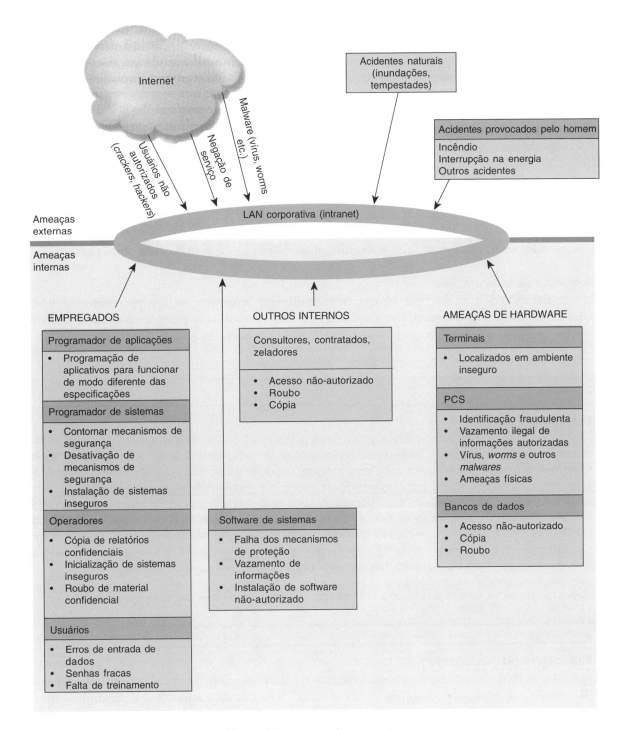

**Figura 3.1** Ameaças à segurança.

burlam sistemas de segurança construindo um relacionamento de confiança inapropriado com pessoal interno. Essas pessoas internas, então, fornecem aos crackers informações importantes ou privilégios de acesso não-autorizado. Por exemplo, um cracker audacioso, se passando por um funcionário do departamento de TI, ligou para todas as secretárias de uma empresa. Disse a elas que precisava de seus nomes de usuário e senhas para fazer uma "verificação de segurança" nos computadores. Setenta e cinco por cento das secretárias forneceram as informações sem verificar se ele era quem dizia.

Além dos crimes contra organizações, existe um alarmante aumento nas fraudes cometidas contra indivíduos através da Internet. O ambiente da Internet oferece um cenário extremamente favorável para a realização de atividades ilegais. Criminosos inovadores usam centenas de métodos e golpes diferentes para tirar dinheiro de pessoas inocentes, comprar sem pagar, vender sem entregar, abusar de pessoas ou maltratá-las e muito mais.

Há muitos tipos de ameaças intencionais: espionagem ou invasão, extorsão de informações, sabotagem ou vandalismo, roubo, roubo de identidade, ataques com software e transgressões à propriedade intelectual. Discutiremos cada um separadamente, com exemplos.

### Espionagem ou invasão

Quando um indivíduo não-autorizado obtém acesso a informações que uma organização está tentando proteger, esse ato é categorizado como espionagem ou invasão. A *espionagem industrial* ocorre em áreas em que a pesquisa de informações sobre os concorrentes é perfeitamente legal dentro de certos limites. Em casos de espionagem, os coletores de informação vão além desses limites legais. Os governos em todo o mundo praticam espionagem industrial contra empresas em outros países. Um tipo de espionagem com pouca tecnologia é o *shoulder surfing*, em que as pessoas observam informações sem autorização em um monitor de computador ou na tela de um caixa eletrônico olhando por sobre os ombros de outra pessoa.

### Extorsão de informações

A extorsão de informações ocorre quando um invasor ou empregado que era confiável rouba informações de um sistema de computação e, depois, exige uma compensação para devolvê-las ou para não revelá-las. O exemplo a seguir ilustra a extorsão a partir de uma mensagem instantânea.

---

### Exemplo

### Extorsão com spim

Um adolescente se tornou a primeira pessoa presa nos Estados Unidos por enviar *spim*, ou mensagens instantâneas não solicitadas. O adolescente foi acusado de enviar aproximadamente 1,5 milhão de mensagens de spim para os usuários do MySpace.com, uma comunidade on-line voltada para adolescentes. Depois de enviar o spim, ele contatou os administradores do MySpace, assumiu a responsabilidade pela inundação de spim e propôs que lhe fosse concedido o direito exclusivo de enviar mensagens comerciais para os usuários do MySpace. Ele também ofereceu proteção ao MySpace contra outros anunciantes que usassem spim por US$150 ao dia. Como o MySpace não respondeu, ele ameaçou mostrar a outros anunciantes como enviar mensagens aos usuários do MySpace. Ele foi preso pelo serviço secreto norte-americano ao viajar a Los Angeles para conversar com os dirigentes corporativos do MySpace, que estavam cooperando com o serviço secreto.

(*Fontes*: Compilado de R. Mark, "Teen's Extortion Plot Spims Out of Control", *Internetnews.com*, 22 de fevereiro de 2005; e C. Biever, "Spam Being Rapidly Outpaced by Spim", *www.NewScientist.com*, 26 de março de 2004.)

---

### Sabotagem ou vandalismo

O website de uma organização normalmente é a "face" mais visível ao público. Se o site for sabotado, os clientes da organização podem perder a confiança. A perda da confiança do consumidor, por sua vez, normalmente leva à redução de lucros e faturamento. Um tipo comum de sabotagem on-line são as atividades *hacktivistas* ou *ciberativistas*. Os "hacktivistas" e "ciberativistas" usam a alta tecnologia em nome da desobediência civil a fim de protestar contra operações, políticas ou ações de um indivíduo, uma organização ou um órgão governamental.

Por exemplo, quando o famoso hacker Kevin Mitnick (confira em *www.mitnicksecurity.com*) foi solto da prisão, descobriu que seu website pessoal havia sido invadido por um hacker chamado BugBear. Na mensagem, lia-se: "Bem-vindo ao mundo livre. Seus conhecimentos de segurança estão um pouco enferrujados, não?" Em outro exemplo, um dos partidos políticos da Nova Zelândia teve slogans neonazistas estampados em seu website. A fraude causou um grande embaraço e uma breve desativação do site para uma verificação de segurança.

O ciberterrorismo pode ser considerado uma forma mais nociva de ciberativismo. O **ciberterrorismo** pode ser definido como um ataque premeditado e com motivação política contra informações, sistemas de computação, programas de computador e dados, que resulta em violência contra alvos civis por grupos subnacionais ou agentes clandestinos. Atualmente, os exemplos de ciberterrorismo limitam-se a atos como a invasão de páginas da Otan durante a guerra em Kosovo.

Existe uma crescente preocupação com a ameaça de uma **ciberguerra**, na medida em que os sistemas de informação de um país poderiam ser paralisados por um ataque em massa de software destrutivo. (Discutiremos a ciberguerra nas próximas seções.) Os sistemas-alvo podem variar desde sistemas de informação de empresas, serviços governamentais e a mídia até sistemas de comandos militares. Nos Estados Unidos, o Critical Infraestructure Protection Board (CIPB) está preparando planos, políticas e estratégias de proteção para lidar com o ciberterrorismo. Para saber mais detalhes e participar de debates, visite *www.cdt.org/security/critinfra* e *www.ciaonet.org*.

## Roubo

O roubo é a apropriação ilegal de algo que pertence a outra pessoa ou organização. Dentro de uma organização, essa propriedade pode ser física, eletrônica ou intelectual. O Quadro 3.3 descreve um roubo com um toque de TI.

## Roubo de identidade

O crime de colarinho branco que está crescendo mais rapidamente é o **roubo de identidade**, em que um criminoso se passa por outra pessoa. O ladrão rouba números de seguro social (equivalente ao CPF) e de cartão de crédito, normalmente obtidos na Internet, para cometer fraudes (por exemplo, comprar produtos ou contratar serviços). O maior problema para a pessoa cuja identidade foi roubada é recuperar o crédito perdido. Segundo uma pesquisa de 2003 do Identity Theft Resource Center (*www.idtheftcenter.org*), a vítima de roubo de identidade média gasta, pelo menos, 600 horas ao longo de vários anos e US\$16.000 em renda perdida ou potencial para se recuperar do crime. Para obter outras informações, visite *www.identitytheft.org*. Alunos de faculdade não estão imunes a esse crime. O Apêndice 1 no final deste capítulo fornece dicas para proteger seu computador pessoal e o Apêndice 2 apresenta dicas para proteger sua identidade e se recuperar de um roubo de identidade.

## Ataques com software

O tipo mais conhecido de ameaça a computadores é o ataque com software. Ataques com software deliberados ocorrem quando indivíduos ou grupos projetam software — chamados "software malicioso" ou "malware" — para atingir sistemas de computação. Esse software é projetado para danificar, destruir ou negar serviço aos sistemas atingidos. Os tipos mais comuns de ataque com software são os vírus, worms, cavalos de Tróia, bombas lógicas, back-doors, negação de serviço, software invasivo, phishing e pharming.

**Vírus** — Os **vírus de computador** são segmentos de código de computador que realizam ações que variam do mero transtorno até a destruição. Os vírus se anexam a um programa existente e assume o controle desse programa. O programa infectado e controlado pelo vírus, então, duplica o vírus para outros sistemas. Um dos métodos mais comuns de transmissão de vírus é através de arquivos anexados a e-mails, como mostra o exemplo a seguir.

---

### Exemplo

---

### FBI preocupado com e-mail falso

Um e-mail falso que finge ser do FBI está circulando na Internet carregando um vírus de computador. O e-mail não-solicitado diz aos usuários que "seu uso da Internet foi monitorado pelo Internet Fraud Complaint Center do FBI e que você acessou websites ilegais". A mensagem falsa, então, pede que o destinatário clique em um anexo e responda a algumas perguntas sobre seu uso supostamente ilegal da Internet. O anexo contém o vírus. O FBI afirmou que nunca envia e-mails oficiais não-solicitados a cidadãos por motivo algum. Qualquer mensagem de e-mail supostamente do FBI deve ser ignorada.

(*Fontes*: Compilado de T. Weiss, "New Virus Being Distributed in Fake FBI E-mail" *Computerworld*, 23 de fevereiro de 2005; e D. Sooman, "Fake FBI E-mail Carries Virus", *www.techspot.com*, 24 de fevereiro de 2005.)

## TI E A EMPRESA

### 3.3  Usando o eBay para receptar bens roubados

Roubar as mercadorias era a parte fácil. Uma quadrilha de jovens se tornou profissional em roubar suéteres de cashmere, perfumes e outros itens caros de lojas como Abercrombie & Fitch, Victoria's Secret e Pottery Barn. O problema era como transformar as mercadorias roubadas em dinheiro. Qualquer tentativa de devolver os produtos à loja para restituição provavelmente não funcionaria sem um recibo de compra.

A quadrilha descobriu que algumas lojas permitem a troca de mercadorias sem notas para vale-compras ou vale-presentes (gift cards). Eles, então, venderam esses vales no eBay. Foi fácil, instantâneo e anônimo. Receberam 76 centavos por dólar de mercadorias roubadas, uma quantia alta, considerando que ladrões de loja normalmente lucram 10% ou menos do valor de venda dos itens roubados no varejo. O grupo ganhou mais de US$200.000 em 10 meses.

Quebrar o esquema envolveu uma intensa operação que durou um ano e envolveu autoridades de cinco estados do nordeste dos Estados Unidos. As autoridades precisaram analisar centenas de arquivos de computador, realizar vigilância secreta em lojas e infiltrar um agente secreto na quadrilha.

O eBay afirma que seria impossível detectar um produto roubado antes de o fato ser informado à empresa. O eBay observa, ainda, que "nós não o possuímos. Não o entregamos. Nunca o manuseamos." A empresa aumentou sua equipe de segurança para 1.000 pessoas, 13% do total de empregados, para ajudar a combater o problema. O eBay também implementou um sistema de análise por computador para detectar leilões suspeitos.

*Fontes*: Compilado de A. Cha, "Thieves Find Exactly What They're Looking for on eBay," *Washington Post*, 6 de janeiro de 2005; "Seller Charged over Stolen Goods on eBay," *ABC News Online*, 2 de fevereiro de 2005; e J. Morse, "Pair Admit Selling Stolen Goods on eBay," *The Enquirer*, 24 de junho de 2004.

**PERGUNTAS**
1. A equipe de segurança do eBay pode defender a empresa e seus clientes de uma quadrilha como a deste caso? Em caso positivo, como?
2. Você ficaria desconfiado se visse vale-presentes à venda no eBay com desconto? Por quê?

---

Um novo tipo de vírus surgiu, voltado para os telefones celulares. O primeiro vírus telefônico do mundo começou nas Filipinas e se espalhou lentamente por 12 países até março de 2005. O vírus, chamado Cabir, poderia, eventualmente, transtornar as vidas de muitos dos 1,5 bilhão de usuários de celulares do mundo. Até agora, o maior impacto do vírus relativamente inócuo foi esgotar as baterias dos celulares. A ameaça do vírus de celular provavelmente aumentará no futuro. Os criadores de vírus estão se tornando mais sofisticados, e os telefones celulares estão cada vez mais se baseando em tecnologias padrão. Esses desenvolvimentos facilitarão a disseminação de vírus não só para aparelhos específicos, mas pelo setor inteiro.

*Worms* – **Worms** (vermes) são programas destrutivos que se duplicam sem a necessidade de qualquer outro programa para garantir um ambiente seguro para a duplicação. Como exemplo, considere o worm Slammer (também chamado de Sapphire). Esse foi o worm de computador mais rápido da história. Em janeiro de 2003, o worm começou a se espalhar pela Internet, dobrando de tamanho a cada 8,5 segundos. Ele infectou mais de 90% dos computadores vulneráveis de todo o mundo no espaço de 10 minutos. O worm causou quedas de redes e conseqüências imprevistas, como cancelamento de vôos de avião e falhas em caixas eletrônicos.

*Cavalos de Tróia* — **Cavalos de Tróia** são programas de software que se escondem dentro de outros programas e só revelam seu comportamento quando são ativados. Os cavalos de Tróia normalmente são disfarçados de programas interessantes, úteis ou necessários, como arquivos README incluídos em pacotes freeware ou shareware baixados da Internet.

*Bombas lógicas* — **Bombas lógicas** são segmentos de código de computador que são embutidos dentro dos programas existentes em uma organização, freqüentemente por um empregado frustrado. A bomba lógica é programada para ser ativada e realizar uma ação destrutiva em determinada hora ou data. Por exemplo, um empregado demitido de uma empresa inseriu uma bomba lógica no sistema de folha de pagamento da empresa. A bomba lógica foi programada para entrar em ação seis meses depois e verificar se ele ainda estava na folha de pagamento. Quando a bomba foi ativada, descobriu que ele não estava na folha de pagamento e apagou todos os registros no sistema da empresa. Felizmente, a empresa tinha backups (cópias) dos arquivos de folha de pagamento em outro sistema.

*Back doors* ou *trap doors* — Um vírus ou worm pode instalar um **back door** em um sistema de computação. O back door normalmente é uma senha, conhecida apenas pelo atacante, que lhe permite acessar o sistema à vontade, sem precisar executar quaisquer procedimentos de segurança.

*Negação de serviço* — Em um **ataque de negação de serviço**, o atacante envia tantas requisições de informação a um sistema alvo que o sistema não consegue lidar com elas. Em alguns casos, um ataque de negação de serviço evita que o sistema-alvo realize funções rotineiras. Em casos mais sérios, faz com que o sistema inteiro seja paralisado. Em um ataque de **negação de serviço distribuída (DDoS)**, um fluxo coordenado de requisições é lançado contra um sistema-alvo a partir de muitos computadores ao mesmo tempo. A maioria dos ataques de DDoS é precedida de uma fase de preparação em que muitos sistemas são comprometidos. O atacante direciona remotamente as máquinas comprometidas, conhecidas como *zumbis*, em direção ao alvo.

*Software invasivo* — Muitos computadores pessoais estão executando softwares invasivos dos quais os proprietários não têm conhecimento. Os diferentes tipos de software invasivo incluem pestware, adware, spyware, cookies e Web bugs.

**Pestware** é um software clandestino que é instalado no PC através de canais não-confiáveis. Em muitos casos, o fornecedor ou perpetrador o induz a instalá-lo alegando que lhe trará benefícios. O pestware geralmente não é tão malicioso quanto um vírus, mas consome recursos valiosos do sistema. Além disso, pode informar seus hábitos de navegação na Internet e outras condutas pessoais. Analistas estimam que até 90% de todos os PCs estão infectados por pestware. Uma indicação clara de que o software é um pestware é que ele não vem com um programa desinstalador. Um *desinstalador* é um programa automatizado que remove um pacote de software específico total e sistematicamente.

A maioria dos pestwares é um **adware** — software projetado para ajudar a exibir anúncios *pop-up* no computador. Produtores de adware normalmente exigem que você concorde com a instalação, induzindo-o a pensar que está baixando um freeware (software gratuito), como um programa de relógio atômico ou um programa de previsão de tempo local.

Por que existe tanto adware? Simplesmente porque funciona. De acordo com as agências de propaganda, para cada 100 pessoas que excluem um anúncio desses, três clicam nele. Esse índice de acessos é extremamente alto para propagandas na Internet. Por exemplo, a líder no setor de adware para jovens, a Claria Corporation (*www.claria.com*), teve um lucro líquido de US$35 milhões nas vendas de US$90 milhões em 2003. Hoje, o carro-chefe da Claria, o Gator, está em 43 milhões de computadores pessoais.

Alguns pestware são **spyware**. Programas spyware incluem (1) programas keylogger, que registram seus toques no teclado; (2) programas de captura de senha, que registram suas senhas; e (3) **spamware**, que é elaborado para usar seu computador para envio de spam.

**Spam** é um e-mail não solicitado, cuja finalidade geralmente é anunciar produtos ou serviços. O spam não só é um incômodo, mas desperdiça tempo e dinheiro. Na verdade, o spam custa às empresas dos Estados Unidos mais de US$20 bilhões por ano. Esses custos vêm da perda de produtividade, sistemas de e-mail congestionados, armazenamento adicional, suporte ao usuário e software antispam. As empresas e os provedores de serviço de Internet estão contra-atacando com firewalls de spam (os firewalls serão examinados na próxima seção), como o Barracuda Spam Firewall (*www.barracudanetworks.com*). Esse firewall coloca qualquer e-mail identificado como spam em uma pasta de quarentena. Ele também notifica os usuários através de e-mail em intervalos regulares se tiver colocado qualquer mensagem em quarentena. Os usuários, então, visitam a pasta de quarentena periodicamente e marcam e excluem as mensagens de spam. Conforme os usuários marcam mensagens como spam, o firewall efetivamente "aprende" a identificar as origens dessas mensagens e bloqueia automaticamente quaisquer mensagens futuras provenientes delas.

Infelizmente, a maioria dos programas antivírus não remove ou bloqueia pestware. Entretanto, existem alguns produtos *antipestware* que previnem ativamente a execução de pestware na memória do computador. Esses produtos incluem:

- Ad-aware (*www.lavasoft.com*)
- A-squared (*www.emisoft.com/en/sofware/free*)

- PestPatrol (*www.ca.com/products/pestpatrol*)
- SpyBot Search & Destroy (*www.safer-networking.org*)
- SpySweeper (*www.webroot.com*)
- Xcleaner (*www.xblock.com/download-freeware.shtml*)

**Cookies** são pequenas quantidades de informação que os websites armazenam em seu computador, temporariamente ou quase permanentemente. Em muitos casos, os cookies são úteis e inócuos. Por exemplo, alguns cookies são senhas e IDs (login) de usuário que você não precisa digitar toda vez que carrega uma nova página no site que emitiu o cookie. Os cookies também são necessários se você quiser fazer compras on-line, já que são usados para os carrinhos de compra em várias lojas virtuais. Outros cookies, no entanto, podem ser usados para monitorar seu caminho em um website, o tempo que você passa nele, em que links clica e outros detalhes que a empresa deseja registrar, normalmente para fins de marketing.

A maioria dos cookies pode ser lida apenas pela parte que os criou. Entretanto, algumas empresas que gerenciam propagandas on-line são, em essência, gangues de compartilhamento de cookies. Essas empresas podem monitorar informações como que páginas você carrega e em que anúncios você clica. Depois, compartilham essas informações com todos os seus websites clientes (que podem chegar a milhares). Alguns exemplos dessas gangues de compartilhamento de cookies são DoubleClick, AdCast e LinkExchange. Para ver uma demonstração de cookies, visite *http://privacy.net/track/*.

Finalmente, **Web bugs** são imagens gráficas pequenas e normalmente invisíveis que são adicionadas a uma página da Web ou mensagem de e-mail. As empresas usam Web bugs para obter estatísticas sobre padrão de uso da Internet e quem está procurando documentos específicos. Um uso mais prejudicial é quando spammers (emissores de spams) os ocultam dentro de mensagens de e-mail. Essa técnica permite que os spammers saibam se seu endereço de e-mail é real e está ativo. Depois que eles se certificam disso, enviam mensagens de e-mail continuamente.

*Phishing* — O **phishing** usa o logro para adquirir informações pessoais valiosas, como números e senhas de contas, aparentando ser um e-mail verdadeiro. Como exemplo, e-mails falsos, supostamente do centro de cobrança da AOL, pediam aos assinantes que fornecessem informações financeiras importantes para que suas contas não fossem canceladas. O link embutido nesses e-mails levava o usuário a uma página de cobrança da AOL incrivelmente realista, mas falsa, onde ele podia inserir o número do cartão de crédito. Os dados, no entanto, iam para a conta dos ladrões. Os phishers roubam produtos, serviços e dinheiro, totalizando US$1,2 bilhão por ano. Recebem ajuda de mais de 50 gangues de criminosos profissionais, que operam principalmente na Rússia e no leste da Europa.

*Pharming* — No **pharming**, o atacante adquire fraudulentamente o nome de domínio do website de uma empresa. Quando as pessoas digitam o endereço do website, vão, na verdade, para o website falso do atacante, que possui a aparência exata do website real. Essas pessoas podem inserir informações importantes, achando que estão no website real. Em janeiro de 2005, o nome de domínio de um grande provedor de serviços de Internet, *www.panix.com*, foi capturado para um website na Austrália. (Discutiremos os nomes de domínio e os provedores de Internet no Capítulo 5.)

Muitos desses ataques de software são inter-relacionados e podem ocorrer em conjunto. O Quadro 3.4 examina uma série de ataques contra uma empresa de software.

### Violações à propriedade intelectual

Proteger a propriedade intelectual é um fator imprescindível para as pessoas que atuam no campo do conhecimento. A **propriedade intelectual** é a propriedade criada por indivíduos ou organizações que é protegida por leis de *segredo comercial*, *patente* e *direito autoral*.

Um **segredo comercial** é um trabalho intelectual, como um plano de marketing, que a empresa mantém sob segredo e não se baseia em informações públicas. Um exemplo é um plano estratégico empresarial. Uma **patente** é um documento que concede ao proprietário direitos exclusivos sobre uma invenção ou processo durante 20 anos. **Direito autoral** é uma concessão legal que fornece aos criadores do produto intelectual a sua propriedade durante a vida do criador e mais 70 anos. Os proprietários têm o direito de cobrar taxas de qualquer um que queira copiar a propriedade.

A propriedade intelectual mais comum relacionada à TI diz respeito ao software. O U.S. Federal Computer Software Copyright Act (1980) fornece proteção para *códigos-fonte* e *códigos-objeto* do software de

## TI E A EMPRESA

### 3.4 MyDoom ataca o SCO Group

O SCO Group, Inc. (SCO) é um fornecedor de soluções de software para pequenas e médias empresas. A SCO tem sido alvo freqüente de ataques on-line desde que abriu um processo multibilionário contra a IBM em março de 2003, responsabilizando a gigante por se apropriar de segredos comerciais e por concorrência desleal. Entre outras coisas, a SCO acusou a IBM de violar os direitos autorais da SCO no sistema Unix V, copiando elementos desse sistema operacional para o Linux, que a IBM distribui gratuitamente. Com base nessa acusação, a SCO alega ser proprietária de partes do Linux. Além disso, ela ameaçou impor a propriedade através de processos de violação de patente contra os usuários do Linux. Essas ameaças irritaram os entusiastas do código aberto (open-source). (Discutiremos os softwares de código aberto no Guia de Tecnologia 2.) Muitas pessoas vêem as ações legais da SCO como ameaça à disseminação do Linux, que consideram um possível rival ao domínio dos sistemas operacionais proprietários da Microsoft para desktops e servidores. Essas pessoas são a favor de uma alternativa ao Microsoft Windows.

Em janeiro de 2004, o worm de e-mail MyDoom se espalhou pela Internet, inundou sistemas de e-mail com mensagens infectadas e bateu recordes de infecção de sistemas de computação vulneráveis. No ápice da epidemia de MyDoom, o worm era encontrado em 1 de cada 12 mensagens interceptadas pelo provedor de segurança de e-mail MessageLabs (*www.messagelabs.com*).

O MyDoom instalava um programa **cavalo de Tróia** nas máquinas que infectava. As máquinas infectadas eram, então, usadas para enviar ataques de negação de serviço contra o website da SCO. As estimativas são de que entre 25.000 e 50.000 computadores participaram do ataque. Não é surpresa que o site tenha caído imediatamente.

Em um ataque subseqüente, hackers maliciosos comprometeram o website da SCO postando mensagens que zombavam das alegações da empresa de possuir partes do Linux. Eles inseriram um banner que dizia: "Somos donos de todo o seu código. Dê-nos todo o dinheiro que tem." O banner foi removido na manhã seguinte.

O processo da SCO contra a IBM foi a julgamento em novembro de 2005.

*Fontes*: Compilado de P. Roberts, "MyDoom One Year Later: More Zombies, More Spam," *Computerworld*, 27 de janeiro de 2005; P. Roberts, "SCO Website Hack Mocks Company's Legal Claims," *Computerworld*, 29 de novembro de 2004.

**PERGUNTAS**
1. Identifique os ataques com software integrados infligidos ao SCO Group.
2. Se você fosse o gerente de informações da SCO, que atitudes tomaria para garantir que o website não fosse novamente desativado por um ataque de negação de serviço?

---

computador, mas a lei não identifica claramente o que é passível de proteção. Por exemplo, a lei de direito autoral não protege conceitos, funções e recursos gerais semelhantes, como menus suspensos, cores e ícones. Entretanto, copiar um programa de software sem pagar ao proprietário — incluindo emprestar um CD a um amigo para instalar software no computador dele — é uma violação do direito autoral. Não é de surpreender que essa prática, chamada **pirataria**, seja um grande problema para os fornecedores de software. O comércio global de software pirata totalizou US$30 bilhões em 2004. Esse valor chegou a quase 60% de todas as vendas globais de software legalizado.

A Business Software Alliance (BSA) é uma organização que representa a indústria mundial de software comercial, que promove o software legal e realiza pesquisas sobre pirataria de software em um esforço para eliminá-la. A BSA (*www.bsa.org*) identifica o Vietnã, a China, a Indonésia, a Ucrânia e a Rússia como os países com o maior percentual de software ilegal. Nesses países, mais de 85% dos softwares usados consistem em cópias ilegais.

As empresas de software estão tomando atitudes para combater a pirataria de software. Por exemplo, a Microsoft está vendendo uma edição superbarata do Windows chamada Windows XP Starter Edition em três países asiáticos: Malásia, Tailândia e Indonésia. Os especialistas do setor prevêem que Brasil, China, Índia e Rússia sejam os próximos participantes.

Por que é tão difícil deter os cibercriminosos? Uma razão é que a "indústria" do comércio on-line não está particularmente disposta a instalar proteções que dificultem as transações. Seria possível, por exemplo, exigir senhas ou números de identificação pessoal para todas as transações com cartão de crédito. Entretanto, essas exigências poderiam desencorajar as pessoas de comprarem on-line. Além disso, há pouco incentivo para que vítimas como o AOL compartilhem pistas sobre atividades criminosas, seja entre si ou com o FBI. É mais barato bloquear um cartão de crédito roubado e ir em frente do que investir tempo e dinheiro em um processo.

### O que as empresas estão fazendo

Apesar dessas dificuldades, a área de segurança da informação está contra-atacando. As empresas estão desenvolvendo softwares e serviços que distribuem avisos antecipados de problemas na Internet. Diferentemente dos softwares antivírus tradicionais, que são reativos, os sistemas de avisos antecipados são proativos e varrem a Web em busca de novos vírus para alertar as empresas em relação ao perigo.

Os novos sistemas estão surgindo em resposta aos criadores de vírus cada vez mais eficientes. À medida que os criadores de vírus se tornam mais especializados, o espaço entre o momento em que descobrem as vulnerabilidades e o momento em que as exploram está diminuindo rapidamente. Por exemplo, o worm Sasser foi lançado apenas 17 dias após a Microsoft revelar uma falha no Windows em abril de 2004. Os especialistas em segurança prevêem que os hackers logo estarão produzindo novos vírus e worms em questão de horas.

Os técnicos da TruSecure (*www.cybertrust.com*) e da Symantec (*www.symantec.com*) trabalham 24 horas por dia para monitorar o tráfego na Web. A equipe da Symantec usa 20.000 sensores colocados em hubs da Internet em 180 países para detectar e-mails e outros pacotes de dados que parecem transportar vírus. A TruSecure envia técnicos que se fazem passar por hackers a salas de bate-papo de criadores de vírus para descobrir o que eles estão planejando. A TruSecure ostenta que contribuiu para as prisões dos autores dos vírus Melissa, Anna Kournikova e Love Letter.

Apesar das dificuldades de se defender de ataques, as organizações gastam uma grande quantidade de tempo e dinheiro protegendo seus recursos de informação. Discutiremos os métodos de proteção na próxima seção.

---

### Antes de prosseguir...

1. Dê um exemplo de ameaça involuntária a um sistema de computador.
2. Descreva os vários tipos de ataques com software.
3. Defina e dê um exemplo de cibercrime.
4. Descreva a questão da proteção da propriedade intelectual.

---

## 3.3 Protegendo recursos de informação

### *Análise de risco*

Antes de gastar dinheiro para aplicar controles, as organizações têm de realizar o gerenciamento de riscos. Um risco é a probabilidade de uma ameaça causar impacto a um recurso de informação. O objetivo do **gerenciamento de riscos** é identificar, controlar e minimizar o impacto das ameaças. Em outras palavras, o gerenciamento de riscos busca reduzir o risco a níveis aceitáveis. Existem três processos no gerenciamento de riscos: análise de risco, redução de risco e avaliação dos controles.

A **análise de risco** é o processo pelo qual uma organização avalia o valor de cada recurso a ser protegido, estima a probabilidade de cada recurso ser comprometido e compara os custos prováveis do comprometimento de cada um com os custos de protegê-lo. As organizações realizam análises de risco para garantir que seus programas de segurança de sistemas de informação tenham um custo viável. O processo de análise de risco prioriza os recursos a serem protegidos com base no valor de cada recurso, na probabilidade de ele ser comprometido e no custo estimado da proteção. A organização, então, analisa como reduzir o risco.

Na **redução de risco**, a organização executa ações concretas contra os riscos. A redução de risco possui duas funções: (1) implementar controles para prevenir a ocorrência de ameaças identificadas; e (2) desenvolver um meio de recuperação se a ameaça se tornar realidade. Existem várias estratégias de redução de risco que as organizações podem adotar. As três mais comuns são aceitação do risco, limitação do risco e transferência do risco.

- **Aceitação do risco**: Aceitar o risco potencial, continuar operando sem controle e absorver quaisquer danos que ocorram.
- **Limitação do risco**: Limitar o risco por meio da implementação de controles que minimizem o impacto da ameaça.
- **Transferência do risco**: Transferir o risco usando outros meios para compensar a perda, como a contratação de seguros.

Na **avaliação dos controles**, a organização identifica problemas na segurança e calcula os custos da implementação de medidas de controle adequadas. Se os custos de implementar um controle forem mais altos que o valor do recurso a ser protegido, o custo do controle não é viável.

Por exemplo, os computadores mainframe de uma organização são valiosos demais para se aceitar o risco. Como resultado, as organizações limitam o risco aos mainframes por meio de controles, como controles de acesso. As organizações também usam a transferência de risco para os mainframes, pela contratação de seguros e pela realização de backups em locais externos.

Em outro exemplo, suponha que o carro velho que você dirige vale US$2.000. Suponha, também, que você acha que a probabilidade de um acidente ou outro dano ocorrer com seu carro é de 0,01. O valor da perda provável seria de US$20 (US$2.000 X 0,01). Se você mora em um estado que permite isso, pode decidir não ter um seguro para o carro. Você está praticando a aceitação do risco. Ou você pode tentar limitar o risco ao dirigir com cuidado. Finalmente, você pode transferir o risco adquirindo um seguro, mas teria de tentar manter o custo do seguro abaixo de US$20, que é o valor que você atribuiu à perda provável.

### Controles

As organizações protegem seus sistemas de muitas maneiras. Nos Estados Unidos, uma das principais estratégias é se unir ao FBI para formar o *National Infraestructure Protection Center (NIPC)*. Essa parceria entre o governo e o setor privado se destina a proteger a infra-estrutura da nação — telecomunicações, energia, transporte, sistema financeiro, emergência e operações governamentais. O FBI também estabeleceu *Regional Computer Intrusion Squads*, que se concentram nas invasões às redes de telefone e computador, violações de privacidade, espionagem industrial, pirataria de software de computador e outros cibercrimes. Outra organização é o *Computer Emergency Response Team (CERT)* na Carnegie Mellon University (*www.cert.org*).

O Checklist Gerencial 3.3 relaciona as principais dificuldades envolvidas na proteção de informações. Como isso é muito importante para toda a empresa, organizar um sistema de defesa apropriado é uma das principais atividades de qualquer CIO prudente e dos gerentes funcionais que controlam os recursos de informação. Na verdade, a segurança da TI é responsabilidade de *todos* em uma organização.

A estratégia mais importante para proteger informações é inserir *controles* (mecanismos de defesa). Os controles se destinam a prevenir danos acidentais, deter ações intencionais, solucionar problemas o mais rapidamente possível, melhorar a recuperação de danos e corrigir problemas. O fator importante é que a defesa deve enfatizar a *prevenção*. A defesa não tem qualquer valor depois que o crime é cometido.

Como existem muitas ameaças de segurança, existem, também, muitos mecanismos de defesa. Os *controles de segurança* se destinam a proteger todos os componentes de um sistema de informação, mais especificamente dados, software, hardware e redes. Uma estratégia de defesa pode envolver o uso de diversos controles. Dividimos os controles de defesa em duas categorias principais: *controles gerais* e *controles de aplicação*. As duas categorias possuem várias subcategorias. A Tabela 3.1 mostra os diversos tipos de controle e a Figura 3.2 ilustra esses controles.

### Controles gerais

Os **controles gerais** são estabelecidos para proteger o sistema independentemente da aplicação específica. Por exemplo, proteger hardware e controlar acesso ao centro de dados independem de qualquer aplicação específica. As principais categorias de controles gerais são controles físicos, controles de acesso, controles de segurança de dados, controles de comunicações (rede) e controles administrativos. Na próxima seção,

**Checklist Gerencial 3.2**

As dificuldades de proteger recursos de informação

- ❏ Existem centenas de ameaças potenciais.
- ❏ Os recursos de computação podem estar situados em muitos locais.
- ❏ Muitos indivíduos controlam os recursos de informação.
- ❏ As redes de computador podem estar fora da organização e difíceis de proteger.
- ❏ As rápidas mudanças tecnológicas tornam obsoletos alguns controles tão logo são instalados.
- ❏ Muitos crimes por computador não são detectados por um longo período de tempo, dificultando o aprendizado pela experiência.
- ❏ As pessoas costumam violar procedimentos de segurança porque estes são inconvenientes.
- ❏ Muitos criminosos de computador ficam impunes, de modo que não há efeito coibitivo.
- ❏ A quantidade de conhecimento de computação necessário para cometer crimes de computador normalmente é mínima. Na verdade, é possível aprender técnicas de hacking sem custo algum pela Internet.
- ❏ O custo de prevenir danos pode ser muito alto. Portanto, a maioria das organizações simplesmente não tem condições de se proteger contra todos os danos possíveis.
- ❏ É difícil realizar uma justificativa de custo-benefício para todos os controles antes de um ataque ocorrer porque é difícil avaliar o valor de um ataque hipotético.

discutiremos apenas os controles físicos, de acesso e de comunicações. Os controles de segurança de dados e os controles administrativos são definidos na Tabela 3.1.

Os **controles físicos** evitam que indivíduos não-autorizados tenham acesso às instalações onde se encontram os computadores de uma empresa. Os controles físicos comuns incluem paredes, portas, cercas, portões, fechaduras, crachás, guardas e sistemas de alarme. Uma fraqueza dos controles físicos é conhecida como *tailgatting*. O tailgatting ocorre quando um indivíduo autorizado destranca uma porta (com uma chave ou cartão) e outros indivíduos entram com a pessoa autorizada.

Os **controles de acesso** restringem os indivíduos não-autorizados de usarem recursos de informação e se dedicam à identificação do usuário. Há muitos tipos de controles de acesso, incluindo algo que o usuário é, algo que o usuário tem, algo que o usuário faz e algo que o usuário sabe.

*Algo que o usuário é* — Também conhecidos como **biométricos**, esses controles de acesso examinam as características físicas inatas de um usuário. As aplicações biométricas comuns são leitura de impressão digital, leitura da palma, leitura da retina, reconhecimento da íris e reconhecimento facial. Desses, a impressão digital, a leitura da retina e o reconhecimento da íris fornecem a identificação mais definitiva. O interessante é que o reconhecimento da íris já está em uso no aeroporto de Frankfurt, na Alemanha.

*Algo que o usuário tem* — Esses controles de acesso incluem cartões de identificação, cartões inteligentes (smart cards) e fichas (tokens). Os cartões de identificação comuns possuem uma fotografia do usuário e, provavelmente, a assinatura. Os cartões inteligentes possuem chips embutidos e um visor digital que apresenta um número de login que o empregado usa para obter acesso. O número muda a cada login.

*Algo que o usuário faz* — Esses controles de acesso incluem reconhecimento de voz e assinatura. No reconhecimento de voz, o usuário fala uma frase (por exemplo, seu nome e departamento) que foi previamente gravada. O sistema de reconhecimento de voz compara os dois sinais de voz. No reconhecimento de assinatura, o usuário assina o nome e o sistema compara a assinatura com a previamente registrada. Os sistemas de reconhecimento de assinatura também comparam a velocidade e a pressão da assinatura.

*Algo que o usuário sabe* — Esses controles de acesso incluem senhas e passphrases. Uma **senha** é uma combinação privativa de caracteres que somente o usuário deve conhecer. Uma **passphrase** é uma série de caracteres mais longa que uma senha, mas pode ser memorizada com facilidade. Exemplos: "Queapazestejasemprecomvoce", "vaemfrentelutecomgarra" e "vidalongaeprospera".

Uma senha eficiente possui as seguintes características:

- Deve ser difícil de descobrir.
- Deve ser longa em vez de curta.
- Deve usar letras maiúsculas, letras minúsculas e caracteres especiais.
- Não deve ter o nome de nada ou ninguém familiar, como sua família ou animais de estimação.
- Não deve ter uma string de números reconhecíveis, como CPF ou data de nascimento.
- Não deve ser uma palavra reconhecível.

**Tabela 3.1** Controles gerais e de aplicação para proteger sistemas de informação

| Tipo de controle | Descrição da finalidade |
|---|---|
| *Controles gerais* | |
| Controles físicos | Proteção física das instalações e recursos computacionais. |
| Controles de acesso | Restrição ao acesso de usuário não-autorizado aos recursos de computador; dedica-se à identificação do usuário. |
| Controles de segurança de dados | Proteção de dados contra exposição acidental ou voluntária a pessoas não-autorizadas, ou contra modificação ou destruição não-autorizada. |
| Controles administrativos | Publicação e monitoramento de diretrizes de segurança. |
| Controles de comunicações (rede) | |
| Segurança de fronteira | O principal objetivo é o controle de acesso. |
| Firewalls | Sistema que impõe políticas de controle de acesso entre duas redes. |
| Controles de vírus | Software antivírus (ver *www.trendmicro.com*, *www.cert.org*, *www.pgp.com*, *www.symantec.com*, *www.rsasecurity.com*, *www.mcafee.com* e *www.iss.net*). |
| Detecção de invasão | O principal objetivo é detectar acesso não-autorizado à rede. |
| Rede privada virtual | Usa a Internet para transmitir informações dentro de uma empresa e entre empresas parceiras, mas com maior segurança pelo uso da criptografia, da autenticação e do controle de acesso. |
| Autenticação | O principal objetivo é a prova de identidade. |
| Autorização | Permissão concedida a indivíduos e grupos para realizar certas atividades com recursos de informação, com base na identidade verificada. |
| *Controles de aplicação* | |
| Controles de entrada | Impede alteração ou perda de dados. |
| Controles de processamento | Garante que os dados estejam completos, válidos e corretos quando forem processados e que os programas sejam executados corretamente. |
| Controles de saída | Garante que os resultados do processamento por computadores sejam corretos, válidos, completos e coerentes. |

As senhas com essas características são chamadas **senhas fortes**.

Os hackers podem descobrir senhas fracas usando um *ataque de dicionário de força bruta*. O hacker simplesmente usa um programa de computador que experimenta cada palavra no dicionário, incluindo nomes próprios, até encontrar uma correspondência. Lembre-se da premissa: senhas fracas sempre anulam uma segurança forte. O próximo exemplo ilustra a importância das senhas.

---

**Exemplo**

---

### Paris Hilton sofre ação de hackers

No final de 2004, os números de telefone de Paris Hilton foram o item mais procurado na Web. Os internautas esperavam obter os números de telefone de dezenas de celebridades de Hollywood cujas informações de contato foram reveladas após alguém ter hackeado o dispositivo T-Mobile Sidekick de Hilton. A T-Mobile propôs que alguém pode ter descoberto sua senha.

A T-Mobile disse aos usuários do Sidekick para usar senhas complexas e alterá-las em intervalos regulares para aumentar o nível de segurança. Segundo especialistas do setor, em 2004, 84% das organizações pesquisadas afirmaram que os erros humanos eram parcialmente responsáveis pelas falhas de segurança. Muitos desses "erros humanos" envolveram uma baixa segurança da senha. Os especialistas recomendam que as senhas incluam uma combinação de números, letras e sinais de pontuação. Também recomendam que as pessoas mudem suas senhas pelo menos a cada 90 dias.

(*Fontes*: Compilado de S. Kerner, "Hilton's T-Mobile Hack a Password Wake-Up", *www.internetnews.com*, 22 de fevereiro de 2005; e L. Sherriff, "Paris Hilton's Sidekick Hacked", *The Register*, 21 de 2005.)

---

Os **controles de comunicações (rede)** lidam com a movimentação de dados através de redes e incluem controles de segurança de fronteira, autenticação e autorização. A autenticação e a autorização estão definidas na Tabela 3.1. Os controles de segurança de fronteira consistem em firewalls, controles de malware, controles de detecção de invasão, criptografia e redes privadas virtuais. Os controles de vírus e de detecção de invasão são definidos na Tabela 3.1. Discutiremos os firewalls, a criptografia e as redes privadas virtuais em mais detalhes aqui.

*Firewalls* — Um **firewall** é um sistema que evita que um tipo específico de informação se movimente entre redes não confiáveis, como a Internet, e redes privadas, como a rede de uma empresa. Basicamente, os firewalls impedem que usuários da Internet não-autorizados acessem redes privadas. Os firewalls podem consistir em hardware, software ou uma combinação dos dois. Todas as mensagens que entram ou saem da rede de uma empresa passam pelo firewall. O firewall, então, verifica cada mensagem e bloqueia aquelas que não atendem aos critérios de segurança previamente especificados.

Os firewalls variam desde os simples, para uso doméstico (Figura 3.3a), aos muito complexos, para organizações que precisam de um alto nível de segurança (Figura 3.3b). A Figura 3.3a mostra um firewall

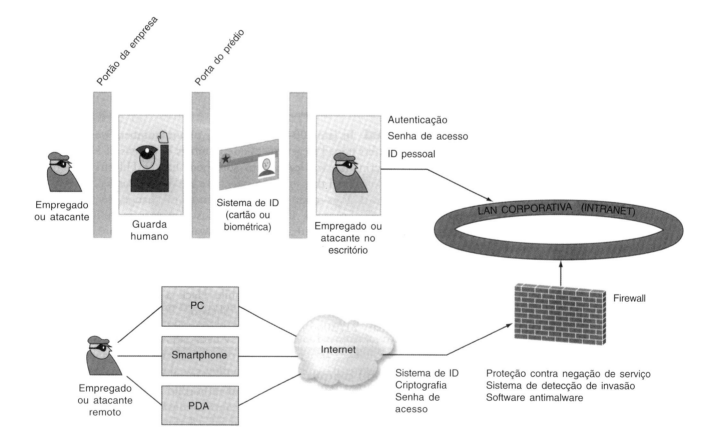

**Figura 3.2** Onde se localizam os mecanismos de defesa.

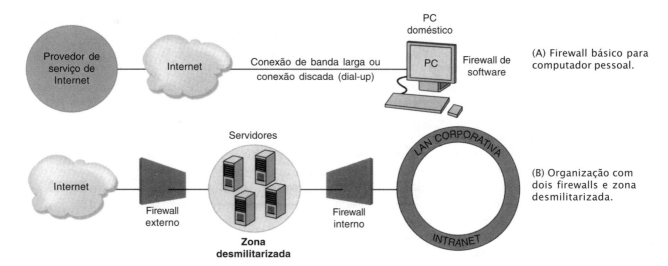

**Figura 3.3**

básico para um computador doméstico. Nesse caso, o firewall é implementado como software no computador doméstico. A Figura 3.3b mostra uma organização que implementou um firewall externo e um firewall interno com uma zona desmilitarizada (DMZ) entre eles. As mensagens da Internet precisam, primeiro, passar pelo firewall externo. Se estiverem de acordo com as regras definidas, as mensagens são enviadas aos servidores da empresa localizados na DMZ. Esses servidores normalmente manipulam requisições de páginas Web e e-mails. Quaisquer mensagens destinadas à rede interna da empresa (por exemplo, a intranet) precisam atravessar o firewall interno para ter acesso à rede privada da empresa.

*Criptografia* — Milhões de pessoas em todo o mundo enviam e-mails; usam aplicações de voz para conversar com amigos, familiares e parceiros comerciais; e colocam informações importantes nos computadores. Até recentemente, preocupavam-se pouco com a segurança das comunicações e informações. Hoje, tudo mudou.

Quando não há um canal seguro para enviar informações, você deve usar a criptografia para evitar os bisbilhoteiros não-autorizados. A **criptografia** é o processo de converter uma mensagem original em uma forma que não pode ser lida por ninguém, exceto o destinatário pretendido.

Todos os sistemas de criptografia usam uma chave, que é o código que embaralha e depois decodifica as mensagens. Na **criptografia simétrica**, o remetente e o destinatário usam a mesma chave. Um dos problemas da criptografia simétrica é que tanto o remetente quanto o destinatário precisam conhecer a chave e mantê-la em segredo. Além disso, se o remetente usar chaves diferentes para enviar mensagens para pessoas diferentes, o gerenciamento de chaves se torna um problema.

Os problemas do gerenciamento de chaves levaram ao desenvolvimento da criptografia de chave pública. A **criptografia de chave pública** — também conhecida como criptografia assimétrica — usa duas chaves diferentes: uma pública e uma privada (ver Figura 3.4). A chave pública e a privada são criadas simultaneamente com a mesma fórmula matemática (algoritmo). Como as duas chaves estão matematicamente relacionadas, os dados criptografados com uma chave podem ser decriptografados usando-se a outra chave. A chave pública fica publicamente disponível em um diretório que todas as partes podem acessar. A chave privada é mantida em segredo, nunca é compartilhada com ninguém e nunca é enviada pela Internet. Por exemplo, se Alice deseja enviar uma mensagem a Bob (ver a Figura 3.4), ela primeiro obtém a chave pública de Bob, que está disponível em um diretório. Alice usa a chave pública de Bob para criptografar (embaralhar) a mensagem. Quando Bob recebe a mensagem de Alice, ele usa sua chave privada para decriptografar (desembaralhar) a mensagem.

Os sistemas de chave pública também mostram se uma mensagem é autêntica; ou seja, se você criptografa uma mensagem usando sua chave privada, precisa "assiná-la" eletronicamente. O destinatário pode verificar se a mensagem veio de você usando sua chave pública para decriptografá-la.

Embora esse sistema seja adequado para a correspondência pessoal, fazer negócios através da Internet requer um sistema mais complexo. Nesse caso, uma terceira parte, chamada **autoridade de certificação**, age como intermediário confiável entre as empresas. Como tal, a autoridade de certificação emite certificados digitais e verifica o valor e a integridade dos certificados. Um **certificado digital** é um documento eletrônico anexado a um arquivo certificando que esse arquivo vem da organização que alega e que não foi modificado em seu formato original. Como você pode ver na Figura 3.5, a Sony solicita um certificado digital da Verisign, uma autoridade de certificação, e usa esse certificado para fazer negócios com a Dell. Observe que o certificado digital contém um número de identificação, o emissor, as datas de validade e a chave pública do solicitante. Para ver exemplos de autoridades de certificação, visite *www.entrust.com*, *www.verisign.com*, *www.cybertrust.com*, *www.secude.com* e *www.thawte.com*.

*Redes privadas virtuais* — Uma **rede privada virtual (VPN)** é uma rede particular que usa uma rede pública (normalmente a Internet) para conectar usuários. Em vez de usar uma rede remota proprietária, uma VPN usa conexões "virtuais" roteadas pela Internet a partir da rede privada da empresa para um site remoto, um empregado ou outra empresa. As VPNs usam a criptografia para garantir a segurança. Discutiremos as VPNs em mais detalhes no Capítulo 5.

### Controles de aplicação

Enquanto os controles gerais protegem um sistema inteiro, os **controles de aplicação**, como o nome sugere, são salvaguardas que protegem aplicações específicas. Os controles gerais não protegem o *conteúdo* de cada aplicação específica. Portanto, os controles normalmente são embutidos na aplicação; ou seja, são parte do software. Os controles de aplicação incluem três categorias principais: controles de entrada, controles de processamento e controles de saída. Os controles de entrada incluem rotinas programadas que são

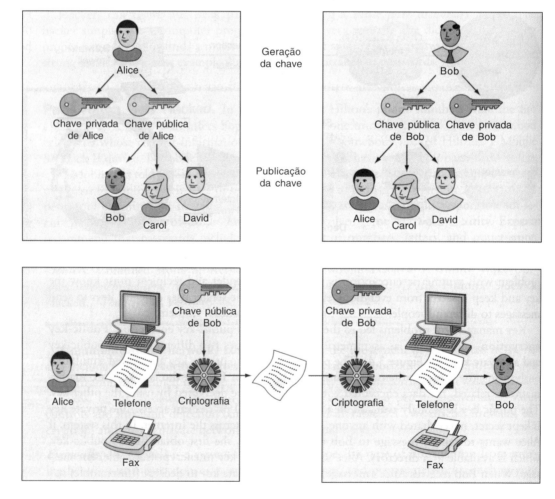

**Figura 3.4** Como a criptografia de chave pública funciona. (*Fonte*: Omnisec AG.)

realizadas para evitar erros nos dados de entrada antes de eles serem processados. Por exemplo, os números de CPF não devem conter caracteres alfabéticos. Os controles de processamento, por exemplo, podem comparar cartões de ponto de empregados com o arquivo principal da folha de pagamento e informar sobre cartões de ponto ausentes ou duplicados. Os controles de processamento também comparam o número total de transações processadas com o número total de entradas e saídas de transações. Um exemplo de controle de saída é uma documentação que especifica quais destinatários autorizados receberam relatórios, contra-cheques ou outros documentos importantes.

### Auditoria de sistemas de informação

As empresas implementam controles de segurança para garantir que os sistemas de informação funcionem corretamente. Esses controles podem ser instalados no sistema original ou podem ser acrescentados depois que o sistema já está em operação. A instalação de controles é necessária, mas não suficiente para proporcionar a segurança adequada. Além disso, as pessoas responsáveis pela segurança precisam responder a perguntas como: todos os controles estão instalados do modo pretendido? Eles são eficazes? Ocorreu alguma falha na segurança? Nesse caso, que ações são necessárias para evitar futuras falhas?

Essas questões podem ser respondidas por observadores independentes e imparciais. Esses observadores realizam a tarefa de *auditoria de sistemas de informação*. Em um ambiente de SI, **auditoria** é uma verificação dos sistemas de informação, suas entradas, saídas e processamento.

### Tipos de auditores e auditorias

Existem dois tipos de auditores e auditorias: internos e externos. A auditoria de SI geralmente é parte da *auditoria interna* da contabilidade, e freqüentemente é realizada por auditores internos da empresa. Um *auditor externo* examina tudo que a auditoria interna descobriu, bem como as entradas, o processamento e as saídas dos sistemas de informação. A auditoria externa dos sistemas de informação normalmente é parte da auditoria externa geral realizada por uma empresa de contabilidade pública certificada.

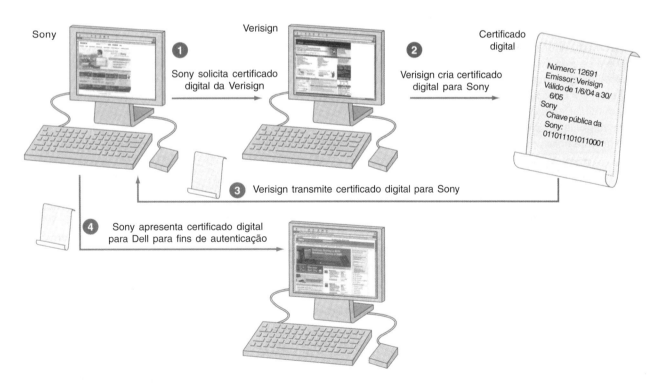

**Figura 3.5** Como os certificados digitais funcionam. Sony e Dell, parceiros comerciais, usam um certificado digital da Verisign para autenticação.

## TI E A EMPRESA

### 3.5 Cantor Fitzgerald realiza testes-surpresa

Em 11 de setembro de 2001, as operações de comércio de títulos da Cantor Fitzgerald (*www.cantor.com*) foram destruídas nos ataques terroristas ao World Trade Center, e 658 funcionários da empresa morreram. Apesar disso, os mercados eletrônicos apoiados pela subsidiária da empresa, a eSpeed (*www.espeed.com*), foram restaurados em 48 horas.

Desde os ataques, a Cantor abriu novas empresas, entrou em novos mercados e mudou o foco para o comércio de ações e os bancos de investimento. Entretanto, devido à experiência dramática, a empresa está constantemente esperando a próxima interrupção. Ela adotou uma técnica simples para se certificar que está preparada para o desastre: o "teste-surpresa".

Em vez de realizar avaliações mensais, trimestrais ou anuais, a Cantor testa seus sistemas, infra-estrutura de TI e planos de continuidade permanentemente, em momentos inesperados. Não há um padrão ou calendário formal. A empresa sabe que, para obter os melhores resultados, não pode anunciar um teste e dar aos empregados tempo para se prepararem. A Cantor também faz testes com grupos que não estão diretamente envolvidos com o planejamento de recuperação em caso de acidentes, pois essa é a única maneira de determinar se os procedimentos que esses planejadores definiram são claros e precisos.

Como funciona o teste-surpresa? Em um exemplo, o CIO e a equipe de tecnologia escolhem uma hora inconveniente para acordar a equipe no centro de dados da Cantor, em Londres. Pode ser na hora do jantar ou às 3h da manhã. Depois vem a missão: reconstruir um sistema de negociação de títulos de hipoteca do zero no prazo de uma hora.

Outros testes podem não ser tão radicais como o exemplo de Londres. Os corretores e gerentes que trabalham no escritório da Cantor no centro de Manhattan podem receber uma ligação telefônica antes do trabalho, dizendo para irem a um centro de backup em New Rochelle e trabalhar lá. Em New Rochelle, eles encontram 50 estações de trabalho capazes de alternar entre funções de trabalho, do nível executivo ao monitoramento de transações back-office.

No 11 de setembro, o planejamento avançado de recuperação de acidentes da Cantor salvou a empresa logo após a destruição. A Cantor tinha um excelente site de backup que duplicava todas as máquinas tanto de New Rochelle quanto do World Trade Center. Também possuía uma equipe bem treinada que era capaz de desempenhar suas tarefas sob extrema pressão. Hoje, no entanto, um nível único de redundância não é mais suficiente. A Cantor agora opera dois centros de dados nos Estados Unidos e dois em Londres. Além disso, a empresa está pensando em criar um terceiro centro nos Estados Unidos. Enquanto isso, os testes surpresa continuam.

*Fontes*: Compilado de "Pop Culture", *Baseline Magazine*, 8 de setembro de 2004; e E. Cone e S. Gallagher, "Cantor-Fitzgerald: Forty-Seven Hours", *Baseline Magazine*, 29 de outubro de 2001.

**PERGUNTAS**

1. Os testes-surpresa da Cantor poderiam causar uma queda na produtividade? Justifique sua resposta.
2. Você acha que outras organizações deveriam seguir o exemplo da Cantor, testando a segurança a qualquer momento sob condições variadas? Por quê? Quais as vantagens dessa política? E as desvantagens?

Como a auditoria de SIs é um assunto amplo, apresentamos aqui apenas os aspectos básicos. A auditoria considera todos os riscos potenciais e os controles nos sistemas de informação. Envolve tópicos como operações, integridade de dados, aplicações de software, segurança e privacidade, orçamentos e despesas, controle de custos e produtividade. Existem diretrizes disponíveis para auxiliar os auditores nessas tarefas, como as do Institute of Internal Auditors (*www.theiia.org*).

### Como a auditoria é executada?

Os procedimentos de auditoria de SIs se encaixam em três categorias: (1) auditoria em torno do computador; (2) auditoria através do computador; e (3) auditoria com o computador.

*Auditoria em torno do computador* significa verificar o processamento procurando saídas conhecidas que usam entradas específicas. Esse método funciona melhor em sistemas com saídas limitadas. Na *auditoria através do computador*, entradas, saídas e processamento são verificados. Os auditores conferem a lógica dos programas, testam os dados e controlam o processamento e o reprocessamento. A*auditoria com o computador* significa usar uma combinação de dados do cliente, software da auditoria e hardware do cliente e da auditoria. Ela permite que o auditor realize tarefas como simular a lógica do programa de folha de pagamento usando dados reais.

### Plano de recuperação de acidentes

Uma estratégia de defesa importante é estar preparado para várias eventualidades. Um elemento importante em qualquer sistema de segurança é um *plano de recuperação de acidentes*. A destruição da maioria ou de todos os recursos de computação de uma organização pode causar danos significativos. Na verdade, muitas organizações têm problemas para contratar seguros se não tiverem um plano satisfatório de prevenção e recuperação de acidentes para os sistemas de informação.

**Recuperação de acidentes** é a cadeia de eventos que abrange desde o planejamento até a proteção e a recuperação. A finalidade de um plano de recuperação é manter a empresa funcionando depois de um acidente, um processo chamado *continuidade dos negócios*. O planejamento deve envolver, primeiro, a recuperação da perda total de todas as habilidades computacionais. Para tanto, o plano precisa identificar todas as aplicações críticas, bem como seus procedimentos de recuperação. O plano deve ser mantido em local seguro e deve passar por uma auditoria periodicamente. Todos os gerentes devem ter uma cópia.

A **prevenção de acidentes** tem por objetivo minimizar as chances de acidentes evitáveis, como incêndios premeditados ou outras ameaças humanas. Por exemplo, muitas empresas usam um dispositivo chamado *no-break*, que fornece energia de emergência em caso de falta de energia.

No caso de um grande desastre, normalmente é necessário ter acesso a um local de backup enquanto as instalações centrais de computação não estão funcionando. Muitas empresas contratam **hot sites** externos para ter acesso a centros de dados totalmente configurados que possuem cópias dos dados e dos programas. A tragédia do World Trade Center em 11 de setembro de 2001 mostrou a importância de arranjos de backup, especialmente os hot sites. O Quadro 3.5 apresenta uma ilustração dramática.

---

**Antes de prosseguir...**

1. Descreva os dois principais tipos de controle para sistemas de informação.
2. O que é auditoria de sistemas de informação?
3. Qual é a finalidade de um plano de recuperação de acidentes?

---

## O que a **TI** pode me proporcionar?

---

- **Para a área de contabilidade**

Os escândalos contábeis dos últimos anos levaram à aprovação da Lei Sarbanes-Oxley. Esta lei impõe mais responsabilidade aos profissionais de contabilidade no tocante aos princípios éticos usados em seus relatórios. As empresas precisam fornecer relatórios financeiros precisos e têm de se sujeitar a investigações externas dos sistemas internos. As empresas têm de demonstrar que existem controles para prevenir ações fraudulentas. Como resultado, a auditoria dos sistemas de informação é uma área que cada vez mais desperta um interesse especial. Além disso, a segurança dos dados é uma grande preocupação da contabilidade. Há contadores envolvidos em programas de detecção e prevenção de fraudes. Eles também ajudam a realizar o planejamento de recuperação de acidentes.

- **Para a área de finanças**

Os setores financeiro e bancário dependem muito de computadores e redes. A segurança é um dos principais requisitos para o desenvolvimento de novas tecnologias, como home banking e cartões inteligentes (*smart cards*). Além disso, os sistemas de pagamento são vitais para o comércio eletrônico, e sua segurança e auditoria são de extrema importância. Finalmente, as instituições bancárias e financeiras são os principais alvos dos cibercriminosos. Um problema relacionado é a fraude envolvendo ações e títulos vendidos pela

Internet. O pessoal de finanças precisa estar atento tanto aos riscos quanto aos controles disponíveis associados a essas atividades.

- **Para a área de marketing**

Os profissionais de marketing têm novas oportunidades de coletar dados sobre clientes, por exemplo, através do comércio eletrônico business-to-consumer (B2C). A ética comercial afirma claramente que esses dados devem ser usados dentro da empresa, e não vendidos para outras pessoas ou empresas. Os profissionais de marketing com certeza não querem ser processados por invasão de privacidade nos dados coletados para o banco de dados de marketing. Ao mesmo tempo, não querem que suas estratégias de marketing inovadoras caiam nas mãos dos concorrentes. Além disso, como a privacidade do consumidor pode ser facilmente invadida enquanto seus dados estão armazenados no banco de dados de marketing ou são coletados no ponto-de-venda, os profissionais de marketing precisam saber como evitar esses incidentes.

- **Para a área de produção/operações**

Os profissionais que atuam na área de gerência operacional e de produção decidem se devem terceirizar as operações de fabricação. Em alguns casos, essas operações são enviadas para países que não possuem leis trabalhistas rígidas. Essa situação traz à tona sérias questões éticas. É ético contratar empregados em países com más condições de trabalho para reduzir os custos trabalhistas? Os gerentes operacionais e de produção precisam responder a outras perguntas difíceis: até que ponto os esforços de segurança reduzem a produtividade? As melhorias incrementais na segurança valem os custos adicionais? Para responder a essas e outras perguntas, esses profissionais precisam estar familiarizados com os assuntos discutidos neste capítulo.

- **Para a área de recursos humanos**

A ética é de suma importância para os gerentes de recursos humanos. As políticas de RH descrevem o uso apropriado das tecnologias da informação no local de trabalho. Algumas questões que surgem são: os empregados podem usar a Internet, sistemas de e-mail ou bate-papo para fins pessoais enquanto estão no trabalho? É ético monitorar os empregados? Em caso positivo, como isso deve ser feito? Até que ponto? Com que freqüência? Os gerentes de RH precisam formular e fazer cumprir essas políticas ao mesmo tempo que mantêm relações de confiança entre empregados e gerentes.

- **A função do SIG**

A ética pode ser mais importante para o pessoal do SIG que para qualquer outro na organização, pois eles têm controle dos recursos de informação. Eles também controlam uma grande quantidade de informações pessoais sobre todos os empregados. Como resultado, a função do SIG precisa ser conduzida nos mais altos padrões éticos.

A função do SIG estabelece a infra-estrutura de segurança que protege os recursos de informação da organização. Essa função é fundamental para o sucesso da organização, embora seja quase invisível até que um ataque ocorra.

## Resumo

*1. Descrever as principais questões éticas relacionadas à tecnologia da informação e identificar as situações em que elas ocorrem.*

As principais questões éticas relacionadas à TI são privacidade, exatidão, propriedade (incluindo propriedade intelectual) e acessibilidade à informação. A privacidade pode ser violada quando dados são mantidos em bancos de dados ou transmitidos por redes. As políticas de privacidade que lidam com problemas de coleta de dados, exatidão dos dados e sigilo dos dados podem ajudar as organizações a evitar problemas legais. A propriedade intelectual é a propriedade intangível criada por indivíduos ou organizações, e é protegida por leis de segredo comercial, patente e direitos autorais. A propriedade intelectual mais comum relacionada à TI diz respeito ao software. Copiar software sem pagar ao proprietário é uma violação dos direitos autorais e é um grande problema para os fornecedores de software.

### 2. Identificar as muitas ameaças à segurança da informação.

Existem inúmeras ameaças à segurança da informação que podem se encaixar nas categorias gerais de involuntárias e intencionais. As ameaças involuntárias incluem erros humanos, riscos ambientais e falhas no sistema de computação. As falhas intencionais incluem espionagem, extorsão, vandalismo, roubo, ataques com software e transgressões à propriedade intelectual. Os ataques com software incluem vírus, worms, cavalos de Tróia, bombas lógicas, back doors, negação de serviço, phishing e pharming. Uma ameaça crescente é o cibercrime, que inclui roubo de identidade e ataques de phishing.

### 3. Entender os vários mecanismos de defesa usados para proteger os sistemas de informação.

Os sistemas de informação são protegidos por uma ampla variedade de controles, como procedimentos de segurança, guardas físicos e software de detecção. Podem ser classificados como controles usados para prevenção, detenção, detecção, controle de danos, recuperação e correção de sistemas de informação. Os principais tipos de controles gerais incluem controles físicos, controles de acesso, controles de segurança de dados, controles administrativos e controles de comunicações. Os controles de aplicação incluem controles de entrada, processamento e saída.

### 4. Explicar a auditoria e o planejamento de TI para recuperação de acidentes.

A auditoria em sistemas de informação é feita de maneira semelhante à auditoria de contabilidade/ finanças. Uma auditoria de TI interna e externa detalhada pode envolver centenas de fatores e pode ser apoiada por software e listas de verificação. A auditoria de TI é relacionada à preparação para a recuperação de acidentes, que trata especificamente de como evitar, se preparar e se recuperar rapidamente de um acidente.

## Glossário

**aceitação do risco** Atitude em que as organizações aceitam o risco potencial, continuam operando sem controle e absorvem quaisquer danos que ocorram.

**adware** Software invasivo projetado para ajudar a exibir anúncios pop-up na tela de um computador.

**ameaça** Perigo ao qual um recurso de informação pode estar exposto.

**análise de risco** Processo pelo qual uma organização avalia o valor de cada recurso a ser protegido, estima a probabilidade de cada recurso ser comprometido e compara os custos prováveis do comprometimento de cada um com os custos de protegê-lo.

**auditoria** Verificação dos sistemas de informação, suas entradas, saídas e processamento.

**autoridade de certificação** Terceira parte que age como intermediário confiável entre computadores (e empresas) por meio da emissão de certificados digitais e da verificação do valor e da integridade dos certificados.

**avaliação dos controles** Processo pelo qual a organização identifica problemas na segurança e calcula os custos da implementação de medidas de controle adequadas.

**back door** (ou trap door) Normalmente, uma senha, conhecida apenas pelo atacante, que lhe permite acessar o sistema à vontade, sem precisar executar quaisquer procedimentos de segurança.

**biometria** Ciência e tecnologia da autenticação (ou seja, estabelecer a identidade de um indivíduo), por meio da medição de características fisiológicas ou comportamentais do indivíduo.

**bomba lógica** Segmento de código de computador que é embutido dentro dos programas existentes em uma organização.

**cavalo de Tróia** Programa de software com uma função oculta que apresenta um risco à segurança.

**certificado digital** Documento eletrônico anexado a um arquivo certificando que esse arquivo vem da organização que alega e que não foi modificado em seu formato ou conteúdo original.

**cibercrimes** Atividades fraudulentas executadas na Internet.

**ciberguerra** Guerra em que os sistemas de informação de um país poderiam ser paralisados por um ataque em massa de software destrutivo.

**ciberterrorismo** Ataque premeditado e com motivação política contra informações, sistemas de computação, programas de computador e dados, que resulta em violência contra alvos civis por grupos subnacionais ou agentes clandestinos.

**código de ética** Conjunto de princípios destinados a guiar a tomada de decisões pelos membros da organização.

**controles de acesso**  Controles que evitam que indivíduos não-autorizados usem recursos de informação e se dedicam à identificação do usuário.

**controles de aplicação**  Controles que protegem aplicações específicas.

**controles de comunicações**  Controles que lidam com a movimentação de dados pelas redes.

**controles de sistemas de informação**  Procedimentos, dispositivos ou software destinados a evitar o comprometimento do sistema.

**controles físicos**  Controles que impedem que indivíduos não-autorizados tenham acesso aos recursos computacionais de uma empresa.

**controles gerais**  Controles de segurança estabelecidos para proteger o sistema independentemente da aplicação específica.

**cookies**  Pequenas quantidades de informação que os websites armazenam em seu computador, temporariamente ou quase permanentemente.

**cracker**  Hacker malicioso.

**criptografia assimétrica**  (veja **criptografia de chave pública**)

**criptografia de chave pública**  (também conhecida como **criptografia assimétrica**) Tipo de criptografia que usa duas chaves diferentes: uma chave pública e uma privada.

**criptografia**  Processo de converter uma mensagem original em um formato que não pode ser lido por ninguém, exceto o destinatário pretendido.

**criptografia simétrica**  Forma de criptografia em que o remetente e o destinatário usam a mesma chave.

**direito autoral**  Concessão legal que cede aos criadores do produto intelectual a sua propriedade durante a vida do criador e mais 70 anos.

**engenharia social**  Burlar sistemas de segurança enganando os usuários de computador dentro de uma empresa, a fim de obter informações importantes ou de obter privilégios de acesso não-autorizado.

**exposição**  Prejuízo, perda ou dano que pode resultar se uma ameaça comprometer esse recurso.

**firewall**  Sistema (hardware, software ou uma combinação de ambos) que evita que um tipo específico de informação se movimente entre redes não confiáveis, como a Internet, e redes privadas, como a rede de uma empresa.

**gerenciamento de riscos**  Processo que identifica, controla e minimiza o impacto das ameaças.

**hacker**  Pessoa externa que invade um sistema de computação, normalmente sem intenção de cometer um crime.

**hot site**  Sistema de computação totalmente configurado, com todos os recursos e serviços de informação, links de comunicações e operações físicas das instalações, que duplicam os recursos de computação de uma empresa e proporcionam uma recuperação quase em tempo real das operações de TI.

**limitação do risco**  Atitude segundo a qual a organização limita o risco por meio da implementação de controles que minimizem o impacto da ameaça.

**negação de serviço (DoS)**  Ciberataque em que um atacante envia uma grande quantidade de pacotes de dados para um sistema-alvo, com o objetivo de sobrecarregar os recursos.

**negação de serviço distribuída (DDoS)**  Ataque de negação de serviço que envia simultaneamente um fluxo coordenado de pacotes de dados a partir de muitos computadores comprometidos.

**passphrase**  Série de caracteres mais longa que uma senha, mas que pode ser memorizada com facilidade.

**patente**  Documento que concede ao proprietário direitos exclusivos sobre uma invenção ou processo durante 20 anos.

**pestware**  Software clandestino que é instalado no PC através de canais não-confiáveis.

**pharming**  Cibercrime em que o atacante adquire fraudulentamente o nome de domínio do website de uma empresa, para que, quando a pessoa digite o URL desse website, seja levada para o site falso.

**phishing**  Ataque que usa o logro para adquirir informações pessoais valiosas, como números e senhas de contas, aparentando ser um e-mail autêntico.

**pirataria**  Copiar um programa de software sem pagar ao proprietário.

**política de privacidade**  (também chamada de **código de privacidade**) Diretrizes de uma organização em relação à proteção da privacidade dos consumidores, clientes e empregados.

**prevenção de acidentes** Método de segurança voltado para a prevenção.

**privacidade** Direito de ficar em paz e de estar livre de invasões pessoais injustificáveis.

**propriedade intelectual** Propriedade intangível criada por indivíduos ou organizações que é protegida por leis de segredo comercial, patente e direito autoral.

**recuperação de acidentes** Cadeia de eventos que abrange desde o planejamento até a proteção e a recuperação.

**rede privada virtual** Rede particular que usa uma rede pública (normalmente a Internet) para conectar usuários com segurança por meio de criptografia.

**redução de risco** Processo em que a organização executa ações concretas contra os riscos, como implementar controles e desenvolver um plano de recuperação de acidentes.

**risco** Probabilidade de uma ameaça se concretizar.

**roubo de identidade** Crime em que alguém usa as informações pessoais de outrem para criar uma identidade falsa que, então, é usada para cometer uma fraude.

**segredo comercial** Trabalho intelectual, como um plano de marketing, que configura um segredo comercial e não é baseado em informações públicas.

**senha** Combinação particular de caracteres que somente o usuário deve conhecer.

**senha forte** Senha difícil de se descobrir, mais longa que curta, contém letras maiúsculas e minúsculas, números e caracteres especiais e não é uma palavra ou string de números reconhecíveis.

**spam** E-mail não solicitado.

**spamware** Software invasivo que usa o computador alheio para enviar spam.

**spyware** Software invasivo que pode registrar os toques no teclado e/ou capturar senhas.

**transferência do risco** Atitude em que a organização transfere o risco usando outros meios para compensar a perda, como a contratação de seguros.

**trap door** (ver back door)

**vigilância eletrônica** Monitorar ou rastrear as atividades das pessoas com o auxílio de computadores.

**vírus** Software malicioso que pode se anexar a (ou "infectar") outros programas de computador sem que o proprietário do programa fique ciente da infecção.

**vulnerabilidade** Possibilidade de o sistema sofrer algum dano devido a uma ameaça.

**Web bugs** Imagens gráficas pequenas e normalmente invisíveis adicionadas a uma página da Web ou mensagem de e-mail.

**worm** Programa destrutivo que se duplica sem a necessidade de qualquer outro programa para garantir um ambiente seguro para a duplicação.

## Perguntas para discussão

1. Nos Estados Unidos, o Internal Revenue Service (IRS) compra dados demográficos de pesquisas de mercado feitas por empresas privadas. Esses dados contêm estatísticas de renda que poderiam ser comparadas com as declarações de imposto de renda. Muitos cidadãos norte-americanos acham que seus direitos estão sendo violados pelo uso dessas informações por parte da agência. Esse é um comportamento antiético por parte do IRS? Discuta a questão.

2. A Northeast Utilities (Hartford, Connecticut) (*www.nu.com*) instrui seus leitores de consumo para coletarem informações sobre a necessidade de serviços nas casas dos clientes, como calçadas ou cercas precisando de reparos. A empresa, então, vende os dados para outras empresas que lucrariam com essas informações. Essas empresas, por sua vez, oferecem aos clientes da Northeast, por mala direta ou telemarketing, a execução desses serviços. Embora alguns clientes gostem dessa abordagem, outros consideram um aborrecimento porque não estão interessados nos reparos. Avalie a iniciativa da Northeast Utilities contra os potenciais efeitos negativos da reação adversa do público.

3. Muitos hospitais, organizações de saúde e órgãos federais estão transferindo os registros médicos de pacientes do papel para o armazenamento eletrônico por meio da tecnologia de processamento de imagens. Depois de realizarem a transferência, eles podem usar tecnologia da Web e armazenamento eletrônico para acessar os registros de modo rápido e fácil. Entretanto, implementar um sistema para proteger totalmente a privacidade dos pacientes poderia custar muito caro ou

tornar mais lento o acesso autorizado aos registros. Que tipo de política os administradores de saúde poderiam adotar nessas situações?

4.  Entre no website de sua faculdade e encontre as diretrizes para o uso ético dos computadores. Há restrições quanto aos tipos de websites e material que podem ser vistos (por exemplo, jogos, pornografia etc.)? Os alunos têm permissão para alterar os programas nos discos rígidos dos computadores do laboratório ou baixar software para uso próprio? A faculdade tem regras para regular o uso pessoal dos computadores e de e-mails?

5.  Você acha que deveriam ser aprovadas leis para fazer com que o spam se torne crime? Em caso positivo, como os legisladores deveriam lidar com os direitos da Primeira Emenda nos Estados Unidos? Como essas leis deveriam ser aplicadas?

6.  Algumas companhias de seguros não cobrem uma empresa se ela não tiver um plano de recuperação de acidentes com computadores. Explique por quê. Essa política é justa? Justifique sua resposta.

## Atividades para solução de problemas

1.  Complete o teste de ética computacional em *http://web.cs.bgsu.edu/maner/xxicee/html/welcome.htm*. Visite também *http://onlineethics.org/cases/robot/robot.html*. Discuta o que você aprendeu com o teste e o caso do The Killer Robot.

2.  Um gerente de segurança da informação costumava monitorar o conteúdo da correspondência eletrônica dos empregados. Ele descobriu que muitos empregados estavam usando o sistema para fins pessoais. Algumas mensagens eram cartas de amor para colegas e outras se referiam a um bolão de futebol. O gerente de segurança preparou uma lista dos empregados envolvidos, juntamente com amostras das mensagens, e entregou-as à diretoria. Alguns gerentes puniram os subordinados por terem usado o e-mail corporativo para fins pessoais. Alguns empregados, porém, reclamaram do monitoramento, alegando que eles deveriam ter o mesmo direito de privacidade que têm quando usam o sistema de correspondência interno da empresa.

    a.  É ético os gerentes monitorarem e-mails? (Esse monitoramento é defendido em leis.) Justifique sua resposta.

    b.  É ético os empregados usarem os e-mails para comunicação pessoal? Justifique sua resposta.

    c.  É ético o gerente apresentar a lista de empregados à diretoria? Por quê?

    d.  A punição dos empregados é ética? Justifique sua resposta.

    e.  O que a empresa deveria fazer para resolver a situação?

3.  O Sr. Jonas trabalhava como representante de suporte ao cliente em uma pequena empresa de software, mas foi demitido no final de 2004. No início de 2005, a empresa descobriu que alguém estava fazendo login em seus computadores à noite através de um modem e havia alterado e copiado arquivos. Durante a investigação, a polícia rastreou as ligações telefônicas, descobrindo que vinham da casa do Sr. Jones, e encontrou ali cópias de informações confidenciais avaliadas em vários milhões de dólares. O código de acesso do Sr. Jones foi cancelado no dia em que foi demitido. Entretanto, a empresa suspeita que ele obteve o código de acesso de outro empregado.

    a.  Como o crime pode ter sido cometido? Por que os controles foram inócuos? (Cite quaisquer suposições relevantes.) Que outros métodos o Sr. Jones poderia ter usado para acessar os sistemas da empresa em que trabalhara?

    b.  O que a empresa (qualquer empresa) pode fazer para impedir incidentes semelhantes no futuro?

4.  Qual é a diferença entre ciberterrorismo e ciberguerra? Você acha que deveriam ser criadas leis para combater o ciberterrorismo? O que elas deveriam impor? Como poderiam ser impostas? Por quem? Um país? Uma agência internacional?

5.  Frank Abignale, o criminoso vivido por Leonardo di Caprio no filme *Prenda-me se for capaz*, terminou na prisão. Entretanto, ao sair da cadeia, foi trabalhar como consultor para diversas empresas em questões de fraudes. Por que muitas empresas não relatam crimes relacionados a computadores? Por que essas empresas contratam os criminosos (se apanhados) como consultores? Você acha que isso é uma boa idéia?

## Atividades na Internet

1.  Entre no site *www.scambusters.org*. Descubra o que a organização faz. Aprenda sobre scams de e-mail e scams de website. Relate suas descobertas.

2.  Baixe um freeware de *www.junkbusters.com* e aprenda a bloquear e-mails não solicitados (spam). Descreva como sua privacidade é protegida.

3.  Visite os seguintes sites: *http://www.consumer.gov/idtheft/*, *http://www.identitytheft.org* e *http://www.fraud.org*. Aprenda tudo o que puder sobre roubo de identidade e como se proteger.

4.  Acesse o website do The Computer Ethics Institute em *http://archive.cpsr.net/program/ethics/cei.html*. O site apresenta os "Dez Mandamentos da Ética Computacional". Examine esses dez e determine se algum outro deveria ser acrescentado.

5. Pirataria de software é um problema global. Acesse os seguintes websites: *http://www.bsa.org* e *http://www.microsoft.com/piracy/*. O que as organizações podem fazer para amenizar esse problema? Você acha que algumas organizações estão lidando com o problema melhor que outras?

## Trabalhos em equipe

1. Acesse *www.consumer.gov/sentinel/* para aprender mais sobre como os órgãos judiciários em todo o mundo se integram para combater a fraude contra consumidores. Cada equipe deve obter estatísticas atuais sobre uma das cinco principais categorias de reclamação de consumidores e preparar um relatório. Alguma categoria está crescendo mais rápido que as outras? Algumas categorias prevalecem mais em certas partes do mundo?

2. O estado da Califórnia mantém um banco de dados de pessoas que, supostamente, exploram crianças. (O banco de dados também inclui os nomes das supostas vítimas.) A lista está disponível a dezenas de órgãos públicos e é considerada em casos de adoção de crianças e decisões relacionadas a empregos. Como muitas pessoas têm acesso à lista, o conteúdo é facilmente revelado a pessoas não-autorizadas. Em 1996, uma suposta exploradora e seu filho, cujo caso foi arquivado, mas cujos nomes foram mantidos na lista, processou o estado da Califórnia por invasão de privacidade. Com a classe dividida em grupos, responda às quatro questões a seguir em termos de um banco de dados de criminosos sexuais.

   a. Existe necessidade de incluir na lista os nomes das pessoas cujos casos foram arquivados ou declarados infundados?
   b. Quem deve tomar a decisão sobre os nomes a serem incluídos e os critérios de inclusão a serem adotados?
   c. Qual é o dano potencial (se houver) para os exploradores?
   d. O estado da Califórnia deve abolir a lista? Por quê?

## O que as universidades devem fazer?

### O PROBLEMA DA EMPRESA

Recentemente, o CIO do Dartmouth College precisava notificar a comunidade universitária que um usuário não-autorizado havia obtido acesso a oito servidores em um laboratório da universidade e instalado um programa não-autorizado. O hacker acessou os dados de recursos humanos dos empregados do Dartmouth, dados de pesquisa e informações de imunização dos alunos. Ao fazer isso, o hacker pode ter copiado informações importantes. O CIO contatou todos os indivíduos afetados por e-mail ou correio convencional. Ele pediu que ex-alunos, empregados e alunos monitorassem seus relatórios de crédito para verificar se as identidades foram roubadas.

Na Universidade da Califórnia, Berkeley, um hacker acessou nomes e números de seguro social de aproximadamente 1,4 milhão de californianos após entrar em um sistema de computação da universidade. Na Universidade de Michigan, um aluno da graduação foi acusado de roubar os nomes de usuário e as senhas de 60 alunos e membros da faculdade. Na Eastern Connecticut State University, quando os alunos efetuaram logon no início do semestre de outono, eles acidentalmente ativaram tantos vírus que a rede inteira entrou em colapso.

Os membros da equipe de TI das universidades estão tentando se manter à frente dos próprios alunos. As ameaças advindas de alunos incluem a introdução de vírus nas redes universitárias, o uso impróprio dos serviços de compartilhamento de arquivos, o congestionamento da largura de banda ao baixar arquivos gigantescos como filmes, e o roubo completo de informações sobre seus registros escolares. O problema é que, na universidade, o pessoal de segurança de TI precisa considerar a liberdade acadêmica e a troca de informações. Na universidade, então, nada é seguro a menos que tenha de ser a todo custo.

### A SOLUÇÃO DA TI

As universidades estão trabalhando muito para resolver esses problemas de segurança da informação. Elas estão separando as redes de alunos das redes administrativas e de outras redes acadêmicas. Por exemplo, as redes de residentes podem se conectar a um banco de dados de pesquisa acadêmica em vários pontos, mas a conexão pode ser terminada rapidamente pelos administradores.

As faculdades estão exigindo que os alunos nas redes de residentes autentiquem suas identidades com senhas. Além disso, também estão cuidando para que os computadores de alunos estejam atualizados com os últimos patches e software antivírus. Por exemplo, se o desktop de um aluno com Windows XP não possui os últimos patches de segurança, esse aluno não terá permissão de acessar a rede até que os instale.

Em uma universidade, para ter acesso a uma das redes acadêmicas ou administrativas, um aluno precisa (1) ter um nome de usuário e uma senha para acessar uma aplicação; (2) estar em um local conectado à rede; (3) atravessar um firewall com detector de invasão; e (4) efetuar logon em um banco de dados que registra quem acessou o software. Durante cada sessão do aluno, todas as atividades e endereços IP são registrados para auditoria.

## OS RESULTADOS

Os resultados são mistos. As universidades simplesmente possuem muitos alunos com diferentes históricos e diferentes níveis de capacidade tecnológica para proteger adequadamente as redes. Na verdade, instalar um software de monitoramento da rede já é difícil devido às complicações advindas da liberdade acadêmica.

Algumas universidades estão recorrendo à ajuda dos próprios alunos. Estão incluindo alunos em decisões de tecnologia, ouvindo suas opiniões e observando como eles usam a TI para troca de mensagens e em PDAs. Por exemplo, quando o uso da largura de banda excedeu os limites, uma universidade pediu ajuda aos alunos. A sugestão foi: os próprios alunos se controlam ou pagam pela largura de banda adicional. O problema da largura de banda foi resolvido em uma semana.

*Fontes*: Compilado de L. Dignan, "Hack to School" *Baseline Magazine*, 1º de setembro de 2004; "Hacker Hits California-Berkeley Computer", *CNN.com*, 10 de outubro de 2004.

## PERGUNTAS

1. Você acha que as universidades deveriam ter os mesmos controles rígidos de segurança da informação que as empresas? Por quê?
2. As universidades deveriam separar as redes dos alunos? Justifique sua resposta.
3. Que medidas de segurança sua universidade exige?

## Apêndice "Como fazer" 1:

### Protegendo seu próprio computador

- Use senhas fortes.
- Faça backups dos arquivos e pastas importantes.
- Instale e use programas antivírus.
  - □ Visite este website para procurar programas antivírus gratuitos: *http://netsecurity.about.com/od/antivirussoftware/a/aafreeav.htm*.
- Mantenha seu sistema atualizado com os últimos patches (por exemplo, patches para o Microsoft Windows).
- Tenha muito cuidado ao abrir anexos de e-mails.
- Tenha muito cuidado ao baixar e instalar programas da Internet.
- Instale e use um programa de firewall (software).
  - □ Visite este website para baixar programas de firewall gratuitos: *http://netsecurity.about.com/od/personalfirewall/a/aafreefirewall.htm*.
  - □ Instale e use um firewall de hardware.
- Use criptografia.
  - □ Visite este website para obter software de criptografia: *http://netsecurity.about.com/cs/hacker-tools/a/aafreecrypt.htm*.
  - □ Veja com muita atenção o "Pretty Good Privacy" em *www.pgp.com/downloads/freeware/index.htm*.

## Apêndice "Como fazer" 2:

### Evitando o roubo de identidade

- Carregue apenas os cartões de crédito e de identidade necessários. Guarde os outros documentos em local seguro.
- Assine seus cartões de crédito imediatamente.
- Não carregue seu cartão de CPF com você. Mantenha-o em local seguro.
- Não anexe um número de identificação pessoal ou número de CPF em nenhum documento que carregar.
- Não escreva os números de seus documentos em nada que irá descartar (por exemplo, um recibo).

- Triture quaisquer documentos que contenham seu número de CPF ou de cartão de crédito. (Compre um triturador de papéis para usar em casa.)
- Verifique recibos e outros documentos para garantir que pertencem a você, e não a outra pessoa.
- Alerte qualquer credor se você não receber uma cobrança. Alguém pode tê-la tirado de sua caixa de correio.
- Informe imediatamente ao órgão emissor qualquer perda ou roubo suspeito de um documento de identificação importante, como carteira de motorista, passaporte ou CPF.

## Como se recuperar se sua identidade for roubada

- Primeiro, prepare-se para uma longa e difícil caminhada por um labirinto burocrático. Organize-se — mantenha um arquivo com toda a sua papelada, incluindo os nomes e telefones de todo mundo que você contatar.
- Registre um relatório policial o mais detalhado possível. Envie cópias para credores e outros órgãos que possam exigir comprovação do crime. Obtenha o número de telefone de seu investigador e passe-o para os credores. Em todas as comunicações, use correspondência com aviso de recebimento (AR).
- Informe às divisões de fraude dos órgãos de proteção ao crédito que você foi vítima de roubo de identidade.
- Obtenha um número de registro de ocorrência e peça que cada órgão de proteção ao crédito emita um relatório de crédito. Leia-o cuidadosamente em busca de atividades suspeitas.
- Peça aos órgãos para emitirem um "alerta de fraude", que exige que corretores hipotecários, distribuidoras de automóveis, empresas de cartão de crédito e outros financiadores verifiquem qualquer pessoa que abra uma conta em seu nome por 90 dias. Além disso, peça o documento necessário para emitir um alerta de fraude de longo prazo, que, nos Estados Unidos, é válido por sete anos e pode ser cancelado a qualquer hora.
- Peça aos órgãos os nomes e números de telefone dos financiadores com quem foram abertas contas fraudulentas (essas informações podem não estar incluídas no relatório de crédito). Diga aos órgãos para removerem inquéritos gerados devido à fraude, pois um grande número de inquéritos pode prejudicar sua avaliação de crédito.
- Peça aos órgãos que notifiquem qualquer pessoa que tenha recebido seu relatório nos últimos seis meses que você está questionando as informações. Os órgãos de crédito alertarão qualquer empregador que tenha pedido o relatório nos últimos dois anos.
- Ligue para as empresas de cartão de crédito diretamente. Embora as instituições financeiras supostamente verão seus alertas de fraude, os dados nem sempre são compartilhados imediatamente. Empresas de cartão de crédito geralmente perdoam os clientes por transações fraudulentas. Entretanto, pagamentos em atraso — mesmo de cartões de crédito que você sequer abriu — podem prejudicar sua avaliação de crédito.
- Se seus cartões de crédito foram usados de modo fraudulento, peça substitutos com novos números de conta e encerre as contas antigas.
- Monitore suas correspondências quanto a qualquer aumento ou diminuição de volume suspeitos ou a presença de contas estranhas; procure particularmente formulários de mudança de endereço. Os correios precisam enviar notificações para seu novo endereço e também para o antigo. Se alguém tentar mudar seu endereço de correspondência, esse é um grande indício de que você foi vítima de fraude.
- Se cobradores exigirem o pagamento de contas fraudulentas, anote o nome da empresa, bem como o nome, o telefone e o endereço do cobrador. Diga ao cobrador que você foi vítima de fraude.

**Capítulo** 4

# Gerenciamento de dados e gestão do conhecimento

## PRÉVIA DO CAPÍTULO

Durante o ano de 2006, o mundo criou o equivalente digital a 10 trilhões de livros de informação. Estamos acumulando dados em um ritmo impressionante, de diversas fontes, como e-mails, websites, cartões de crédito, mensagens telefônicas, negociação de ações, memorandos, catálogos de endereços e digitalizações de exames radiológicos. Estamos soterrados em dados, e ainda temos de administrá-los e interpretá-los.

As tecnologias e os sistemas de informação auxiliam as organizações no gerenciamento — ou seja, na coleta, organização, armazenamento, acesso, análise e interpretação — dos dados. Quando esses dados são gerenciados corretamente, eles se tornam *informações* e, depois, *conhecimento*. Como vimos, informações e conhecimento são recursos organizacionais valiosos que podem proporcionar uma vantagem competitiva. Neste capítulo, exploraremos o processo pelo qual os dados são transformados primeiramente em informações e, depois, em conhecimento.

Poucos profissionais se sentem confortáveis tomando ou justificando decisões empresariais que não sejam baseadas em informações sólidas. Isso é especialmente verdadeiro hoje, quando modernos sistemas de informação tornam rápido e fácil o acesso a essas informações. Por exemplo, possuímos tecnologias que colocam os dados em um formato que gerentes e analistas podem entender facilmente. Esses profissionais podem, então, acessar os dados e analisá-los conforme suas necessidades, com diversas ferramentas, gerando, assim, informações. Depois, podem aplicar sua experiência para colocar essas informações no contexto de um problema empresarial, gerando, assim, conhecimento. A gestão do conhecimento, possibilitada pela tecnologia da informação, captura e armazena conhecimento em formatos que todos os funcionários da organização podem acessar e aplicar, criando a flexível e poderosa "organização de aprendizagem".

Iniciamos este capítulo discutindo os problemas no gerenciamento de dados e examinamos a abordagem de banco de dados que as organizações utilizam para resolver esses problemas. Em seguida, mostramos como os sistemas de gerenciamento de banco de dados nos permitem acessar e usar os dados em bancos de dados. Os data warehouses têm se tornado cada vez mais importantes, na medida em que fornecem os dados que os gerentes precisam analisar para tomar decisões. Os gerentes usam ferramentas de inteligência empresarial para analisar os dados nos data warehouses, bem como ferramentas de visualização de dados para tornar os resultados da análise mais compreensíveis e atraentes. Fechamos o capítulo com um estudo da gestão do conhecimento.

### Esboço do capítulo

## Metas de aprendizagem

1. Reconhecer a importância dos dados, os problemas envolvidos em seu gerenciamento e ciclo de vida.
2. Descrever as fontes de dados e explicar como eles são coletados.
3. Explicar as vantagens da abordagem de banco de dados.
4. Explicar o funcionamento do data warehousing e seu papel no apoio à decisão.
5. Entender as habilidades e vantagens do data mining.
6. Descrever a visualização de dados e explicar os sistemas de informação geográfica e realidade virtual.
7. Definir conhecimento e descrever os diferentes tipos.

# O que a **TI** pode me proporcionar?

## Gerenciamento de dados melhora o desempenho da MetLife

### ■ O problema da empresa

A MetLife (*www.metlife.com*), companhia de seguros que vale cerca de US$36 bilhões, está se transformando em uma empresa de serviços financeiros de alta tecnologia, alta capacidade de resposta e totalmente conectada. No entanto, essa transição é difícil.

Durante o início da década de 1990, a MetLife foi abalada por um escândalo que envolvia práticas excessivamente agressivas de venda de seguros que acabaram lhe custando quase US$2 bilhões em multas e indenizações. O retorno sobre ativos atingiu uma taxa perturbadoramente baixa de 0,1%. O retorno sobre ativos é uma medida da saúde de uma seguradora, pois seus ativos são, em grande parte, as apólices. Se a MetLife quisesse se preparar para tirar proveito das novas oportunidades que se apresentariam com a anulação de 1999 da Lei Glass-Steagall, teria de alcançar o mundo moderno dos serviços financeiros rapidamente. A lei, que foi aprovada durante o New Deal, proibia as empresas de atuarem simultaneamente nas áreas de seguro, finanças e serviços bancários.

### ■ A solução da TI

A MetLife decidiu criar uma rede de gerenciamento de dados para conectar o grande número de sistemas que a empresa utilizava. A empresa implementou um arquivo de informações de clientes de toda a empresa que, pela primeira vez, tornou disponível a todas as unidades empresariais da MetLife um banco de dados central de clientes. Essas unidades usam esse banco de dados para fazer o cruzamento de informações sobre novos negócios, lidar com questões de serviço e gerenciar contas. Na verdade, a MetLife está fazendo com que o cliente seja o alicerce da empresa.

Entretanto, surgiram problemas. As unidades empresariais envolvidas atuavam em diferentes linhas de negócio e ofereciam diferentes produtos. Tinham uma perspectiva vertical. O novo sistema exigia que elas adotassem uma perspectiva muito mais ampla, fornecendo à base de clientes uma ampla gama de serviços, e não apenas alguns serviços relacionados.

A MetLife começou com a unidade de Negócios Individuais (NI), que inclui seguros de vida e residenciais, anuidades, fundos mútuos e planejamento financeiro. Na unidade NI, cada linha de produtos tinha seu próprio sistema administrativo e nenhum deles era relacionado. Se um cliente tivesse duas apólices de seguro de vida, uma apólice de automóvel e uma conta de fundos mútuos, ele teria quatro arquivos de cliente diferentes, um para cada contrato.

A solução foi gerar um único arquivo para cada cliente, independentemente de quantas apólices ele tivesse. Para realizar essa tarefa, a empresa recorreu à DWL (*www.dwl.com*), empresa que fornece software para integração e manutenção de dados. O software da DWL integra bancos de dados existentes e age como uma única fonte para os arquivos de cliente. O software não só fornece um local único e prontamente acessível para os registros de clientes, como também transforma esses arquivos em transações potenciais. Por exemplo, quando o endereço de um cliente é atualizado em uma apólice, o software pode alertar os vendedores quanto à oportunidade de vender a esse cliente uma apólice de seguro residencial.

Infelizmente, implementar o software DWL causou pelo menos dois problemas. Primeiro, criou uma mudança cultural, pois ia de encontro à maneira tradicional de fazer negócios. Segundo, as implicações do compartilhamento de dados causaram resistência, particularmente nos casos que envolviam vendas cruzadas. Os corretores da MetLife estavam preocupados com a idéia de seus clientes serem inundados com ofertas de outros produtos da MetLife por outros corretores da empresa. Esse tipo de excesso poderia fazer com que os clientes se afastassem da empresa.

### ■ Os resultados

O novo sistema permitiu que os gerentes de NI da MetLife ajudassem os clientes a comprarem mais produtos. Também lhes permitiu analisar os dados em tempo real para buscar novos clientes. Finalmente, levou a um aumento geral na produtividade. O sistema elimina a necessidade de inserir novos dados toda vez que um cliente muda de endereço, altera informações de conta bancária ou contrata outro produto. O sistema resultou em uma economia considerável de custos.

O projeto está em andamento e deve continuar pelo menos até 2007. Entretanto, em 2003, o retorno sobre ativos da MetLife atingiu o ponto mais alto em 10 anos, 0,7%, e o faturamento líquido subiu 38% em relação ao ano anterior.

### ■ O que aprendemos com este caso

O caso que apresentamos sobre a MetLife ilustra a importância dos dados para uma grande empresa de seguros. Para operar de maneira eficaz e lucrativa, a empresa precisa coletar grandes quantidades de dados, organizá-los e armazená-los adequadamente e, depois, analisá-los e usar os resultados para melhorar as decisões de marketing e de outros departamentos. O caso da MetLife também mostra que os dados podem ser uma fonte de problemas em uma organização, já que as pessoas que "possuem" os dados podem ficar relutantes em compartilhá-los.

À medida que os corretores da MetLife lidam com os clientes, as experiências dos corretores podem ser acrescentadas ao banco de dados de clientes. Esse processo gera conhecimento. Quando esse conhecimento é corretamente disseminado, ele pode ajudar a criar uma organização de aprendizagem. Neste capítulo, explicamos o processo de gerenciar dados, transformá-los em informações utilizáveis e usar as informações em um contexto para gerar conhecimento.

*Fontes*: Compilado de J. Rothfeder, "Pay as You Go", *PC Magazine*, 15 de outubro de 2004; L. Mearian, "MetLife Building Giant Customer Relational Database", *Computerworld*, 1º de janeiro de 2002; e *www.dwl.com*, *www.metlife.com*, acessados em 22 de março de 2005.

## 4.1 Gerenciando dados

Como vimos até aqui neste livro, as aplicações de TI precisam de dados. Os dados devem ser de alta qualidade, o que significa que devem ser precisos, completos, oportunos, coerentes, acessíveis, relevantes e concisos. Entretanto, existem dificuldades cada vez maiores em coletar, manter e gerenciar dados.

### As dificuldades de gerenciar dados

Como os dados são processados em várias etapas e, freqüentemente, em locais diferentes, podem estar sujeitos a alguns problemas e dificuldades. O gerenciamento de dados nas organizações é difícil por várias razões:

- A quantidade de dados aumenta exponencialmente com o tempo. Muitos dados históricos precisam ser mantidos por um longo tempo, e novos dados são acrescentados rapidamente.
- Os dados ficam dispersos nas organizações e são coletados por muitos indivíduos que utilizam vários métodos e dispositivos. Os dados freqüentemente são armazenados em inúmeros servidores e locais e em diferentes sistemas de computação, bancos de dados, formatos e linguagem humana e de computador.
- Os dados podem vir de fontes internas (por exemplo, bancos de dados corporativos), fontes pessoais (por exemplo, pensamentos, opiniões e experiências pessoais) e de fontes externas (por exemplo, bancos de dados comerciais, relatórios governamentais, websites corporativos).
- Os dados vêm da Web na forma de dados clickstream. **Dados clickstream** são aqueles que visitantes e clientes produzem quando visitam um website. As pessoas se movimentam em um website ao clicar em hiperlinks (descritos no Capítulo 5). Esses cliques são registrados e, então, chamados de dados clickstream.

Os dados clickstream fornecem um rastro das atividades dos usuários no website, incluindo o comportamento e os padrões de navegação do usuário.

- Uma quantidade sempre crescente de dados externos precisa ser considerada ao tomar decisões organizacionais.
- A segurança, qualidade e integridade dos dados são fundamentais, embora sejam facilmente postas em risco. Além disso, as exigências legais relacionadas aos dados diferem entre países e setores e mudam freqüentemente.

Como os dados são difíceis de gerenciar, as organizações podem não ter dados de alta qualidade o tempo todo. O Quadro 4.1 mostra como "dados sujos" causam problemas em uma empresa.

## O ciclo de vida dos dados

As empresas utilizam dados que foram processados em informações e conhecimento. Então, os gerentes aplicam esse conhecimento a problemas e oportunidades empresariais. As empresas transformam dados em conhecimento e soluções de várias maneiras. O processo geral é mostrado na Figura 4.1. Ele se inicia com a coleta de dados de várias fontes. Os dados são armazenados em um banco de dados. Os dados selecionados dos bancos de dados da organização são processados para se adequarem ao formato de um data warehouse ou data mart. Os usuários, então, acessam os dados no data warehouse ou data mart para análise. A análise é feita com ferramentas de análise de dados, que procuram padrões, e com sistemas inteligentes, que apóiam a interpretação dos dados. Discutiremos cada um desses conceitos neste capítulo.

Essas atividades, em última análise, geram conhecimento que pode ser usado para apoiar a tomada de decisões. Tanto os dados (em vários momentos durante o processo) quanto o conhecimento (gerado no final do processo) precisam ser apresentados aos usuários. Essa apresentação pode ser feita com diferentes ferramentas de visualização. O conhecimento criado também pode ser armazenado em uma base de conhecimento organizacional e, depois, utilizado, juntamente com ferramentas de apoio à decisão, para fornecer soluções para problemas organizacionais. As seções restantes deste capítulo examinarão os elementos e o processo mostrado na Figura 4.1 em mais detalhes.

## A hierarquia dos dados

Os dados são organizados em uma hierarquia que começa nos bits e continua até os bancos de dados (ver a Figura 4.2). Um *bit* (dígito binário) representa a menor unidade de dados que um computador pode processar. O termo "binário" significa que um bit é formado apenas por um 0 ou um 1. Um grupo de oito bits, chamado *byte*, representa um único caractere. Um byte pode ser uma letra, um número ou um símbolo. Um agrupamento lógico dos caracteres para formar uma palavra, um pequeno grupo de palavras ou um número de identificação é chamado de **campo**. Por exemplo, o nome de um aluno nos arquivos digitais de uma universidade apareceria no campo "nome", e o número do CPF apareceria no campo CPF. Um agrupamento lógico de campos relacionados, como o nome do aluno, as disciplinas cursadas, a data e o período, formam um **registro**. Um agrupamento lógico de registros relacionados é chamado de **arquivo** ou **tabela**. Por exemplo, os registros de determinada disciplina, consistindo no número da disciplina, no professor e nas notas dos alunos, formariam um arquivo de dados dessa disciplina. Um agrupamento lógico de arquivos relacionados constituiria um **banco de dados**. Usando o mesmo exemplo, o arquivo dos alunos de cada disciplina seria agrupado com arquivos sobre históricos pessoais e financeiros dos alunos para criar um banco de dados de alunos. A próxima seção examina a abordagem de banco de dados nas organizações atuais.

---

## Antes de prosseguir...

1. Cite algumas dificuldades envolvidas no gerenciamento de dados.
2. Descreva o ciclo de vida dos dados.
3. Quais são as várias fontes de dados?
4. Quais são as unidades da hierarquia de dados?

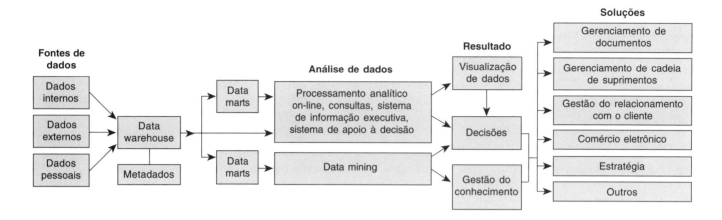

**Figura 4.1** Ciclo de vida dos dados.

## 4.2 A abordagem de banco de dados

O uso de bancos de dados eliminou muitos problemas causados pelas abordagens anteriores de armazenar e acessar dados. Os bancos de dados são organizados de modo que um conjunto de programas de software — o *sistema de gerenciamento de banco de dados* — oferece a todos os usuários acesso a todos os dados. Esse sistema minimiza os seguintes problemas:

- *Redundância de dados*: Os mesmos dados são armazenados em diversos locais.
- *Isolamento de dados*: As aplicações não podem acessar dados associados a outras aplicações.
- *Incoerência dos dados*: Várias cópias dos dados não coincidem.

Além disso, os sistemas de banco de dados maximizam os seguintes aspectos:

- Segurança dos dados.
- Integridade dos dados: Os dados obedecem a certas restrições, como a proibição de caracteres alfabéticos em um campo CPF.
- Independência dos dados: As aplicações e os dados são independentes um do outro (ou seja, as aplicações e os dados não são vinculados um ao outro, o que significa que todas as aplicações são capazes de acessar os mesmos dados).

A Figura 4.3 ilustra um banco de dados de universidade. Observe que as aplicações da universidade utilizadas pelo escritório de matrículas, o departamento de contabilidade e o departamento de atletismo acessam dados através do sistema de gerenciamento de banco de dados.

Na próxima seção, veremos como os bancos de dados são projetados. Focalizaremos a modelagem de entidade-relacionamento e os procedimentos de normalização.

### Projetando o banco de dados

Os dados precisam ser organizados de modo que os usuários possam recuperá-los, analisá-los e compreendê-los. A chave para se projetar um banco de dados com eficácia é o modelo de dados. Um **modelo de dados** é um diagrama que representa entidades no banco de dados e os relacionamentos entre elas. Uma **entidade** pode ser uma pessoa, lugar, coisa ou evento — tal como um cliente, empregado ou produto — sobre o qual se mantêm informações. As entidades normalmente podem ser identificadas no ambiente de trabalho do usuário. Um registro geralmente descreve uma entidade. Cada característica ou qualidade de uma entidade específica é denominada um **atributo**. Usando os exemplos anteriores, nome do cliente, número do empregado e cor do produto seriam considerados atributos.

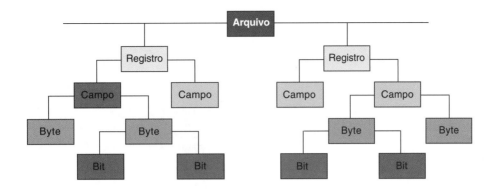

**Figura 4.2** Hierarquia dos dados de um arquivo eletrônico.

## TI E A EMPRESA

### 4.1 Seus dados são limpos?

O termo "dados limpos" significa dados sem erros. Entretanto, desde que existem dados existem erros. Mas, pelo menos na década de 1980, havia menos dados para gerenciar do que hoje. Naquela época, a principal origem dos dados de clientes era basicamente um endereço de entrega do produto e um endereço de cobrança. Hoje, os dados são consideravelmente mais complexos. Além de monitorar registros de distribuidores, fornecedores, estoque e financeiros, as empresas agora monitoram os hábitos de compra e as preferências dos consumidores, além de muitos outros dados.

Infelizmente, muitas empresas simplesmente supõem que seus dados são corretos. Essa suposição pode ser altamente incorreta. Na verdade, a Gartner (*www.gartner.com*), uma empresa de pesquisas, recentemente estimou que 25% dos dados críticos usados em grandes empresas apresentam falhas. As principais causas dessas falhas são o erro humano na entrada de dados, as mudanças no perfil do consumidor (como mudança de endereço) e a falta de padrões apropriados para os dados corporativos. A Gartner também concluiu que, em 2007, mais da metade dos projetos de data warehouse apresentarão problemas ou falhas porque não abordarão de modo proativo as questões relacionadas à qualidade dos dados.

Considere, por exemplo, a Emerson Process Management (*www.compsys.com*). A Emerson produz válvulas, dispositivos de pressão e software para usinas de energia, refinarias e fabricantes de alimentos e bebidas. A empresa possui 14 subdivisões, mais de 10.000 empregados e mais de 100.000 clientes em todo o mundo. Cada subdivisão fabrica produtos diferentes, mas suas bases de clientes normalmente se sobrepõem. Entretanto, como cada subdivisão possui seus próprios dados,

não havia uma forma de se obter uma visão geral do negócio da empresa.

Três anos atrás, a Emerson começou um esforço para consolidar e limpar o banco de dados de clientes da empresa. Primeiramente, a equipe conversou com todos os chefes de unidade para entender melhor seus processos, saber o tipo de dados de que precisavam e a melhor maneira de distribuir esses dados. Depois, a equipe começou o longo processo de limpar, consolidar e "desduplicar", usando software da Group 1 Software (*www.g1.com*). A Emerson agora tem uma visão integrada de cada cliente em todas as linhas de negócios.

Todavia, o esforço não terminou aí. Manter os dados limpos é uma tarefa contínua e constante. O sistema processa automaticamente 1,7 milhão de endereços por mês. O software faz uma grande parte desse trabalho, mas o processo de revisão ainda requer esforço humano, particularmente no caso de dados que lidam com informações sobre empresas em países estrangeiros. A equipe de dados da Emerson observa que a qualidade dos dados diminui com o tempo. Tal como material radioativo, eles têm uma meia-vida, dependendo da atividade empresarial.

*Fontes*: Compilado de D. D'Agostino, "Data Management: Getting Clean", *CIO Insight*, 1º de agosto de 2004; M. Wheatley", "Operation Clean Data", *CIO*, 1º de julho de 2004; e B. Booth, "Clean Data Is Good Business", *ComputerWeekly.com*, 8 de fevereiro de 2005.

**PERGUNTAS**

1. Por que dados limpos são importantes para o setor de contabilidade? Finanças? Recursos Humanos? Produção/operações? Marketing?
2. Que tipos de dados teriam a meia-vida mais curta (isto é, se degradariam mais rapidamente)?

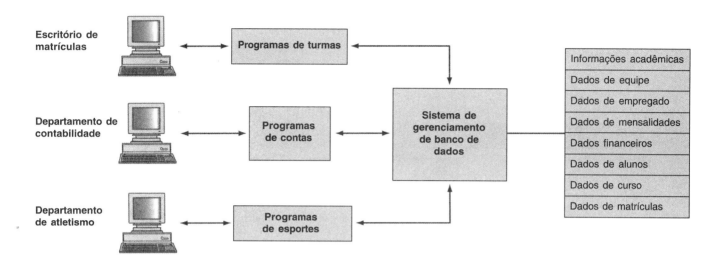

**Figura 4.3** Um sistema de gerenciamento de banco de dados (DBMS) oferece acesso a todos os dados no banco de dados.

Cada registro em um arquivo precisa conter pelo menos um campo que identifique exclusivamente esse registro para que ele possa ser recuperado, atualizado e classificado. Esse campo identificador é chamado de **chave primária**. Por exemplo, um registro de aluno em uma faculdade provavelmente usaria o número do CPF como chave primária. Em alguns casos, localizar um registro específico requer o uso de chaves secundárias. As **chaves secundárias** são outros campos que possuem algumas informações de identificação, mas normalmente não identificam o arquivo com precisão absoluta. Por exemplo, o curso do aluno pode ser uma chave secundária se um usuário quiser encontrar todos os alunos de determinado curso. Não deveria ser a chave primária, já que mais de um aluno pode freqüentar o mesmo curso.

### Modelagem de entidade-relacionamento

Os projetistas de banco de dados planejam a estrutura do banco de dados em um processo chamado **modelagem de entidade-relacionamento (ER)**, usando um **diagrama de entidade-relacionamento**. Os diagramas de ER consistem em entidades, atributos e relacionamentos. As entidades são representadas em retângulos, e os relacionamentos são mostrados em losangos. Os atributos de cada entidade são relacionados ao lado da entidade e a chave primária é sublinhada. A Figura 4.4 mostra um diagrama de entidade-relacionamento.

Como definido anteriormente, *entidade* é algo que pode ser identificado no ambiente de trabalho dos usuários. Por exemplo, considere a matrícula de alunos em uma universidade. Os alunos se matriculam em disciplinas e registram seus carros para obter passes de estacionamento. Nesse exemplo, ALUNO, PASSE_ESTAC, DISCIPLINA e PROFESSOR são entidades, como mostra a Figura 4.4.

As entidades de determinado tipo são agrupadas em **classes de entidades**. Em nosso exemplo, ALUNO, PASSE_ESTAC, DISCIPLINA e PROFESSOR são classes de entidades. Uma **instância** de uma classe de entidades é a representação de uma entidade específica. Portanto, um aluno específico (James Smythe, 145-89-7123) é uma instância da classe de entidades ALUNO; um passe de estacionamento específico (91778) é uma instância da classe de entidades PASSE_ESTAC; uma disciplina específica (76890) é uma instância da classe de entidades DISCIPLINA; e um professor específico (Margaret Wilson, 115-65-7632) é uma instância da classe de entidades PROFESSOR.

As instâncias de entidade possuem **identificadores**, que são atributos exclusivos dessa instância de entidade. Por exemplo, as instâncias de ALUNO podem ser identificadas por NúmeroIdAluno; as instâncias de PASSE_ESTAC podem ser identificadas por NúmeroPasse; as instâncias de DISCIPLINA podem ser identificadas por NúmeroDisciplina; e as instâncias de PROFESSOR podem ser identificadas por NúmeroIdProfessor. Esses identificadores (ou chaves primárias) são sublinhados nos diagramas de ER, como mostra a Figura 4.4.

As entidades possuem atributos, ou propriedades, que descrevem as características da entidade. Em nosso caso, exemplos de atributos para ALUNO seriam NúmeroIdAluno, NomeAluno, e EnderecoAluno. Exemplos de atributos para PASSE_ESTAC seriam NúmeroPasse, NomeAluno, NúmeroIdAluno e TipoCarro. Exemplos de atributos para DISCIPLINA seriam NúmeroDisciplina, NomeDisciplina e LocalDisciplina. Exemplos de atributos para PROFESSOR seriam NúmeroIdProfessor, NomeProfessor e DeptoProfessor. (Note que cada disciplina nessa universidade possui um professor – não há ensino em equipe.)

Por que os atributos NomeAluno e NúmeroIdAluno tanto de ALUNO quanto de PASSE_ESTAC são classes de entidades? Ou seja, por que precisamos da classe de entidades PASSE_ESTAC? Se você considerar todos os sistemas de universidade interligados, a classe de entidades PASSE_ESTAC é necessária para outras aplicações, como pagamento de taxas, tickets de estacionamento e ligações externas com o departamento de veículos estadual.

As entidades são associadas umas às outras por meio de relacionamentos, que podem incluir muitas entidades. (Lembre-se que os relacionamentos são indicados por losangos nos diagramas de ER.) O número de entidades em um relacionamento é o grau do relacionamento. Os relacionamentos entre dois itens são

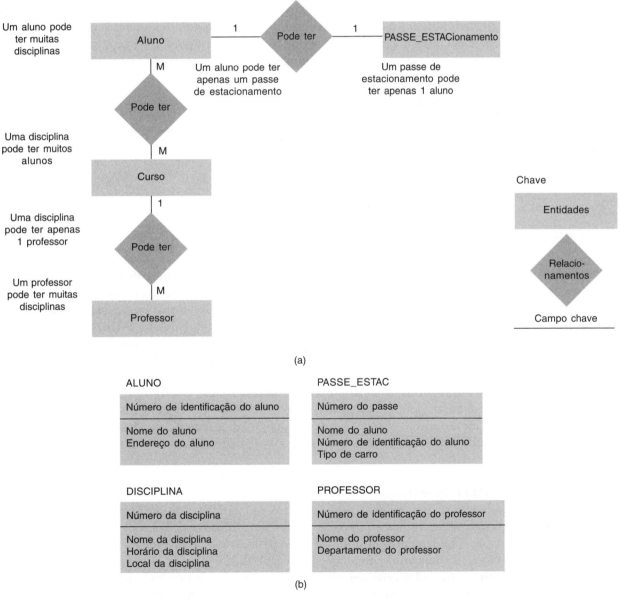

**Figura 4.4** Modelo de diagrama de entidade-relacionamento.

chamados de *relacionamentos binários*. Existem três tipos de relacionamentos binários: um-para-um, um-para-muitos e muitos-para-muitos. Discutiremos cada um deles a seguir.

1. Em um relacionamento *um-para-um (1:1)*, uma instância de entidade única de um tipo está relacionada a uma instância de entidade única de outro tipo. A Figura 4.4 mostra ALUNO-PASSE_ESTAC como um relacionamento 1:1 que relaciona um único ALUNO com um único PASSE_ESTAC. Ou seja, nenhum aluno possui mais de um passe de estacionamento, e nenhum passe de estacionamento serve para mais de um aluno.
2. O segundo tipo de relacionamento, *um-para-muitos (1:M)*, é representado pelo relacionamento DISCIPLINA-PROFESSOR na Figura 4.4. Esse relacionamento significa que um professor pode lecionar muitas disciplinas, mas cada disciplina pode ter apenas um professor.
3. O terceiro tipo de relacionamento, *muitos-para-muitos (M:M)*, é representado pelo relacionamento ALUNO-DISCIPLINA. Esse relacionamento M:M significa que um aluno pode cursar muitas disciplinas, e uma disciplina pode ter muitos alunos.

A modelagem de entidade-relacionamento é valiosa porque o processo permite que os projetistas de banco de dados falem com os usuários de toda a organização para garantir que todas as entidades e os relacionamentos entre elas sejam representados. Esse processo ressalta a importância de todos os usuários no projeto de bancos de dados organizacionais. Observe que todas as entidades e relacionamentos no nosso exemplo encontram-se em termos que os usuários podem entender. Agora que examinamos o projeto de banco de dados, voltemos nossa atenção para os sistemas de gerenciamento de banco de dados.

---

**Antes de prosseguir...**

1. O que é um modelo de dados?
2. O que é uma chave primária? E uma chave secundária?
3. O que é uma entidade? E um relacionamento?

---

## 4.3 Sistemas de gerenciamento de banco de dados

Um **sistema de gerenciamento de banco de dados (SGBD)** é um conjunto de programas que oferece aos usuários ferramentas para acrescentar, excluir, acessar e analisar dados armazenados em um local. Uma organização pode acessar os dados usando ferramentas de consulta e relatório que fazem parte do SGBD ou usando programas de aplicação especificamente escritos para acessar os dados. Os SGBDs também apresentam os mecanismos para manter a integridade dos dados armazenados, gerenciar a segurança e o acesso dos usuários e recuperar informações em caso de falha do sistema. Como os bancos de dados e os SGBDs são essenciais para todas as áreas da empresa, eles precisam ser gerenciados com cuidado.

Existem diversas arquiteturas de banco de dados diferentes, mas nos concentraremos no modelo de banco de dados relacional, devido a sua popularidade e facilidade de uso. Outros modelos de banco de dados (por exemplo, hierárquico e de rede) são responsabilidade da função de SIG e não são usados pelos empregados da organização. Exemplos comuns de bancos de dados relacionais são o Microsoft Access e o Oracle.

### O modelo de banco de dados relacional

A maioria dos dados empresariais — especialmente os contábeis e financeiros — tradicionalmente eram organizados em tabelas simples, compostas de colunas e linhas. As tabelas permitem que as pessoas comparem informações rapidamente por linha ou coluna. Além disso, é fácil recuperar itens encontrando-se o ponto de interseção de uma linha com uma coluna específica.

O **modelo de banco de dados relacional** baseia-se no conceito de tabelas bidimensionais. Um banco de dados relacional nem sempre é uma tabela grande — geralmente chamada de *arquivo plano* — que contém todos os registros e atributos. Tal projeto geraria muita redundância de dados. Em vez disso, um banco de dados relacional normalmente é projetado com várias tabelas relacionadas. Cada uma dessas tabelas contém registros (listados em linhas) e atributos (listados em colunas).

Essas tabelas relacionadas podem ser vinculadas quando contêm colunas em comum. A exclusividade da chave primária diz ao SGBD quais registros estão vinculados a outros nas tabelas relacionadas. Esse recurso permite aos usuários grande flexibilidade na variedade das consultas que podem fazer. Entretanto, esse modelo tem algumas desvantagens. Como os bancos de dados de grande porte podem ser compostos de muitas tabelas inter-relacionadas, o projeto geral pode ser complexo e, portanto, apresentar lentidão no tempo de pesquisa e acesso.

Considere o exemplo de banco de dados relacional de alunos mostrado na Figura 4.5. A tabela contém dados sobre a entidade chamada alunos. Os atributos da entidade são nome, curso de graduação e nota média. As linhas são os registros sobre Sally Adams, John Jones, Jane Lee, Kevin Durham, Juan Rodriguez, Stella Zubnicki e Ben Jones. Evidentemente, sua universidade mantém muito mais dados sobre você do que nosso exemplo mostra. Na verdade, o banco de dados de alunos da sua universidade mantém centenas de atributos de cada aluno.

### Linguagens de consulta

Requisitar informações de um banco de dados é a operação mais comum. A **Structured Query Language (SQL)** é a linguagem de consulta mais popular para requisitar informações. A SQL permite que as pessoas realizem consultas complexas usando instruções ou palavras-chave relativamente simples. Palavras-chave comuns são SELECT (para especificar um atributo desejado), FROM (para especificar a tabela a ser usada) e WHERE (para especificar as condições a serem aplicadas na consulta).

Para entender como a SQL funciona, imagine que uma universidade queira saber os nomes dos alunos que vão se formar com louvor em maio de 2005. A equipe de SI da universidade consultaria o banco de dados relacional com uma instrução SQL como: SELECT (Nome Aluno), FROM (Banco de Dados Aluno), WHERE (Nota Média > 3,40 e < 3,59). A consulta SQL retornaria: John Jones e Juan Rodriguez.

Outra maneira de encontrar informações em um banco de dados é usando o **Query By Example (QBE)**. No QBE, o usuário preenche uma grade ou modelo (também conhecido como formulário) para

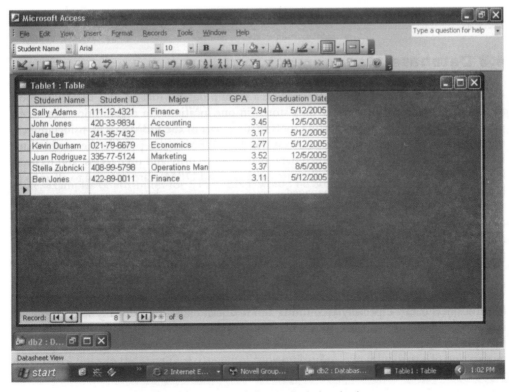

**Figura 4.5** Exemplo de banco de dados de alunos.

construir um exemplo ou descrição dos dados que deseja. Os usuários podem construir uma consulta de modo rápido e fácil usando o recurso de arrastar-e-soltar em um SGBD como o Microsoft Access. Realizar consultas dessa maneira é mais simples do que digitar comandos SQL.

### Dicionário de dados

Quando um modelo relacional é criado, o **dicionário de dados** define o formato necessário para inserir os dados no banco de dados. O dicionário de dados fornece informações sobre cada atributo, como nome, se é uma chave ou parte de uma chave, o tipo de dados esperado (alfanumérico, numérico, data etc.) e os valores válidos. Os dicionários de dados também podem apresentar informações sobre a freqüência com que o atributo deve ser atualizado, por que ele é necessário no banco de dados, e que funções comerciais, aplicações, formulários e relatórios usam o atributo.

Os dicionários de dados oferecem muitas vantagens para a organização. Por fornecerem nomes e definições-padrão para todos os atributos, eles reduzem as chances de o mesmo atributo ser usado com um nome diferente em aplicações diferentes. Além disso, os dicionários de dados permitem que os programadores desenvolvam programas mais rapidamente porque não precisam criar novos nomes de dados.

### Normalização

Para usar um sistema de gerenciamento de banco de dados relacional de maneira eficaz, os dados precisam ser analisados para eliminar elementos redundantes dos dados. A **normalização** é um método para analisar e reduzir um banco de dados relacional à sua forma mais eficaz para minimizar a redundância, maximizar a integridade dos dados e melhorar o desempenho de processamento. Quando os dados são *normalizados*, os atributos na tabela dependem apenas da chave primária.

Como exemplo de normalização, considere uma oficina de automóveis. Esse negócio recebe pedidos de clientes que querem consertar carros. Nesse exemplo, PEDIDO, PEÇA, FORNECEDOR e CLIENTE são entidades. Existem muitas PEÇAS em um PEDIDO, mas cada PEÇA pode vir apenas de um FORNECEDOR. Em uma relação não-normalizada chamada PEDIDO (ver a Figura 4.6), cada PEDIDO teria de repetir o nome, a descrição e o preço de cada PEÇA necessária para atender ao PEDIDO, bem como o nome e endereço de cada FORNECEDOR. Essa relação contém grupos repetidos e descreve diversas entidades.

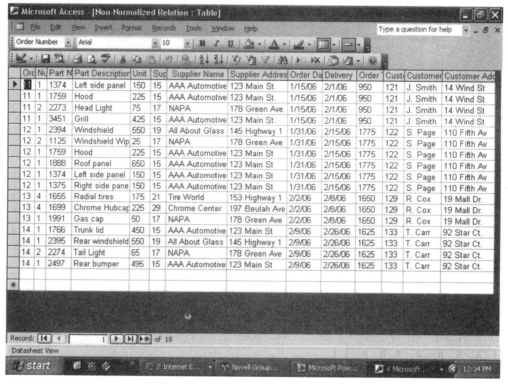

**Figura 4.6** Relação não-normalizada.

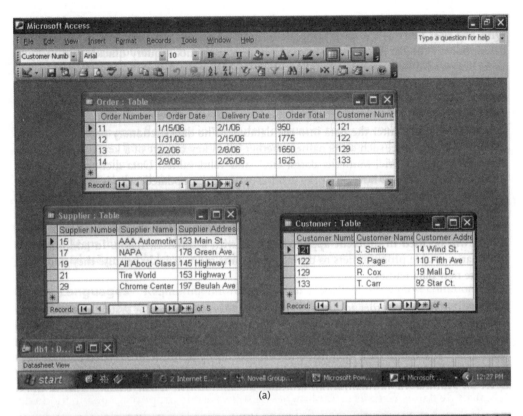

(a)

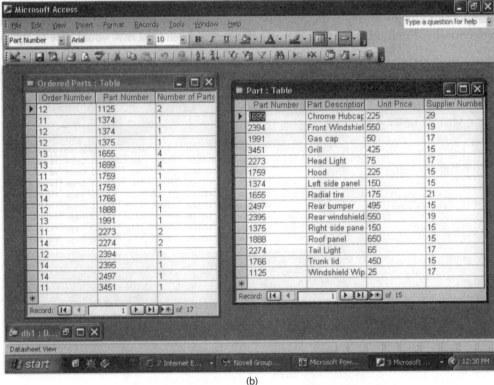

(b)

**Figura 4.7** Relacionamentos menores subdivididos a partir das relações não-normalizadas. (a) Pedido, Fornecedor, Cliente. (b) Peças Pedidas, Peças.

O processo de normalização desmembra a relação PEDIDO em relações menores: PEDIDO, PEÇA, PEÇAS_PEDIDAS, FORNECEDOR e CLIENTE. Cada uma dessas relações descreve uma única entidade. Esse processo é conceitualmente mais simples e elimina os grupos repetidos (ver as Figuras 4.7a e 4.7b). Por exemplo, considere um pedido na oficina de automóveis. As relações normalizadas podem gerar o pedido da seguinte maneira (ver a Figura 4.8).

1. A relação PEDIDO fornece NúmeroPedido (a chave primária), DataPedido, DataEntrega, TotalPedido e NúmeroCliente.
2. A chave primária da relação PEDIDO (NúmeroPedido) apresenta uma associação com a relação PEÇAS_PEDIDAS (a associação de número 1 na Figura 4.8).
3. A relação PEÇAS_PEDIDAS fornece a informação NúmeroDePeças para PEDIDO.
4. A chave primária da relação PEÇAS_PEDIDAS (NúmeroPeça) apresenta uma associação com a relação PEÇA (a associação de número 2 na Figura 4.8).
5. A relação PEÇA fornece DescriçãoPeça, PreçoUnitário e NúmeroFornecedor para PEDIDO.
6. O NúmeroFornecedor na relação PEÇA apresenta uma associação com a relação FORNECEDOR (a associação de número 3 na Figura 4.8).
7. A relação FORNECEDOR fornece NomeFornecedor e EndereçoFornecedor para PEDIDO.
8. O NúmeroCliente em PEDIDO apresenta uma associação com a relação CLIENTE (a associação de número 4 na Figura 4.8).
9. A relação CLIENTE fornece NomeCliente e EndereçoCliente para PEDIDO.

O pedido da oficina mecânica agora possui todas as informações necessárias.

### Bancos de dados virtuais

As organizações têm dados em diversos locais físicos da rede corporativa e em uma variedade de formatos. A multiplicidade de locais e formatos normalmente dificulta a busca dos dados de que os usuários precisam. Os **bancos de dados virtuais** são aplicações de software que proporcionam um modo de gerenciar diversas fontes de dados como se estivessem todas em um grande banco de dados. Assim, para o usuário, tudo parece um único banco de dados. As vantagens dos bancos de dados virtuais incluem redução nos custos de desenvolvimento, menor tempo de desenvolvimento, menos manutenção e um único ponto de entrada para os dados da empresa. O Quadro 4.2 mostra como o software de banco de dados virtual ajuda duas empresas a obter uma única visão integrada dos dados.

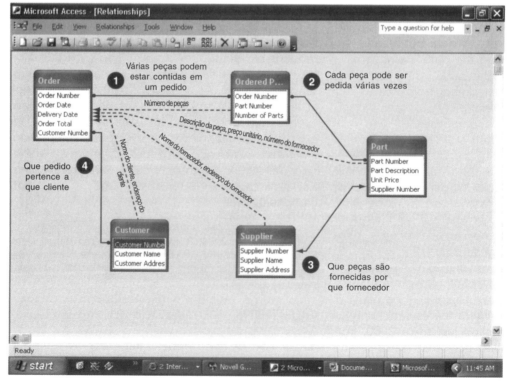

**Figura 4.8** Como relações normalizadas geram o pedido.

---

## TI E A EMPRESA

### 4.2 Banco de dados virtual proporciona alívio

Desde 2000, o banco de dados típico de grande empresa cresceu 100 vezes de tamanho. Essa enorme expansão pode ser atribuída ao número cada vez maior de sistemas de computação e aplicações, comércio da Internet e registros documentais mantidos pelas regulamentações dos governos. Para a gerência, o problema reside não só na quantidade de dados, mas também na falta de compatibilidade entre os dados. Por exemplo, as informações financeiras são diferentes dos registros pessoais, e o conteúdo da Web difere dos registros de call-centers. Para lidar com esse problema de compatibilidade, as organizações estão se voltando para os bancos de dados virtuais.

O DB2 Information Integrator (*www.ibm.com*) é uma aplicação de software que fornece um banco de dados virtual aos clientes da IBM. O Integrator pode juntar registros de serviço de cliente, fotografias, e-mails e páginas Web em um todo coerente. A diversidade dos dados permanece, mas o usuário agora tem uma única e integrada visão das informações.

A Taikang Life, uma companhia de seguros chinesa, está usando o Integrator para gerenciar as várias centenas de novos bancos de dados que ela instalou desde 2000. Antigamente, para gerar históricos e perfis de cliente detalhados, os funcionários precisavam examinar 200 origens de dados de 30 escritórios. Era necessária uma equipe de 10 funcionários durante toda uma semana para produzir um único relatório volumoso. Agora, com o Integrator, os funcionários podem distribuir as informações necessárias para um desktop corporativo ou para o telefone celular de um vendedor em apenas alguns segundos.

A Kawasaki usa o Integrator para gerar calendários de produção e projeções de vendas para sua rede de distribuição de peças. A empresa passou um longo tempo se baseando em fax, telefonemas e correspondências expressas de e para milhares de distribuidores. Como resultado, seus 100 bancos de dados levavam pelo menos um dia para produzir apenas um relatório. Agora, toda noite o Integrator pesquisa os bancos de dados para encontrar informações do Japão, atualizações dos fabricantes, depósito e estoques locais, transações de atacado com os distribuidores, e vendas a varejo. A Kawasaki agora pode fazer projeções e diagnósticos de problemas em tempo real.

*Fontes*: Compilado de Q. Hardy, "Data of Reckoning", *Forbes*, 10 de maio de 2004; R. Kwon, "Primer: The Virtual Database" *Baseline Magazine*, 1º de maio de 2003; e M. Songini, "IBM Pushes Out Virtual Database Technology", *Computerworld*, 6 de fevereiro de 2003.

**PERGUNTAS**
1. Por que precisamos de bancos de dados virtuais?
2. Quais são as vantagens de um banco de dados virtual?

---

### Antes de prosseguir...

1. Quais são as vantagens e desvantagens dos bancos de dados relacionais?
2. Quais são os benefícios dos dicionários de dados?
3. Descreva como funciona a SQL.

---

## 4.4 Data warehousing

Hoje, as empresas mais bem-sucedidas são aquelas que podem responder de maneira rápida e flexível às mudanças e oportunidades do mercado. Um dos segredos para essa resposta é o uso eficiente e eficaz dos dados e das informações por analistas e gerentes, como mostra o caso de abertura sobre a MetLife. O problema surge no fornecimento de acesso a dados corporativos de modo que os usuários possam analisá-los. Vejamos um exemplo.

Se a gerente de uma livraria quisesse saber sua margem de lucro sobre livros usados, poderia descobrir através de um banco de dados, usando SQL ou QBE. Entretanto, se precisasse saber a tendência nas margens de lucro sobre livros usados ao longo dos últimos 10 anos, ela teria de construir uma consulta muito difícil em SQL ou QBE.

O problema da gerente de livraria nos mostra duas razões por que as organizações estão construindo data warehouses. Primeiro, os bancos de dados da organização possuem as informações necessárias para responder à consulta, mas elas não são organizadas de modo a facilitar a procura de informações necessárias e insights. Além disso, os bancos de dados da organização são projetados para processar milhões de transações por dia. Portanto, consultas complexas podem levar muito tempo para serem respondidas e podem diminuir o desempenho dos bancos de dados. Como resultado desses problemas, as empresas estão usando data warehouse e ferramentas de data mining para facilitar e acelerar o acesso, a análise e a consulta aos dados.

### Descrevendo o data warehouse

**Data warehouse** é um depósito de dados históricos organizados por assunto para apoiar os tomadores de decisões na organização. Os data warehouses facilitam as atividades de processamento analítico, como data mining, apoio à decisão e aplicações de consulta. As características básicas de um data warehouse incluem:

- *Organizado por dimensão empresarial ou assunto*. Os dados são organizados por assunto (por exemplo, por cliente, fornecedor, produto, nível de preço e região) e contêm informações relevantes para o apoio à decisão e a análise de dados.
- *Coerente*. Os dados em diversos bancos de dados podem ser codificados diferentemente. Por exemplo, dados de gênero podem ser codificados como 0 e 1 em um sistema operacional, e "m" e "f" em outro. No data warehouse, porém, eles têm de ser codificados de modo coerente.
- *Histórico*. Os dados são mantidos por muitos anos para serem usados para calcular tendências, fazer projeções e gerar comparações ao longo do tempo.
- *Não volátil*. Os dados não são atualizados depois de inseridos no warehouse.
- *Usa processamento analítico on-line*. Normalmente, os bancos de dados organizacionais são orientados para manipular transações. Ou seja, os bancos de dados usam **processamento de transações on-line (OLTP)**, no qual as transações comerciais são processadas on-line tão logo ocorrem. O objetivo é a velocidade e a eficiência, fatores essenciais para uma operação comercial na Internet bem-sucedida. Os data warehouses, que não são projetados para suportar OLTP, mas para apoiar os tomadores de decisões,

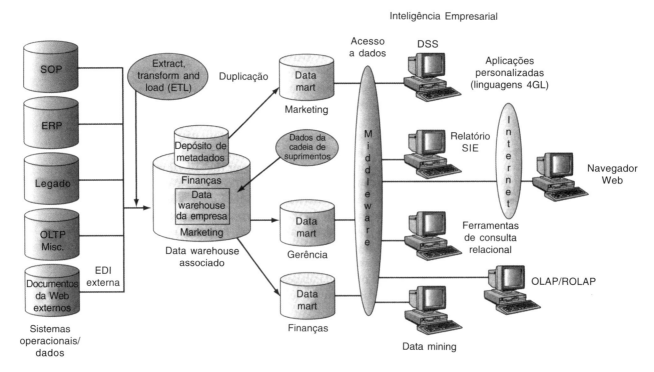

**Figura 4.9** Estrutura e visões do data warehouse.

(a) 2003

| Produto | Região | Vendas |
|---|---|---|
| Porcas | Leste | 50 |
| Porcas | Oeste | 60 |
| Porcas | Centro | 100 |
| Parafusos | Leste | 40 |
| Parafusos | Oeste | 70 |
| Parafusos | Centro | 80 |
| Ferrolhos | Leste | 90 |
| Ferrolhos | Oeste | 120 |
| Ferrolhos | Centro | 140 |
| Arruelas | Leste | 20 |
| Arruelas | Oeste | 10 |
| Arruelas | Centro | 30 |

(b) 2004

| Produto | Região | Vendas |
|---|---|---|
| Porcas | Leste | 60 |
| Porcas | Oeste | 70 |
| Porcas | Centro | 110 |
| Parafusos | Leste | 50 |
| Parafusos | Oeste | 80 |
| Parafusos | Centro | 90 |
| Ferrolhos | Leste | 100 |
| Ferrolhos | Oeste | 130 |
| Ferrolhos | Centro | 150 |
| Arruelas | Leste | 30 |
| Arruelas | Oeste | 20 |
| Arruelas | Centro | 40 |

(c) 2005

| Produto | Região | Vendas |
|---|---|---|
| Porcas | Leste | 70 |
| Porcas | Oeste | 80 |
| Porcas | Centro | 120 |
| Parafusos | Leste | 60 |
| Parafusos | Oeste | 90 |
| Parafusos | Centro | 100 |
| Ferrolhos | Leste | 110 |
| Ferrolhos | Oeste | 140 |
| Ferrolhos | Centro | 160 |
| Arruelas | Leste | 40 |
| Arruelas | Oeste | 30 |
| Arruelas | Centro | 50 |

**Figura 4.10** Bancos de dados relacionais.

usam processamento analítico. O **processamento analítico on-line (OLAP)** envolve a análise dos dados acumulados pelos usuários finais.

• *Multidimensional*. Em geral, o data warehouse usa uma estrutura de dados multidimensional. Lembre-se que os bancos de dados relacionais armazenam dados em tabelas bidimensionais. Os data warehouses, no entanto, armazenam dados em mais de duas dimensões. Por essa razão, diz-se que os dados são armazenados em uma **estrutura multidimensional**. Uma representação comum para essa estrutura multidimensional é o *cubo de dados*.

Os dados no data warehouse são organizados por *dimensões empresariais*, que são as laterais do cubo de dados e consistem em assuntos como área funcional, distribuidor, produto, área geográfica ou período de tempo (dê uma olhada rápida na Figura 4.11). Os usuários podem ver e analisar dados a partir da

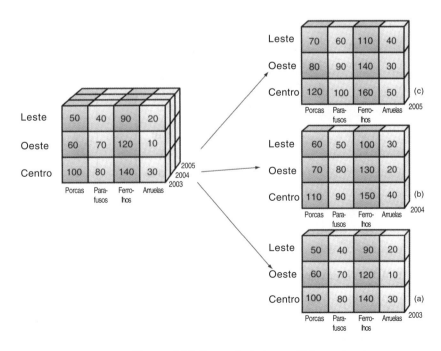

**Figura 4.11** Banco de dados multidimensional.

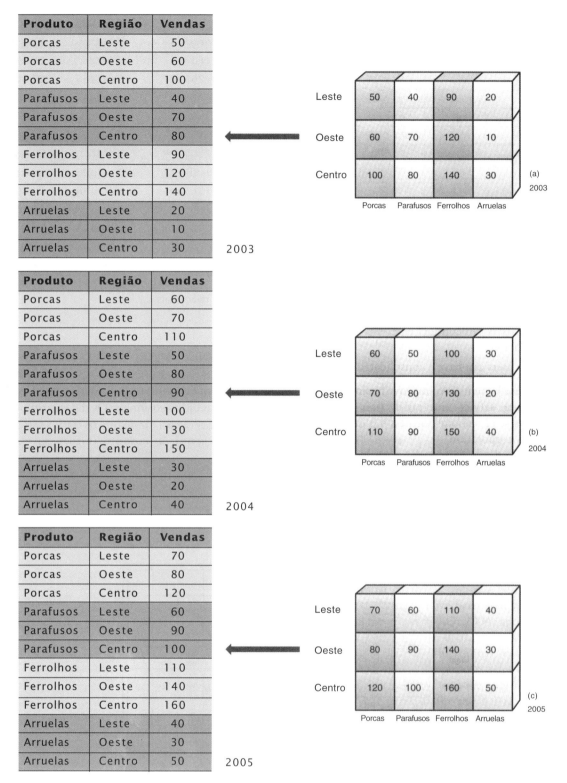

| Produto | Região | Vendas |
|---------|--------|--------|
| Porcas | Leste | 50 |
| Porcas | Oeste | 60 |
| Porcas | Centro | 100 |
| Parafusos | Leste | 40 |
| Parafusos | Oeste | 70 |
| Parafusos | Centro | 80 |
| Ferrolhos | Leste | 90 |
| Ferrolhos | Oeste | 120 |
| Ferrolhos | Centro | 140 |
| Arruelas | Leste | 20 |
| Arruelas | Oeste | 10 |
| Arruelas | Centro | 30 |

2003

| Produto | Região | Vendas |
|---------|--------|--------|
| Porcas | Leste | 60 |
| Porcas | Oeste | 70 |
| Porcas | Centro | 110 |
| Parafusos | Leste | 50 |
| Parafusos | Oeste | 80 |
| Parafusos | Centro | 90 |
| Ferrolhos | Leste | 100 |
| Ferrolhos | Oeste | 130 |
| Ferrolhos | Centro | 150 |
| Arruelas | Leste | 30 |
| Arruelas | Oeste | 20 |
| Arruelas | Centro | 40 |

2004

| Produto | Região | Vendas |
|---------|--------|--------|
| Porcas | Leste | 70 |
| Porcas | Oeste | 80 |
| Porcas | Centro | 120 |
| Parafusos | Leste | 60 |
| Parafusos | Oeste | 90 |
| Parafusos | Centro | 100 |
| Ferrolhos | Leste | 110 |
| Ferrolhos | Oeste | 140 |
| Ferrolhos | Centro | 160 |
| Arruelas | Leste | 40 |
| Arruelas | Oeste | 30 |
| Arruelas | Centro | 50 |

2005

**Figura 4.12** Equivalência entre bancos de dados relacionais e multidimensionais.

perspectiva de várias dimensões empresariais. Essa análise é intuitiva porque as dimensões refletem termos da empresa, facilmente entendidos pelos usuários.

- **Relacionamento com bancos de dados relacionais**. Os dados nos data warehouses vêm dos bancos de dados operacionais da empresa, que podem ser bancos de dados relacionais. A Figura 4.9 ilustra o processo de construção e uso de um data warehouse. Os dados da organização são armazenados nos sistemas operacionais (lado esquerdo da figura). Usando um tipo de software especial chamado Extract, Transform and Load (ETL), o sistema processa dados e, depois, armazena-os em um data warehouse. Nem todos os dados são necessariamente transferidos para o data warehouse. Muitas vezes, apenas um resumo dos dados é transferido. Dentro do data warehouse, os dados são organizados de modo a facilitar o acesso dos usuários finais.

Para diferenciar entre bancos de dados relacionais e multidimensionais, suponha que uma empresa tem quatro produtos — porcas, parafusos, ferrolhos e arruelas — que foram vendidos em três regiões — Leste, Oeste e Centro — nos três anos anteriores — 2003, 2004 e 2005. Em um banco de dados relacional, esses dados de vendas seriam parecidos com as Figuras 4.10a, b e c. Em um banco de dados multidimensional, esses dados seriam representados por uma matriz tridimensional (ou cubo de dados), como mostra a Figura 4.11. Poderíamos dizer que essa matriz representa vendas *dimensionadas por* produtos, regiões e anos. Observe que, na Figura 4.10a, podemos ver apenas as vendas de 2003. Portanto, as vendas de 2004 e 2005 aparecem nas Figuras 4.10b e 4.10c. A Figura 4.12 mostra a equivalência entre esses bancos de dados relacionais e multidimensionais.

Centenas de aplicações bem-sucedidas de data warehousing têm sido relatadas. Por exemplo, você pode ler histórias de sucesso de clientes e estudos de caso nos websites de fornecedores como NCR Corp. (*www.ncr.com*) e Oracle (*www.oracle.com*). Para ver uma discussão mais detalhada, visite o Data Warehouse Institute (*www.tdwi.org*). Alguns dos benefícios do data warehousing incluem:

- Os usuários finais podem acessar os dados necessários de modo rápido e fácil através de navegadores Web porque os dados estão em um só lugar.
- Os usuários finais podem realizar análises extensas com dados de maneiras que talvez não fossem possíveis antes.
- Os usuários podem ter uma perspectiva consolidada dos dados organizacionais.

Essas vantagens podem melhorar o conhecimento empresarial, gerar vantagem competitiva, aprimorar o serviço e a satisfação do cliente, facilitar a tomada de decisões e tornar os processos comerciais mais eficazes. O Quadro 4.3 apresenta os benefícios do data warehousing em uma importante empresa britânica.

Entretanto, os data warehouses têm problemas. Primeiro, podem ser muito caros para construir e manter. Segundo, pode ser difícil e caro incorporar dados de sistemas obsoletos de mainframe. Finalmente, as pessoas de um departamento podem relutar em compartilhar dados com outros departamentos.

### Data marts

Como são muito caros, os data warehouses são usados principalmente por grandes empresas. Muitas outras empresas utilizam uma versão reduzida e mais barata do data warehouse, chamada data mart. Um **data mart** é um data warehouse pequeno, projetado para as necessidades do usuário final em uma unidade estratégica de negócios (UEN) ou um departamento.

Como dito anteriormente, os data marts são muito mais baratos que os data warehouses. Um data mart típico custa menos de US$100.000, comparado com US$1 milhão ou mais para os data warehouses. Além disso, os data marts podem ser implementados mais rapidamente; em geral, em menos de 90 dias. Além disso, como contêm menos informações que um data warehouse, os data marts fornecem uma resposta mais rápida e são mais fáceis de entender e navegar. Finalmente, eles apóiam o controle local em vez de central, conferindo poder ao grupo de usuários. Os data marts também permitem que uma UEN construa seus próprios sistemas de apoio à decisão sem se apoiar em um departamento de SI centralizado.

### Data mining

Depois que os dados são armazenados no data warehouse e/ou em data marts, eles podem ser acessados e analisados por gerentes, analistas e outros usuários por meio da utilização de data mining. O objetivo dessa análise é gerar inteligência empresarial. Inteligência empresarial é simplesmente o conhecimento sobre seus concorrentes, clientes, parceiros comerciais e operações internas. Esse conhecimento permite que você tome decisões melhores, especialmente sobre problemas difíceis, cuja compreensão não é fácil.

## TI E A EMPRESA

### 4.3 Diageo controla suas bebidas alcoólicas

A Diageo (*www.diageo.com*), empresa britânica, possui oito marcas principais — Smirnoff Vodka, Johnnie Walker Scotch, Guinness Ale, Baileys Irish Cream, J&B Scotch, Captain Morgan Rum, Jose Cuervo Tequila e Tanqueray Gin. Vender bebidas alcoólicas é como vender perfume. É tudo uma questão de imagens mentais e apelo emocional. Idade, renda e outros dados sobre os consumidores, ligados a registros do volume de vendas dos diferentes produtos, tornarão as promoções mais eficazes.

Entretanto, a Diageo América do Norte precisa lidar com um confuso emaranhado de regulamentações estaduais, o que dificulta o gerenciamento de todas essas informações. As normas que regulamentam como e quando bebidas alcoólicas podem ser vendidas nos Estados Unidos variam de um estado para outro. Por comparação, na Europa, a Diageo vende diretamente para os varejistas e as informações de venda podem ser recebidas durante a noite. Outra restrição nos Estados Unidos é que as indústrias de bebida só podem fazer vendas diretas aos distribuidores. Portanto, a Diageo só pode coletar dados sobre as entregas aos distribuidores. Não pode monitorar a chegada ou saída dos produtos das prateleiras das lojas, a menos que distribuidores ou empresas terceirizadas informem. A Diageo normalmente recebe os dados de venda no varejo apenas uma vez por mês de controladores terceirizados.

Como resultado, a Diageo implementou um data warehouse para obter as informações de vendas de modo mais rápido. Essas informações ajudarão a empresa a investir dinheiro nas promoções certas. O data warehouse fornece aos executivos de vendas e marketing um scorecard contendo os dados mensais de vendas, volume e lucratividade das diferentes marcas. A empresa pode descobrir como um produto está se saindo em bares irlandeses, restaurantes de luxo ou lojas de varejo. Em seguida, a Diageo incluirá dados demográficos para que a empresa possa saber se advogados de 28 anos de idade têm tendência de comprar uma garrafa de cerveja Guiness em um bar de Nova York.

A Diageo está planejando a coleta direta de dados através, por exemplo, de palmtops em lojas. Entretanto, a empresa precisa, primeiro, determinar exatamente de que informações sobre vendas e entregas precisa em tempo quase real, em vez de mensalmente.

*Fontes*: Compilado de "Procurement Perfected", *Infoconomy.com*, 1º de maio de 2005; e L. Dignan, "Diageo: Kindred Spirits", *Baseline Magazine*, 1º de dezembro de 2004.

**PERGUNTAS**

1. Descreva como as regulamentações estaduais interferem na coleta de dados da Diageo.
2. De que tipos de dados a Diageo precisará diariamente, e de que tipos de dados precisará apenas mensalmente?

O termo **data mining** deriva da busca por informações comerciais valiosas em um grande banco de dados, data warehouse ou data mart. O data mining pode realizar duas operações básicas: (1) projetar tendências e comportamentos; e (2) identificar padrões anteriormente desconhecidos.

Com relação à primeira operação, o data mining automatiza o processo de encontrar informações de projeção em grandes bancos de dados. Questões que tradicionalmente exigiam uma extensa análise prática agora podem ser respondidas de modo direto e rápido a partir dos dados. Um exemplo comum de problema de projeção é o *marketing voltado para um segmento*. O data mining pode usar dados de anúncios promocionais anteriores para identificar pessoas que estarão mais inclinadas a responder favoravelmente a futuros anúncios. Outros exemplos de projeção incluem a previsão de falência e outras formas de inadimplência.

O data mining também pode identificar, em um único passo, padrões anteriormente ocultos. Por exemplo, pode analisar dados de vendas de varejo para descobrir produtos aparentemente não relacionados que freqüentemente são comprados em conjunto, como fraldas e cerveja.

Um interessante problema de descoberta de padrões é a detecção de transações fraudulentas de cartões de crédito. Depois que você usa um cartão de crédito por um tempo, define-se um padrão de como você normalmente usa o cartão (por exemplo, lugares onde usa, quantia gasta etc.). Se o cartão é roubado e usado de modo fraudulento, esse uso quase sempre é diferente do seu padrão de uso. As ferramentas de data mining podem distinguir a diferença entre os dois padrões de uso.

Existe uma variedade de ferramentas de data mining que os gerentes e analistas usam para analisar os dados, incluindo ferramentas de consulta e relatório, ferramentas de análise multidimensional e ferramentas estatísticas. As ferramentas de consulta e relatório são semelhantes à SQL e à QBE. As ferramentas de análise multidimensional permitem que os usuários "fatiem" os dados em qualquer formato desejado. Dentro de um data warehouse, esse processo se assemelha a rodar um cubo para que os usuários possam vê-lo a partir de diferentes perspectivas. As ferramentas estatísticas oferecem aos usuários modelos matemáticos que podem ser aplicados aos dados para obter respostas às consultas.

Podemos olhar a Figura 4.11 para ver um exemplo de fatiamento. Considere que uma empresa tenha organizado sua força de vendas por regiões — digamos, Leste, Oeste e Centro. Essas três regiões poderiam, então, ser desmembradas em estados. O vice-presidente de vendas poderia fatiar o cubo de dados para ver as vendas em cada região (ou seja, as vendas de porcas, parafusos, ferrolhos e arruelas). O vice-presidente poderia, então, querer ver a região Leste dividida por estados para avaliar o desempenho individual dos gerentes de vendas de cada estado. Note que a organização empresarial é refletida na estrutura de dados multidimensional.

O poder do data mining está na capacidade de analisar os dados de maneira a permitir que os usuários respondam rapidamente a perguntas empresariais. "Quantas porcas foram vendidas na região Leste em 2005?" "Qual é a tendência das vendas de arruelas na região Oeste com base nos três últimos anos?" "Alguns dos quatro produtos normalmente são comprados juntos?"

Muitos fornecedores oferecem pacotes integrados dessas ferramentas, sob o nome geral de software de inteligência empresarial (BI). Os principais fornecedores de BI incluem SAS (*www.sas.com*), Hyperion (*www.hyperion.com*), Business Objects (*www.businessobjects.com*), Cognos Corp. (*www.cognos.com*), Information Builders (*www.informationbuilders.com*), DBMiner Technology (*www.dbminer.com*) e SPSS (*www.spss.com*).

## Aplicações de data mining

Existem muitas aplicações de data mining, tanto para as empresas quanto para outras áreas. De acordo com um relatório da Gartner (*www.gartner.com*), a maioria das 1.000 empresas da *Fortune* em todo o mundo atualmente usam data mining, como ilustrado pelos exemplos representativos que se seguem. Observe que, em muitos casos, o objetivo do data mining é identificar uma oportunidade comercial para criar uma vantagem competitiva sustentável.

- *Varejo e vendas.* Projetar vendas, evitar roubos e fraudes e determinar níveis de estoque corretos e programações de distribuição entre lojas. Por exemplo, varejistas como AAFES (lojas em bases militares) usam o Fraud Watch da Triversity (*www.triversity.com*) para combater as fraudes cometidas por empregados em suas 1.400 lojas.
- *Serviços bancários.* Prever níveis de inadimplência de empréstimos e uso fraudulento de cartões de crédito, projetar os gastos de cartões de crédito dos novos clientes e determinar que tipos de clientes responderão melhor (e se qualificarão) a novas ofertas de empréstimo.
- *Fabricação e produção.* Prever falhas nas máquinas e encontrar fatores-chave que ajudem a otimizar a capacidade de produção.
- *Seguro.* Prever valores de prêmio e custos de cobertura médica, classificar os elementos mais importantes que afetam a cobertura médica e prever quais clientes comprarão novas apólices de seguro.
- *Polícia.* Monitorar padrões de crime, locais e comportamento criminal; identificar atributos que ajudem a resolver casos policiais.
- *Saúde.* Correlacionar fatores demográficos dos pacientes com doenças críticas e desenvolver insights melhores sobre como identificar e tratar sintomas e causas.
- *Marketing.* Classificar os fatores demográficos de clientes para prever quais clientes responderão a um anúncio ou comprarão determinado produto.

Podemos ver que existem inúmeras oportunidades de usar data mining nas organizações. O Quadro 4.4 ilustra como a Snyder's of Hanover usa o data mining em suas operações.

## TI E A EMPRESA

### 4.4 Corrigindo um fabricante de pretzel

A Snyder's of Hanover (*www.snydersofhanover.com*) é a segunda maior fabricante de pretzels do mundo. A empresa está alterando o modo como coleta e analisa dados financeiros. No antigo sistema, o analista financeiro da empresa passava a última semana de cada mês recebendo planilhas Excel de mais de 50 chefes de departamentos espalhados por todo o mundo. Depois, consolidava e reinseria todos os dados em uma única planilha. Essa planilha servia como declaração interna de lucros e perdas mensais da empresa. A situação piorava no final de cada trimestre fiscal, quando os dados de três meses precisavam ser coletados e consolidados. O pior cenário, no entanto, ocorria na hora de preparar a declaração de lucros e perdas e o orçamento anuais. O principal problema era que, quando havia necessidade de fazer correções ou adições durante esses períodos de fechamento de relatório, isso exigia que o analista devolvesse as planilhas editadas para os chefes de departamento. Em seguida, o analista tinha de esperar a devolução das planilhas para consolidar tudo novamente.

A Snyder's recorreu ao Satori Group para obter o software de inteligência empresarial (visite *www.satorigroupinc.com/products/bi_ platform.html*) chamado ProCube. A Snyder's tinha dois objetivos em mente: (1) reduzir os custos de mão-de-obra envolvidos na criação de relatórios financeiros; e (2) obter informações rápidas para identificar e eliminar marcas não lucrativas.

A primeira fase da implementação do ProCube permitiu que o analista financeiro da Snyder's preparasse as declarações de lucros e perdas de toda a empresa em um dia ou dois a cada trimestre. Agora, os chefes de departamento de todo o país inserem informações de vendas e devoluções diárias em planilhas Excel que são inseridas no ProCube para consolidação. A segunda fase permite que a Snyder's acesse as declarações de lucros e perdas de cada produto. Essas informações ajudarão a empresa a gerenciar melhor a produção e a distribuição dos produtos.

*Fontes*: Compilado de L. Barrett, "Snyder's of Hanover: Twisted Logic", *Baseline Magazine*, 16 de janeiro de 2004; e "Satori Group Tears Open Snack Food Manufacturing Sector: Snyder's of Hanover, the #1 National Brand of Specialty Pretzels, Rolls with ProCube", *Business Wire*, 16 de janeiro de 2003.

### PERGUNTAS

1. Quais são as vantagens comerciais do novo pacote de software? Você consegue pensar em outras vantagens que a Snyder's pode perceber no futuro?
2. Além das áreas de finanças e contabilidade, em que outras áreas funcionais o software ProCube causou impacto? Descreva cada uma.

---

### Antes de prosseguir...

1. O que é um data warehouse, e quais são suas características?
2. O que é o modelo de banco de dados multidimensional?
3. O que é um data mart, e em que ele é diferente de um data warehouse?
4. Descreva as habilidades do data mining.

## 4.5 Tecnologias de visualização de dados

Depois que os dados são processados, eles podem ser apresentados aos usuários em formatos visuais como texto, gráficos e tabelas. Esse processo, conhecido como visualização de dados, torna as aplicações de TI mais atraentes e compreensíveis para os usuários. A visualização de dados está se tornando cada vez mais popular na Web, não só para entretenimento mas também para o apoio à decisão. Existem vários métodos de visualização e pacotes de software de apoio à decisão disponíveis. As tecnologias mais conhecidas incluem imagens digitais, sistemas de informação geográfica, interfaces gráficas com o usuário, tabelas e gráficos multidimensionais, realidade virtual, apresentações tridimensionais, vídeos e animação.

## Sistemas de informação geográfica

Um **sistema de informação geográfica (GIS)** é um sistema de computação aplicado para capturar, integrar, manipular e exibir dados usando mapas digitalizados. Sua característica mais peculiar é que cada registro ou objeto digital possui uma localização geográfica identificada. Esse processo, chamado *geocodificação*, permite que os usuários gerem informações para planejamento, resolução de problemas e tomada de decisões. O formato gráfico facilita a visualização dos dados pelos gerentes.

Hoje, pacotes de GIS relativamente baratos e totalmente funcionais estão disponíveis para PCs. Fornecedores representativos de software de GIS são ESRI (*www.esri.com*), Intergraph (*www.intergraph.com*) e Mapinfo (*www.mapinfo.com*). Os dados de GIS estão disponíveis em várias fontes. Tanto fontes governamentais quanto fornecedores particulares oferecem dados comerciais diversificados. Alguns desses pacotes são gratuitos; por exemplo, os CD-ROMs da Mapinfo e material baixável de *www.esri.com* e *http://data.geocomm.com*.

Existem inúmeras aplicações de GIS para melhorar a tomada de decisões nos setores público e privado. A seguir estão apenas alguns exemplos.

- **Encontrar locais para novos restaurantes.** O McDonald's usa um sistema GIS para sobrepor todo tipo de informação demográfica em mapas a fim de identificar os melhores locais para novos restaurantes.
- **Novas aplicações de GIS.** A integração dos GISs e dos *sistemas de posicionamento global (GPSs)* tem o potencial de ajudar a reestruturar e redesenhar os setores de aviação, transportes e remessas. Os GPSs são sistemas que usam satélites para encontrar a localização de uma pessoa em qualquer parte da Terra. Esses sistemas permitem que veículos ou aeronaves equipados com receptores GPS informem suas localizações enquanto se movem. Os GPSs também estão sendo usados em sistemas pessoais de mapeamento em automóveis, bem como para monitorar veículos e equipamentos de escavação. O exemplo a seguir ilustra uma aplicação do GIS e do GPS.

---

### EXEMPLO

#### UPS mapeia rotas dos motoristas

A United Parcel Service (UPS) está investindo US$600 milhões em software e hardware para analisar tendências históricas de remessas, inserir informações de remessas reais e criar rotas diárias de entrega. Toda essa informação promete melhorar a eficiência dos empregados da UPS que classificam, carregam e entregam quase 14 milhões de encomendas por dia.

Enquanto os pacotes transitam dos caminhões para as esteiras rolantes nos centros de distribuição, um empregado com um scanner de mão lê a etiqueta original de embarque de cada encomenda. Essa leitura revela o peso, as dimensões e o destino de cada pacote e envia esses dados para um banco de dados central. O mesmo empregado imprime uma etiqueta de 8 X 5cm com códigos que identificam precisamente que calha de escoamento e esteira enviarão esse pacote para a prateleira correta no caminhão. Essa tecnologia tornou os carregadores da UPS mais eficientes. Cada empregado agora consegue carregar 3 ou 4 caminhões, contra 2,5 caminhões no sistema antigo. Ao mesmo tempo, o sistema parece ter melhorado as condições de trabalho e o moral dos empregados. Por exemplo, a rotatividade dos carregadores caiu, consideravelmente, de 45% para 8%, em apenas dois anos.

O novo sistema permite que os motoristas tenham acesso imediato a mais informações. Anteriormente, o scanner de mão de cada motorista indicava apenas que havia uma entrega a ser feita em determinado endereço. Agora, ele fornece a rota de distribuição exata e especifica quantos volumes precisam ser entregues nesse endereço e em que horário. Os motoristas da UPS costumavam fazer 130 paradas em média — entre coletas e entregas — por dia. Esse número aumentou para 145, e o sistema ainda diminuiu a rota média em 13 quilômetros.

(*Fontes*: Compilado de A. M. Virzl, "United Parcel Service: Sticky Fix", *Baseline Magazine*, 5 de fevereiro de 2004; e *www.ups.com*, acessado em 25 de março de 2005.)

---

Os sistemas de informação geográfica também podem ser usados em conjunto com sistemas de inteligência empresarial. O exemplo a seguir mostra como um software de inteligência empresarial, usado com um software de GIS, ajuda a combater fraudes.

---

**EXEMPLO**

---

### Inteligência empresarial ajuda o estado da Louisiana a economizar dinheiro

Em qualquer dia na Louisiana, existem centenas de pessoas pobres tentando desesperadamente vender seus vales-alimentação pela metade do valor. Basta encontrar um varejista desonesto disposto a pagar em dinheiro pelos vales e, depois, embolsar a diferença. Conhecida como "desconto", essa fraude na Louisiana custa cerca de US\$28 milhões por ano aos contribuintes federais.

Os esforços anteriores do governo para detectar fraudes eram extremamente rústicos. Basicamente, agentes secretos do Departamento de Agricultura e do Serviço Secreto dos Estados Unidos percorriam os supermercados e tentavam trocar vales-alimentação por dinheiro. Mesmo quando esses agentes faziam um "negócio bem-sucedido", isso era insuficiente para indiciar um varejista.

Essa situação mudou radicalmente com a adoção da tecnologia de transferência de benefícios eletrônica, em que cartões de débito com tarjas magnéticas substituíram os certificados de vale-alimentação. Nesse momento, o estado começou a coletar grandes quantidades de dados do JPMorgan Chase, que executa o programa para o estado. Usando o WebFocus, um produto de inteligência empresarial da Information Builders (*www.informationbuilders.com*), o estado começou a peneirar os dados à procura de padrões que direcionassem os agentes federais para varejistas suspeitos. Entretanto, os investigadores do estado não foram capazes de obter detalhes suficientes nos dados para conseguir o que precisavam.

Os dados armazenados só começaram a fazer sentido quando o estado implementou o software de informação geográfica da ESRI (*www.esri.com*). Ao marcarem mais de 100 milhões de transações anualmente em um mapa do estado, os investigadores viram padrões claros, como pessoas viajando longas distâncias para resgatar os vales-alimentação em lojas específicas. Os investigadores agora são capazes de se concentrar em lojas suspeitas com muito mais precisão e desenvolver casos com mais chances de resultar em indiciamentos.

(*Fontes*: Compilado de J. Soat, "Louisiana Fights Fraud with Mapping Software", *InformationWeek*, 25 de março de 2004; e D. Briody, "Business Intelligence Beats Back Food Stamp Fraud", *CIO Insight*, 1° de dezembro de 2004.)

---

### *Realidade virtual*

Não há uma definição padrão para realidade virtual. As definições mais comuns normalmente dizem que **realidade virtual (RV)** são gráficos tridimensionais interativos e gerados por computador, apresentados ao usuário através de um visor colocado na cabeça. Na RV, uma pessoa "acredita" que o que está fazendo é real, ainda que seja criado artificialmente.

Mais de uma pessoa e mesmo um grande grupo podem compartilhar e interagir no mesmo ambiente artificial. Por essa razão, a RV pode ser um poderoso meio de comunicação, entretenimento e aprendizagem. Em vez de olhar para uma tela de computador plana, o usuário de RV interage com um ambiente tridimensional gerado por computador. Para ver e ouvir o ambiente, o usuário utiliza visores estéreos e um fone de ouvido. Para interagir com o ambiente, controlar os objetos que estão nele ou mover-se dentro dele, o usuário utiliza um visor computadorizado e luvas com sensores. Os visores de RV dão a ilusão de que há um meio à volta do usuário porque atualizam a tela em tempo real. O usuário pode agarrar e mover objetos virtuais. A Tabela 4.1 apresenta exemplos dos diferentes tipos de aplicações de RV.

---

### Antes de prosseguir...

1. Por que a visualização de dados é importante?
2. O que é um sistema de informação geográfica?
3. O que é realidade virtual, e como ela contribui para a visualização de dados?

---

## 4.6 Gestão do conhecimento

Como discutimos em todo este livro, os dados e as informações são recursos organizacionais de suma importância. O conhecimento também é um recurso vital. Os gerentes bem-sucedidos sempre usaram os

**Tabela 4.1** Exemplos de aplicações de realidade virtual

| Aplicações na produção | Aplicações nos negócios |
|---|---|
| Treinamento | Apresentação e avaliação imobiliárias |
| Teste de design e interpretação de resultados | Publicidade |
| Análise de segurança | Apresentação no comércio eletrônico |
| Elaboração de protótipos virtuais | Apresentação de dados financeiros |
| Análise de engenharia | |
| Análise ergonômica | |
| Simulação virtual de montagem, produção e manutenção | |
| **Aplicações na medicina** | **Aplicações em pesquisa e educação** |
| Treinamento de cirurgiões (com simuladores) | Laboratórios virtuais de física |
| Interpretação de dados médicos | Representação de matemática complexa |
| Planejamento de cirurgias | Configurações da galáxia |
| Fisioterapia | |
| **Aplicações no entretenimento** | **Aplicações na arquitetura e engenharia civil** |
| Museus virtuais | |
| Jogos tridimensionais de corrida de carros (em PCs) | Projeto de edificações e outras estruturas |
| Simulação de combate aéreo (em PCs) | |
| Galerias e parques em realidade virtual | |
| Simulador de esqui | |

recursos intelectuais e reconheceram seu valor. Mas esses esforços não eram sistemáticos e não garantiam que o conhecimento fosse compartilhado e disseminado de modo a beneficiar a organização como um todo. Além do mais, os analistas da área estimam que a maioria dos recursos de conhecimento de uma empresa não está confinada em bancos de dados relacionais. Em vez disso, estão espalhados em e-mails, documentos do Word, planilhas e apresentações em computadores individuais. Esse arranjo dificulta sobremaneira o acesso e a integração desse conhecimento nas empresas. O resultado quase sempre é uma tomada de decisão menos eficaz.

### Conceitos e definições

**Gestão do conhecimento** é um processo que ajuda as organizações a manipularem o conhecimento importante, que é parte da memória da organização, normalmente em um formato não estruturado. Para contribuir para o sucesso organizacional, o conhecimento, como uma forma de capital, precisa existir em um formato que possa ser trocado entre as pessoas. Além disso, precisa ser capaz de crescer.

### Conhecimento

No contexto da tecnologia da informação, o conhecimento é muito diferente dos dados e da informação. Os dados são uma coleção de fatos, medidas e estatísticas; a informação são dados organizados ou processados que são oportunos e precisos. Como vimos, **conhecimento** é uma informação *contextual*, *relevante* e *acionável*. Dito de forma simples, conhecimento é a *informação em ação*. **Capital intelectual** (ou **recursos intelectuais**) é outro termo freqüentemente usado como sinônimo de conhecimento.

Para ilustrar com um exemplo, um boletim que lista todas as disciplinas oferecidas por sua universidade durante um semestre poderia ser considerado dados. Quando você se matricula, processa os dados do boletim para criar sua programação para o semestre. A programação seria considerada informação. A consciência da programação de trabalho, da especialização, da programação social desejada e as características dos diferentes membros da faculdade poderiam ser considerados conhecimento, pois podem afetar a forma como você constrói sua programação. Vemos que essa consciência é contextual e relevante (para desenvolver uma programação ótima de disciplinas), bem como acionável (pode levar a mudanças na programação). A implicação é que o conhecimento possui elementos experimentais e reflexivos fortes que o distinguem da informação em determinado contexto. Diferentemente da informação, o conhecimento pode ser usado para resolver um problema.

### Conhecimento explícito e tácito

O **conhecimento explícito** lida com o conhecimento racional e técnico mais objetivo. Em uma organização, o conhecimento explícito consiste nas políticas, normas procedimentais, relatórios, produtos, estratégias, metas, competências essenciais da empresa e na infra-estrutura de TI. Em outras palavras, conhecimento explícito é o conhecimento que foi codificado (documentado) em um formato que pode ser distribuído a outros ou transformado em processo ou estratégia. Uma descrição de como processar uma solicitação de emprego que está documentada no manual de política de recursos humanos de uma empresa é um exemplo de conhecimento explícito.

Por outro lado, o **conhecimento tácito** é o depósito cumulativo da aprendizagem subjetiva ou experimental. Em uma organização, o conhecimento tácito consiste nas experiências, idéias, especialização, know-how, segredos comerciais, habilidades, entendimento e aprendizado. Também inclui a cultura organizacional, que reflete as experiências passadas e presentes das pessoas e dos processos de uma organização, bem como os valores predominantes. O conhecimento tácito geralmente é lento, impreciso e difícil de transferir. Também é altamente pessoal. Finalmente, como não é estruturado, o conhecimento tácito é difícil de ser formalizado ou codificado. Por exemplo, vendedores que trabalharam com clientes específicos por muito tempo conhecem muito bem as necessidades desses clientes. Esse conhecimento normalmente não é registrado. Na verdade, pode ser difícil um vendedor colocar isso por escrito.

### Sistemas de gestão do conhecimento

O objetivo da gestão do conhecimento é ajudar uma organização a fazer o uso mais eficaz possível do conhecimento que possui. Historicamente, os sistemas de informação têm se concentrado na captura, armazenamento, gerenciamento e relatório do conhecimento explícito. As organizações agora reconhecem a necessidade tanto do conhecimento explícito quanto do tácito nos sistemas de informação formais. Os **sistemas de gestão do conhecimento (SGCs)** se referem ao uso de tecnologias da informação modernas — Internet, intranets, extranets, LotusNotes, data warehouses — para sistematizar, aprimorar e disseminar a gestão do conhecimento dentro da empresa e entre empresas. Os SGCs se destinam a ajudar uma organização a lidar com a rotatividade, a mudança rápida e o downsizing, tornando a experiência do capital humano da organização amplamente acessível. O Quadro 4.5 descreve um sistema de gestão do conhecimento usado pelo Departamento de Comércio dos Estados Unidos.

As organizações podem perceber muitos benefícios dos SGCs. O mais importante é que eles tornam as **melhores práticas** — as maneiras mais eficientes e eficazes de fazer as coisas — prontamente disponíveis a uma ampla gama de empregados. Ter mais acesso ao conhecimento das melhores práticas aprimora o desempenho geral da organização. Por exemplo, os gerentes de conta agora podem disponibilizar seu conhecimento tácito sobre a melhor maneira de lidar com grandes contas. Esse conhecimento pode, então, ser usado para treinar novos gerentes de conta. Outros benefícios incluem melhor serviço ao cliente, desenvolvimento mais eficiente de produtos e aumento no moral e na retenção de funcionários.

Ao mesmo tempo, no entanto, existem dificuldades para implementar SGCs eficazes. Primeiro, os empregados precisam estar dispostos a compartilhar seu conhecimento tácito pessoal. Para estimular essa atitude, as organizações precisam criar uma "cultura de gestão do conhecimento" que recompense os empregados que adicionem sua experiência à base de conhecimento. Segundo, a base de conhecimento precisa passar por manutenção e atualização constantes. Novos conhecimentos têm de ser acrescentados, e os conhecimentos antigos e obsoletos têm de ser excluídos. As empresas precisam estar dispostas a investir nos recursos necessários para realizar essas operações.

### O ciclo do sistema de gestão do conhecimento

Um SGC funcional segue um ciclo que consiste em seis etapas (ver a Figura 4.13). O sistema é cíclico porque o conhecimento é refinado dinamicamente ao longo do tempo. O conhecimento em um SGC eficaz nunca é finalizado porque o ambiente muda com o tempo, e o conhecimento precisa ser atualizado para refletir essas mudanças. O ciclo funciona assim:

1. ***Criar o conhecimento.*** O conhecimento é criado conforme as pessoas determinam novas maneiras de fazer as coisas ou desenvolvem know-how. Algumas vezes, acrescenta-se conhecimento externo.

## TI E A EMPRESA

### 4.5 A quem você vai perguntar?

Um especialista em comércio internacional da divisão de Serviço Comercial dos Estados Unidos ficou impressionado. Seu trabalho era ajudar empresas norte-americanas a realizarem negócios com outros países. Entretanto, quando uma empresa de software sediada nos Estados Unidos telefonou para fazer uma pergunta, ele não soube o que aconselhar. A empresa queria fechar um negócio com um cliente na Polônia, mas o comprador queria reter na fonte um imposto de 20%. O comprador atribuía esse imposto à recente admissão da Polônia na União Européia. O imposto era legítimo?

Para descobrir, o especialista recorreu ao sistema de gestão do conhecimento da divisão, conhecido como DOC Insider. Após digitar a consulta, ele encontrou alguns documentos relacionados à dúvida. Entretanto, eles não explicavam completamente o código de tributação da União Européia. Em seguida, ele pediu ao sistema que procurasse no banco de dados dos 1.700 empregados do Serviço Comercial um especialista "real". Em segundos, recebeu uma lista de 80 pessoas que seriam capazes de ajudá-lo. Desses nomes, escolheu as seis pessoas que julgava serem mais qualificadas. Então, encaminhou a consulta para eles.

Segundo esse especialista, antes da implementação do DOC Insider, seriam necessários três dias para responder à mesma pergunta. Agora, graças ao Insider, ele recebeu três respostas em minutos e uma resposta completa em uma hora. O resultado? O negócio foi fechado na manhã seguinte.

O DOC Insider está ajudando a divisão a atingir metas. Nos primeiros nove meses de operação do sistema, ele poupou ao departamento mais de 1.000 horas de trabalho dos funcionários.

A maior parte dos sistemas de gestão do conhecimento dependia pesadamente de os empregados fornecerem dados voluntariamente. Muitas vezes, os bancos de dados de conhecimento se baseavam em simples buscas de palavras-chave em documentos, mas não passavam muito disso. Por outro lado, os sistemas de localização de especialistas (SLEs), como o DOC Insider, permitem que o funcionário encontre e contate colegas, onde quer que estejam, para resolver problemas empresariais importantes. O software de SLE varre os e-mails e documentos da empresa, procurando frases específicas de busca para determinar quem é o maior conhecedor de certos assuntos. Com esses dados, o software decide quem é a melhor pessoa para perguntar e automaticamente contata essa pessoa. Depois que a consulta é respondida, o software registra a informação e a acrescenta ao banco de dados de conhecimento, em constante crescimento.

*Fontes*: Compilado de D. D'Agostino, "Expertise Management: Who Knows About This?", *CIO Insight*, 1º de julho de 2004; T. Kontzer, "Help Wanted: Expertise-Management Tools Locate Talent", *InformationWeek*, 5 de maio de 2003.

**PERGUNTAS**

1. Um sistema de localização de especialistas é um sistema de gestão do conhecimento? Justifique sua resposta.
2. Se sua empresa implementasse um software de SLE, você acha que sua privacidade seria invadida?

2. *Coletar o conhecimento*. O novo conhecimento precisa ser identificado como valioso e ser representado de maneira lógica.
3. *Refinar o conhecimento*. O novo conhecimento precisa ser colocado no contexto para que seja acionável. É aqui que as qualidades tácitas (insights humanos) precisam ser coletadas juntamente com os fatos explícitos.
4. *Armazenar o conhecimento*. O conhecimento útil precisa, então, ser armazenado em um formato apropriado em um depósito de conhecimento para que outras pessoas na organização possam acessá-lo.
5. *Gerenciar o conhecimento*. Assim como uma biblioteca, o conhecimento precisa estar atualizado. Precisa ser revisto regularmente para assegurar que esteja relevante e correto.
6. *Disseminar o conhecimento*. O conhecimento precisa se tornar disponível em um formato útil para qualquer pessoa na organização que precise dele, em qualquer lugar e a qualquer hora.

**Figura 4.13** Ciclo da gestão do conhecimento.

---

## Antes de prosseguir...

1. O que é gestão do conhecimento?
2. Qual a diferença entre conhecimento tácito e conhecimento explícito?
3. Descreva o ciclo do sistema de gestão do conhecimento.

---

## O que a **TI** pode me proporcionar?

■ **Para a área de contabilidade**

A função de contabilidade está intimamente envolvida no registro de transações e nos controles internos de uma organização. Data warehouses e data mining modernos permitem que os contadores desempenhem essas funções de modo mais eficaz. Os data warehouses ajudam os contadores a gerenciar o fluxo de dados nas organizações atuais, de forma a manter as empresas em conformidade com os novos padrões impostos pela Lei Sarbanes-Oxley.

Os contadores também desempenham um papel na justificativa de custos para criar uma base de conhecimento e, depois, auditorar a relação custo-benefício. Além disso, se você trabalha para uma grande empresa de contabilidade pública que presta serviços de consultoria ou vende conhecimento, muito provavelmente usará algumas das melhores práticas da empresa que estarão armazenadas em uma base de conhecimento.

■ **Para a área de finanças**

Os diretores financeiros fazem uso intenso de bancos de dados computadorizados externos à organização, como CompuStat ou Dow Jones, para obter dados financeiros sobre as organizações do setor. Eles podem usar esses dados para determinar se uma organização atende aos benchmarks do setor em termos de retorno do investimento, gerenciamento do fluxo de caixa e outras relações financeiras.

As técnicas de data mining modernas são eficazes nas finanças, particularmente para a descoberta automatizada de relacionamentos em seguros e gerenciamento de portfólio. Os gerentes financeiros, que produzem os relatórios financeiros da organização, também estão profundamente envolvidos com a Lei Sarbanes-Oxley. Os data warehouses ajudam esses gerentes a se adequarem aos novos padrões.

■ **Para a área de marketing**

O pessoal de marketing acessa dados das transações de marketing da organização (por exemplo, compras dos clientes) para planejar campanhas de marketing segmentadas e para avaliar o sucesso das campanhas anteriores. Eles também vinculam essas informações aos bancos de dados geográficos para determinar onde certos produtos serão mais vendidos.

Os data warehouses e o data mining ajudam os gerentes de marketing a descobrir muitas relações imprevistas entre algum aspecto do "perfil" do comprador, o produto e as campanhas de marketing e publicitárias. Explorando essas relações, as empresas podem aumentar as vendas substancialmente. De fato, a pesquisa de marketing é uma das aplicações mais comuns do data mining.

O conhecimento sobre os clientes pode significar a diferença entre sucesso e fracasso. Em muitos data warehouses e bases de conhecimento, a grande maioria das informações e do conhecimento se refere a clientes, produtos, vendas e marketing. Os gerentes de marketing certamente usam a base de conhecimento de uma organização e freqüentemente participam dessa criação.

### ■ Para a área de produção/operações

O pessoal de produção/operações acessa dados organizacionais para determinar níveis ótimos de estoque de peças em um processo de produção. Os dados históricos de produção permitem que o pessoal de GPO determine a configuração ideal para as linhas de montagem. As empresas também mantêm dados sobre qualidade que os informem não só sobre a qualidade dos produtos acabados, mas também sobre problemas de qualidade com matérias-primas recebidas, irregularidades na produção, entrega e logística, e uso e manutenção pós-venda do produto.

O data warehousing e o data mining automatizam a descoberta de problemas anteriormente não detectados em relação à produção, logística e outras atividades. Esses problemas podem ser localizados dentro da organização ou ao longo da cadeia de suprimentos.

A gestão do conhecimento é extremamente importante para a realização de operações complexas. O conhecimento acumulado referente à programação, logística, manutenção e outras funções é muito valioso. Idéias inovadoras são necessárias para melhorar as operações e podem ser apoiadas pela gestão do conhecimento.

### ■ Para a área de recursos humanos

As organizações mantêm dados extensos sobre empregados, incluindo sexo, idade, raça, descrições de cargo atual e anteriores e avaliações de desempenho. O pessoal de recursos humanos acessa esses dados para fornecer às agências governamentais relatórios referentes à conformidade com as diretrizes federais de igualdade de oportunidade. Os gerentes de RH também usam esses dados para avaliar práticas de contratação, avaliar estruturas salariais e gerenciar quaisquer queixas de discriminação ou processos contra a empresa.

Os data warehouses e o data mining podem ajudar o profissional de RH a investigar relações nos dados que envolvem a saúde, a segurança, a produtividade e a retenção de recursos humanos valiosos. Os data warehouses também podem ajudar os gerentes de RH a prestar assistência a todos os empregados, já que cada vez mais decisões sobre planos de saúde e previdência são delegadas aos próprios empregados. Os empregados podem usar os data warehouses para ajudar a escolher a composição ideal entre essas decisões críticas.

Os gerentes de recursos humanos freqüentemente precisam usar uma base de conhecimento para descobrir como casos anteriores foram tratados. A coerência em como os empregados são tratados não só é importante, mas também protege a empresa contra ações judiciais. Além disso, o treinamento para construir, manter e usar o sistema de gestão do conhecimento às vezes é responsabilidade do departamento de RH. Finalmente, o departamento de RH pode ser responsável por recompensar empregados que contribuem com seu conhecimento.

### ■ A função do SIG

A função de SIG gerencia os dados da organização, bem como os bancos de dados, os data warehouses e os data marts onde eles são armazenados. Os administradores de banco de dados do SIG padronizam nomes de dados usando o dicionário de dados. Isso garante que todos os usuários entendam quais dados estão no banco de dados. O pessoal de banco de dados também fornece dados para o data warehouse, bem como as ferramentas de data mining para ajudar os usuários a acessarem e analisarem os dados necessários. Os funcionários de SIG — e os usuários também — agora podem, com o uso de ferramentas de consulta, gerar relatórios muito mais rapidamente do que era possível usando os antigos sistemas de mainframe escritos em Cobol.

## Resumo

### 1. Reconhecer a importância dos dados, os problemas envolvidos em seu gerenciamento e ciclo de vida.

As aplicações de TI não podem ser feitas sem o uso de dados. Os dados devem ser precisos, completos, oportunos, coerentes, acessíveis, relevantes e concisos. Gerenciar dados nas organizações é difícil por várias razões: (1) a quantidade de dados aumenta com o tempo; (2) os dados são armazenados em vários sistemas, bancos de dados, formatos e linguagens; e (3) a segurança, a qualidade e a integridade dos dados freqüentemente são comprometidas.

O ciclo de vida dos dados começa com a coleta de dados. Os dados são armazenados em um banco de dados e, depois, processados para se adequarem ao formato de um data warehouse ou data mart. Os usuários, então, acessam os dados através do data warehouse ou data mart para analisá-los. As ferramentas de análise de dados e data mining procuram padrões, e sistemas inteligentes apóiam a interpretação dos dados. O resultado de todas essas atividades é a geração de conhecimento e de apoio à decisão.

### 2. Descrever as fontes de dados e explicar como eles são coletados.

As fontes de dados podem ser internas, pessoais, clickstream (das transações da empresa na Web) e externas (particularmente da Internet). Os dados internos normalmente são localizados em bancos de dados corporativos e, em geral, são acessíveis através da intranet de uma organização. Os usuários de SI criam dados pessoais documentando sua própria experiência. Esses dados podem residir no PC do usuário ou podem ser colocados em bancos de dados corporativos ou em bases de conhecimento corporativas. As fontes de dados externas variam de bancos de dados comerciais a sensores e satélites. Relatórios governamentais constituem uma importante fonte de dados externa. Milhares de bancos de dados em todo o mundo podem ser acessados através da Internet.

### 3. Explicar as vantagens da abordagem de banco de dados.

Um banco de dados, que é um conjunto de arquivos logicamente relacionados, elimina os problemas associados a um ambiente de arquivo tradicional. Em um banco de dados, os dados são integrados e relacionados de modo que um conjunto de programas de software proporciona acesso a todos os dados. Portanto, a redundância, o isolamento e a incoerência dos dados são minimizados, e os dados podem ser compartilhados entre todos os usuários. Além disso, a segurança e a integridade dos dados são melhoradas, e as aplicações se tornam independentes dos dados.

### 4. Explicar o funcionamento do data warehousing e seu papel no apoio à decisão.

Um data warehouse é um depósito de dados históricos orientados por assunto organizados para estarem acessíveis em um formato prontamente aceitável para atividades de processamento analítico. Os usuários finais podem acessar os dados necessários em um data warehouse de maneira rápida e fácil por meio de navegadores Web. Eles podem realizar análises extensas com os dados e podem ter uma visão consolidada dos dados organizacionais. Esses benefícios podem melhorar o conhecimento empresarial, gerar vantagem competitiva, melhorar o serviço e a satisfação do consumidor, facilitar a tomada de decisões e ajudar a tornar os processos empresariais mais eficazes.

### 5. Entender as habilidades e vantagens do data mining.

O data mining é uma importante ferramenta para analisar grandes quantidades de dados, normalmente em um data warehouse. Com bancos de dados ou data warehouses de tamanho e qualidade suficientes, a tecnologia de data mining pode gerar novas oportunidades de negócios fornecendo uma previsão automatizada de tendências e comportamentos e uma descoberta automatizada de padrões anteriormente desconhecidos.

### 6. Descrever a visualização de dados e explicar os sistemas de informação geográfica e realidade virtual.

A visualização de dados envolve a apresentação dos dados por meio de tecnologias como imagens digitais, sistemas de informação geográfica, apresentações tridimensionais, vídeos e animação, realidade virtual e outros recursos de multimídia. Um sistema de informação geográfica (GIS) é um sistema de computação aplicado para manipular e exibir dados usando mapas digitalizados. A realidade virtual se refere a gráficos tridimensionais, interativos e gerados por computador, apresentados ao usuário por meio de um visor colocado na cabeça.

## 7. Definir conhecimento e descrever os diferentes tipos.

Conhecimento é a informação contextual, relevante e acionável. O conhecimento explícito lida com o conhecimento mais objetivo, racional e técnico. O conhecimento tácito normalmente está no domínio do aprendizado subjetivo, cognitivo e experimental. É altamente pessoal e difícil de formalizar.

## Glossário

**banco de dados virtual** Banco de dados que consiste apenas em software; gerencia dados que podem residir fisicamente em qualquer lugar na rede e em uma variedade de formatos.

**chave primária** Campo identificador ou atributo que identifica exclusivamente um registro.

**chave secundária** Campo identificador ou atributo que possui alguma informação de identificação, mas normalmente não identifica o arquivo com precisão absoluta.

**conhecimento tácito** Depósito cumulativo da aprendizagem subjetiva ou experimental; é altamente pessoal e difícil de formalizar.

**estrutura multidimensional** Maneira como os dados são estruturados em um data warehouse de modo a serem analisados por diferentes visões ou perspectivas, chamadas de dimensões.

**gestão do conhecimento** Processo que ajuda as organizações a identificar, selecionar, organizar, disseminar, transferir e aplicar informações e experiência que fazem parte da memória da organização, e que normalmente residem dentro da organização em um formato não estruturado.

**modelo de banco de dados relacional** Modelo de dados baseado no conceito simples de tabelas a fim de capitalizar sobre características das linhas e colunas de dados.

**normalização** Método para analisar e reduzir um banco de dados relacional ao formato mais eficaz para minimizar a redundância, maximizar a integridade de dados e melhorar o desempenho de processamento.

**processamento analítico on-line (OLAP)** Processamento analítico dos dados assim que as transações ocorrem.

**processamento de transações on-line (OLTP)** Tipo de processamento por computador em que as transações comerciais são processadas on-line tão logo ocorrem.

**Query By Example (QBE)** Linguagem de banco de dados que permite que um usuário preencha uma grade (formulário) para construir um exemplo ou descrição dos dados que deseja.

**realidade virtual (RV)** Gráficos tridimensionais interativos e gerados por computador, apresentados ao usuário por meio de um visor colocado na cabeça.

**registro** Agrupamento de campos logicamente relacionados.

**sistemas de gestão do conhecimento** Tecnologias da informação usadas para sistematizar, aprimorar e disseminar a gestão do conhecimento dentro da empresa e entre empresas.

**Structured Query Language (SQL)** Linguagem de banco de dados relacional popular que permite que os usuários realizem consultas complexas com instruções relativamente simples.

**tabela** Agrupamento lógico de registros relacionados.

## Perguntas para discussão

1. Explique as dificuldades do gerenciamento de dados.
2. Descreva as vantagens dos bancos de dados relacionais.
3. Descreva o processo da descoberta de informação e conhecimento, e discuta as funções do data warehouse, data mining e OLAP nesse processo.
4. Discuta os benefícios do data warehousing para os usuários finais.
5. Qual é a relação entre os bancos de dados e o data warehouse de uma empresa?
6. Estabeleça a diferença entre data warehouses e data marts.

7. Estabeleça a diferença entre inteligência empresarial, processamento analítico on-line e data mining.
8. Explique por que é importante coletar e gerenciar o conhecimento.
9. Compare conhecimento tácito e conhecimento explícito.

## Atividades para solução de problemas

1. Acesse vários websites de emprego (por exemplo, *www.monster.com*) e encontre várias descrições de cargo para um administrador de banco de dados. As descrições de cargo são semelhantes? Quais são os salários oferecidos para esse cargo?
2. Acesse os websites de várias empresas imobiliárias. Encontre sites que o conduzam em um processo passo a passo para comprar uma casa, que forneçam apresentações virtuais de casas na faixa de preço e no local desejados, que ofereçam calculadoras de hipoteca e juros, e que ofereçam financiamento para a casa. Os sites exigem que você se registre para acessar os serviços? Você pode solicitar que um e-mail lhe seja enviado quando os imóveis em que está interessado se tornem disponíveis?
3. É possível encontrar muitos websites que fornecem informações demográficas. Acesse vários desses sites e veja o que eles oferecem. Os sites diferem nos tipos de informação demográfica que oferecem? Como? Os sites exigem pagamento pelas informações que fornecem? As informações demográficas seriam úteis para você se desejasse iniciar um novo negócio? Como?
4. A Internet contém muitos websites com informações sobre bolsas de estudo. Acesse vários desses sites. Você precisa se registrar para acessar as informações? Você pode se candidatar a uma bolsa de estudos pelos sites, ou é necessário solicitar formulários de papel a serem preenchidos e devolvidos?

## Atividades na Internet

1. Acesse os websites da IBM (*www.ibm.com*), Sybase (*www.sybase.com*) e Oracle (*www.oracle.com*) e descubra as características de seus últimos produtos, incluindo conexões Web.
2. Acesse os websites de dois dos principais fornecedores de data warehouse, como NCR (*www.ncr.com*) e SAS (*www.sas.com*); descreva os produtos e como eles se relacionam à Web.
3. Visite *http://www.teradatauniversitynetwork.com*. Prepare um resumo sobre os recursos disponíveis no site. Isso tem valor para um estudante?
4. Entre no site *www.visualmining.com* e avalie o apoio que eles fornecem à inteligência empresarial. Prepare um relatório.

## Trabalhos em equipe

1. Várias aplicações agora combinam GIS e GPS.
   a. Pesquise essas aplicações na literatura e na Internet e consulte os fornecedores de GIS.
   b. Prepare uma lista de cinco aplicações.
   c. Descreva os benefícios da integração do GIS com o GPS.
2. Prepare um relatório sobre o tópico "o gerenciamento de dados e as intranets". Dê especial atenção ao papel do data warehouse, ao uso dos navegadores para consulta e ao data mining. Cada equipe visitará o site de um fornecedor, lerá documentos e examinará produtos (ver, por exemplo, Oracle, IBM, Hyperion, NCR, SAS e SPSS). Além disso, visite o website do Data Warehouse Institute (*www.tdwi.org*).
3. Cada equipe acessará o website de um fornecedor de GIS (ver, por exemplo, *www.esri.com*, *www.intergraph.com*, *www.bently.com*, *www.mapinfo.com* e *www.autodesk.com*). Prepare um relatório sobre as aplicações de cada fornecedor em cada uma das áreas funcionais. Se disponível, baixe uma demonstração.
4. Cada equipe acessará um website sobre coleta de dados através da Web (ver, por exemplo, *www.activewebsoftwares.com* e *www.clearlearning.com*). Prepare um relatório sobre os métodos de coleta de dados que cada empresa usa.

## Gerenciamento de dados ajuda a salvar a Toyota U.S.A.

### O PROBLEMA DA EMPRESA

Apenas 10 anos atrás, a Toyota Motor Sales U.S.A. estava sofrendo com uma infra-estrutura de TI desesperadamente retrógrada. A Toyota U.S.A. estava gerando rapidamente quantidades enormes de dados de vendas e marketing, mas não tinha uma forma de usar essas informações estrategicamente. Os departamentos internos estavam presos em uma "mentalidade de mainframe" e não compartilhava informações. Quando os departamentos chegaram a gerar relatórios que pudessem ser trabalhados, era tarde demais para fazer alguma coisa em relação aos problemas da empresa.

A Toyota U.S.A. assume a propriedade dos veículos desde o momento em que deixam as fábricas até o momento em que chegam às distribuidoras. Em outras palavras, ela basicamente compra os veículos da matriz corporativa no Japão e, depois, os revende para distribuidoras em todos os Estados Unidos. Esse processo exige que a Toyota pague aproximadamente US$8 por dia por automóvel até que os veículos possam ser descarregados nas distribuidoras. Multiplique isso por 2 milhões de carros por ano e um tempo de entrega médio de nove dias, e é fácil ver como planilhas do Quicken compiladas manualmente e uma falta de integração de dados estavam custando milhões de dólares à Toyota U.S.A.

## A SOLUÇÃO DA TI

Uma das aplicações mais críticas para a Toyota U.S.A. é o Toyota Logistics System (TLS). As funções do TLS são o controle preciso e o gerenciamento da cadeia de suprimentos para garantir que os carros certos cheguem às distribuidoras certas de modo previsível e pontual.

A empresa decidiu implementar um data warehouse para o TLS, com base em sete áreas-chave em que a direção da Toyota necessitava de dados precisos e em tempo real. Mesmo com o data warehouse, no entanto, os executivos descobriram que as informações que surgiam freqüentemente eram incorretas. Anos de erro humano haviam decorrido sem qualquer verificação. Portanto, dados incorretos retornavam resultados de análise ilógicos. Além disso, havia sérios problemas na transferência de arquivos dos antigos sistemas da Toyota para o novo data warehouse. Como resultado, o data warehouse estava ajudando a armazenar e integrar os dados, mas não estava tendo um impacto mensurável sobre os executivos da empresa. O pessoal de TI, e não os próprios executivos, ainda tinha de gerar os relatórios, um processo demorado.

Em vista desses problemas, a empresa decidiu mudar para outro data warehouse. Dessa vez, os executivos viram resultados positivos. O novo data warehouse inclui um recurso de painel, que permite que os executivos vejam áreas que exigem atenção em suas unidades comerciais e investiguem melhor para identificar o problema. O painel funciona como um sinal de trânsito, com luzes que exibem verde (bom), amarelo (aceitável, mas questionável) e vermelho (perigo). Os controles no painel podem ser definidos para diversos conjuntos de dados, incluindo receitas acessórias, gerenciamento de pedidos e despesas.

Em apenas um exemplo, um analista descobriu que a Toyota estava sendo cobrada duas vezes por transportes ferroviários de veículos realizados por determinada transportadora. O problema era que os vagões eram escaneados duas vezes — um erro genuíno —, mas os executivos da Toyota não tinham meios de acessar dados detalhados o bastante para permitir a descoberta das entradas duplicadas. A nova informação poupou US$800.000 à empresa.

## OS RESULTADOS

A penosa evolução na estratégia de gerenciamento de dados da Toyota foi motivada pelas necessidades comerciais da organização, e os resultados foram impressionantes. A Toyota U.S.A. aumentou o volume de carros que manipula em 40% em apenas oito anos, embora tenha aumentado o número de empregados em apenas 3%. Esse sucesso ajudou a Toyota Motor Corporation a alcançar as mais altas margens de lucro no setor automobilístico, e suas ações têm um alto desempenho constante.

*Fontes*: Compilado de D. Briody, "Toyota's Business Intelligence: Oh! What a Feeling", *CIO Insight*, 1º de outubro de 2004; e Nucleus Research, "ROI Case Study: Brio and Toyota Motor Sales", *Computerworld*, dezembro de 2003.

## PERGUNTAS

1. Descreva a mentalidade de mainframe na Toyota U.S.A. e os problemas que ela causava em relação aos dados e às informações.
2. Descreva os benefícios que a Toyota U.S.A. obteve pela implementação do data warehouse.

# Capítulo 5

# Computação em rede

## PRÉVIA DO CAPÍTULO

Sem as redes, o computador em sua mesa seria apenas mais uma ferramenta de melhoria de produtividade, exatamente como a máquina de escrever tempos atrás. O poder das redes, no entanto, transforma o computador em uma ferramenta incrivelmente eficaz de pesquisa, comunicação e colaboração, aumentando enormemente a produtividade e a vantagem competitiva da empresa. Seja qual for o tipo da organização (com ou sem fins lucrativos, grande ou pequena, global ou local) ou do setor (indústria, serviços financeiros, saúde), as redes transformaram definitivamente a maneira de fazer negócios.

As redes apóiam novos meios de fazer negócios, do marketing e gerenciamento da cadeia de suprimentos até o serviço ao cliente e o gerenciamento de recursos humanos. Em especial, a Internet e suas correspondentes organizacionais privadas, as intranets,

exercem um enorme impacto sobre nossa vida, tanto profissional quanto pessoal. Na verdade, para todas as organizações, ter uma estratégia de Internet não é mais apenas uma fonte de vantagem competitiva — é vital para a sobrevivência.

No Apêndice deste capítulo, discutiremos como as redes funcionam. Primeiro, descrevemos o sistema básico de telecomunicação. O entendimento desse sistema é importante porque ele é a forma pela qual todas as redes operam, independentemente do tamanho. Continuamos com uma análise dos serviços de rede, protocolos de rede e tipos de processamento em rede.

No capítulo em si, definimos os vários tipos de rede, das redes locais (LANs) às redes remotas (WANs) e a Internet. Concluímos o capítulo com as aplicações de rede (ou seja, o que as redes nos ajudam a fazer).

## Esboço do capítulo

5.1  Tipos de redes
5.2  A Internet
5.3  A World Wide Web
5.4  Aplicações de rede
5.5  E-learning e aprendizado a distância
5.6  Teletrabalho

## Metas de aprendizagem

1. Descrever os dois principais tipos de redes.
2. Estabelecer as diferenças entre Internet, World Wide Web, intranets e extranets.
3. Descrever as quatro principais aplicações de rede.
4. Descrever as habilidades de groupware.
5. Estabelecer as diferenças entre e-learning e aprendizado a distância.
6. Entender as vantagens e desvantagens do teletrabalho para empregados e empregadores.

# O que a 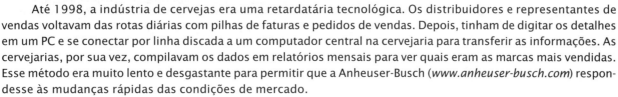 pode me proporcionar?

---

## Essa Bud é para você

### ■ O problema da empresa

Até 1998, a indústria de cervejas era uma retardatária tecnológica. Os distribuidores e representantes de vendas voltavam das rotas diárias com pilhas de faturas e pedidos de vendas. Depois, tinham de digitar os detalhes em um PC e se conectar por linha discada a um computador central na cervejaria para transferir as informações. As cervejarias, por sua vez, compilavam os dados em relatórios mensais para ver quais eram as marcas mais vendidas. Esse método era muito lento e desgastante para permitir que a Anheuser-Busch (*www.anheuser-busch.com*) respondesse às mudanças rápidas das condições de mercado.

### ■ A solução da TI

A Anheuser começou a alterar os contratos com os atacadistas para exigir que eles coletassem dados sobre (a) quanto espaço de prateleira os varejistas reservavam para todas as marcas de cerveja; (b) que marcas tinham os mostruários mais visíveis; e (c) a localização desses mostruários. Inicialmente, a empresa deixou que os distribuidores descobrissem como coletar e enviar os dados para a Anheuser. Muitos distribuidores enviavam planilhas Excel. Esse método não funcionava bem, já que a Anheuser tinha de compilar milhares de planilhas. Então, a Anheuser fez os distribuidores equiparem seus representantes de vendas com computadores de mão, que eles poderiam usar para coletar informações e transferi-las imediatamente pelos celulares.

### ■ Os resultados

Quando Dereck Gurden visita as lojas de seus clientes, ele carrega um PC de mão do tamanho de um tijolo. Primeiro, verifica as contas a receber para se certificar que tudo está em dia. Depois, o palmtop mostra uma tela de estoque com o histórico de quatro semanas. Ele vê as vendas passadas e as posições das embalagens — fatos e números sobre que parte das vendas ocorreu quando a loja apresentava um mostruário em determinado local. Em seguida, "caminha pela loja", inserindo dados sobre os mostruários de produtos dos concorrentes. Quando termina, conecta o palmtop ao celular e envia os pedidos para o data warehouse, juntamente com quaisquer dados que tenha coletado.

Dereck é representante de vendas da Sierra Beverage, um dos aproximadamente 700 distribuidores nos Estados Unidos que trabalham para a Anheuser. Ele e outros milhares de representantes e motoristas são os olhos e ouvidos de uma rede de dados através da qual os distribuidores informam, nos mínimos detalhes, as vendas, os estoques de prateleira e os mostruários em milhares de lojas.

Chamada de BudNet, essa rede é a principal razão por que a fatia da Anheuser nos US$74,4 bilhões do mercado de cerveja norte-americano subiu de 48,9% para 50,1% durante 2003. Foi um enorme ganho em uma época em que a economia fraca, o mau tempo e a ameaça de aumento de impostos e a rigidez nas leis relacionadas às bebidas alcoólicas mantiveram baixas as vendas da Coors, da Miller e de outras cervejarias. A Anheuser usa os dados para mudar constantemente as estratégias de marketing, elaborar promoções que atendam à composição étnica dos mercados e detectar em que ponto os rivais podem ter uma vantagem.

A Anheuser coleta os dados em uma troca de dados em âmbito nacional dos servidores de seus distribuidores. Pela manhã, a empresa pode ver quais marcas estão vendendo melhor, em quais embalagens, mostruários, descontos e promoções. A Anheuser, então, envia ordens de marchar aos distribuidores.

Hoje, a Anheuser é a única grande cervejaria que se baseia pesadamente nos dados da Information Resources, Inc. (*www.infores.com*), que monitora cada produto com código de barras escaneado nos caixas e realiza pesquisas de consumo. Integrando esses dados com os próprios, a Anheuser pode determinar que imagens ou idéias colocar em anúncios e que novos produtos lançar. Todos esses dados, integrados com os números do censo norte-americano sobre a composição étnica e econômica dos bairros, também ajudam a Anheuser a adequar campanhas de marketing com precisão local. A Anheuser pode ver esses dados por cidade, bairro, feriado e classe socioeconômica.

O resultado final? A partir de 1999, a Anheuser apresentou aumentos de dois dígitos nos lucros durante 20 trimestres consecutivos.

■ **O que aprendemos com este caso**

O caso de abertura sobre a Anheuser-Busch ilustra três aspectos fundamentais a respeito da computação em rede. Primeiro, os computadores não trabalham isoladamente nas organizações modernas; em vez disso, trocam dados constantemente. Segundo, essa troca de dados — facilitada pelas tecnologias de telecomunicação — traz diversas vantagens significativas às empresas. Terceiro, essa troca pode ocorrer em qualquer distância e através de redes de qualquer tamanho. O caso também demonstra como as redes permitem a pesquisa, a comunicação e a colaboração, não só dentro da Anheuser-Busch, mas também entre as lojas e os distribuidores individuais e a empresa. As redes em geral, e a Internet em particular, alteraram fundamentalmente a maneira como fazemos negócio e vivemos.

*Fontes*: Compilado de K. Kelleher, "66,207,896 Bottles of Beer on the Wall", *Business 2.0*, 1º de fevereiro de 2004; L. Dignan, "Diageo: Kindred Spirits", *Baseline Magazine*, 1º de dezembro de 2004; e *www.anheuser-busch.com* e *www.infores.com/public/us/newsEvents/press*, acessados em 3 de março de 2005.

## 5.1 Tipos de redes

Uma **rede de computação** é um sistema que conecta computadores através de meios de comunicação de modo a possibilitar a transmissão de dados entre eles. As redes de computação são essenciais às organizações modernas por muitas razões. Primeiro, os sistemas de computação em rede permitem que as organizações sejam mais flexíveis para que possam se adaptar às condições de negócios que mudam rapidamente. Segundo, as redes permitem que as empresas compartilhem hardware, aplicações de computador e dados dentro da organização e entre organizações. Terceiro, as redes permitem que empregados e grupos de trabalho geograficamente dispersos compartilhem documentos, opiniões e insights criativos. Esse compartilhamento encoraja o trabalho em equipe e a inovação, além de permitir interações mais eficientes e eficazes. Finalmente, as redes são um elo vital entre as empresas e os clientes.

Há vários tipos de redes de computador, variando de pequenas a mundiais. Os tipos de redes incluem (da menor para a maior) redes locais (LANs), redes remotas (WANs) e a Internet. Aqui, discutiremos as redes locais e as redes remotas. Analisaremos a Internet na próxima seção.

### Redes locais

Uma **rede local (LAN)** conecta dois ou mais dispositivos em uma região geográfica limitada, normalmente dentro do mesmo prédio, de modo que cada dispositivo na rede tem o potencial de se comunicar com os outros dispositivos. Uma LAN consiste nos seguintes componentes:

- Um servidor de arquivos
- Diversas máquinas clientes, chamadas de **nós**
- Meios de comunicação com ou sem fio que conectam os dispositivos à rede
- Placas de interface de rede, que são adaptadores especiais que ligam um dispositivo individual ao meio de comunicação
- Software para controlar atividades de LAN

O **servidor de arquivos** LAN é um depósito de vários softwares e arquivos de dados para a rede. O servidor determina quem tem acesso a quais arquivos e em que seqüência. Os servidores podem ser microcomputadores potentes com discos rígidos grandes e rápidos. Também podem ser estações de trabalho, minicomputadores ou mainframes. O servidor normalmente hospeda o sistema operacional de redes da LAN, que administra o servidor e roteia e gerencia as comunicações na rede. A **placa de interface de rede** LAN especifica a velocidade da transmissão de dados, o tamanho das unidades de mensagem, as informações de endereçamento anexadas a cada mensagem e a topologia da rede.

As LANs existem em várias topologias. A **topologia** de uma rede se refere a seu layout e conectividade físicos. A Figura 5.1 ilustra três topologias de LAN básicas: estrela, barramento e anel.

Em uma *topologia em estrela*, todos os nós da rede se conectam a um único computador, geralmente o servidor de arquivos. Em uma *topologia em barramento*, todos os nós da rede se conectam ao *barramento*, que é um único canal de comunicação, como um cabo coaxial, cabo de par trançado ou cabo de fibra ótica. Em

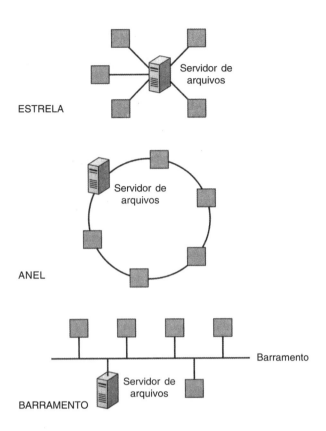

**Figura 5.1** Topologias de LAN.

uma *topologia em anel*, os nós da rede são conectados a nós adjacentes para formar um loop fechado. A Tabela 5.1 mostra as vantagens e desvantagens das três topologias de rede.

O gateway da rede conecta a LAN às redes externas — públicas ou corporativas — para poder trocar informações com elas. Um **gateway** é um processador de comunicações que conecta redes distintas fazendo a tradução de um conjunto de protocolos (regras que controlam o funcionamento de uma rede) para outro. Um processador que conecta duas redes do mesmo tipo é chamado de **ponte**. Um **roteador** roteia mensagens através de várias LANs conectadas ou para uma rede remota.

Conforme mencionamos anteriormente, como as LANs são restritas a uma pequena área, os nós podem ser conectados por meio de cabos ou de tecnologias sem fio (wireless). *As redes locais sem fio (WLANs)* proporcionam uma conectividade LAN em curtas distâncias, normalmente menos de 150 metros. Examinaremos as WLANs e outras tecnologias sem fio no Capítulo 7.

### Redes remotas

Quando as empresas precisam transmitir e receber dados além dos limites da LAN, elas usam redes remotas. Uma **rede remota (WAN)** é uma rede que cobre grandes áreas geográficas. As WANs geralmente são oferecidas por operadoras comuns, como companhias telefônicas e redes internacionais de provedores de serviço de comunicação global. As WANs possuem grande capacidade e, normalmente, combinam diversos canais (por exemplo, cabos de fibra ótica, microondas e satélite). A Internet, que abordaremos na próxima seção, é um exemplo de WAN. O exemplo a seguir envolve uma rede que abrange uma área muito ampla: ela alcança da Terra até Marte!

---

### Exemplo

---

### Uma rede remota de 160 milhões de quilômetros

Dezoito dias depois de pousar em Marte em 2004, o robô explorador chamado Spirit gritou de desespero e ficou em silêncio por quase 24 horas. Os cientistas do Jet Propulsion Laboratory, em Pasadena, precisavam restaurar um elo de comunicação interplanetária que alcançasse mais de 160 milhões de quilômetros e continuasse aumentando conforme a órbita da Terra se afastasse da de Marte. Para transmitir sinais ao Spirit, os cientistas do JPL usam três estações terrestres com espaço de aproximadamente um terço do diâmetro da Terra entre elas. As estações estão localizadas na Califórnia, na Espanha e na Austrália. Estão especialmente situadas de modo que, conforme a Terra gira, pelo menos uma estação pode se comunicar com o Spirit a qualquer momento.

O problema foi atribuído a um bug de software nos programas do Spirit. Os cientistas foram capazes de enviar um patch para Marte, corrigindo o problema e recolocando o Spirit em operação.

(*Fontes*: Compilado de D. Carr, "The 100-Milion-Mile Network", *Baseline Magazine*, 6 de fevereiro de 2004; e *http://marsrovers.jpl.nasa.gov/home/*, acessado em 24 de março de 2005.)

Um tipo importante de WAN é a **rede de valor agregado (VAN)**. As VANs são redes privadas e apenas para dados, gerenciadas por empresas independentes que fornecem serviços de telecomunicação e computação a várias organizações. Muitas empresas usam VANs para evitar a despesa de criar e gerenciar suas próprias redes.

### Redes empresariais

As organizações hoje possuem várias LANs e podem ter várias WANs, que são interconectadas para formar uma **rede empresarial**. A Figura 5.2 mostra um modelo de rede de computação empresarial. Observe que a rede empresarial na figura possui uma rede backbone composta de cabos de fibra ótica. As **redes backbone** são redes centrais de alta velocidade às quais se conectam várias redes menores (como LANs e WANs menores). As LANs, nesse caso, são chamadas de *LANs incorporadas* porque se conectam ao backbone WAN.

---

**Antes de prosseguir...**

1. Quais são as principais razões comerciais para usar redes?
2. Qual é a diferença entre LANs e WANs?
3. Descreva uma rede empresarial.

---

## 5.2 A Internet

A **Internet** é uma WAN global que conecta aproximadamente 1 milhão de redes de computadores organizacionais em mais de 200 países em todos os continentes, inclusive a Antártica. Os sistemas de computação participantes, chamados de nós, incluem PCs, LANs, bancos de dados e mainframes. Como uma

**Tabela 5.1** Vantagens e desvantagens das topologias de rede

| Topologia | Vantagens | Desvantagens |
|---|---|---|
| Estrela | Fácil de acrescentar um nó. Proporciona comunicação rápida, com apenas dois saltos de um nó para outro. | Se o computador central for desativado, a rede também será. Se houver muitos nós na estrela, o desempenho do computador central diminuirá. |
| Barramento | Fácil de acrescentar um nó. | Se o barramento for desativado, a rede também será. Se houver muitos nós, o barramento ficará sobrecarregado. |
| Anel | Pode cobrir distâncias maiores que as outras duas topologias. | Se houver muitos nós, o desempenho da rede diminuirá. É mais difícil acrescentar um nó do que nas outras duas topologias. |

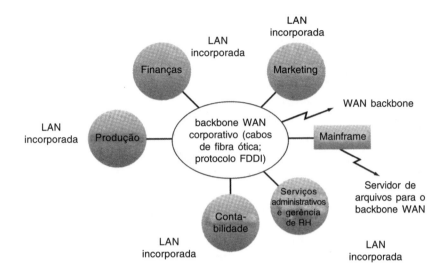

**Figura 5.2** Rede de computação empresarial.

rede de redes, a Internet permite que as pessoas acessem dados em outras organizações e se comuniquem, colaborem e troquem informações ininterruptamente ao redor do mundo, de maneira rápida e barata. Portanto, a Internet se tornou uma necessidade na condução dos negócios modernos.

A Internet surgiu de um projeto experimental da Advanced Research Project Agency (ARPA) do Departamento de Defesa dos Estados Unidos. O projeto começou em 1969 com o nome de *ARPAnet*. Sua finalidade era testar a viabilidade de uma WAN através da qual pesquisadores, educadores e órgãos militares e governamentais pudessem compartilhar dados, trocar mensagens e transferir arquivos.

Hoje, as tecnologias da Internet estão sendo usadas tanto dentro das organizações quanto entre elas. Uma **intranet** é uma rede projetada para atender às necessidades internas de informação de uma única organização. As intranets dão apoio à descoberta (navegação e busca fáceis e baratas), comunicação e colaboração. Para conhecer os diversos usos das intranets, visite *www.intranetjournal.com*.

Por outro lado, uma **extranet** conecta partes das intranets de diferentes organizações e permite uma comunicação segura entre parceiros comerciais através da Internet pelo uso de redes privadas virtuais. As extranets oferecem acessibilidade limitada às intranets das empresas participantes, bem como às comunicações interorganizacionais necessárias. São amplamente usadas nas áreas de comércio eletrônico business-to-business (B2B) (ver o Capítulo 6) e de gerenciamento da cadeia de suprimentos (SCM).

As extranets exigem tecnologia adicional para garantir a transmissão segura das informações entre parceiros comerciais. As redes privadas virtuais fornecem essa tecnologia. As **redes privadas virtuais (VPNs)** são redes particulares de comunicação que usam a Internet em suas transmissões. Portanto, as VPNs combinam a conectividade global da Internet com a segurança de uma rede particular. As VPNs recebem o nome de "virtuais" porque a conexão entre as organizações é criada quando uma transmissão precisa ser feita e terminada após a transmissão. As VPNs são manipuladas por operadoras comuns (ou seja, prestadoras de serviço telefônico).

Para proporcionar transmissões seguras, as VPNs usam um processo chamado tunelamento (tunneling). O **tunelamento** criptografa o pacote de dados a ser enviado e o coloca dentro de outro pacote. Dessa forma, o pacote pode viajar pela Internet com privacidade, autenticação e integridade. A Figura 5.3 descreve uma VPN e o tunelamento.

**Darknets** são redes particulares que operam na Internet, mas são abertas apenas aos usuários que pertencem à rede. Em geral, relativamente poucas pessoas ou organizações têm acesso a uma darknet, devido a questões de segurança. Esses usuários trocam senhas ou chaves digitais para poderem se comunicar de modo seguro uns com os outros. Os dados que fluem entre computadores muitas vezes são criptografados, o que torna as darknets mais seguras que as intranets corporativas comuns, já que as empresas normalmente não criptografam dados localizados dentro dos firewalls corporativos.

Existem três usos principais para as darknets:

1. Liberdade de expressão em países onde há censura.
2. Segurança corporativa, quando as empresas criam redes altamente seguras para proteger dados confidenciais.
3. Infração de direitos autorais: software de compartilhamento de arquivos que conectam pessoas que trocam músicas, filmes e software.

### Funcionamento da Internet

O conjunto de regras usado para enviar e receber pacotes de uma máquina para outra pela Internet é conhecido como **Internet Protocol (IP)**. Outros protocolos são usados em conjunto com o IP. O mais conhecido desses é o *Transmission Control Protocol (TCP)*. É tão comum usar os protocolos IP e TCP em conjunto que eles são chamados de *protocolo TCP/IP*.

A Internet é uma rede de comutação de pacotes. A **comutação de pacotes** é uma tecnologia que desmembra blocos de texto em pequenos blocos fixos de dados chamados de pacotes. A Figura 5.4 ilustra uma mensagem enviada da cidade de Nova York para Los Angeles através de uma rede de comutação de pacotes. Cada pacote viaja independentemente pela rede, e cada um pode ser roteado por diferentes caminhos ao longo dela. Os pacotes são recompostos na mensagem original quando chegam ao destino.

Os computadores e os nós organizacionais na Internet podem ser de diferentes tipos e formas. Eles se conectam uns aos outros por linhas de comunicação de dados de diferentes velocidades. As principais conexões de rede e linhas de telecomunicação que interligam os nós são chamadas de backbone. No caso da Internet, o backbone é uma rede de fibra ótica operada principalmente por grandes empresas de telecomunicação.

Nenhum órgão central administra a Internet. Em vez disso, o custo da operação é compartilhado entre centenas de milhares de nós. Portanto, o custo para qualquer organização individual é pequeno. As organizações pagam uma pequena taxa quando desejam registrar seus nomes e precisam ter o próprio hardware e software para operar as redes internas. As organizações são obrigadas a transmitir quaisquer dados ou informações que entram em suas redes organizacionais, independentemente da origem, para seu destino, sem custo para os emissores. Os emissores, é claro, pagam as contas telefônicas por usar o backbone ou linhas telefônicas comuns.

## Acessando a Internet

Há várias maneiras de acessar a Internet. Em seu local de trabalho ou faculdade, você pode acessar um servidor de arquivos conectado à Internet na LAN da organização. O backbone do campus ou da empresa conecta todas as várias LANs e servidores da organização à Internet. Outra opção é usar um modem que você pode conectar à rede do campus ou da empresa de qualquer lugar que tenha uma linha telefônica. (Discutiremos os modems no Apêndice no final do capítulo.) Você também pode se conectar à Internet de casa ou viajando, e conexões sem fio também são possíveis.

### Conexão através de um serviço on-line

Você também pode acessar a Internet abrindo uma conta em um provedor de serviço de Internet. Um **provedor de serviços de Internet (ISP)** é uma empresa que oferece conexões à Internet cobrando uma mensalidade. Nos Estados Unidos, grandes provedores incluem America Online (*www.aol.com*), Juno (*www.juno.com*), Earthlink (*www.earthlink.com*) e NetZero (*www.netzero.net*). Além disso, muitas prestadoras de telefonia e empresas de cabo vendem acesso à Internet, bem como empresas de computação como a Microsoft. Para usar esse serviço, você precisa de um modem e um software de comunicação padrão.

**Figura 5.3** Rede privada virtual e túnel.

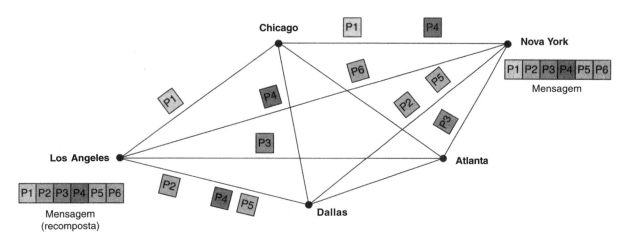

**Figura 5.4** Comutação de pacotes.

Os provedores se conectam uns aos outros através de **pontos de acesso à rede (NAPs)**. Os NAPs são pontos de troca para tráfego da Internet. Eles determinam como o tráfego é roteado. Os NAPs são os principais componentes do backbone da Internet. A Figura 5.5 mostra um esquema da Internet. Note que as linhas brancas no alto da figura representam o backbone da Internet.

### Conexão através de outros meios

Existem várias tentativas de tornar o acesso à Internet mais barato, mais rápido e mais fácil. Por exemplo, **quiosques de Internet** são terminais localizados em locais públicos, como bibliotecas e aeroportos (e até em lojas de conveniência em alguns países), para serem usados por pessoas que não possuem computadores. Acessar a Internet de telefones celulares e pagers também está se tornando mais comum. Também é possível se conectar à Internet por satélite, o que veremos no Capítulo 7.

### Endereços na Internet

Cada computador na Internet possui um endereço atribuído, chamado **endereço Internet Protocol (IP)**, que o distingue de todos os outros computadores. O endereço IP consiste em números divididos em quatro partes separadas por pontos. Por exemplo, o endereço IP de um computador poderia ser 135.62.128.91.

A maioria dos computadores também possui nomes, que são mais fáceis de lembrar do que endereços IP. Esses nomes são derivados de um sistema de nomeação chamado **sistema de nome de domínio (DNS)**. Atualmente, 82 empresas, chamadas *registradoras*, estão credenciadas pelo Internet Corporation for Assigned Names (ICANN) (*www.internic.net*) para registrar nomes de domínio. Os **nomes de domínio** consistem em várias partes, separadas por pontos, que são lidas da direita para a esquerda.

Por exemplo, considere o nome de domínio *software.ibm.com*. A parte na extrema direita de um nome de Internet é sua **especificação de nível superior**, ou zona. Ela designa o tipo de organização que possui o site. As letras "com" em *software.ibm.com* indicam que esse é um site de empresa. Zonas comuns são:

| | |
|---|---|
| com | sites de empresas |
| edu | sites de instituições educacionais |
| mil | sites de instituições militares |
| gov | sites do governo |
| org | sites de organizações |

Para terminar nosso exemplo, "IBM" é o nome da empresa (IBM) e "software" é o nome da máquina (computador) específica dentro da empresa para a qual a mensagem está sendo enviada.

Em alguns nomes de domínio, você encontrará duas letras à direita da especificação de nível superior. Essas duas letras representam o país do website. Por exemplo, "us" significa Estados Unidos; "de", Alemanha; "it", Itália; e "ru", Rússia. Existem aproximadamente 300.000 nomes de domínio registrados e esses nomes de domínio possuem valor comercial em si. Esse valor tem levado à prática do *cybersquatting* —

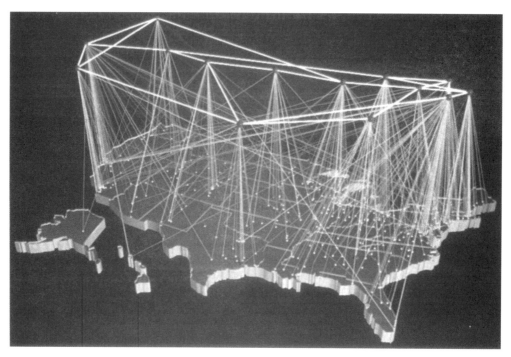

**Figura 5.5** Internet (backbone em branco). *Fonte*: neosoft.com.

comprar um nome de domínio potencialmente cobiçado e esperar que alguém o deseje o suficiente para pagar por ele. A prática do cybersquatting surgiu da política inicial de registrar nomes de domínio na base do "primeiro a chegar, primeiro a ser servido". Essa política resultou em organizações ou indivíduos registrando um nome de domínio associado a uma empresa estabelecida antes que essa empresa o registrasse, o que levou a disputas de nomes e processos judiciais. Os sonhos de receber pagamentos de seis dígitos terminaram quando o Congresso americano aprovou o Anti-Cybersquatting Consumer Protection Act [Lei Anticybersquatting de Proteção ao Consumidor] em novembro de 1999.

### O futuro da Internet

Apesar do enorme alcance e potencial da Internet, em alguns casos, ela é muito lenta para aplicações com alto volume de dados. Exemplos dessas aplicações incluem arquivos de vídeo full-motion (filmes) ou grandes arquivos médicos (raios X). Além disso, a Internet não é estável nem segura. Como resultado, três iniciativas estão a caminho para melhorar a Internet de hoje: a Internet2, a Next Generation Internet (NGI) e o Very-High-Speed Backbone Network Service (vBNS). Conduzida por mais de 200 universidades norte-americanas que trabalham com empresas e governo, a **Internet2** desenvolve e emprega aplicações de rede avançadas, como diagnóstico médico remoto, bibliotecas digitais, educação a distância, simulação on-line e laboratórios virtuais. A Internet2 não é uma rede física separada da Internet. Para saber mais detalhes, visite *http://www.internet2.edu*.

A iniciativa da **Next Generation Internet (NGI)** é um programa de pesquisa e desenvolvimento do governo federal dos Estados Unidos, que visa criar uma Internet que seja rápida, estável, onipresente, natural, inteligente, fácil e segura. Para obter mais detalhes, visite *http://www.ngi.gov*. O **vBNS** é uma rede de alta velocidade projetada para aceitar a Internet2 acadêmica e as iniciativas da NGI patrocinadas pelo governo. O objetivo é aumentar a largura de banda do backbone vBNS para 2,4 gigabits por segundo.

---

### Antes de prosseguir...

1. Descreva a evolução da Internet e discuta três iniciativas futuras para a Internet.
2. Descreva as várias maneiras pelas quais você pode se conectar à Internet.
3. Descreva as partes de um endereço na Internet.

---

## 5.3 A World Wide Web

Muitas pessoas confundem a Internet com a World Wide Web. Entretanto, elas não são a mesma coisa. A Internet funciona como um mecanismo de transporte, enquanto a World Wide Web é uma aplicação que usa essas funções de transporte. Outras aplicações, como o e-mail, também são executadas através da Internet.

A **World Wide Web** (a **Web, WWW** ou **W3**) é um sistema de padrões universalmente aceitos para armazenar, recuperar, formatar e exibir informações por meio de uma arquitetura cliente/servidor. A Web manipula todos os tipos de informação digital, incluindo textos, hipermídia, gráficos e sons. Como utiliza interfaces gráficas com o usuário, a Web é muito fácil de usar.

Oferecer informações através da Web exige a criação de uma **home page**, que é uma tela que contém textos e gráficos que normalmente dá boas-vindas ao usuário e apresenta a organização que criou a página. Na maioria dos casos, a home page leva o usuário a outras páginas. Todas as páginas de determinada organização ou indivíduo são, coletivamente, conhecidas como um **website**. A maioria dos websites apresenta uma forma de contatar a organização ou indivíduo. A pessoa responsável pelo website de uma organização é o **webmaster**.

Para acessar um website, o usuário precisa especificar um **URL (Uniform Resource Locator)**, que aponta para o endereço de um recurso específico na Web. Por exemplo, o URL para o website da Microsoft é *http://www.microsoft.com*. HTTP significa **Hypertext Transport Protocol**, que é o padrão de comunicação usado para transferir páginas através da parte Web da Internet. O HTTP define como as mensagens são formatadas e transmitidas e indica que ações os servidores e navegadores Web devem executar em resposta a vários comandos. As outras letras no URL — www.microsoft.com — indicam o nome de domínio que identifica o servidor Web que armazena o website.

Os usuários acessam a Web principalmente através de aplicações de software chamadas **navegadores**. Os navegadores possuem uma interface gráfica que permite que os usuários utilizam o mouse para passear pela Web, um processo chamado de **navegação**. Os navegadores Web se tornaram um meio de acesso universal porque apresentam a mesma interface em qualquer sistema operacional sobre o qual são executados. Os principais navegadores incluem o Internet Explorer, da Microsoft; o Firefox, da Mozilla (*www.mozilla.org*); e o Netscape Navigator.

---

### Antes de prosseguir...

1. Quais são as funções dos navegadores Web?
2. Descreva a diferença entre a Internet e a World Wide Web.
3. O que é um URL? Descreva as diferentes partes que compõem um URL.

---

## 5.4 Aplicações de rede

Certamente, você agora tem um bom conhecimento do que é uma rede e como acessá-la. Nesse ponto, a pergunta fundamental é: "De que maneira as empresas usam as redes para melhorar suas operações?" Esta seção responde a essa pergunta. Em termos gerais, as redes apóiam empresas e outras organizações em todos os tipos de funções. Essas funções se encaixam nestas grandes categorias: busca, comunicação, colaboração e Web services. Abordaremos cada uma dessas categorias nas próximas seções.

### Busca

A Internet permite que os usuários acessem informações localizadas em bancos de dados em todo o mundo. Ao navegar e pesquisar fontes de dados na Web, os usuários podem aplicar a capacidade de busca na Internet em áreas que variam da educação e os serviços governamentais ao entretenimento e o comércio.

De certa maneira, entretanto, a principal vantagem da Internet também é seu principal problema. A quantidade de informações na Web pode ser esmagadora e ela dobra aproximadamente a cada ano. Isso dificulta a navegação pela Web e o acesso às informações necessárias. A solução é o uso de mecanismos de busca, diretórios, agentes de software, barras de ferramentas e portais.

## Mecanismos de busca e diretórios

Mecanismos de busca e diretórios são dois tipos diferentes de recursos de busca disponíveis na Web. Um **mecanismo de busca** (por exemplo, *www.altavista.com*, *www.google.com*, *www.mamma.com*) é um programa de computador que busca informações específicas por palavras-chave e retorna os resultados. Um mecanismo de busca mantém um índice de centenas de milhões de páginas Web (mais de 8 bilhões de páginas, no caso do Google). Ele usa esse índice para localizar páginas que correspondem a um conjunto de palavras-chave especificadas pelo usuário. Esses índices são criados e atualizados por robôs de software chamados *softbots*, que executam tarefas rotineiras em benefício dos usuários.

Os diretórios diferem ligeiramente dos mecanismos de busca. Um **diretório** (por exemplo, Yahoo, About.com) é uma coleção hierarquicamente organizada de links para páginas Web. Os diretórios são compilados manualmente, ao contrário dos índices dos mecanismos de busca, que são gerados por computadores.

Os mecanismos de busca e os diretórios normalmente apresentam links para milhares ou mesmo milhões de páginas. É muito difícil encontrar informações de interesse dentro de uma quantidade tão grande de links. Nesses casos, podemos usar ferramentas adicionais para refinar a busca. Três dessas ferramentas são os mecanismos de metabusca, os agentes de software e as barras de ferramentas.

### Mecanismos de metabusca

Os **mecanismos de metabusca** pesquisam vários mecanismos ao mesmo tempo e integram os resultados de vários mecanismos de busca para responder às consultas feitas pelos usuários. São exemplos SurfWax (*www.surfwax.com*), Metacrawler (*www.metacrawler.com*), Ungoogle (*www.ungoogle.com*), Ixquick (*www.ixquick.com*) e Dogpile (*www.dogpile.com*).

### Agentes de software

Um grande número de agentes de software da Internet pode ser usado para automatizar e acelerar buscas. **Agentes de software** são programas de computador que realizam um conjunto de tarefas rotineiras de computação para o usuário e, ao fazer isso, empregam algum tipo de conhecimento dos objetivos do usuário. Os agentes que ajudam a acessar informações incluem agentes de assistência à navegação Web, agentes FAQ e agentes de indexação inteligente.

Os agentes de assistência à navegação Web, conhecidos como "guias de turismo", facilitam a navegação oferecendo ao usuário um tour pela Internet. Por exemplo, o NetCaptor (*www.netcaptor.com*) é uma aplicação de navegador personalizada que torna a navegação mais produtiva. Os agentes FAQ, por sua vez, levam as pessoas até as respostas a perguntas feitas com freqüência. O AskJeeves (*www.ask.com*) é um agente FAQ popular que ajuda a encontrar respostas na Internet a perguntas feitas em inglês. Finalmente, os agentes de indexação inteligente — também chamados de robôs Web e spiders — podem realizar uma enorme busca autônoma na Web para um usuário. Esses agentes recuperam não só as páginas requisitadas, mas também todas as outras páginas que fazem referência à página requisitada.

### Barras de ferramentas

Para obter o máximo dos mecanismos de busca, você pode usar barras de ferramentas add-on e software especial. Uma **barra de ferramentas** é uma linha horizontal ou coluna vertical de ícones ou botões com imagem selecionáveis. Clicando em um ícone, o usuário pode acessar funções do desktop ou de outra aplicação, como salvar ou imprimir um documento, ou ir para a frente ou para trás dentro de um navegador Web. A barra de ferramentas também lembra aos usuários quais funções estão disponíveis.

Algumas barras de ferramentas são anexadas a mecanismos de busca populares, e outras são independentes. A maioria é gratuita. São exemplos Google Toolbar (*www.toolbar.google.com*), Copernic Agent Basic (*www.copernic.com*), KartOO (*www.kartoo.com*), Yahoo Companion (*http://companion.yahoo.com*) e Grokker (*www.groxis.com*).

## Busca de material em idiomas estrangeiros

Além de existir uma enorme quantidade de informação na Internet, ela também é escrita em muitos idiomas diferentes. Como, então, acessar essas informações? A resposta é que você pode usar uma *tradução automática* de páginas Web. Essa tradução está disponível de e para todos os principais idiomas, e sua qualidade está melhorando com o tempo. Alguns dos melhores produtos de tradução são Altavista (*http://*

*babelfish.altavista.com*) e Google (*www.google.com/language_tools*), e produtos e serviços disponíveis em *http://www.trados.com* e *http://www.translationzone.com*.

Para obter a tradução, você digita o texto que deseja traduzir. Depois, seleciona os idiomas de origem e destino (por exemplo, do inglês para o português). O website, então, apresenta o texto traduzido. Entretanto, ainda há problemas, como mostra o exemplo a seguir.

---

**Exemplo**

---

### Como não traduzir sua página Web

A linguagem tem o poder de enlouquecer os diretores de marketing. Considere estas gafes de tradução:

- A Mercedes-Benz abreviou o nome do Grand Sports Tourer para GST. No Canadá, entretanto, o acrônimo significa o amplamente rejeitado imposto sobre bens e serviços, também conhecido como "gouge and screw tax" ("imposto da trapaça e extorsão").
- A Ikea, empresa de produtos domésticos de US$7 bilhões sediada na Dinamarca, vende uma bancada chamada Fartfull (em inglês, fart significa "pum") e uma mesa de computador chamada Jerker (em inglês, "jerk off" significa "masturbar-se"). Esses são nomes comuns em dinamarquês.
- A tentativa da Coca-Cola de traduzir o nome para o chinês resultou em "Morda o Girino de Cera".
- A Perdue Farms traduziu o slogan "É preciso um homem rude para se fazer uma galinha tenra" para o espanhol como "É preciso um homem sexualmente excitado para tornar uma galinha afetuosa".

Para sobreviver, as empresas não devem confiar em produtos de tradução. Devem encontrar tradutores nativos que conhecem dialetos e gírias. As empresas também devem contratar pessoal de marketing estrangeiro porque as traduções podem ser perfeitas, mas não ter qualquer ressonância cultural. Finalmente, na dúvida, seja original. Experimente um novo nome estrangeiro quando as adaptações não funcionarem.

(*Fontes*: Compilado de M. Lasswell, "Lost in Translation", *Business 2.0*, agosto de 2004; e *http://babelfish.altavista.com* e *www.google.com*, acessados em 25 de março de 2005.)

---

### Portais

A maioria das organizações e seus gerentes enfrentam uma sobrecarga de informações. As informações estão espalhadas em inúmeros documentos, mensagens de e-mail e bancos de dados em diferentes locais e sistemas. Encontrar informações relevantes e corretas normalmente consome tempo e pode exigir acesso a vários sistemas.

Uma solução para esse problema é usar portais. Um **portal** é um gateway baseado na Web personalizado para informações e conhecimento, que apresenta informações relevantes de diferentes sistemas de TI e da Internet usando técnicas avançadas de busca e indexação. Faremos a distinção entre cinco tipos de portais a seguir.

1. Os **portais comerciais (públicos)** oferecem conteúdo para diversas comunidades e são os mais populares na Internet. Eles se destinam a grandes públicos e oferecem ótimo conteúdo de rotina, alguns em tempo real (por exemplo, um registrador automático de cotações nas bolsas de valores). São exemplos *www.yahoo.com*, *www.lycos.com* e *www.msn.com*.
2. Os **portais de afinidade** atendem a comunidades como grupos de hobby ou partidos políticos. Oferecem um único ponto de entrada para uma comunidade inteira de interesses afiliados. Por exemplo, sua universidade provavelmente tem um portal de afinidade para os alunos. Outros exemplos incluem *www.techweb.com* e *http://www.zdnet.com*.
3. Os **portais móveis** são portais acessíveis a partir de dispositivos móveis. Um exemplo é o i-mode da DoCoMo (*www.nttdocomo*) no Japão. Discutiremos os portais móveis, incluindo o i-mode, no Capítulo 7.
4. Os **portais corporativos** oferecem um único ponto de acesso personalizado através de um navegador Web para informações comerciais importantes localizadas dentro e fora de uma organização. Também são conhecidos como *portais empresariais, portais de informação* ou *portais de informações empresariais*. Além de facilitar a busca das informações necessárias, os portais corporativos oferecem oportunidades de auto-

serviço a clientes e empregados. A Figura 5.6 mostra uma estrutura para os portais corporativos e o Quadro 5.1 discute um portal corporativo da British Aerospace.

5. **Portais setoriais**. Além dos portais de empresa única, existem, também, os portais para setores inteiros. Um exemplo é o *www.chaindrugstore.net*, que liga varejistas a fabricantes e apresenta notícias relacionadas a produtos e ao setor, além de informações promocionais e de recall. O site possui uma filial voltada para farmácias independentes (chamado *Community-DrugStore.net*). O serviço alcança mais de 130 varejistas que representam 32.000 lojas e é gratuito para os varejistas. Os fornecedores pagam uma taxa anual para usar o portal para transmitir informações aos varejistas (por exemplo, anunciar promoções especiais, notificar varejistas sobre alterações de preços etc.). O portal também fornece notícias do setor e pode ser personalizado para varejistas individuais.

### Comunicação

A segunda grande categoria de aplicações de rede é a comunicação. Existem muitos tipos de comunicação, incluindo e-mails, call-centers, salas de bate-papo (chat), voz, blogs e Wikis. Discutiremos cada um nesta seção.

### E-mails

O correio eletrônico (e-mail) é a aplicação de maior volume executada na Internet. Entretanto, o e-mail está começando a apresentar sérios problemas. Na primavera de 2003, por exemplo, o spam (e-mail não solicitado) era responsável por mais da metade de todo o tráfego de e-mail. Pior que isso, o MessageLabs (*www.messagelabs.com*), um dos maiores prestadores de serviços de segurança de e-mails, relata que, em 2004, o índice de mensagens infectadas por vírus em relação ao tráfego de outros e-mails aumentou quase 85%. Esses vírus faziam com que os PCs servissem como "relés abertos", proporcionando aos spammers mais plataformas de lançamento para ataques anônimos. Para muitos usuários, o e-mail praticamente substituiu o telefone. Entretanto, as pessoas podem gastar uma hora por semana simplesmente gerenciando e-mails. Apesar dos problemas, um estudo recente revelou que quase 90% das empresas realizam transações comerciais por e-mail e quase 70% confirmam que o e-mail está relacionado ao seu meio de gerar renda.

### Call-centers baseados na Web

O contato personalizado com clientes está se tornando um importante aspecto do suporte ao cliente baseado na Web. Esse serviço é fornecido através de *call-centers baseados na Web*, também conhecidos como *care-centers para clientes*. Por exemplo, se precisar contatar um fornecedor de software para obter um suporte técnico, você normalmente se comunicará com o call-center baseado na Web do fornecedor, usando e-mail, conversação telefônica ou uma sessão simultânea de voz/Web. Os call-centers baseados na Web podem estar localizados em países como a Índia. Essa *terceirização internacional* tem se tornado um problema para as empresas norte-americanas.

### Salas de bate-papo eletrônico

O *bate-papo eletrônico (chat)* se refere a um arranjo por meio do qual os participantes trocam mensagens em uma conversa em tempo real. Uma **sala de bate-papo** é um local virtual onde grupos de freqüentadores conversam uns com os outros. Os programas de bate-papo permitem que você envie mensagens para pessoas que estejam conectadas no mesmo canal de comunicação. Qualquer pessoa pode entrar na conversa on-line. As mensagens são exibidas em sua tela quando chegam, mesmo que você esteja digitando uma mensagem.

Existem dois tipos de programas de bate-papo. O primeiro tipo é um programa de bate-papo baseado na Web, que lhe permite enviar mensagens para usuários da Internet usando um navegador Web e visitando um site de bate-papo na Web (por exemplo, *http://chat.yahoo.com*). O segundo tipo é um programa baseado em e-mail (apenas texto) chamado *Internet Relay Chat (IRC)*. Uma empresa pode usar o IRC para interagir com os clientes, fornecer respostas de especialistas on-line para dúvidas e assim por diante.

### Comunicação por voz

Quando as pessoas precisam se comunicar a distância, elas usam o telefone com mais freqüência do que qualquer outro dispositivo de comunicação. Com o Plain Old Telephone System (POTS), cada chamada abria um circuito dedicado pela duração da chamada. (Um circuito dedicado conecta você à pessoa com

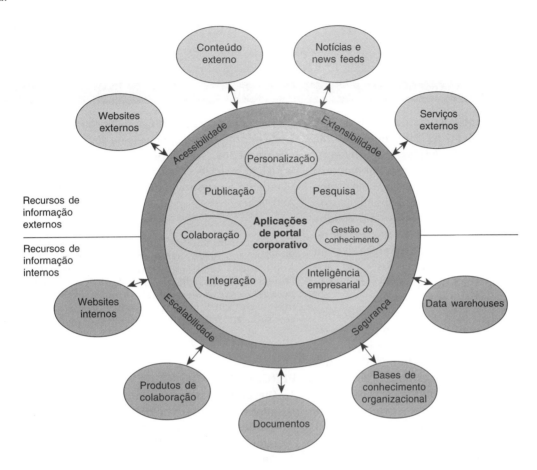

**Figura 5.6** Estrutura de um portal corporativo.(*Fontes*: Compilado de A. Aneja e outros, "Corporate Portal Framework for Transforming Content Chaos on Intranets", *Intel Technology Journal*, Q1, 2000, e de T. Kounandis, "How to Pick the Best Portal", *e-Business Advisor*, agosto de 2000.)

quem você está falando e é dedicado apenas à sua chamada.) Por outro lado, como vimos, a Internet divide os dados em pacotes, que atravessam a Internet em ordem aleatória e são reconstituídos em seu destino.

Com a **telefonia pela Internet (voz sobre IP ou VoIP)**, as chamadas telefônicas são apenas outro tipo de dados. Os sinais de voz analógicos são digitalizados, divididos em pacotes e, então, enviados pela Internet. O VoIP reduz significativamente sua conta telefônica mensal. Além disso, permite personalizar seu serviço telefônico para fazer exatamente o que você quer. Por exemplo, você pode encaminhar as chamadas para qualquer telefone que desejar (incluindo o celular) e pode realizar uma conferência telefônica on-line inserindo os outros números em um website. Além disso, com o VoIP, seu código de área não precisa mais corresponder a seu endereço físico.

No passado, o VoIP exigia um computador com placa de som e microfone. Hoje, no entanto, você não precisa de fones especiais para o computador. Nos Estados Unidos, a Vonage vende kits "faça-você-mesmo" através de varejistas como Best Buy e Radio Shack. O Skype (*www.skype.com*) até fornece serviços de VoIP gratuitos. O VoIP tem potencial para revolucionar as comunicações corporativas, como demonstra o Quadro 5.2.

## Weblogging (blogging)

Os blogs permitem que as pessoas publiquem material pessoal na Internet. Um **weblog** (ou simplesmente **blog**) é um website pessoal, aberto ao público, em que o criador do site expressa seus sentimentos ou opiniões. Os *bloggers* — pessoas que criam e mantêm blogs — escrevem histórias, contam novidades e fornecem links para outros artigos e websites interessantes para eles.

O método mais simples de criar um blog é se cadastrar em um provedor de serviço de blog, como *www.blogger.com*, *www.pitas.com*, *www.livejournal.com* e *http://www.moveabletype.com*.

## TI E A EMPRESA

### 5.1 Portal corporativo melhora a produtividade na British Aerospace

De acordo com algumas estimativas, mais de 80% dos empregados gasta, em média, 30 minutos por dia simplesmente recuperando informações. A British Aerospace (*www. baesystems.com*) acredita nisso. A empresa de defesa e espaço aéreo sabia que possuía uma mina de ouro de informações. Infelizmente, a abundância de fontes de informação disponível para os empregados estava atrapalhando a produtividade, em vez de favorecê-la. Para resolver esse problema, a empresa decidiu desenvolver um portal corporativo que fosse tão fácil de navegar que os empregados não gastassem tempo pesquisando as informações necessárias.

O primeiro passo era facilitar a busca de informações. Para isso, a British Aerospace usou o software da Autonomy (*www.autonomy.com*) para integrar todos os recursos de informação internos e externos. O resultado foram diretórios por tópico ao estilo do Yahoo e fáceis de navegar. Para simplificar ainda mais a busca para os empregados, a British Aerospace usou links de hipertexto em todo o portal. Finalmente, a empresa usou relatórios e alertas personalizados para manter os empregados atualizados sobre os desenvolvimentos relacionados ao trabalho.

O portal corporativo já melhorou o acesso à riqueza de informações disponíveis na Web e dentro dos bancos de dados, servidores de arquivos e desktops da British Aerospace. O portal também aumentou significativamente a produtividade dos empregados da British Aerospace.

*Fontes*: Compilado de "Big Challenges, Big Rewards", *www.cio.com*, 9 de março de 2005; "NewsEdge Desktop Applications Real-Time News Keeps British Aerospace Professionals On Top of Their World", *www.dialog.com/products/casestudies/british.shtml*, acessado em 29 de março de 2005; e *www.baeportal.datathree.com/*, acessado em 3 de abril de 2005.

#### PERGUNTAS

1. Que problemas podem surgir na hora de decidir quais informações inserir no portal? Para encontrar as informações a serem colocadas no portal? Para formatar as informações no portal?
2. De que maneira o portal da British Aerospace pode melhorar a tomada de decisões dos empregados?

Os bloggers estão criando sua própria terminologia. Para ver o dicionário de um blogger, visite *www.marketingterms.com/dictionary/blog*. Os blogs estão se tornando poderosas ferramentas comerciais, como mostra o Quadro 5.3.

### Wikis

Um **wiki** é um website em que qualquer pessoa pode postar material e fazer mudanças rapidamente, sem usar comandos difíceis. Voluntários postaram mais de 280.000 artigos em inglês desde 2001 na enciclopédia on-line Wikipedia (*www.wikipedia.org*). Os wikis possuem um link "editar" em cada página, que permite que qualquer pessoa adicione, altere ou exclua material, promovendo a colaboração fácil. Por exemplo, o Ofoto da Kodak usa wikis para ajudar as equipes a desenvolverem protótipos de novas tecnologias, trabalhar com empresas contratadas e coordenar outras tarefas. A Voice Communications, uma empresa de relações públicas, usa wikis para manter os clientes informados sobre campanhas e programações de modo mais rápido e seguro do que seria possível com a troca de e-mails.

### *Colaboração*

A terceira grande categoria de aplicações de rede é a colaboração. Uma importante característica das organizações modernas é que as pessoas colaboram umas com as outras para realizar o trabalho. **Colaboração** se refere aos esforços de duas ou mais entidades (pessoas, equipes, grupos ou organizações) que trabalham em conjunto para realizar certas tarefas. O termo **grupo de trabalho** se refere, especificamente, a dois ou mais indivíduos que atuam juntos para realizar uma tarefa. Se os membros do grupo estiverem em locais diferentes, constituem um **grupo** (ou **equipe**) **virtual**. Os grupos virtuais conduzem *reuniões virtuais*; ou seja, eles se "encontram" eletronicamente. A **colaboração virtual** (ou *e-colaboração*) se refere ao uso de tecnologias digitais que permitem que organizações ou indivíduos planejem, projetem, desenvolvam, gerenciem e pesquisem colaborativamente produtos, serviços e aplicações inovadoras.

Como exemplo de colaboração virtual, as organizações interagem com clientes, fornecedores e outros parceiros comerciais para melhorar a produtividade e a competitividade. O Quadro 5.4 mostra como a Dannon colabora com os clientes.

Como vimos anteriormente, existem várias ferramentas disponíveis para apoiar a colaboração. Nesta seção, consideramos duas: tecnologias de workflow e ferramentas de groupware.

### Tecnologias de workflow

**Workflow** (fluxo de trabalho) é o movimento de informações conforme elas fluem pela seqüência de etapas que compõem os procedimentos de trabalho de uma organização. O gerenciamento de workflow permite passar documentos, informações e tarefas de um participante para outro de modo controlado pelas normas ou pelos procedimentos da organização. Os sistemas de workflow são ferramentas para automatizar os processos empresariais. Uma importante vantagem dessas ferramentas é que elas colocam os controles do sistema nas mãos dos departamentos usuários. O exemplo a seguir ilustra um sistema de workflow.

---

### Exemplo

---

### Software de workflow ajuda a gerenciar documentos na Brazos

A Brazos Higher Education Services Corporation presta serviços de financiamento e gerenciamento de empréstimos para a educação superior nos Estados Unidos. O Brazos Group é o sexto maior arrendatário de empréstimos educacionais do país, com um ativo total de US$5 bilhões. A Brazos implementou uma solução de workflow em rede para eliminar a distribuição de documentos em papel e, ao mesmo tempo, garantir que os documentos eletrônicos possam ser vistos, pesquisados, controlados, protegidos, arquivados e estar prontamente disponíveis para verificação. O pessoal da Brazos (não importa de qual local) tem a capacidade de realizar uma pesquisa global para determinar onde os documentos aplicáveis se localizam na rede da empresa. Os documentos em papel recebidos pelo malote são preparados por pessoal qualificado. Depois, são eletronicamente digitalizados, indexados, processados e gerenciados pelo sistema de workflow para seus respectivos depósitos locais ou digitalização remota para outros locais da Brazos através da rede da empresa. Depois que estão corretamente digitalizados no sistema, os documentos em papel são preparados para serem armazenados ou distribuídos na empresa ou fora dela.

(*Fontes*: Compilado de *http://www.workflowsystems.com*, acessado em 17 de fevereiro de 2005; e *www.bhesc.org*, acessado em 19 de fevereiro de 2005.)

---

### Groupware

**Groupware** se refere a produtos de software que apóiam grupos de pessoas que compartilham uma tarefa ou objetivo comum, e que colaboram entre si para alcançá-lo. O groupware usa redes para conectar pessoas, mesmo que elas estejam na mesma sala. Nesta seção, descreveremos alguns dos produtos de groupware mais comuns.

As tecnologias de groupware normalmente são integradas com outras tecnologias baseadas em computador para criar *pacotes de groupware*. (Um *pacote de groupware* é criado quando vários produtos são integrados em um sistema.) O Lotus Notes/Domino é um dos pacotes de groupware mais populares.

O pacote Lotus Notes/Domino (*www.ibm.com*) proporciona habilidades de colaboração on-line, e-mail de grupo de trabalho, bancos de dados distribuídos, bulletin whiteboards, edição de texto, gerenciamento de documentos (eletrônicos), habilidades de workflow, reuniões virtuais instantâneas, compartilhamento de aplicações, mensagens instantâneas, construção consensual, votação, classificação e várias ferramentas de desenvolvimento de aplicações. Todas essas capacidades são integradas em um único ambiente com uma interface de usuário gráfica e baseada em menus.

Dois tipos de tecnologias de groupware incluem teleconferência eletrônica e ferramentas de colaboração em tempo real. A seguir, discutiremos cada tipo.

## TI E A EMPRESA

### 5.2 H. J. Heinz se torna sua própria companhia telefônica

As companhias telefônicas tradicionais em breve podem descobrir que seus melhores e maiores clientes são seus maiores concorrentes. Vejamos as operações européias da H. J. Heinz, o fabricante de condimentos de Pittsburgh.

A Heinz instalou sistemas VoIP em oito locais nos Países Baixos e em cinco locais no Reino Unido. A empresa distribuiu 7.000 fones VoIP no continente e outros 1.000 na sede nos Estados Unidos. O Wincanton Group em Wigan, Inglaterra, fica próximo à fábrica da Heinz. A Wincanton transporta garrafas de ketchup Heinz por todo o Reino Unido. Quando a Wincanton construiu um centro de distribuição perto da fábrica de ketchup, as duas empresas pagavam cerca de 7,5 centavos de dólar americano por minuto para conversar uma com a outra.

Então, a Heinz decidiu contornar completamente a rede de telefonia pública. Implementou sua própria linha de fibra ótica até o centro de distribuição e colocou 100 fones VoIP na Wincanton. Agora, os gerentes da Heinz não pagam nada para falar com o pessoal de logística em Wincanton. As duas empresas economizam dinheiro.

A Heinz chegou a dar à Wincanton um novo número de telefone principal e sua própria rede de dados local. Assim, a Heinz uniu as duas empresas não só nas comunicações por voz, mas também na troca de pedidos de compra, voice-mail e mensagens de vídeo.

A Heinz possui 37 instalações espalhadas pela Europa. Ela está no processo de substituir os contratos existentes com várias empresas de comunicação por um único contrato principal com um provedor de serviços de Internet. As vantagens econômicas são bastante persuasivas.

*Fontes*: Compilado de T. Steinert-Threlkeld, "Say Hello to Your New Phone Company: You", *Baseline Magazine*, 1º de outubro de 2004; e L. Kelly, "Online Buying Means Business for Heinz", 15 de outubro de 2003.

**PERGUNTAS**

1. De que maneira o VoIP afeta as companhias telefônicas tradicionais?
2. Que preocupações você teria quanto à comunicação pela Internet?

### Teleconferência eletrônica

**Teleconferência** é o uso da comunicação eletrônica que permite que duas ou mais pessoas em diferentes locais mantenham uma conferência simultânea. Há vários tipos de teleconferência. O mais antigo e mais simples é a conferência telefônica, em que várias pessoas falam umas com as outras de diversos locais. A maior desvantagem das conferências telefônicas é que elas não permitem a comunicação face a face. Além disso, os participantes em um local não podem ver gráficos e imagens nos outros locais. Uma solução é a *videoconferência*, em que os participantes podem ver uns aos outros, bem como os documentos.

Em uma **videoconferência**, os participantes em um local podem ver os participantes em outros locais. Com a videoconferência, os participantes podem compartilhar dados, voz, imagens, gráficos e animação por meio eletrônico. Também podem transmitir dados juntamente com voz e vídeo, possibilitando o trabalho conjunto em documentos e a troca de arquivos digitais. Essa tecnologia permite que grupos geograficamente dispersos trabalhem no mesmo projeto e se comuniquem simultaneamente pelo vídeo. Quando a videoconferência é realizada pela Internet, é chamada de **webconferência**.

### Ferramentas de colaboração em tempo real

A Internet, as intranets e as extranets oferecem um enorme potencial para a interação sincronizada e em tempo real de pessoas que trabalham em equipe. As ferramentas de *colaboração em tempo real (RTC)* ajudam as empresas a unirem tempo e espaço para tomar decisões e colaborar em projetos. As ferramentas de RTC apóiam a comunicação sincronizada de informações gráficas e baseadas em texto. Essas ferramentas estão sendo usadas em treinamentos a distância, demonstração de produtos, suporte ao cliente e aplicações de vendas.

Por exemplo, **lousas** baseadas em computador permitem que todos participem. Durante as reuniões, cada usuário pode ver e desenhar em um único documento "colado" na lousa eletrônica em uma tela de computador. As lousas baseadas em computador podem ser usadas por participantes na mesma sala ou em todo o mundo. As sessões de lousa digital também podem ser salvas para consulta futura ou outro uso.

## TI E A EMPRESA

### 5.3 Blogs significam negócios

Os blogs podem ser boas ou más notícias para as empresas. Mas não podem mais ser ignorados. Considere o caso da Kryptonite (*www.kryptonite.com*), um fabricante de cadeados para bicicletas. Em 12 de setembro de 2004, um blogger postou algo incomum que ele havia observado em um site de grupo de discussão para fanáticos por bicicletas. De acordo com o blogger, o popular cadeado em forma de U da Kryptonite poderia ser facilmente aberto com uma simples caneta esferográfica Bic. Dois dias depois, inúmeros blogs, incluindo o site sobre eletrônica para consumidores Engadget, postaram vídeos demonstrando o truque. Em 16 de setembro, a Kryptonite emitiu uma nota dizendo que os cadeados ainda eram um "impedimento ao roubo" e prometendo que a nova linha seria "mais forte". Isso não foi suficiente. "Resposta vazia e insignificante", escreveu outro blogger. A cada dia, novos bloggers começaram a escrever sobre o problema e contar suas experiências, e centenas de milhares de pessoas estavam lendo sobre o assunto. Motivados pelos blogs, em 17 de setembro, o *The New York Times* e a Associated Press publicaram reportagens sobre o problema — artigos que provocaram uma nova enxurrada de postagens em blogs. Dois dias depois, o Technorati (*www.technorati.com*), um site que registra o mundo dos weblogs, estimou que cerca de 1,8 milhão de pessoas viram as postagens sobre a Kryptonite.

Finalmente, em 22 de setembro, a Kryptonite anunciou que trocaria qualquer cadeado afetado gratuitamente. A empresa enviou mais de 100.000 novos cadeados, a um custo de US$10 milhões. Ou seja, US$10 milhões em 10 dias — uma vitória da blogosfera.

*Fontes*: Compilado de D. Kirkpatrick e D. Roth, "Why There's No Escaping the Blog", *Fortune*, 10 de janeiro de 2005; e P. Rojas, "Kryptonite Offers Free Upgrades for Easily Picked Bike Locks", *www.engadget.com*, 19 de setembro de 2004.

### PERGUNTAS

1. Os blogs representaram boas ou más notícias para a Kryptonite? Justifique sua resposta.
2. Em geral, de que maneira os blogs afetam a relação entre empresas e clientes?

---

### Web Services

A quarta grande categoria de aplicações de rede são os Web Services. **Web Services** são aplicações, distribuídas por meio da Internet, que os usuários podem escolher e combinar a partir de praticamente qualquer dispositivo (de computadores pessoais a telefones celulares). Usando um conjunto de protocolos e padrões compartilhados, essas aplicações permitem que diferentes sistemas "conversem" uns com os outros — ou seja, compartilhem dados e serviços — sem exigir que seres humanos traduzam as conversações.

Especificamente, um Web Service atende aos três critérios a seguir: (1) é capaz de anunciar e descrever a si próprio para outras aplicações, permitindo que essas aplicações entendam o que o serviço faz; (2) pode ser localizado por outras aplicações através de um diretório on-line, desde que o Web Service tenha sido registrado; e (3) pode ser chamado pela aplicação originária usando protocolos-padrão.

Os Web Services têm um enorme potencial porque podem ser usados em uma variedade de ambientes: na Internet, em uma intranet dentro de um firewall corporativo, em uma extranet criada por parceiros comerciais. Além disso, podem ser escritos com diversas ferramentas de desenvolvimento. Os Web Services realizam uma grande variedade de tarefas, desde a automação de processos empresariais até a integração de componentes de um sistema de âmbito empresarial e o aperfeiçoamento de compras e vendas on-line. O Quadro 5.5 mostra como o Citigroup usou o .NET da Microsoft para oferecer uma aplicação de Web Services a seus empregados.

Os Web Services se baseiam em quatro padrões, ou protocolos, principais: XML, SOAP, WSDI e UDDI. Examinamos cada um a seguir.

- **XML**. A *Extensible Markup Language* facilita a troca de dados entre várias aplicações e a validação e interpretação desses dados. Um documento XML descreve um Web Service e inclui informações que

## TI E A EMPRESA

### 5.4 Fala, cliente!

As empresas deveriam deixar amadores desenharem seus produtos? A resposta não é clara. Contudo, muitas empresas estão deixando os consumidores colaborarem em carros, apólices de seguro, fast-food, brinquedos e eletrodomésticos. Essas empresas concluíram que o feedback instantâneo é uma forma de reduzir o alto índice de fracasso — 80% — de novos produtos.

A Dannon U.S.A. (*www.dannon.com*) estava vivendo esse problema. O iogurte dietético Light 'n' Fit estava sendo espremido pelos rivais. A empresa recorreu à ajuda dos consumidores. A Dannon procurava especificamente consumidores com desejo de perder peso ou manter a forma e que fossem os responsáveis pelas compras de supermercado em suas casas. A diretora de marketing da Dannon precisava de uma resposta rápida sobre quais características os consumidores achavam essenciais. Ela contatou a Affinnova (*www.affinnova.com*), uma empresa de pesquisa de marketing. A Affinnova enviou e-mails para 40.000 homens e mulheres e pediu que eles visitassem um website para ajudar a criar um novo produto. Todos os que aceitassem concorreriam a um prêmio de US$10.000. O resultado da estratégia foi que 705 pessoas se qualificaram para o teste.

A Affinnova enviou aos participantes uma série de caixas de iogurte para que pudessem avaliar diferentes combinações de nome, embalagem, informações nutricionais e tamanho. Havia 11.268 combinações possíveis, mas cada participante do "jogo" foi estimulado a escolher apenas algumas combinações. O teste mudava à medida que mais pessoas aceitavam participar, e um programa de estatística apontava as características escolhidas com mais freqüência.

Em apenas seis dias de atividade na Web, a Affinnova havia chegado às seguintes conclusões:

- O novo iogurte deveria se chamar Carb Control.
- Deveria vir em uma caixa vermelha.
- Deveria ser vendido em uma bandeja com 4 potes de 115 gramas.
- Deveria destacar as informações nutricionais para pessoas em dieta: "80% menos açúcar" e "3 gramas de carboidrato".

A Dannon colocou o novo produto nas prateleiras dos supermercados seis meses após o teste. O resultado? Em 2004, as vendas atingiram US$70,5 milhões, um considerável aumento.

*Fontes*: Compilado de M. Wells, "Have It Your Way", *Forbes*, 14 de fevereiro de 2005; J. Fitzgerald, "Marketer's First Breakthrough: Itself", *Boston Herald*, 24 de janeiro de 2005; e P. Reynolds, "Packaging for Kids at Kellogg and Dannon", *www.packworld.com*, acessado em 31 de março de 2005.

### PERGUNTAS

1. Quais são as vantagens de pedir a colaboração dos clientes sobre produtos?
2. Quais poderiam ser as desvantagens dessa estratégia?

---

mostram em detalhes exatamente como o Web Service pode ser executado. (Descreveremos a XML em mais detalhes no Guia de Tecnologia 2.)

- **SOAP**. O *Simple Object Access Protocol* é um conjunto de regras que facilita a troca de XML entre aplicações de rede. O SOAP define um padrão comum que permite que diferentes Web Services operem entre si. Ou seja, ele possibilita as comunicações, por exemplo, permitindo que clientes Visual Basic acessem um servidor Java. O SOAP roda em todos os sistemas de hardware e software. Ele define como as mensagens podem ser enviadas entre sistemas através do uso da XML.

- **WSDL**. A *Web Services Description Language* é usada para criar o documento XML que descreve as tarefas realizadas pelos Web Services. Ferramentas como o VisualStudio.Net automatizam o processo de acessar a WSDL, lendo-a e codificando a aplicação para fazer referência ao Web Service específico.

- **UDDI**. O *Universal Description, Discovery, and Integration* permite a criação de diretórios buscáveis públicos ou privados de Web Services. O UDDI é o registro das descrições de Web Services e permite que usuários e aplicações busquem os Web Services desejados.

---

### TI E A EMPRESA

#### 5.5 Citigroup cria um sistema global de distribuição de informações baseado na Web

O Citigroup é o maior grupo de serviços financeiros do mundo. Os 120 milhões de clientes são servidos por 280.000 empregados em 103 países. Mais de 90% dos empregados do Citigroup nasceram no país em que atuam. Esse arranjo torna a divulgação e a distribuição de informações uma tarefa particularmente difícil, porém vital para a empresa.

Para servir aos clientes, os empregados do Citigroup precisam ter informações em tempo real e globalmente acessíveis, que sejam integradas a partir de muitas fontes em um formato prontamente compreensível. Essas informações também precisam ser divulgadas com ferramentas de colaboração, para que os empregados de qualquer lugar possam interagir uns com os outros. Os empregados têm de partilhar um conjunto comum de informações. Ao mesmo tempo, entretanto, têm de ser capazes de personalizar as informações conforme suas necessidades. Como disse um executivo do Citigroup: "Temos as informações disponíveis em uma variedade de fontes e formatos em todo o mundo; só precisamos de uma 'chave-mestra' para destrancar todas elas".

Para atender a esses requisitos, o Citigroup usou a tecnologia .NET de Web Services da Microsoft para construir um portal corporativo, que recebeu o nome de Citigroup CitiVision. O portal integra 270 fontes de informação, incluindo fontes internas e externas, e torna essas informações disponíveis para a base global de usuários do Citigroup em tempo real. Os usuários agora têm acesso a uma ampla gama de informações com uma única autenticação. Essas informações incluem dados de mercado, dados internos da empresa, imagens de vídeo em tempo real (live streaming) e perfis de cliente. Com o portal CitiVision, os empregados do Citigroup agora podem tomar decisões melhores e mais rápidas.

*Fontes*: Compilado de C. Babcock, "Software's Next Step", *Wall Street Technology*, 29 de novembro de 2004; e *www.microsoft.com/resources/casestudies*, acessado em 23 de março de 2005.

**PERGUNTAS**

1. Por que é importante ter um "núcleo comum" de informações que esteja disponível a todos os empregados?
2. Por que é importante os empregados serem capazes de personalizar algumas dessas informações?

---

### Antes de prosseguir...

1. Descreva as quatro principais aplicações de rede e as ferramentas e tecnologias que apóiam cada uma.
2. Descreva os protocolos que fundamentam os Web Services.

---

## 5.5 E-learning e aprendizado a distância

E-learning e aprendizado a distância não são a mesma coisa, mas eles se confundem. O **e-learning** se refere ao aprendizado apoiado pela Web. Pode ocorrer dentro das salas de aula como apoio para o aprendizado convencional, como quando alunos trabalham na Web durante a aula. Também pode ocorrer em *salas de aula virtuais*, em que todo o curso é feito on-line e não há aulas presenciais. Nesses casos, o e-learning é parte do aprendizado a distância. O **aprendizado a distância** (ou educação a distância) se refere a qualquer situação de aprendizagem em que os professores e os alunos não se encontram pessoalmente.

Hoje, a Web oferece um ambiente interativo multimídia para o autodidatismo. Os sistemas habilitados pela Web tornam o conhecimento acessível àqueles que dele precisam, quando precisam, a qualquer hora, em qualquer lugar. Por essa razão, o e-learning e o aprendizado a distância podem ser úteis tanto para a educação formal quanto para o treinamento corporativo.

### As vantagens do e-learning

Existem muitas vantagens no e-learning. Por exemplo, materiais on-line podem oferecer conteúdo bastante atual e de alta qualidade (criado por especialistas em conteúdo) e coerentes (apresentados sempre da mesma forma). Ele também proporciona aos alunos a flexibilidade de aprender em qualquer lugar, a qualquer hora e em seu próprio ritmo. Nos centros de treinamento corporativos que usam e-learning, o tempo de aprendizagem geralmente é mais curto, o que significa que mais pessoas podem ser treinadas dentro de determinado espaço de tempo. Esse sistema reduz os custos de treinamento, bem como a despesa de aluguel de espaço.

Apesar desses benefícios, o e-learning tem algumas desvantagens. Para começar, os alunos precisam ter conhecimento de computação. Além disso, podem perder a interação direta com os instrutores. Finalmente, a avaliação do trabalho dos alunos pode ser problemática porque os instrutores realmente não sabem quem realizou as tarefas.

O e-learning normalmente não substitui a aula presencial. Em vez disso, ele a aprimora ao tirar proveito das novas tecnologias de conteúdo e distribuição. Ambientes avançados de suporte ao e-learning, como o Blackboard (*www.blackboard.com*) e o WebCT (*www.webct.com*), agregam valor ao ensino tradicional na educação superior.

### Universidades virtuais

**Universidades virtuais** são universidades on-line nas quais os alunos freqüentam as aulas em casa ou em um local externo, pela Internet. Um grande número de universidades existentes oferece educação on-line de alguma forma. Nos Estados Unidos, algumas universidades, como University of Phoenix (*www.phoenix.edu*), California Virtual Campus (*www.cvc.edu*) e University of Maryland (*www.umuc.edu/distance*), oferecem milhares de disciplinas e dezenas de cursos para alunos do mundo inteiro, tudo on-line. Outras universidades oferecem disciplinas e cursos limitados, mas usam métodos de ensino inovadores e apoio de multimídia na sala de aula tradicional.

---

### Antes de prosseguir...

1. Estabeleça a diferença entre e-learning e aprendizado a distância.
2. Descreva as universidades virtuais.

---

## 5.6 Teletrabalho

**Teletrabalho** se refere a um arranjo pelo qual empregados podem trabalhar em locais diferentes do escritório. Esses locais incluem suas casas, as instalações dos clientes e locais de trabalho especiais. Os teletrabalhadores também podem trabalhar enquanto viajam, por exemplo, em um vôo de avião. Geralmente, usam um computador conectado ao local de emprego pela Internet.

O teletrabalho oferece muitas vantagens potenciais para os empregados, os empregadores e a sociedade. Para os empregados, as vantagens incluem menos estresse e melhoria na vida familiar. Além disso, o teletrabalho oferece oportunidades de emprego para pessoas que não podem sair de casa, como pais solteiros e pessoas deficientes. As vantagens para o empregador incluem maior produtividade, a capacidade de manter empregados capacitados e a habilidade de atrair empregados que moram em outras cidades, estados ou países. Por exemplo, em 2004, os 6.000 "trabalhadores virtuais" da Cigna produziram de 4% a 12% a mais que os trabalhadores que fazem o mesmo trabalho no escritório. Além disso, a empresa economizou US$3.000 por empregado na redução do espaço físico.

Entretanto, o teletrabalho também tem algumas desvantagens potenciais. Para os empregados, as maiores desvantagens são o aumento da sensação de isolamento, a possível perda dos benefícios adicionais, um salário mais baixo (em alguns casos), a ausência de visibilidade no local de trabalho, o potencial para promoções mais lentas e a falta de socialização. As principais desvantagens para os empregadores são as dificuldades de supervisionar o trabalho, possíveis problemas de segurança de dados, custos de treinamento e o alto custo de equipar e manter as casas dos teletrabalhadores.

---

## Antes de prosseguir...

1. O que é teletrabalho? Você acha que gostaria de ser um teletrabalhador?
2. Quais são as vantagens e as desvantagens do teletrabalho do ponto de vista do empregado? E do ponto de vista da organização?

---

## O que a **TI** pode me proporcionar?

---

- ### Para a área de contabilidade

   O pessoal de contabilidade usa as intranets e portais corporativos para consolidar dados de transações de sistemas legados para apresentar uma visão geral dos projetos internos. Essa visão contém os custos atuais de cada projeto, o número de horas gastas em cada projeto por empregado e uma comparação dos custos reais com os custos projetados. Finalmente, o pessoal de contabilidade usa a Internet para acessar websites governamentais e profissionais para se manter informado sobre alterações legislativas e outras mudanças que afetam a profissão.

- ### Para a área de finanças

   As intranets e portais corporativos podem fornecer um modelo para avaliar os riscos de um projeto ou investimento. Os analistas financeiros usam dois tipos de dados no modelo: dados históricos de transações de bancos de dados corporativos pela Internet; e dados setoriais obtidos pela Internet. Além disso, empresas de serviços financeiros podem usar a Web para fazer marketing e prestar serviços.

- ### Para a área de marketing

   Os gerentes de marketing usam intranets e portais corporativos para coordenar as atividades da força de vendas. O pessoal de vendas acessa portais corporativos pela intranet para descobrir atualizações de preços, promoções, descontos, informações ao consumidor e informações sobre concorrentes. A equipe de vendas também pode baixar e personalizar apresentações para os clientes. A Internet, especialmente a Web, abre um canal de marketing completamente novo para muitos setores. Apenas a maneira de anunciar, comprar e disseminar informações parece variar de setor para setor, produto para produto e serviço para serviço.

- ### Para a área de produção/operações

   As empresas estão usando intranets e portais para acelerar o desenvolvimento de produtos ao fornecer à equipe de desenvolvimento modelos tridimensionais e animação. Todos os membros de equipe podem acessar os modelos para explorar mais rapidamente as idéias e obter um feedback melhor. Os portais corporativos, acessados por meio das intranets, favorecem o gerenciamento minucioso dos estoques e da produção em tempo real nas linhas de montagem. As extranets também estão se mostrando valiosas como formatos de comunicação para trabalhos de pesquisa e projeto conjuntos entre empresas. A Internet também é uma ótima fonte de informações atualizadas para gerentes operacionais e de produção.

- ### Para a área de recursos humanos

   O pessoal de recursos humanos usa portais e intranets para publicar manuais de política corporativa, anúncios de vagas, agendas de telefone da empresa e cursos de treinamento. Muitas empresas realizam treinamentos on-line obtidos na Internet para os empregados por meio das intranets. Por meio das intranets, os departamentos de recursos humanos oferecem aos empregados planos de saúde, poupança e planos de benefícios, bem como a oportunidade de realizar testes de competência on-line. A Internet apóia esforços de recrutamento em nível mundial e também pode ser a plataforma de comunicação para apoiar equipes de trabalho geograficamente dispersas.

- ### A função do SIG

   Por mais que a infra-estrutura da tecnologia de rede seja importante, ela é invisível para os usuários (a menos que algo dê errado). A função de SIG é responsável por manter todas as redes organizacionais em operação o tempo todo. O pessoal de SIG, portanto, proporciona a todos os usuários um "olho no mundo" e a capacidade de calcular, comunicar-se e colaborar uns com os outros a qualquer hora, em qualquer lugar. Por exemplo, as organizações têm acesso a especialistas em locais remotos sem ter de duplicar essa especialização em diversas áreas da empresa. O trabalho em equipe virtual permite que especialistas localizados em diferentes cidades trabalhem em projetos como se estivessem no mesmo escritório.

## Resumo

### 1. Descrever os dois principais tipos de redes.

Os dois principais tipos de redes são as redes locais (LANs) e as redes remotas (WANs). As LANs cobrem uma área geográfica limitada e normalmente são compostas de um meio de comunicação. As WANs abrangem uma grande área geográfica e normalmente são compostas de múltiplos meios de comunicação.

### 2. Estabelecer as diferenças entre Internet, World Wide Web, intranets e extranets.

A *Internet* é uma rede global de redes de computação que usa um protocolo comum de comunicação, o TCP/IP. A *World Wide Web* é um sistema que armazena, recupera, formata e exibe informações acessíveis por meio de um navegador. *Intranet* é uma rede projetada para atender às necessidades internas de informação de uma empresa, usando conceitos e ferramentas da Internet. Uma *extranet* conecta partes das intranets de diferentes organizações e permite comunicações seguras entre parceiros comerciais pela Internet.

### 3. Descrever as quatro principais aplicações de rede.

As redes dão apóiam a descoberta, a comunicação, a colaboração e os Web Services. A descoberta envolve a navegação e a recuperação de informações e proporciona aos usuários a capacidade de ver, baixar e/ou processar informações em bancos de dados. As ferramentas de descoberta incluem mecanismos de busca, diretórios, agentes de software e portais. As redes oferecem um meio de comunicação rápido e barato, por e-mail, call-centers, salas de bate-papo, comunicações por voz e blogs. A colaboração se refere a esforços mútuos de duas ou mais entidades (indivíduos, grupos ou empresas) que trabalham juntas para executar tarefas. A colaboração é possibilitada por sistemas de workflow e groupware. Os Web Services são aplicações auto-suficientes e autodescritíveis, distribuídas pela Internet, que os usuários podem selecionar e combinar por meio de quase qualquer dispositivo (de computadores pessoais a telefones celulares). Usando um conjunto de protocolos e padrões compartilhados, essas aplicações permitem que diferentes sistemas conversem uns com os outros — ou seja, compartilhem dados e serviços — sem exigir que seres humanos traduzam as conversações.

### 4. Descrever as habilidades de groupware.

Os produtos de groupware oferecem uma forma de os grupos compartilharem recursos e opiniões. Por exemplo, o conjunto Lotus Notes/Domino apresenta habilidades de colaboração on-line, e-mail de grupo de trabalho, bancos de dados distribuídos, bulletin whiteboards, edição de texto, gerenciamento de documentos (eletrônicos), capacidades de workflow, reuniões virtuais instantâneas, compartilhamento de aplicações, mensagens instantâneas, construção consensual, votação, classificação e várias ferramentas de desenvolvimento de aplicações.

### 5. Estabelecer as diferenças entre e-learning e aprendizado a distância.

O e-learning se refere ao aprendizado apoiado pela Web. Pode ocorrer dentro das salas de aula como apoio para o ensino convencional, como quando alunos trabalham na Web durante a aula. Também pode ocorrer em *salas de aula virtuais*, em que todo o curso é feito on-line e não há aulas presenciais. Nesses casos, o e-learning é parte do aprendizado a distância. O aprendizado a distância se refere a qualquer situação de aprendizagem em que os professores e os alunos não se encontram pessoalmente.

### 6. Entender as vantagens e desvantagens do teletrabalho para empregados e empregadores.

Para os teletrabalhadores, existe menos estresse, melhor vida familiar e oportunidades de emprego para pessoas que não podem sair de casa. O teletrabalho pode proporcionar à organização maior produtividade, capacidade de manter empregados capacitados e habilidade de atrair empregados que moram em outras cidades, estados ou países.

As maiores desvantagens para os empregados são o aumento da sensação de isolamento, a possível perda dos benefícios adicionais, um salário mais baixo (em alguns casos), a ausência de visibilidade no local de trabalho, o potencial para promoções mais lentas e a falta de socialização. As principais desvantagens para os empregadores são as dificuldades de supervisionar o trabalho, possíveis problemas de segurança de dados, custos de treinamento e o alto custo de equipar e manter as casas dos telecomutadores.

## Perguntas para discussão

1. Quais são as implicações de levar cabos de fibra ótica a todas as casas?
2. Você acha que os telefones por satélite substituirão os celulares atuais? Justifique sua resposta.
3. A Internet deveria ser regulada? Em caso positivo, por quem?
4. Discuta os prós e contras de distribuir este livro pela Internet.
5. Relacione os tipos de tarefas de comunicação que você usa todo dia (por exemplo, e-mail, voice-mail, fax, mensagens instantâneas, pagers, telefone, celular etc.). Qual você usa mais? Quais são os pontos fortes e fracos de cada um?
6. Explique como a Internet funciona. Considere que você esteja falando com alguém que não tem conhecimento algum sobre tecnologia da informação (ou seja, fale de modo muito simples).
7. Quando você acessa páginas Web, algumas levam mais tempo para carregar do que outras? Por quê? Explique sua resposta.
8. Qual é a relação entre as aplicações de comunicação e colaboração em rede? As ferramentas de comunicação também apóiam a colaboração? Cite exemplos.
9. O teletrabalho é uma boa idéia? Fale sobre as vantagens e as desvantagens.

## Atividades para solução de problemas

1. Você pretende tirar férias de duas semanas na Austrália este ano. Usando a Internet, encontre informações que o ajudarão a planejar a viagem. Essas informações incluem (*mas não se limitam a*) o seguinte:
   a. Localização geográfica e condições do tempo na época da viagem.
   b. Principais atrações turísticas e atividades recreativas.
   c. Providências para a viagem propriamente dita (companhia aérea, tarifas).
   d. Aluguel de carro; turismo local.
   e. Alternativas para acomodação (dentro de um orçamento moderado) e alimentação.
   f. Custo total estimado das férias (viagem, hospedagem, alimentação, recreação, compras etc.).
   g. Regulamentações do país referentes à entrada do seu cão, que você gostaria de levar.
   h. Compras.
   i. Informações sobre passaporte (obter um novo ou renovar o atual).
   j. Informações sobre o idioma e a cultura do país.
   k. O que mais você acha que deve pesquisar antes de ir à Austrália?
2. A paritr de sua experiência ou das informações do fornecedor, liste as principais habilidades do Lotus Notes/Domino. Faça o mesmo para o Microsoft Exchange. Compare os produtos. Explique de que maneira os produtos podem ser usados para apoiar os trabalhadores e os gerentes da área de conhecimento.
3. Visite *www.polycom.com* e sites de outras empresas que fabricam produtos para conferência na Internet. Prepare um relatório. Por que os produtos para conferência são considerados parte do comércio de vídeo?
4. Acesse o website da sua universidade. O site fornece informações de alta qualidade (quantidade adequada, clareza, exatidão etc.)? Você acha que um aluno do ensino médio que está pensando em entrar na sua universidade pensaria da mesma forma?

## Atividades na Internet

1. Acesse o website da Recording Industry Association of America (*www.riaa.com*). Discuta o que você encontrar referente à violação de direitos autorais (isto é, baixar arquivos de música não-autorizados). O que você acha dos esforços da RIAA para impedir os downloads de música? Discuta esse problema a partir do seu ponto de vista e do ponto de vista da RIAA.
2. Visite *www.cdt.org*. Descubra as tecnologias disponíveis para monitorar as atividades dos usuários na Internet.
3. Pesquise as empresas envolvidas na telefonia pela Internet (voz sobre IP). Compare as ofertas em termos de preço, tecnologias necessárias, facilidade de instalação etc. Que empresa é mais atraente para você? Qual delas poderia ser mais atraente para uma grande empresa?

4. Acesse websites de empresas que estão entrando no mercado de satélites e obtenha as últimas informações sobre o estado de suas constelações de satélites. Prepare um relatório detalhando o estado atual dessas constelações.

## Trabalhos em equipe

1. Atribua a cada membro do grupo um kit de ferramentas integradas de apoio a equipes (Lotus Notes, Exceloncorp, GroupWise etc.). Peça a cada equipe que visite o website do desenvolvedor comercial e obtenha informações sobre o produto. Em grupo, prepare uma tabela comparativa das principais semelhanças e diferenças entre os kits.
2. Atribua a cada equipe uma ferramenta colaborativa de aprendizagem, como Blackboard, WebCT etc. Estabeleça critérios de avaliação comuns. Peça a cada grupo que avalie as habilidades e as limitações da sua ferramenta e convença as outras equipes que o seu produto é superior.
3. Peça a cada equipe que baixe uma cópia gratuita do Groove de *www.groove.net*. Instale o software nos PCs dos membros e organize sessões colaborativas. O que o software gratuito pode fazer por você? Quais são as limitações?

## A rede que organizou uma empresa

### O PROBLEMA DA EMPRESA

A Advance Auto Parts (*www.advanceautoparts.com*) existe desde 1932. Em 1998, uma empresa de investimentos comprou a organização e iniciou um período de rápida expansão, abrindo centenas de novas lojas e comprando concorrentes. A empresa chegou a ter mais de 2.500 lojas. Infelizmente, também acabou com diferentes estratégias de venda, diferentes sistemas e diferentes filosofias administrativas. Como resultado, a empresa enfrentou um grande desafio para integrar os novos empregados às suas operações e para promover o reconhecimento da marca entre seus consumidores. Os empregados tinham se familiarizado rapidamente com os produtos, os sistemas de vendas e a cultura corporativa da Advance.

### A SOLUÇÃO DA TI

A Advance decidiu usar uma rede de mídia interna com programação exposta em aparelhos de tevê espalhados pelas lojas. A programação é distribuída para as lojas via satélite, com o conteúdo adequado do vídeo direcionado para lojas específicas. Por exemplo, lojas em regiões com grande população hispânica recebem programação em espanhol, e lojas abertas recentemente recebem uma programação específica. A programação também pode ser distribuída para monitores individuais dentro das lojas, já que cada monitor tem seu próprio endereço IP.

O satélite também transmite outros dados corporativos entre as lojas e o escritório central, como o catálogo eletrônico de peças. Na manhã anterior à inauguração da loja, a rede distribui informações sobre seminários de treinamento, novos sistemas de computação da loja e apresentações de produtos, bem como notícias da empresa. Após a abertura das portas, a programação muda para resultados de esportes, peças e acessórios de carro e dicas de reparo.

### OS RESULTADOS

Originalmente, a Advance acreditava que podia ganhar dinheiro vendendo publicidade na rede. Isso ainda não aconteceu. Embora a Advance venda anúncios para fornecedores como Havoline Motor Oil e Bondo Filler, os anunciantes têm sido relutantes em aceitar o conceito.

O sistema tem mais impacto quando as lojas estão cheias e os consumidores estão esperando na fila. No caso de alguns produtos, como um novo carburador, o cliente tem uma necessidade definida e não está sujeito à propaganda que provoca compras impulsivas veiculada nos monitores. Entretanto, no caso de outros itens, como óleo de motor, a rede da Advance tem sido bem-sucedida na geração de compras decididas dentro das lojas. Por exemplo, uma recente promoção de limpadores de pára-brisa da Bosch aumentou as vendas em 62%.

Entretanto, o maior impacto da rede até agora não teve nada a ver com os lucros. A programação da rede inclui chamadas do National Center for Missing and Exploited Children (uma agência para crianças desaparecidas e exploradas) para o "America's Most Wanted" (os mais procurados dos Estados Unidos). Em junho de 2003, um empregado reconheceu um seqüestrador com uma criança em uma loja da Advance e chamou a polícia. Como resultado da iniciativa do empregado, a criança foi devolvida à mãe quatro anos após o seqüestro.

*Fontes*: Compilado de T. Serafin, "Hoping for a Bad Winter", *Forbes*, 10 de janeiro de 2005; M. Duvall, "Screening Rooms", *Baseline Magazine*, 1º de março de 2004; e "Advanced Auto Parts Opens", *Chesterton Tribune*, 5 de agosto de 2004.

### PERGUNTAS

1. Você acha que a propaganda em mídia interna é eficaz ou apenas incômoda?
2. As lojas deveriam coletar feedback dos clientes sobre a mídia interna? Em caso positivo, que tipo de informação deveriam coletar? Como deveriam usar essas informações?

---

## Apêndice de telecomunicação

### Metas de aprendizagem

1. Entender o sistema de telecomunicação básico.
2. Descrever os oito tipos básicos de meios de comunicação, incluindo vantagens e desvantagens.
3. Identificar os principais tipos de serviços de rede.
4. Descrever os protocolos Ethernet e TCP/IP.
5. Estabelecer as diferenças entre computação cliente/servidor e computação peer-to-peer.

# O sistema de telecomunicação

Um **sistema de telecomunicação** consiste em hardware e software que transmitem informações de um local para outro. Esses sistemas podem transmitir informações por meio de textos, dados, gráficos, voz, documentos ou vídeo *full-motion*. Eles transmitem essas informações com dois tipos básicos de sinal: analógico e digital. Os **sinais analógicos** são ondas contínuas que transmitem informações alterando as características das ondas. Os sinais analógicos têm dois parâmetros: amplitude e freqüência. Por exemplo, a voz e todos os sons são analógicos e viajam até o ouvido humano na forma de ondas. Quanto mais altas forem as ondas (a amplitude), mais alto será o som; quanto mais próximas as ondas, mais alta a freqüência ou timbre. Os **sinais digitais** são pulsos descontínuos que estão ligados ou desligados, representando uma série de *bits* (0s e 1s). Essa característica permite que esses sinais transportem informações em um formato binário, que pode ser claramente interpretado por computadores. Veja na Figura 5.A1 uma representação gráfica dos sinais analógicos e digitais.

Os principais componentes de um sistema de telecomunicação incluem: servidores, processadores de comunicações, canais e meios de comunicação e computadores clientes. Os **servidores** são computadores que fornecem acesso a vários serviços disponíveis na rede, como impressão, dados e comunicações. Há muitos tipos de servidores, um dos quais é o servidor de arquivos LAN. **Clientes** são computadores, como o computador pessoal de um usuário, que usam qualquer um dos serviços oferecidos pelos servidores. A Figura 5.A2 mostra um sistema de telecomunicação típico. Observe que, como esses sistemas se comunicam nos dois sentidos, clientes e servidores são, ao mesmo tempo, transmissores e receptores.

### Processadores de comunicações

**Processadores de comunicações** são dispositivos de hardware que apóiam a transmissão e a recepção de dados por meio de um sistema de telecomunicação. Esses dispositivos incluem modems, multiplexadores e processadores front-end.

### Modem

O sistema de telefonia pública dos Estados Unidos (chamado POTS, de "Plain Old Telephone Service") foi projetado como uma rede analógica para transmitir sinais de voz ou sons em um formato de onda analógico. Para que esse tipo de circuito transmita informações digitais, essas informações precisam ser convertidas em um padrão de onda analógico. A conversão do formato digital para o analógico é chamada de *modulação*, e o contrário se chama *demodulação*. O dispositivo que realiza esses dois processos é chamado de **modem**, uma aglutinação dos termos *mo*dulador/*dem*odulador.

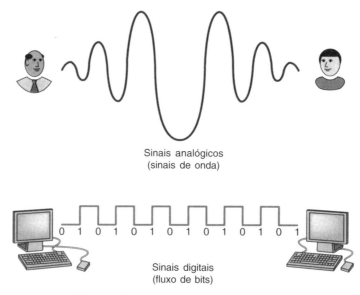

**Figura 5.A1** Sinais analógicos e digitais.

Os modems são usados em pares. O modem no lado emissor converte as informações digitais de um computador em sinais analógicos para transmiti-los através de linhas analógicas. No lado receptor, outro modem converte o sinal analógico novamente em sinais digitais para o computador receptor. Como a maioria dos equipamentos de comunicação, a velocidade de transmissão de um modem é medida em bits por segundo (bps). A velocidade de um modem varia até 56.600 bps.

### Multiplexador

**Multiplexador** é um dispositivo eletrônico que permite que um único canal de comunicação carregue transmissões de dados simultaneamente de muitas fontes. A multiplexação pode ser realizada dividindo-se um canal de alta velocidade em múltiplos canais de velocidades mais lentas ou atribuindo a cada fonte de transmissão uma quantidade de tempo muito pequena para usar o canal de alta velocidade. Os multiplexadores reduzem os custos de comunicação, permitindo que dispositivos compartilhem canais de comunicação. Portanto, a multiplexação faz um uso mais eficiente desses canais misturando as transmissões de vários computadores (por exemplo, computadores pessoais) em um lado do canal, enquanto uma unidade semelhante separa as transmissões individuais no lado receptor (por exemplo, um mainframe).

### Processador front-end

Com a maioria dos mainframes e minicomputadores, a unidade central de processamento (CPU) precisa se comunicar com vários computadores ao mesmo tempo. As tarefas rotineiras de comunicação podem absorver uma grande parte do tempo de processamento da CPU, causando uma redução no desempenho em tarefas mais importantes. Para não gastar tempo valioso das CPUs, muitos sistemas de computação possuem um pequeno computador secundário dedicado exclusivamente à comunicação. Conhecido como **processador front-end**, esse computador especializado gerencia todas as comunicações de rotina com os dispositivos periféricos.

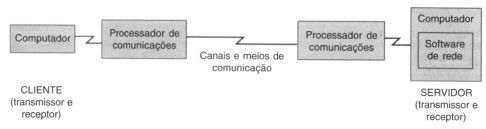

**Figura 5.A2** Sistema de telecomunicações típico.

## Meios e canais de comunicação

Para que os dados sejam transmitidos de um local para outro, algum tipo de caminho ou meio tem de ser usado. Esses caminhos são chamados de **canais de comunicação**. Os canais de comunicação, em dois tipos de meios, são mostrados a seguir.

| **Meios de cabo** | **Meios de difusão** | |
|---|---|---|
| 1. Par trançado | 4. Microondas | 7. Rádio celular |
| 2. Cabo coaxial | 5. Satélite | 8. Infravermelho |
| 3. Fibra ótica | 6. Rádio | |

Os **meios de cabo** usam fios ou cabos físicos para transmitir dados e informações. O fio de par trançado e o cabo coaxial são feitos de cobre, e o cabo de fibra ótica é feito de vidro. A alternativa é a comunicação através dos **meios de difusão**, ou **sem fio** (wireless). A chave para a comunicação móvel na sociedade em acelerada transformação de hoje é a transmissão de dados através de meios eletromagnéticos — as "ondas de ar". Discutiremos os meios sem fio no Capítulo 7. A Checklist Gerencial 5.A1 resume as vantagens e desvantagens dos vários canais de comunicação por cabo. Abordaremos cada um dos canais de cabo nesta seção.

### Fio de par trançado

O **fio de par trançado** é a forma mais comum dos meios de cabo; é usado para quase toda a rede de telefonia comercial. O fio de par trançado consiste em cordões de cobre trançados em pares. É relativamente barato, amplamente disponível e fácil de ser manipulado. Pode se tornar relativamente discreto se instalado no interior de paredes, pisos e forros. Entretanto, o fio de par trançado possui algumas desvantagens significativas. É relativamente lento para transmitir dados, está sujeito a interferências de outras fontes de energia e pode ser facilmente interceptado por receptores autônomos que desejam obter acesso não-autorizado a dados.

### Cabo coaxial

O **cabo coaxial** consiste em um fio de cobre isolado. É muito menos suscetível à interferência elétrica do que o fio de par trançado, e pode transportar muito mais dados. Por essas razões, é comumente usado para o tráfego de dados em alta velocidade, bem como sinais de televisão (daí o nome "TV a cabo"). Entretanto, o cabo coaxial é mais caro e mais difícil de manipular do que o fio de par trançado. Também é um pouco inflexível.

### Fibra ótica

O **cabo de fibra ótica** consiste em milhares de filamentos extremamente finos de fibra de vidro que transmitem informações em pulsos de luz gerados por lasers. O cabo de fibra ótica é envolvido por um revestimento que impede o vazamento da luz.

### Checklist Gerencial 5.A1
Vantagens e desvantagens dos canais de comunicação por cabo

| Canal | Vantagens | Desvantagens |
|---|---|---|
| Fio de par trançado | Barato.<br>Amplamente disponível.<br>Fácil de manipular.<br>Discreto. | Lento (baixa largura de banda).<br>Sujeito a interferências.<br>Facilmente interceptado (baixa segurança). |
| Cabo coaxial | Maior largura de banda que o par trançado.<br>Menos suscetível a interferências eletromagnéticas. | Relativamente caro e inflexível.<br>Facilmente interceptado (segurança baixa a média).<br>Relativamente difícil de manipular. |
| Cabo de fibra ótica | Altíssima largura de banda.<br>Relativamente barato.<br>Difícil de interceptar (alta segurança). | Difícil de manipular (difícil de emendar). |

Os cabos de fibra ótica são significativamente menores e mais leves que os meios de cabo tradicionais. Além disso, podem transmitir muito mais dados e oferecem mais segurança contra interferência e interceptação. A fibra ótica pode atingir uma velocidade de transmissão de 6 trilhões de bits (6 terabits) por segundo. O cabo de fibra ótica normalmente é usado como backbone em uma rede, enquanto o fio de par trançado e o cabo coaxial conectam o backbone aos dispositivos individuais na rede.

*Atenuação* é a redução na força de um sinal. Ela ocorre tanto nos sinais analógicos quanto nos digitais, e também é um problema no caso da fibra ótica. A atenuação obriga os fabricantes a instalarem equipamentos para receber os sinais fracos ou distorcidos e enviá-los amplificados até sua força original.

### Velocidade de transmissão

**Largura de banda** se refere à faixa de freqüência disponível em qualquer canal de comunicação. A largura de banda é um conceito muito importante nas comunicações, pois a capacidade de transmissão de qualquer canal (representada em bits por segundo, ou bps) depende muito da largura de banda. Em geral, quanto maior a largura de banda, maior a capacidade do canal.

As velocidades dos canais de comunicação individuais são as seguintes:

- Fio de par trançado: até 100 Mbps (milhões de bits por segundo)
- Microondas: até 200 Mbps
- Satélite: até 200 Mbps
- Cabo coaxial: até 200 Mbps
- Cabo de fibra ótica: até 6 Tbps (trilhões de bits por segundo)

### Antes de prosseguir...

1. Descreva o sistema básico de telecomunicação.
2. Compare os canais de comunicação por cabo.

## Fundamentos de rede

Esta seção aborda três tópicos: serviços de rede, protocolos de rede e tipos de processamento em rede. Esses tópicos descrevem como as redes realmente transmitem e processam dados e informações através do sistema básico de telecomunicação.

### Serviços de rede

As redes oferecem uma variedade de serviços criados para permitir uma transmissão de dados rápida, precisa e de grande volume através de qualquer tipo de rede.

### Integrated Services Digital Network

**Integrated Services Digital Network (ISDN)** é uma tecnologia de transmissão de dados de alta velocidade, que usa as linhas telefônicas existentes e permite que o usuário transfira voz, vídeo, imagem e dados simultaneamente em alta velocidade. A transmissão ISDN é um avanço popular entre as empresas cujas necessidades de transmissão excedem a capacidade padrão do telefone. Como a ISDN é digital, você pode usá-la para conectar um PC à Internet.

### Digital Subscriber Line

A **Digital Subscriber Line (DSL)** oferece transmissão digital de dados em alta velocidade para casas e empresas através das linhas telefônicas existentes. Como as linhas existentes são analógicas e a transmissão é digital, você precisa de um modem para usar essa tecnologia. A DSL é uma alternativa popular à ISDN.

### Modems para conexão por cabo

**Modems para conexão por cabo** são modems que operam através de cabo coaxial (por exemplo, TV a cabo). Eles oferecem acesso de alta velocidade à Internet ou a intranets corporativas em velocidades de até 4

Mbps. Como os modems para conexão por cabo usam uma linha compartilhada, quando um grande número de usuários acessa o mesmo modem, a velocidade de acesso pode diminuir.

### Asynchronous Transfer Mode

As redes **Asynchronous Transfer Mode (ATM)** oferecem largura de banda quase ilimitada de acordo com a demanda. Essas redes operam por comutação de pacotes, eliminando a necessidade da conversão de protocolo. O ATM cria uma conexão virtual para a transmissão de pacotes, que desaparece ao término de uma transmissão bem-sucedida.

O ATM apresenta várias vantagens. Ele possibilita grandes aumentos na largura de banda. Oferece apoio para transmissão de dados, vídeo e voz em um único canal de comunicação. Oferece habilidades de rede virtual, que aumentam a utilização da largura de banda e simplificam a administração da rede. O ATM atualmente requer cabo de fibra ótica, mas pode transmitir até 2,5 gigabits (bilhões de bits) por segundo. Por outro lado, o ATM é mais caro que a ISDN e a DSL.

### Tecnologias de hub comutado

As **tecnologias de hub comutado** normalmente são usadas para melhorar as redes locais. Um hub comutado pode transformar muitas LANs pequenas em uma única grande LAN. Não é necessário trocar os cabos da rede nem substituir as placas quando as mudanças são feitas. Em vez disso, só é necessário acrescentar um hub de comutação. A tecnologia de hub comutado também pode acrescentar uma habilidade de comutação de pacotes ao estilo do ATM às LANs existentes, basicamente dobrando a largura de banda.

### Synchronous Optical Network

**Synchronous Optical Network (SONET)** é um padrão de interface para transportar sinais digitais através de linhas de fibra ótica que permite a integração das transmissões de diversos fornecedores. O SONET define taxas de linha ótica, conhecidas como sinais de portadora ótica (OC). A velocidade básica é 51,84 Mbps (OC-1), e as velocidades mais altas são múltiplos diretos dessa velocidade básica. Por exemplo, o OC-3 é executado em 155,52 Mbps, ou seja, três vezes a velocidade do OC-1.

### Sistema T-Carrier

O **sistema T-Carrier** é um sistema de transmissão digital que define circuitos que operam em diferentes velocidades, todas múltiplas da velocidade básica de 64 Kbps usada para transportar uma única chamada de voz. Esses circuitos incluem T1 (1,544 Mbps, equivalente a 24 canais); T2 (6,312 Mbps, equivalente a 96 canais); T3 (44,736 Mbps, equivalente a 672 canais); e T4 (274,176 Mbps, equivalente a 4.032 canais).

### *Protocolos de rede*

Os dispositivos de computação que estão conectados à rede acessam e compartilham a rede para transmitir e receber dados. Esses componentes normalmente são chamados de "nós" da rede. Eles trabalham juntos aderindo a um conjunto comum de regras que lhes permitem a comunicação uns com os outros. Esse conjunto de regras e procedimentos que regulam as transmissões através de uma rede se chama **protocolo**.

As principais funções dos protocolos em uma rede são o acesso à linha e a prevenção de colisões. O *acesso à linha* trata de como o dispositivo emissor obtém acesso à rede para enviar uma mensagem. A *prevenção de colisões* se refere ao gerenciamento da transmissão de mensagens, de modo que duas mensagens não se colidam na rede. Outras funções dos protocolos são identificar cada dispositivo no caminho de comunicações, garantir a atenção do outro dispositivo, verificar o recebimento correto da mensagem transmitida, verificar se a mensagem requer retransmissão por não poder ser corretamente interpretada e realizar recuperação em casos de erro.

### Ethernet

O protocolo de rede mais comum é o **Ethernet**. Ethernet 10BaseT significa que a rede tem uma velocidade de 10 Mbps. O Ethernet rápido é 100BaseT, o que significa que a rede tem uma velocidade de 100 Mbps. O protocolo mais comum em grandes organizações é o Ethernet de gigabit. Ou seja, a rede oferece velocidades de transmissão de dados de mais de um bilhão de bits por segundo. Entretanto, o Ethernet de 10 gigabits está se tornando o padrão (10 bilhões de bits por segundo).

## TCP/IP

O **Transmission Control Protocol/Internet Protocol (TCP/IP)** é um protocolo de transferência de arquivos que pode enviar grandes arquivos de informação através de redes ocasionalmente não confiáveis, com a garantia de que os dados chegarão de forma não corrompida. O TCP/IP é o protocolo da Internet. Ele permite uma transmissão eficiente e razoavelmente livre de erros entre diferentes sistemas. O TCP/IP é muito popular entre as empresas devido à sua confiabilidade e à facilidade com que pode apoiar intranets e funções relacionadas.

## O Open Systems Interconnection Protocol da ISO

Os dispositivos de rede de diferentes fornecedores precisam se comunicar uns com os outros seguindo os mesmos protocolos. Infelizmente, os dispositivos de comunicação de dados comercialmente disponíveis seguem inúmeros padrões diferentes, causando problemas consideráveis nas redes de transmissão de dados.

Algumas tentativas de padronizar a transmissão de dados tiveram algum sucesso. Entretanto, a padronização nos Estados Unidos tem ficado atrás de outros países onde o setor de comunicações é regulamentado com mais rigor. Várias organizações, incluindo a Electronic Industries Association (EIA), o Consultative Committee for International Telegraph and Telephone (CCITT — também conhecido no Brasil como ITU) e a International Standards Organization (ISO), desenvolveram protocolos de interfaceamento eletrônico que são amplamente usados dentro do setor.

Em geral, os protocolos necessários para realizar a comunicação em nome de uma aplicação são, na verdade, vários protocolos que existem em diferentes níveis ou camadas. Cada camada define um conjunto de funções que são oferecidas como serviços para as camadas superiores, e cada camada se apóia nos serviços oferecidos pelas camadas inferiores. Em cada camada, um ou mais protocolos definem precisamente como o software em diferentes sistemas interage para executar as funções para essa camada. Esse conceito de camadas foi formalizado em várias arquiteturas. A mais conhecida delas é o modelo Open Systems Interconnection (OSI) da International Standards Organization (ISO). O *modelo ISO-OSI* define como o software em diferentes sistemas se comunica nas diversas camadas. O modelo possui sete camadas, cada qual com uma função bem definida.

> *Camada 1: Camada física.* Define o mecanismo para a comunicação com o meio de transmissão e o hardware de interface.
> *Camada 2: Camada de link de dados.* Valida a integridade do fluxo de dados.
> *Camada 3: Camada de rede.* Define os protocolos para o roteamento de dados a fim de garantir que as informações cheguem ao destino correto.
> *Camada 4: Camada de transporte.* Define os protocolos para a estruturação de mensagens.
> *Camada 5: Camada de sessão.* Coordena as comunicações e mantém a sessão pelo tempo que for necessário, incluindo funções de segurança e autenticação.
> *Camada 6: Camada de apresentação.* Define a maneira como os dados são formatados, convertidos e codificados.
> *Camada 7: Camada de aplicação.* Define a maneira como os programas de aplicação, como e-mail, interagem com a rede.

### Tipos de processamento em rede

As organizações normalmente usam vários sistemas de computação dentro da empresa. O **processamento distribuído** divide o trabalho de processamento entre dois ou mais computadores. Esse processo permite que computadores em diferentes locais se comuniquem entre si através de links de telecomunicação. Um tipo comum de processamento distribuído é o processamento cliente/servidor. Um tipo especial de processamento cliente/servidor é o processamento peer-to-peer.

## Computação cliente/servidor

A **computação cliente/servidor** une dois ou mais computadores em um arranjo em que algumas máquinas (chamadas servidores) fornecem serviços de computação para PCs de usuários finais (chamados clientes). Em geral, uma organização realiza a maioria do processamento ou armazenamento de aplicações/dados em servidores apropriadamente poderosos, que podem ser acessados por máquinas clientes menos poderosas. O cliente requisita aplicações, dados ou processamento ao servidor, que atende a essas requisições "servindo" o produto desejado.

A computação cliente/servidor remete aos conceitos de "fat" clients (clientes "gordos") e "thin" clients (clientes "magros"). Os *fat clients* possuem grande poder de processamento e armazenamento e ainda podem executar programas locais (como o Microsoft Office) se a rede estiver inativa. Os *thin clients* podem não ter armazenamento local algum e um poder de processamento limitado. Portanto, dependem da rede para executar aplicações. Os computadores de rede são thin clients comuns.

### Processamento peer-to-peer

O **processamento peer-to-peer (P2P)** é um tipo de processamento cliente/servidor distribuído em que cada computador age tanto como cliente quanto como servidor. Cada computador pode acessar (de um modo atribuído para fins de segurança ou integridade) todos os arquivos em todos os computadores.

Existem três tipos básicos de processamento peer-to-peer. O primeiro acessa a capacidade de CPU não utilizada entre computadores em rede. Uma conhecida aplicação desse tipo é o SETI@home (*http://setiathome.ssl.berkeley.edu*) (Figura 5.A6). Essas aplicações fazem parte de projetos de código aberto e podem ser baixadas sem custo.

A segunda forma de peer-to-peer é a colaboração de pessoa para pessoa em tempo real, como o Instant Messenger do America Online. Empresas como a Groove Networks (*www.groove.net*) introduziram aplicações colaborativas P2P que usam listas de amigos para estabelecer uma conexão e, depois, permitem a colaboração em tempo real dentro da aplicação. A terceira categoria de peer-to-peer é a busca avançada e o compartilhamento de arquivos. Essa categoria é caracterizada por pesquisas em linguagem natural de milhões de sistemas peer e permite que os usuários descubram outros usuários, não apenas dados e páginas Web. Um exemplo disso é o Madster (*www.madster.com*), que permite a pesquisa nos principais serviços de compartilhamento de arquivos da Internet, como AOL e Gnutella. No exemplo a seguir, o BitTorrent mostra que o software de P2P continua a evoluir.

---

### Exemplo

---

### P2P: Boas e más notícias

O BitTorrent (*www.bittorrent.com*) é uma aplicação gratuita de código aberto para compartilhar arquivos por meio de P2P; é capaz de simplificar o problema do compartilhamento de grandes arquivos ao dividi-los em pequenas partes, ou "torrents". O BitTorrent resolve dois dos maiores problemas do compartilhamento de arquivos: (1) o download se torna lento quando muitas pessoas acessam um arquivo ao mesmo tempo; e (2) algumas pessoas são sanguessugas, que baixam conteúdo mas se recusam a compartilhá-lo. O BitTorrent elimina o engarrafamento ao fazer com que todos compartilhem pequenas partes de um arquivo ao mesmo tempo — um processo chamado *swarming*. O programa evita as sanguessugas porque os usuários são obrigados a compartilhar um arquivo enquanto estão baixando outro. Isso significa que, quanto mais popular o conteúdo, mais eficientemente ele atravessa a rede. Segundo a CacheLogic (*www.cachelogic.com*), mais de 30 milhões de pessoas estão usando o BitTorrent, e o software agora é responsável por cerca de um terço de todo o tráfego da Internet.

Um problema do BitTorrent é que os usuários precisam se conectar a outros usuários através de um site "rastreador". Os operadores desses sites rastreadores são, portanto, visados pela Motion Picture Association of America (MPAA) e a Recording Industry Association of America (RIAA). A MPAA moveu dezenas de ações cíveis contra sites rastreadores nos Estados Unidos e na Grã-Bretanha. Entretanto, o BitTorrent pode estar um passo à frente dos advogados. Para cada site rastreador que é processado e desativado, outro aparece. Como software de código aberto, o BitTorrent não reside em um local central que pode ser desativado. Além disso, ele evolui continuamente conforme os programadores aprimoram o código.

Um recente upgrade, o Exeem (*www.exeem.com*), combina a tecnologia de swarming com habilidades robustas de busca. Em vez de visitar sites rastreadores, os usuários digitam um título em uma caixa de pesquisa e o Exeem procura o arquivo na Web.

Entretanto, o BitTorrent possui usos legítimos. Uma empresa de software como a Red Hat (*www.redhat.com*) utiliza-o para enviar atualizações dos produtos Linux, economizando largura de banda. Sites sem fins lucrativos, como o etree (*www.etree.org*), usam o BitTorrent para distribuir concertos ao vivo, com a permissão dos músicos.

(*Fontes*: Compilado de D. Fonda, "Downloading Hollywood", *Time*, 14 de fevereiro de 2005; "Torrentspy.com", *PC Magazine*, 6 de abril de 2005; e C. Metz, "The New Peer-to-Peer Players", *PC Magazine*, 16 de novembro de 2004.)

**Antes de prosseguir...**

1. Compare os sistemas ATM, SONET e T-carrier.
2. O que é um protocolo de rede?
3. Descreva os protocolos Ethernet e TCP/IP.
4. Qual é o modelo ISO-OSI?
5. Estabeleça as diferenças entre computação cliente/servidor e processamento peer-to-peer.

## Resumo do apêndice

### 1. Entender o sistema de telecomunicação básico.

Os sistemas de telecomunicação são compostos de computadores, que agem como transmissores e receptores de informação; processadores de comunicações (por exemplo, modems, multiplexadores e processadores front-end); canais e meios de comunicação; e software de rede.

### 2. Descrever os oito tipos básicos de meios de comunicação, incluindo vantagens e desvantagens.

Os oito tipos básicos de meios de comunicação são transmissões por fio de par trançado, cabo coaxial, cabo de fibra ótica, microondas, satélite, rádio, rádio celular e infravermelho. Os três primeiros meios são meios de cabo, e os cinco restantes são meios de difusão (sem fio). O Checklist Gerencial 5.A1 descreve as vantagens e desvantagens de cada meio de cabo.

### 3. Identificar os principais tipos de serviços de rede.

A tecnologia *Integrated Services Digital Network (ISDN)* permite que o usuário transfira voz, vídeo, imagem e dados simultaneamente em alta velocidade, usando as linhas telefônicas existentes. A *Digital Subscriber Line (DSL)* oferece transmissão digital de dados em alta velocidade também através de linhas telefônicas existentes. Os *modems para conexão por cabo* operam através de cabo coaxial (por exemplo, TV a cabo). As redes *Asynchronous Transfer Mode (ATM)* oferecem largura de banda quase ilimitada de acordo com a demanda. As *tecnologias de hub comutado* melhoram as redes locais transformando muitas LANs pequenas em uma única grande LAN. O *Synchronous Optical Network (SONET)* é um padrão de interface para transportar sinais digitais através de linhas de fibra ótica, que permite a integração das transmissões de diversos fornecedores. O *sistema T-carrier* é um sistema de transmissão digital cujos circuitos operam em diferentes velocidades, todas múltiplas de 64 Kbps.

### 4. Descrever os protocolos Ethernet e TCP/IP.

O protocolo de rede mais comum é o **Ethernet**. Ethernet 10BaseT significa que a rede tem uma velocidade de 10 Mbps. O Ethernet rápido é 100BaseT, o que significa que a rede tem uma velocidade de 100 Mbps. O protocolo mais comum em grandes organizações é o Ethernet de gigabit, que oferece velocidades de transmissão de dados de mais de um bilhão de bits por segundo. Entretanto, o Ethernet de 10 gigabits (10 bilhões de bits por segundo) está se tornando o padrão. O *Transmission Control Protocol/Internet Protocol (TCP/IP)* é um protocolo de transferência de arquivos por comutação de pacotes que pode enviar grandes arquivos de informação com a garantia de que os dados chegarão de forma não corrompida. O TCP/IP é o protocolo de comunicação da Internet.

### 5. Estabelecer as diferenças entre computação cliente/servidor e computação peer-to-peer.

A arquitetura cliente/servidor divide o processamento entre clientes e servidores. Ambos estão na rede, mas cada processador recebe a atribuição de funções que está mais apto a executar. Em um método cliente/servidor, os componentes de uma aplicação (isto é, apresentação, aplicação e gerenciamento de dados) são distribuídos por toda a empresa em vez de terem um controle central. O processamento peer-to-peer é um tipo de processamento cliente/servidor distribuído que permite que dois ou mais computadores concentrem seus recursos, de modo que cada computador aja tanto como cliente quanto como servidor.

# Glossário

**agentes de software** Programas de computador que realizam um conjunto de tarefas rotineiras de computação para o usuário e, ao fazer isso, empregam algum tipo de conhecimento dos objetivos do usuário.

**aprendizado a distância (educação a distância)** Qualquer situação de aprendizagem em que os professores e os alunos não se encontram pessoalmente.

**Asynchronous Transfer Mode (ATM)** Tecnologia de transmissão de dados que usa a comutação de pacotes e oferece largura de banda quase ilimitada de acordo com a demanda.

**barra de ferramentas** Linha horizontal ou coluna vertical de ícones ou botões com imagem selecionáveis.

**cabo coaxial** Fio de cobre isolado usado para realizar o tráfego de dados em alta velocidade e sinais de televisão.

**cabo de fibra ótica** Tipo de cabo com milhares de filamentos extremamente finos de fibra de vidro que transmitem informações através de pulsos de luz gerados por lasers.

**canal de comunicação** Caminho para transmitir dados de um local para outro.

**clientes** Computadores, como o computador pessoal de um usuário, que usam qualquer um dos serviços fornecidos pelos servidores.

**colaboração** Esforços de dois ou mais indivíduos que trabalham em conjunto para realizar certas tarefas.

**colaboração virtual** Uso de tecnologias digitais que permitem às organizações ou aos indivíduos planejar, projetar, desenvolver, gerenciar e pesquisar colaborativamente produtos, serviços e aplicações inovadoras.

**computação cliente/servidor** Forma de processamento distribuído em que algumas máquinas (servidores) desempenham funções de computação para PCs de usuários finais (clientes).

**comutação de pacotes** Tecnologia de transmissão de dados que desmembra blocos de texto em pequenos blocos fixos de dados (pacotes) que são enviados independentemente pela rede.

**darknet** Rede particular que opera na Internet, mas é aberta apenas aos usuários que pertencem à rede.

**Digital Subscriber Line (DSL)** Tecnologia de transmissão digital de dados em alta velocidade que usa linhas telefônicas analógicas.

**diretório** Coleção hierarquicamente organizada de links para páginas Web, compilada manualmente; um exemplo é o Yahoo.

**e-learning** Aprendizado apoiado pela Web; pode ocorrer dentro de salas de aula tradicionais ou em salas de aula virtuais.

**endereço IP** Endereço atribuído que identifica exclusivamente um computador na Internet.

**especificação de nível superior** Parte na extrema direita de um nome da Internet, indicando o tipo de organização que possui o site.

**Ethernet** Protocolo de rede mais comum.

**extranet** Rede que conecta partes das intranets de diferentes organizações.

**fio de par trançado** Cordões de fio de cobre trançados em pares.

**gateway** Processador de comunicações que conecta redes distintas fazendo a tradução de um conjunto de protocolos para outro.

**groupware** Produtos de software que aceitam grupos de pessoas que colaboram uns com os outros em uma tarefa ou objetivo comum e proporcionam um modo de os grupos compartilharem recursos.

**grupo (ou equipe) virtual** Grupo cujos membros estão em diferentes locais e que se reúnem eletronicamente.

**grupo de trabalho** Dois ou mais indivíduos que colaboram entre si, temporária ou permanentemente, para realizar determinada tarefa.

**home page** Tela com texto e gráficos que dá as boas-vindas ao usuário e descreve a organização que criou a página.

**Hypertext Transport Protocol (HTTP)** Padrão de comunicação usado para transferir páginas através da parte Web da Internet; define como as mensagens são formatadas e transmitidas.

**Integrated Services Digital Network (ISDN)** Tecnologia de alta velocidade que permite ao usuário transferir voz, vídeo, imagem e dados simultaneamente, usando linhas telefônicas.

**Internet** Rede gigante que conecta redes de computação de empresas, organizações, órgãos governamentais e escolas em todo o mundo, de maneira rápida, estável e barata.

**Internet Protocol (IP)** Conjunto de regras para enviar e receber pacotes de uma máquina para outra pela Internet.

**Internet2** Nova rede de telecomunicação mais rápida, com acesso limitado, dedicada exclusivamente a pesquisas.

**intranet** Rede particular que usa software de Internet e protocolos TCP/IP.

**largura de banda** Faixa de freqüências disponíveis em qualquer canal de comunicação, representada em bits por segundo.

**lousa (eletrônica)** Área em uma tela de computador em que vários usuários podem escrever ou desenhar; diversos usuários podem usar um único documento "colado" na tela.

**mecanismo de busca** Programa de computador que é capaz de contatar outros recursos de rede na Internet, buscar informações específicas por palavras-chave e retornar os resultados; um exemplo é o Google.

**mecanismo de metabusca** Programa de computador que pesquisa vários mecanismos ao mesmo tempo e integra os resultados de diversos mecanismos de busca para responder a consultas enviadas pelos usuários.

**meios de cabo** Canais de comunicação que usam fios ou cabos físicos para transmitir dados e informações.

**meios de difusão (sem fio)** Canais de comunicação que usam meios eletromagnéticos (as "ondas de ar") para transmitir dados.

**modem** Dispositivo que converte sinais do formato analógico para o digital e vice-versa.

**modem para conexão por cabo** Modem que opera através de cabo coaxial e oferece acesso de alta velocidade à Internet ou a intranets corporativas.

**multiplexador** Dispositivo eletrônico que permite que um único canal de comunicação carregue transmissões de dados simultaneamente de muitas fontes.

**navegação** Processo de navegar na Web com um mouse em um navegador Web.

**navegadores** Principais aplicações de software por meio das quais os usuários acessam a Web.

**Next Generation Internet (NGI)** Programa de pesquisa e desenvolvimento do governo federal dos Estados Unidos que está desenvolvendo aplicações revolucionárias que exigem uma rede avançada.

**nome de domínio** Nome atribuído a um website, consistindo em várias partes, separadas por pontos, que são lidas da direita para a esquerda.

**nós** Dispositivos de computação conectados a uma rede, incluindo a Internet.

**placa de interface de rede** Hardware que especifica a velocidade da transmissão de dados, o tamanho das unidades de mensagem, as informações de endereçamento anexadas a cada mensagem e a topologia da rede.

**ponte** Processador de comunicações que conecta duas redes do mesmo tipo.

**pontos de acesso à rede (NAPs)** Computadores que agem como pontos de troca para tráfego da Internet e determinam como o tráfego é roteado.

**portais comerciais (públicos)** Website que oferece conteúdo comum para diversos públicos; oferece personalização apenas na interface com o usuário.

**portal** Gateway personalizado baseado na Web para informações e conhecimento que oferece informações relevantes de diferentes sistemas de TI e da Internet e usa técnicas de busca e indexação avançadas.

**portal corporativo** Website que fornece um único ponto de acesso para informações comerciais importantes localizadas dentro e fora de uma organização.

**portal de afinidade** Website que oferece um único ponto de entrada para uma comunidade inteira de interesses afiliados.

**portal móvel** Website acessível a partir de dispositivos móveis.

**portal setorial** Gateway baseado na Web para disseminar informações e conhecimento para um setor inteiro.

**processador front-end** Pequeno computador secundário dedicado exclusivamente à comunicação, que gerencia todas as comunicações de rotina com os dispositivos periféricos.

**processadores de comunicações** Dispositivos de hardware que apóiam a transmissão e a recepção de dados por meio de um sistema de telecomunicação.

**processamento distribuído** Arquitetura de rede que divide o trabalho do processamento entre dois ou mais computadores.

**processamento peer-to-peer (P2P)** Tipo de processamento cliente/servidor distribuído que permite que dois ou mais computadores conjuguem seus recursos, tornando cada computador tanto um cliente quanto um servidor.

**protocolo** Conjunto de regras e procedimentos que regulam as transmissões através de uma rede.

**provedor de serviço de Internet (ISP)** Empresa que oferece conexão à Internet cobrando uma mensalidade.

**quiosques de Internet** Terminais públicos para acesso à Internet.

**rede backbone** Rede de fibra ótica principal que une os nós de uma rede.

**rede de computação** Sistema que conecta meios de comunicação, hardware e software necessários por meio de dois ou mais sistemas de computação e/ou dispositivos.

**rede de valor agregado (VAN)** Rede privada e apenas para dados, administrada por empresas terceirizadas e usada por várias organizações para obter economia no custo dos serviços de rede e no gerenciamento de rede.

**rede empresarial** Diversas redes locais e remotas interconectadas.

**rede local (LAN)** Rede que conecta dois ou mais dispositivos em uma região geográfica limitada (por exemplo, um prédio) de modo que cada dispositivo na rede tem o potencial de se comunicar com cada um dos outros dispositivos.

**rede privada virtual (VPN)** Rede remota operada por uma operadora comum; fornece um gateway entre uma LAN corporativa e a Internet.

**rede remota (WAN)** Rede, geralmente oferecida por operadoras comuns, que cobre grandes áreas geográficas.

**roteador** Processador de comunicações que roteia mensagens através de várias LANs conectadas ou para uma rede remota.

**sala de bate-papo** Local virtual onde grupos de freqüentadores conversam uns com os outros.

**servidor** Computador que oferece acesso a vários serviços disponíveis na rede, como impressão, dados e comunicações.

**servidor de arquivos** Depósito de vários softwares e arquivos de dados para a rede, que determina quem tem acesso a quais arquivos e em que seqüência.

**sinais analógicos** Ondas contínuas que transmitem informações alterando a amplitude e a freqüência das ondas.

**sinais digitais** Pulsos descontínuos, ligados ou desligados, que transportam informações em um formato binário.

**sistema de nome de domínio (DNS)** Sistema administrado pela Internet Corporation for Assigned Names (ICANN) que atribui nomes a cada site na Internet.

**sistema de telecomunicação** Combinação de hardware e software que transmite informações (texto, dados, gráficos e voz) de um local para outro.

**sistema T-carrier** Sistema de transmissão digital que define circuitos que operam em diferentes velocidades, todas múltiplas da velocidade básica de 64 Kbps usada para transportar uma única chamada de voz.

**Synchronous Optical Network (SONET)** Padrão de interface para transmitir sinais digitais através de linhas de fibra ótica; permite a integração das transmissões de diversos fornecedores.

**tecnologia de hub comutado** Tecnologia de transmissão de dados que melhora as redes locais acrescentando uma habilidade de comutação de pacotes ao estilo do ATM.

**teleconferência** Uso da comunicação eletrônica que permite a duas ou mais pessoas em diferentes locais manterem uma conferência simultânea.

**telefonia pela Internet (voz sobre IP ou VoIP)** Uso da Internet como meio de transmissão para chamadas telefônicas.

**teletrabalho** Arranjo pelo qual empregados podem trabalhar em casa, nas instalações dos clientes e em locais de trabalho especiais, ou enquanto viajam, geralmente usando um computador que esteja conectado pela Internet ao seu local de emprego.

**topologia** Layout e conectividade físicos de uma rede.

**Transmission Control Protocol/Internet Protocol (TCP/IP)** Protocolo de transferência de arquivos que pode enviar grandes arquivos de informação através de redes ocasionalmente não confiáveis, com a garantia de que os dados chegarão de forma não corrompida.

**tunelamento** Processo de enviar dados pela Internet na forma criptografada.

**universidades virtuais** Universidades on-line nas quais os alunos freqüentam aulas a partir de casa ou em um local externo, através da Internet.

**URL (uniform resource locator)** Conjunto de caracteres que identifica o endereço de um recurso específico na Web.

**vBNS (Very-High-Speed Backbone Network Service)** Rede de alta velocidade projetada para aceitar a Internet2 acadêmica e as iniciativas da NGI patrocinadas pelo governo.

**videoconferência** Reunião virtual em que os participantes em um local podem ver e ouvir os participantes em outros locais e podem compartilhar dados e gráficos por meio eletrônico.

**Web Services** Aplicações modulares e auto-suficientes de empresa/consumidor, distribuídas por meio da Internet.

**webconferência** Videoconferência realizada unicamente pela Internet (não por linhas telefônicas).

**weblog (blog)** Website pessoal, aberto ao público, em que o criador do site expressa seus sentimentos ou opiniões.

**webmaster** Pessoa responsável pelo website de uma organização.

**website** Coletivamente, todas as páginas de determinada organização ou indivíduo na Web.

**wiki** Website em que qualquer pessoa pode postar material e fazer mudanças rapidamente, sem usar comandos difíceis.

**workflow (fluxo de trabalho)** Movimento de informações conforme elas fluem através da seqüência de etapas que compõem os procedimentos de trabalho de uma organização.

**World Wide Web (a Web)** Sistema com padrões universalmente aceitos para armazenar, recuperar, formatar e exibir informações através de uma arquitetura cliente/servidor; usa as funções de transporte da Internet.

# Capítulo 6

# E-business e comércio eletrônico

## PRÉVIA DO CAPÍTULO

Uma das mudanças mais profundas no mundo dos negócios moderno é o comércio eletrônico (CE), também chamado de e-commerce (CE) e e-business. O comércio eletrônico está mudando todas as áreas funcionais da empresa e suas tarefas importantes, do marketing à contabilidade. Seu impacto é tão avassalador que está afetando quase todas as organizações. Além disso, está mudando drasticamente a natureza da concorrência, devido às novas empresas on-line, aos novos modelos comerciais e à diversidade dos produtos e serviços relacionados ao CE. O comércio eletrônico apresenta oportunidades sem precedentes para as empresas se expandirem mundialmente a um baixo custo, aumentarem a participação no mercado e reduzirem os custos. Neste capítulo, explicaremos as principais aplicações do e-business e que serviços são necessários para apoiá-lo. Veremos os principais tipos de comércio eletrônico: business-to-consumer (B2C), business-to-business (B2B), consumer-to-consumer (C2C), business-to-employee (B2E) e government-to-citizen (G2C). Concluímos examinando vários aspectos legais e éticos que surgiram como resultado do rápido crescimento do comércio eletrônico.

## Esboço do capítulo

6.1  Visão geral de e-business e comércio eletrônico
6.2  Comércio eletrônico business-to-consumer (B2C)
6.3  Comércio eletrônico business-to-business (B2B)
6.4  Pagamentos eletrônicos
6.5  Aspectos legais e éticos no comércio eletrônico

## Metas de aprendizagem

1. Descrever o comércio eletrônico, incluindo seu alcance, vantagens, limitações e tipos.
2. Estabelecer as diferenças entre comércio eletrônico puro e parcial.
3. Entender o funcionamento básico dos leilões on-line.
4. Estabelecer as diferenças entre comércio eletrônico business-to-consumer, business-to-business, consumer-to-consumer, business-to-employee e government-to-citizen.
5. Descrever os principais serviços de apoio ao comércio eletrônico, especificamente pagamento e logística.
6. Discutir alguns aspectos legais e éticos relacionados ao comércio eletrônico.

## O que a TI pode me proporcionar?

## Procter & Gamble tira proveito do comércio eletrônico B2B

### ■ O problema da empresa

A Procter & Gamble (P&G) (*www.pg.com*), empresa de US$50 bilhões, fabrica um extenso mix de produtos domésticos em cinco categorias principais: cuidados com tecidos e com a casa; cuidados com a beleza; cuidados do bebê e da família; cuidados com a saúde; e lanches e bebidas. No passado, a P&G usava um sistema "push" de empurrar os produtos para os consumidores. Independentemente do que os varejistas estivessem fazendo, a P&G podia prever as vendas de seus produtos. Então, a empresa realizava vendas durante todo o ano com vários incentivos criados para incentivar os consumidores a comprar. Esse processo era bastante ineficiente, gerando atrasos e um acúmulo de estoque. Uma problema adicional era que a cadeia de suprimentos da P&G não era fortemente integrada.

A missão da P&G é colocar seus produtos eficientemente nas mãos de 5 bilhões de consumidores em 170 países. Para realizar essa missão, a P&G precisa abastecer com mais precisão as prateleiras das lojas em todo o mundo, fornecendo o que as pessoas querem. Isso significa que a P&G precisa fazer com que 5.000 varejistas e 30.000 fornecedores participem de um sistema que aponte imediatamente os produtos preferidos dos consumidores. O objetivo da P&G era reduzir os estoques e produzir apenas os produtos que os consumidores estivessem comprando, desenvolvendo um sistema baseado na demanda para abastecer as lojas com os produtos.

### ■ A solução da TI

A P&G trouxe varejistas e fornecedores para o processo de planejamento e distribuição. Os *sinais* da demanda do consumidor vinham das lojas. As *respostas* vinham dos gerentes de produção da P&G e dos fornecedores, que vincularam a fabricação dos produtos aos relatórios de vendas que chegavam das lojas.

A P&G implementou o sistema de gerenciamento da cadeia de suprimentos da SAP (*www.sap.com*), que exigia que varejistas e fornecedores aderissem a convenções comuns no abastecimento do sistema com informações e na coleta de informações do sistema. Na verdade, a P&G integrou varejistas e fornecedores em uma grande rede de comércio eletrônico business-to-business (B2B).

Estabelecer uma rede B2B ocasionou grandes mudanças nas fábricas da P&G. Em outros tempos, quando o sistema produzia de acordo com previsões, as fábricas simplesmente produziam grandes quantidades de itens, colocavam-nos em depósitos e, depois, deixavam o setor de marketing vender o estoque. A empresa proibia alterações nas linhas de produção porque acreditava que longas seqüências de produto reduziam o custo unitário. A P&G não percebeu que os custos unitários, na verdade, aumentavam se ela fabricasse produtos que os consumidores não compravam. Hoje, a P&G planeja trocas diariamente em suas linhas de produção, com base nas informações fornecidas pelos varejistas. Os varejistas dão à P&G uma contagem de todos os produtos que fluem pela cadeia de suprimentos em qualquer momento, quer estejam nas prateleiras das lojas, no estoque das lojas, nos depósitos, nos caminhões ou em qualquer outro lugar.

### ■ Os resultados

Em um ano, a P&G reduziu quase à metade os problemas de falta de estoque (isto é, produtos que não estavam nas prateleiras quando os consumidores queriam comprá-los), o que representou uma economia anual de quase US$100 milhões. A empresa reduziu o *tempo de resposta da cadeia de suprimentos* — ou seja, o tempo desde o momento em que um caixa registra a venda de um produto até a compra das matérias-primas necessárias para produzir sua reposição — de 100 para 50 dias. As vendas aumentaram 8% e o lucro líquido subiu 19%.

### ■ O que aprendemos com este caso

A saída de um sistema de informação é resultado direto dos dados de entrada. Quando os dados são imprecisos e/ou atrasados, as decisões baseadas nesses dados não são as melhores. Isso claramente aconteceu com o antigo sistema da Procter & Gamble, que gerava estoques altos, faltas de estoque freqüentes e baixa satisfação do consumidor. O sistema de comércio eletrônico descrito neste caso acelerou e aprimorou o fluxo de informações dos varejistas para a sede corporativa e para os fornecedores, com resultados drásticos. Esse caso ilustra uma aplicação B2B de comércio eletrônico que envolveu a P&G, seus varejistas e fornecedores. Há vários outros tipos de comércio eletrônico, todos comentados neste capítulo. Começaremos, porém, com uma sinopse de comércio eletrônico e e-business.

*Fontes*: Compilado de L. Barrett e T. Steinert-Threlkeld, "Procter & Gamble: Delivering Goods", *Baseline Magazine*, 1º de julho de 2004; L. Kellam, "P&G Rethinks Supply Chain", *Optimize Magazine*, outubro de 2003; e *www.pg.com*, acessado em 12 de março de 2005.

## 6.1 Visão geral de e-business e comércio eletrônico

Esta seção examina os fundamentos do e-business e do comércio eletrônico. Começamos definindo esses dois conceitos e, depois, definindo o comércio eletrônico puro e o parcial. Em seguida, explicamos os vários tipos de comércio eletrônico. Depois, examinamos os mecanismos do comércio eletrônico, que são as maneiras pelas quais as pessoas compram e vendem pela Internet. Terminamos esta seção com as vantagens e as limitações do comércio eletrônico.

### Definições e conceitos

O **comércio eletrônico** (CE ou e-commerce) descreve o processo de comprar, vender, transferir ou trocar produtos, serviços ou informações através de redes de computação, incluindo a Internet. O **e-business** é um conceito um pouco mais amplo. Além de comprar e vender bens e serviços, o e-business também se refere a servir os consumidores, colaborar com parceiros comerciais e realizar transações eletrônicas dentro de uma organização. Entretanto, como comércio eletrônico e e-business são muito semelhantes, usamos os dois termos indistintamente em todo o livro.

### CE puro versus parcial

O comércio eletrônico pode assumir várias formas, dependendo do *grau de digitalização envolvido*. O grau de digitalização se refere à extensão em que o comércio foi transformado do físico para o digital. Pode se relacionar: (1) ao produto ou serviço que está sendo vendido; (2) ao processo através do qual o produto ou serviço é produzido; ou (3) ao agente de distribuição ou intermediário. Em outras palavras, tanto o produto quanto o processo e o agente de distribuição podem ser físicos ou digitais.

No comércio tradicional, todas as três dimensões são físicas. As organizações puramente físicas são chamadas de **organizações *brick-and-mortar*** (de tijolo e argamassa). No *CE puro*, todas as três dimensões são digitais. As empresas envolvidas apenas no CE são consideradas **organizações virtuais**. Todas as outras combinações que incluem um misto de dimensões físicas e digitais são consideradas *CE parcial* (e não CE puro). As organizações ***click-and-mortar*** são aquelas que realizam algumas atividades de comércio eletrônico, mas seus principais negócios são feitos no mundo físico. O comércio eletrônico agora é simplesmente uma parte do comércio tradicional, e as pessoas cada vez mais esperam que as empresas ofereçam alguma forma de comércio eletrônico.

Por exemplo, comprar uma camisa no Wal-Mart Online ou um livro no Amazon.com é *CE parcial*, pois a mercadoria é fisicamente entregue pela FedEx. Por outro lado, comprar um e-book no Amazon.com ou um software no Buy.com é *CE puro*, pois o produto e sua distribuição, pagamento e transferência são realizados on-line. Para evitar confusão, neste livro, usamos o termo CE para indicar tanto o CE puro quanto o parcial. O Quadro 6.1 ilustra como uma empresa click-and-mortar está causando impacto no ramo de diamantes tradicional.

### Tipos de comércio eletrônico

O comércio eletrônico pode ser realizado entre várias partes. Definimos os tipos comuns de comércio eletrônico aqui. Também discutimos o C2C, o B2E e o e-government. Devido à complexidade do B2C e do B2B, temos uma seção inteira dedicada a esses dois tipos de comércio eletrônico.

- **Business-to-consumer (B2C):** No B2C, os vendedores são organizações e os compradores são pessoas. Abordaremos o comércio eletrônico B2C na Seção 6.2. Lembre-se que a Figura 1.3 ilustrou o comércio eletrônico B2C.
- **Business-to-business (B2B):** Nas transações B2B, tanto os vendedores quanto os compradores são organizações. A grande maioria do volume de CE é desse tipo. Discutiremos o comércio eletrônico B2B na Seção 6.3. Lembre-se que a Figura 1.3 ilustrou o comércio eletrônico B2B.
- **Consumer-to-consumer (C2C):** No C2C, um indivíduo vende produtos ou serviços para outros indivíduos. A principal maneira como o C2C é realizado na Internet são leilões e anúncios de classificados.

Em dezenas de países, a compra e venda C2C em sites de leilão está explodindo. A maioria dos leilões é realizada por intermediários, como o eBay (*www.ebay.com*). Os consumidores podem selecionar sites gerais,

## TI E A EMPRESA

### 6.1 Comércio eletrônico ameaça joalherias tradicionais

As empresas estão usando a Internet para reunir informações complexas, condensá-las e fornecê-las a consumidores existentes e potenciais. Além disso, as conexões de banda larga ajudam os consumidores a manipularem as grandes quantidades de informação que essas empresas distribuem pela Internet. Veja, por exemplo, o caso da Blue Nile (*www.bluenile.com*).

Amy Smith é um exemplo do que acontece quando o amor verdadeiro recorre à Internet. Há muito tempo, Amy admirava as alianças de noivado da Tiffany & Co. próxima à sua casa. Quando ficou noiva, entretanto, ela verificou a joalheria on-line Blue Nile. Após usar os guias da Blue Nile para entender os "Quatro Cs" dos diamantes (color/cor, cut/corte, clarity/transparência e carat/quilate), ela escolheu no website uma aliança de US$10.000 (ver a Figura 6.1). Ela observou que a Blue Nile cobrava US$6.000 a menos que as joalherias tradicionais.

As joalherias envolvidas no comércio eletrônico representam cerca de US$2 bilhões dos US$45 bilhões do faturamento do setor nos Estados Unidos. Sua estratégia é baixar os custos eliminando os intermediários e as lojas caras. Isso lhes dá liberdade para baixar os preços. A Blue Nile, por exemplo, vende diamantes por até 35% menos que os concorrentes. Na verdade, ela apresenta margens de lucro maiores que as da rede de joalherias mais famosa, a Zale Corporation (*www.zale.com*).

Em termos históricos, o setor de joalheria tem sido notoriamente bizantino. Por exemplo, um diamante da África do Sul pode atravessar cinco intermediários diferentes, incluindo corretores de diamante bruto, cortadores e atacadistas de jóias e diamantes. A Blue Nile usa a TI para tornar esse processo mais eficiente.

Ela usa a Internet para se conectar aos principais fornecedores, que compram suas pedras diretamente da poderosa DeBeers Consolidated Mines Ltd., na África do Sul. Esse processo elimina pelo menos três intermediários.

A Blue Nile tem apenas 115 funcionários de tempo integral e um único depósito. Para vender a mesma quantidade de diamantes que a Blue Nile, uma rede precisaria de 116 lojas e mais de 900 empregados. Além disso, a Blue Nile oferece aos consumidores potenciais as mesmas informações que um especialista em jóias forneceria. Também oferece uma garantia de 30 dias para devolução do dinheiro.

Esse método de vender diamantes está dificultando cada vez mais os lucros das pequenas joalherias. Essa é uma das razões por que 465 joalherias fecharam em 2003. Mesmo entre os sobreviventes, os lucros foram magros. Na verdade, muitas joalherias pequenas agora se especializaram em jóias que não contêm diamantes criadas pelo cliente.

*Fontes*: Compilado de R. Berner e B. Grow, "Jewelry Heist", *Business Week*, 10 de maio de 2004, p. 82-83; "No One Will Know You Are a Procrastinator", *PRNewswire*, 16 de dezembro de 2004; e *www.bluenile.com*, *www.debeers.com* e *www.diamondhelpers.com*, acessados em 11 de março de 2005.

### PERGUNTAS

1. De que maneira a Blue Nile está causando impacto na indústria de diamantes tradicional?
2. O que a indústria de diamantes tradicional pode fazer para competir com a Blue Nile?

---

como *www.800webmall.com* e *www.auctionanything.com*. Além disso, muitas pessoas estão realizando seus próprios leilões. Por exemplo, o site *www.greatshop.com* fornece software para criar comunidades de leilão reverso C2C on-line.

As principais categorias de classificados on-line são semelhantes às encontradas nos classificados impressos: automóveis, imóveis, empregos, animais de estimação, ingressos e viagens. Os classificados estão disponíveis na maioria dos provedores de serviço de Internet (AOL, MSN etc.), em alguns portais (Yahoo! etc.) e em diretórios da Internet e jornais on-line. Em muitos desses sites, os compradores podem usar mecanismos de busca para refinar as pesquisas.

Os classificados baseados na Internet possuem uma grande vantagem em relação aos classificados tradicionais: alcançam um público internacional, em vez de local. Esse público aumenta significativamente a oferta de bens e serviços e o número de compradores potenciais.

- **Business-to-employee (B2E)**: No B2E, uma organização usa o CE internamente para fornecer informações e serviços aos empregados. As empresas permitem que os empregados administrem seus benefícios e freqüentem aulas de treinamento eletronicamente. Além disso, os empregados podem comprar, com desconto, ações, pacotes de viagem e ingressos para eventos na intranet corporativa. Também podem solicitar suprimentos e materiais eletronicamente. Por fim, muitas empresas possuem lojas corporativas eletrônicas que vendem produtos da empresa para os empregados, normalmente com desconto.

- **E-government:** O e-government é o uso da tecnologia da Internet em geral e o comércio eletrônico em especial para disseminar informações e serviços públicos a cidadãos (chamado CE government-to-citizen, ou G2C), parceiros comerciais e fornecedores (chamado government-to-business ou CE B2B). Também é um meio eficiente de realizar transações comerciais com cidadãos e empresas e dentro dos próprios governos. O e-government torna o governo mais eficiente e eficaz, sobretudo na prestação de serviços públicos. Um exemplo de comércio eletrônico G2C é a transferência eletrônica de benefícios, na qual o governo transfere benefícios, como pagamentos da previdência social e de aposentadoria, diretamente para a conta-corrente dos beneficiários.

- **Comércio móvel (m-commerce):** O termo *m-commerce* se refere ao comércio eletrônico realizado inteiramente em um ambiente sem fio. Um exemplo é o uso de telefones celulares para comprar pela Internet. Abordaremos o m-commerce no Capítulo 7.

Cada um dos tipos de CE citados é realizado em um ou mais modelos empresariais. Um **modelo empresarial** é o método pelo qual uma empresa gera renda para se manter. Os principais modelos empresariais de CE estão resumidos no Checklist Gerencial 6.1.

## Principais mecanismos de comércio eletrônico

Existem vários mecanismos pelos quais empresas e consumidores podem comprar e vender na Internet. Os mais usados são catálogos eletrônicos, leilões eletrônicos, lojas eletrônicas, shoppings eletrônicos e mercados eletrônicos.

Os catálogos foram impressos em papel durante várias gerações. Hoje, no entanto, eles estão disponíveis em CD-ROM e na Internet. Os catálogos eletrônicos consistem em um banco de dados de produtos, diretórios e habilidades de busca e uma função de apresentação. São o fundamento da maioria dos sites de comércio eletrônico.

Um **leilão** é um processo de concorrência em que um vendedor solicita lances consecutivos dos compradores ou um comprador solicita lances dos vendedores. A principal característica dos leilões é que os preços são determinados dinamicamente pelos lances concorrentes. Os leilões eletrônicos (e-auctions) geralmente aumentam a renda dos vendedores devido ao alargamento da base de clientes e ao encurtamento do ciclo do leilão. Os compradores normalmente se beneficiam dos leilões eletrônicos porque podem barganhar preços menores. Além disso, não precisam se deslocar até um local físico.

A Internet oferece uma infra-estrutura eficiente para realizar leilões com baixos custos administrativos e com muito mais vendedores e compradores envolvidos. Consumidores e organizações podem participar dos leilões da mesma forma. Há dois tipos principais de leilões: regulares e reversos.

Os **leilões regulares** são os que os vendedores usam como canal para muitos compradores potenciais. Normalmente, os vendedores colocam itens a serem leiloados nos sites e os compradores fazem lances continuamente para esses itens. O que oferecer o maior lance recebe o direito de comprar o item. Tanto os vendedores quanto os compradores podem ser pessoas ou organizações. O famoso site de leilão eBay.com é um leilão regular.

Nos **leilões reversos**, um comprador, geralmente uma organização, deseja adquirir um produto ou serviço. O comprador publica um pedido de cotação (RFQ) em seu website ou no website de um intermediário. A RFQ fornece informações detalhadas sobre a compra desejada. Os fornecedores estudam a RFQ e, então, submetem lances eletronicamente. Se todas as outras condições forem iguais, o fornecedor com preço mais baixo vence o leilão. O comprador notifica o fornecedor vencedor por meios eletrônicos. O leilão reverso é o modelo de leilão mais comum para grandes compras (em termos de quantidade ou preço). Os governos e as grandes corporações freqüentemente usam esse método, que pode proporcionar uma considerável economia para o comprador.

Os leilões podem ser realizados através do site do vendedor, do comprador ou de um intermediário. Por exemplo, o eBay, o site intermediário mais famoso, oferece centenas de milhares de itens diferentes em

**Checklist Gerencial 6.1**

Modelos empresarias de comércio eletrônico

| Modelo de CE | Descrição |
|---|---|
| Marketing direto on-line | Fabricantes ou varejistas vendem diretamente aos consumidores. Muito eficiente para produtos e serviços digitais. Pode permitir a personalização de produtos ou serviços. (*www.dell.com*) |
| Sistema de proposta eletrônico | As empresas solicitam cotações de preços dos fornecedores. Usa B2B com um mecanismo de leilão reverso. |
| Faça seu próprio preço | Os consumidores decidem quanto estão dispostos a pagar. Um intermediário (por exemplo, *www.priceline.com*) tenta encontrar um fornecedor com o preço desejado. |
| Encontre o melhor preço | Os consumidores especificam uma necessidade; um intermediário (por exemplo, *www.hotwire.com*) compara fornecedores e mostra o menor preço. Os consumidores precisam aceitar a oferta em um curto período de tempo ou perdem o negócio. |
| Marketing afiliado | Os fornecedores pedem aos parceiros para colocar logotipos (ou banners) no site do parceiro. Se os consumidores clicarem no logotipo, vão para o site do fornecedor e compram; depois, o fornecedor paga comissões aos parceiros. |
| Marketing viral | Os receptores enviam informações sobre seu produto para os amigos deles. (Tome cuidado com os vírus.) |
| Compra em grupo (e-coops) | Pequenos compradores agregam demanda para obter um grande volume; depois, o grupo realiza propostas ou negocia descontos. |
| Leilões on-line | As empresas realizam leilões de vários tipos na Internet. Muito popular no C2C, mas ganhando terreno em outros tipos de CE. (*www.ebay.com*) |
| Personalização de produtos | Os consumidores usam a Internet para configurar produtos ou serviços. Os vendedores, então, dão o preço e os satisfazem rapidamente (*build-to-order*). (*www.jaguar.com*). |
| Mercados e câmbios eletrônicos | As transações são realizadas de modo eficiente (mais informações para compradores e vendedores, menos custo de transação) nos mercados eletrônicos (privados ou públicos). |
| Troca on-line | Um intermediário administra a troca on-line de produtos excedentes e/ou a empresa recebe "pontos" pela contribuição, e os pontos podem ser usados para adquirir outros itens necessários. (*www.bbu.com*) |
| Grandes descontos | A empresa (por exemplo, *www.half.com*) oferece grandes descontos no preço. Visa os consumidores que consideram apenas o preço nas decisões de compra. |
| Associação | Apenas membros podem usar os serviços fornecidos, incluindo acessar certas informações, realizar negócios etc. (*www.egreetings.com*) |

vários tipos de leilão. Ao todo, mais de 300 grandes organizações, incluindo Amazon.com e Dellauction.com, oferecem leilões on-line.

Uma **loja eletrônica** é um website na Internet que representa uma única loja. Um **shopping eletrônico**, também conhecido como cybermall, ou e-mall, é um grupo de lojas individuais no mesmo endereço na Internet. As lojas e os shoppings eletrônicos estão intimamente relacionados ao comércio eletrônico B2C. Discutiremos cada um deles em mais detalhes na Seção 6.2.

Um **mercado eletrônico** é um espaço de mercado virtual central na Web onde muitos compradores e muitos vendedores podem conduzir comércio eletrônico e atividades empresariais eletrônicas. Os mercados eletrônicos estão associados ao comércio eletrônico B2B e examinaremos esse tópico na Seção 6.3.

### Vantagens e limitações do comércio eletrônico

Poucas inovações na história humana ofereceram tantas vantagens para as organizações, os indivíduos e a sociedade quanto o comércio eletrônico. O comércio eletrônico beneficia as organizações tornando os mercados nacional e internacional mais acessíveis e reduzindo os custos de processamento, distribuição e recuperação das informações. Os consumidores se beneficiam por serem capazes de acessar um grande número de produtos e serviços 24 horas por dia. O principal benefício para a sociedade é a capacidade de distribuir informações, serviços e produtos de maneira fácil e conveniente para pessoas em cidades, áreas rurais e países em desenvolvimento.

Apesar de todas essas vantagens, o CE possui algumas limitações tecnológicas e não-tecnológicas que desaceleraram seu crescimento e sua aceitação. As limitações tecnológicas incluem a falta de padrões de segurança universalmente aceitos, largura de banda de telecomunicações insuficiente e acessibilidade cara. As limitações não-tecnológicas incluem uma percepção de que o CE não é seguro, apresenta problemas legais não resolvidos e carece de uma massa crítica de vendedores e compradores. À medida que o tempo passa, as limitações, especialmente as tecnológicas, diminuirão ou serão eliminadas.

---

### Antes de prosseguir...

1. Defina comércio eletrônico e diferencie-o do e-business.
2. Estabeleça as diferenças entre comércio eletrônico B2C, B2B, C2C e B2E.
3. Defina e-government.
4. Descreva os leilões regulares e reversos.
5. Cite alguns benefícios e algumas limitações do comércio eletrônico.

---

## 6.2 Comércio eletrônico business-to-consumer (B2C)

Embora o comércio eletrônico B2B seja muito maior em volume, o CE B2C é mais complexo. A razão é que o B2C envolve um grande número de compradores que realiza milhões de transações diferentes por dia com um número de vendedores relativamente pequeno. Observe o exemplo da Amazon, um varejista on-line que oferece milhares de produtos aos consumidores. Cada compra é relativamente pequena, mas a Amazon precisa gerenciar essa transação como se esse consumidor fosse seu cliente mais importante. Cada pedido precisa ser processado de modo rápido e eficiente, e os produtos precisam ser despachados para o consumidor. As devoluções também precisam ser gerenciadas. Multiplique esse simples exemplo por milhões e você terá uma idéia da complexidade do comércio eletrônico B2C.

Esta seção trata dos problemas mais importantes no CE B2C. Começamos com uma discussão das duas principais maneiras de os consumidores acessarem empresas na Web: lojas eletrônicas e shoppings eletrônicos. Além de comprar produtos pela Web, os consumidores também acessam serviços on-line. Nossa próxima seção aborda vários serviços on-line, como banking, corretoras de valores, busca de empregos, agências de turismo e mercado imobiliário. A complexidade do CE B2C leva a dois importantes problemas enfrentados pelos vendedores: conflito de canais e atendimento aos pedidos. Examinaremos esses dois tópicos em detalhes. Como as empresas que realizam CE B2C precisam "aparecer" para os consumidores potenciais, concluímos esta seção discutindo a propaganda on-line.

### Lojas e shoppings eletrônicos

Ao longo de várias gerações, as compras em casa por meio de catálogos — e posteriormente de canais de compra na televisão — têm atraído milhões de compradores. As compras on-line oferecem uma alternativa às compras por catálogo e televisão. O **varejo eletrônico** é a venda direta de produtos e serviços através de lojas ou shoppings eletrônicos, normalmente projetados em torno de um formato de catálogo e/ou leilões eletrônicos.

Como qualquer experiência de compra por catálogo, o comércio eletrônico lhe permite comprar a partir de casa e fazer isso 24 horas por dia, sete dias por semana. Entretanto, o CE oferece uma variedade maior de produtos e serviços, incluindo os itens mais singulares, geralmente com menores preços. Além disso, em segundos, os compradores podem obter informações complementares bem detalhadas sobre os produtos. Também podem localizar e comparar facilmente produtos e preços dos concorrentes. Finalmente, os compradores podem encontrar centenas de milhares de vendedores. Dois mecanismos de compra on-line comuns são as lojas eletrônicas e os shoppings eletrônicos.

### Lojas eletrônicas

Centenas de milhares de lojas individuais (representando uma única loja), chamadas *lojas eletrônicas*, podem ser encontradas na Internet. Cada loja eletrônica possui seu próprio URL ou endereço da Internet, onde os compradores podem fazer pedidos. Algumas lojas eletrônicas são extensões das lojas físicas, como Home Depot, The Sharper Image e Wal-Mart. Outras são novas empresas, abertas por empreendedores que viram um nicho na Web. Entre as mais conhecidas estão Amazon.com, CDNow.com, Uvine.com, Restaurant.com e Alloy.com. Fabricantes (por exemplo, *www.dell.com*) e varejistas (por exemplo, *www.officedepot.com*) usam lojas eletrônicas.

### Shoppings eletrônicos

Um *shopping eletrônico*, também conhecido como cybermall ou e-mall, é um grupo de lojas individuais sob o mesmo endereço na Internet. A idéia básica de um shopping eletrônico é a mesma de um shopping físico tradicional: apresentar um local de compras único que ofereça muitos produtos e serviços diferentes. Cada shopping eletrônico pode incluir milhares de vendedores. Por exemplo, *http://eshop.msn.com* inclui dezenas de milhares de produtos de milhares de vendedores.

Existem dois tipos de shoppings eletrônicos. Primeiro, existem os *shoppings de referência* (por exemplo, *www.hawaii.com*). Você não pode comprar nesse shopping. Em vez disso, você é transferido do shopping para uma loja eletrônica participante. No segundo tipo de shopping (por exemplo, *http://shopping.yahoo.com*), você pode realmente fazer uma compra. Nesse tipo de shopping, você pode comprar de várias lojas, mas realiza apenas uma transação de compra no final. Um *carrinho de compras eletrônico* permite escolher itens de vários fornecedores e pagar todos eles juntos em uma única transação. (O organizador do shopping, como o Yahoo, recebe uma comissão dos vendedores por esse serviço.)

### O setor de serviços on-line

Além de comprar produtos, os consumidores também podem acessar serviços necessários através da Web. Vender livros, brinquedos, computadores e muitos outros produtos na Internet pode reduzir os custos de venda dos fornecedores de 20% a 40%. É difícil reduzir mais porque os produtos precisam ser entregues fisicamente. Apenas alguns produtos (como software e música) podem ser digitalizados para serem distribuídos on-line com o objetivo de gerar uma economia adicional. Por outro lado, os serviços, como comprar uma passagem de avião ou comprar ações ou títulos, podem ser distribuídos totalmente através do comércio eletrônico, normalmente com uma considerável redução no custo. Não é surpreendente, então, que a prestação de serviços on-line esteja crescendo muito rapidamente, acrescentando milhões de novos clientes a cada ano. Veremos, aqui, os principais setores de serviços on-line: banking, valores (ações, títulos), procura de emprego, serviços de turismo, mercado imobiliário e o chamado Really Simple Syndication (RSS).

### Banking

O *banking*, também conhecido como **ciberbanking**, envolve realizar várias atividades bancárias a partir de casa, do escritório ou em viagem, em vez de em um banco físico. O banking possui habilidades que variam de pagar contas a solicitar um empréstimo. Economiza tempo e é conveniente para os clientes. Para os bancos, ele oferece uma alternativa barata à atividade bancária das agências (por exemplo, cerca de 2 centavos de custo por transação contra US$1,07 em uma agência física). O cyberbanking também permite que os bancos conquistem clientes remotos. Além dos bancos regulares com serviços on-line agregados, estamos presenciando o surgimento de **bancos virtuais**, que são dedicados unicamente às transações pela Internet. Um exemplo de banco virtual é *www.netbank.com*.

O banking internacional e a capacidade de realizar negócios em várias moedas são vitais para o comércio internacional. As transferências eletrônicas de fundos e as cartas de crédito eletrônicas são serviços importantes no banking internacional. Um exemplo de apoio ao comércio eletrônico global é fornecido pela TradeCard em parceria com a MasterCard. A TradeCard é uma empresa internacional que fornece um método seguro para compradores e vendedores fazerem pagamentos digitais em qualquer lugar do mundo (veja a demonstração em *www.tradecard.com*). Em outro exemplo, bancos e empresas como a Oanda (*www.oanda.com*) também fornecem conversões entre mais de 160 moedas.

## Mercado de valores on-line

O Emarketer.com estima que aproximadamente 40 milhões de pessoas nos Estados Unidos usam computadores para negociar ações, títulos e outros instrumentos financeiros. Na Coréia, mais da metade dos investidores em ações já está usando a Internet para essa finalidade. Por quê? Porque é mais barato que usar um corretor completo ou parcial. Na Web, os investidores podem encontrar uma quantidade considerável de informações sobre empresas ou fundos mútuos específicos nos quais investir (por exemplo, *http://money.cnn.com*, *www.bloomberg.com*)

Por exemplo, suponha que você tem uma conta com Charles Schwab. Você acessa o website de Schwab (*www.schwab.com*) de seu PC ou dispositivo móvel com conexão à Internet, insere o número da conta e a senha para acessar sua página Web personalizada e, então, clica em "stock trading". Usando um menu, você insere os detalhes do pedido (comprar ou vender, margem ou cash, limite de preço, pedido de mercado etc.). O computador informa os preços "solicitados" e as "ofertas" atuais, de maneira muito semelhante a um corretor pelo telefone. Você, então, aprova ou rejeita a transação. Algumas empresas conhecidas que oferecem apenas negócios on-line são E*Trade, Ameritrade e Suretrade.

## O mercado de trabalho on-line

A Internet oferece um novo e promissor ambiente para candidatos a empregos e para empresas que procuram empregados difíceis de achar. Milhares de empresas e órgãos governamentais anunciam cargos disponíveis, aceitam currículos e recebem propostas de emprego pela Internet.

Os candidatos a empregos usam o mercado de trabalho on-line para responder a anúncios de vagas, deixar currículos em vários sites e usar empresas de recrutamento (por exemplo, *www.monster.com* e *www.jobdirect.com*). As empresas que possuem cargos para oferecer anunciam aberturas de vagas em seus websites e pesquisam os quadros de aviso das empresas de recrutamento. Em muitos países, os governos têm de anunciar aberturas de vagas na Internet.

## Serviços de viagem

A Internet é o lugar ideal para planejar, explorar e organizar quase qualquer viagem de maneira econômica. Os serviços de viagem on-line permitem comprar passagens de avião, reservar quartos de hotel e alugar carros. A maioria dos sites oferece um recurso de pesquisa de tarifas que lhe envia mensagens de e-mail sobre vôos de baixo custo. Exemplos de serviços de viagem on-line completos são Expedia.com, Travelocity.com e Orbiz.com. Os serviços on-line também são fornecidos por todas as principais empresas aéreas, grandes agências de viagem convencionais, agências de aluguel de carros, hotéis (por exemplo, *www.hotels.com*) e empresas de turismo. O Priceline.com permite que você especifique o preço que está disposto a pagar por uma passagem de avião ou por acomodações em hotéis. Então, tenta encontrar os fornecedores que cobrem o preço desejado por você.

## Mercado imobiliário

As transações imobiliárias são uma área ideal para o comércio eletrônico. Você pode ver muitos imóveis na tela e classificá-los de acordo com suas preferências e critérios de decisão. Em algumas localidades, os corretores exigem que os compradores potenciais usem bancos de dados imobiliários apenas nos escritórios dos corretores. Entretanto, informações consideráveis agora estão disponíveis na Internet. Por exemplo, o site Realtor.com permite que você pesquise um banco de dados de mais de 1,2 milhão de imóveis nos Estados Unidos. Esse banco de dados é composto de "listagens múltiplas" locais de todos os imóveis disponíveis, em centenas de localidades. As pessoas que estão procurando um apartamento podem visitar o site Apartments.com.

## Really Simple Syndication

Outro serviço interessante é o chamado Really Simple Syndication (RSS). Se você tem interesses pessoais como notícias, tipos específicos de música ou qualquer outra coisa, o RSS lhe permite montar uma lista de websites que você deseja acompanhar. As informações que você requisitou, chamadas de *feed*, chegam até você através de um software chamado newsreader. Vários serviços permitem configurar um feed facilmente. Experimente Bloglines (*www.bloglines.com*), Feeddemon (*www.feeddemon.com*), Pluck (*www.pluck.com*) e My Yahoo! (*http://my.yahoo.com*).

## Problemas do varejo eletrônico

Apesar da crescente expansão do varejo eletrônico, muitos varejistas eletrônicos (e-tailers) continuam a enfrentar sérios problemas que podem limitar seu crescimento. Talvez os dois maiores problemas sejam o conflito de canais e o atendimento aos pedidos.

As empresas que vendem fisicamente e on-line podem enfrentar um conflito com os distribuidores regulares quando elas vendem diretamente a clientes on-line. Essa situação, conhecida como **conflito de canais**, pode afastar os distribuidores. O conflito de canais obrigou algumas empresas (por exemplo, Ford Motor Company) a evitarem as vendas diretas on-line. Um método alternativo para a Ford permite que os clientes configurem seus carros on-line, mas exige que eles comprem o carro de uma concessionária, onde conseguem financiamento, garantias e serviços.

O conflito de canais pode surgir em áreas como a definição de preços de produtos e serviços e alocação de recursos (por exemplo, quanto gastar em propaganda). Outra fonte potencial de conflito envolve serviços logísticos prestados pelas atividades off-line para as atividades on-line. Por exemplo, como uma empresa deve lidar com as devoluções de itens comprados on-line? Algumas empresas separaram completamente a parte on-line da parte física tradicional da organização. Entretanto, esse método pode aumentar as despesas e reduzir a sinergia entre os dois canais organizacionais. Conseqüentemente, muitas empresas estão integrando os canais on-line e off-line, um processo chamado **multicanais**. O Quadro 6.2 ilustra o processo de multicanais.

O segundo grande problema é o atendimento aos pedidos, que também pode ser uma fonte de problemas para os varejistas eletrônicos. Sempre que uma empresa vende diretamente aos consumidores, ela se envolve em várias atividades de atendimento a pedidos. Ela precisa realizar as seguintes atividades: encontrar rapidamente os produtos a serem remetidos; embalá-los; cuidar para que as encomendas sejam entregues com rapidez na porta do cliente; receber o dinheiro de cada consumidor, seja antecipadamente, por DOC ou por cobrança individual; e cuidar da devolução dos produtos indesejados ou defeituosos.

É muito difícil realizar essas atividades de maneira eficiente e eficaz no B2C, pois uma empresa precisa despachar pequenos pacotes para muitos clientes e fazer isso rapidamente. Por essa razão, as empresas envolvidas no B2C freqüentemente enfrentam problemas com as cadeias de suprimentos.

O atendimento aos pedidos inclui não só fornecer pontualmente aos consumidores o que eles pediram, mas também fornecer todo o serviço ao cliente relacionado. Por exemplo, o consumidor precisa receber instruções de montagem e operação de um novo aparelho. (Bons exemplos estão disponíveis em *www.livemanuals.com*.) Além disso, se o consumidor não estiver satisfeito com um produto, é necessário combinar a troca ou devolução. (Visite *www.fedex.com* para ver como as devoluções são administradas pela FedEx.)

No final da década de 1990, os e-tailers enfrentaram muitos problemas no atendimento a pedidos, especialmente durante a época do Natal. Os problemas incluíam entregas atrasadas, entrega de itens errados, custos de remessa elevados e indenizações para clientes insatisfeitos. Para os e-tailers, receber pedidos pela Internet é a parte fácil do comércio eletrônico B2C. Entregar os pedidos na porta dos consumidores é a parte difícil. O atendimento aos pedidos é menos complicado no B2B. Essas transações são muito maiores no tamanho do pedido, mas menores em quantidade de pedidos. Além disso, essas empresas têm mecanismos de atendimento a pedidos estabelecidos há muitos anos.

## Propaganda on-line

*Propaganda* é o esforço para disseminar informações com o objetivo de influenciar uma transação entre vendedor e comprador. A propaganda tradicional na TV, em revistas ou jornais é uma comunicação em massa, impessoal e unilateral. O marketing de resposta direta, ou telemarketing, contata as pessoas por mala direta ou telefone e exige que elas respondam para realizar uma compra. O método de resposta direta personaliza o anúncio e o marketing, mas pode ser muito caro, lento e ineficaz. Também pode ser extremamente irritante para o consumidor.

A propaganda na Internet redefine o processo, tornando-o rico, dinâmico e interativo. Ele aprimora as formas tradicionais de propaganda de diversas maneiras. Primeiro, a propaganda na Internet pode ser atualizada a qualquer momento, com um custo mínimo e, portanto, pode estar sempre atualizada. Além disso, a propaganda na Internet pode atingir uma quantidade bem alta de compradores potenciais em todo o mundo. Geralmente também é mais barata que a propaganda no rádio, na televisão e impressa. A pro-

## TI E A EMPRESA

### 6.2 Boas e más notícias sobre multicanais

Novas tecnologias estão permitindo que os varejistas derrubem o muro entre a compra on-line e a compra na loja e tornem a coleta de dados de consumidores mais fácil e mais valiosa. O objetivo final é um serviço mais personalizado. Os melhores varejistas sempre tentaram prestar o serviço mais personalizado possível. A integração entre a compra on-line e off-line oferece vantagens, como vemos na REI (*www.rei.com*). Entretanto, também causa problemas, como vemos na Staples (*www.staples.com*).

A REI e a Staples adotaram o modelo de "multicanais" de vendas de varejo integradas. Ou seja, as duas empresas integraram os serviços digitais com as vendas na loja, por catálogo e por telefone, e com quaisquer outros canais de varejo. A idéia por trás dos multicanais é que a Internet funciona bem para alguns tipos de produtos, como livros, produtos para computadores e música. Entretanto, para outros itens — barcos, automóveis, roupas e sistemas de entretenimento, por exemplo —, muitos consumidores não querem comprar e pagar custos de frete sem primeiro experimentar os produtos e conversar com vendedores capacitados.

Em 2003, a REI começou a oferecer aos clientes a opção de comprar produtos on-line e retirá-los nas lojas. O conceito surgiu a partir de uma pesquisa nos quiosques Web em lojas, que a REI começou a usar em 1998. Os quiosques ofereciam informações sobre produtos às quais os vendedores não tinham acesso. Entretanto, os consumidores também usavam os quiosques para fazer pedidos quando as lojas não tinham os itens desejados. Aparentemente, esses consumidores estavam dispostos a pagar os custos de frete dos produtos que pretendiam comprar pessoalmente. Hoje, os pedidos feitos nos quiosques que saem do depósito central da REI são embalados de maneira distinta. Desse modo, os empregados identificam com facilidade que itens devem ser armazenados para o cliente retirar. Quando um desses itens chega, o código de barra é lido para registrar a chegada, e uma notificação é enviada por e-mail ao comprador.

A REI está tornando o comércio eletrônico muito mais interativo. Esse sistema trouxe muitas vantagens para os clientes da REI. Primeiro, eles podem comprar por meio de qualquer canal: off-line em qualquer uma das 77 lojas, on-line nos quiosques de loja, on-line pela Internet etc. Além disso, podem comprar itens on-line e retirá-los ou devolvê-los em uma loja. Os descontos são os mesmos em todos os locais. Finalmente, cada item oferecido na Web pode ser pedido através da loja ou de catálogo e vice-versa.

Para a Staples, porém, o comércio eletrônico foi uma bênção mista. A Staples está tentando encontrar um equilíbrio entre oferecer um serviço superior ao cliente por um lado e desencorajar a conduta fraudulenta ou antiética por outro. Uma preocupação especial é a devolução em série. Os clientes que se envolvem em uma devolução em série compram um produto, reivindicam o reembolso do fabricante e, depois, devolvem o produto para obter um ganho líquido. Atitudes como essa aumentam os custos operacionais da empresa. A Staples reconhece que os clientes podem precisar devolver produtos, e a empresa não quer negar a esses clientes o serviço que merecem. Por outro lado, a Staples perde dinheiro com os devolvedores contumazes.

A solução é a Return Exchange (*www.returnexchange. com*), empresa que opera como uma agência de crédito para devoluções de lojas. A empresa monitora as devoluções dos compradores e, depois, usa uma aplicação baseada em regras para avaliar se determinado comprador está agindo de má-fé. Na Staples, se você devolver um item para ressarcimento em dinheiro e tiver perdido a nota, a loja solicitará sua carteira de motorista. Seu nome, então, ficará armazenado no sistema de computação da Return Exchange. Desse modo, os clientes que apresentam comportamento fraudulento serão identificados e possivelmente perderão o direito de trocar produtos.

*Fontes*: Compilado de R. Buderi, "E-Commerce Gets Smarter", *MIT Technology Review*, abril de 2005, p. 54-59; "Striking a Balance", *CIO Insight*, 1º de dezembro de 2004; e *www.rei.com*, *www.staples.com* e *www.returnexchange.com*, acessados em 10 de maio de 2005.

**PERGUNTAS**

1. Quais são as vantagens dos multicanais para os varejistas? E as desvantagens?
2. Quais são as vantagens dos multicanais para os consumidores? E as desvantagens?

paganda na Internet pode ser interativa e voltada para grupos e/ou pessoas com interesses específicos. Apesar de todas essas vantagens, é difícil medir a eficácia e a justificativa de custo da propaganda on-line. O exemplo a seguir ilustra o poder da propaganda na Internet.

## Exemplos

### Propaganda on-line atrai atenção

Nos anos dourados da televisão, eram chamados de comerciais. Os anunciantes exibiam o mesmo comercial, no mesmo momento, nas principais emissoras. Dessa forma, o anúncio tinha grande alcance, atingindo os espectadores independentemente do programa a que estavam assistindo. Que tal comerciais on-line? Uma empresa pode fazer na Internet o que os anunciantes costumavam fazer na televisão?

A resposta é sim. Em meados de 2005, a Ford Motor Company lançou uma propaganda na Internet para promover o caminhão F-150. No dia do lançamento, a Ford colocou enormes anúncios de banner por 24 horas nos três principais portais da Internet: AOL, MSN e Yahoo! Cerca de 50 milhões de pessoas viram o anúncio da Ford. Milhões delas clicaram no banner, desembocando no website da Ford a uma taxa que atingia 3.000 cliques por segundo. A Ford relatou que o tráfego levou a um aumento de 6% nas vendas durante os três primeiros meses da campanha.

Anunciar na Internet pode ser muito poderoso. Cada um dos três maiores portais atrai 70% dos norte-americanos on-line para seus sites mensalmente, segundo a com-Score Networks, uma organização de monitoramento de tráfego na Internet. Quanto mais as empresas percebem a influência desses três portais, mais os preços sobem. No ano passado, os compradores corporativos podiam alugar espaços nas home pages dos principais portais entre US$ 100.000 e US$ 180.000 por 24 horas. Desde então, o custo subiu para US$ 300.000.

(*Fontes*: Compilado de S. Baker, "The Online Ad Surge", *Business Week*, 22 de novembro de 2004, p. 76-82; e *www.ford.com*, acessado em 21 de fevereiro de 2005.)

### Métodos de propaganda

Os métodos de propaganda on-line mais comuns são banners, pop-ups e e-mails. Os **banners** são simplesmente quadros de anúncios eletrônicos. Em geral, um banner contém um texto curto ou mensagem gráfica para promover um produto ou fornecedor. Pode até conter videoclipes e som. Quando os consumidores clicam em um banner, são direcionados para a home page do anunciante. O anúncio em banners é a forma de propaganda mais usada na Internet.

Uma grande vantagem dos banners é que eles podem ser personalizados para o público-alvo. Se o sistema de computação souber quem você é ou qual é seu perfil, você pode ver um banner voltado especificamente para seus interesses. Uma grande desvantagem dos banners é que eles contêm apenas informações limitadas, visto que são pequenos. Outro ponto negativo é que muitos simplesmente os ignoram.

Os anúncios pop-up e pop-under são apresentados em uma nova janela do navegador que é automaticamente aberta quando você entra ou sai de um website. Um **anúncio pop-up** aparece na frente da janela ativa do navegador. Um **anúncio pop-under** aparece por baixo da janela ativa: quando os usuários fecham a janela ativa, vêem o anúncio. Muitos usuários fazem forte objeção a esses tipos de anúncio, que consideram invasivos.

O e-mail está emergindo como um canal de propaganda e marketing na Internet. Em geral, ele é economicamente vantajoso e apresenta um índice de resposta melhor e mais rápido que outros canais de propaganda. Os profissionais de marketing desenvolvem ou compram uma lista de endereços de e-mail, colocam-na em um banco de dados de clientes e, depois, enviam anúncios por e-mail. Uma lista de endereços de e-mail pode ser uma ferramenta muito poderosa porque pode atingir um grupo de pessoas ou mesmo indivíduos.

Entretanto, existe um potencial para o mau uso da propaganda por e-mail. Na verdade, alguns consumidores recebem uma enxurrada de e-mails não-solicitados. Esse tipo de e-mail é chamado de spam. **Spamming** é a distribuição indiscriminada de anúncios eletrônicos sem permissão do destinatário. Infelizmente, o spamming está piorando com o passar do tempo.

Duas respostas importantes ao spamming são o marketing de permissão e o marketing viral. O **marketing de permissão** pede que os consumidores dêem permissão para receber voluntariamente anúncios on-line via e-mail. Em geral, solicita-se que os consumidores preencham um formulário eletrônico perguntando sobre seus interesses e pedindo permissão para enviar informações de marketing relacionadas. Algumas vezes, oferecem-se incentivos aos consumidores para que eles recebam anúncios.

O marketing de permissão é a base de muitas estratégias de marketing na Internet. Por exemplo, milhões de usuários recebem e-mails periodicamente de empresas aéreas como American e Southwest. Os usuários desse serviço de marketing podem pedir para serem notificados de tarifas reduzidas a partir de suas cidades natais ou para seus destinos favoritos. Os usuários podem cancelar facilmente a inscrição a qualquer momento. O marketing de permissão também é extremamente importante para a pesquisa de marketing (por exemplo, veja Media Metrix em *www.comscore.com*).

Em uma forma particularmente interessante de marketing de permissão, empresas como Clickdough.com, Getpaid4.com e CashSurfers.com construíram listas de consumidores com milhões de pessoas que ficam satisfeitas em receber mensagens de propaganda sempre que estão na Web. Esses consumidores recebem de US$0,25 a US$0,50 por hora para ver mensagens enquanto navegam na Internet.

O **marketing viral** se refere à propaganda "boca a boca". A idéia por trás do marketing viral é fazer as pessoas repassarem mensagens para os amigos, sugerindo que eles "confiram isso". Um profissional de marketing pode distribuir um pequeno software de jogo, por exemplo, embutido no e-mail de um patrocinador, que é fácil de repassar. Enviando alguns milhares de cópias, os fornecedores esperam atingir muitos outros milhares. O marketing viral permite que as empresas construam a percepção da marca com um custo mínimo. Infelizmente, no entanto, várias fraudes têm se espalhado por meio do marketing viral. Além disso, um risco mais grave do marketing viral é que um vírus de computador destrutivo pode ser adicionado a um inocente anúncio, jogo ou mensagem.

---

## Antes de prosseguir...

1. Descreva as lojas e os shoppings eletrônicos.
2. Analise vários tipos de serviço on-line (por exemplo, cyberbanking, compra e venda de títulos, procura de emprego, serviços de viagem).
3. Faça uma lista dos principais problemas relacionados ao varejo eletrônico.
4. Descreva a propaganda on-line, seus métodos e suas vantagens.
5. O que é spamming, marketing de permissão e marketing viral?

---

## 6.3 Comércio eletrônico business-to-business (B2B)

No comércio eletrônico *business-to-business (B2B)*, os compradores e vendedores são organizações comerciais. O B2B constitui cerca de 85% do volume do CE. Ele abrange um amplo espectro de aplicações que permitem a uma empresa formar relações eletrônicas com distribuidores, varejistas, fornecedores, clientes e outros parceiros. Usando o B2B, as organizações podem reestruturar suas cadeias de suprimentos e seus relacionamentos de parceria.

Há vários modelos empresariais para aplicações B2B. Os principais são os mercados do lado da venda (sell-side), os mercados do lado da compra (buy-side), as trocas eletrônicas e os hubs eletrônicos.

### Mercados do lado da venda

No modelo do **mercado do lado da venda (sell-side)**, as organizações tentam vender produtos ou serviços para outras organizações eletronicamente através do seu próprio website de mercado eletrônico privado e/ou através de um site de intermediários. Esse modelo é semelhante ao modelo B2C, no qual se espera que o comprador vá ao site do vendedor, veja catálogos e faça pedidos. No mercado do lado da venda B2B, entretanto, o comprador é uma organização.

Os principais mecanismos no modelo do lado da venda são os catálogos eletrônicos que podem ser personalizados para cada grande comprador e para leilões regulares. Vendedores como Dell Computer (*www.dellauction.com*) usam leilões amplamente. Além dos leilões em seus próprios websites, as organizações podem usar sites de leilão terceirizados, como o eBay, para liquidar itens. Empresas como Ariba (*www.ariba.com*) estão ajudando organizações a leiloarem bens e estoques antigos.

O modelo do lado da venda é usado por centenas de milhares de empresas. É especialmente poderoso para empresas com alta reputação. O vendedor pode ser um fabricante (por exemplo, Dell, IBM), um distribuidor (por exemplo, *www.avnet.com*) ou um varejista (por exemplo, *www.bigboxx.com*). O vendedor usa o CE para aumentar as vendas, reduzir as despesas de venda e propaganda, aumentar a rapidez da entrega e reduzir os custos administrativos. O modelo do lado da venda é especialmente adequado para a personalização. Em muitas empresas, os consumidores podem configurar seus pedidos on-line. Na Dell, por exemplo, é possível determinar o tipo exato de computador desejado. Você pode escolher o tipo de chip (por exemplo, Pentium 4), o tamanho do disco rígido (por exemplo, 120 gigabytes), o tipo de monitor (por exemplo, tela plana de 19") e assim por diante. No website da Jaguar (*www.jaguar.com*), você pode personalizar o Jaguar que deseja. A personalização dos pedidos gera menos mal-entendidos em relação ao que os clientes querem, ao mesmo tempo que estimula um atendimento mais rápido aos pedidos.

### Mercados do lado da compra

O **mercado do lado da compra (buy-side)** é um modelo em que as organizações tentam comprar eletronicamente os produtos ou serviços necessários de outras organizações. Um importante método de comprar produtos e serviços no modelo do lado da compra é o leilão reverso.

O modelo do lado da compra usa tecnologia de CE para tornar o processo de compra mais eficiente. O objetivo é reduzir os custos dos itens comprados, bem como as despesas administrativas envolvidas na compra. Além disso, a tecnologia de CE pode reduzir o tempo do ciclo de compra. As aquisições que usam um modelo de mercado do lado da compra terceirizado são especialmente populares em pequenas e médias organizações, devido ao potencial de redução dos custos dos itens comprados e das despesas administrativas. A aquisição inclui comprar bens e matérias-primas, assim como sourcing, negociar com fornecedores, pagar as mercadorias e criar arranjos de entrega. As organizações agora usam a Internet para realizar todas essas funções.

As compras que usam apoio eletrônico são chamadas de **aquisição eletrônica**. A aquisição eletrônica utiliza leilões reversos, particularmente compras em grupo. Nas **compras em grupo**, os pedidos de muitos compradores são combinados de modo a constituírem um grande volume. Esse processo permite atrair mais atenção do vendedor. Além disso, quando os pedidos combinados são feitos em um leilão reverso, um grande desconto pode ser negociado. Geralmente, os pedidos dos pequenos compradores são agregados por um fornecedor terceirizado, como a United Sourcing Alliance (*www.usa-llc.com*).

### Trocas eletrônicas

As trocas privadas possuem um comprador e muitos vendedores. Os mercados eletrônicos, em que existem muitos vendedores e muitos compradores, são chamados de **trocas públicas**, ou simplesmente **trocas**. As trocas públicas são abertas a todas as organizações comerciais. Normalmente são mantidas e operadas por intermediários. Os administradores de trocas públicas fornecem aos participantes todos os sistemas de informação necessários. Portanto, os compradores e vendedores precisam simplesmente "se conectar" para realizar trocas. As trocas públicas B2B normalmente são o ponto inicial para contatos entre parceiros comerciais. Depois que fazem contato, os parceiros podem mudar para uma troca privativa ou para as salas de negócios privativas oferecidas por muitas trocas públicas, a fim de realizarem as atividades de negociação subseqüentes.

Algumas trocas eletrônicas são para matérias-primas diretas e outras para indiretas. As *matérias-primas diretas* são insumos para o processo de fabricação, como vidros de segurança usados em pára-brisas e janelas de automóveis. As *matérias-primas indiretas* são itens como suprimentos de escritório, que são necessários para manutenção, operações e reparos.

As **trocas verticais** conectam compradores e vendedores de determinado setor. São exemplos de trocas verticais *www.plasticsnet.com* na indústria de plásticos, *www.papersite.com* na indústria de papéis, *www.chemconnect.com* na indústria química e *www.isteelasia.com* na indústria siderúrgica.

As **trocas horizontais** conectam compradores e vendedores de muitos setores e são usadas principalmente para materiais de manutenção, operações e reparos. Exemplos de trocas horizontais incluem EcEurope (*www.eceurope.com*), Globalsources (*www.globalsources.com*) e Alibaba (*www.alibaba.com*).

Nas **trocas funcionais**, serviços necessários, como funcionários temporários ou espaço adicional de escritório, são negociados apenas quando necessário. Por exemplo, a Employease (*www.employease.com*) pode encontrar mão-de-obra temporária usando empregadores na Employease Network.

Todos os tipos de trocas oferecem serviços de apoio diversificados, variando dos pagamentos à logística. As trocas verticais normalmente são mantidas e administradas por um *consórcio*, termo que representa um grupo de grandes atuantes em determinado setor. Por exemplo, a Chevron Texaco possui um mercado eletrônico de energia. Os mercados eletrônicos verticais oferecem serviços especialmente adequados à comunidade a que servem.

## Hubs eletrônicos

As trocas B2B são usadas principalmente para facilitar o comércio entre empresas. Um hub, por sua vez, é usado para facilitar a comunicação e a coordenação entre parceiros comerciais, normalmente ao longo da cadeia de suprimentos. Os hubs permitem que cada parceiro acesse um website, geralmente um portal, que é usado para a troca de informações. Cada parceiro pode inserir novas informações, fazer alterações e trocar mensagens. Alguns hubs também permitem que os parceiros façam negócios. Por exemplo, a Asite (*www.asite.com*) é um hub B2B para o setor de construção civil no Reino Unido.

---

### Antes de prosseguir...

1. Em poucas linhas, estabeleça as diferenças entre o mercado do lado da venda e o mercado do lado da compra.
2. Em poucas linhas, estabeleça as diferenças entre trocas verticais, trocas horizontais e trocas funcionais.

---

## 6.4 Pagamentos eletrônicos

Implementar CE normalmente exige pagamentos eletrônicos. Os **sistemas de pagamento eletrônico** lhe permitem pagar eletronicamente por produtos e serviços, em vez de preencher um cheque ou usar dinheiro. Os sistemas de pagamento eletrônico incluem cheques eletrônicos, cartões de crédito eletrônicos, cartões de compra e dinheiro eletrônico. Os pagamentos são parte integrante de qualquer negócio, seja tradicional ou on-line. Os sistemas de pagamento tradicionais normalmente envolvem dinheiro e/ou cheques. Entretanto, como destaca o Quadro 6.3, o preenchimento de cheques tradicional não é rápido o bastante para acompanhar a velocidade do comércio eletrônico.

Na maioria dos casos, os sistemas de pagamento tradicionais não são eficazes para o CE, especialmente no B2B. O dinheiro não pode ser usado porque não existe contato direto entre comprador e vendedor. Nem todo mundo aceita cartões de crédito ou cheques, e alguns compradores não possuem cartões de crédito ou contas bancárias. Finalmente, ao contrário do que muitos acreditam, pode ser *menos* seguro para o comprador usar o telefone ou os correios para combinar ou enviar pagamentos, especialmente de outro país, do que realizar uma transação segura em um computador. Por todas essas razões, é necessário encontrar uma forma melhor para pagar produtos e serviços no ciberespaço. Esse método melhor são os sistemas de pagamento eletrônico. Agora, veremos os cheques eletrônicos, os cartões de crédito eletrônicos, os cartões de compra e o dinheiro eletrônico.

### Cheques eletrônicos

Os *cheques eletrônicos (e-checks)* são semelhantes ao cheques comuns de papel. São usados principalmente no B2B. Primeiro, o consumidor abre uma conta-corrente no banco. Quando o consumidor contata o vendedor e compra um produto ou serviço, ele envia por e-mail um cheque eletrônico criptografado para o vendedor, que deposita o cheque em uma conta bancária. Em seguida, os fundos são transferidos da conta do comprador para a conta do vendedor.

Assim como os cheques comuns, os e-checks possuem uma assinatura (em formato digital) que pode ser verificada (veja *www.echeck.net*). Os cheques devidamente assinados e endossados são trocados entre instituições financeiras por meio de carteiras de compensação (veja *www.eccho.org* e *www.echecksecure.com* para obter mais detalhes).

### Cartões de crédito eletrônicos

Os *cartões de crédito eletrônico (e-credit)* permitem que os clientes lancem os pagamentos on-line em suas contas de cartão de crédito. Veja como o e-credit funciona. Quando você compra um livro na Amazon.com, por exemplo, suas informações de cartão de crédito e o valor da compra são criptografados em seu navegador. Dessa forma, as informações ficam protegidas enquanto estão "viajando" pela Internet. Além disso, quando as informações chegam à Amazon, elas não são abertas. Em vez disso, são transferidas automaticamente (em formato criptografado) para uma carteira de compensação, onde as informações são decodificadas para verificação e autorização. O processo completo do funcionamento dos cartões de crédito eletrônicos é

## TI E A EMPRESA

### 6.3 O cheque está no correio — Não!

Uma coisa curiosa acontece quando você preenche um cheque em algumas lojas do Wal-Mart. O Wal-Mart não fica com o cheque. Em um esforço para agilizar pagamentos, reduzir custos e combater fraudes, o maior revendedor do mundo agora escaneia os cheques de papel para coletar informações pertinentes, como número do banco e da conta. Depois, devolve os cheques para os clientes na fila de pagamento.

As tecnologias de processamento digital e a crescente adoção do pagamento de contas on-line estão reformulando o negócio de US$30 bilhões de impressão, transporte e processamento de cheques. As organizações que conduzem essas transformações são bancos, empresas de cartões de crédito e comerciantes ansiosos para simplificar um sistema antiquado que envolve não menos que 28 intermediários. Eles têm bastante motivação: manipular um pagamento on-line custa apenas 10 centavos de dólar, aproximadamente um terço do custo envolvido no processamento de um cheque de papel. O resultado: o número de cheques preenchidos anualmente deve cair cerca de 25% até 2007.

A antiga prática de imprimir cheques e transportá-los pelo país em carros-fortes está sendo revolucionada. Na verdade, o maior impressor de cheques dos Estados Unidos — a Deluxe Corporation (*www.deluxe.com*) — está fechando 3 de suas 13 instalações de impressão. Ao mesmo tempo, está tentando aumentar os lucros criando designs de cheques de maior valor e serviços de prevenção contra fraudes. Outra vítima é a AirNet Systems (*www.airnet.com*), que recebe quase 70% de seu faturamento do transporte aéreo de cheques entre as cidades.

Em 2007, 73 milhões de consumidores norte-americanos passarão a pagar algumas contas on-line. A Gartner estima que uma empresa média com 2 milhões de clientes pode reduzir os custos em US$26 milhões por ano incentivando os clientes a receber e pagar contas on-line.

Indo ainda mais longe, os próprios cheques de papel estão se tornando digitais. Por trás dessa transformação está o Check Clearing for the Twenty-First Century Act (ou Check 21), nos Estados Unidos. Essa lei equipara legalmente as imagens eletrônicas dos cheques com os originais em papel. Por exemplo, você provavelmente recebe fotocópias dos seus cheques cancelados há anos. Agora, essas fotocópias são legalmente equivalentes aos originais em papel.

Essas mudanças permitirão que os grandes bancos concorram com os bancos locais. As empresas locais normalmente fazem negócios com bancos locais porque querem receber o crédito dos depósitos diários o mais rapidamente possível. Com o processamento digital de cheques, a proximidade não importa mais. Os comerciantes podem escolher bancos que ofereçam processamento rápido e seguro pelo menor preço — onde quer que estejam localizados.

*Fontes*: Compilado de T. Mullaney, "Checks Check Out", *Business Week*, 10 de maio de 2004, p. 83-84; "Plastic Overtakes Checks", *http://moneycentral.msn.com*, 6 de dezembro de 2004; e *www.deluxe.com*, acessado em 5 de março de 2005.

**PERGUNTAS**

1. Você ainda preenche cheques? Acha que se sentiria bem se não fosse mais capaz de preencher cheques? Por quê?
2. Cite algumas vantagens e desvantagens do preenchimento tradicional de cheques para o consumidor.

---

mostrado na Figura 6.1. Os cartões de crédito eletrônicos são usados principalmente no B2C e nas compras feitas por pequenas e médias empresas.

### Cartões de compra

O equivalente B2B do cartão de crédito eletrônico é o *cartão de compra*. Em alguns países, as empresas pagam a outras empresas principalmente através de cartões de compra, em vez de cheques de papel. Diferentemente dos cartões de crédito, nos quais o crédito é fornecido por 30 a 60 dias (sem juros) antes que o pagamento seja feito ao comerciante, os pagamentos feitos com cartões de compra são repassados em uma semana.

Os cartões de compra geralmente são usados para compras B2B não-planejadas, e as empresas normalmente limitam a quantia por compra (em geral, US$1.000 a US$2.000). Os cartões de compra podem ser usados na Internet de modo muito semelhante aos cartões de crédito comuns.

## *Dinheiro eletrônico*

Apesar do crescimento dos cartões de crédito, o dinheiro continua sendo o modo de pagamento mais comum nas transações off-line. Entretanto, muitos vendedores de CE, e alguns compradores, preferem o dinheiro eletrônico. O *dinheiro eletrônico (e-cash)* aparece de quatro formas principais: cartões de débito com valor armazenado, cartões inteligentes (smart cards), pagamentos diretos e carteiras digitais.

### Cartões de débito com valor armazenado

Embora se pareçam com cartões de crédito, os **cartões de débito com valor armazenado** são, na verdade, uma forma de dinheiro eletrônico. Os cartões que você usa para pagar fotocópias na biblioteca, para transporte ou ligações telefônicas são chamados de cartões de débito com valor armazenado. Diz-se que têm "valor armazenado" porque permitem que você armazene uma quantia pré-paga fixa em dinheiro e, então, gaste-o conforme necessário. Cada vez que você usa o cartão, a quantia é reduzida no valor gasto.

### Cartões inteligentes

Embora algumas pessoas prefiram se referir aos cartões de débito com valor armazenado como "cartões inteligentes", na realidade, eles não são a mesma coisa. Os verdadeiros **cartões inteligentes** contêm um chip que pode armazenar uma considerável quantidade de informações (mais de 100 vezes a de um cartão de débito com valor armazenado). Os cartões inteligentes, ou smart cards, muitas vezes são *multifuncionais*; isto é, você pode usá-los como cartão de crédito, cartão de débito ou cartão de débito com valor armazenado. Além disso, quando você usa um cartão inteligente em uma loja de departamentos como *cartão de fidelidade*, ele pode conter suas informações de compra. Entretanto, como demonstra o Quadro 6.4, os cartões inteligentes nem sempre funcionam.

Os cartões inteligentes avançados podem ajudar os clientes a transferir fundos, pagar contas e comprar itens de máquinas de venda automática (vending machines). Os clientes também podem usá-los para pagar serviços como aqueles oferecidos na televisão ou na Internet. Por exemplo, o cartão Visa Cash lhe permite comprar produtos ou serviços em postos de gasolina, lojas de fast-food, telefones públicos, lojas de descontos, correios, lojas de conveniência, lanchonetes e cinemas participantes. Você pode inserir dinheiro nos cartões inteligentes avançados em caixas eletrônicos e quiosques, bem como através do computador.

Os cartões inteligentes são ideais para *micropagamentos*, que são pequenos pagamentos de alguns dólares ou menos. Entretanto, eles possuem funções adicionais. Em Hong Kong, por exemplo, o cartão de transporte chamado Octopus é um cartão de débito com valor armazenado que pode ser usado em trens e

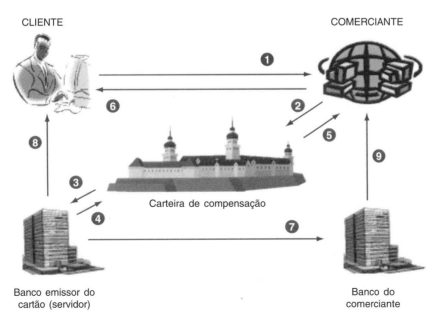

**Figura 6.1** Como os cartões de crédito eletrônicos funcionam.
(Os números de 1 a 9 indicam a seqüência das atividades.) *Fonte*: Desenhado por E. Turban.

ônibus. Entretanto, como suas habilidades se expandiram a fim de poder ser usado em lojas e máquinas de venda automática, ele está se transformando em um cartão inteligente.

### Pagamentos diretos

Os **pagamentos diretos** são uma forma de dinheiro eletrônico que permite a dois indivíduos ou um indivíduo e uma empresa transferirem fundos sem usar um cartão de crédito. São um dos mecanismos de pagamento mais novos e de mais rápido crescimento. Esse serviço pode ser usado para várias finalidades, como enviar dinheiro para alunos na faculdade, pagar um produto adquirido em um leilão on-line ou enviar um presente a um membro da família.

Uma das primeiras empresas a oferecer esse serviço foi a PayPal (uma empresa do eBay). Hoje, AOL QuickCash, One's Bank eMoneyMail, Yahoo PayDirect e WebCertificate (*www.webcertificate.com*) concorrem com a PayPal.

Quase todos esses serviços de pagamento direto funcionam de maneira semelhante. Primeiro, você escolhe um serviço e abre uma conta. Basicamente, isso envolve criar um nome de usuário, escolher uma senha e fornecer ao serviço um número de cartão de crédito ou conta bancária. Depois, você adiciona fundos do seu cartão de crédito ou conta-corrente à sua nova conta. Agora, você está pronto para enviar dinheiro para alguém através da Internet. Você acessa o PayPal, por exemplo, com seu nome de usuário e senha e especifica o endereço de e-mail da pessoa que receberá o dinheiro, bem como a quantia que quer enviar. Um e-mail é enviado para o endereço de e-mail do destinatário. O e-mail contém um link para o website do serviço. Quando o destinatário clica no link, é levado para o serviço. Será solicitado que o destinatário defina uma conta na qual será creditado o dinheiro que você enviou. O destinatário pode, então, transferir

---

## TI E A EMPRESA

### 6.4 Os cartões não tão inteligentes da Target

O novo cartão de crédito da Target (*www.target.com*) não foi uma história de sucesso. A empresa sabia que os cartões inteligentes podiam armazenar um número de conta e um número de identificação pessoal. Esse sistema permitiria à Target entender os hábitos de compra do proprietário e usar essas informações para gerar cupons eletrônicos direcionados. No caso da Target, o programa de fidelidade de cupons não valeu a pena.

Embora os privilégios do comprador freqüente fossem o principal argumento de venda do cartão da Target, as habilidades de fidelidade eram complicadas demais. Ou seja, não estava claro como os clientes que usavam com freqüência o cartão da Target poderiam obter privilégios. Em um setor em que um índice de resposta de 1% para um cupom de jornal é considerado alto, a tecnologia só funciona se facilitar o uso do cupom. Entretanto, a tecnologia do cartão da Target dificultou a obtenção de descontos. Os clientes tinham de pedir um leitor de cartões especial da Target e instalá-lo em seus computadores domésticos. Depois, eles usavam o leitor para baixar cupons para os cartões. Como alternativa, podiam obter descontos nos quiosques de loja localizados próximos aos balcões de atendimento ao cliente. Não é de surpreender que nem os pais atordoados — quase 40% dos clientes da Target têm filhos — nem os novatos em

tecnologia foram além de um uso limitado dos quiosques ou periféricos.

Segundo, a Target também ignorou outra grande vantagem dos cartões inteligentes: a capacidade de resgatar pontos para receber prêmios em uma rede composta de outros varejistas. Finalmente, os cartões custavam US$3 cada, o que demonstrou ser muito caro.

Menos de um ano depois de o programa entrar em operação, a Target desistiu do cartão inteligente. Isso ocorreu após a empresa ter gasto dois anos e cerca de US$40 milhões desenvolvendo o cartão, readequando 37.000 caixas registradoras para lidar com os novos cartões e instalando quiosques de cupom em suas 1.191 lojas.

*Fontes*: Compilado de I. Mount, "Target's Not-So-Smart Cards", *Business 2.0*, setembro de 2004; "Target Taking Brains Out of Smart Cards", *Retail Merchandiser*, abril de 2004; e *www.target.com*, acessado em 17 de março de 2005.

#### PERGUNTAS

1. Quais foram as razões do fracasso do cartão inteligente da Target?
2. O que os executivos da Target poderiam ter feito para salvar o cartão inteligente?

o dinheiro dessa conta para uma conta-corrente ou de cartão de crédito. O pagador paga uma pequena taxa (cerca de US$1) por transação.

## Carteiras digitais

As **carteiras digitais** (ou **e-wallets**) são mecanismos de software que oferecem medidas de segurança, aliadas à conveniência, para compra no CE. A carteira armazena as informações financeiras do comprador, como número de cartão de crédito, informações de frete etc. Assim, informações importantes não precisam ser redigitadas a cada compra. Se a carteira estiver armazenada no website do vendedor, não precisa viajar pela Internet a cada compra, tornando as informações mais seguras.

O problema é que você precisa de uma carteira digital com cada comerciante. Uma solução é ter uma carteira instalada em seu computador (por exemplo, MasterCard Wallet ou AOL Wallet). Nesse caso, porém, você não pode usar a carteira digital para fazer uma compra a partir de outro computador. Além disso, esse sistema não é totalmente seguro. Outra solução é uma carteira digital universal, como o Microsoft's Passport.

---

### Antes de prosseguir...

1. Faça uma lista dos diversos mecanismos de pagamento eletrônico. Quais são os mais usados para pagamentos B2B?
2. O que são micropagamentos?

---

## 6.5 Aspectos legais e éticos no comércio eletrônico

A inovação tecnológica muitas vezes obriga a sociedade a reavaliar e modificar os padrões éticos. Em muitos casos, os novos padrões são incorporados à lei. Nesta seção, discutimos dois aspectos éticos importantes: privacidade e perda do emprego. Depois, voltamos nossa atenção para vários aspectos legais que surgem da prática do e-business.

### Aspectos éticos

Muitas das questões éticas e globais relacionadas à TI também se aplicam ao e-business. Consideramos, aqui, dois aspectos básicos: privacidade e perda do emprego.

Por facilitar o armazenamento e a transferência de informações pessoais, o e-business apresenta algumas ameaças à privacidade. Para começar, a maioria dos sistemas de pagamento eletrônico sabe quem são os compradores. Então, pode ser necessário proteger a identidade dos compradores. Essa proteção pode ser realizada, por exemplo, com a criptografia.

Outro grande problema de privacidade é o monitoramento. Por exemplo, as atividades dos indivíduos na Internet podem ser monitoradas por cookies, comentados no Capítulo 3. Programas como os cookies trazem à tona preocupações com a privacidade. O histórico do monitoramento é armazenado no disco rígido do seu computador, e sempre que você volta a determinado website, o computador sabe disso (veja o NetTracker em *www.sane.com*). Em resposta, alguns usuários instalam programas para ter algum controle sobre os cookies e restaurar a privacidade on-line.

Além de comprometer a privacidade dos empregados, o uso do CE pode eliminar a necessidade de alguns empregados, bem como de corretores e agentes. A maneira como esses trabalhadores desnecessários, especialmente os empregados, são tratados pode levantar questões éticas: como a empresa deve tratar as demissões? As empresas devem ser obrigadas a treinar empregados para novos cargos? Em caso negativo, ela deve compensar ou ajudar de alguma outra forma os empregados demitidos?

Um dos problemas mais graves do CE em relação à perda do emprego é a **desintermediação**. Os intermediários possuem duas funções: (1) fornecer informações; ou (2) realizar serviços de valor agregado, como consultoria. A primeira função pode ser totalmente automatizada. Por esse motivo, provavelmente será assumida por mercados eletrônicos e portais que fornecem informações sem custo. Nesse caso, os intermediários que realizam apenas (ou principalmente) essa função provavelmente serão eliminados. Esse processo é chamado de desintermediação.

Por outro lado, realizar serviços de valor agregado requer experiência. Diferentemente da função de informação, portanto, esta função pode ser apenas parcialmente automatizada. Desse modo, os intermediários que fornecem serviços de valor agregado não só têm boas chances de sobreviver, mas podem até prosperar. A Web ajuda esses empregados em duas situações: (1) quando o número de participantes é muito alto, como na procura de emprego; ou (2) quando as informações que precisam ser trocadas são complexas.

## Aspectos legais específicos ao comércio eletrônico

Muitos aspectos legais estão especificamente relacionados ao comércio eletrônico. Quando compradores e vendedores não se conhecem e não se encontram pessoalmente, há uma chance de indivíduos desonestos cometerem fraudes e outros crimes. Durante os primeiros anos do CE, o público testemunhou muitos desses crimes. Essas ações ilegais variavam entre criar um banco virtual que desaparecia junto com os depósitos dos investidores até a manipulação dos preços de ações na Internet. Infelizmente, as atividades fraudulentas na Internet estão crescendo. Na próxima seção, examinaremos algumas das principais questões legais específicas ao comércio eletrônico.

### Fraude na Internet

A fraude na Internet cresceu ainda mais rápido que o próprio uso da Internet. Em um caso, corretores de ações espalhavam falsos rumores positivos sobre as perspectivas das empresas que eles observavam, com o objetivo de aumentar o preço das ações. Em outros casos, as informações fornecidas poderiam ser verdadeiras, mas eles não revelavam que eram pagos para despertar o interesse nas empresas. Os corretores visavam especificamente os pequenos investidores, que são iludidos com mais facilidade pela promessa de lucros rápidos.

O mercado de ações é apenas uma das áreas em que os fraudadores agem. Os leilões são especialmente atraentes à fraude, tanto por parte dos vendedores quanto dos compradores. Outros tipos de fraude incluem a venda falsa de investimentos e a configuração de oportunidades de negócios fantasmas. Graças ao crescente uso do e-mail, os criminosos financeiros agora têm acesso a muito mais pessoas. A Federal Trade Commission (*www.ftc.gov*) publica regularmente exemplos de fraudes que têm mais probabilidade de serem enviadas por e-mail ou encontradas na Web. Mais adiante nesta seção, apresentamos algumas formas pelas quais os consumidores e vendedores podem se proteger das fraudes on-line.

### Nomes de domínio

Outro aspecto legal é a competição pelos nomes de domínio. Os nomes de domínio são atribuídos por organizações sem fins lucrativos que verificam a existência de conflitos e possíveis violações de marcas registradas. Obviamente, as empresas que vendem produtos e serviços pela Internet querem que os consumidores sejam capazes de encontrá-las facilmente. Isso tem mais chances de ocorrer quando o nome de domínio coincide com o nome da empresa.

Os problemas surgem quando várias empresas com nomes semelhantes competem por um mesmo nome de domínio. Por exemplo, se você quiser fazer reservas na rede de hotéis Holiday Inn e for ao website *www.holidayinn.com*, você vai, na verdade, para o site do Holiday Inn at the Falls, um hotel nas Cataratas do Niagara, no estado de Nova York. Para ir ao website da *rede de hotéis*, você precisa visitar o site *www.ichotelsgroup.com*. Vários casos de disputa de nomes já estão nos tribunais.

O **cybersquatting** se refere à prática de registrar nomes de domínio com a única finalidade de vendê-los no futuro por um preço mais alto. Por exemplo, o proprietário original do domínio *www.tom.com* recebeu US$8 milhões pela venda do domínio. O caso do *www.tom.com* foi ético e legal. Em outros casos, porém, o cybersquatting pode ser ilegal ou, no mínimo, antiético. Um nome de domínio é considerado legal quando a pessoa ou empresa que possui o nome tem uma empresa legítima com esse nome por algum tempo. Por exemplo, o Holiday Inn at the Falls nas Cataratas do Niagara funcionou com esse nome por algum tempo, de modo que o nome de domínio do hotel não foi cybersquatting. Empresas como Christian Dior, Nike, Deutsche Bank e mesmo a Microsoft não tiveram de brigar ou pagar para ter o nome de domínio que corresponde ao nome das empresas. O Anti-Cybersquatting Consumer Protection Act (1999) permite que proprietários de marcas registradas nos Estados Unidos movam processos judiciários por eventuais danos. Ocasionalmente, as empresas podem levar seus nomes de domínio muito a sério. Um exemplo é a Microsoft, como explicamos no Quadro 6.5.

---

**TI E A EMPRESA**

**6.5  Microsoft vai atrás de estudante**

Mike Rowe, estudante do Canadá, de 17 anos, criou um website para apresentar seus trabalhos de Web designer. Chamou o site de MikeRoweSoft.com. Rowe se tornou uma pequena celebridade da Web quando a Microsoft exigiu que ele desistisse do nome de domínio, acusando-o de infringir a lei de direito autoral com o nome do site. Os advogados da Microsoft insistiram que ele transferisse o website para a Microsoft o mais rapidamente possível. Em troca, ele receberia US$10.

Mike respondeu que ele havia trabalhado muito no website e que o domínio valia pelo menos US$10.000. Não teve mais notícias até receber uma carta de 25 páginas acusando-o de planejar extorquir a Microsoft desde o início. Mike foi aos meios de comunicação com a história. Após um curto período, a Microsoft admitiu que talvez tenha levado o caso muito a sério. Após negociações, Mike passou à Microsoft o controle sobre o site. Para compensar, a Microsoft o ajudou a obter um novo site, direcionou o tráfego para lá e convidou ele e a família para irem até Redmond para participar da Tech Fest de pesquisas anuais da empresa. A Microsoft também concordou em pagar o treinamento de certificação da Microsoft para Mike e o presenteou com uma assinatura em um website para desenvolvedores da Microsoft. Finalmente, a empresa concordou em dar a Mike um console de videogame Xbox e deixou que ele escolhesse alguns games na loja da empresa.

*Fontes*: Compilado de K. McCarthy, "Microsoft Lawyers Threaten Mike Rowe", *The Register*, 19 de janeiro de 2004; "Microsoft Takes on Teen's Site MikeRoweSoft.com", *CNN.com*, 19 de janeiro de 2004; e *www.microsoft.com* e *www.mikerowesoft.com*, acessados em 9 de março de 2005.

**PERGUNTAS**

1. Escolha um dos lados e debata a questão a partir do ponto de vista de Mike Rowe e do ponto de vista da Microsoft.
2. A Microsoft poderia simplesmente ter ignorado o website de Mike Rowe? Justifique sua resposta.

---

### Impostos e outras taxas

Nas vendas off-line, a maioria dos estados e localidades cobra impostos sobre as transações comerciais realizadas dentro de sua jurisdição. O exemplo mais óbvio são os impostos sobre vendas. As autoridades federal, estaduais e locais nos Estados Unidos já estão se associando para descobrir como estender essas políticas para o comércio eletrônico. Esse problema é particularmente complexo no caso do comércio eletrônico interestadual e internacional. Por exemplo, algumas pessoas alegam que o estado onde o *vendedor* está localizado merece todo o imposto sobre as vendas. Outros defendem que o estado em que o *servidor* está localizado também deve receber uma parcela do imposto.

Além do imposto sobre vendas, existe uma questão sobre onde (e, em alguns casos, se) os vendedores eletrônicos devem pagar taxas de registro da empresa, taxas de franquia, impostos sobre faturamento bruto, impostos de consumo, taxas de privilégio e taxas de utilidades públicas. Além disso, como a coleta de impostos seria controlada? Os esforços legislativos para impor taxas sobre o comércio eletrônico são atacados por uma organização chamada Internet Freedom Fighters (defensores da liberdade na Internet). Sua atuação tem sido bem-sucedida até agora. Na época da edição deste livro, os Estados Unidos e vários outros países proibiam a imposição de impostos sobre vendas realizadas na Internet. Além disso, os compradores são isentos de impostos sobre o acesso à Internet.

### Direitos autorais

No Capítulo 3, vimos que a propriedade intelectual é protegida por leis de direito autoral e não pode ser usada livremente. Entretanto, proteger a propriedade intelectual no comércio eletrônico é muito difícil. Centenas de milhares de pessoas em aproximadamente 200 países com leis de direito autoral diferentes e acesso a bilhões de páginas Web dificultam muito a imposição de leis de direito autoral. Por exemplo, algumas pessoas erroneamente acreditam que, depois que compram um programa de software, têm o direito de compartilhá-lo com os outros. Na verdade, o que elas compraram é o direito de *uso* do software, não o direito de *distribuição*. Esse direito permanece com o detentor dos direitos autorais. Da mesma forma, copiar material de websites sem permissão é uma violação das leis de direito autoral.

---

### Antes de prosseguir...

1. Cite alguns aspectos éticos no CE.
2. Cite os principais aspectos legais do CE.
3. Descreva a proteção do comprador no CE.
4. Descreva a proteção do vendedor no CE.

---

## O que a **TI** pode me proporcionar?

---

■ **Para a área de contabilidade**

O pessoal de contabilidade está envolvido em várias atividades do CE. Projetar o sistema de pedidos e sua relação com a gestão de estoques exige a atenção da contabilidade. Cobrança e pagamentos também são atividades contábeis, assim como a determinação dos custos e a alocação dos lucros. Substituir documentos de papel por meios eletrônicos afetará muitas das tarefas do contador, especialmente a auditoria das atividades e dos sistemas de CE. Finalmente, a construção de um sistema de justificativa de custo e de custo-benefício de quais produtos/serviços colocar on-line e a criação de um sistema de reembolso são tarefas vitais para o sucesso do CE.

■ **Para a área de finanças**

As realidades dos mercados de banking, valores, commodities e outros serviços financeiros estão sendo recriadas em função do CE. O mercado de ações on-line e sua infra-estrutura básica estão crescendo mais rapidamente que qualquer outra atividade de CE. Muitas inovações já em uso estão mudando as regras dos incentivos econômicos e financeiros para os analistas e gerentes financeiros. O banking, por exemplo, não reconhece fronteiras estaduais e pode criar uma nova estrutura para o financiamento de negociações globais. As informações de finanças públicas agora estão acessíveis em segundos. Essas inovações mudarão consideravelmente a maneira como o pessoal de finanças trabalha.

■ **Para a área de marketing**

Uma grande revolução no marketing e nas vendas está ocorrendo devido ao CE. Sua característica mais óbvia talvez seja a transição de um mercado físico para um virtual. Igualmente importante, porém, é a transformação radical para a propaganda e as vendas diretas e para o mercado personalizado e interativo. Os canais de marketing estão sendo combinados, eliminados ou recriados. A revolução do CE está criando novos produtos e mercados e alterando significativamente outros. A digitalização de produtos e serviços também tem implicações para o marketing e as vendas. O canal direto produtor-consumidor está expandindo rapidamente e modificando fundamentalmente a natureza do serviço ao cliente. À medida que a briga por clientes se intensifica, o pessoal de marketing e vendas está se tornando o fator de sucesso mais importante em muitas organizações. O marketing on-line pode ser uma bênção para uma empresa e uma maldição para outra.

■ **Para a área de produção/operações**

O CE está mudando o sistema de fabricação da produção em massa de produtos para a personalização em massa de acordo com os pedidos. Essa mudança requer uma cadeia de suprimentos robusta, suporte a informações e reengenharia de processos que envolvem fornecedores e outros parceiros comerciais. Usando extranets, os fornecedores podem monitorar e reabastecer estoques sem a necessidade de pedidos constantes. Além disso, a Internet e as intranets ajudam a reduzir os tempos do ciclo. Muitos problemas de produção/operações que persistiam por anos, como programação complexa e excesso de estoques, estão sendo resolvidos rapidamente com o uso de tecnologias da Web. As empresas agora podem usar redes internas e externas para encontrar e gerenciar operações de fabricação em outros países muito mais facilmente. Além disso, a Web está reformulando o setor de compras ajudando as empresas a darem lances eletrônicos para peças e equipamentos, reduzindo, assim, os custos. No geral, o trabalho do gerente de produção/operações do futuro está intimamente relacionado ao comércio eletrônico.

■ **Para a área de recursos humanos**

Os gerentes de RH precisam entender os novos mercados de trabalho e os impactos do CE sobre os antigos mercados de trabalho. Além disso, o departamento de RH pode usar ferramentas de CE para funções como compra de material de escritório. Instruir-se sobre novas iniciativas do governo e treinamento on-line também é extremamente importante. Finalmente, o pessoal de RH precisa se familiarizar com as principais questões legais relacionadas ao CE e ao emprego.

■ **A função do SIG**

A função do SIG é responsável por oferecer a infra-estrutura de TI necessária para que o comércio eletrônico funcione. Em especial, essa infra-estrutura inclui as redes, intranets e extranets da empresa. A função de SIG também é responsável por garantir que as transações de comércio eletrônico sejam seguras.

## Resumo

*1. Descrever o comércio eletrônico, incluindo seu alcance, vantagens, limitações e tipos.*

O comércio eletrônico pode ser realizado na Web e em outras redes. Ele é dividido nestes cinco tipos principais: business-to-consumer, business-to-business, consumer-to-consumer, business-to-employee e government-to-citizen. O comércio eletrônico oferece muitos benefícios para organizações, consumidores e sociedade, mas também tem limitações (tecnológicas e não-tecnológicas). A previsão é que as limitações tecnológicas atuais diminuam com o tempo.

*2. Estabelecer as diferenças entre comércio eletrônico puro e parcial.*

No CE puro, o produto ou serviço, o processo pelo qual o produto ou serviço é produzido e o agente de distribuição são todos digitais. Todas as outras combinações que incluem um misto de dimensões físicas e digitais são consideradas CE parcial.

*3. Entender o funcionamento básico dos leilões on-line.*

Um importante mecanismo no CE são os leilões. A Internet oferece uma infra-estrutura para realizar leilões com baixo custo e com muito mais vendedores e compradores envolvidos, incluindo consumidores individuais e organizações. Há dois tipos principais de leilões: os regulares e os reversos. Os leilões regulares são usados no processo tradicional de *vender* para quem oferecer mais. Os leilões reversos são usados para *comprar*, usando um sistema de comprar pela oferta mais baixa.

*4. Estabelecer as diferenças entre comércio eletrônico business-to-consumer, business-to-business, consumer-to-consumer, business-to-employee e government-to-citizen.*

O B2C pode ser puro ou parte de uma organização que faz negócios on-line e fisicamente. O marketing direto é feito através de lojas individuais, em shoppings, catálogos eletrônicos ou leilões eletrônicos. Os principais setores de serviço B2C on-line são o banking, o comércio de ações, os mercados de trabalho, viagens e imóveis. As principais aplicações B2B são as vendas por catálogos e por leilões regulares (o mercado do lado da venda); comprar em leilões reversos, comprar em grupo e desktop (o mercado do lado da compra); e comercializar em trocas e hubs eletrônicos. O CE também pode ser feito entre consumidores (C2C), mas deve ser realizado com cautela. Os leilões são o mecanismo C2C mais poupular. O C2C também pode ser feito pelo uso de classificados on-line. O B2E oferece serviços aos empregados, normalmente através da intranet da empresa. O G2C ocorre entre governo e cidadãos, tornando as operações governamentais mais eficazes e eficientes.

*5. Descrever os principais serviços de apoio ao comércio eletrônico, especificamente pagamento e logística.*

Novos sistemas de pagamento eletrônico são necessários para realizar transações na Internet. Os pagamentos eletrônicos podem ser feitos por cheques eletrônicos, cartões de crédito eletrônicos, cartões de compra, dinheiro eletrônico, cartões de débito com valor armazenado, cartões inteligentes, pagamentos diretos por meio de serviços como o PayPal, pagamento eletrônico de contas e carteira eletrônica. O atendimento a pedidos é especialmente difícil e caro no B2C, devido à necessidade de entregar pedidos relativamente pequenos para muitos consumidores.

### 6. Discutir alguns aspectos legais e éticos relacionados ao comércio eletrônico.

Existe um crescente comportamento de fraude e falta de ética na Internet, incluindo invasão de privacidade por vendedores e mau uso dos nomes de domínio. O valor dos nomes de domínio, a taxação do comércio on-line e como lidar com questões legais em um ambiente multinacional são grandes preocupações legais. A proteção dos consumidores, dos vendedores e da propriedade intelectual também são importantes.

## Glossário

**anúncio pop-under** Anúncio que abre automaticamente por meio de algum acionador e aparece atrás da janela ativa do navegador.

**anúncio pop-up** Anúncio que abre automaticamente por meio de algum acionador e aparece na frente da janela ativa do navegador.

**aquisição eletrônica** Compra que usa apoio eletrônico.

**banco virtual** Instituição bancária dedicada unicamente às transações pela Internet.

**banners** Quadros de anúncios eletrônicos que normalmente contêm um texto curto ou mensagem gráfica para promover um produto ou fornecedor.

**cartão de débito com valor armazenado** Forma de dinheiro eletrônico em que uma quantia pré-paga fixa em dinheiro é armazenada; a quantia é reduzida cada vez que o cartão é usado.

**cartão inteligente** Cartão que contém um chip que pode armazenar uma considerável quantidade de informações (incluindo fundos armazenados) e realizar processamento.

**carteiras digitais** (ou **e-wallets**) Mecanismos de software em que um usuário armazena informações pessoais e de cartão de crédito seguras para reutilizá-las em um clique.

**comércio eletrônico (CE ou e-commerce)** Processo de comprar, vender, transferir ou trocar produtos, serviços ou informações através de redes de computação, incluindo a Internet.

**comércio eletrônico business-to-business (B2B)** Comércio eletrônico em que tanto os vendedores quanto os compradores são organizações.

**comércio eletrônico business-to-consumer (B2C)** Comércio eletrônico em que os vendedores são organizações e os compradores são pessoas; também conhecido como varejo eletrônico.

**comércio eletrônico business-to-employee (B2E)** Organização que usa o comércio eletrônico internamente para oferecer informações e serviços aos empregados.

**comércio eletrônico consumer-to-consumer (C2C)** Comércio eletrônico em que tanto o comprador quanto o vendedor são pessoas (não empresas).

**comércio móvel (m-commerce)** Comércio eletrônico realizado inteiramente em um ambiente sem fio.

**compras em grupo** Agregação dos pedidos de compra de muitos compradores de modo a se obter um desconto por volume.

**conflito de canais** Afastamento dos distribuidores existentes quando uma empresa decide vender diretamente aos consumidores on-line.

**cyberbanking** Várias atividades bancárias realizadas eletronicamente a partir de casa, do escritório ou em viagem, em vez de em um banco físico.

**cybersquatting** Prática de registrar nomes de domínio com a única finalidade de vendê-los no futuro por um preço mais alto.

**desintermediação** Eliminação de intermediários no comércio eletrônico.

**e-business** Conceito mais amplo do comércio eletrônico, incluindo comprar e vender bens e serviços, e também servir os consumidores, colaborar com parceiros comerciais, conduzir aprendizado a distância e realizar transações eletrônicas dentro de uma organização.

**e-government** Uso da tecnologia do comércio eletrônico para distribuir informações e serviços públicos aos cidadãos, parceiros comerciais e fornecedores de entidades governamentais e àqueles que trabalham no setor público.

**leilão** Processo de concorrência em que um vendedor solicita lances consecutivos dos compradores ou um comprador solicita lances dos vendedores, e os preços são determinados dinamicamente pelos lances concorrentes.

**leilão regular** Leilão que os vendedores usam como canal para muitos compradores potenciais; quem dá o maior lance ganha o direito de comprar o item.

**leilão reverso** Leilão em que um comprador, geralmente uma organização, deseja comprar um produto ou serviço, e os fornecedores enviam propostas; o ofertante com proposta mais baixa ganha o direito de vender.

**loja eletrônica** Website na Internet que representa uma única loja.

**marketing de permissão** Método de marketing que pede aos consumidores para darem permissão para receber voluntariamente anúncios on-line e por e-mail.

**marketing viral** Marketing "boca a boca" on-line.

**mercado do lado da compra (buy-side)** Modelo B2B em que as organizações compram eletronicamente os produtos ou serviços necessários de outras organizações, em geral, através de um leilão reverso.

**mercado do lado da venda** Modelo B2B em que as organizações tentam vender eletronicamente seus produtos ou serviços para outras organizações através do seu próprio website de mercado eletrônico privado e/ou através de um site de intermediários.

**mercado eletrônico** Espaço de mercado virtual na Web em que muitos compradores e muitos vendedores realizam atividades empresariais eletrônicas.

**modelo empresarial** Método pelo qual uma empresa gera renda para se manter.

**multicanais** Processo pelo qual muitas empresas integram seus canais on-line e off-line.

**organizações *brick-and-mortar*** Organizações em que o produto, o processo e o agente de entrega são todos físicos.

**organizações *click-and-mortar*** Organizações que realizam negócios tanto na dimensão física quanto na digital.

**organizações virtuais** Organizações em que o produto, o processo e o agente de entrega são todos digitais.

**pagamento direto** Forma de dinheiro eletrônico que permite a dois indivíduos ou um indivíduo e uma empresa transferir fundos sem usar um cartão de crédito.

**shopping eletrônico** Grupo de lojas individuais no mesmo endereço da Internet.

**sistemas de pagamento eletrônico** Sistemas computadorizados que permitem o pagamento de produtos e serviços eletronicamente, em vez de preencher um cheque ou usar dinheiro.

**spamming** Distribuição indiscriminada de e-mails sem permissão do destinatário.

**trocas funcionais** Mercados eletrônicos em que serviços necessários, como funcionários temporários ou espaço adicional de escritório, são negociados apenas quando necessários.

**trocas horizontais** Mercados eletrônicos que conectam compradores e vendedores através de muitas indústrias e são usados principalmente para materiais de manutenção, operações e reparos.

**trocas públicas** Mercado eletrônico em que existem muitos vendedores e muitos compradores, e cuja entrada é aberta a todos; freqüentemente mantido e operado por intermediários.

**trocas verticais** Mercados eletrônicos que conectam compradores e vendedores de determinado setor.

**varejo eletrônico** Venda direta de produtos e serviços por meio de lojas ou shoppings eletrônicos, normalmente projetados em torno de um formato de catálogo e/ou leilões eletrônicos.

## Perguntas para discussão

1. Analise as principais limitações do comércio eletrônico. Quais delas provavelmente vão desaparecer? Por quê?
2. Examine as razões para haver vários modelos comerciais de CE.
3. Estabeleça as diferenças entre os leilões regulares B2B e as ofertas dos compradores para RFQs.
4. Comente os benefícios de uma troca B2B para vendedores e compradores.

5. Quais são as principais vantagens do comércio eletrônico G2C?
6. Discuta as várias maneiras de pagamento on-line no B2C. Que outra(s) você preferiria e por quê?
7. Por que o atendimento a pedidos no B2C é considerado difícil?
8. Discuta as razões das falhas no CE.

## Atividades para solução de problemas

1. Suponha que você esteja interessado em comprar um carro. Você pode buscar informações sobre carros em inúmeros websites. Acesse cinco deles para obter informações sobre carros novos e usados, financiamento e seguros. Decida qual carro você quer comprar. Configure o carro indo ao website do fabricante. Finalmente, tente encontrar o carro em *www.autobytel.com*. Que informações são mais úteis em seu processo de tomada de decisão? Escreva um relatório sobre a experiência.

2. Examine o caso de abertura sobre a Procter & Gamble.
   a. De que maneira a tomada de decisão corporativa melhorou?
   b. Resuma os benefícios para a empresa, os varejistas, os fornecedores e os consumidores.

3. Compare os vários métodos de pagamento eletrônico. Especificamente, colete informações dos fornecedores citados no capítulo e busque mais informações em *www.google.com*. Preste atenção no nível de segurança, velocidade, custo e conveniência.

4. Prepare um estudo sobre como impedir o spam. Pesquise em *http://find.pcworld.com/27401*, *http://find.pcworld.com/27424* e *http://find.pcworld.com/27426*. Examine *www.intermute.com*, *www.guidescope.com* e *www.symantec.com*. Investigue o que o AOL e o Yahoo oferecem. O que é novo na legislação referente ao spamming em seu país?

## Atividades na Internet

1. Acesse o Stock Market Game Worldwide (*www.smgww.org*). Você receberá US$100.000 em uma conta comercial todo mês. Participe do jogo e relate suas experiências em relação à tecnologia da informação.

2. Acesse *www.realtor.com*. Prepare uma lista dos serviços disponíveis no site. Depois, prepare uma lista das vantagens para usuários e corretores. Existem desvantagens? Para quem?

3. Acesse *www.alibaba.com*. Identifique as habilidades do site. Veja a sala de comércio privativo do site. Escreva um relatório. Como um site desse tipo pode ajudar uma pessoa que está fazendo uma compra?

4. Acesse *www.campusfood.com* e explore o site. Por que o site é tão bem-sucedido? Você poderia criar um concorrente? Por quê?

5. Visite *www.dell.com*, clique em "desktops" e configure um sistema. Registre-se em "my cart" (não é obrigatório). Que calculadoras são usados no site? Quais são as vantagens desse processo quando comparado com a compra de um computador em uma loja física? E as desvantagens?

6. Entre em *www.checkfree.com* e encontre os serviços oferecidos pelo site. Prepare um relatório.

7. Acesse vários sites de viagem, como *www.travelocity.com*, *www.orbitz.com*, *www.expedia.com*, *www.sidestep.com* e *www.pinpoint.com*. Compare esses websites em relação à facilidade de uso e à utilidade. Observe as diferenças entre eles. Se você solicitar um itinerário a cada site, qual deles oferece as melhores informações e as melhores condições?

## Trabalhos em equipe

1. Faça cada equipe estudar um grande banco com intensa estratégia de CE. Por exemplo, o Wells Fargo Bank está a caminho de se tornar um cyberbank. Centenas de agências físicas estão sendo fechadas (visite *www.wellsfargo.com*). Outros bancos a serem examinados são Citicorp (*www.citicorp.com*), Netbank (*www.netbank.com*) e HSBC (*www.hsbc.com*) em Hong Kong. Cada equipe deve tentar convencer a turma de que suas atividades de e-bank são as melhores.

2. Atribua um setor a cada equipe. Cada equipe encontrará cinco aplicações reais dos principais modelos comerciais business-to-business descritos no capítulo. (Tente histórias de sucesso de fornecedores e revistas relacionadas ao CE.) Examine os problemas que eles resolvem ou as oportunidades que exploram.

3. Faça as equipes investigarem como os pagamentos B2B são feitos no comércio global. Considere instrumentos como cartas de crédito eletrônicas e cheques eletrônicos. Visite *www.tradecard.com* e examine os serviços para pequenas e médias empresas. Além disso, investigue o que o Visa e o MasterCard estão oferecendo. Finalmente, confira o Citicorp e alguns bancos alemães e japoneses.

# O San Francisco Giants melhora a experiência dos torcedores

## O PROBLEMA DA EMPRESA

O consórcio que comprou o deficitário San Francisco Giants, em 1993, percebeu que era necessário construir um novo estádio para ajudar a conter os prejuízos. Entretanto, a mudança do Candlestick Park e a construção do novo SBC Park deixaram o consórcio com uma dívida de US$200 milhões. Para recuperar os prejuízos, o consórcio precisava encontrar maneiras de atrair o máximo possível de torcedores para o novo estádio. As vendas de ingressos representam a maior fonte de renda do time — cerca de 50% da renda anual do time.

## A SOLUÇÃO DA TI

A tecnologia da informação é importante para o Giants em três áreas. A primeira é a de operações, consistindo no próprio SBC Park. Além do Giants, o estádio hospeda jogos de futebol, concertos, ralis de Monster Truck e muitos outros eventos. A TI ajuda no planejamento e na programação desses eventos.

A segunda área é o beisebol. Por exemplo, os jogadores, técnicos e olheiros se baseiam no vídeo digital para melhorar a pontaria e os lançamentos. Além disso, todos os olheiros do time possuem laptops em que inserem informações sobre possíveis jogadores e oponentes.

A terceira área é a experiência dos torcedores. Em agosto de 1996, mais de um ano antes de o primeiro tijolo ser colocado no SBC Park, os torcedores do Giants já podiam entrar on-line e observar a visão do campo a partir dos assentos pretendidos para a temporada. Podiam até comprar o direito vitalício de ocupar esses lugares.

Uma inovação de TI para os torcedores é o leilão de revenda "Double Play", em que proprietários de ingressos podem revender os ingressos quando não puderem assistir a determinado jogo. A pesquisa de mercado descobriu que uma das principais razões por que os proprietários de ingressos de temporada não renovam é a síndrome do "ingresso-na-gaveta". No final de uma temporada, os torcedores acabam com uma pilha de ingressos não usados que não podem devolver. Para resolver esse problema, o Giants criou um website para que os proprietários de ingressos os vendam de volta para o Giants. O Giants assume a responsabilidade pelas transações. Os torcedores não precisam encontrar um estranho, carregar dinheiro, enviar um cheque pessoal ou fornecer o número do cartão de crédito. Em vez disso, os ingressos são readmitidos como ingressos eletrônicos e impressos nos quiosques do estádio quando o comprador chega. A transação é simples e segura. O Giants cobra uma pequena taxa de transação sobre cada venda.

Como resultado dessas políticas, o Giants agora tem mais jogos com ingressos esgotados. É claro que, quanto mais torcedores ele atende, mais oportunidades existem para a venda de ingressos e suvenires.

## OS RESULTADOS

Vinte e oito mil dos 42.000 lugares do estádio — o que representa 67% — são vendidos antecipadamente para proprietários de ingressos de temporada. Essa é a maior porcentagem do beisebol profissional. Além disso, o índice de renovação dos ingressos de temporada é de 90%. O Giants praticamente triplicou o faturamento anual, de US$65 milhões para US$170 milhões.

O objetivo principal é que o SBC Park seja um dos complexos esportivos mais tecnologicamente avançados do mundo. Como próximo passo, o Giants está planejando uma instalação completamente sem ingresso e sem dinheiro, em que até as roletas serão eletrônicas.

*Fontes*: Compilado de B. Schlough, "How IT Bolsters the Baseball Experience and Revenues", *CIO Insight*, 1º de outubro de 2004; "California Insalls Wi-Fi Access at State Park", *Reuters*, 21 de janeiro de 2005; e *www.sfgiants.com*, acessado em 19 de março de 2005.

## PERGUNTAS
1. Analise o leilão "Double Play". Você acha que é uma boa idéia ou apenas outra forma de vender ingressos com ágio? Justifique sua resposta.
2. Descreva como a tecnologia da informação ajudou a triplicar o faturamento anual do Giants.

## Apêndice

*Dicas para uma compra eletrônica segura*

- Procure nomes de marcas confiáveis em sites como *Wal-Mart Online, Disney Online* e *Amazon.com*. Antes de comprar, certifique-se que o site é autêntico digitando o endereço diretamente e não clicando em um link não-verificado.
- Em qualquer site de vendas desconhecido, procure o endereço e os números de telefone e fax da empresa. Telefone e faça perguntas sobre a empresa aos empregados.
- Confira o fornecedor na câmara de comércio local ou na Better Business Bureau (*www.bbbonline.org*). Procure selos de autenticidade como TRUSTe.
- Investigue o nível de segurança do site do vendedor examinando os procedimentos de segurança e lendo a política de privacidade publicada.
- Examine as garantias de devolução de dinheiro e os acordos de serviços.
- Compare os preços com os das lojas regulares. Preços muito baixos são bons demais para serem verdade, e provavelmente haverá algo errado.
- Pergunte a amigos o que eles sabem sobre o site. Procure testemunhos e endossos nos sites de comunidades e em fóruns conhecidos.
- Descubra quais são seus direitos no caso de uma ação. Consulte os órgãos de proteção do consumidor e o National Fraud Information Center (*www.fraud.org*).
- Examine *www.consumerworld.org* para ver uma lista de recursos úteis.

# Capítulo 7

# Tecnologia sem fio, computação móvel e comércio móvel

## PRÉVIA DO CAPÍTULO

Em muitas situações, o ambiente de trabalho tradicional, que exige que os usuários cheguem até um computador com fio, é ineficaz ou ineficiente. Nessas situações, a solução é montar computadores pequenos o suficiente para se transportar ou vestir, que possam se comunicar por meio de redes sem fio. A capacidade de se comunicar a qualquer hora e em qualquer lugar oferece às organizações uma vantagem estratégica por meio do aumento da produtividade e da velocidade e da melhoria no atendimento ao cliente.

A computação sem fio propicia a infra-estrutura para o comércio móvel — realizar comércio eletrônico sem fio, a qualquer hora e a partir de qualquer lugar. A computação sem fio possibilita o comércio eletrônico localizado, que se baseia em saber onde as pessoas estão em dado momento e na capacidade de se comunicar com elas. A computação sem fio também está mudando o modo como a TI é implantada e está criando o fundamento da computação ubíqua. Este capítulo explora todos esses tópicos.

## Esboço do capítulo

7.1  Tecnologias sem fio
7.2  Redes de computação sem fio e acesso à Internet
7.3  Computação móvel e comércio móvel
7.4  Computação ubíqua
7.5  Segurança sem fio

## Metas de aprendizagem

1. Analisar os diversos tipos de dispositivos sem fio e meios de transmissão sem fio.
2. Descrever as tecnologias Bluetooth, Zigbee, Wi-Fi e WiMax.
3. Definir computação móvel e comércio móvel.
4. Comentar as principais aplicações de m-commerce.
5. Definir a computação ubíqua e descrever duas tecnologias por trás desse tipo de computação.
6. Discutir as quatro principais ameaças às redes sem fio.

O que a **TI** pode me proporcionar?

---

### O que fazer na Philip Morris?

---

■ **O problema da empresa**

Em 16 de novembro de 2004, um avião de carga expressa da DHL pousou no Aeroporto Internacional John F. Kennedy, em Nova York. Na chegada, agentes do Bureau da Justiça para Álcool, Tabaco, Armas de Fogo e Explosivos (ATF) apreenderam a carga de 82.000 pacotes de cigarros, no valor de mais de US$1 milhão. Os cigarros eram destinados a clientes nos Estados Unidos que tinham feito pedidos à Otamedia, um varejista de tabaco on-line com sede na Suíça. A maior parte das caixas consistia em Marlboro e Marlboro Lights. Essas marcas são produzidas pelo maior fabricante de tabaco do mundo, o Altria Group (*www.altria.com*), através de duas subsidiárias: Philip Morris International (PMI) (*www.philipmorrisinternational.com*) e Philip Morris USA (*www.pmusa.com*).

É ilegal importar cigarros para os Estados Unidos sem pagar os impostos e taxas de importação adequados. Esses impostos e taxas podem aumentar para US$50 o preço de um pacote de cigarros Marlboro em um supermercado nos Estados Unidos. Em vez disso, os clientes da Otamedia pela Internet estavam pagando US$14 por pacote — mais outros US$5 de frete — para receber cigarros diretamente em sua porta. Qual é o nível de seriedade do problema de contrabando de cigarros? Uma estimativa conservadora é de que isso custa aos governos nacional, estaduais e locais mais de US$30 bilhões por ano em perda de receita de impostos.

A Philip Morris nega ser responsável por esse negócio ilegal de cigarros. Em vez disso, afirma que as caixas estão sendo remetidas por um distribuidor não-autorizado. Também afirma que levou a Otamedia aos tribunais para encerrar essa cadeia de suprimentos ilícita. Porém, as autoridades na Europa insistem que nada disso importa. Alegam que é responsabilidade do fabricante controlar sua cadeia de suprimentos do início ao fim, independentemente de quem coloca os produtos nas mãos dos clientes. Em julho de 2004, a União Européia (UE) mandou que a Philip Morris implementasse novos sistemas de informação para rastrear seus cigarros desde a linha de produção até o cliente final.

Mais especificamente, a UE está exigindo que a Philip Morris identifique a data e o local de fabricação de cada maço de cigarros com marcações gravadas na embalagem. Essas marcações têm de ser capazes de identificar a instalação de fabricação, a máquina individual utilizada e o turno de produção. Além disso, em cada maço de cigarros, a Philip Morris tem de identificar o país em que ele será vendido. A empresa também tem de criar e manter um banco de dados de todas as informações de cada maço para a organização européia de investigação contra fraudes. Esse banco de dados também permitirá que os investigadores identifiquem os produtos que encontram em qualquer apreensão, além dos últimos compradores conhecidos.

■ **A possível solução da TI**

A Philip Morris reuniu uma equipe de especialistas dos departamentos de embalagem, pesquisa e desenvolvimento, TI e integridade da marca para avaliar novas tecnologias que pudessem ajudá-la a cumprir as exigências da UE. Uma opção em consideração é a tecnologia de identificação por radiofreqüência (RFID). A **tecnologia RFID** permite que os fabricantes fixem etiquetas com antenas e chips de computador nas mercadorias e depois rastreiem sua movimentação por meio de sinais de rádio. Porém, alguns especialistas argumentam que a RFID pode ser muito dispendiosa para a Philip Morris utilizar no rastreamento de pacotes de cigarro individuais.

As empresas gastam de US$1 milhão a US$3 milhões para montar um sistema piloto básico de RFID. Para uma instalação em escala total, as leitoras, as etiquetas e o software que as acompanham custarão às empresas cerca de US$20 milhões. Porém, esses custos são típicos de uma cadeia de suprimentos em que as etiquetas RFID são presas a paletes de mercadorias. As despesas são muito maiores quando as etiquetas precisam estar presas a maços de cigarros individuais.

Qual seria o custo de um programa desses? Considere os números a seguir. Uma etiqueta de produto com RFID pode facilmente custar 50 centavos de dólar. Em 2003, a Philip Morris vendeu 4,5 bilhões de pacotes de cigarros. Se a empresa colocasse uma etiqueta RFID em cada pacote, o custo seria de US$2,25 bilhões. Lembre-se que a Philip Morris também teria de comprar leitoras para registrar os dados das etiquetas RFID. Se a empresa vende 4,5 bilhões de pacotes, de quantas leitoras precisaria, e onde as colocaria? Outra questão é que as leitoras RFID precisam ser sintonizadas com precisão para os locais onde operam. Por exemplo, uma leitora em uma porta de recebimento de uma doca precisa ser sintonizada de modo a não apanhar acidentalmente os códigos de produtos que chegam em uma porta adjacente.

Dados todos esses problemas, por que a Philip Morris estaria considerando a tecnologia RFID? A resposta é que mais dados podem ser codificados em um chip RFID do que em uma tira padrão de código de barras. Assim, um sistema RFID eficaz permitiria que a empresa rastreasse cada maço de cigarros que produz. Ao contrário do Universal Product Code (UPC) padrão de 12 dígitos, o Electronic Product Code (EPC) de 28 dígitos promovido para uso com RFID pode gerar a informação exigida pela UE.

### ■ Os resultados

A Philip Morris já gastou milhões de dólares para investigar como a tecnologia RFID pode ser implementada em sua cadeia de suprimentos. A empresa desenvolveu um banco de dados, integrado com o sistema de cadeia de suprimentos do SAP, que contém todas as informações para os distribuidores de primeiro nível (os distribuidores que recebem os cigarros diretamente da fábrica). Por si só, porém, essa inovação não será suficiente para a UE. O motivo é que esse sistema não rastreia os maços de cigarros depois dos distribuidores de primeiro nível, e a UE exigiu que a Philip Morris rastreasse os maços de cigarros até o consumidor final. A empresa encara multas severas da UE se não cumprir a exigência. É possível que as tecnologias RFID diminuam de custo no futuro próximo. Mesmo assim, a Philip Morris não decidiu se prosseguirá com a RFID.

### ■ O que aprendemos com este caso

**Wireless** (sem fio) é um termo que descreve as telecomunicações em que ondas eletromagnéticas (em vez de alguma forma de fio ou cabo) transportam o sinal entre dispositivos de comunicação (por exemplo, computadores, assistentes digitais pessoais, telefones celulares etc.). O caso inicial é um exemplo de uma tecnologia sem fio (RFID) que é uma possível solução para um problema de regulamentação sério para a Philip Morris. O problema da Philip Morris também se aplica a outros setores — por exemplo, farmacêutico, serviços de alimentação, bebidas alcoólicas, vestuário e materiais perigosos — à medida que agências do governo de muitos países tentam impedir a falsificação, a fraude, o contrabando e a evasão de impostos. O caso também demonstra que a tecnologia sem fio está nos estágios iniciais, com um potencial interessante, mas atualmente com altos custos.

As tecnologias sem fio possibilitam a computação móvel, o comércio móvel e a computação ubíqua. Definimos esses termos aqui e analisamos cada um com mais detalhes ao longo do capítulo. **Computação móvel** refere-se à conexão em tempo real, sem fio, entre um dispositivo móvel e outros ambientes de computação, como a Internet ou uma intranet. O **comércio móvel** — também conhecido como **m-commerce** — refere-se às transações de comércio eletrônico (e-commerce, ou CE) que são realizadas em um ambiente sem fio, especialmente por meio da Internet. A **computação ubíqua** (também chamada de *computação onipresente*) significa que praticamente todos os objetos têm poder de processamento com conexões com ou sem fio a uma rede global.

As tecnologias sem fio e o comércio móvel estão se espalhando rapidamente, substituindo ou complementando a computação com fio. Em alguns casos, as tecnologias sem fio estão permitindo que países montem uma infra-estrutura de comunicações do zero. Por exemplo, depois de duas décadas de guerra civil, a tecnologia está começando a aparecer no Afeganistão. Em 2002, o país inteiro tinha apenas uma linha de telefone para cada 1.000 pessoas. Além disso, em um país com aproximadamente 25 milhões de pessoas, havia apenas 1.000 usuários de Internet e 15.000 pessoas com telefones celulares. Hoje, o Afeganistão tem mais de 650.000 pessoas usando telefones celulares, e os cibercafés estão surgindo em Kabul, a capital e maior cidade do país. O Afeganistão recebeu seu domínio da Internet, *.af*, em março de 2003.

A infra-estrutura sem fio sobre a qual a computação móvel é estabelecida pode remodelar toda a área de TI. As tecnologias, aplicações e limitações da computação móvel e do comércio móvel são o foco principal deste capítulo. Começamos o capítulo com uma discussão sobre os dispositivos sem fio e os meios de transmissão sem fio. Prosseguimos examinando as redes de computação sem fio e o acesso à Internet sem fio. Depois, examinamos a computação móvel e o comércio móvel, que se tornaram possíveis devido às tecnologias sem fio. Em seguida, voltamos nossa atenção para a computação ubíqua e concluímos o capítulo discutindo sobre a segurança das redes sem fio.

*Fonte:* Compilado de D. F. Carr e L. Barrett, "Philip Morris International: Smoke Screen", *Baseline Magazine*, 1º de fevereiro de 2005; M. Roberti, "Where RFID Is Happening", *RFID Journal*, 26 de janeiro de 2004; B. Smith, "Raising the RFID Profile", *Wireless Week*, 15 de dezembro de 2003.

## 7.1 Tecnologias sem fio

Tecnologias sem fio incluem dispositivos sem fio, como pagers e telefones celulares, e mídia de transmissão sem fio, como microondas, satélite e rádio. Essas tecnologias estão basicamente alterando o modo como as organizações operam e fazem negócios. Como exemplo, o Quadro 7.1 ilustra como as tecnologias sem fio estão transformando a imposição da lei.

### Dispositivos sem fio

Os indivíduos estão achando conveniente e produtivo usar dispositivos sem fio por vários motivos. Primeiro, eles podem fazer uso produtivo do tempo que anteriormente era desperdiçado (por exemplo,

## TI E A EMPRESA

### 7.1 Rede sem fio ajuda a polícia em duas cidades

#### Tyler, Texas

Em Tyler, Texas, câmeras de vídeo digitais nos 60 carros de polícia da cidade são capazes de enviar para as estações imagens de TV da ação policial. Essas imagens são enviadas em tempo real através de uma rede sem fio. Esse sistema representa uma inovação importante na TI para a imposição da lei. Por outro lado, muitas forças policiais continuam a usar uma tecnologia mais antiga, que consiste em câmeras de vídeo montadas no painel do carro. Diferentemente das câmeras digitais, essas câmeras de vídeo só registram as batidas policiais em uma fita de vídeo.

A tecnologia digital coleta e armazena vídeo em uma unidade de disco rígido no carro da polícia. Ela automaticamente recupera os dados começando quatro minutos antes de o policial pressionar "record" ao acender as luzes de perseguição. Desse modo, a rede sem fio ajuda a identificar a provável causa da ação policial. Isso realmente permite que a estação veja os eventos se desenrolarem ao vivo. A gravação no computador de cada carro de polícia é baixada a cada dia e enviada para o armazenamento em computadores. Os dados do carro, como as leituras do radar, são comparados com o vídeo digital. Eles também podem ser comparados com as informações da tira magnética na carteira de motorista do suspeito, que é confiscada pela polícia. O sistema permite que a polícia obtenha rapidamente o vídeo e os dados de uma batida policial. A polícia pode usar esses dados como provas em um tribunal. Ao mesmo tempo, a pessoa que foi detida pode usar a informação para acusar a polícia por conduta fora da lei.

#### Jersey City, Nova Jersey

Policiais de batida no Departamento de Polícia de Jersey City caminham, andam de motocicleta e dirigem carros por todo o território. Para garantir que cada policial tenha acesso a informações críticas em tempo real, o departamento implementou uma rede móvel sem fio de alta velocidade e deu a cada oficial um dispositivo de computação portátil. Um objetivo importante era fornecer dados por meio da tecnologia sem fio aos policiais que não são designados para os carros de patrulha. Os computadores portáteis possuem leitor de código de barras, câmera digital, câmera de vídeo digital e telefone celular integrados. Os oficiais usam esses computadores para acessar remotamente informações necessárias durante as investigações, incluindo números de placa de carros, históricos criminais e carteiras vencidas. Os dispositivos também permitem que os policiais tenham acesso a câmeras de vigilância espalhadas por toda a cidade.

*Fontes:* Compilado de J. Herskovitz, "Live, Digital Video Heading to U.S. Police Cars", *Reuters,* 20 de abril de 2004; L. Greenemeier, "Jersey City Cops Add Video to Shoe Leather", *InternetWeek,* 7 de março de 2005; e B. Smith, "Police Drive into Next Gen", *Wireless Week,* 1º de agosto de 2003.

#### PERGUNTAS

1. Quais são as vantagens dessas tecnologias sem fio para a polícia?
2. Quais são as vantagens dessas tecnologias sem fio para a população?
3. Quais são as implicações de privacidade dessas tecnologias sem fio para a população?

---

enquanto iam para o trabalho em seus carros ou no transporte público). Segundo, visto que eles podem levar esses dispositivos consigo, seus locais de trabalho estão se tornando muito mais flexíveis. Terceiro, a tecnologia sem fio permite que eles aloquem o tempo de trabalho em torno de obrigações pessoais e profissionais.

Dispositivos sem fio são pequenos o suficiente para serem facilmente transportados ou vestidos, possuem poder de computação suficiente para realizar tarefas produtivas, e podem se comunicar sem fio com a Internet e outros dispositivos. Esses dispositivos incluem pagers, aparelhos portáteis de e-mail, assistentes digitais pessoais (PDAs), telefones celulares e telefones inteligentes. Discutiremos cada uma dessas tecnologias a seguir. Ao ler cada descrição, reflita sobre como a tecnologia específica afeta seu ambiente de trabalho agora e no futuro.

O **Wireless Application Protocol (WAP)** é o padrão que permite que dispositivos sem fio, com pequenas telas de vídeo, conexões com pouca largura de banda e memória mínima, acessem informações e serviços baseados na Web. (Lembre-se que a largura de banda refere-se à quantidade de informação que podem ser transmitida por um canal de comunicação em uma unidade de tempo, normalmente em segundos).

Dispositivos compatíveis com WAP contêm **microbrowsers**, que são navegadores da Internet com um arquivo pequeno, que podem atuar dentro das restrições de pouca memória dos dispositivos sem fio e pouca largura de banda das redes sem fio.

**Pagers**. Um **pager** é um sistema de mensagens sem fio unidirecional. O pager alerta o usuário quando recebe uma mensagem. Os pagers oferecem vários tipos de mensagem: somente som, tela numérica, tela alfanumérica e som e voz.

**Aparelhos portáteis de e-mail**. Aparelhos portáteis de e-mail, como o BlackBerry (visite *www.rim.com* e *www.blackberry.com)*, possuem uma tela pequena e um teclado para digitar pequenas mensagens. As versões mais recentes também possuem um organizador e recursos de transmissão pela Web e por voz. Além disso, o usuário pode integrá-los a aplicações corporativas. Esses dispositivos facilitam o contato com clientes e com o escritório.

**Telefones celulares.** Os telefones celulares utilizam ondas de rádio para oferecer comunicação bidirecional. O telefone celular se comunica com antenas de rádio (torres) colocadas dentro de áreas geográficas adjacentes, chamadas *células* (ver Figura 7.1). Uma mensagem telefônica é transmitida para a célula local (antena) pelo telefone celular e depois é passada de uma célula para outra até alcançar a célula de destino. Na célula final, a mensagem é transmitida para o telefone celular receptor ou transferida para o sistema telefônico público, para ser transmitida a um telefone fixo. É por isso que você pode usar um telefone celular para ligar tanto para outros telefones celulares quanto para telefones fixos.

A tecnologia celular está evoluindo rapidamente, passando para velocidades de transmissão maiores e recursos mais ricos. A tecnologia progrediu por quatro estágios:

1. O celular de *primeira geração* (1G) usava sinais analógicos e tinha pouca largura de banda (capacidade).
2. A *segunda geração* (2G) utiliza sinais digitais principalmente para comunicação de voz; a 2G oferece comunicação de dados até 10 Kbps. (*Nota:* Kbps significa 1.000 bits por segundo.)
3. A *2.5 G* utiliza sinais digitais e oferece comunicação de voz e dados até 144 Kbps.

**Figura 7.1** Rede celular. *Fonte:* Adaptado de http://people.bu.edu/storo/im1.gif.

4. A *terceira geração* (3G) utiliza sinais digitais e pode transmitir voz e dados até 384 Kbps quando o dispositivo está se movendo em um ritmo de caminhada, 128 Kbps quando está se movendo em um carro e até 2 Mbps quando o dispositivo está em um local fixo; a 3G aceita vídeo, navegação Web e mensagem instantânea.

Os telefones celulares estão se tornando mais baratos e mais poderosos, e seu uso está explodindo. Em 2002, o número de telefones celulares ultrapassou o de telefones fixos pela primeira vez. Quase 2 bilhões de telefones celulares deverão estar em uso no mundo inteiro por volta de 2007.

Os telefones celulares digitais são capazes de enviar e receber mensagens de texto curtas (até 160 caracteres de extensão), um processo chamado **Short Messaging Service (SMS)**. Essas mensagens podem ser armazenadas e encaminhadas para outras pessoas.

**Assistentes digitais pessoais (PDAs).** Assistentes digitais pessoais são computadores pequenos e portáteis, que podem transmitir comunicações digitais. Os PDAs oferecem aplicações como agendas eletrônicas e catálogos de endereços. Os modelos mais avançados também exibem, redigem, enviam e recebem mensagens de e-mail e oferecem acesso sem fio à Internet. Alguns PDAs possuem câmeras digitais embutidas e habilidades de comunicação por voz.

**Telefones inteligentes.** Os telefones inteligentes são uma nova classe de aparelhos de comunicação digitais, que combinam a funcionalidade de um PDA com a de um telefone celular digital. Os telefones inteligentes oferecem muitas funções, que incluem um organizador, telefone celular, câmera digital, acesso a e-mail, acesso à Internet e SMS. Os telefones inteligentes tocam música, exibem vídeo e permitem que o usuário veja fotos. Esses dispositivos possuem uma tela colorida e um teclado embutido (um exemplo é o Treo 650 da *www.palmone.com*).

Uma desvantagem é que os telefones inteligentes com câmera podem causar problemas no ambiente de trabalho. Por exemplo, se você fosse um executivo na Intel, gostaria que os funcionários tirassem fotos dos colegas com sua nova tecnologia secreta ao fundo? Infelizmente, os gerentes pensam nesses dispositivos como telefones, e não como câmeras digitais que podem transmitir informações por uma rede sem fio. Novos dispositivos estão sendo desenvolvidos para combater essa ameaça. Por exemplo, a Iceberg Systems *(www.iceberg-ip.com)* oferece uma tecnologia que desativa os sistemas de imagem nos telefones com câmera depois que eles entram em determinados locais. Algumas empresas, como a Samsung *(www.samsung.com),* reconheceram o perigo e baniram os dispositivos completamente.

### Meio de transmissão sem fio

O meio sem fio, ou meio de broadcast, transmite sinais sem fios pelo ar ou pelo espaço. Os principais tipos de meio sem fio são microondas, satélite, rádio e infravermelho. Vamos examinar cada tipo mais de perto. O Checklist Gerencial 7.1 relaciona as vantagens e as desvantagens de cada meio sem fio.

**Microondas.** Os sistemas de **transmissão por microondas** são muito utilizados para comunicação de grande volume, longa distância, ponto a ponto. *O ponto a ponto* tem duas características: primeiro, transmissor e receptor precisam estar vendo um ao outro (chamado *linha de visão*); segundo, a própria transmissão precisa estar apontada diretamente do transmissor para o receptor. A transmissão por microondas requer linha de visão. Portanto, torres de microondas adjacentes precisam ver uma à outra. Isso cria problemas porque a superfície da terra é curva, e não plana. Devido a esse fato, as torres de microondas normalmente não podem ter mais de 45 quilômetros de distância entre elas.

O fato de que a microonda requer transmissão com linha de visão limita bastante sua utilidade como solução em grande escala de que as comunicações de dados precisam, especialmente por distâncias muito longas. Além disso, as transmissões por microondas são suscetíveis à interferência ambiental durante climas severos, como chuva forte ou tempestades de neve. Embora os sistemas de comunicação de dados por microondas a longa distância ainda sejam muito utilizados, eles estão sendo substituídos por sistemas de comunicação via satélite.

**Satélite.** Os sistemas de **transmissão por satélite** utilizam satélites de comunicação. Atualmente, existem três tipos de satélites na Terra, cada tipo em uma órbita diferente. Os três tipos de satélite são geoestacionário (GEO), órbita média da Terra (MEO) e órbita baixa da Terra (LEO). Nesta seção, examinamos os três diferentes tipos de satélites. Depois, verificamos as principais aplicações do satélite: sistemas de posicionamento global e transmissão da Internet via satélite.

**Checklist Gerencial 7.1**
Vantagens e desvantagens das mídias sem fio

| Canal | Vantagens | Desvantagens |
|---|---|---|
| Microondas | Alta largura de banda. <br> Relativamente barato. | Precisa ter linha de visão desobstruída. <br> Suscetível à interferência ambiental. |
| Satélite | Alta largura de banda. <br> Grande área de cobertura. | Caro. <br> Precisa ter linha de visão desobstruída. <br> Sinais apresentam atraso na propagação. <br> Precisa usar criptografia para ser segura. |
| Rádio | Alta largura de banda. <br> Sinais atravessam paredes. <br> Barato e fácil de instalar. | Cria problemas de interferência elétrica. <br> Suscetível à bisbilhotagem, a menos que seja <br> criptografado. |
| Infravermelho | Largura de banda baixa a média. | Precisa ter linha de visão desobstruída. <br> Usado apenas para distâncias curtas. |

Assim como a transmissão por microondas, os satélites precisam receber e transmitir por linha de visão. Porém, a enorme *pegada* — a área da superfície terrestre atingida pela transmissão de um satélite — ultrapassa as limitações das estações de repasse de dados por microondas. Lembre-se: quanto mais alta a órbita de um satélite, maior a pegada. Assim, os satélites de órbita média da Terra possuem uma pegada menor que os satélites geoestacionários, e os satélites de órbita baixa da Terra possuem a menor de todas as pegadas. A Figura 7.2 compara as pegadas dos três tipos de satélite.

Ao contrário da transmissão ponto a ponto com microondas, os satélites utilizam transmissão por *broadcast*, que envia sinais a muitos receptores de uma só vez. Assim, embora os satélites exijam linha de visão, como a microonda, eles são altos o suficiente para a transmissão por broadcast, ultrapassando, assim, as limitações da microonda.

***Tipos de órbita.*** Os satélites com *órbita terrestre geoestacionária (GEO)* orbitam a 35.700 quilômetros diretamente acima da linha do Equador e mantêm uma posição fixa acima da superfície da Terra. Esses satélites são excelentes para enviar programas de televisão a operadoras de TV a cabo e transmitir diretamente para as casas. Outra vantagem é que os receptores não precisam rastrear os satélites GEO. Porém, eles têm suas limitações. As transmissões dos satélites GEO levam um quarto de segundo para enviar e retornar. Essa pequena pausa, chamada **atraso na propagação**, dificulta as conversas telefônicas bidirecionais. Além disso, os satélites GEO são grandes, caros e exigem muita energia para serem lançados ao espaço.

Os satélites de *órbita média da Terra (MEO)* estão localizados a cerca de 9.650 quilômetros acima da superfície da Terra. As órbitas MEO exigem mais satélites para cobrir a terra do que as órbitas GEO, pois as pegadas MEO são menores. Os satélites MEO são mais baratos que os satélites GEO e não possuem um atraso significativo na propagação. Um problema com os satélites MEO é que eles se movem em relação a um ponto na superfície da Terra, o que significa que os receptores precisam rastrear esses satélites. (Pense em uma abóbada de satélite girando lentamente para permanecer voltada para um satélite MEO.)

Satélites de *órbita baixa da Terra (LEO)* estão localizados a 640 a 1.100 quilômetros acima da superfície da Terra. Como os satélites LEO estão muito mais próximos da Terra, apresentam pouco ou nenhum atraso na propagação. Porém, sua baixa altitude significa que os satélites LEO se movem em relação a um ponto na superfície da Terra. Portanto, os receptores precisam rastrear os satélites LEO. Rastrear satélites LEO é mais difícil que rastrear satélites MEO, pois os satélites LEO se movem muito mais rapidamente que os satélites MEO em relação a um ponto fixo na Terra.

Diferentemente dos satélites GEO e MEO, os satélites LEO podem captar sinais de transmissores fracos. Isso é importante porque os telefones de handhelds que operam por meio de satélites LEO precisam de menos potência e podem usar baterias menores. Outra vantagem dos satélites LEO é que eles consomem menos energia e custam menos para serem lançados do que os satélites GEO e MEO.

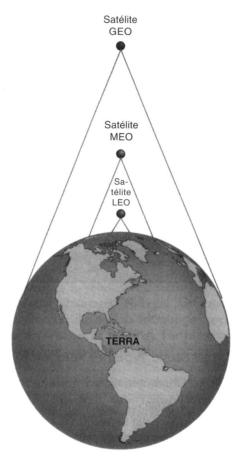

**Figura 7.2** Comparação de pegadas de satélite. *Fonte:* Desenhado por Kelly Rainer.

No entanto, as pegadas dos satélites LEO são pequenas, o que significa que são necessários muitos deles para abranger toda a Terra. Por esse motivo, uma única organização normalmente produz diversos satélites LEO, conhecidos como *constelações LEO*. Dois exemplos são Iridium e Globalstar.

A Iridium *(www.iridium.com)* colocou em órbita uma constelação LEO que consistia em 66 satélites e 12 satélites de reserva no espaço. A empresa diz que oferece cobertura completa de comunicação por satélite na superfície da Terra, incluindo as regiões polares. A Globalstar *(www.globalstar.com)* também possui uma constelação LEO em órbita, mas com menos cobertura da Terra do que a Iridium. A Figura 7.3 mostra a cobertura da Globalstar.

A Tabela 7.1 mostra as diferenças entre os três tipos de satélites.

***Sistemas de Posicionamento Global.*** O **sistema de posicionamento global (GPS)** é um sistema sem fio que utiliza satélites para permitir que os usuários determinem sua posição em qualquer lugar da Terra. O GPS tem o suporte de 24 satélites que são compartilhados no mundo inteiro. A posição exata de cada satélite sempre é conhecida, pois o satélite envia continuamente sua posição junto com um sinal de tempo. Usando a velocidade conhecida dos sinais e a distância de três satélites (para a localização bidimensional) ou quatro satélites (para a localização tridimensional), é possível determinar o local de qualquer estação receptora ou usuário, dentro de um alcance de 3 metros. O software de GPS também pode converter a latitude e longitude do usuário em um mapa eletrônico.

O uso comercial do GPS tornou-se bastante disseminado, inclusive para navegação, mapeamento e pesquisa, especialmente em áreas remotas. Os telefones celulares nos Estados Unidos agora são obrigados a ter GPS embutido, para que o local de quem liga para 911 (telefone de emergência) seja detectado imediatamente. Para obter um tutorial sobre GPS, consulte *www.trimble.com/gps.*

***Internet over Satellite (IoS).*** Em muitas regiões do mundo, a IoS é a única opção disponível para conexões com a Internet, pois a instalação dos cabos necessários é muito dispendiosa ou fisicamente impossível. A IoS permite que os usuários acessem a Internet através de satélites GEO, por meio de uma parabólica

**Tabela 7.1** Três tipos básicos de satélites de telecomunicações

| Tipo | Características | Órbita | Número | Uso |
|------|----------------|--------|--------|-----|
| GEO | • Satélites permanecem estacionários em relação ao ponto na Terra.<br>• Poucos satélites necessários para obter cobertura global.<br>• Atraso na transmissão (aproximadamente 0,25s).<br>• Mais caro de se construir e lançar ao espaço.<br>• Vida orbital mais longa (muitos anos). | 35.700km | 8 | Sinal de TV |
| MEO | • Satélites se movem em relação ao ponto na Terra.<br>• Quantidade moderada necessária para obter cobertura global.<br>• Requer transmissores de potência média.<br>• Atraso insignificante na transmissão.<br>• Menos caro de se construir e lançar ao espaço.<br>• Vida orbital moderada (6 a 12 anos). | 10.300km | 10-12 | GPS |
| LEO | • Satélites se movem rapidamente em relação ao ponto na Terra.<br>• Grande quantidade necessária para obter cobertura global.<br>• Requer apenas transmissores de pouca potência.<br>• Atraso insignificante na transmissão.<br>• Menos caro de se construir e lançar ao espaço.<br>• Vida orbital mais curta (até 5 anos). | 640-1100km | Muitos | Telefone |

montada na lateral de suas casas. Embora a IoS torne a Internet disponível a muitas pessoas que, de outra forma, não poderiam acessá-la, ela tem desvantagens. Como vimos, as transmissões por satélite GEO ocasionam um atraso na propagação e podem ser interrompidas por influências ambientais, como tempestades.

**Rádio.** A **transmissão por rádio** utiliza freqüências de onda de rádio para enviar dados diretamente entre transmissores e receptores. A transmissão por rádio tem diversas vantagens. Para começar, as ondas de rádio trafegam facilmente por paredes normais de escritório. Além disso, os dispositivos de rádio são pouco dispendiosos e fáceis de instalar. Finalmente, as ondas de rádio podem transmitir dados em altas velocidades. Por esses motivos, o rádio está sendo cada vez mais usado para conectar computadores com equipamentos periféricos e redes locais.

Porém, assim como em outras tecnologias, a transmissão por rádio também tem desvantagens. Primeiro, o meio do rádio pode criar problemas de interferência elétrica. Além disso, as transmissões por rádio são suscetíveis ao farejamento por qualquer um que tenha equipamento semelhante que opere na mesma freqüência.

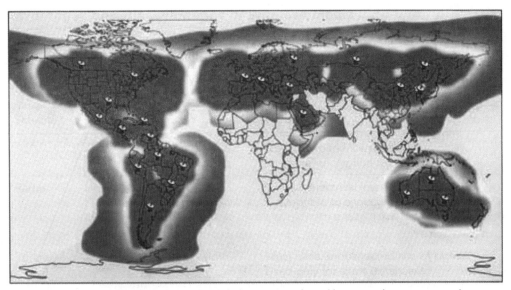

**Figura 7.3** Cobertura LEO da Globalstar. *Fonte:* http://www.satphonestore.com/servprod/globalstar/Coverage/CoverageMapgstar.jpg

*Rádio por satélite.* Um problema com a transmissão por rádio é que, quando você viaja para muito longe da estação de origem, os sinais se perdem e caem em estática. A maior parte dos sinais de rádio pode trafegar apenas por cerca de 50 a 65 quilômetros a partir da origem. Porém, o **rádio por satélite**, também chamado de **rádio digital**, resolve esse problema. O rádio por satélite oferece música ininterrupta, com qualidade semelhante à de um CD, que é enviada para o seu rádio, em casa ou no carro, a partir do espaço. Além disso, o rádio por satélite oferece um amplo espectro de estações, tipos de música, notícias e programas de entrevistas.

A XM Satellite Radio *(www.xmradio.com)* e a Sirius Satellite Radio *(www.sirius.com)* lançaram serviços de rádio por satélite. A XM envia seus sinais a partir de satélites GEO; a Sirius utiliza satélites MEO. Os ouvintes assinam o serviço por uma taxa mensal.

**Infravermelho.** O último tipo de transmissão sem fio é a transmissão por infravermelho. A luz **infravermelha** é uma luz vermelha que normalmente não é visível aos olhos humanos. As aplicações comuns da luz infravermelha estão nas unidades de controle remoto para televisores, videocassetes, DVDs e aparelhos de CD. Além disso, assim como a transmissão por rádio, os transceptores de infravermelho são usados para conexões de curta distância entre computadores e equipamentos periféricos e redes locais. Um *transceptor* é um dispositivo que pode transmitir e receber sinais. Muitos PCs portáteis possuem portas de infravermelho, que são úteis quando as conexões por cabo com um periférico (como uma impressora ou modem) não forem práticas.

---

### Antes de prosseguir...

1. Descreva os diversos tipos de dispositivos sem fio.
2. Descreva a convergência de telefones celulares, aparelhos de e-mail e câmeras digitais. (*Dica:* pense no TREO 650.)

---

## 7.2 Redes de computação sem fio e acesso à Internet

Comentamos a respeito de diversos dispositivos sem fio e como esses dispositivos transmitem sinais sem fio. Esses dispositivos normalmente formam redes de computação sem fio e oferecem acesso à Internet sem fio. Abordaremos esses tópicos nesta seção.

Organizamos nossa discussão em torno de um conjunto de padrões estabelecidos pelo Institute of Electrical and Electronics Engineers (IEEE) para redes de computação sem fio. Ordenamos esses padrões por distância efetiva e largura de banda, da distância mais curta e largura de banda mais baixa até a maior distância e largura de banda mais alta. Esses padrões incluem:

- IEEE 802.15 (Bluetooth) para redes pessoais (PANs)
- IEEE 802.11 (Wi-Fi) para redes locais sem fio (WLANs)
- IEEE 802.16 (WiMax) para redes metropolitanas sem fio (WMANs)
- IEEE 802.20 (em estudo) para redes remotas sem fio (WWANs)

Discutiremos sobre Bluetooth, Wi-Fi e WiMax nesta seção, pois o IEEE 802.20 ainda está em desenvolvimento.

### Bluetooth

**Bluetooth** *(www.bluetooth.com)*, uma especificação do setor, é usado para criar pequenas redes pessoais. Uma **rede pessoal** é uma rede de computação usada para a comunicação entre dispositivos de computação (por exemplo, telefones, assistentes digitais pessoais e telefones inteligentes) perto de uma pessoa. A tecnologia Bluetooth pode conectar até oito dispositivos dentro de uma área de 10 metros usando comunicação de baixa potência baseada em rádio. Pode transmitir em até 1 Mbps. Isso significa um megabit por segundo, ou 1 milhão de bits por segundo ("mega" significa milhão). A Ericsson, empresa de aparelhos portáteis escandinava que desenvolveu esse padrão, chamou-o de Bluetooth em homenagem ao rei dinamarquês Harald Blatan (Bluetooth), do século X. O Quadro 7.2 ilustra uma aplicação sem fio desenvolvida pela UPS, que integra Bluetooth e Wi-Fi (analisada na próxima seção).

Telefones, teclados, computadores, impressoras e dispositivos de computação sem fio que usam Bluetooth podem se comunicar entre si sem a necessidade de fios. Por exemplo, o Bluetooth pode conectar um teclado sem fio e um mouse a um PC e conectar fones de ouvido a um telefone celular.

Uma rede pessoal interessante utiliza sensores sem fio fabricados e vendidos pela Fitsense Technology (*www.fitsense.com*), uma desenvolvedora de aparelhos de monitoramento cardíaco para a prática de esportes. Os corredores prendem um sensor muito leve (chamado de *foot pod*) a um cadarço e depois o utilizam para registrar a velocidade e a distância que percorreram. O dispositivo transmite os dados por um sinal Bluetooth

---

## TI E A EMPRESA

### 7.2 UPS integra Bluetooth e Wi-Fi

A United Parcel Service *(www.ups.com)*, empresa de frete e logística de US$37 bilhões, tem 55.000 trabalhadores classificadores em 1.700 instalações globais. A tarefa deles é escanear — manualmente — os códigos de barra de 14,1 milhões de encomendas diariamente, de modo que a UPS e seus clientes saibam onde essas encomendas estão o tempo todo.

A partir de 1996, os classificadores da UPS começaram a usar um scanner usado como um anel e ligado por um cabo a um terminal montado em seus antebraços. Esse terminal transmitia, através de uma rede sem fio, os dados do código de barra para um servidor na instalação. Esses dispositivos deram à UPS o rastreamento de pacotes quase em tempo real — um serviço que os clientes da UPS estavam começando a pedir. Mas os dispositivos também levaram a milhões de dólares em despesas não previstas. Os cabos se prendiam aos pacotes e se partiam. Com os cabos desconectados, a produtividade era interrompida. A UPS teve de comprar e armazenar cabos de reserva e outros equipamentos para suas instalações globais, e os trabalhadores de manutenção ficavam constantemente ocupados consertando equipamentos.

Como resultado desses problemas, em 2001 a UPS procurou a Symbol Technologies *(www.symbol.com)*, uma empresa que fabrica scanners a laser e monta redes sem fio para outras empresas. A Symbol convenceu a UPS a investir US$120 milhões em um novo dispositivo. Esse dispositivo usava a habilidade de rádio de curta distância do Bluetooth para repassar a informação do código de barras de um pacote do scanner de anel de um funcionário para um receptor sem fio usado no quadril do trabalhador. Como o nome sugere, o scanner era usado no dedo do funcionário, deixando suas mãos livres.

O scanner poderia lidar com os dados de frete em um ritmo de até 60 varreduras por minuto, o dobro da velocidade que a UPS estava conseguindo com os scanners anteriores. Em parte, a velocidade aumentou porque o terminal de cinturão da Symbol transmitia os dados do código de barras de um pacote para um servidor da instalação de entrega usando Wi-Fi. Esse projeto representou a primeira combinação viável das tecnologias Bluetooth e Wi-Fi em um único sistema.

Porém, houve uma dificuldade. Nas instalações de entrega, os funcionários — e, portanto, seus dispositivos sem fio — trabalham muito próximos uns dos outros. A Symbol, portanto, teve de equipar os scanners e terminais com software projetado para impedir a "colisão de dados".

O novo equipamento se pagará 16 meses depois da implantação total. Cerca de um terço das economias virão do aumento da produtividade. O restante virá das reduções nos custos de reparo de equipamentos e compras de equipamentos de reserva.

A UPS também está incorporando a conectividade por Bluetooth e Wi-Fi nos computadores portáteis que os motoristas da UPS transportam. As novas pranchetas eletrônicas dos motoristas, implantadas, inicialmente, em abril de 2005, permitem que os motoristas recebam alterações de entrega ou rota no último minuto, por meio de um receptor sem fio no caminhão.

*Fonte:* Compilado de T. Mashberg, "Brown Goes Bluetooth", *MIT Technology Review,* junho de 2005; P. Judge, "Blending Wi-Fi and Bluetooth for a Tracking System", *Techworld,* 2 de julho de 2004; e *www.ups.com* e *www.symbol.com,* acessados em 4 de abril de 2005.

**PERGUNTAS**
1. Quais foram as vantagens do novo dispositivo para os funcionários da UPS?
2. De que maneira a UPS economizou dinheiro com os novos dispositivos?

a um dispositivo no punho. Por sua vez, o dispositivo de punho transmite os dados sem fio a um computador desktop, onde pode ser analisado. A PAN também inclui um monitor cardíaco sem fio.

### Redes locais sem fio

Uma **rede local sem fio (WLAN)** é como uma LAN com fio, mas sem os cabos. Em uma configuração típica, um transmissor com uma antena, chamado **ponto de acesso sem fio**, se conecta a uma LAN com fio ou a parabólicas de satélite, que oferecem uma conexão com a Internet. Um ponto de acesso sem fio oferece serviço a uma série de usuários dentro de um perímetro geográfico pequeno (até uns cem metros), conhecido como **hotspot**. Para dar apoio a um número maior de usuários em uma área geográfica maior, são necessários diversos pontos de acesso sem fio. Para se comunicar sem fio, os dispositivos móveis, como laptops, normalmente precisam de uma placa adicional, chamada **placa de interface de rede (NIC) sem fio**, que possui rádio e antena embutidos.

As WLANs oferecem acesso rápido e fácil à Internet ou intranet por banda larga, a partir de hotspots públicos, localizados em aeroportos, hotéis, cibercafés, universidades, centros de conferência, escritórios e casas. Banda larga significa largura de banda alta. Os usuários podem acessar a Internet enquanto caminham pelo campus, para o escritório ou pela casa (visite *www.weca.net*). Além disso, os usuários podem acessar uma WLAN com laptops, desktops ou PDAs se inserir neles uma placa de rede sem fio. A maioria dos fabricantes de PCs e laptops incorpora essas placas diretamente nos PCs (como uma opção).

O padrão IEEE para WLANs é a família 802.11, conhecida como **Wi-Fi**, de **wireless fidelity**. Existem três padrões nessa família: 802.11a, 802.11b e 802.11g.

O padrão 802.11a pode transmitir até 54 Mbps com uma distância efetiva de 10 a 30 metros. O padrão 802.11b pode transmitir até 11 Mbps com uma distância efetiva de 30 a 50 metros, embora esse alcance possa ser estendido ao ar livre com o uso de antenas montadas em torre. A maioria das WLANs de hoje trabalha com o padrão 802.11b. O padrão 802.11g pode transmitir até 54 Mbps e é compatível com o padrão 802.11b.

Os principais benefícios da Wi-Fi são o baixo custo e a capacidade de oferecer acesso simples à Internet. Ele é o maior facilitador da *Internet sem fio*, ou seja, a capacidade de se conectar à Internet sem o uso de fios. De modo significativo, os laptops mais novos vêm equipados com chips que podem enviar e receber sinais Wi-Fi.

As corporações estão usando Wi-Fi para oferecer uma ampla gama de serviços. Eis aqui alguns exemplos:

- A empresa aérea American Airlines instalou Wi-Fi em seus Admiral's Clubs, e está em parceria com a T-Mobile, assim como a Delta Air Lines e a United Airlines, para instalar serviços Wi-Fi nos portões de vários dos principais aeroportos. A American Airlines também usa Wi-Fi para o check-in em viagens domésticas, manipulação de bagagem e pacotes de carga.
- A Lufthansa Airlines e outras empresas aéreas estão equipando os aviões com Wi-Fi para que os passageiros com laptops possam acessar a Internet durante o vôo.
- A Starbucks e o McDonalds estão oferecendo Wi-Fi aos clientes em muitas lojas, principalmente para acesso à Internet. Eles recebem um valor pelas taxas pagas aos serviços Wi-Fi, mas a estratégia é estimular os clientes a gastarem mais nas lojas e escolherem suas lojas, e não as da concorrência.

**Problemas do Wi-Fi.** Três fatores estão limitando o crescimento ainda maior do mercado de Wi-Fi: roaming, segurança e custo. No momento, os usuários não podem sair de um hotspot para outro se estes usarem serviços de rede Wi-Fi diferentes. A menos que o serviço seja gratuito, os usuários precisam efetuar o logon em contas separadas para cada serviço, cada um com suas próprias taxas.

A segurança é a segunda barreira para a aceitação generalizada do Wi-Fi. Como o Wi-Fi usa ondas de rádio, ele é difícil de proteger. Analisaremos a segurança do Wi-Fi na última seção deste capítulo.

Embora os serviços Wi-Fi tenham um custo baixo, muitos especialistas questionam se os serviços Wi-Fi comerciais podem sobreviver, quando há tantos hotspots gratuitos disponíveis para os usuários. Por exemplo, Freenetworks (*www.freenetworks.org*) é uma organização que apoia a criação de projetos comunitários gratuitos de redes sem fio em todo o mundo.

Em alguns lugares, os hubs Internet Wi-Fi são marcados por símbolos nas calçadas e paredes. Essa prática é chamada de *war chalking*. Certos símbolos de war chalking significam que existe um hotspot Wi-Fi acessível na vizinhança de um prédio. Portanto, se seu laptop possui uma placa de interface de rede sem fio, você pode acessar a Internet gratuitamente. Você também poderia acessar a rede sem fio de uma empresa localizada no prédio. Outros símbolos significam que o hotspot Wi-Fi em torno do prédio é fechado. Você só pode acessá-lo se for autorizado. Apesar desses problemas, a MCI está expandindo o uso do Wi-Fi, como vemos no Quadro 7.3.

## WiMax

Worldwide Interoperability for Microwave Access, popularmente conhecido como WiMax, é o nome para o padrão 802.16 do IEEE. O WiMax possui um alcance de acesso sem fio de até 50 quilômetros, em comparação com os 100 metros para Wi-Fi e 10 metros para Bluetooth. O WiMax também possui uma taxa de transferência de dados de até 75 Mbps. É um sistema seguro e oferece recursos como voz e vídeo.

Antenas WiMax podem transmitir conexões Internet de banda larga para antenas em casas e empresas a quilômetros de distância. A tecnologia pode, portanto, oferecer acesso de banda larga sem fio em longa distância para áreas rurais e outros locais que atualmente não são servidos. O Quadro 7.4 ilustra esse uso do WiMax.

---

### Antes de prosseguir...

1. O que é Bluetooth? O que é uma WLAN?
2. Descreva os membros da família 802.11.

---

### TI E A EMPRESA

#### 7.3 MCI aposta no Wi-Fi

A MCI está aumentando seu acesso por Wi-Fi, quase dobrando sua cobertura de hotspots e explorando novas aplicações que deixariam os clientes corporativos satisfeitos. A empresa expandirá de 6.200 hotspots no mundo inteiro para cerca de 11.000 através de um acordo com a Boingo Wireless *(www.boingo.com)*. Essa expansão se concentrará em bares e centros comerciais públicos, em vez de em hotéis e aeroportos. Essa estratégia é voltada para clientes corporativos, que precisarão de acesso sem fio para o trabalho externo, mesmo que não estejam voando para algum lugar.

A MCI também está verificando várias opções de cobrança para o Wi-Fi. Os clientes agora pagam uma taxa única de US$40 por mês além dos serviços discados existentes, ou pagam de US$8 a US$15 com base no uso. Para justificar essas taxas, a empresa planeja dar suporte aos serviços sem fio além do acesso básico a dados Wi-Fi. Por exemplo, o software da MCI permite que os clientes identifiquem os hotspots disponíveis. Quando não há um disponível, os clientes podem usar o software para selecionar entre as opções de conexão discada local. A empresa também oferece vários protocolos de criptografia.

A MCI acha que cobrar pelo acesso Wi-Fi funcionará, apesar de estarem surgindo hotspots gratuitos por todos os Estados Unidos. Por exemplo, o McCarran International Airport, em Las Vegas, oferece acesso Wi-Fi gratuito, assim como a maioria das filiais da Panera Bread Company e da Schlotzsky's, uma rede de lojas de sanduíche.

*Fontes:* Compilado de C. Nobel, "MCI Expands Wi-Fi Coverage", *eWeek,* 22 de março de 2005; P. Cohen, "Panera Bread Goes Wi-Fi For Free", *MacWorld,* 12 de agosto de 2003; e *www.mci.com* e *www.boingo.com,* acessados em 15 de março de 2005.

#### PERGUNTAS

1. A estratégia da MCI de se concentrar em bares e centros comerciais é uma boa idéia? Em caso negativo, onde a MCI deveria oferecer acesso Wi-Fi?
2. A MCI pode ganhar dinheiro com o oferecimento de redes Wi-Fi? Justifique sua resposta. Você pagaria pelo serviço da MCI quando existem tantos hotspots gratuitos à disposição?

## TI E A EMPRESA

### 7.4 Wi-Max chega à zona rural da Inglaterra

Quando um empreendedor bem-sucedido se mudou para a área rural no sudeste da Inglaterra, descobriu que a região não tinha serviço de celular, televisão por satélite e banda larga. Ele notou que, mesmo em um país próspero como a Grã-Bretanha, centenas de milhares de pessoas ainda não possuem serviço de Internet de alta velocidade. Esse problema é particularmente grave nas áreas rurais, onde as casas estão simplesmente muito distantes das centrais telefônicas para o acesso de banda larga. Ele estimou que somente 16% das pessoas que moram nas vilas rurais inglesas tinham acesso à banda larga. Calculou, ainda, que, na área rural no sudeste da Inglaterra, havia, em potencial, 500.000 assinantes residenciais e pequenas empresas esperando pelo acesso de banda larga. Esses clientes representavam um mercado potencial de US$280 milhões em vendas anuais.

Para alcançar esse mercado, ele fundou uma empresa chamada Telabria (*www.telabria.com*). A Telabria, então, se juntou à Shepherd Neame, a mais antiga fabricante de cerveja da Grã-Bretanha e proprietária de 368 bares, para montar uma rede Wi-Max em três comunidades, usando antenas montadas no teto dos bares como pontos de acesso. Essa rede permitiu que clientes acessassem a Internet nos próprios bares e em todas as vilas.

O primeiro hotspot foi o Chequers Inn, em Doddington, que era um ponto de parada para peregrinos religiosos a caminho de Canterbury, que ficava ali perto. A Telabria agora possui cerca de 500 hotspots no sudeste da Inglaterra. Os clientes que passam por lá pagam US$5,60 por hora ou US$19 por dia pelo serviço.

O BT Group (British Telecommunications, em *www.btplc.com*) agora é um concorrente e a Telabria sabe que suas tarifas terão de baixar. A Telabria também pode ter de financiar o preço dos receptores WiMax sem fio, de US$349, para clientes residenciais.

*Fontes:* Compilado de M. Freedman, "Untapped Market", *Forbes*, 10 de janeiro de 2005; P. Durman, "WiMax Technology Goes Live in Southwest England", *Times Online*, 6 de fevereiro de 2005; e *www.telabria.com* e *www.btplc.com*, acessados pela última vez em 21 de março de 2005.

**PERGUNTAS**

1. Existem alternativas ao plano da Telabria de usar tecnologia WiMax? Quais são elas?
2. Por que a Telabria pagaria pelos receptores WiMax? Essa é uma boa estratégia? Justifique sua resposta.

## 7.3 Computação móvel e comércio móvel

No ambiente de computação tradicional, os usuários vão até um computador conectado por fios a outros computadores e a redes. A necessidade de estar conectado por fios dificulta ou impossibilita as pessoas em movimento de usarem o computador. Em particular, vendedores, profissionais de manutenção, empregados do setor de serviços, policiais e funcionário de empresas de utilidades públicas podem ser mais eficientes se puderem usar a TI enquanto estão no campo ou em trânsito. Assim, a computação móvel foi projetada para trabalhadores que saem dos limites das organizações ou para qualquer pessoa fora de casa.

Lembre-se que a computação móvel refere-se a uma conexão de tempo real, sem fio, entre um dispositivo móvel e outros ambientes de computação, como a Internet ou uma intranet. Essa inovação está revolucionando o modo como as pessoas utilizam computadores. Está se espalhando no trabalho e em casa, na educação, na saúde, no entretenimento e em muitas outras áreas.

A computação móvel possui duas características importantes que a diferenciam das outras formas de computação: mobilidade e alcance amplo. A *mobilidade* baseia-se no fato de que os usuários transportam um dispositivo móvel com eles e podem iniciar um contato em tempo real com outros sistemas, de qualquer lugar onde estejam. *Alcance amplo* refere-se ao fato de que, quando os usuários transportam um dispositivo móvel aberto, eles podem ser alcançados instantaneamente.

Essas duas características — mobilidade e alcance amplo — criam cinco atributos de valor agregado que rompem as barreiras da geografia e do tempo: ubiqüidade, conveniência, conectividade instantânea, personalização e localização de produtos e serviços. Um dispositivo móvel pode oferecer informações e comunicação independentemente do local do usuário (*ubiqüidade*). Com um dispositivo móvel preparado para Internet, é fácil e rápido acessar a Web, intranets e outros dispositivos móveis sem reinicializar um PC ou fazer uma ligação por meio de um modem (*conveniência* e *conectividade instantânea*). As informações podem ser personalizadas e enviadas a clientes individuais no formato de SMS (*personalização*). Finalmente, conhecer a localização física de um usuário ajuda uma empresa a anunciar seus produtos e serviços (*localização*). A computação móvel oferece o alicerce para o comércio móvel (m-commerce), que discutiremos em seguida.

## Comércio móvel

Embora o impacto da computação móvel sobre nossas vidas seja muito significativo, um impacto semelhante já está ocorrendo no modo como fazemos negócios. Lembre-se que o comércio móvel refere-se a transações de comércio eletrônico (CE) que são realizadas em um ambiente sem fio, especialmente por meio da Internet. Assim como aplicações de CE normais, o m-commerce pode ser realizado via Internet, linhas de comunicação privativas, smart cards ou outras infra-estruturas. O m-commerce cria oportunidades para oferecer novos serviços a clientes existentes e atrair novos. Para ver como as aplicações de m-commerce são classificadas por setor, consulte *www.nordicwirelesswatch.com/wireless/* e *www.mobiforum.org*.

O desenvolvimento do m-commerce é impulsionado pelos seguintes fatores:

- **Grande disponibilidade de dispositivos móveis.** O número de telefones celulares em todo o mundo ultrapassou 1,5 bilhão em 2005 (visite *http://cellular.co.za/stats/stats-main.htm*). Estima-se que, dentro de alguns anos, cerca de 70% dos telefones celulares nos países desenvolvidos terão acesso à Internet. Assim, um mercado de massa em potencial está se desenvolvendo para a computação móvel e o m-commerce. Os telefones celulares também estão se espalhando rapidamente nos países em desenvolvimento. Na China, por exemplo, o número de telefones celulares ultrapassa os 300 milhões. Esse crescimento permite que os países em desenvolvimento saltem diretamente para o m-commerce.
- **Não há necessidade de um PC.** Como a Internet pode ser acessada por um telefone inteligente ou outros dispositivos sem fio, não há necessidade de um PC para se conectar. Embora o custo de um PC usado principalmente para acesso à Internet possa ser menor que US$300, esse valor ainda é uma despesa alta para a grande maioria das pessoas no mundo.
- **A "cultura do telefone celular".** O uso generalizado dos telefones celulares é um fenômeno social, especialmente entre os jovens. O uso de SMS e mensagens instantâneas aumentou enormemente nos países europeus e asiáticos. Os membros da "cultura do telefone celular" constituirão uma força importante de compradores on-line quando começarem a ganhar e gastar mais dinheiro.
- **Preços em declínio.** Com o tempo, o preço dos dispositivos sem fio está diminuindo. O preço por minuto dos serviços móveis deverá cair em 50% a 80% até o final de 2006.
- **Melhoria da largura de banda.** Para realizar o m-commerce devidamente, é necessário haver largura de banda suficiente para a transmissão de texto, voz, vídeo e multimídia; a tecnologia celular 3G, o Wi-Fi e o WiMax oferecem a largura de banda necessária.

A computação móvel e o m-commerce incluem muitas aplicações. Essas aplicações resultam das capacidades de diversas tecnologias. Na próxima seção, examinaremos essas aplicações e seu impacto nas atividades empresariais.

## Aplicações de comércio móvel

Existe uma grande variedade de aplicações de comércio móvel. As aplicações mais populares incluem serviços financeiros, aplicações intra-organizacionais, acesso à informação, aplicações localizadas, telemedicina e telemetria.

*Serviços financeiros.* As aplicações financeiras móveis incluem serviços bancários, pagamentos sem fio e micropagamentos, wallets sem fio, serviços de pagamento de contas, serviços de corretagem e transferências de dinheiro. O objetivo final das aplicações financeiras móveis é tornar mais conveniente para os clientes a realização de negócios, independentemente do horário ou de onde estejam. Os clientes atormentados estão exigindo essa conveniência.

*Banking móvel.* Em muitos países, os bancos cada vez mais oferecem acesso móvel a informações financeiras e de conta. Por exemplo, o Citibank (*www.citibank.com*) alerta os clientes em seus telefones celulares digitais a respeito das mudanças nas informações de conta. O Banco da Ásia, na Tailândia, oferece um serviço móvel chamado ASIA M-Banking. Os clientes inscritos no programa podem verificar saldos de conta e transferir fundos entre contas. Consulte *www.bankasia4u.com/channels/channels-asia-m-banking.htm*.

**Sistemas de pagamento eletrônico sem fio.** Os sistemas de pagamento sem fio transformam telefones celulares em ferramentas de compra seguras e auto-suficientes, capazes de autorizar pagamentos instantaneamente pela rede celular. Na Itália, por exemplo, a DPS-Promatic *(www.dpspro.com)* projetou e instalou o primeiro medidor de tempo de estacionamento com possibilidade de pagamento por telefone celular. Nos Estados Unidos, a Cellbucks *(www.cellbucks.com)* oferece um serviço de pagamento móvel aos estádios esportivos participantes. Qualquer torcedor que seja membro da Cellbucks Network pode discar para um número gratuito, entrar com a senha e o local de assento e, depois, selecionar itens numerados no menu eletrônico de comida, bebidas e suvenires. Depois que a compra é autorizada, ela é encaminhada ao pessoal do estádio, que a entrega no assento do torcedor. Um e-mail detalhando a transação é enviado ao torcedor, como confirmação do pedido. Na Europa e no Japão, as compras de ingressos sem fio para cinemas e outros eventos é muito popular.

**Micropagamentos.** Se você pegasse um táxi em Frankfurt, Alemanha, poderia pagar ao motorista usando seu telefone celular. Os pagamentos eletrônicos para compras de baixo valor (geralmente, menos de US$10) são chamados de *micropagamentos*. A demanda por sistemas de micropagamentos sem fio é muito alta. Um estudo da empresa de pesquisas A.T. Kearney *(www.clickz.com/stats/)* descobriu que mais de 40% dos usuários de telefone celular pesquisados gostaria de usar o celular para pequenas transações em dinheiro, como pagamentos de passagem e máquinas de venda automática.

Porém, o sucesso das aplicações de micropagamento depende, em última instância, dos custos de transação. Os custos de transação só serão pequenos quando o volume das transações for grande. Uma tecnologia que pode aumentar o volume das transações são os e-wallets sem fio.

**Wallets móveis (sem fio).** Diversas empresas oferecem tecnologias de **wallet móvel** (*m-wallet*, também conhecido como *wallet sem fio*), que permitem que os possuidores de cartão façam compras com um único clique em seus dispositivos móveis. Um exemplo é o wallet da Nokia. Essa aplicação armazena informações de modo seguro (como números de cartão de crédito) no telefone Nokia do cliente, para ser usado ao fazer pagamentos móveis. A informação também pode ser usada para autenticar transações, assinando-as digitalmente. A Microsoft também oferece um m-wallet, Passport, para ser usado em um ambiente sem fio.

**Pagamentos de conta sem fio**. Diversas empresas agora estão oferecendo aos clientes a opção de pagar contas diretamente por um telefone celular. O HDFC Bank of India *(www.hd-fcbank.com)*, por exemplo, permite que os clientes paguem suas contas por meio de SMS.

A Smartpay oferece um serviço para que as pessoas em Xangai, China, paguem contas de utilidades públicas por meio de telefone celular. A maioria das pessoas na China não possui contas-correntes, e somente 2 milhões de pessoas, em 1,3 bilhão, possuem cartões de crédito. Como resultado, os clientes normalmente precisam ficar na fila do banco para pagar contas. O sistema Smartpay evita que os clientes tenham esse trabalho, enviando uma mensagem para o telefone celular do assinante quando um pagamento estiver vencendo. O assinante, então, informa um número secreto para autorizar o débito em sua conta bancária.

**Aplicações intra-organizacionais.** Embora o m-commerce B2C receba muita publicidade, a maioria das aplicações de m-commerce de hoje, na realidade, é usada *dentro* das organizações. Nesta seção, veremos como as empresas utilizam a computação móvel para apoiar os funcionários.

Os dispositivos móveis estão se tornando cada vez mais uma parte integrante das aplicações de fluxo de trabalho. Por exemplo, serviços móveis que não são de voz podem ser usados para auxiliar em funções de despacho, ou seja, para atribuir tarefas a funcionários móveis, junto com informações detalhadas sobre a tarefa. As áreas-alvo para os serviços móveis de remessa e despacho incluem transporte (entrega de alimentos, combustível, jornais, cargas, serviços de entrega, reboques e táxis); utilidades públicas (gás, eletricidade, telefone, água); serviço em campo (computador, equipamento de escritório, assistência técnica); saúde (enfermeiras, médicos, serviços sociais); e segurança (patrulhas, instalação de alarme). Agora, oferecemos vários exemplos de aplicações intra-organizacionais. Para obter outras informações sobre aplicações intra-organizacionais, consulte *www.mdsi-advantex.com* e *www.symbol.com*.

A AirIQ *(www.airiq.com)* oferece aplicações de telemática para proprietários e gerentes de frotas de veículos para aluguel, transporte comercial e equipamento pesado. *A telemática* refere-se à comunicação sem fio de informações localizadas e mensagens de controle que chegam e saem de veículos e outros equipamentos móveis. As aplicações da AirIQ combinam Internet, rede sem fio, GPS e mapeamento digital. Um dispositivo em cada um dos veículos rastreados coleta informações vitais sobre direção, velocidade e localização de um veículo. Os gerentes podem ver e acessar informações sobre a frota nos mapas digitais. Também podem monitorar a localização dos veículos pela Internet. As empresas que usam aplicações AirIQ podem, por exemplo:

- Receber relatórios diários de localização dos veículos da frota.
- Localizar veículos com licença vencida e roubados.
- Desativar, a pedido, veículos roubados e com licença vencida.
- Saber quando um veículo está viajando em uma velocidade acima da permitida.

Na Kemper Insurance Company *(www.kemperinsurance.com)*, os avaliadores de propriedades utilizam uma câmera digital sem fio para tirar fotos da cena de um acidente e transmiti-las a uma central de processamento. As câmeras estão ligadas ao serviço de telefonia celular StarTac, da Motorola, que envia as informações para um banco de dados. Essas aplicações eliminam atrasos na obtenção de informações e na revelação de filme, que existem nos métodos convencionais.

Assim como em muitas franquias, a Taco Bell emprega "clientes misteriosos" que visitam os restaurantes para realizar pesquisas sem o conhecimento dos gerentes. A Taco Bell oferece a esses clientes computadores portáteis para que possam transmitir seus relatórios mais rapidamente à sede da empresa. Os clientes misteriosos respondem a 35 perguntas, que variam desde a velocidade do serviço até a qualidade da comida. Antes de terem esses dispositivos, eles tinham de preencher formulários de papel e depois enviá-los à sede por meio do correio noturno. As informações eram, então, digitalizadas para os computadores, para serem processadas. O fluxo de informações por meio de dispositivos portáteis é mais rápido, mais preciso e menos dispendioso.

**Acessando informações.** Portais móveis e portais de voz são projetados para agregar e fornecer conteúdo em um formato que funcionará com o espaço limitado disponível em dispositivos móveis. Esses portais oferecem informações para os usuários em qualquer lugar e a qualquer momento.

*Portais móveis*. Um **portal móvel** agrega e fornece conteúdo e serviços para usuários móveis. Esses serviços incluem notícias, esportes e e-mail; informações sobre entretenimento, turismo e restaurantes; serviços comunitários; e negociação de ações.

O campo dos portais móveis está cada vez mais sendo dominado por algumas empresas de grande porte. O portal móvel mais conhecido do mundo — i-mode, da NTT DoCoMo — possui mais de 40 milhões de assinantes, principalmente no Japão. Os principais participantes na Europa são Vodafone, O2 e T-Mobile. Alguns portais tradicionais — por exemplo, Yahoo, AOL e MSN — também possuem portais móveis.

*Portais de voz*. Um **portal de voz** é um website com uma interface de áudio. Os portais de voz não são websites no sentido normal, pois também podem ser acessados por um telefone fixo ou celular. Um número de telefone o conecta a um website, no qual você pode solicitar informações verbalmente. O sistema encontra a informação, traduz essa informação para uma resposta de voz gerada por computador e informa o que você deseja saber. A maioria das empresas aéreas oferece informação em tempo real sobre o status dos vôos dessa maneira.

Um exemplo de portal de voz é a linha de informações de viagem 511, ativada por voz, desenvolvida pela Tellme.com. Ela permite que o assinante pesquise o tempo, restaurantes locais, tráfego atual e outras informações úteis. Além de recuperar informações, alguns sites oferecem uma verdadeira interação. Por exemplo, iPing *(www.iping.com)* é um serviço de lembrete e notificação que permite que os usuários entrem com informações por meio da Web e recebam chamadas de lembrete. Esse serviço pode até mesmo chamar um grupo de pessoas para notificá-las sobre uma reunião ou conferência.

**Aplicações localizadas.** Assim como no comércio eletrônico, as aplicações B2C de m-commerce estão concentradas em três áreas principais — varejo, propaganda e serviço ao cliente. O comércio móvel localizado é chamado de **comércio localizado**, ou **l-commerce**.

*Compras a partir de dispositivos sem fio*. Um número cada vez maior de vendedores on-line permite que clientes comprem a partir de dispositivos sem fio. Por exemplo, os clientes que usam telefones celulares preparados para Internet podem comprar em certos sites, como *http://mobile.yahoo.com* e *www.amazon.com*.

Os usuários de telefones celulares também podem participar de leilões on-line. Por exemplo, o eBay oferece serviços "sem fio em qualquer lugar". As pessoas que possuem conta no eBay podem acessar suas contas, navegar, pesquisar, fazer lances e refazer lances para os itens a partir de qualquer telefone ou PDA preparado para Internet. O mesmo vale para os participantes de leilões da Amazon.com.

*Propaganda localizada*. Imagine que você esteja passeando perto de uma loja da Starbucks, mas sequer sabe que ela existe. De repente, seu telefone celular apita com uma mensagem: "Entre e receba um desconto de 15%". A Starbucks usou uma aplicação localizada para detectar seu dispositivo sem fio e enviar um anúncio voltado cuidadosamente para você.

Quando os profissionais de marketing conhecem a localização atual e as preferências dos usuários móveis, podem enviar mensagens de propaganda específicas ao usuário para dispositivos sem fio a respeito de lojas, shoppings e restaurantes nas proximidades. Mensagens SMS e mensagens curtas para pagers podem ser usadas para enviar esse tipo de anúncio a telefones celulares e pagers.

Um método de anúncio localizado, já em uso em alguns lugares, envolve a colocação de anúncios em cima de táxis. O anúncio muda de acordo com a localização do táxi. Por exemplo, um táxi cruzando o bairro de teatros na cidade de Nova York poderia mostrar um anúncio para uma peça ou um restaurante naquela área. Quando o táxi entra em outro bairro, o anúncio muda para o de um restaurante ou empresa nessa outra área.

*Serviços localizados*. A Vodafone, uma empresa italiana, oferece informações aos clientes por meio de telefones celulares, incluindo condições do trânsito e localização de postos de combustíveis, hotéis e restaurantes. Em Londres, a Zingo *(www.zingotaxi.com)* permite que os clientes utilizem um telefone celular para chamar motoristas de táxi. O cliente liga para um número de telefone e é conectado ao motorista de táxi disponível mais próximo. O cliente fala diretamente com o motorista para confirmar os detalhes da corrida. O Quadro 7.5 descreve como os serviços localizados podem facilitar a vida dos compradores.

**Telemedicina sem fio.** Telemedicina é o uso de tecnologias modernas de telecomunicação e informação para fornecer tratamento clínico a indivíduos localizados a distância e para transmitir informações sobre esse tratamento. Hoje, existem três diferentes tipos de tecnologia usados para aplicações de *telemedicina*. O primeiro envolve o armazenamento e a transferência de imagens digitais de um local para outro. O segundo permite que um paciente em um local se consulte com um médico especialista em outro local, em tempo real, através de videoconferência. O terceiro tipo usa robôs para realizar cirurgia remota. Na maioria dessas aplicações, o paciente está em uma área rural, e o especialista está em um local urbano.

A tecnologia sem fio também está transformando o modo como as receitas são aviadas. Tradicionalmente, os médicos aviavam uma receita, e você a levava à farmácia, onde esperava em uma fila ou retornava mais tarde. Hoje, os sistemas móveis permitem que os médicos insiram uma receita em um assistente digital pessoal. Essa informação segue por modem de celular (ou Wi-Fi) até uma empresa, como a Med-i-nets *(www.med-i-nets.com)*. Lá, os funcionários se certificam que a receita está de acordo com os regulamentos do plano de saúde. Se tudo estiver correto, a receita é transferida eletronicamente para a farmácia apropriada. Para obter um refil, o sistema notifica os médicos quando é necessário o paciente fazer um novo pedido. O médico pode, então, renovar a receita com alguns cliques no modem.

Outra aplicação valiosa envolve situações de emergência durante vôos. As emergências médicas em vôo ocorrem com mais freqüência do que se pode imaginar. A Alaska Airlines, por exemplo, lida com cerca de 10 emergências médicas a cada dia. Muitas empresas agora utilizam comunicações móveis para auxiliar nessas situações. Por exemplo, o MedLink, um serviço da MedAire *(www.medaire.com)*, oferece acesso 24 horas a médicos certificados pelo comitê. Esses serviços móveis também podem controlar remotamente o equipamento médico, como desfibriladores, que estão localizados no avião.

**Aplicações de telemetria.** Telemetria é a transmissão e recepção sem fio de dados coletados de sensores remotos. A telemetria possui diversas aplicações de computação móvel. Por exemplo, os técnicos podem usar a *telemetria* para identificar problemas de manutenção em equipamentos. Além disso, como acabamos de ver, os médicos podem monitorar pacientes e controlar equipamentos médicos a distância.

Os fabricantes de carro utilizam aplicações de telemetria para fazer o diagnóstico remoto de veículos e a manutenção preventiva. Por exemplo, os motoristas de muitos carros da General Motors utilizam o sistema OnStar *(www.onstar.com)* de diversas maneiras. Por exemplo, o OnStar alerta automaticamente um operador quando um air bag é usado; os motoristas podem fazer perguntas sobre uma luz de advertência que apareceu no painel; e existem muitos outros exemplos. Além disso, a Nokia *(www.nokia.com)* desenvol-

## TI E A EMPRESA

### 7.5 Circuit City melhora a experiência de compras

Quando os clientes entram em uma loja da Circuit City (*www.cir-cuitcity.com*), a empresa deseja sussurrar discursos personalizados de vendas em seus ouvidos — literalmente. Quando os clientes entram em uma loja, recebem um aparelho sem fio muito leve. Enquanto caminham pela loja, o dispositivo usa sensores para descobrir onde o cliente se encontra. Quando ele pára em determinada área, o aparelho pode explicar algo sobre produtos, apresentar o áudio de uma demonstração na TV e conectar o cliente com um assistente de vendas centralizado. O assistente de vendas pode estar a 3.200 quilômetros de distância, se não houver ninguém disponível na loja.

A Circuit City sabe que não pode vencer no preço, pois precisa competir com a Best Buy e o Wal-Mart. A alternativa, então, é melhorar consideravelmente a experiência do cliente. Essa estratégia é especialmente importante quando os clientes estão buscando produtos que também são vendidos pelos maiores concorrentes da Circuit City. Para executar essa estratégia, a Circuit City está implementando muitos serviços inovadores localizados. Os aparelhos sem fio que descrevemos são apenas uma ilustração disso. Como outro exemplo, a empresa está embutindo RFID nos cartões de fidelidade.

Quando os clientes entram na loja, o cartão é varrido por uma leitora. Um emissor de cupons na porta emite cupons específicos com base nos hábitos de compra anteriores do cliente. Além disso, quando o cartão do cliente é lido, a loja automaticamente sabe que ele esteve no website da Circuit City no dia anterior, avaliando TVs de plasma. Assim, quando o cartão do cliente é lido na seção de TV de plasma, a Circuit City pode oferecer-lhe um cupom de US$500 no ato. Lembre-se que os cartões de cliente podem ser lidos por toda a loja.

*Fontes:* Compilado de E. Schuman, "Circuit City's New Approach to Customer Service", *eWeek*, 17 de janeiro de 2005; L. Ulanoff, "Bargain Hunting Online", *PC Magazine*, 17 de novembro de 2004; e *www.circuitcity.com*, acessado em 3 de março de 2005.

**PERGUNTAS**

1. A tecnologia RFID da Circuit City é muito invasiva? Você se sentiria bem comprando com ela? Justifique sua resposta.
2. De que outras maneiras a Circuit City poderia usar a tecnologia sem fio para melhorar a experiência de compras dos clientes?

veu o Smart Traffic Terminal que é incorporado ao carro. Essa tecnologia oferece ao motorista informações de tráfego e navegação, funções de emergência automatizadas, segurança no carro e funções de manutenção do carro.

Uma aplicação particularmente importante da telemetria envolve as chamadas de emergência 911 nos Estados Unidos. Se alguém ligar para 911 de um telefone fixo normal, o serviço de emergência pode encontrar a localização do telefone. Mas o que acontece se alguém fizer uma ligação 911 de um telefone celular? O serviço de emergência pode localizar quem chamou? Há alguns anos, a U.S. Federal Communications Commission (FCC) emitiu uma norma para as empresas de telefonia móvel, exigindo que elas estabelecessem serviços para lidar com ligações **911 sem fio (e-911)**. Para você ter uma idéia da magnitude dessa exigência, considere que mais de 156.000 ligações 911 sem fio são feitas *a cada dia*. Na verdade, esse número representa mais da metade das ligações 911 feitas diariamente nos Estados Unidos. Em 2003, 66 milhões de ligações de emergência foram feitas por telefones celulares nos Estados Unidos.

### Antes de prosseguir...

1. Quais são os principais impulsionadores da computação móvel?
2. Descreva os portais móveis e os portais de voz.
3. Descreva os serviços financeiros sem fio.
4. Liste algumas das principais aplicações sem fio intra-organizacionais.

## 7.4 Computação ubíqua

Um mundo em que praticamente todos os objetos possuem poder de processamento com conexões com ou sem fio a uma rede global é o mundo da **computação ubíqua**, também chamada *computação onipresente*. A computação ubíqua é a "computação em toda a parte" invisível, que está embutida nos objetos ao nosso redor — no piso, nas luzes, nos carros, na máquina de lavar, nos telefones celulares, nas roupas e assim por diante.

Por exemplo, em uma *casa inteligente*, o computador doméstico, a televisão, os controles de iluminação e aquecimento, o sistema de alarme e muitos eletrodomésticos podem se comunicar entre si por meio de uma rede doméstica. Esses sistemas interligados podem ser controlados por meio de diversos dispositivos, incluindo pager, telefone celular, televisão, computador doméstico, PDA ou até mesmo um automóvel. Um dos principais elementos de uma casa inteligente é o *aparelho inteligente*, um aparelho preparado para Internet, que pode ser controlado por um pequeno dispositivo de mão ou computador desktop através de uma rede doméstica (com ou sem fio) ou da Internet pública (ver *www.internethomealliance.com*). Duas tecnologias oferecem a infra-estrutura para a computação ubíqua: identificação por radiofreqüência (RFID) e redes de sensores sem fio (WSNs).

### Identificação por radiofreqüência

Lembre-se que a *tecnologia RFID* permite que os fabricantes coloquem etiquetas com antenas e chips de computador nas mercadorias e, depois, rastreiem sua movimentação por meio de sinais de rádio. A identificação por radiofreqüência (RFID) foi desenvolvida para substituir os códigos de barras. Um código de barras típico, conhecido como *Universal Product Code (UPC)*, é composto de 12 dígitos, em diversos grupos. Os dois primeiros dígitos mostram o país onde ele foi emitido, os quatro seguintes representam o fabricante, e os seis restantes são o código de produto atribuído pelo fabricante. Os códigos de barras têm funcionado bem, mas possuem limitações. Primeiro, exigem linha de visão em relação ao dispositivo de leitura. Isso funciona em uma loja, mas pode gerar problemas substanciais em uma fábrica ou depósito ou em uma doca de embarque e recebimento. Segundo, como os códigos de barras são impressos em papel, podem ser rasgados, molhados ou perdidos. Terceiro, o código de barras identifica o fabricante e o produto, mas não o item.

O Auto-ID contorna essas limitações *(www.autoidcenter.org)*. A missão do Auto-ID Center é criar uma **Internet de "coisas"**; ou seja, uma rede que conecta computadores a objetos. Esses objetos podem variar desde caixas de detergente de lavanderia até calças jeans e motores de avião. Essa Internet de coisas oferecerá a capacidade de rastrear itens *individuais*, à medida que passam das fábricas para as prateleiras de loja e instalações de reciclagem. Isso tornará possível a visibilidade da cadeia de suprimentos quase perfeita. Uma das ferramentas do Auto-ID é a RFID.

Sistemas de RFID utilizam etiquetas com microchips embutidos, que contêm dados, e antenas para transmitir sinais de rádio por uma curta distância às leitoras RFID. As leitoras transmitem os dados por uma rede até um computador, para serem processados. O chip na etiqueta RFID é programado com informações que identificam um item de modo exclusivo. Ele também possui informações sobre o item, como a localização e onde e quando foi fabricado.

O problema da RFID tem sido o custo. As etiquetas atualmente custam cerca de 50 centavos de dólar, o que as torna inutilizáveis para produtos de baixo preço. Uma empresa da Califórnia, chamada Alien Technology *(www.alientechnology.com)*, inventou um modo de produzir etiquetas RFID em massa por menos de 10 centavos de dólar por peça para grandes quantidades.

### Redes de sensores sem fio (WSNs)

**Redes de sensores sem fio** são redes de sensores sem fio, interconectados e alimentados por bateria, chamados *motes* (semelhante a nós), que são colocados no ambiente físico. Os motes coletam dados de diversos pontos em um amplo espaço. Cada mote contém processamento, armazenamento e sensores e antenas de radiofreqüência. Os motes oferecem informações que permitem que um computador central integre relatórios da mesma atividade a partir de ângulos diferentes dentro da rede. Portanto, a rede pode determinar com muito mais precisão informações como a direção para onde uma pessoa está dirigindo, o peso de um veículo ou a quantidade de chuva em um campo de plantação.

Um novo tipo de rede de sensores sem fio é a rede mesh. Uma rede mesh é composta de motes, em que cada mote "acorda" ou é ativado por uma fração de segundo quando tem dados para transmitir e depois repassa esses dados para o bairro mais próximo. Assim, em vez de cada mote transmitir sua informação para um computador remoto em uma estação base, uma "brigada de baldes eletrônica" move os dados mote a mote até que eles alcancem um computador central, onde podem ser armazenados e analisados. Uma vantagem da rede mesh é que, se um mote falhar, outro pode receber os dados. Esse processo torna a rede mesh muito eficiente e confiável. Além disso, se for necessário mais largura de banda, é fácil aumentar o desempenho colocando novos motes quando e onde forem exigidos. Existem muitos usos diferentes para as WSNs, como indicam os exemplos a seguir.

---

## Exemplos

---

- ### WSN fornece imagens 3-D de árvores

  Um biólogo implantou 80 motes para medir a luz do sol, a temperatura e a umidade em seis árvores no jardim botânico de um campus. Essa rede eliminou quilômetros de fiação e reduziu os custos de seus experimentos em 90%. Além disso, os motes lhe deram a primeira visão tridimensional do microclima da floresta. Ele agora está transferindo os motes para um bosque natural afastado. O objetivo é entender melhor como a perda e a fragmentação de florestas afetam o clima local e os recursos de água. (*Fontes:* Compilado de K. Schmidt, "Smart Dust Is Way Cool", *Science & Society,* 16 de fevereiro de 2004; T. Hoffman, "Smart Dust", *Computerworld,* 23 de março de 2003; e *www.dust-inc.com,* acessado em 21 de março de 2005.)

- ### WSN melhora a segurança

  A Science Applications International Corporation (*www.saic.com*) está usando motes da Dust Networks (*www.dust-inc.com)* para ajudar a proteger fronteiras e outras áreas sensíveis. Essa aplicação combina os motes em rede, que podem detectar pessoas, veículos, vozes e movimento, com uma minúscula câmera para capturar imagens. A SAIC também está trabalhando em aplicações para usar motes em navios ou contêineres de carga para detectar a radiação de uma arma nuclear, emitida durante o trânsito. (*Fontes:* Compilado de A. Ricadela, "Sensors Everywhere", *InformationWeek,* 24 de janeiro de 2005; e *www.saic.com* e *www.dust-inc.com,* acessados em 11 de março de 2005.)

- ### WSNs monitoram processos de negócios

  A British Petroleum (BP) está usando motes em sua refinaria de Cherry Point, em Washington, para monitorar a temperatura dentro de ventiladores gigantes. Esse sistema custa cerca de US$1.000 por mote. Por outro lado, o sistema de monitoração antigo custa US$10.000 por ponto de medição. A BP também está usando motes para medir as condições na sala de máquinas de um petroleiro, para ajustar remotamente a iluminação e o aquecimento nos prédios de escritórios, para testar poluentes no solo e detectar se produtos químicos estão sendo armazenados de forma apropriada. (*Fontes:* Compilado de A. Ricadela, "Sensors Everywhere", *InformationWeek,* 24 de janeiro de 2005; e *wunv.xbow.com,* acessado em 12 de março de 2005.)

---

Um tipo de rede mesh é a Zigbee. Zigbee *(www.zigbee.org)* é um conjunto de protocolos de comunicação sem fio que visam aplicações que exigem baixas taxas de transmissão de dados e pouco consumo de energia. A Zigbee pode lidar com centenas de dispositivos ao mesmo tempo. Seu foco atual é ligar sem fio sensores que estão embutidos em controles industriais, dispositivos médicos, alarmes de fumaça e invasão, e automação de prédios e casas.

Uma aplicação promissora da Zigbee é a leitura de medidores. Sensores Zigbee embutidos em medidores de luz enviam sinais sem fio, que podem ser recebidos por funcionários da empresa passando de carro em frente à sua casa. Os funcionários sequer teriam de sair do carro.

---

## Antes de prosseguir...

1. Defina a computação ubíqua, a RFID e as redes de sensores sem fio.
2. Explique os benefícios do auto-ID e da RFID.

---

## 7.5 Segurança sem fio

Está claro que as redes sem fio oferecem diversos benefícios para as empresas. No entanto, elas também apresentam um grande desafio para os gerentes. Esse desafio é a falta de segurança inerente. As redes sem fio são um meio de transmissão, e as transmissões podem ser interceptadas por qualquer um que esteja próximo o suficiente e tenha acesso ao equipamento apropriado. Existem quatro ameaças principais nas redes sem fio: pontos de acesso maliciosos, war driving, bisbilhotagem e interferência de radiofreqüência.

Um *ponto de acesso malicioso* é um ponto de acesso não-autorizado a uma rede sem fio. O trapaceiro poderia ser alguém em uma organização que configura um ponto de acesso sem intenção maliciosa, mas não informa ao departamento de TI. Em casos mais sérios, esse ponto é um "gêmeo mau", alguém que deseja acessar uma rede sem fio para fins maliciosos.

Em um ataque de gêmeo mau, o atacante está na vizinhança com um computador preparado para Wi-Fi e uma conexão separada à Internet. Usando um hotspotter, dispositivo que detecta redes sem fio e fornece informações sobre elas (visite *www.canarywireless.com*), o atacante simula um ponto de acesso sem fio com o mesmo nome da rede sem fio, ou SSID, que os usuários autorizados esperam. Se o sinal for forte o suficiente, os usuários se conectarão ao sistema do atacante, em vez de se conectarem ao ponto de acesso real. O atacante pode, então, enviar-lhes uma página Web pedindo que forneçam informações confidenciais, como nomes de usuário, senhas e números de conta. Em outros casos, o atacante simplesmente captura transmissões sem fio. Esses ataques são mais eficazes com hotspots públicos (por exemplo, McDonald's ou Starbucks) do que em redes corporativas.

*War driving* é o ato de localizar WLANs enquanto se dirige por uma cidade ou qualquer outro lugar (visite *www.wardriving.com*). Para realizar o war driving, você precisa de um veículo, um computador ou PDA, uma placa sem fio e algum tipo de antena que possa ser montada em cima ou dentro de um carro. Se uma WLAN tiver um alcance que se estende além do prédio em que está localizada, um usuário não-autorizado pode ser capaz de invadir a rede. O invasor pode, então, obter uma conexão gratuita à Internet e possivelmente obter acesso a dados importantes e outros recursos.

A *bisbilhotagem* refere-se aos esforços feitos por usuários não-autorizados para acessar dados transmitidos por redes sem fio. Finalmente, na *interferência de radiofreqüência (RF)*, uma pessoa ou dispositivo interfere — intencionalmente ou não — nas transmissões de uma rede sem fio.

As soluções a seguir deverão ser implementadas para evitar essas ameaças.

- Detecte pontos de acesso não-autorizados com dispositivos, entre outros, da NetStumbler *(www.netstumbler.com)* ou Kismet *(www.kismetwireless.net)*.
- Bloqueie seus SSIDs (o nome da sua rede sem fio), pois eles permitem que os war drivers saibam que há uma rede sem fio nas proximidades.
- Criptografe as transmissões sem fio com Wi-Fi Protected Access (WPA). Para ter acesso a informações criptografadas por WPA, os usuários informam uma senha praticamente inquebrável. (O protocolo de criptografia sem fio anterior — WEP — era notoriamente fácil de se quebrar.)
- Sempre saiba quem está usando a sua rede e o que estão fazendo com ela. Você precisa limitar o acesso a dispositivos aprovados ao programar sua identidade exclusiva no roteador. O software de monitoração da AirMagnet *(www.airmagnet.com)*, entre outros, limita ainda mais o acesso à rede com base na localização física de um usuário e no endereço IP. Além disso, só dá acesso aos usuários autorizados aos serviços que você permitir. Isso significa, por exemplo, que você pode conceder a um cliente visitante acesso à Internet, mas não à sua intranet corporativa.
- Implemente um sistema que muda automaticamente para diferentes canais sem fio quando há interferência. Como alternativa, projete a rede para encaminhar automaticamente o tráfego para outros pontos de acesso quando um ponto estiver com interferência.

---

**Antes de prosseguir...**

1. Descreva as quatro principais ameaças à segurança das redes sem fio.
2. Descreva as possíveis soluções para essas ameaças.

# O que a 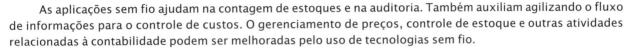 pode me proporcionar?

- ### Para a área de contabilidade
    As aplicações sem fio ajudam na contagem de estoques e na auditoria. Também auxiliam agilizando o fluxo de informações para o controle de custos. O gerenciamento de preços, controle de estoque e outras atividades relacionadas à contabilidade podem ser melhoradas pelo uso de tecnologias sem fio.

- ### Para a área de finanças
    Os serviços sem fio podem oferecer aos bancos e outras instituições financeiras uma vantagem competitiva. Por exemplo, os pagamentos eletrônicos sem fio, incluindo os micropagamentos, são mais convenientes (em qualquer lugar, a qualquer hora) do que os meios tradicionais de pagamento, e também são menos dispendiosos. O pagamento eletrônico de contas a partir de dispositivos móveis está se tornando mais popular, aumentando a segurança e a precisão, agilizando o tempo do ciclo e reduzindo os custos de processamento.

- ### Para a área de marketing
    Imagine um mundo novo de marketing, propaganda e vendas, com o potencial de aumentar as vendas consideravelmente. Essa é a promessa da computação móvel. De interesse especial para o marketing são os anúncios localizados, além das novas oportunidades resultantes da computação ubíqua e das RFIDs. Finalmente, a tecnologia sem fio também oferece novas oportunidades na automação da força de vendas (SFA), permitindo comunicações mais rápidas e melhores com clientes (CRM) e serviços corporativos.

- ### Para a área de gestão de produção/operações
    As tecnologias sem fio oferecem muitas oportunidades para apoiar funcionários móveis de todos os tipos. Os computadores "de vestir" permitem que o pessoal de reparo que trabalha no campo e os funcionários fora da instalação atendam aos clientes mais rapidamente, melhor e com um custo menor. Os dispositivos sem fio também podem aumentar a produtividade dentro das fábricas melhorando a comunicação e a colaboração, além do planejamento e controle gerencial. Além disso, as tecnologias de computação móvel podem aumentar a segurança oferecendo sinais de advertência mais rapidamente e mensagem instantânea para funcionários isolados.

- ### Para a área de gestão de recursos humanos
    A computação móvel pode melhorar o treinamento de RH e ampliá-lo para qualquer lugar e a qualquer hora. Avisos da folha de pagamento podem ser enviados como SMSs. A seleção de auto-serviço de benefícios e a atualização de dados pessoais podem ser estendidas para dispositivos sem fio, tornando essas funções ainda mais convenientes para os funcionários lidarem por conta própria.

- ### A função do SIG
    O pessoal de SIG oferece a infra-estrutura sem fio que permite que todos os funcionários da organização usem computadores e se comuniquem a qualquer hora, em qualquer lugar. Essa conveniência proporciona novas aplicações interessantes e criativas para as organizações reduzirem custos e melhorarem a eficiência e a eficácia das operações (por exemplo, para obter transparência nas cadeias de suprimentos). Infelizmente, conforme discutimos anteriormente, as aplicações sem fio são inerentemente inseguras. Essa falta de segurança é um problema sério com que o pessoal de SIG precisa lidar.

## Resumo

*1. Analisar os diversos tipos de dispositivos sem fio e meios de transmissão sem fio.*
    Um *pager* é um sistema de mensagens sem fio, unidirecional, que alerta o usuário e apresenta uma mensagem. Os *aparelhos portáteis de e-mail*, como o BlackBerry, possuem uma pequena tela de vídeo e um teclado para digitar mensagens curtas. *Telefones celulares* usam ondas de rádio para gerar uma comunicação bidirecional. *Assistentes digitais pessoais (PDAs)* são computadores pequenos e portáteis, capazes de transmitir comunicações digitais. *Telefones inteligentes* são aparelhos digitais que combinam a funcionalidade de um PDA, uma câmera digital e um telefone celular digital.

Sistemas de *transmissão por microondas* são muito utilizados para comunicação de alto volume, longa distância, ponto a ponto. Os *satélites* de comunicação são usados nos sistemas de transmissão por satélite. Os três tipos de satélite são órbita geoestacionária da Terra (GEO), órbita média da Terra (MEO) e órbita baixa da Terra (LEO). A transmissão por *rádio* usa freqüências de ondas de rádio para enviar dados diretamente entre transmissores e receptores. A luz *infravermelha* é a luz vermelha normalmente invisível aos olhos humanos. A aplicação mais comum da luz infravermelha é em unidades de controle remoto para televisões e videocassetes. Os transceptores de infravermelho estão sendo usados para conexões de curta distância entre computadores e equipamentos periféricos e LANs. Muitos PCs portáteis possuem portas de infravermelho, que são úteis quando as conexões por cabo com um periférico não são práticas.

### 2. Descrever as tecnologias Bluetooth, Wi-Fi e WiMax.

O Bluetooth é usado para criar pequenas redes pessoais. Pode conectar até oito dispositivos dentro de uma área de 10 metros usando comunicação de baixa potência, baseada em rádio, e pode transmitir até 1 Mbps.

Wi-Fi possui um alcance de cerca de 100 metros e uma taxa de transferência de dados de até 54 Mbps. Os principais benefícios do Wi-Fi são o custo mais baixo e a capacidade de oferecer acesso simples à Internet. É o maior facilitador da *Internet sem fio*. WiMax possui um alcance de acesso sem fio de até 50 quilômetros e uma taxa de transferência de dados de até 75 Mbps. Oferece recursos como voz e vídeo.

### 3. Definir computação móvel e comércio móvel.

*Computação móvel* é um modelo de computação projetado para pessoas que viajam com freqüência. *Comércio móvel (m-commerce)* é qualquer comércio eletrônico realizado em um ambiente sem fio, especialmente por meio da Internet.

### 4. Comentar as principais aplicações de m-commerce.

As aplicações financeiras móveis incluem banking, pagamentos sem fio e micropagamentos, wallets sem fio e serviços de pagamento de contas. A tarefa de despacho é uma aplicação intra-organizacional importante. *Portais de voz* e *portais móveis* oferecem acesso a informações. Aplicações localizadas incluem varejo, propaganda e serviço ao cliente. Outras aplicações importantes de m-commerce incluem *telemedicina* e *telemetria* sem fio.

### 5. Definir a computação ubíqua e descrever duas tecnologias por trás desse tipo de computação.

*Computação ubíqua* é a computação invisível, em toda a parte, que está embutida nos objetos ao nosso redor. Duas tecnologias oferecem a infra-estrutura para a computação ubíqua: *identificação por radiofreqüência (RFID)* e redes de sensores sem fio (*WSNs*).

RFID é o termo para as tecnologias que usam ondas de rádio para identificar automaticamente a localização de itens individuais equipados com etiquetas que contêm microchips embutidos. WSNs são redes de dispositivos sem fio, interconectadas, alimentadas por bateria, colocadas no ambiente físico para coletar dados de diversos pontos em um amplo espaço.

### 6. Discutir as quatro principais ameaças às redes sem fio.

As quatro principais ameaças às redes sem fio são pontos de acesso maliciosos, war driving, bisbilhotagem e interferência de radiofreqüência. Um ponto de acesso malicioso é um ponto de acesso não-autorizado a uma rede sem fio. War driving é o ato de localizar WLANs enquanto se dirige por uma cidade ou qualquer outro lugar. A bisbilhotagem refere-se a esforços por usuários não-autorizados para acessar dados que trafegam por redes sem fio. A interferência de radiofreqüência (RF) ocorre quando uma pessoa ou dispositivo interfere — intencionalmente ou não — nas transmissões de uma rede sem fio.

## Glossário

**911 sem fio** Nos Estados Unidos, chamadas de emergência feitas com dispositivos sem fio.

**assistente digital pessoal (PDA)** Pequeno computador portátil que pode transmitir sinais digitais.

**atraso na propagação** Atraso de um quarto de segundo na transmissão durante a comunicação de e para satélites geossíncronos.

**Bluetooth** Tecnologia de chip que permite a conexão de curta distância (dados e voz) entre dispositivos.

**comércio localizado (l-commerce)** Transações de comércio móvel voltadas para indivíduos em locais específicos, em horas específicas.

**comércio móvel (m-commerce)** Transações de comércio eletrônico que são realizadas em um ambiente sem fio, especialmente por meio da Internet.

**computação móvel** Conexão de tempo real, sem fio, entre um dispositivo móvel e outros ambientes de computação, como a Internet ou uma intranet.

**computação ubíqua** (também chamada de **computação onipresente**) Ambiente de computação em que praticamente todos os objetos possuem poder de processamento com conexões sem fio ou com fio a uma rede global.

**Global Positioning System (GPS)** Sistema sem fio que usa satélites para permitir que os usuários determinem sua posição em qualquer lugar na Terra.

**hotspot** Pequeno perímetro geográfico dentro do qual um ponto de acesso sem fio oferece serviço a diversos usuários.

**infravermelho** Tipo de transmissão sem fio que usa luz vermelha normalmente invisível aos olhos humanos.

**Internet de coisas** Rede que conecta computadores a objetos.

**microbrowser** Browsers (navegadores) da Internet com um arquivo pequeno, que podem trabalhar dentro das restrições de pouca memória dos dispositivos sem fio e baixa largura de banda das redes sem fio.

**pager** Sistema de mensagens sem fio, unidirecional.

**placa de interface de rede sem fio** Dispositivo que possui rádio e antena embutidos e é essencial para permitir que um computador tenha habilidades de comunicação sem fio.

**ponto de acesso sem fio** Antena que conecta um dispositivo móvel a uma rede local com fio.

**portal de voz** Website com uma interface de áudio.

**portal móvel** Portal que agrega e oferece conteúdo e serviços para usuários móveis.

**protocolo de aplicação sem fio (WAP)** Padrão que permite que os dispositivos sem fio com pequenas telas de vídeo, conexões de pouca largura de banda e memória mínima acessem informações e serviços baseados na Web.

**rádio satélite (também chamado rádio digital)** Sistema sem fio que oferece música não interrompida, com qualidade quase de CD, que é direcionada para o seu rádio a partir dos satélites.

**rede de sensor sem fio (WSN)** Redes de sensores sem fio, interconectados, alimentados por bateria, colocados no ambiente físico.

**rede local sem fio (WLAN)** Rede de computação em uma área geográfica limitada que usa a transmissão sem fio para a comunicação.

**rede mesh** Rede composta de motes no ambiente físico que "acordam" de tempos em tempos para transmitir dados ao mote do bairro mais próximo.

**rede pessoal (PAN)** Rede de computação usada para a comunicação entre dispositivos de computação perto de uma pessoa.

**Short Message Service (SMS)** Serviço fornecido por telefones celulares digitais que pode enviar e receber mensagens de texto curtas (até 160 caracteres de extensão).

**tecnologia RFID (identificação por radiofreqüência)** Tecnologia sem fio que permite que os fabricantes conectem etiquetas com antenas e chips de computador nas mercadorias e depois rastreiem sua movimentação por sinais de rádio.

**telefones celulares** (também chamados de celulares) Telefones que usam ondas de rádio para oferecer uma comunicação bidirecional.

**telefones inteligentes** Nova classe de aparelhos de comunicação digital que combinam a funcionalidade de um assistente digital pessoal com a de um telefone celular digital.

**telemetria** Transmissão e recebimento sem fio dos dados colhidos de sensores remotos.

**transmissão por microondas** Sistema sem fio que usa microondas para a comunicação de grande volume, longa distância, ponto a ponto.

**transmissão por rádio** Usa freqüências de onda de rádio para transportar dados diretamente entre transmissores e receptores.

**transmissão por satélite** Sistema de transmissão sem fio que usa satélites para as comunicações por broadcast.

**wallet móvel** Tecnologia que permite que os usuários façam compras com um único clique a partir de seus dispositivos móveis.

**wireless** Telecomunicações em que as ondas eletromagnéticas transportam o sinal entre dispositivos de comunicação.

**Wireless Fidelity (Wi-Fi)** Conjunto de padrões para redes locais sem fio baseado no padrão IEEE 802.11.

## Perguntas para discussão

1. Analise como o m-commerce pode expandir o alcance do e-business.
2. Comente como a computação móvel pode solucionar alguns dos problemas da exclusão digital.
3. Liste três a quatro das principais vantagens do comércio sem fio para os clientes e explique que benefícios elas oferecem aos consumidores.
4. Examine as maneiras como o Wi-Fi está sendo usado para apoiar a computação móvel e o m-commerce. Descreva as maneiras como o Wi-Fi está afetando o uso de telefones celulares no m-commerce.
5. Você pode usar ferramentas localizadas para ajudá-lo a encontrar seu carro ou o posto de combustíveis mais próximo. Porém, algumas pessoas vêem essas ferramentas como invasão de privacidade. Discuta os prós e os contras das ferramentas localizadas.
6. Explique os benefícios da telemetria para os idosos na área da saúde.
7. Analise como os dispositivos sem fio podem ajudar pessoas com deficiência.
8. Discuta a "batalha" entre os serviços de celular WiMax e 3G.
9. Quais das aplicações da computação ubíqua você acredita que provavelmente terão maior aceitação no mercado nos próximos anos? Por quê?

## Atividades para solução de problemas

1. Entre em *www.kyocera-wireless.com* e veja as demonstrações. O que é um telefone inteligente? Quais são suas habilidades? Como difere de um telefone celular?
2. Investigue as aplicações comerciais dos portais de voz. Visite vários fornecedores (por exemplo, *www.tellme.com*, *www.bevocal.com* etc.). Que habilidades e aplicações são oferecidas pelos diversos fornecedores?
3. Usando um mecanismo de busca, tente determinar se existem quaisquer hotspots Wi-Fi comerciais na sua área. (*Dica:* acesse *www.wifinder.com*). Entre em *www.wardriving.com*. Com base nas informações fornecidas nesse site, que tipos de equipamentos e procedimentos você poderia usar para localizar hotspots na sua área?
4. Explore os computadores "de vestir". Acesse *www.mobileinfo.com*, *www.xybernaut.com* e *www.eg3.com*. Descreva os produtos oferecidos por esses fornecedores. Quais são as habilidades desses produtos?

## Atividades na Internet

1. Explore o site *www.nokia.com*. Prepare um resumo dos tipos de serviços móveis e aplicações que a Nokia apóia atualmente e planeja apoiar no futuro.
2. Entre em *www.ibm.com*. Procure *wireless e-business*. Pesquise as histórias para determinar os tipos de habilidades sem fio e aplicações que o software e o hardware da IBM apóiam. Descreva algumas das maneiras como essas aplicações ajudaram empresas e setores específicos.
3. Pesquise o status do serviço de celular 3G e 4G visitando *www.itu.int*, *http://4g.newstrove.com* e *www.3gnewsroom.com*. Prepare um relatório sobre o status do 3G e do 4G com base em suas descobertas.
4. Entre em *www.mapinfo.com* e procure as demonstrações de serviços localizados. Experimente todas as demonstrações. Encontre todos os serviços sem fio. Resuma suas descobertas.
5. Entre em *www.packetvideo.com* e *www.microsoft.com/mobile/pocketpc*. Examine as demonstrações e os produtos e liste suas habilidades.
6. Entre em *www.onstar.com*. Que tipos de serviços *de frota* a OnStar oferece? Eles são diferentes dos serviços que a OnStar oferece a proprietários de carro individuais? (Veja o filme.)
7. Entre em *http://gii.co.jp/english/cg11183_smart_appliances.html* e busque informações sobre aparelhos inteligentes. Procure também em *www.internethomealliance.com*.

## Trabalhos em equipe

1. Cada equipe deverá examinar um vendedor de dispositivos móveis (Nokia, Kyocera, Motorola, Palm, BlackBerry etc.). Cada equipe pesquisará as habilidades e os preços dos dispositivos oferecidos por empresa e depois fará uma apresentação em sala de aula, cujo objetivo é convencer o restante da turma a comprar os produtos dessa empresa.
2. Cada equipe deverá explorar as aplicações comerciais do m-commerce em uma das seguintes áreas: serviços financeiros, incluindo bancos, mercado de ações e seguros; propaganda e marketing; produção; viagens e transportes; gestão de

recursos humanos; serviços públicos; e saúde. Cada equipe apresentará um relatório para a turma com base em suas descobertas. (Comece em *www.mobiforum.org*.)

3. Cada equipe deverá se concentrar em uma das seguintes áreas — casas, carros, aparelhos domésticos ou outros bens de consumo, como roupas — e investigar como os microprocessadores embutidos estão sendo usados atualmente e serão usados no futuro para apoiar serviços centrados no consumidor. Cada equipe apresentará um relatório para a turma com base em suas descobertas.

## Filadélfia adota uma rede mesh

### O PROBLEMA DO GOVERNO

Cidades tão diversas como Filadélfia, Las Vegas e Garland, no Texas, estão utilizando redes sem fio de banda larga, ou mesh. Essas cidades querem implementar redes que ofereçam uma cobertura mais completa, velocidades mais rápidas, maior confiabilidade e implantação mais rápida que as redes convencionais Wi-Fi ou mesmo WiMax. Elas também esperam reduzir despesas.

O ímpeto para a rede mesh da Filadélfia foi atender ao objetivo do prefeito de contornar a exclusão digital. Esse objetivo é crucial para uma cidade como Filadélfia, onde 23% dos 1,5 milhão de residentes estão abaixo da linha de pobreza, e 42% dos moradores da cidade ainda não possuem acesso à Internet de qualquer tipo.

### A SOLUÇÃO DA TI

A solução da Filadélfia é implementar uma rede mesh por toda a cidade. Conforme já discutimos, uma rede mesh difere de uma rede sem fio convencional porque, se um mote deixa de funcionar ou fica sobrecarregado com muito tráfego, os dados passam ao seu redor. Especificamente, a Filadélfia planeja cobrir a cidade com 3.000 a 4.000 motes de rede, que cobrirão cada um dos 350 quilômetros quadrados da cidade com um sinal Wi-Fi. Esses motes transmitirão sinais a pontos de acesso à Internet espalhados por toda a cidade, que oferecem acesso com fio à Internet ou usam WiMax para se conectarem à Internet. Os motes oferecerão cobertura uniforme por todas as ruas, parques e outros espaços abertos da cidade. A cidade está planejando contratar organizações privadas que usariam a rede mesh para estender o acesso barato à Internet para lares e empresas.

O preço é cerca de US$20 por casa para instalar uma rede mesh em um bairro, em comparação com US$700 a US$1.000 para montar uma rede de banda larga com fio, como DSL. A esperança é que essas consideráveis reduções de custo ajudarão o prefeito a alcançar esse objetivo de superar a exclusão digital.

### OS RESULTADOS

O custo da montagem da infra-estrutura sem fio em parte da cidade totalizará apenas US$10 milhões. Não há a necessidade de construir grandes torres de celular. Em vez disso, os motes da rede são pequenas caixas que consomem muito pouca energia elétrica e podem ser conectadas aos postes de luz pertencentes à cidade. A instalação é um processo simples. Além disso, grande parte da infra-estrutura à qual os pontos de acesso à Internet se conectam, como o cabo de fibra óptica, já está instalada.

Porém, um problema que está ocorrendo é o "salto". Esse termo refere-se à capacidade de cada mote na rede passar os sinais adiante. Acontece que toda vez que o sinal salta, parte da largura de banda é perdida. Uma rede mesh eficaz não deve ter mais de três saltos a partir de um mote até um ponto de acesso à Internet. A cidade ainda está trabalhando para resolver esse problema.

*Fontes:* Compilado de E. Nee, "Municipalities Starting to Mesh", *CIO Insight;* 22 de março de 2005; C. Ellison, "Muni, Mesh Wireless Players Meet in Philadelphia", *eWeek,* 29 de abril de 2005; e M. Douglas, "Some Cities Are in a Fine Mesh", *www.mrt.com,* 1º de março de 2004.

### PERGUNTAS

1. Comente as implicações do uso da tecnologia para superar a exclusão digital na Filadélfia. Que sucesso você acredita que esses esforços terão?
2. Mesmo que o acesso barato por banda larga se torne disponível em bairros pobres, que tipos de dispositivos as pessoas nessas áreas terão de comprar para utilizar a Internet? Isso será um problema? Em caso positivo, como esse problema pode ser resolvido?

# Capítulo 8

# Sistemas de informação organizacionais

## PRÉVIA DO CAPÍTULO

Neste capítulo, examinaremos os diversos sistemas que apóiam as organizações. Começamos nossa discussão com os sistemas de processamento de transações (SPTs), os sistemas de informação mais fundamentais dentro das organizações. Continuamos nossa discussão seguindo uma progressão: sistemas de informação que apóiam parte de uma organização (os sistemas de informação de gerenciamento de área funcional), sistemas de informação que apóiam uma organização inteira (sistemas de planejamento de recursos empresariais e sistemas de gestão do relacionamento com o cliente) e, finalmente, os sistemas de informação que envolvem diversas organizações (sistemas de gerenciamento da cadeia de suprimentos). Concluímos com uma visão das tecnologias que apóiam os sistemas interorganizacionais.

## Esboço do capítulo

8.1 Sistemas de processamento de transações
8.2 Sistemas de informações funcionais
8.3 Sistemas de planejamento de recursos empresariais
8.4 Sistemas de gestão do relacionamento com o cliente
8.5 Sistemas de gerenciamento da cadeia de suprimentos
8.6 Intercâmbio eletrônico de dados e extranets

## Metas de aprendizagem

1. Descrever os sistemas de processamento de transações.
2. Descrever os sistemas de informações gerenciais e o apoio que oferecem a cada área funcional da organização.
3. Descrever os sistemas de planejamento de recursos empresariais.
4. Descrever os sistemas de gestão do relacionamento com o cliente.
5. Descrever os sistemas de gerenciamento da cadeia de suprimentos.
6. Discutir o EDI e as extranets.

## O que a TI pode me proporcionar?

## VF Corporation torna-se globalizada

### ■ O problema da empresa

A VF Corporation é a maior fabricante de roupas do mundo, com vendas anuais de mais de US$6 bilhões. Muitas das marcas da empresa são facilmente reconhecidas: Wrangler, Lee, Nautica, The North Face. Assim como muitas empresas de roupas, a VF globalizou-se rapidamente. A maior parte de suas matérias-primas e muitos de seus produtos acabados agora são fabricados fora dos Estados Unidos. Essencialmente, a VF se transformou de uma empresa de fabricação em uma empresa de revenda. Uma empresa de revenda é aquela que compra produtos acabados (neste caso, de fabricantes estrangeiros) e os vende. Simplificando, a estratégia é possuir marcas, e não máquinas.

A VF possui uma estratégia de crescimento que visa economias de custo, serviço ao cliente para grandes parceiros de varejo e novos produtos e aquisições projetados para alcançar mais consumidores e acompanhar seus gostos, que estão sempre mudando. Em 2002, a VF comprou cerca de US$140 milhões de matéria-prima de produtores asiáticos. Em 2005, comprou mais de 10 vezes essa quantidade. Mais de 50% dos produtos da VF agora vêm do México e da América Central, e outros 30% vêm da Ásia.

A migração dos setores têxtil e de vestiário dos Estados Unidos para mercados com mão-de-obra mais barata, como o México e a China, é um processo de longo prazo, que foi estimulado por leis que incentivam o livre comércio, como o Nafta. Esse processo aumentou a cadeia de suprimentos da VF e redistribuiu suas operações. A globalização também mudou a rede de distribuição da VF. A empresa decidiu reduzir o número de centros de distribuição, atualmente 31 apenas nos Estados Unidos. Eles sairão dos locais antigos, perto das fábricas agora extintas, para portos que podem lidar com carregamentos da China e da América Latina.

No entanto, a globalização apresentou à VF novos desafios e oportunidades. Basicamente, a empresa precisava de sistemas de TI para apoiar esse novo tipo de corporação global, distribuída.

### ■ A solução da TI

A VF estava trabalhando com um emaranhado de sistemas legados, que são sistemas de informação mais antigos, normalmente desenvolvidos em linguagens de programação mais antigas, como Cobol. Por esse motivo, ela não podia compartilhar dados entre os cinco grupos de empresas dentro da VF, conhecidas como coalizões. As cinco coalizões são Jeanswear, Intimate Apparel, Outdoor, Sportsware e Imageware. O plano geral da VF era criar um sistema central, intimamente ligado aos processos empresariais da VF, ao qual novas aquisições pudessem ser acrescentadas. A VF escolheu um sistema de planejamento de recursos empresariais do fornecedor de software SAP e o sistema de gerenciamento da cadeia de suprimentos da i2 (*www.i2.com*) para a primeira implementação: Jeanswear. Essa implementação foi realizada com tranqüilidade.

Infelizmente, a implementação para a Intimate Apparel não foi assim. Houve problemas com o modo como o software dava apoio aos produtos. O software da SAP, na época, não tinha a capacidade de lidar com vários tamanhos de peças de vestuário. Depois de vários atrasos, a implementação foi encostada. Porém, desde essa época, a VF integrou com tranqüilidade a empresa Outdoor e, pela segunda vez, também integrou tranqüilamente a Intimate Apparel.

A VF agora está implementando o software de gerenciamento da cadeia de suprimentos para todos os centros de distribuição, estrangeiros e domésticos, que são capazes de lidar com produtos de qualquer uma das cinco coalizões. A empresa também está trabalhando de perto com grandes varejistas, como Wal-Mart, Target e Sears, para gerenciar os estoques de produtos da VF. Esse processo é chamado de *estoque controlado pelo fornecedor*. A VF também reúne dados desses varejistas para entender o que os clientes do mundo inteiro querem vestir. Finalmente, a VF ajuda esses varejistas com o planejamento de vendas e a reposição de produtos, até o nível de estilos e cores de roupas individuais em departamentos específicos em toda a rede.

Usando o software de planejamento de vendas do JDA Software Group, com o apoio do sistema de planejamento de recursos empresariais, a VF é capaz de manter estoques correspondentes à demanda dos clientes. A empresa também pode analisar padrões em lojas específicas, decompor os fatores demográficos de uma área e planejar coerentemente em outras lojas que atendem a populações semelhantes.

### ■ Os resultados

A estratégia tecnológica da VF padroniza os sistemas de planejamento da cadeia de suprimentos e de recursos empresariais, assimila as aquisições que ajudaram a impulsionar a expansão da empresa e aproveita o sofisticado atendimento ao cliente para ajudar a impulsionar ainda mais o crescimento. A VF fez a transição de um fabricante do tipo bem-sucedido, porém difícil, para uma empresa espalhada pelo mundo inteiro. Ela obteve um crescimento e um desempenho financeiro sólidos ao comprar e vender seus produtos no mundo inteiro. Entre

2002 e 2005, as vendas aumentaram 20%, e a receita das operações subiu 30%. Durante esse mesmo período, as ações da VF dobraram de preço.

■ **O que aprendemos com este caso**

O caso de abertura oferece uma ilustração oportuna de muitos dos sistemas de informação abordados neste capítulo. A VF Corporation foi forçada a globalizar-se por pressões do mercado e da legislação. Como resultado, a empresa teve de desenvolver sistemas de informação para apoiar suas operações e sua cadeia de suprimentos global. A VF implementou um sistema de planejamento de recursos empresariais e um sistema de gerenciamento da cadeia de suprimentos. De modo significativo, foi capaz de integrar os dois sistemas, com resultados corporativos notáveis. Analisaremos esses sistemas (entre outros) neste capítulo.

*Fontes:* Compilado de: E. Cone, "Dressed for Success", *Baseline Magazine*, 5 de março de 2005; *www.vf.com*, acessado em 3 de abril de 2005; A. Zuckerman, "Integrating Security Compliance into Supply Chain Management Software", *World Trade Magazine*, 1º de abril de 2005; E. Cone, "VF Corp-Inching Along", *Baseline Magazine*, outubro de 2001; e *www.vj.com*, acessado em 22 de abril de 2005.

## 8.1 Sistemas de processamento de transações

Milhões (às vezes, bilhões) de transações comerciais ocorrem em cada organização todos os dias. Alguns exemplos dessas transações são um produto fabricado, um serviço vendido, uma pessoa contratada, um contracheque gerado, e assim por diante. Quando você passa no caixa de um supermercado, toda vez que um produto passa pela leitora de código de barras é uma transação.

**Sistemas de processamento de transações (SPTs)** monitoram, coletam, armazenam e processam dados gerados em todas as transações da empresa. Esses dados são entradas para o banco de dados da organização. No mundo moderno dos negócios, isso significa que eles também são entradas para os sistemas de informação funcional, sistemas de apoio à decisão, gestão do relacionamento com o cliente, gestão do conhecimento e comércio eletrônica. Os SPTs precisam lidar de modo eficiente com o grande volume, evitar erros, lidar com grandes variações no volume (por exemplo, durante horários de pico), evitar tempo ocioso, nunca perder resultados e manter a privacidade e a segurança. Evitar erros é especialmente crítico, pois os dados dos SPTs são entradas para o banco de dados da organização e precisam ser corretos (lembre-se: "entra lixo, sai lixo"). A Figura 8.1 mostra como os SPTs gerenciam dados.

Independentemente dos dados específicos processados por um SPT, ocorre um processo bastante padronizado, seja em uma fábrica, uma empresa de serviços ou uma organização governamental. Primeiro, os dados são coletados por pessoas ou sensores e são inseridos no computador por meio de algum dispositivo de entrada. De modo geral, as organizações tentam automatizar a entrada de dados do SPT o máximo possível, devido ao grande volume envolvido, um processo chamado *automação da entrada de dados*.

Em seguida, o sistema processa os dados de acordo com uma dentre duas formas básicas: *processamento em lote* ou *on-line*. No **processamento em lote**, a empresa coleta dados das transações enquanto elas ocorrem, colocando-as em grupos ou *lotes*. O sistema, então, prepara e processa os lotes periodicamente (digamos, toda noite).

Os SPTs tradicionais são centralizados e executados em um mainframe. Porém, inovações como o processamento de transações on-line exigem uma arquitetura cliente/servidor e podem ser baseados na Web. No **processamento de transações on-line (OLTP)**, as transações da empresa são processadas on-line assim que ocorrem. Por exemplo, quando você paga por um item em uma loja, o sistema registra a venda ao reduzir o estoque disponível em uma unidade, aumentar a posição do caixa da loja no valor que você pagou e aumentar a quantidade de vendas de itens em uma unidade — por meio de tecnologias on-line, e tudo em tempo real.

O Quadro 8.1 demonstra como os SPTs são importantes para uma organização. Também ilustra como um erro em um SPT pode ter conseqüências de longo alcance.

---

**Antes de prosseguir...**

1. Defina um SPT.
2. Liste os principais objetivos de um SPT.

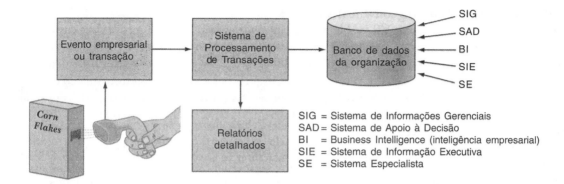

**Figura 8.1** Como os sistemas de processamento de transações gerenciam dados.

---

## TI E A EMPRESA

### 8.1 Erro de software custa milhões ao banco

Um erro no RBC Financial Group, o maior banco do Canadá (*www.rbc.com*), causou pane nos depósitos da folha de pagamento e deixou cerca de 10 milhões de clientes inseguros quanto aos saldos em conta. Esse erro promoveu uma revisão interna da tecnologia e dos processos do banco. Além disso, ele provavelmente resultará em milhões de dólares em danos. O problema, que levou quase duas semanas para ser corrigido pelo RBC, começou quando um único funcionário introduziu um pequeno número de partes incorretas de código de computador do sistema de processamento de transações do banco, que depois começou a emitir mensagens de erro aos usuários.

As contas bancárias de milhões de clientes não puderam ser atualizadas corretamente, e os depósitos de folhas de pagamento não puderam ser processados. O banco decidiu não reiniciar o software para completar o processo de atualização durante a noite, com o objetivo de garantir que outros sistemas bancários não fossem afetados. Isso significou que o banco essencialmente teve transações de dois dias para processar no dia seguinte. À medida que as transações se empilhavam com datas diferentes, o software do RBC tinha dificuldade para refinar a multiplicidade de datas, forçando os funcionários a processarem as transações manualmente.

Os controles do RBC deveriam ter exigido que todo novo código fosse testado minuciosamente. Além disso, deveriam ter restringido o acesso a sistemas e exigido que o trabalho fosse feito durante períodos fora de pico. O problema serve como advertência para outros bancos, que precisam adotar processos que garantam que procedimentos apropriados de atualização de software

estejam em funcionamento e sejam impostos com rigor. Os bancos também devem compensar os clientes quando ocorrem erros. Por exemplo, o RBC está considerando não cobrar as taxas de serviço durante o mês. Essa decisão pode resultar em cerca de US$123 milhões em receitas perdidas.

Aumentando ainda mais o prejuízo, os problemas do RBC também tornaram o banco um alvo para hackers. Operadores desonestos tiraram proveito da falha do computador para iniciar um enorme ataque de phishing contra os clientes do banco pela Internet. No e-mail intitulado "Dear Royal Bank Customer", o que se parecia com uma solicitação oficial pedia nomes, números de conta e identificadores pessoais para verificar a situação dos clientes devido ao "aumento de atividade fraudulenta". Quando os clientes abriam o e-mail, eram direcionados para um website falso e inseriam as informações; desse modo, os hackers podiam acessar suas contas.

*Fontes:* Compilado de M. Duvall, "RBC's Account Imbalance", *Baseline Magazine,* 1º de julho de 2004; "RBC Financial Group Automates Bank Statement Reconstruct Activities", *Information Builders Magazine,* inverno de 2003; e *www.rbc.com,* acessado em 22 de fevereiro de 2005. •

**PERGUNTAS**
1. Em que o RBC errou desde o começo? Ou seja, o RBC poderia ter previsto o problema e estabelecido controles para evitá-lo? Como?
2. O RBC lidou com o problema corretamente? Justifique sua resposta.

## 8.2 Sistemas de informações funcionais

Os sistemas de informações funcionais, também denominados **sistemas de informações gerenciais (SIGs)** e sistemas de informações de área funcional, oferecem informações aos gerentes (normalmente, gerentes de nível intermediário) das áreas funcionais. Os gerentes utilizam essa informação como apoio no planejamento, na organização e no controle de operações. As informações são fornecidas em relatórios de rotina, como vendas diárias, despesas mensais e folhas de pagamento semanais. (O termo *SIG* é ocasionalmente utilizado como um conceito abrangente para todos os sistemas de informação combinados — o mesmo que TI pela nossa definição. Historicamente, havia departamentos de SIG nas organizações comerciais. Hoje, o conceito mais amplo é conhecido como SI ou TI, e SIG é reservado para o uso específico, descrito anteriormente.) Como vemos na Figura 8.1, os SIGs acessam dados a partir de bancos de dados corporativos. Porém, para criar relatórios de gerenciamento, os SIGs também utilizam dados de bancos de dados externos.

### Relatórios do SIG

Conforme já discutimos, cada SIG gera relatórios em sua área funcional. O SIG também envia informações ao data warehouse corporativo e pode ser usado para o apoio à decisão. Um SIG produz principalmente três tipos de relatórios: rotina, ocasionais (por demanda) e exceção. Examinaremos cada tipo a seguir. Além disso, o Quadro 8.2 mostra a importância dos relatórios de acordo com a regulamentação.

**Relatórios de rotina** são produzidos em intervalos programados, variando desde relatórios de controle de qualidade por hora até relatórios mensais de taxas de absenteísmo. Embora os relatórios de rotina sejam extremamente valiosos para uma organização, os gerentes constantemente precisam de informações especiais, que não estão incluídas nesses relatórios. Em outras ocasiões, eles precisam da informação, mas em momentos diferentes ("Preciso do relatório hoje, dos três últimos dias, e não de uma semana"). Esses relatórios fora da rotina são chamados de **relatórios ocasionais (por demanda)**. Os relatórios ocasionais também podem incluir solicitações para os seguintes tipos de informações:

- **Relatórios detalhados**, que mostram um nível maior de detalhes; por exemplo, um gerente pode examinar as vendas por região e decidir "detalhar mais" para ver as vendas por loja, e depois as vendas por vendedor.
- **Relatórios de indicadores principais**, que resumem o desempenho de atividades críticas; por exemplo, um diretor financeiro pode querer examinar o fluxo de caixa e a quantidade de dinheiro disponível.
- **Relatórios comparativos**, que comparam, por exemplo, os desempenhos de diferentes unidades de negócios ou períodos de tempo.

Finalmente, alguns gerentes preferem **relatórios de exceção**. Os relatórios de exceção incluem apenas as informações que estão fora de padrões limite. Para implementar o *gerenciamento por exceção*, a gerência primeiro define padrões de desempenho. Os sistemas são, então, configurados para monitorar o desempenho (por meio dos dados que chegam sobre as transações comerciais, como as despesas), comparar o desempenho real com os padrões e identificar exceções predefinidas. Os gerentes são avisados das exceções por meio de relatórios de exceção.

Usaremos as vendas como exemplo. Primeiro, a gerência estabelece as cotas de vendas. A empresa, então, estabelece um SIG que coleta e analisa todos os dados de vendas. Um relatório de exceção identificaria apenas os casos em que as vendas ficassem fora do patamar estabelecido (por exemplo, mais de 2% abaixo da cota). As despesas que ficassem *dentro* do intervalo aceito de padrões não seriam relatadas. Ao omitir todos os desempenhos "aceitáveis", os relatórios de exceção economizam tempo do gerente e os ajudam a se concentrar nas áreas problemáticas.

### Sistemas de informação para áreas funcionais específicas

Tradicionalmente, os sistemas de informação foram projetados dentro de cada área funcional, para apoiar a área por meio do aumento da eficácia e da eficiência internas. Os típicos sistemas específicos a funções são os de gestão de contabilidade, finanças, marketing, operações e recursos humanos. A Tabela 8.1 contém uma visão geral das atividades que os sistemas de informação funcional apóiam. Veja também a Figura 8.2.

## TI E A EMPRESA

### 8.2 Compatibilidade com a regulamentação dá uma nova importância a relatórios

A Ingersoll-Rand *(www.irco.com),* fabricante de equipamentos industriais, passou quase dois anos documentando cada um dos mais de 100 controles e processos internos usados para criar os relatórios financeiros da empresa. A Ingersoll-Rand precisou aprontar essa documentação até janeiro de 2005, para atender ao prazo de cumprimento da Lei Sarbanes-Oxley nos Estados Unidos.

A Ingersoll-Rand começou a trabalhar no atendimento à lei em março de 2003. A suposta fraude cometida pelos executivos da Enron, Adelphia e WorldCom exigiu que os reguladores da Securities and Exchange Commission (SEC) forçassem cerca de 300 empresas com capitalização de mercado de mais de US$75 milhões a documentarem os controles internos usados para criar relatórios financeiros.

O relatório de controle interno avalia a estrutura e os procedimentos de controle usados em cada etapa do processo de gerar relatórios financeiros. A idéia é de que um auditor independente agora pode detalhar cada item a partir de qualquer informação em um relatório financeiro, como vendas, lucros e despesas, e rastrear cada componente individual, chegando até a transação, o pagamento e o funcionário que contribuíram para os totais gerais. No fim, o auditor externo emite relatórios separados para atestar o livro-razão geral da empresa e seus processos de controle.

Deixar de cumprir esse requisito não resultará em quaisquer multas ou penalidades criminais. Porém, uma opinião qualificada, basicamente um voto de descon-

fiança do auditor, poderia convencer os investidores a venderem as ações da empresa. Além do mais, o presidente da Ingersoll-Rand poderia ser multado pessoalmente em US$5 milhões e condenado a até 20 anos de prisão se assinasse um relatório financeiro que fosse acidental ou deliberadamente enganoso ou incorreto.

Os analistas estimam que as empresas gastarão aproximadamente US$1 milhão para cada US$1 bilhão em vendas a fim de garantir que o cumprimento das estipulações da Lei Sarbanes-Oxley. Para a Ingersoll-Rand, esse gasto totalizará US$10 milhões. A Ingersoll-Rand afirma que gastará a maior parte do dinheiro em software para relatórios financeiros e processamento de transações.

*Fontes:* Compilado de L. Barrett, "Ingersoll-Rand: Hidden Nuggets", *Baseline Magazine,* 1º de outubro de 2004; "Ingersoll-Rand Selects OpenPages SOX Express for Sarbanes-Oxley Compliance", *www.openpages.com,* 22 de novembro de 2004; *www.irco.com,* acessado em 2 de abril 2005.

### PERGUNTAS

1. Você acredita que a Lei Sarbanes-Oxley ajudará a impedir novas fraudes? Justifique sua resposta.
2. Por que levou tanto tempo e custou tanto para a Ingersoll-Rand cumprir a Lei Sarbanes-Oxley? Você acredita que outras empresas farão o mesmo, ou será que a Ingersoll-Rand é diferente? Explique sua resposta.

Historicamente, os sistemas de informação da área funcional eram desenvolvidos independentemente uns dos outros, resultando em "silos de informação". Esses silos não se comunicavam entre si, e essa falta de integração tornou as organizações menos eficientes. Essa ineficiência era particularmente evidente nos processos empresariais que cruzavam as fronteiras das áreas funcionais. Por exemplo, o desenvolvimento de novos produtos envolve todas as áreas funcionais. Pense nos fabricantes de automóveis. O desenvolvimento de um novo automóvel envolve cada área funcional da empresa, incluindo projeto, engenharia, produção/operações, marketing, finanças, contabilidade e recursos humanos. Para solucionar os problemas de integração, as empresas desenvolveram sistemas de planejamento de recursos empresariais. Analisaremos esses sistemas na próxima seção.

---

### Antes de prosseguir...

1. O que é um sistema de informação da área funcional? Relacione suas principais características.
2. Como o SIG apóia o gerenciamento por exceção? Como apóia os relatórios por demanda?

**Tabela 8.1** Atividades apoiadas por sistemas de informação funcional

---

**Contabilidade e finanças**

Planejamento financeiro — disponibilidade e custo do dinheiro
Orçamento — aloca recursos financeiros entre participantes e atividades
Orçamento de capital — financiamento de aquisições de bens
Gerenciamento de transações financeiras
    Tratamento de moedas múltiplas
    Fechamento virtual — capacidade de fechar livros a qualquer momento sem aviso prévio
Gerenciamento de investimentos — gerenciamento de investimentos organizacionais em estoques, ações,
    imóveis e outros veículos de investimento
Controle orçamentário — monitoração de gastos e comparação com o orçamento
Auditoria — garantir a precisão e a condição da saúde financeira da organização
Folha de pagamento

---

**Marketing e vendas**

Relacionamento com o cliente — saber quem são os clientes e tratá-los como membros da realeza
Perfis e preferências do cliente
Automação da força de vendas — uso de software para automatizar as tarefas empresariais de vendas,
    melhorando, assim, a produtividade dos vendedores

---

**Produção/operações e logística**

Gerenciamento de estoque — quanto estoque pedir, quanto estoque manter e quando pedir novo estoque
Controle de qualidade — controle de defeitos na matéria-prima que chega e defeitos nos produtos fabricados
Planejamento de necessidades de material — processo de planejamento que integra produção, compras e
    gerenciamento de estoque de itens interdependentes (MRP)
Planejamento de recursos de fabricação — processo de planejamento que integra atividades de produção,
    gerenciamento de estoque, compras, finanças e mão-de-obra de uma empresa (MRP II)
Sistemas just-in-time — princípio de produção e controle de estoque em que os materiais e as peças chegam
    exatamente quando e onde forem necessários para a produção (JIT)
Fabricação integrada por computadores — técnica de manufatura que integra diversos sistemas
    computadorizados, como o projeto auxiliado por computador (CAD), fabricação auxiliada por computadores
    (CAM), MRP e JIT
Gerenciamento do ciclo de vida do produto — estratégia empresarial que permite que os fabricantes colaborem
    entre si nos esforços de projeto e desenvolvimento de produtos usando a Web

---

**Gestão de recursos humanos**

Recrutamento — encontrar funcionários, testá-los e decidir quais contratar
Avaliação de desempenho — avaliação periódica pelos superiores
Treinamento
Registros de funcionários
Administração de benefícios — saúde, aposentadoria, afastamentos, demissões etc.

---

## 8.3 Sistemas de planejamento de recursos empresariais

Os **sistemas de planejamento de recursos empresariais (ERP)** integram o planejamento, o gerenciamento e o uso de todos os recursos da organização. O objetivo principal dos sistemas de ERP é integrar de perto as áreas funcionais da organização e permitir o fluxo transparente de informações entre as áreas funcionais. A integração de perto significa que as mudanças em uma área funcional são imediatamente

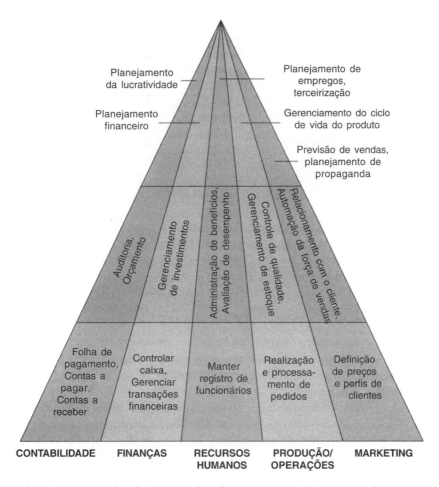

**Figura 8.2** Exemplos de sistemas de informação que apóiam as áreas funcionais.

refletidas em todas as outras áreas funcionais pertinentes. As vantagens de um sistema de ERP são demonstradas no caso da Under Armour, no Quadro 8.3.

Os sistemas de ERP oferecem as informações necessárias para controlar os processos empresariais da organização. Um **processo empresarial** é um conjunto de etapas ou procedimentos relacionados, projetados para gerar um resultado específico. Os processos empresariais podem estar localizados inteiramente dentro de uma área funcional, como a aprovação de um pedido de cartão de crédito ou a contratação de um novo funcionário. Também podem se espalhar por diversas áreas funcionais, como o atendimento a um pedido grande de um novo cliente.

O software de ERP inclui um conjunto de módulos de software interdependentes, ligados a um banco de dados comum, que apóiam os processos empresariais internos nas seguintes áreas funcionais: finanças e contabilidade, fabricação e produção, vendas e marketing e recursos humanos. Os módulos são criados em torno de processos empresariais predefinidos, e os usuários os acessam por meio de uma única interface. A Tabela 8.2 contém exemplos dos processos empresariais predefinidos.

Os processos empresariais no software de ERP normalmente são predefinidos pelas melhores práticas que o fornecedor de ERP desenvolveu. As **melhores práticas** são as soluções ou métodos de resolução de problemas mais bem-sucedidos para se alcançar um objetivo empresarial.

Embora algumas empresas tenham desenvolvido seus próprios sistemas de ERP, a maioria das organizações utiliza software de ERP disponível comercialmente. O principal fornecedor de software de ERP é a SAP (*www.sap.com*), com seu pacote SAP R/3. Outros dos principais fornecedores são a Oracle (*www.oracle.com*) e a PeopleSoft (*www.peoplesoft.com*), agora uma empresa da Oracle. (Com mais de 700 clientes, a PeopleSoft é líder do mercado em educação superior.) Para obter informações atualizadas sobre software de ERP, consulte *www.erpassist.com*.

**Tabela 8.2**    Processos empresariais apoiados pelos módulos de ERP

- **Processos financeiros e contábeis:** livro-razão, contas a pagar, contas a receber, ativos fixos, controle e previsão de caixa, contabilidade de custo do produto, contabilidade do centro de custos, contabilidade de ativos, contabilidade de impostos, gerenciamento de crédito, relatórios financeiros
- **Processos de vendas e marketing:** processamento de pedidos, cotações, contratos, configuração de produtos, definição de preços, cobrança, verificação de crédito, gerenciamento de incentivos e comissões, planejamento de vendas
- **Processos de manufatura e produção:** licitações, controle de estoque, compras, frete, planejamento de produção, programação de produção, planejamento de necessidades de material, controle de qualidade, distribuição, transporte, manutenção da fábrica e dos equipamentos
- **Processos de recursos humanos:** administração de pessoal, contabilidade de tempo, folha de pagamento, planejamento e desenvolvimento de pessoal, contabilidade de benefícios, acompanhamento de candidatos, remuneração, planejamento da mão-de-obra, gerenciamento de desempenho

Apesar de todos os benefícios, os sistemas de ERP possuem duas desvantagens. Para começar, podem ser extremamente complexos, caros e demorados de implantar. Além disso, as empresas podem ter de mudar os processos empresariais existentes para se ajustarem aos processos empresariais predefinidos do software. Para empresas com procedimentos bem estabelecidos, esse pode ser um problema enorme. Finalmente, as empresas precisam adquirir o pacote de software inteiro, mesmo que precisem apenas de alguns dos módulos. Por esses motivos, o software de ERP não é atraente para todos. O Quadro 8.4 mostra como a Stanford University viveu esses problemas com sua implementação de ERP.

Durante o final dos anos 90, as empresas começaram a estender os sistemas de ERP ao longo da cadeia de suprimentos para fornecedores e clientes. Esses sistemas estendidos acrescentam funções para ajudar as empresas a controlarem as interações com o cliente e os relacionamentos com fornecedores e distribuidores. Analisaremos os sistemas de gerenciamento da cadeia de suprimentos na Seção 8.5.

---

### Antes de prosseguir...

1. Defina ERP e descreva suas funcionalidades.
2. Cite algumas desvantagens do software de ERP.

---

## 8.4 Sistemas de gestão do relacionamento com o cliente

A **gestão do relacionamento com o cliente (CRM)** é um esforço de toda a empresa para conquistar e manter clientes. O CRM reconhece que os clientes são o núcleo de um negócio e que o sucesso de uma empresa depende da gestão eficaz do relacionamento com eles. O CRM abrange a criação de relacionamentos duradouros e sustentáveis com o cliente, que agregam valor tanto para o cliente quanto para a empresa. (Ver *www.insightexec.com* e *www.crmassist.com*.)

O CRM inclui um relacionamento *direto* entre cliente e vendedor. Para realizar um marketing direto genuíno, uma empresa precisa desejar e ser capaz de mudar seu comportamento em relação a um cliente específico, com base no que ela sabe a respeito desse cliente. Assim, CRM é basicamente uma idéia simples: *tratar clientes diferentes de forma diferente*. Por exemplo, clientes "bons" representam cerca de 80% dos lucros de uma empresa, mas apenas 20% do total de clientes da empresa.

Pode custar muito mais conquistar um novo cliente do que manter um cliente existente. Portanto, o CRM ajuda as organizações a manterem clientes lucrativos e maximizarem a receita contínua advinda deles.

Como uma empresa precisa ser capaz de modificar produtos e serviços com base nas necessidades de cada cliente, o CRM envolve muito mais do que apenas vendas e marketing. Em vez disso, empresas inteligentes encorajam os clientes a participarem do desenvolvimento de produtos, serviços e soluções. Para criar relacionamentos diretos duradouros em uma iniciativa de CRM, uma empresa precisa interagir de modo contínuo com os clientes *individualmente*. Um motivo pelo qual muitas empresas estão começando a se

## TI E A EMPRESA

### 8.3 Under Armour coloca em funcionamento um sistema de ERP

É agosto de 2001 na Under Armour *(www.underarmour. com),* empresa de roupas esportivas cujos produtos são tão interessantes que os atletas profissionais os vestem na TV sem serem pagos por isso. A Under Armour basicamente criou o mercado para "roupas de compressão", que deixa os atletas se sentindo mais leves, mantendo pouca pressão sobre os músculos. A receita explodiu e a empresa precisa desesperadamente de um sistema para controlar pedidos, enviar produtos, cobrar clientes e conectar-se com os fornecedores. Todos os funcionários da empresa, incluindo gerentes, gastam tempo no depósito, empacotando caixas e enviando pedidos manualmente. O sistema de processamento de pedidos está localizado em um grande armário, com os pedidos presos a pranchetas, centenas delas, penduradas em cabides.

Para modernizar esse sistema antiquado, a Under Armour adotou um sistema de ERP da Lilly Software Associates *(www.lillysoftware.com).* Esse sistema oferece a base para os sistemas de gerenciamento de pedidos e gerenciamento de depósitos da Under Armour. Também oferece habilidades de planejamento de estoque e elimina o trabalho manual de imprimir pedidos, levá-los até o depósito e entregá-los às pessoas que enchem as caixas.

Sob o sistema de ERP, os pedidos que chegam por telefone, fax ou correio eletrônico são inseridos manualmente, e os pedidos feitos por intercâmbio eletrônico de dados (EDI) são registrados automaticamente. (Intercâmbio eletrônico de dados é a troca de documentos eletrônicos de um computador para outro sem o uso de papel. Portanto, nenhuma intervenção humana é necessária.) Os pedidos são comparados com uma lista de estoque atualizada. O sistema, então, gera pedidos que

podem ser baixados para dispositivos portáteis sem fio que os trabalhadores usam para apanhar e escanear os itens do pedido. O segmento de gerenciamento de depósitos da aplicação rastreia a localização do funcionário e acende uma luz perto do próximo item que ele deve apanhar. Os funcionários escaneiam cada item e depois escaneiam cada caixa à medida que ela é preenchida. Desse modo, o sistema pode registrar não apenas os pedidos, mas também quando cada pedido foi concluído.

Grandes varejistas compõem 60% dos negócios da Under Armour. A empresa lida com esses clientes e com a troca eletrônica de documentos. Os 40% restantes dos negócios da empresa é com pequenas lojas de varejo. A Under Armour lida com essas transações por meio de fax e telefone. Isso não reflete uma alta tecnologia, mas os pequenos varejistas apreciam os esforços da Under Armour para cuidar de todos os clientes. A Under Armour agora está desenvolvendo uma extranet para tratar dos clientes menores com mais eficiência pela Internet.

*Fontes:* Compilado de K. Fogarty, "Under Armour: No Sweat", *Baseline Magazine,* 1º de setembro de 2004; D. Navas, "Under Armour Gears Up for Triple Digit Growth", *Supply Chain Systems Magazine,* março de 2003; e *www.underarmour.com* e *www.lillysoftware.com,* acessados em 2 de abril de 2005.

### PERGUNTAS

1. Por que a Under Armour precisou de um sistema de ERP?
2. Por que a Under Armour presta tanta atenção aos clientes menores?

concentrar no CRM é que esse tipo de marketing pode criar muita lealdade do cliente, o que aumenta os lucros da empresa. De modo significativo, para que o CRM seja eficaz, quase todas as outras áreas funcionais precisam ser envolvidas. O Quadro 8.5 ilustra como a Remington Arms usou o CRM para melhorar o relacionamento com o cliente.

### Aplicações de gestão do relacionamento com o cliente

No passado, os dados de clientes eram localizados em muitos sistemas isolados em diversas áreas funcionais, como finanças, distribuição, vendas, serviço e marketing. Além disso, o comércio eletrônico gerou quantidades imensas de dados de clientes que não estavam integrados aos dados nos SIs da área funcional.

Os sistemas de CRM foram projetados para resolver esses problemas oferecendo informações e ferramentas para proporcionar uma experiência superior para o cliente e maximizar o valor duradouro do cliente para uma empresa. Os sistemas de CRM integram dados de clientes de várias fontes organizacionais, anali-

## TI E A EMPRESA

### 8.4 Problemas com ERP em Stanford

A Universidade de Stanford queria se livrar do software de mainframe de 20 anos e avançar para os módulos financeiros e de recursos humanos mais recentes dos sistemas de ERP da Oracle e da PeopleSoft. Porém, o processo acabou sendo extremamente difícil.

A Stanford passou mais de sete anos transferindo os sistemas financeiros para os módulos financeiros da Oracle. O projeto deveria ter acabado em 1999, mas aconteceram vários atrasos. Esses atrasos foram causados, em parte, pela imensa quantidade de personalização exigida pelo software. Em 2000, a Stanford finalmente conseguiu executar parte dos módulos financeiros da Oracle. Nesse ponto, a universidade deixou de lado os projetos restantes. Depois, iniciou outro projeto, instalando o PeopleSoft para controlar os sistemas de notas dos alunos e de recursos humanos. Os projetos da PeopleSoft foram entregues pontualmente. Porém, a faculdade e os alunos acharam que as aplicações eram um tanto prejudiciais. Por exemplo, os módulos interferiram com a capacidade da Stanford de emitir contracheques corretos e atribuir hospedagem aos alunos. Finalmente, em 2002, o reitor da faculdade pediu ajuda ao departamento de TI de Stanford.

Uma causa desses problemas foi que as aplicações da Oracle e da PeopleSoft foram projetadas para serem usadas por empresas públicas, e não por instituições educacionais descentralizadas. Por exemplo, o software de ERP tinha um único endereço de entrega no módulo de compras. Esse arranjo funciona bem para uma empresa como a IBM, que é organizada em torno de uma unidade de recebimento central. Porém, isso não funciona para uma enorme universidade de pesquisa, como a Stanford, onde os pacotes são entregues diretamente a diversos escritórios e laboratórios.

Infelizmente, os revendedores de ERP podem demorar a reconhecer o problema que o software pode causar aos clientes. Por exemplo, a PeopleSoft foi processada pelo estado de Ohio depois de uma instalação malfeita na Universidade Estadual de Cleveland.

A Universidade de Stanford finalmente decidiu mudar a si mesma em vez de mudar o software. Até aqui, porém, cada projeto envolvendo Oracle e PeopleSoft em Stanford tem sido tão diferente que é difícil estabelecer melhores práticas. A universidade precisa cobrir o "dilema da atualização de versão". Em outras palavras, mudar a versão do pacote da PeopleSoft exige a mudança da versão do pacote da Oracle, e vice-versa. A Universidade de Stanford espera que a compra da PeopleSoft pela Oracle possa ajudar nessa área ao criar um software compatível.

*Fontes:* Compilado de D. Gage, "Stanford University: Hard Lesson", *Baseline Magazine;* 8 de junho de 2004; T. Wailgum, "Big Mess on Campus", *CIO Magazine,* 1º de maio de 2005; e *www.stanford.edu, www.oracle.com* e *www.peoplesoft.com,* acessados em 1º de março de 2005.

**PERGUNTAS**

1. A Universidade de Stanford deveria ter simplesmente começado do zero, em vez de gastar sete anos tentando instalar os módulos financeiros da Oracle?
2. Stanford deveria ter pesquisado outras universidades com sistemas de ERP antes de iniciar a implementação?
3. A universidade deveria ter pago pelas dificuldades na implementação dos sistemas da Oracle e da PeopleSoft? A Oracle e a PeopleSoft deveriam ter assumido parte dos custos?

sam-nos e depois apresentam os resultados tanto para funcionários quanto para pontos de contato com o cliente. Um **ponto de contato com o cliente** é o meio de interação com o cliente, como telefone, e-mail, serviço de atendimento ao cliente ou suporte, correio convencional, website e loja.

Sistemas de CRM projetados de modo adequado oferecem uma única visão de cada cliente para toda a empresa. Esses sistemas também oferecem aos clientes um único ponto de contato dentro da empresa, além de uma visão unificada da organização.

Os sistemas de CRM oferecem aplicações em três áreas importantes: vendas, marketing e atendimento ao cliente. Vejamos cada uma delas.

**Vendas**. Funções de *automação da força de vendas (SFA)* nos sistemas de CRM tornam os vendedores mais produtivos, ajudando-os a se concentrarem nos clientes mais lucrativos. As funções de SFA oferecem dados como oportunidades de vendas e informações de contato, informações de produtos, configurações de pro-

## TI E A EMPRESA

### 8.5 Remington cuida de seus clientes

"Armas de fogo são produtos que refletem um estilo de vida", diz o vice-presidente da Remington Arms *(www.remington.com)*. Para alimentar o relacionamento entre a Remington e os clientes, a empresa precisa responder a inúmeras consultas sobre seus produtos. A quantidade de informação é enorme. A empresa de cotas limitadas Remington fabrica dezenas de modelos diferentes, e as pessoas esperam que a empresa continue fornecendo armas que possam durar por gerações. A Remington não vende armas de fogo on-line. Os produtos da empresa são altamente regulamentados e caros, e estão disponíveis em várias configurações.

Aproximadamente 27 milhões de americanos estão envolvidos em esportes que envolvem caça e tiro. Porém, durante o final da década de 1990, a Remington se concentrou bastante nas grandes contas nacionais, como o Wal-Mart. Como resultado, a empresa permitiu que seu suporte para proprietários de armas e pequenos varejistas enfraquecesse. A empresa decidiu resolver os problemas de relacionamento com o cliente criando um website que oferecesse aos clientes informações detalhadas e facilitasse a compra e a operação de uma arma de fogo da Remington. Esse website claramente envolveu a gestão do conhecimento para produtos complexos, além da gestão do relacionamento com o cliente. Então, como o website cuida dos clientes da Remington?

Talvez a estratégia mais importante tenha sido tornar as publicações da empresa disponíveis on-line. A resposta do cliente foi esmagadora. Por exemplo, o número de downloads de catálogo aumentou significativamente, ultrapassando os 3 milhões em 2004. Ao mesmo tempo, as solicitações de clientes por catálogos de papel diminuiu de 23.000 em 2000 para 4.000 em 2004. Durante o mesmo período, a quantidade de manuais do proprietário baixados do website aumentou de 62.000 para 802.000, enquanto os pedidos de manuais impressos caiu de 14.000 para 4.800. A *Remington Quarterly*, uma revista cuja produção custava cerca de US$100.000 por edição, agora é publicada on-line. De modo significativo, o número de leitores permaneceu aproximadamente o mesmo. Por fim, os clientes baixaram quase 440.000 clipes de vídeo em 2004, incluindo instruções de segurança e operação e material promocional. Como resultado, a Remington não teve de gastar os US$2,00 por fita para estocar os vídeos.

A Remington ainda ajudou os clientes ao compilar um banco de dados de cerca de 11.000 de seus revendedores. O website possui um programa localizador que envia os clientes ao revendedor mais próximo. Essa aplicação também provou ser altamente bem-sucedida. Somente em 2004, 240.000 clientes procuraram o revendedor mais próximo no website, e 97% deles encontraram um revendedor localizado dentro de um raio de 80 quilômetros.

Na verdade, o website funcionou bem demais. Antes de a Remington implementar o site, a empresa recebia, em média, cerca de 50 e-mails por dia. Depois de ter montado o site, o tráfego de e-mail aumentou para mais de 1.000 por dia. Como resultado, o tempo de resposta da empresa se tornou muito mais lento. Os e-mails que ela costumava responder em um ou dois dias agora ficam parados por uma semana ou mais. Para agilizar o ciclo de resposta, a Remington colocou respostas a perguntas feitas com freqüência (FAQs) no website. Assim como as publicações on-line, essa técnica provou ser altamente bem-sucedida. Desde que tomou essa decisão, a empresa obteve uma redução de 30% nas ligações telefônicas e uma redução de 50% no volume de e-mails.

*Fontes:* Compilado de E. Cone, "On Target", *Baseline Magazine*, 1º de março de 2004; M. Middlewood, "How Remington Self Serves Its Customers", *Mac News World*, 22 de junho de 2004; L. Haber, "Putting a Lid on CRM Costs with Self-Service", *ZdNet UK*, 16 de julho de 2002; e *www.remington.com*, acessado em 2 de abril de 2005.

**PERGUNTAS**

1. Por que a Remington precisa de tanto CRM no website? *Dica:* pense nas características específicas dos produtos da empresa.
2. Que benefícios a Remington obteve com o website?

---

dutos e cotas de vendas. O software de SFA pode integrar todas as informações sobre determinado cliente, de modo que o vendedor possa reunir uma apresentação personalizada para esse cliente.

**Marketing.** Sistemas de CRM apóiam campanhas de marketing fornecendo dados de clientes e possíveis clientes, informações sobre produtos e serviços, vendas qualificadas e ferramentas para analisar dados de marketing e de clientes. Além disso, eles aumentam as oportunidades de vendas cruzadas, vendas de valor mais alto e agrupamentos.

**Venda cruzada** refere-se ao marketing de produtos complementares para os clientes. Por exemplo, o cliente de um banco com um saldo alto na conta-corrente poderia ser direcionado para o setor de aplicações no mercado financeiro. **Venda de valor mais alto (up-selling)** é o marketing de produtos ou serviços de valor mais alto para clientes novos ou existentes. Por exemplo, se você estiver procurando uma televisão para comprar, um vendedor lhe mostrará uma TV com tela de plasma ao lado de uma TV convencional, na esperança de que você pague mais por uma imagem mais nítida. Finalmente, o **agrupamento** é um tipo de venda cruzada em que uma combinação de produtos é vendida por um preço mais baixo que os custos combinados dos produtos individuais. Por exemplo, sua empresa a cabo poderia oferecer um pacote que inclui TV a cabo básica, todos os canais de filme e acesso à Internet em banda larga por um preço menor do que esses serviços custariam individualmente. Como outro exemplo, os fabricantes ou varejistas de computadores normalmente agrupam computador, monitor e impressora por um preço reduzido.

**Atendimento ao cliente.** As funções de atendimento ao cliente nos sistemas de CRM oferecem informações e ferramentas para tornar o pessoal de call centers, help desks e suporte ao cliente mais eficiente. Essas funções normalmente incluem habilidades de auto-serviço baseado na Web. O atendimento ao cliente pode assumir muitas formas, como veremos a seguir.

- *Técnica e outras informações e serviços.* Os sistemas de CRM podem personalizar experiências interativas para induzir um cliente a se comprometer a comprar ou permanecer um cliente leal. Por exemplo, o website da General Electric *(www.ge.com)* oferece informações técnicas e de manutenção detalhadas. Além disso, vende peças de reposição para modelos fora de linha. Esses tipos de peças e informações são muito difíceis de encontrar off-line. A possibilidade de fazer o download de manuais e soluções para problemas comuns a qualquer momento é outra inovação do atendimento ao cliente baseado na Web. Finalmente, informações personalizadas — como informações de produtos e garantia — podem ser apresentadas de forma eficiente quando o cliente entra no website do fornecedor. Não apenas o cliente pode puxar (procurar) informações conforme a necessidade, mas o fornecedor também pode empurrar (enviar) informações ao cliente.
- *Produtos e serviços personalizados.* A Dell Computer revolucionou a compra de computadores ao permitir que os clientes configurem seus próprios sistemas. Muitos outros fornecedores on-line agora oferecem esse tipo de personalização em massa. Os consumidores vêem ofertas especiais semi-acabadas e recebem a opção de personalizar produtos usando configuradores de produtos.
- *Acompanhamento de status de conta ou pedido.* Os clientes podem ver seus saldos de conta ou verificar o status de entrega de seus pedidos a qualquer momento a partir de computadores ou telefones celulares. Se você pedisse livros na Amazon, por exemplo, poderia encontrar a previsão de data de chegada. Muitas empresas seguem esse modelo e oferecem serviços semelhantes (consulte *www.fedex.com* e *www.ups.com).*
- *Páginas Web personalizadas.* Muitas empresas permitem que os clientes criem suas próprias páginas Web individuais. Essas páginas podem ser usadas para registrar compras e preferências, além de problemas e solicitações.
- *FAQs.* As FAQs são a ferramenta mais simples e menos dispendiosa para se lidar com perguntas repetitivas dos clientes. Os clientes usam essa ferramenta por conta própria, o que torna o custo de entrega bastante reduzido. Porém, qualquer pergunta fora do padrão exige um e-mail individual.
- *E-mail e resposta automática.* O e-mail tornou-se a ferramenta mais popular de atendimento ao cliente. Pouco dispendioso e rápido, o e-mail é usado, principalmente, para responder às perguntas dos clientes. No entanto, as empresas também contam com o e-mail para disseminar informações sobre produtos e outros itens (por exemplo, confirmações) e trocar correspondência sobre qualquer assunto.
- *Call centers.* Uma das ferramentas mais importantes de atendimento ao cliente é o *call center.* Os call centers normalmente são a "cara" da organização para os clientes, como demonstra o exemplo a seguir.

---

### Exemplo

- **Eficiência nos call centers da FedEx**

Os funcionários dos call centers da FedEx podem lidar com uma ligação de rotina em 20 segundos. Eles simplesmente inserem um nome, que leva a um código postal, que, por sua vez, leva a um número de acompanhamento. Com esse sistema, eles podem resolver uma reclamação complicada em menos de 10 minutos.

No entanto, assim como outras empresas, a FedEx está tentando economizar dinheiro no atendimento ao cliente fazendo com que os clientes usem o website *(www.fedex.com)*. Para cada ligação que a FedEx pode desviar para o website, a empresa economiza cerca de US$1,87. Os esforços da empresa para convencer os clientes a usarem o website tiveram algum sucesso. O site lida com uma média de 60 milhões de solicitações de rastreamento de pacotes por mês. Essas solicitações custam à FedEx US$21 milhões por ano. Por outro lado, elas custariam mais de US$1 bilhão se todas essas pessoas telefonassem. Ao mesmo tempo, a FedEx afirma que seus call centers lidam com menos 83.000 chamadas que em 2000, uma economia de US$58 milhões por ano.

Apesar dessas mudanças, muitos clientes ainda preferem telefonar e falar com uma pessoa real, especialmente quando acreditam que têm um problema. Por esse motivo, a FedEx gasta US$326 milhões por ano nos call centers. Os call centers da FedEx são projetados em torno de computadores pessoais para cada representante. Os representantes podem puxar dados históricos sobre clientes sempre que eles ligam. Esses dados incluem históricos de frete, preferências dos clientes e até mesmo imagens de suas faturas em papel. Como resultado, os representantes da FedEx podem prestar um serviço melhor e mais rápido aos clientes da empresa.

*(Fontes:* Compilado de D. Gage, "FedEx: Personal Touch", *Baseline Magazine,* 13 de janeiro de 2005; E. Rasmussen, "Executives' Guide to Call Center Excellence: Best Practices — FedEx: An Overnight Success Story", *www.destinationcrm.com,* fevereiro de 2003; e *www.fedex.com,* acessado em 3 de abril de 2005.

## 8.5 Sistemas de gerenciamento da cadeia de suprimentos

Uma **cadeia de suprimentos** refere-se ao fluxo de materiais, informações, dinheiro e serviços de fornecedores de matéria-prima, passando por fábricas e armazéns, até os clientes finais. Uma cadeia de suprimentos também inclui as *organizações* e os *processos* que criam e entregam produtos, informações e serviços aos clientes finais.

A função de **gerenciamento da cadeia de suprimentos (SCM)** inclui planejar, organizar e otimizar as atividades da cadeia de suprimentos. Assim como outras áreas funcionais, o SCM utiliza sistemas de informação. O objetivo dos sistemas de SCM é reduzir o atrito ao longo da cadeia de suprimentos. O atrito pode envolver o aumento de tempo, custos e estoques, além da diminuição da satisfação do cliente. Os sistemas de SCM, então, reduzem a incerteza e os riscos ao diminuírem os níveis e o tempo de ciclo do estoque e ao melhorarem os processos da empresa e o atendimento ao cliente. Todos esses benefícios contribuem para o aumento da lucratividade e da competitividade.

De modo significativo, os sistemas de SCM são um tipo de sistema de informação interorganizacional. Um **sistema de informação interorganizacional (SII)** envolve fluxos de informação entre duas ou mais organizações. Conectando os sistemas de informação de parceiros comerciais, os SIIs permitem que os parceiros realizem diversas tarefas:

- Reduzir os custos das transações comerciais de rotina.
- Melhorar a qualidade do fluxo de informações reduzindo ou eliminando erros.
- Reduzir o tempo do ciclo envolvido na realização de transações comerciais.
- Eliminar o processamento em papel e as ineficiências e custos associados.
- Facilitar a transferência e o processamento de informações para os usuários.

Os sistemas interorganizacionais que conectam empresas localizadas em dois ou mais países são chamados de **sistemas de informação globais**. Seja qual for sua estrutura, uma empresa com operações globais conta bastante com a TI. Os principais benefícios dos sistemas de informação globais para tais organizações são a comunicação eficaz a um custo razoável e a colaboração eficaz que supera as diferenças em termos de distância, tempo, idioma e cultura.

### Problemas no projeto do SII global

A tarefa de projetar um SII eficaz é complicada. Ela é ainda mais complexa quando o SII é um sistema global, devido às diferenças em termos de culturas, economias e política entre as partes nos diferentes países. Alguns países estão erguendo fronteiras artificiais através da preferência do idioma local, regulamentação local e limitações de acesso. Alguns problemas a considerar no projeto de SIIs globais são diferenças culturais, localização, diferenças econômicas e políticas e questões judiciais.

**Diferenças culturais.** A *cultura* consiste em objetos, valores e outras características de determinada sociedade. Isso inclui muitos aspectos diferentes, que variam desde a tradição até questões jurídicas e éticas e quais informações são consideradas ofensivas. Quando as empresas planejam fazer negócios em países estrangeiros, têm de considerar o ambiente cultural.

**Localização.** Muitas empresas utilizam diferentes nomes, cores, tamanhos e embalagens para seus produtos e serviços fora do país. Essa prática é conhecida como *localização*, que significa que os produtos e serviços são modificados para cada localidade. Para maximizar os benefícios dos sistemas de informação globais, a técnica de localização também deve ser usada no projeto e na operação desses sistemas. Por exemplo, muitos websites oferecem diferentes opções de idioma e/ou moeda, além de conteúdo especial.

**Diferenças econômicas e políticas.** Os países também diferem bastante em termos de ambientes político e econômico. Um resultado dessas variações é que as infra-estruturas da tecnologia da informação normalmente diferem de um país para outro. Por exemplo, muitos países possuem os serviços de telefonia ou controlam as comunicações com muita rigidez. A França, por exemplo, insistiu durante anos para que o francês fosse o único idioma nos websites franceses. O país agora permite que os websites usem outros idiomas, mas o francês ainda precisa aparecer em todos eles. A China vai ainda mais longe. O governo chinês controla o conteúdo da Internet e impede que alguns websites sejam vistos no país.

**Questões judiciais.** Os sistemas judiciais diferem consideravelmente entre os países. Como resultado, leis e regras referentes a direitos autorais, patentes, crimes de computador, compartilhamento de arquivos, privacidade e transferência de dados variam de um país para outro. Todas essas questões podem afetar quais informações são transmitidas por meio dos sistemas globais. Por esse motivo, as empresas precisam considerá-las quando estabelecem um sistema de informação global.

O impacto das diferenças judiciais, econômicas e políticas sobre o projeto e o uso de sistemas de informação globais podem ser vistos claramente na questão da transferência de dados entre fronteiras. O termo **transferência de dados entre fronteiras** refere-se ao fluxo de dados corporativos entre as fronteiras das nações. Vários países, como Canadá e Brasil, impõem leis rigorosas para controlar essa transferência. Esses países normalmente justificam suas leis como protetoras da privacidade dos cidadãos, pois os dados corporativos normalmente contêm dados pessoais. Outras justificativas são a proteção da propriedade intelectual e a manutenção de empregos no país, exigindo que o processamento de dados seja feito internamente.

## A estrutura e os componentes das cadeias de suprimentos

Como já mostramos, as cadeias de suprimentos são SIIs que podem ser globais. Como resultado, todas as considerações sobre SIIs e SIs globais se aplicam aos sistemas de gerenciamento da cadeia de suprimentos (SCM). O termo *cadeia de suprimentos* vem da imagem de como as organizações parceiras são vinculadas. Uma cadeia de suprimentos típica, que une uma empresa a seus fornecedores, distribuidores e clientes, aparece na Figura 8.3. Observe que a cadeia de suprimentos envolve três segmentos:

1. *Upstream*, onde ocorre o sourcing ou aquisição de fornecedores externos
2. *Interno*, onde ocorre o empacotamento, a montagem ou a fabricação
3. *Downstream*, onde ocorre a distribuição, normalmente por distribuidores externos

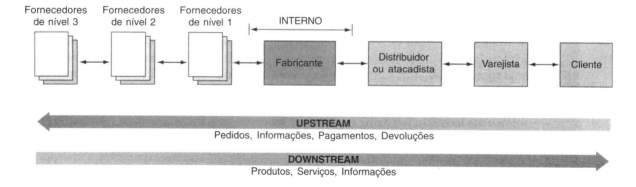

**Figura 8.3** Cadeia de suprimentos genérica.

O fluxo de informações e bens pode ser bidirecional. Por exemplo, produtos danificados ou indesejados podem ser devolvidos, um processo conhecido como *logística reversa*. Usando o setor automobilístico como exemplo, a logística reversa envolveria carros que são devolvidos aos revendedores ou requisitados pelo fabricante devido a defeitos descobertos posteriormente.

**Níveis de fornecedores.** Um exame da Figura 8.3 mostra que existem vários níveis de fornecedores. Como mostra o diagrama, um fornecedor pode ter um ou mais subfornecedores, e o subfornecedor pode ter seu(s) próprio(s) subfornecedor(es), e assim por diante. Por exemplo, no caso de um fabricante de automóveis, os fornecedores de nível 3 fabricam produtos básicos, como vidro, plástico e borracha. Os fornecedores de nível 2 utilizam esse material para fabricar pára-brisas, pneus e molduras plásticas. Os fornecedores de nível 1 fabricam componentes integrados, como painéis e poltronas.

**Os fluxos na cadeia de suprimentos.** Normalmente, existem três fluxos na cadeia de suprimentos: materiais, informação e financeiro. Os *fluxos de materiais* são os produtos físicos, matéria-prima, e assim por diante, que fluem ao longo da cadeia. Os fluxos de materiais também incluem fluxos *reversos* — produtos devolvidos, produtos reciclados e descarte de materiais ou produtos. Uma cadeia de suprimentos, portanto, envolve uma abordagem de *ciclo de vida do produto*, do início ao fim.

Os *fluxos de informação* são todos os dados relacionados à demanda, entregas, pedidos, devoluções e prazos, além de alterações em qualquer um desses dados. Finalmente, os *fluxos financeiros* são todas as transferências de dinheiro, pagamentos, informações e autorizações de cartão de crédito, prazos de pagamento, pagamentos eletrônicos e dados relacionados a crédito.

Nem todas as cadeias de suprimentos têm a mesma quantidade e tipos de fluxos. Por exemplo, nos setores de serviço, pode não haver fluxo físico de materiais, mas existe um fluxo freqüente de informações, geralmente na forma de documentos (cópias físicas ou eletrônicas). De fato, a digitalização de software, música e outros tipos de conteúdo pode resultar em uma cadeia de suprimentos sem qualquer fluxo físico. No entanto, observe que, nesse caso, existem dois tipos de fluxos de informação: um que substitui o fluxo de materiais (por exemplo, software digitalizado) e um que é a informação de apoio (pedidos, cobrança etc.). No gerenciamento da cadeia de suprimentos, é necessário coordenar todos esses fluxos entre todas as partes envolvidas na cadeia de suprimentos.

## Problemas ao longo da cadeia de suprimentos

Conforme já mencionamos, podem se desenvolver problemas, ou atritos, dentro de uma cadeia de suprimentos. Um sintoma importante das cadeias de suprimentos ineficazes é o mau atendimento ao cliente. Em alguns casos, as cadeias de suprimentos não entregam produtos ou serviços quando e onde os clientes — indivíduos ou empresas — precisam deles. Em outros casos, a cadeia de suprimentos oferece produtos de má qualidade. Outros problemas são altos custos de estoque e perda de receitas.

Os problemas ao longo da cadeia de suprimentos advêm, principalmente, de duas fontes: (1) incertezas; e (2) a necessidade de coordenar várias atividades, unidades internas e parceiros comerciais. Uma fonte importante de incertezas na cadeia de suprimentos é a *previsão de demanda*. A demanda por um produto pode ser influenciada por diversos fatores, como competição, preços, condições de tempo, desenvolvimentos tecnológicos e confiança geral dos clientes. Outra incerteza são os tempos de entrega, que dependem de fatores desde falhas de máquina na produção até a construção de estradas e engarrafamentos de trânsito. Além disso, problemas de qualidade nos materiais e peças podem gerar atrasos na produção, que também levam a problemas na cadeia de suprimentos.

Uma das principais dificuldades para a definição correta dos níveis de estoque nas várias partes da cadeia de suprimentos é conhecida com **efeito bullwhip**. Esse efeito refere-se a mudanças erráticas nos pedidos, para cima e para baixo, na cadeia de suprimentos. Basicamente, as variáveis de demanda do cliente podem aumentar quando vistas pelos olhos dos gerentes de cada nó da cadeia de suprimentos. Se cada entidade distinta tomar decisões de pedido e estoque com olho em seu próprio interesse, acima dos interesses da cadeia, então pode ocorrer um acúmulo de estoque em até sete ou oito locais ao longo da cadeia de suprimentos. Pesquisas têm mostrado que esse acúmulo leva, em alguns casos, a até 100 dias de estoque em espera, "só por precaução" (contra 10 a 20 dias no caso normal).

Além de todos esses fatores, os problemas nas cadeias de suprimentos podem ocorrer como resultado de novas tecnologias. O exemplo a seguir descreve um caso assim.

### EXEMPLO

#### ■ Falhas na cadeia de suprimentos atrapalham o Exército no Iraque

Por causa da falha nos sistemas de SCM automatizados no Iraque, as unidades de combate do Exército dos Estados Unidos que lutam naquele país tiveram de obter suprimentos importantes, como lubrificantes e explosivos, capturando-os dos estoques inimigos. Além disso, os estoques de comida mal atendiam à demanda, e os estoques de munição e peças sobressalentes quase se esgotaram durante o combate.

Os analistas militares descobriram que o desempenho das operações da cadeia de suprimentos "estava pouco acima dos níveis de subsistência", em grande parte, devido aos problemas com o software baseado em tecnologia RFID e comunicações em rede. Os sistemas da cadeia de suprimentos funcionaram conforme o esperado até que o combate começou no Iraque, sendo que, após isso, a rede do Exército rapidamente se tornou muito estreita. O Exército realizou testes de estresse em seus sistemas de campo de batalha antes da guerra. Porém, nenhum teste poderia ter preparado totalmente o Exército para lidar com as operações de combate rápidas, envolvendo 150.000 tropas e vários milhões de itens de suprimentos. Para resolver alguns desses problemas, o Exército já está trabalhando para substituir seus 13 principais sistemas de logística por software de ERP da SAP, preparado especificamente para operações de defesa.

*Fontes:* Compilado de M. L. Songini, "Supply Chain System Failures Hampered Army Units in Iraq", *Computerworld*, 26 de julho de 2004; "Supply Chains and the Army", *CNET News*, 6 de dezembro de 2003; e *www.army.mil*, acessado em 2 de abril de 2005.)

### Soluções para os problemas da cadeia de suprimentos

Os problemas da cadeia de suprimentos podem ser muito dispendiosos para as empresas, de modo que as organizações são motivadas a encontrar soluções inovadoras. Durante as crises do petróleo da década de 1970, por exemplo, a Ryder Systems, uma grande empresa de caminhões, comprou uma refinaria para controlar a parte upstream da cadeia de suprimentos e garantir a disponibilidade imediata de gasolina para seus caminhões. Essa estratégia é conhecida como integração vertical. Uma definição geral é que a **integração vertical** ocorre quando uma empresa compra seus fornecedores. (A Ryder vendeu a refinaria mais tarde, porque (1) não poderia controlar um negócio que não conhecia; e (2) o petróleo se tornou mais abundante.) No restante desta seção, veremos algumas das possíveis soluções para os problemas da cadeia de suprimentos, muitos deles apoiados pela TI.

**Usando estoques para solucionar problemas da cadeia de suprimentos.** Sem dúvida, a solução mais comum é a *criação de estoques* como garantia contra as incertezas da cadeia de suprimentos. O problema principal dessa técnica é que é muito difícil determinar corretamente os níveis de estoque para cada produto e peça. Se os níveis definidos de estoque forem muito altos, os custos de manutenção do estoque aumentarão muito. (Além disso, como já vimos, o excesso de estoques em vários pontos na cadeia de suprimentos pode resultar no "efeito bullwhip".) Se o estoque for muito baixo, não haverá garantias contra a alta demanda ou tempos de entrega lentos. Nesses casos, os clientes não recebem o que desejam, quando desejam ou precisam. O resultado é a perda de clientes e receita. De qualquer forma, o custo total — incluindo os custos de manutenção de estoque, os custos de oportunidades de vendas perdidas e os custos de desenvolver uma reputação ruim — pode ser muito alto. Assim, as empresas fazem grandes esforços para otimizar e controlar estoques.

**Compartilhamento de informações.** Outro modo comum de solucionar problemas da cadeia de suprimentos, especialmente de melhorar as previsões de demanda, é *compartilhar informações* ao longo da cadeia de suprimentos. Esse compartilhamento pode ser facilitado pelo intercâmbio eletrônico de dados e pelas extranets.

Um dos exemplos mais notáveis do compartilhamento de informações ocorre entre grandes fabricantes e varejistas. Por exemplo, o Wal-Mart oferece à Procter & Gamble acesso a informações de vendas diárias de cada loja para cada item que a P&G fabrica para o Wal-Mart. Esse acesso permite que a P&G controle a *reposição de estoque* para as lojas Wal-Mart. Monitorando os níveis de estoque, a P&G sabe quando os estoques estão abaixo do limite para cada produto em qualquer loja Wal-Mart. Esses dados disparam uma reposição imediata.

Esse compartilhamento de informações entre o Wal-Mart e a P&G é feito automaticamente. Isso faz parte de uma estratégia de estoque controlado pelo fornecedor. O **estoque controlado pelo fornecedor**

**(VMI)** ocorre quando um varejista não controla o estoque de determinado produto ou grupo de produtos. Em vez disso, o fornecedor controla todo o processo de estoque. A P&G possui acordos semelhantes com outros grandes varejistas. A vantagem para a P&G é a informação exata e oportuna sobre a demanda do consumidor por seus produtos. Assim, a P&G pode planejar a produção com mais precisão, reduzindo o efeito bullwhip.

---

### Antes de prosseguir...

1. Defina uma cadeia de suprimentos e o gerenciamento da cadeia de suprimentos (SCM).
2. Liste os principais componentes das cadeias de suprimentos.
3. O que é o "efeito bullwhip"?
4. Descreva soluções para os problemas da cadeia de suprimentos.

---

## 8.6 Intercâmbio eletrônico de dados e extranets

É claro que os sistemas de gerenciamento da cadeia de suprimentos são essenciais para a operação bem-sucedida de muitas empresas. Conforme observamos, esses sistemas — e os SIIs em geral — contam com várias formas de TI para resolver problemas. Três tecnologias em particular oferecem suporte para SIIs e sistemas de SCM: intercâmbio eletrônico de dados, extranets e Web Services. Já comentamos sobre os Web Services no Capítulo 5. Nesta seção, examinaremos as outras duas tecnologias.

### Intercâmbio eletrônico de dados (EDI)

**Intercâmbio eletrônico de dados (EDI)** é um padrão de comunicação que permite que os parceiros comerciais troquem documentos de rotina, como ordens de compra, eletronicamente. O EDI formata esses documentos de acordo com padrões combinados (por exemplo, formatos de dados). Depois, transmite mensagens usando um conversor, chamado de tradutor. A mensagem atravessa uma rede de valor agregado (VAN) ou a Internet. Quando a mensagem é recebida, é automaticamente traduzida para uma linguagem empresarial.

A seguir estão os principais componentes do EDI:

- **Tradutores de EDI.** Um tradutor de EDI converte dados para um formato padrão antes de serem transmitidos.
- **Mensagens de transações comerciais.** O EDI transfere, principalmente, mensagens sobre transações comerciais repetitivas. Essas transações incluem ordens de compra, faturas, aprovações de crédito, avisos de entrega e confirmações.
- **Padrões de formatação de dados.** Como as mensagens de EDI são repetitivas, faz sentido usar padrões de formatação (codificação).

O EDI oferece muitos benefícios em comparação com um sistema de entrega manual (ver Figura 8.4). Para começar, minimiza os erros de entrada de dados, pois cada entrada é verificada pelo computador. Além disso, o tamanho da mensagem pode ser mais curto, e as mensagens são protegidas. O EDI também reduz o tempo do ciclo, aumenta a produtividade, melhora o atendimento ao cliente e minimiza o uso e o armazenamento de papel. Desse modo, o EDI normalmente serve como catalisador e estímulo para melhorar o padrão da informação que flui entre as organizações e dentro delas.

Apesar de todas as vantagens do EDI, diversos fatores impediram que ele fosse utilizado com mais freqüência. Para começar, a implementação de um sistema de EDI envolve um investimento inicial significativo. Além disso, os custos operacionais contínuos também são altos, devido ao uso de VANs particulares e caras. Outra questão importante para algumas empresas é que o sistema de EDI tradicional é inflexível. Por exemplo, é difícil fazer alterações rápidas, como acrescentar parceiros comerciais. Além disso, um sistema de EDI requer um longo período de implementação. Mais que isso, os processos empresariais às vezes precisam ser reestruturados para se ajustar aos requisitos do EDI. Finalmente, existem vários padrões de EDI. Como resultado, uma empresa pode ter de usar vários padrões a fim de se comunicar com diferentes parceiros comerciais.

Apesar dessas limitações, o EDI tem mudado o panorama de negócios de muitos setores e de grandes corporações. É bastante usado por grandes empresas, às vezes em uma rede global, como aquela operada pela General Electric Information System (que tem mais de 100.000 usuários corporativos). Varejistas conhecidos nos Estados Unidos, como Home Depot, Toys R Us e Wal-Mart, operariam de forma muito diferente sem o EDI, pois ele é um elemento integrante e essencial de suas estratégias comerciais. O Quadro 8.6 relata como um fabricante de máquinas utiliza EDI em suas operações.

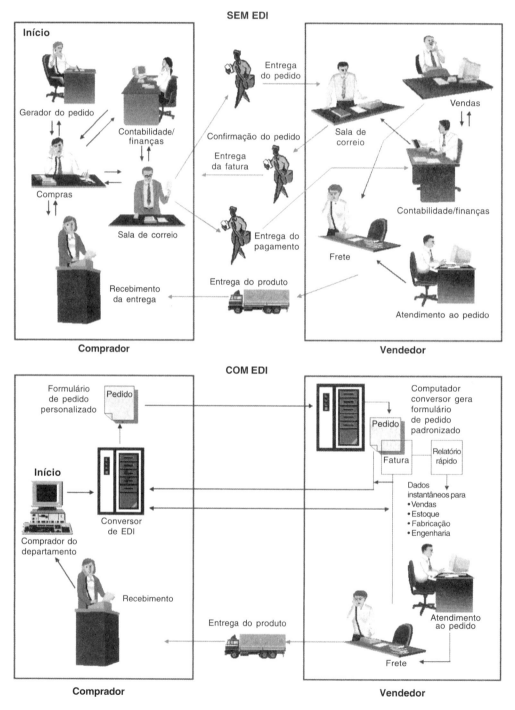

**Figura 8.4** Comparando o preenchimento de ordem de compra (PO) com e sem EDI. (*Fonte:* Desenhado por E. Turban.)

*Extranets*

Na criação de SIIs e sistemas de SCM, é necessário conectar as intranets de diferentes parceiros comerciais para criar extranets. Conforme discutimos nos capítulos anteriores, as extranets unem parceiros comerciais pela Internet, oferecendo acesso a certas áreas das intranets corporativas uns dos outros (ver Figura 8.5).

O objetivo principal das extranets é promover a colaboração entre parceiros comerciais. Uma extranet é aberta a fornecedores B2B, clientes e outros parceiros comerciais selecionados. Esses indivíduos a acessam por meio da Internet. As extranets permitem que as pessoas localizadas fora de uma empresa trabalhem em conjunto com os funcionários localizados internamente na empresa. Uma extranet permite que parceiros comerciais externos entrem na intranet corporativa, por meio da Internet, acessem dados, façam pedidos, verifiquem status, se comuniquem e colaborem entre si. Ela também permite que os parceiros realizem atividades de auto-atendimento, como verificar o status dos pedidos ou níveis de estoque.

As extranets utilizam a tecnologia de rede privada virtual (VPN) para tornar a comunicação pela Internet mais segura. A extranet baseada na Internet é muito menos dispendiosa do que as redes proprietárias. É uma ferramenta técnica não-proprietária que pode apoiar a rápida evolução da comunicação e do comércio eletrônico. Os principais benefícios das extranets são processos e fluxos de informação mais rápidos, entrada de pedidos e atendimento ao cliente melhorados, menores custos (por exemplo, para comunicações, viagens e encargos administrativos) e melhoria geral na eficácia da empresa.

**Tipos de extranets.** Dependendo dos parceiros comerciais envolvidos e da finalidade, existem três tipos principais de extranets. Analisaremos cada uma a seguir, junto com suas principais aplicações comerciais.

***Uma empresa e seus revendedores, clientes ou fornecedores.*** Essa extranet é centrada em uma empresa. Um exemplo seria a extranet da FedEx, que permite que os clientes rastreiem o status de uma encomenda. Para isso, os clientes utilizam a Internet para acessar um banco de dados na intranet da FedEx. Ao permitir que um cliente verifique a localização de um pacote, a FedEx evita o custo de ter um operador humano realizando essa tarefa pelo telefone.

***A extranet de um setor.*** Os principais participantes de um setor podem se reunir para criar uma extranet que beneficiará todos eles. Por exemplo, a ANXeBusiness *(www.anx.com)* permite que empresas colaborem de forma eficaz por meio de uma rede que oferece um meio global seguro para a troca de informações business-to-business. A ANX Network é usada para transações de empresas de missão crítica conduzindo organizações internacionais aeroespaciais, automotivas, químicas, eletrônicas, de serviços financeiros, saúde, logística, fabricação, transporte e setores relacionados. A ANX Network oferece aos clientes serviços confiáveis de extranet e VPN.

***Joint-ventures e outras parcerias comerciais.*** Nesse tipo de extranet, os parceiros em uma joint-venture utilizam a extranet como veículo para as comunicações e a colaboração. Um exemplo é a extranet do Bank of

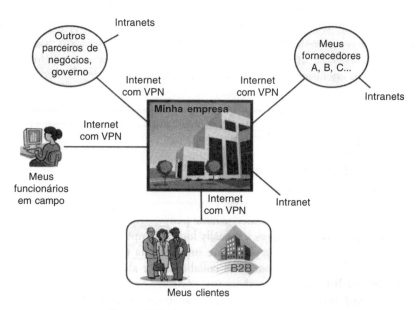

**Figura 8.5** Estrutura de uma extranet.

## TI E A EMPRESA

### 8.6 Murray passa para EDI na Internet

A Murray, Inc. (agora pertencente à Briggs and Stratton, em *www.briggsandstratton.com)* é fabricante de snowblowers (máquinas para retirar neve), cortadores de grama e aparelhos de recreação. Para continuar a fazer negócios com o Wal-Mart, a Murray precisava atualizar sua infra-estrutura de TI. A Murray já usava EDI para trocar documentos da empresa, como ordens de compra, faturas e notas de remessa, com o Wal-Mart. Porém, o Wal-Mart queria realizar EDI de uma forma mais moderna.

Durante os últimos anos, o Wal-Mart tem usado sua influência para estimular seus fornecedores a trocarem mensagens de EDI por meio da Internet, em vez de usar VANs que cobram taxas por mensagem. Especificamente, o Wal-Mart agora insiste em usar um software de EDI na Internet que se adapte à Applicability Statement 2 (AS2). AS2 descreve como criar uma conexão e transportar, de forma segura, um arquivo de EDI pela Internet.

O EDI só funciona se as duas partes usarem os mesmos formatos de dados, um sistema conhecido como sincronização de dados. A sincronização de dados garante que dados incompatíveis não sejam enviados por links de EDI entre parceiros de negócios. Desse modo, ele elimina discrepâncias de remessa e erros de faturamento dispendiosos. O Uniform Code Council (UCC) identificou mais de 150 atributos que podem ser usados para descrever itens, como cor, tamanho, tipo de empacotamento e quantidade de itens que formam uma caixa ou um palete. O Wal-Mart exige que os fornecedores utilizem a UCCnet para sincronizar os dados dos itens.

A Murray é um fabricante típico, forçado a encontrar um equilíbrio tecnológico que satisfaça os clientes varejistas que desejam continuar fazendo negócios do modo antigo e aqueles que querem adotar novos processos. Porém, com EDI e sincronização de dados, a Murray obtém diversos benefícios:

- Redução na falta de estoque de produtos.
- Diminuição do tempo que a força de vendas gasta na comunicação de informações básicas sobre itens aos varejistas.
- Redução no tempo gasto com questões de faturamento.
- Redução no estoque.

*Fontes:* Compilado de A. Bednarz, "The Art of Balancing E-Commerce Processes", *Network World,* 7 de fevereiro de 2005; A. Ackerman, "Ahead of the Game", *Consumer Goods Technology,* agosto de 2003; e *www.briggsandstratton.com,* acessado em 2 de abril de 2005.

**PERGUNTAS**

1. Qual é a relação entre a Murray e o Wal-Mart?
2. Qual é a relação entre EDI e sincronização de dados?

America para empréstimos comerciais. Os parceiros envolvidos em tais empréstimos são um emprestador, um agente de empréstimos, uma empresa de títulos e outros. A extranet conecta emprestadores, candidatos a empréstimo e a organização financeira, o Bank of America. Um caso semelhante é a Lending Tree *(www.lendingtree.com)*, empresa que fornece cotas de hipoteca para casas e também vende hipotecas on-line. A Lending Tree usa uma extranet para seus parceiros comerciais (por exemplo, os emprestadores).

---

### Antes de prosseguir...

1. Defina EDI e liste seus principais benefícios e limitações.
2. Defina uma extranet e explique sua infra-estrutura.
3. Liste e defina rapidamente os principais tipos de extranets.

---

## O que a **TI** pode me proporcionar?

---

■ **Para a área de contabilidade**

A execução de SPTs de forma eficaz é uma preocupação fundamental de qualquer contador. Também é preciso entender as diversas atividades de todas as áreas funcionais e como elas estão interconectadas. Os sistemas de informação de contabilidade são um componente central em qualquer pacote de ERP. Na verdade, todas as grandes empresas de CPA consultam ativamente clientes sobre implementações de ERP, usando milhares de contadores treinados especialmente. Além disso, muitos problemas da cadeia de suprimentos, que variam desde gestão de estoque até análise de risco, caem no âmbito da contabilidade.

Avançando um pouco mais, as regras e os regulamentos de contabilidade e a transferência de dados entre fronteiras são críticos para o comércio global. Os SIIs podem facilitar esse comércio. Outras questões que são importantes para contadores são os impostos e os relatórios para o governo. Além disso, a criação de sistemas de informação que contam com EDI exige a atenção de contadores. Finalmente, a detecção de fraude nos ambientes globais (por exemplo, em transferências de fundos) pode ser facilitada por controles apropriados e auditoria.

### ■ Para a área de finanças

A TI ajuda os analistas e gerentes financeiros a realizarem melhor suas tarefas. De importância específica é a análise de fluxos de caixa e a proteção das finanças necessárias à realização de operações tranqüilas. Além disso, aplicações financeiras podem apoiar atividades como análise de risco, gestão de investimentos e transações globais que envolvam diferentes moedas e regulamentações fiscais.

As atividades e a modelagem de finanças são os principais componentes dos sistemas de ERP. Os fluxos de fundos (pagamentos), no núcleo das principais cadeias de suprimentos, precisam ser feitos de forma eficiente e eficaz. Arranjos financeiros são especialmente importantes ao longo das cadeias de suprimentos globais, em que as convenções de moeda e regulamentações financeiras precisam ser consideradas.

Existem muitas questões relacionadas às finanças na implementação de SIIs. Para começar, o estabelecimento de relacionamentos de EDI e extranet envolvem a estruturação de acordos de pagamento. As cadeias de suprimentos globais podem envolver arranjos financeiros complexos, que podem ter implicações legais.

### ■ Para a área de marketing

As despesas de marketing e vendas normalmente são alvos de programas de redução de custos. Além disso, a automação da força de vendas não apenas melhora a produtividade dos vendedores (e, assim, reduz os custos), mas também melhora o atendimento ao cliente.

O segmento inferior das cadeias de suprimentos é o lugar em que são realizados o marketing, os canais de distribuição e o atendimento ao cliente. Um conhecimento de como essas atividades estão relacionadas aos outros segmentos é fundamental. Os problemas da cadeia de suprimentos podem diminuir a satisfação do cliente e cancelar esforços de marketing. É essencial, então, que os profissionais de marketing entendam a natureza de tais problemas e suas soluções. Além disso, é importante entender sobre CRM, suas opções e sua implementação para projetar serviços ao cliente e propagandas eficazes.

À medida que a competição se intensifica globalmente, encontrar novos mercados globais se torna crítico. O uso de SIIs oferece uma oportunidade para melhorar o marketing e as vendas. Entender as habilidades dessas tecnologias e as questões de sua implementação permitirá que o departamento de marketing seja excelente.

### ■ Para a área de gestão de produção/operações

Gerenciar tarefas de produção, manipulação de materiais e estoques em curtos intervalos de tempo, a um baixo custo e com alta qualidade é crítico para a competitividade. Essas atividades só podem ser alcançadas se tiverem um apoio adequado da TI. Além disso, a TI pode melhorar muito a interação com outras áreas funcionais, especialmente a de vendas. Os SCMs normalmente são responsabilidade do departamento de gestão de produção e operações, pois envolvem atividades como manuseio de matérias-primas, controle de estoque e logística. Como são encarregados das compras, os gerentes de produção/operações precisam entender como seus sistemas de informação de apoio fazem e se comunicam com os de seus parceiros comerciais. Além disso, a colaboração em projeto, manufatura e logística exige conhecimento de como os sistemas de informação modernos podem ser conectados. Finalmente, a colaboração na cadeia de suprimentos com freqüência exige acordos de EDI sobre formatos de dados.

### ■ Para a área de gestão de recursos humanos

Os gerentes de recursos humanos podem aumentar sua eficiência e eficácia usando a TI para realizar algumas de suas funções de rotina. O pessoal de recursos humanos precisa entender como a informação flui entre o departamento de RH e as outras áreas funcionais. Finalmente, a integração das áreas funcionais por meio de sistemas de ERP possui um impacto fundamental sobre as exigências de habilidades e a escassez de funcionários, que estão relacionados às tarefas realizadas pelo departamento de RH.

As interações entre os funcionários ao longo da cadeia de suprimentos, especialmente entre os parceiros comerciais de diferentes países, são importantes para a eficácia da cadeia de suprimentos. Portanto, é necessário que o especialista em RH entenda os fluxos de informação e as questões de colaboração no SCM. Além disso, o gerente de RH normalmente está ativamente envolvido na configuração do programa de CRM, que também pode atender a funcionários.

A preparação e o treinamento de funcionários para trabalhar com parceiros comerciais (freqüentemente em outros países) exige conhecimento sobre como os SIIs operam. A sensibilidade a diferenças culturais e a comunicação e colaboração extensas podem ser facilitadas pela TI.

- ■ **A função do SIG**

A função do SIG é responsável pelos sistemas de informação mais importantes nas organizações: os sistemas de processamento de transações. Os SPTs fornecem os dados para os bancos de dados. Por sua vez, todos os outros sistemas de informação utilizam esses dados. O pessoal de SIG desenvolve aplicações que apóiam todos os níveis da organização (do administrativo ao executivo) e todas as áreas funcionais. As aplicações também permitem que a empresa realize negócios com seus parceiros.

## Resumo

### 1. Descrever os sistemas de processamento de transações.

A espinha dorsal da maioria das aplicações de sistemas de informação é o sistema de processamento de transações. Os SPTs monitoram, armazenam, coletam e processam dados gerados por todas as transações comerciais. Esses dados fornecem as entradas para o banco de dados da organização.

### 2. Descrever os sistemas de informações gerenciais e o apoio que oferecem a cada área funcional da organização.

As principais áreas funcionais de negócios são gerenciamento de produção/operações, marketing, contabilidade/finanças e gestão de recursos humanos. Um sistema de informações gerenciais (SIG) é um sistema projetado para apoiar os gerentes de nível intermediário das áreas funcionais. Os SIGs geram relatórios (de rotina, ocasional e de exceção) e fornecem informações a gerentes, independentemente de suas áreas funcionais. A Tabela 8.1 apresenta uma visão geral das muitas atividades em cada área funcional apoiada pelos SIGs.

### 3. Descrever os sistemas de planejamento de recursos empresariais.

Os sistemas de planejamento de recursos empresariais (ERP) integram o planejamento, o gerenciamento e o uso de todos os recursos da organização. O principal objetivo dos sistemas de ERP é integrar de perto as áreas funcionais da organização. Essa integração permite que a informação flua de forma transparente entre as diversas áreas funcionais. O software de ERP inclui um conjunto de módulos de software interdependentes, ligados a um banco de dados comum, que apóiam os processos empresariais internos.

### 4. Descrever os sistemas de gestão do relacionamento com o cliente.

A gestão do relacionamento com o cliente (CRM) é uma atividade no âmbito de toda a empresa, por meio da qual uma organização cuida dos clientes e de suas necessidades. Baseia-se na idéia de relacionamentos diretos com os clientes. O CRM é realizado por meio de muitos serviços, sendo a maioria deles apoiados pela TI, e muitos dos quais realizados na Web.

### 5. Descrever os sistemas de gerenciamento da cadeia de suprimentos.

Uma cadeia de suprimentos refere-se ao fluxo de materiais, informações, dinheiro e serviços de fornecedores de matéria-prima, passando por fábricas e armazéns, até os clientes finais. Uma cadeia de suprimentos também inclui as *organizações* e os *processos* que criam e entregam produtos, informações e serviços aos clientes finais. A função do gerenciamento da cadeia de suprimentos (SCM) é planejar, organizar e otimizar as atividades da cadeia de suprimentos. Uma cadeia de suprimentos típica, que une uma empresa a seus fornecedores, distribuidores e clientes, envolve três segmentos: upstream, interno e downstream.

## 6. Descrever o EDI e as extranets.

EDI é um padrão de comunicação que permite a transferência eletrônica de documentos de rotina, como ordens de compra, entre parceiros comerciais. Ele formata esses documentos de acordo com padrões combinados. Reduz custos, atrasos e erros inerentes a um sistema manual de entrega de documentos.

Extranets são redes que unem parceiros comerciais pela Internet, oferecendo acesso a certas áreas das intranets corporativas um do outro. O termo *extranet* vem de "extended intranet" (intranet estendida). O objetivo principal das extranets é promover a colaboração entre parceiros comerciais. Os principais benefícios das extranets incluem processos e fluxo de informação mais rápidos, melhor entrada de pedidos e atendimento ao cliente, menores custos (por exemplo, de comunicação, viagens e sobrecarga administrativa), e melhoria geral na eficácia da empresa.

## Glossário

**agrupamento** Tipo de venda cruzada em que um conjunto de produtos é vendido por um preço inferior aos custos combinados dos produtos individuais.

**cadeia de suprimentos** Fluxo de materiais, informações, dinheiro e serviços dos fornecedores de matéria-prima, através de fábricas e armazéns, até os clientes finais; inclui as organizações e os processos envolvidos.

**"efeito bullwhip"** Alterações erráticas nos pedidos, para cima e para baixo na cadeia de suprimentos.

**estoque gerenciado pelo distribuidor (VMI)** Estratégia em que o fornecedor monitora os níveis de estoque de um distribuidor e repõe os produtos quando for necessário.

**gerenciamento da cadeia de suprimentos (SCM)** Planejamento, organização e otimização de uma ou mais atividades da cadeia de suprimentos.

**gestão de relacionamento com o cliente (CRM)** Esforço de toda a empresa para conquistar e manter clientes, normalmente com o apoio da TI.

**integração vertical** Estratégia de integrar a parte superior da cadeia de suprimentos com a parte interna, normalmente comprando de fornecedores na parte superior, a fim de garantir a pronta disponibilidade de suprimentos.

**intercâmbio eletrônico de dados (EDI)** Padrão de comunicação que permite a transferência eletrônica de documentos de rotina entre parceiros comerciais.

**melhores práticas** As soluções ou métodos de solução de problemas mais bem-sucedidos para se conseguir um resultado empresarial.

**planejamento de recursos empresariais (ERP)** Software que integra o planejamento, o gerenciamento e o uso de todos os recursos na empresa inteira.

**ponto de contato com o cliente** Qualquer método de interação com um cliente.

**processamento de transações on-line (OLTP)** SPT que processa dados depois que as transações ocorrem, normalmente em tempo real.

**processamento em lote** SPT que processa dados em lotes em intervalos periódicos fixos.

**processo empresarial** Conjunto de etapas ou procedimentos relacionados para gerar um resultado específico.

**relatórios comparativos** Relatórios que comparam o desempenho de diferentes unidades de negócios ou períodos de tempo.

**relatórios detalhados** Relatórios que mostram um nível maior de detalhe do que está incluído nos relatórios de rotina.

**relatórios de exceção** Relatórios que incluem apenas informações que ultrapassam certos padrões limite.

**relatórios de indicadores principais** Relatórios que resumem o desempenho de atividades críticas.

**relatórios de rotina** Relatórios produzidos em intervalos programados.

**relatórios ocasionais (por demanda)** Relatórios fora da rotina.

**sistema de informações de gerenciamento (SIG)** Sistema que fornece informações aos gerentes (normalmente, de nível intermediário) das áreas funcionais, a fim de apoiar as tarefas gerenciais de planejamento, organização e controle de operações.

**sistema de informações interorganizacionais (SII)** Sistema de informação que apóia o fluxo de informações entre duas ou mais organizações.

**sistema de processamento de transações (SPT)** Sistema de informação que apóia as transações comerciais centrais, de rotina.

**sistemas de informação globais** Sistemas interorganizacionais que conectam empresas localizadas em dois ou mais países.

**transferência de dados entre fronteiras** Fluxo de dados corporativos entre fronteiras de nações.

**venda de valor mais alto (up-selling)** Marketing de produtos e serviços de valor mais alto para clientes novos ou existentes.

**venda cruzada** Marketing de produtos complementares aos clientes.

## Perguntas para discussão

1. Por que é lógico organizar as aplicações de TI por áreas funcionais?
2. Descreva o papel de um SPT em uma organização de serviços.
3. Comente os benefícios do auto-serviço on-line para funcionários e clientes. Como essas atividades podem ser facilitadas?
4. Faça a distinção entre software de ERP e SCM. De que maneiras eles se complementam? Relacione-os à integração do sistema.
5. Diz-se que as cadeias de suprimentos são basicamente "uma série de fornecedores e clientes ligados; cada cliente é, por sua vez, um fornecedor para a próxima organização dowsnstream, até o usuário final". Explique. Recomenda-se o uso de um diagrama.
6. Explique o "efeito bullwhip". Em que tipo de negócio isso é mais provável de acontecer? Como o efeito pode ser controlado?
7. Analise por que os call centers baseados na Web são decisivos para um CRM bem-sucedido.
8. Compare um EDI com uma extranet e discuta as principais diferenças.
9. Comente a maneira como a transferência de dados entre fronteiras pode ser uma limitação para uma empresa que possui fábricas em outros países.

## Atividades para solução de problemas

1. Entre em *www.resumix.yahoo.com*. Prepare uma lista de todas as habilidades do produto. Como candidato a um emprego, é possível preparar seu currículo para ser mais bem processado pelo Resumix? Como?
2. Identifique a(s) cadeia(s) de suprimentos e o fluxo de informações descritos no caso de abertura. Desenhe-a. Além disso, responda às seguintes perguntas:
   a. Por que é necessário usar a TI para apoiar a mudança?
   b. Identifique todos os segmentos da cadeia de suprimentos.
   c. Identifique todos os sistemas de informação de apoio neste caso.
3. Vá até um banco e descubra o processo e as etapas de obtenção de hipoteca para uma casa. Desenhe a cadeia de suprimentos neste caso. Explique como um banco de dados pode encurtar o tempo de aprovação do empréstimo. Compare o seu banco com *www.ditech.com* e *www.lendingtree.com*.
4. Entre em *www.peoplesoft.com* e procure material sobre CRM. Prepare um relatório.
5. A General Electric Information Systems é o maior provedor de serviços de EDI. Pesquise que serviços são oferecidos pela GEIS e por outros fornecedores de EDI. Se você tivesse de avaliar esses serviços para a sua empresa, como você promoveria a avaliação? Prepare um relatório.

## Atividades na Internet

1. Examine as habilidades dos seguintes pacotes de software financeiro (e semelhantes): Financial Analyzer (da Oracle) e CFO Vision (do SAS Institute). Prepare um relatório comparando as habilidades dos pacotes de software.
2. Navegue pela Internet e procure informações de três fornecedores de automação da força de vendas (tente *www.sybase.com* e *www.salesforce.com*). Prepare um relatório sobre o que há de mais moderno.
3. Entre em *www.microsoft.com/businessSolutions/Solomon/default.mspx*. Veja três demonstrações em diferentes áreas funcionais à sua escolha. Prepare um relatório sobre as habilidades.
4. Entre em *www.ups.com* e *www.fedex.com*. Examine alguns dos serviços e ferramentas de atendimento ao cliente com suporte de TI fornecidos pela empresa. Escreva um relatório sobre como a UPS e a FedEx contribuem para melhorar a cadeia de suprimentos.
5. Entre em *www.isourceonline.com* e *www.supplychaintoday.com*. Encontre informações sobre o "efeito bullwhip" e sobre as estratégias e ferramentas usadas para minimizar esse efeito.
6. Entre em *www.siebel.com*. Veja a demonstração sobre e-business. Identifique todas as iniciativas relacionadas a e-business. Por que a empresa é considerada líder em software de CRM?

7. Entre em *www.anntaylor.com* e identifique as atividades de atendimento ao cliente oferecidas no site.

8. Entre em *www.i2.com* e analise os produtos de SCM apresentados no site. Examine o OCN Network e o Rhythm. Escreva um relatório.

9. Entre em *www.1edisource.com* e veja a demonstração do Web-Source. Quais são os benefícios desse produto?

## Trabalhos em equipe

1. Divida a turma em grupos. Cada membro do grupo representa uma área funcional: contabilidade/finanças, vendas/marketing, gerenciamento de produção/operações e recursos humanos. Encontre e descreva vários exemplos de processos que exigem a integração de sistemas de informação funcionais em uma empresa à sua escolha. Cada grupo também mostrará as interfaces para as outras áreas funcionais.

2. Cada grupo deverá investigar um fornecedor de software de gestão de RH (Oracle, Peoplesoft, SAP, Lawson Software e outros). O grupo deverá preparar uma lista de todas as funcionalidades de gestão de RH apoiadas pelo software. Depois, cada grupo fará uma apresentação para convencer a turma de que seu fornecedor é o melhor.

3. Cada grupo na turma será atribuído a um fornecedor de ERP/SCM, como SAP, PeopleSoft ou Oracle. Os membros dos grupos investigarão tópicos como: (a) conexões Web; (b) uso de ferramentas de inteligência empresarial; (c) relação com CRM e comércio eletrônico; e (d) principais habilidades do fornecedor específico. Cada grupo preparará uma apresentação para a turma, tentando convencê-la por que o software do grupo é melhor para uma empresa local conhecida dos alunos (por exemplo, uma rede de supermercados).

4. Crie grupos para investigar os principais fornecedores de software de CRM, seus produtos e as habilidades desses produtos nas seguintes categorias (cada grupo representa uma área ou várias empresas).
   - Automação da força de vendas (Oracle, Onyx, Siebel, Saleslogix, Pivotal)
   - Call centers (LivePerson, NetEffect, Peoplesoft)
   - Automação de marketing (Oracle, Pivotal, Nestor)
   - Atendimento ao cliente (Siebel, Broadvision, ATG)
   Comece com *www.searchcrm.com* e *www.crmguru.com* (para fazer perguntas sobre soluções de CRM). Cada grupo precisa apresentar argumentos para a turma a fim de convencer os colegas a usarem o(s) produto(s) que o grupo investigou.

5. Faça com que cada equipe localize várias organizações que utilizam SIIs, incluindo uma com alcance global. Os alunos deverão fazer contato com as empresas para descobrir que suporte tecnológico de SII elas utilizam (por exemplo, EDI, extranet etc.). Depois, descubra que problemas elas enfrentaram na implementação. Prepare um relatório.

## Museu de Arte Moderna entra na alta tecnologia

### O PROBLEMA DA EMPRESA

O Museu de Arte Moderna (MoMA) de Manhattan estava apresentando um problema de relacionamento com o cliente. No passado, quando alguém entrava no MoMA e pedia para ser membro, um voluntário apanhava o nome e o endereço da pessoa e informações de cobrança e digitava em um terminal burro (basicamente, apenas um teclado eletrônico ligado a um computador), linha por linha. Se o voluntário digitasse informações erradas, o erro permaneceria no banco de dados de membros. Além disso, os antigos terminais não tinham a capacidade de exibir gráficos. Mais ainda, se alguém quisesse nomes e endereços dos doadores que contribuíam para o fundo anual nos últimos anos, um desenvolvedor de software tinha de gastar até dois dias escrevendo um programa para obter essa informação do banco de dados.

O museu queria melhorar a coleta e a integração de informações sobre os visitantes — desde visitantes únicos, até membros antigos ou doadores e indivíduos que participam de palestras, filmes ou aulas, bem como compradores das lojas do MoMA. As visitas ao MoMA caíram muito quando o museu se mudou para o bairro de Queens enquanto o lar do museu em Manhattan estava sendo totalmente reformado. A receita advinda de contribuintes, presentes e ofertas caíram de US$123 milhões para US$65 milhões. Não é surpresa, então, que o MoMA quisesse conquistar seus clientes de volta.

### A SOLUÇÃO DA TI

O museu desenvolveu uma aplicação de gerenciamento de contatos e uma aplicação de ponto-de-venda. No novo sistema, os voluntários do MoMA usam laptops pessoais com os conhecidos menus drop-down do sistema operacional Windows. Os voluntários reduzem os erros de transcrição clicando em opções nesses menus, como o menu para selecionar o título de uma pessoa. Além disso, um recurso de autopreenchimento gera a cidade e o estado corretos quando um código postal é digitado.

Quando alguém se torna membro ou doador, o MoMA coleta informações básicas em um banco de dados. Com essa informação, o MoMA pode ter uma perspectiva melhor sobre onde moram os membros e os doadores. Se o MoMA souber quais bairros contêm uma alta proporção de membros ou doadores, poderá direcionar mensagens para esses bairros e esperar respostas melhores.

O museu também colocou nove monitores de LCD (cristal líquido) de 46 polegadas na parede, logo atrás da mesa de ingressos. A finalidade principal dos monitores é exibir preços de ingresso e horários do museu. Eles também são usados para promover um evento popular ou uma liquidação na loja do museu. Finalmente, os monitores mostram rapidamente informações sobre exposições, palestras, promoções de mercadorias e restaurantes.

## OS RESULTADOS

Ter endereços corretos antes de enviar uma correspondência economiza muito dinheiro para o MoMA. A correspondência típica — como extratos de membros e convites para eventos especiais — entregue a cada um dos 50.000 membros do MoMA custa cerca de US$37.500. Na média, 15% dos endereços nas correspondências anteriores eram inseridos incorretamente. Esses erros custaram ao MoMA mais de US$5.000 em despesas postais e materiais desperdiçados.

Além disso, os indivíduos que entram no museu ou em uma de suas lojas podem, agora, pedir para serem incluídos como membros e obter de imediato um cartão permanente. Além disso, o pessoal do museu pode determinar instantaneamente se um comprador em uma loja do museu faz jus a um desconto.

As novas aplicações oferecem ao MoMA uma visão holística exclusiva de cada membro. Como resultado, o museu pode fazer promoções cruzadas de mercadorias, incluindo livros, cartazes, jóias e móveis. Quando alguém faz uma compra, o vendedor escaneia o cartão permanente com um aparelho manual. Isso permite que o vendedor trate o membro pelo nome e saiba se é um membro antigo, um doador ou um membro novo.

Os resultados são encorajadores. Em 2004, a receita do museu tinha aumentado para US$115 milhões, o que constituiu um grande salto.

*Fontes:* Compilado de D. Dunn, "Renovated Art Museum Relies on IT", *Information Week,* 18 de março de 2005; E. Bennett e A. M. Virzi, "Museum of Modern Art: Untitled Work", *Baseline Magazine,* 1º de dezembro de 2004; e *www.moma.org,* acessado em 3 de abril de 2005.

## PERGUNTAS

1. Por que o MoMA estabeleceu um sistema de gerenciamento de contatos?
2. Que outro sistema de TI o MoMA poderia usar para melhorar a experiência do cliente?

# Capítulo 9

# Sistemas de apoio gerencial

## PRÉVIA DO CAPÍTULO

A principal função de um gerente é tomar decisões. Os sistemas de apoio à decisão, um tipo de sistema de apoio gerencial, auxilia gerentes nessa função ao permitirem uma extensa análise de dados orientados para o usuário por meio de diversas técnicas de modelagem. Os sistemas inteligentes, outro tipo de sistema de apoio gerencial, variam desde sistemas especialistas até redes neurais artificiais. Esses sistemas podem ser usados isoladamente ou em conjunto com outros sistemas para aumentar a produtividade, a qualidade e o atendimento ao cliente, e para reduzir o tempo do ciclo. Os sistemas inteligentes também podem facilitar a comunicação e a colaboração dentro e entre organizações. Esses sistemas ajudam na comunicação com pessoas que falam outros idiomas, bem como na comunicação com computadores. Além disso, os sistemas inteligentes ajudam a encontrar, comparar e analisar dados rapidamente.

## Esboço do capítulo

9.1 Gerentes e tomada de decisões
9.2 Sistemas de apoio à decisão
9.3 Sistemas de informação executiva
9.4 Sistemas inteligentes

## Metas de aprendizagem

1. Descrever os conceitos de gerenciamento, tomada de decisões e apoio computadorizado à tomada de decisões.
2. Descrever os sistemas de apoio à decisão (SADs), concentrando-se em sua estrutura e nos benefícios que oferecem para os gerentes.
3. Descrever o apoio computadorizado à tomada de decisões em grupo.
4. Descrever os sistemas de apoio à decisão organizacionais e os sistemas de apoio ao executivo.
5. Descrever a inteligência artificial (IA).
6. Definir um sistema especialista e identificar seus componentes.
7. Descrever o reconhecimento e a síntese de voz e as redes neurais.

## O que a **TI** pode me proporcionar?

CTB  FIN  MKT  GPO  GRH  SIG

---

**Um sistema de apoio à decisão ajuda a Zarlink a economizar dinheiro**

---

### ■   O problema da empresa

A Zarlink Semiconductor (*www.zarlink.com*) fornece soluções de semicondutores que permitem comunicações de voz, empresariais, banda larga e sem fio há mais de 30 anos. Em abril de 2001, a equipe administrativa sabia que a empresa tinha sido duramente atingida pela recessão econômica, especialmente pelo colapso do setor tecnológico ocorrido em 2000-2001. O faturamento tinha caído para perto da metade do nível do ano anterior.

Durante o boom tecnológico do final da década de 1990, a Zarlink comprou vários concorrentes. Entretanto, nunca integrou completamente os sistemas de informação. Isso significava que não havia uma única visão dos sistemas de relatórios financeiros da empresa. Para ver a situação geral das operações globais da empresa na América do Norte, na Europa e na Ásia, os analistas tinham de organizar inúmeros relatórios e registros.

A Zarlink também tinha outros problemas. Tinha acabado de ser derivada da empresa de telecomunicação Mitel Networks. Como resultado, a Zarlink havia herdado uma infra-estrutura de tecnologia construída para uma empresa muito maior.

O principal sistema herdado na Zarlink era o de planejamento de recursos empresariais da SAP, instalado a um custo de US$24 milhões. Das 112 pessoas da equipe de TI da Zarlink, 36 (quase um terço) eram dedicadas ao sistema SAP. O orçamento operacional anual de tecnologia da empresa era de US$20 milhões, dos quais cerca de US$6 milhões (30%) era diretamente atribuído ao SAP. O SAP não só estava engolindo uma enorme fatia do orçamento de TI da empresa, como também não estava dando um retorno satisfatório do investimento.

Por US$24 milhões, a administração da Zarlink esperava que o sistema produzisse informações mais oportunas, exatas e úteis. Entretanto, como o SAP nunca havia sido totalmente integrado ao restante das aplicações básicas da empresa, como gerenciamento de estoque e recursos humanos, os analistas precisavam remendar relatórios toda semana. A ordem do CEO: cortar os gastos com o departamento de tecnologia da informação e criar uma "versão única da verdade financeira".

### ■   A solução da TI

O grupo de TI desenvolveu a seguinte estratégia:

- Interromper o desenvolvimento do sistema SAP. Depois disso, o sistema basicamente serviria como um SPT.
- Interromper outras manutenções e desenvolvimentos de aplicações não-críticas.
- Implementar uma estratégia de apoio à decisão para extrair informações das aplicações existentes que sirvam de entrada para um data warehouse em vez de reescrever aplicações para torná-las mais funcionais.

O plano recebeu uma veemente oposição. Os críticos alegavam que o SAP deveria ser a principal ferramenta de apoio à decisão na empresa, não apenas um SPT. Além disso, para muitos funcionários do SAP, a estratégia era claramente uma carta de demissão.

Por essas razões, a primeira aplicação na nova estratégia tinha de ser visível e tinha de funcionar. A equipe de TI instalou um data warehouse Oracle e escolheu ferramentas de apoio à decisão da Cognos (*www.cognos.com*), um grande fornecedor de software de inteligência empresarial. A Zarlink considerou o Business Information Warehouse da SAP, mas ele custa mais de US$1 milhão, contra US$100.000 para a implementação do Cognos. Para o relatório inicial, a equipe preparou um relatório diário, mostrando o histórico de vendas, cobranças e pedidos da empresa. O relatório foi um sucesso imediato com a gerência sênior. Em vez de esperar até o final da semana para ver uma planilha Excel com o histórico de vendas, cobranças e pedidos, agora eles recebiam relatórios gráficos toda manhã com os números do dia anterior. O software da Cognos também permitia que os gerentes se aprofundassem para ver itens como vendas por produto, região e cliente. A equipe, então, produziu uma enxurrada de outros relatórios e scorecards para áreas como fluxo de caixa, contas a receber, orçamento e previsão de lucro, estoque, orçamento e previsão de materiais, contagem de funcionários e planejamento e análise de remunerações.

### ■   Os resultados

A nova estratégia de TI afetou consideravelmente os resultados da Zarlink. A empresa foi capaz de reduzir o número de usuários licenciados do SAP de 1.100 para 260 e reduzir o número do pessoal de TI dedicado ao SAP de 36 para 1. A Zarlink não permitiu quaisquer mudanças no sistema SAP, que continuava a funcionar de modo estável. O grupo de TI da Zarlink, posteriormente, foi reduzido de 112 funcionários para 34.

A Zarlink investiu aproximadamente US$500.000 no data warehouse e no projeto de inteligência empresarial ao longo de três anos. Em troca, o sistema gerou aproximadamente US$13 milhões em economia anual direta. Além disso, houve outros benefícios. Como os analistas não precisavam mais criar relatórios semanais, o departamento de finanças foi capaz de cortar seu pessoal praticamente pela metade. A equipe de TI também implementou uma aplicação de recursos humanos de auto-serviço que permitiu cortes no RH. A Zarlink estima que foram gerados aproximadamente US$10 milhões em economia anual em outros locais da empresa como resultado do projeto.

■ **O que aprendemos com este caso**

Os **sistemas de apoio gerencial** abrangem dois tipos de sistemas de informação: (1) os que fornecem apoio à tomada de decisões gerenciais (ou seja, sistemas de apoio à decisão, sistemas de apoio à decisão em grupo, sistemas de apoio à decisão organizacionais e sistemas de informação executiva); e (2) os que realmente tomam uma decisão (ou seja, os sistemas especialistas). Abordaremos cada sistema de informação neste capítulo.

O caso de abertura ilustra a importância e a natureza abrangente dos sistemas de apoio à decisão (SADs). Os sistemas de apoio à decisão são sistemas de informação computadorizados que combinam modelos e dados, em uma tentativa de resolver problemas semi-estruturados e alguns não-estruturados, com extenso envolvimento do usuário. Os gerentes da Zarlink precisavam de informações atuais, oportunas e exatas que não recebiam do sistema SAP, mas que o novo SAD fornecia. As vantagens foram significativas, especialmente na área da redução de custos. O SAD apoiava decisões importantes em várias áreas funcionais.

Este capítulo descreve o apoio da tecnologia da informação para os *tomadores de decisões gerenciais*. Começaremos examinando a função do gerente e a natureza das decisões de hoje. Essa discussão nos ajudará a entender por que o apoio computadorizado é necessário. Depois, apresentaremos o conceito de SAD computadorizado para apoiar indivíduos, grupos e organizações inteiras. Finalmente, apresentaremos vários tipos de sistemas inteligentes e seu papel no apoio à decisão.

*Fontes*: Compilado de M. Duvall, "Zarlink: Chipping Away", *Baseline Magazine*, 1º de agosto de 2004; T. Leahy, "The Link to Better Business Performance Management", *Business Finance*, dezembro de 2004; M. Leon, "Enterprise Business Intelligence Standardization Gains Steam", *Biz Intelligence Pipeline*, 20 de maio de 2004; e *www.zarlink.com* e *www.cognos.com*, acessados em 4 de abril de 2005.

## 9.1 Gerentes e tomada de decisões

**Gerenciamento** é um processo pelo qual as metas organizacionais são atingidas com a utilização de recursos (pessoas, dinheiro, energia, materiais, espaço, tempo). Esses recursos são considerados *entradas*, e o alcance das metas é visto como a *saída* do processo. Os gerentes supervisionam esse processo na tentativa de otimizá-lo. O sucesso de um gerente normalmente é medido pela relação entre as saídas e as entradas sob sua responsabilidade. Essa relação é uma indicação da **produtividade** da organização.

### A função do gerente e a tomada de decisão

Para compreender como os sistemas de informação apóiam os gerentes, primeiro é necessário entender a função do gerente. Os gerentes têm várias atividades, dependendo de sua posição na organização, do tipo e do tamanho da organização, das políticas e culturas organizacionais e das personalidades dos próprios gerentes. Apesar dessa variedade de fatores, todos os gerentes possuem três funções básicas (Mintzberg, 1973):

1. *Funções interpessoais*: chefe, líder, elemento de ligação
2. *Funções informativas*: monitor, divulgador, porta-voz, analista
3. *Funções de decisão*: empreendedor, mediador de problemas, alocador de recursos, negociador

Os primeiros sistemas de informação apoiavam principalmente as funções informativas. Nos últimos anos, foram desenvolvidos sistemas de informação que apóiam as três funções. Neste capítulo, nos concentraremos no apoio que a TI pode proporcionar às funções de decisão.

Uma *decisão* se refere a uma escolha que indivíduos e grupos fazem entre duas ou mais alternativas. As decisões são diversificadas e tomadas continuamente. A tomada de decisão é um processo sistemático. Simon (1977) descreveu o processo como composto de três etapas principais: *inteligência, projeto* e *escolha*. Uma quarta etapa, a *implementação*, foi acrescentada mais tarde. A Figura 9.1 ilustra o processo de decisão em quatro etapas, indicando as tarefas envolvidas em cada etapa. Observe que há um fluxo contínuo de informações da inteligência para o projeto e para a escolha (linhas sólidas), mas, em qualquer etapa, pode haver um retorno para uma etapa anterior (linhas pontilhadas).

O processo de tomada de decisão se inicia com a *etapa de inteligência*, em que os gerentes examinam uma situação e identificam e definem o problema. Na *etapa de projeto*, os tomadores de decisão constroem um modelo que simplifica o problema. Essa etapa inclui fazer suposições que simplificam a realidade e expressar as relações entre todas as variáveis. O modelo é, então, validado e os tomadores de decisão definem critérios para avaliar possíveis soluções alternativas propostas. A *etapa de escolha* envolve selecionar uma solução, que é testada "no papel". Se essa solução proposta parecer viável, a tomada de decisão entra na última etapa — a *implementação*. A implementação é bem-sucedida quando resulta na solução do problema. O fracasso leva a um retorno às etapas anteriores. O apoio à decisão computadorizado tenta automatizar várias tarefas no processo de tomada de decisão, do qual a modelagem é a base.

### Por que os gerentes necessitam do apoio da TI

É difícil tomar boas decisões sem informações válidas e relevantes. As informações são necessárias em cada etapa e atividade no processo de tomada de decisões. Apesar da ampla disponibilidade de informações, tomar decisões está se tornando cada vez mais difícil devido às seguintes tendências:

- *A quantidade de alternativas* a serem consideradas está *cada vez maior*, devido às inovações em tecnologia, à melhoria na comunicação, ao desenvolvimento de mercados globais e ao uso da Internet e do e-business. O segredo para uma boa tomada de decisão é explorar e comparar muitas alternativas relevantes. Quanto mais alternativas existirem, mais pesquisas e comparações auxiliadas por computador serão necessárias.

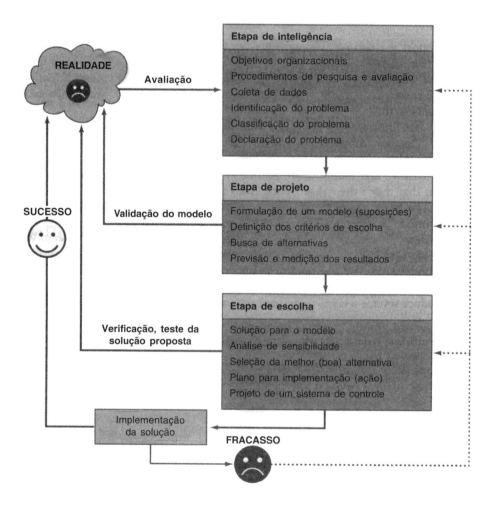

**Figura 9.1** O processo e as fases da tomada de decisão.

- Normalmente, as decisões precisam ser tomadas *sob pressão do tempo*. Em geral, não é possível processar manualmente as informações necessárias com rapidez suficiente para que sejam eficazes.
- Devido à crescente incerteza no ambiente de tomada de decisões, estas estão ficando mais complexas. Normalmente, é necessário *realizar uma análise sofisticada* para tomar uma decisão acertada. Essa análise requer o uso da modelagem.
- Muitas vezes, é necessário acessar rapidamente informações remotas, consultar especialistas ou convocar uma reunião de tomada de decisão em grupo, tudo sem incorrer em grandes despesas. Os tomadores de decisão podem estar em locais diferentes, bem como as informações. Reunir esses elementos rapidamente e de modo pouco dispendioso pode ser uma tarefa difícil.

Essas tendências criam grandes dificuldades na tomada de decisões. Felizmente, como veremos em todo este capítulo, uma análise computadorizada pode ser de enorme ajuda.

### Que tecnologias da informação estão disponíveis para apoiar os gerentes?

Além de ferramentas de descoberta, comunicação e colaboração (Capítulo 5), que fornecem apoio indireto à tomada de decisões, várias outras tecnologias da informação têm sido utilizadas com sucesso para apoiar os gerentes. Como já destacamos, elas são coletivamente chamadas de sistemas de apoio gerencial (SAGs).

A primeira dessas tecnologias de SAG são os *sistemas de apoio à decisão*, que fornecem apoio principalmente para os tipos analítico e quantitativo de decisão. A segunda, os *sistemas de apoio executivo*, apóia as funções dos executivos. A terceira tecnologia, os *sistemas de apoio à decisão em grupo*, apóia gerentes e funcionários que trabalham em grupos. A quarta tecnologia são os *sistemas inteligentes*. Essas quatro tecnologias e suas variantes podem ser usadas independentemente ou podem ser combinadas, cada qual apresentando uma habilidade diferente. Elas normalmente estão relacionadas aos data warehouses.

Agora, trataremos de aspectos adicionais da tomada de decisões para contextualizar nossa discussão sobre os SADs. Primeiro, veremos os três diferentes tipos de decisões que os gerentes enfrentam.

### Uma estrutura para a análise de decisões computadorizada

Para conhecer melhor os sistemas de apoio à decisão, é importante classificar as decisões em duas dimensões principais: estrutura do problema e natureza da decisão (Gorry e Scott-Morton, 1971). A Figura 9.2 mostra um resumo da tomada de decisões de acordo com essas duas dimensões.

#### Estrutura do problema

A primeira dimensão é a *estrutura do problema*, em que os processos de tomada de decisões são distribuídos ao longo de uma série contínua que varia desde decisões altamente estruturadas até decisões altamente não-estruturadas (veja a coluna esquerda na Figura 9.2). As *decisões estruturadas* referem-se a problemas de rotina e repetitivos, para os quais existem soluções padronizadas. Em um problema estruturado, as três primeiras etapas do processo de decisão (inteligência, projeto e escolha) são dispostas em determinada seqüência, e os procedimentos para obter a melhor solução (ou pelo menos uma suficientemente boa) são conhecidos. Dois critérios básicos usados para avaliar as soluções propostas são a minimização dos custos e a maximização dos lucros.

Na outra ponta da complexidade do problema estão as decisões *não-estruturadas,* que se referem a problemas complexos e "imprecisos", para os quais não existem soluções prontas. Um problema não-estruturado é aquele no qual a inteligência, o projeto e a escolha não estão organizados em uma seqüência específica. Nesse tipo de problema, a intuição humana freqüentemente é a base para a tomada de decisões. Os problemas não-estruturados típicos incluem o planejamento da oferta de novos serviços, a contratação de um executivo e a escolha de um conjunto de projetos de pesquisa e desenvolvimento para o ano seguinte.

Entre os problemas estruturados e não-estruturados estão os problemas *semi-estruturados*, nos quais apenas algumas das etapas do processo de decisão são estruturadas. Esses problemas exigem uma combinação de procedimentos de solução padrão e julgamento individual. Exemplos de problemas semi-estruturados seriam a avaliação dos funcionários, a definição dos orçamentos de marketing para bens de consumo, a análise de aquisição de capital e a comercialização de títulos.

## Natureza das decisões

A segunda dimensão do apoio à decisão trata da *natureza das decisões*. Podemos definir três categorias principais que abrangem todas as decisões gerenciais:

1. *Controle operacional* — a execução eficiente e eficaz de tarefas específicas
2. *Controle administrativo* — a aquisição e o uso eficiente de recursos para alcançar as metas organizacionais
3. *Planejamento estratégico* — as metas de longo prazo, políticas de crescimento e alocação de recursos.

Essas categorias aparecem no alto da Figura 9.2.

## Matriz de decisões

As três classes básicas da estrutura do problema e as três principais categorias da natureza de decisão podem ser combinadas em uma matriz de apoio à decisão formada por nove células, como mostra a Figura 9.2. Os gerentes de nível hierárquico inferior geralmente executam as tarefas estruturadas e voltadas para o controle operacional (células 1, 2 e 4). As tarefas nas células 3, 5 e 7 costumam ser de responsabilidade dos gerentes intermediários e da equipe profissional. Finalmente, as tarefas nas células 6, 8 e 9 são, principalmente, de responsabilidade dos executivos seniores.

## Apoio computadorizado para decisões estruturadas

O apoio computadorizado para as nove células da matriz é mostrado na coluna à extrema direita e na linha inferior da Figura 9.2. As decisões estruturadas e algumas decisões semi-estruturadas, especialmente as de controle operacional e administrativo, têm sido apoiadas por computadores desde a década de 1950. As decisões desse tipo são tomadas em todas as áreas funcionais, mas, sobretudo, no gerenciamento de finanças e operações.

Em geral, os problemas que os gerentes do nível inferior enfrentam regularmente apresentam um alto nível estrutural. Exemplos são o orçamento de capital (por exemplo, troca de equipamentos), alocação de recursos, distribuição de mercadorias e controle de estoques. Para cada tipo de decisão estruturada, foram

**Natureza da decisão**

| Tipo de decisão | Controle operacional | Controle da gerência | Planejamento estratégico | Apoio necessário |
|---|---|---|---|---|
| **Estruturada** | Contas a receber, entrada de pedidos **1** | Análise orçamentária, projeção de curto prazo, relatórios pessoais, análise produzir-ou-comprar **2** | Gerência financeira (investimento), local do depósito, sistemas de distribuição **3** | SIG, modelos de ciência de gerenciamento, modelos financeiros e estatísticos |
| **Semi-estruturada** | Programação de produção, controle de estoque **4** | Avaliação de crédito, preparação de orçamento, layout de fábrica, programação de projeto, projeto de sistemas de premiação **5** | Construção de nova fábrica, fusões e aquisições, planejamento de novos produtos, planejamento de remuneração, planejamento de controle de qualidade **6** | SAD |
| **Não-estruturada** | Escolher uma capa para uma revista, comprar software, aprovar empréstimos **7** | Negociar, contratar um executivo, comprar hardware, realizar lobby **8** | Planejamento de P&D, desenvolvimento de novas tecnologias, planejamento de responsabilidade social **9** | SAD, SE, redes neurais |
| **Apoio necessário** | SIG, ciência administrativa | Ciência administrativa, SAD, SIE, SE | SIE, SE, redes neurais | |

**Figura 9.2** Estrutura de apoio à decisão. A tecnologia é usada para apoiar as decisões mostradas na coluna à extrema direita e na fileira inferior.

desenvolvidas soluções por meio de fórmulas matemáticas. Esse método é chamado de *ciência do gerenciamento* ou *pesquisa de operações* e também é executado com o auxílio de computadores.

---

### Antes de prosseguir...

1. Descreva o processo de tomada de decisões proposto por Simon.
2. Por que os gerentes precisam do apoio da TI?
3. Descreva a matriz de decisões.

---

## 9.2 Sistemas de apoio à decisão

Definido genericamente, um **sistema de apoio à decisão (SAD)** é um sistema de informação computadorizado que combina modelos e dados em uma tentativa de resolver os problemas semi-estruturados e alguns problemas não-estruturados, com intenso envolvimento do usuário. Os **modelos** são representações simplificadas (abstrações) da realidade. As empresas estão usando os SADs por muitos motivos. Os SADs podem realizar inúmeras tarefas para apoiar a tomada de decisões pelos gerentes. Dentre elas estão as seguintes:

- Os SADs podem examinar várias alternativas muito rapidamente.
- Podem realizar uma análise de risco sistemática.
- Podem ser integrados a sistemas de comunicação e bancos de dados.
- Podem ser usados para apoiar o trabalho em grupo.

Além disso, os SADs podem realizar todas essas funções com um custo relativamente baixo. O Quadro 9.1 mostra como o time de hóquei San Jose Sharks usa um sistema de apoio à decisão para analisar diversos dados.

### Características e habilidades dos SADs

A maioria dos SADs tem pelo menos alguns dos atributos mostrados no Checklist Gerencial 9.1. Como a lista destaca, os SADs podem manipular dados, aprimorar o aprendizado e contribuir para todos os níveis de tomada de decisões. Os SADs também utilizam modelos matemáticos. Por fim, possuem as habilidades relacionadas de análise de sensibilidade, análise de variações hipotéticas e análise de busca de metas.

### Análise de sensibilidade

A **análise de sensibilidade** é o estudo do impacto que as mudanças em uma ou mais partes de um modelo de tomada de decisões acarretam sobre as outras partes. Geralmente, verificamos o efeito que as mudanças nas variáveis de entrada causam sobre as variáveis de saída.

A análise de sensibilidade é extremamente valiosa, porque torna o sistema flexível e adaptável a condições mutantes e às diversas exigências das diferentes situações de tomada de decisão. Essa análise permite entender melhor o modelo e o problema que ele simula descrever. Ela também pode aumentar a confiança dos usuários no modelo, especialmente quando este não é muito sensível a mudanças. Um *modelo sensível* significa que pequenas mudanças nas condições determinam uma solução diferente. Um *modelo insensível* é aquele em que mudanças nas condições não alteram significativamente a solução recomendada. Isso significa-ca que a probabilidade de uma solução específica obter êxito é muito alta.

### Análise de variações hipotéticas (what-if)

Quem constrói o modelo precisa fazer previsões e suposições sobre os dados de entrada, muitas das quais se baseiam na avaliação de futuros incertos. Os resultados dependem dessas suposições, que podem ser altamente subjetivas. A **análise de variações hipotéticas** tenta determinar o impacto que uma mudança nas suposições (dados de entrada) causa sobre a solução proposta. Por exemplo, o que acontecerá com o custo total do estoque *se* o custo originalmente previsto para manutenção de estoques não for de 10%, mas sim de

## TI E A EMPRESA

### 9.1 Time de hóquei da NHL usa sistema de apoio à decisão para vencer

O San Jose Sharks, time da National Hockey League (liga nacional de hóquei), coleta dados sobre o desempenho dos jogadores profissionais e os insere em um banco de dados. O gerente-geral Doug Wilson e os treinadores do time, então, usam esses dados para administrar a virada do Sharks. O sistema combina estatísticas dos jogadores, como gols marcados e jogadas; relatórios de reconhecimento de bens intangíveis, como capacidade de liderança; dados históricos sobre a idade de um jogador, anos na liga e histórico médico; e salários pagos pelos resultados dos jogadores. O objetivo final é identificar os tipos certos de jogadores a serem convocados para o time.

Usando o banco de dados, o Sharks construiu um time virtual — baseado no desempenho e na idade — que é formado de jogadores que já estão em sua lista ou em seus times da liga inferior, bem como jogadores em outras listas da NHL. O banco de dados inclui centenas de jogadores potenciais do Sharks que jogam em ligas no Canadá, nos Estados Unidos e na Europa. Também inclui mais de 700 jogadores nas outras 29 listas de times da NHL, bem como vários milhares de jogadores da liga inferior. As estatísticas de cada jogador — gols, jogadas, tempo no gelo, média de gols contra — foram compiladas, assim como sua idade, peso, altura, salário e condição de elegibilidade.

Essas estatísticas e os salários individuais foram enviados para o banco de dados do Sharks a partir de três fontes. A primeira é o banco de dados do RinkNet, que coleta estatísticas sobre times e jogadores de mais de duas dezenas de ligas em todo o mundo. Por US$12.000 por ano, um time da NHL pode descobrir exatamente quanto tempo um atacante que joga na liga de elite alemã passou no gelo na noite anterior.

Entretanto, o sistema RinkNet não diz a um time se um jogador criou oportunidades de gol com seu jogo físico ou se ele é um patinador excepcionalmente veloz. Para obter essas informações, o Sharks envia es-

piões munidos de computadores handheld. Eles transmitem comentários e análises em texto simples, que é, então, acrescentado ao banco de dados de jogadores do Sharks. Combinando esses dados com as estatísticas do RinkNet, os tomadores de decisão do Sharks podem ter uma visão completa do desempenho de cada jogador naquele dia ou um histórico cronológico de sua carreira.

O Sharks, então, recorre ao sistema Local Arbitration Solution da NHL para ajudá-lo a registrar seu trajeto fiscal. O banco de dados do sistema contém as informações de salário, idade e contrato para cada jogador da NHL. Ele também mantém informações históricas de cada jogador, o que significa que um gerente-geral pode ver não só o desempenho de um jogador ao longo dos anos, mas também o quanto ele recebeu por temporada e como isso se compara ao desempenho de outros jogadores com salários ou estatísticas semelhantes.

Depois, o Sharks aplica um sistema de apoio à decisão nos dados para decidir quais jogadores farão parte do time e quanto pagar a cada um. O resultado tem sido impressionante. Depois de terminar em último lugar em sua divisão no ano anterior, o Sharks venceu a divisão em 2003. Além disso, o Sharks reduziu a folha de pagamento em 29% em um ano.

*Fontes*: Compilado de L. Barrett, "San Jose Sharks: On Thick Ice", *Baseline Magazine,* 14 de maio de 2004; S. Fainaru, "Programmed for Success", *Washington Post,* 9 de maio de 2004; e *www.sjsharks.com* e *www.internationalscouting.com,* acessados em 2 de abril de 2005.

### PERGUNTAS

1. Por que é importante a aplicação de apoio à decisão do time coletar dados de três fontes?
2. Até que ponto a aplicação de apoio à decisão é responsável pelo sucesso do Sharks? Que outros fatores influenciam o sucesso do time?

12%? Em um SAD bem projetado, os próprios gerentes podem fazer esse tipo de pergunta ao computador, de modo interativo, quantas vezes forem necessárias.

### Análise de busca de metas

A **análise de busca de metas** representa um método de solução "retroativa": tenta descobrir o valor das entradas necessárias para alcançar determinado nível de saída. Por exemplo, digamos que uma solução inicial do SAD previu um lucro de US$2 milhões. É possível que a diretoria queira saber quais volumes de vendas e de publicidade adicionais seriam necessários para gerar um lucro de US$3 milhões. Uma análise

**Checklist Gerencial 9.1**

Habilidades de um SAD

- Um SAD oferece apoio para tomadores de decisão em todos os níveis gerenciais, individualmente ou em grupo, principalmente em situações semi-estruturadas ou não-estruturadas, unindo o julgamento humano e informações objetivas.
- Um SAD apóia várias decisões interdependentes e/ou seqüenciais.
- Um SAD apóia todas as fases do processo de tomada de decisão — inteligência, projeto, escolha e implementação —, bem como uma variedade de processos e estilos de tomada de decisão.
- Um SAD é adaptável pelo usuário ao longo do tempo para lidar com condições em constante mudança.
- Um SAD é fácil de ser construído e usado em muitos casos.
- Um SAD promove o aprendizado, o que leva a novas demandas e a um aperfeiçoamento da aplicação atual, que, por sua vez, leva a um aprendizado adicional e assim por diante.
- Um SAD normalmente utiliza modelos quantitativos (padronizados e/ou personalizados).
- Os SADs avançados são equipados com um componente de gestão do conhecimento que permite uma solução eficiente para problemas muito complexos.
- Um SAD pode ser disseminado para uso através da Web.
- Um SAD permite a fácil execução das *análises de sensibilidade*.

de busca de metas poderia ser feita para descobrir isso. Esses tipos de análise de apoio à decisão são importantes, como mostra o Quadro 9.2.

## Estrutura e componentes de um SAD

Todo SAD consiste, pelo menos, nos seguintes componentes: subsistemas de gerenciamento de dados e de gerenciamento de modelos, uma interface com o usuário e usuários finais. Alguns SADs avançados também possuem um componente de gestão do conhecimento (ver a Figura 9.3). Cada subsistema (componente) consiste no seguinte:

- **Subsistema de gerenciamento de dados.** O subsistema de gerenciamento de dados de um SAD é semelhante a qualquer outro sistema de gerenciamento de dados. Ele contém todos os dados que fluem de várias fontes. Os dados geralmente são extraídos antes de sua entrada em um banco de dados SAD ou em um data warehouse. Em alguns SADs, não há um banco de dados separado e os dados são inseridos no modelo SAD conforme necessário.
- **Subsistema de gerenciamento de modelos**. Um subsistema de gerenciamento de modelos contém modelos completados e os elementos básicos necessários para desenvolver aplicações de SAD. Isso inclui software padrão com modelos financeiros, estatísticos, de ciência administrativa ou outros modelos quantitativos. Um subsistema de gerenciamento de modelos também contém todos os modelos personalizados escritos especificamente para o SAD. Esses modelos geram as habilidades analíticas do sistema. Também está incluído um *sistema de gerenciamento de banco de modelos (SGBM),* cuja função é análoga à de um SGBD.
- **Interface com o usuário.** O termo *interface com o usuário* abrange todos os aspectos da comunicação entre um usuário e o SAD. A interface com o usuário proporciona grande parte da capacidade, flexibilidade e facilidade de uso do SAD. A maioria das interfaces atuais é baseada na Web e algumas são complementadas por voz.
- **Usuários**. A pessoa envolvida com o problema ou decisão que o SAD tem a função de apoiar é considerada o *usuário,* o *gerente* ou o *tomador de decisão.* Um SAD possui duas classes principais de usuários: gerentes e especialistas de equipe (como analistas financeiros, planejadores de produção e pesquisadores de marketing).
- **Subsistemas baseados em conhecimento**. Muitos problemas não-estruturados e semi-estruturados são tão complexos que suas soluções exigem um certo grau de especialização. Essa especialização pode ser oferecida por um sistema baseado em conhecimento, como um sistema especialista. (Apresentaremos os sistemas especialistas na Seção 9.4.) Portanto, os SADs mais avançados são equipados com um componente chamado *subsistema baseado em conhecimento* (ou *subsistema inteligente*). Esse componente pode oferecer a especialização necessária para resolver alguns aspectos do problema ou pode fornecer conhecimento capaz de melhorar a operação dos outros componentes de SAD.

## TI E A EMPRESA

### 9.2 Coletando lixo com eficiência

A Waste Management Inc. (*www.wm.com*) quer liberar seus gerentes de usar marcadores de texto, barbantes, percevejos e mapas recortados em pedaços e depois colados para criar as rotas ideais para os motoristas da empresa. No passado, a cada seis meses aproximadamente, a empresa tinha de otimizar as rotas a todo momento porque havia conquistado novos clientes. O objetivo era centralizar o processo mais básico — e, possivelmente, mais importante — que a empresa de coleta de lixo enfrenta a cada dia: a seqüência de paradas que cada caminhão precisa fazer para coletar o refugo diário da vida dos norte-americanos.

Esse não é um problema pequeno. A empresa opera 18.850 rotas em cada estado dos Estados Unidos. Se a Waste Management puder eliminar uma rota, o que inclui um caminhão, motorista, combustível e manutenção, pode economizar US$10.000 por mês, o que representa US$120.000 por ano para cada rota. Durante um período de cinco anos, a empresa planeja economizar quase US$500 milhões em operações.

Para conseguir essa economia, a Waste Management implementou uma aplicação de apoio à decisão chamada WasteRoute. A aplicação acessa dezenas de variáveis e usa algoritmos (fórmulas matemáticas) para escolher os caminhos mais eficientes. Esses algoritmos examinam os inúmeros problemas com que os executivos da empresa lidam diariamente: uma construção está atrasando um motorista? A empresa prometeu coletar lixo durante horários específicos? Algum motorista está perto de exceder a jornada de trabalho máxima de 60 horas por semana imposta pelo departamento de transportes?

O WasteRoute também leva em conta as leis locais que, por exemplo, podem impedir que um caminhão passe por cima de um bueiro pluvial. Além disso, considera aspectos como os horários em que as escolas estão em aula. A empresa não coleta lixo durante os recessos escolares por motivos de segurança. Durante os meses do verão, as coletas em escolas caem de cinco dias por semana para apenas um. A aplicação também extrai dados de bancos de dados de vendas, de serviço ao cliente e de operações da empresa, marca os endereços em um mapa e, depois, recomenda alterações de rota para aumentar a eficiência.

Os resultados do WasteRoute são distribuídos pela intranet da empresa. Cada uma das 66 áreas de mercado da empresa inclui uma média de 285 rotas. Há cinco anos, a alteração de rota dos caminhões em determinada área levava de 6 a 12 meses. Hoje, leva 4 semanas.

Um problema interessante com o WasteRoute é a preocupação por parte dos motoristas. A Waste Management precisou deixar claro que a aplicação não eliminaria seus empregos. O sistema não tinha a intenção de gerar demissões. Em vez disso, estava remanejando motoristas e caminhões. Uma vantagem adicional da aplicação era que, em média, os motoristas voltariam para casa mais cedo do que antes do sistema.

*Fontes*: Compilado de L. Dignan, "Waste Management: Waste Not", *Baseline Magazine,* 1º de agosto de 2004; G. Barr, "Route Guide", *Houston Business Journal,* 21 de fevereiro de 2005; e *www.e-iit.com/news-detail2.asp* e *www.wm.com,* acessados em 5 de abril de 2005.

**PERGUNTAS**

1. Com que freqüência a Waste Management deve usar essa aplicação? Fundamente sua resposta.
2. Que outras variáveis você acha que a aplicação deveria levar em consideração?

Em alguns casos, o componente relativo ao conhecimento consiste em um ou mais sistemas especialistas (ou outro sistema inteligente). Em outros casos, ele extrai inteligência da base de conhecimento da organização. O SAD que inclui esse componente é chamado de *SAD inteligente*, *SAD/SE* ou *SAD baseado em conhecimento (KBSAD)*.

Com exceção dos usuários, todos os componentes de SAD são software. Eles residem em um computador e podem ser facilitados por software adicional (como multimídia). Ferramentas como o Excel incluem alguns desses componentes e, portanto, podem ser usadas para a construção de SAD pelos usuários finais.

### Como funcionam os SADs

A Figura 9.3 também ilustra o funcionamento de um SAD. Quando o usuário tem um problema empresarial, ele o avalia através do processo descrito nas Figuras 9.1 e 9.2. A empresa, então, implementa um SAD. Os usuários obtêm seus dados do data warehouse, dos bancos de dados e de outras fontes de dados. Esses dados são inseridos no SAD (a partir das fontes no lado esquerdo e dos modelos no lado direito da figura).

O conhecimento também pode ser obtido da base de conhecimento corporativa. Quanto mais problemas são resolvidos, mais conhecimento é acumulado na base de conhecimento. O Quadro 9.3 ilustra como os SADs podem apoiar diversas áreas funcionais na organização.

### Sistemas de apoio à decisão em grupo

A tomada de decisões freqüentemente é um processo compartilhado. Quando um grupo de tomadores de decisão é apoiado eletronicamente, esse suporte é chamado de *apoio à decisão em grupo*. Dois tipos de grupo podem receber apoio eletrônico: um grupo "de uma sala", cujos membros estão em um único local (por exemplo, uma sala de reuniões) e um grupo virtual, cujos membros estão em locais diferentes. (Comentamos os grupos virtuais no Capítulo 5.)

Um **sistema de apoio à decisão em grupo (GDSS)** é um sistema interativo computadorizado que facilita os esforços de um grupo na busca de soluções para problemas semi-estruturados e não-estruturados. O objetivo de um GDSS é apoiar o *processo* de chegar a uma decisão. A primeira geração de GDSSs foi projetada para apoiar reuniões face a face, no que é conhecido como uma **sala de decisão** — uma arrumação face a face para um SAD em grupo, em que terminais estão disponíveis aos participantes.

### Sistema de apoio à decisão organizacional

Um **sistema de apoio à decisão organizacional (ODSS)** concentra-se em uma tarefa ou atividade *organizacional* que envolve uma *seqüência* de operações de tomadores de decisão, como o desenvolvimento de um plano de marketing divisional ou a elaboração de um orçamento anual. As atividades de cada indivíduo precisam estar bem entrosadas com o trabalho de outras pessoas. O apoio do computador inicialmente era visto como um veículo para melhorar a comunicação e a coordenação, além da solução de problemas.

Existem três características importantes em um ODSS: (1) ele afeta várias unidades organizacionais ou problemas corporativos; (2) transpõe funções organizacionais ou camadas hierárquicas; (3) envolve tecnologias computadorizadas e, normalmente, tecnologias de comunicação. Além disso, um ODSS geralmente interage ou se integra com sistemas de informação de âmbito organizacional, como sistemas de apoio ao executivo.

---

### Antes de continuar...

1. Estabeleça as diferenças entre análise de sensibilidade e análise de busca de metas.
2. Quais são os componentes de um SAD?
3. Descreva os sistemas de apoio à decisão em grupo.
4. Descreva os sistemas de apoio à decisão organizacional.

---

## 9.3 Sistemas de informação executiva

A maioria dos SADs pessoais apóia o trabalho de profissionais e gerentes de nível intermediário. Os SADs organizacionais (ODSS) fornecem apoio principalmente a planejadores, analistas, pesquisadores e alguns gerentes. Observe que os altos executivos não estão incluídos em nenhuma dessas listas. Para que um SAD possa ser usado por administradores de alto nível, ele precisa atender às necessidades dos executivos. Um **sistema de informação executiva (SIE)**, também conhecido como *sistema de apoio ao executivo*, é uma tecnologia computadorizada projetada em resposta às necessidades específicas dos altos executivos.

Um SIE atende às necessidades de informação dos altos executivos fornecendo acesso rápido a informações atuais e acesso direto aos relatórios gerenciais. Um SIE é bastante fácil de usar, baseia-se em gráficos. O mais importante para os altos executivos é que ele oferece as habilidades de *relatório de exceção* (em que são apresentados apenas os resultados que se desviam de um padrão definido) e de *expansão* (investigação de informações em níveis crescentes de detalhe). Finalmente, um SIE pode ser facilmente conectado a serviços de informação on-line e e-mail. Os SIEs podem incluir apoio à análise, comunicações, automação de escritório e apoio à inteligência. As habilidades comuns a muitos SIEs são resumidas na Tabela 9.1. Além disso, uma das habilidades analisadas nesta seção agora fazem parte de um produto de inteligência empresarial (apresentada no Capítulo 4).

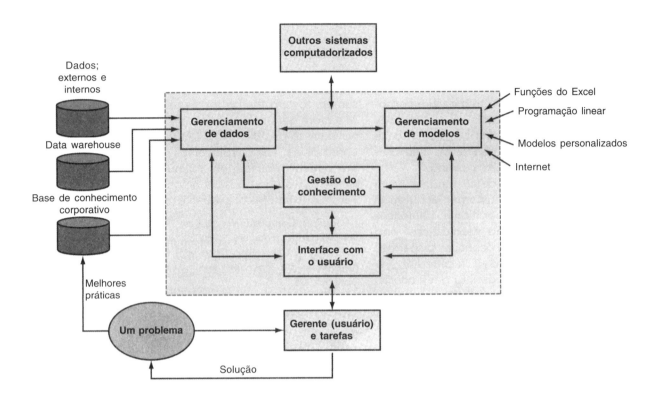

**Figura 9.3** O SAD e seu ambiente de computação. Este modelo conceitual de um SAD mostra quatro componentes de software principais e suas relações com outros sistemas.

Apesar dessas funções comuns, os SIEs individuais variam em termos de habildiades e benefícios. Por exemplo, eles podem ser aperfeiçoados com análise e apresentação multidimensionais, acesso fácil a dados, interface gráfica simples, habilidades de edição de imagens, acesso à intranet, e-mail, acesso à Internet e modelagem. O Quadro 9.4 fornece um exemplo de um SIE em operação nas concessionárias da Ford Motor Company.

### Simulador de decisão empresarial

Outra tecnologia interessante também apóia as necessidades de informação dos executivos; a chamada "sala de guerra corporativa". Esse conceito foi usado durante muito tempo pelas forças armadas para planejar campanhas militares. Agora, foi transformado pela SAP para uso na atividade empresarial.

Uma aplicação significativa da sala de guerra é o Management Cockpit. Esse termo se refere a uma sala de gerenciamento estratégico que permite que os gerentes "pilotem" melhor seus negócios. O objetivo é criar um ambiente que favoreça reuniões administrativas mais eficazes e aumente o desempenho da equipe através de uma comunicação eficaz. Para ajudar a alcançar esse objetivo, os principais indicadores de desempenho e as informações relativas aos fatores críticos de sucesso são exibidos graficamente nas paredes da sala de reunião, chamada Management Cockpit Room. O arranjo dos painéis e monitores no estilo dos cockpits ajuda os gerentes a entenderem como todos os diferentes fatores da empresa se relacionam entre si.

Dentro da sala, as quatro paredes são designadas por cores: preta, vermelha, azul e branca. A parede preta mostra os principais fatores de sucesso e indicadores financeiros; a parede vermelha mostra o desempenho do mercado; a parede azul, o desempenho dos processos internos e dos funcionários; e a parede branca, o status dos projetos estratégicos. O Flight Deck, um PC topo de linha com seis monitores, permite que os executivos se aprofundem em informações detalhadas. O ambiente do Cockpit é integrado com produtos e sistemas de relatórios de ERP da SAP. É fácil importar informações externas para a sala, permitindo uma análise da concorrência.

Os membros do conselho administrativo e outros executivos podem realizar reuniões nessa sala. Os gerentes também podem se reunir com o diretor no local para discutir questões empresariais atuais. Para esse

## TI E A EMPRESA

### 9.3 Aetna monitora seu desempenho

Em 2000, a gigante dos seguros Aetna percebeu que precisava limpar os sistemas de indenizações complicadas, acertar as relações com os médicos e usar a tecnologia para apoiar as contas de seguros médicos. A empresa falhou na tarefa básica de avaliar corretamente suas políticas para cobrir indenizações médicas. Em 2004, a empresa havia passado por uma reviravolta. Parte dessa virada envolveu melhores informações, cortesia de melhor gerenciamento de dados e melhores sistemas de apoio à decisão.

A Aetna implementou um sistema de informações gerenciais e executivas (SIGE), uma aplicação de apoio à decisão que permitiu à empresa medir o desempenho corporativo com mais precisão. A empresa também utilizou com mais eficácia um data warehouse que combina dados de indenizações com medições qualitativas dos resultados médicos, como as seguintes:

O SIGE reúne dados de desempenho, variando de declarações de lucros e perdas a medições de aquisição de clientes, a partir de dezenas de bancos de dados operacionais que alimentam finanças, indenizações e sistemas de custo médico e monitoramento de qualidade. Ele também ajusta disparidades nas maneiras como os dados são registrados em diferentes sistemas. Esse sistema permite que os gerentes tenham uma visão geral e coerente de algum aspecto do desempenho da empresa. Por exemplo, pode oferecer os mesmos padrões de lucros e perdas em todas as divisões e linhas de produto. O SIGE também incorpora definições comuns de lucros e perdas e outras medidas de desempenho em todas as divisões, de modo que os gerentes estejam perfeitamente esclarecidos sobre sua responsabilidade.

O SIGE permite que a Aetna implemente um "fechamento mensal progressivo". Em outras palavras, os gerentes de todos os níveis agora recebem uma fotografia do desempenho semanal em vez de terem de esperar pelo fechamento oficial do balanço no fim do mês. Esse processo permite que a gerência responda mais rapidamente aos problemas de desempenho.

O data warehouse de 14 terabytes da Aetna, contendo dados de custos médicos e qualidade médica, ajuda a reduzir os custos médicos ao enfatizar a prevenção em vez do tratamento. Por exemplo, a Aetna usa ferramentas de apoio à decisão e seu data warehouse para identificar cirurgiões com o melhor registro para realizar uma operação com sucesso e com o mínimo de complicações. Em alguns de seus últimos planos, a empresa conduzirá os clientes ao melhor cirurgião com o incentivo de um co-pagamento mais generoso, ainda que a Aetna tenha de pagar a esse médico mais do que a seus colegas menos talentosos. O custo extra é compensado no longo prazo, à medida que o paciente exige menos cuidados pós-cirúrgicos. O SIGE e o data warehouse ajudaram a Aetna a identificar cerca de 160.000 exemplos de erros médicos potenciais.

*Fontes*: Compilado de D. Carr, "The Aetna Cure", *Baseline Magazine*, 1º de fevereiro de 2005; "Aetna Promotes Healthy Living While Controlling Costs with DB2 Data Warehouse", *http:llwww-306.ibm.com*; e *www.aetna.com*, acessado em 6 de abril de 2005.

#### PERGUNTAS

1. Os médicos deveriam ser "classificados" pelas empresas de seguros? Em caso positivo, que padrões as companhias deveriam usar? Que tipos de "penalidades" deveriam aplicar aos médicos com baixa classificação?
2. Quais são as vantagens da aplicação SIGE da Aetna? Você consegue pensar em alguma desvantagem possível?

fim, o Management Cockpit pode implementar vários cenários hipotéticos. Ele também fornece uma base comum para informações e comunicação entre os participantes. Finalmente, ele apóia os esforços de converter uma estratégia corporativa em atividades concretas, por meio da identificação de indicadores de desempenho. (Visite *www.metis.no/info/cases/it_man_cockpit.html*.)

### Antes de prosseguir...

1. Cite algumas habilidades dos sistemas de informação executiva.
2. O que é um simulador de decisão empresarial?

**Tabela 9.1** As habilidades de um SIE

| Capacidade | Descrição |
|---|---|
| Expansão | Capacidade de entrar em detalhes, em vários níveis; pode ser feita por uma série de menus ou por consultas diretas (usando agentes inteligentes e processamento de linguagem natural). |
| Fatores críticos de sucesso (FCSs) | Os fatores mais importantes para o sucesso da empresa. Podem ser organizacionais, setoriais, departamentais etc. |
| Principais indicadores de desempenho (PIDs) | Medidas específicas dos FCSs. |
| Acesso ao status | Últimos dados disponíveis no PID ou alguma outra métrica, idealmente em tempo real. |
| Análise de tendência | Tendência em curto, médio e longo prazos dos PIDs ou métricas, que são projetados através de métodos de previsão. |
| Análise eventual | Análises feitas a qualquer momento, de acordo com a demanda e com quaisquer fatores e relacionamentos desejados. |
| Relatórios de exceção | Relatórios que destacam desvios maiores do que determinados patamares. Os relatórios podem incluir apenas desvios. |

Tabela baseada no conceito de gerenciamento por exceção.

## 9.4 Sistemas inteligentes

**Sistemas inteligentes** é um termo que descreve as diversas aplicações comerciais de inteligência artificial (IA). A **inteligência artificial (IA)** é um subcampo da ciência da computação. Ela gira em torno de duas idéias básicas: (1) estudar os processos do pensamento humano; e (2) recriar esses processos por meio de máquinas, como computadores e robôs.

Uma definição bem conhecida da IA é "o comportamento de uma máquina que, se fosse de um ser humano, seria considerado *inteligente*". Essa definição levanta uma questão: o que é *comportamento inteligente*? As habilidades a seguir são consideradas sinais de inteligência: aprender ou compreender pela experiência, entender mensagens ambíguas ou contraditórias e responder rápida e corretamente a uma situação nova.

O objetivo final da IA é construir máquinas que imitem a inteligência humana. Um teste interessante para determinar se um computador apresenta comportamento inteligente foi elaborado por Alan Turing, pioneiro britânico da IA. De acordo com o **teste de Turing**, um computador só pode ser considerado "inteligente" quando um entrevistador humano conversando com um ser humano e um computador, ambos sem serem vistos, não consegue determinar qual é qual. Atualmente, os sistemas inteligentes exemplificados nos produtos de IA comerciais estão longe de apresentar qualquer sinal significativo de inteligência.

O valor potencial da IA pode ser mais bem entendido se a compararmos com a inteligência natural (humana). A IA possui várias vantagens comerciais importantes sobre a inteligência natural, mas também algumas limitações, como mostra a Tabela 9.2.

Os principais sistemas inteligentes são: sistemas especialistas, processamento de linguagem natural, reconhecimento de voz, redes neurais artificiais e lógica difusa. Além disso, dois ou mais sistemas citados podem sem combinados para gerar um sistema inteligente *híbrido*. Discutiremos cada um desses sistemas nesta seção.

### Sistemas especialistas

Quando uma organização tem uma decisão complexa para tomar ou um problema para resolver, ela normalmente recorre a especialistas para ouvir uma opinião. Esses especialistas possuem conhecimento e experiência específicos na área problemática. Eles conhecem as soluções alternativas e as chances de sucesso das soluções propostas. Ao mesmo tempo, podem calcular os custos em que a organização pode incorrer se o problema não for resolvido. As empresas solicitam o auxílio de especialistas em assuntos como fusões e aquisições, estratégias de propaganda e compra de equipamentos. Quanto mais não-estruturada for a situação, mais especializado e caro será o conselho.

## TI E A EMPRESA

### 9.4 Um SIE para as concessionárias Ford

O Relatório 126 da Ford Motor Company repousou nas mesas das concessionárias Ford pelas últimas três décadas. Trata-se de um belo resumo tabular do registro de garantia de cada concessionária. Como diferentes distribuidores Ford vendem combinações diferentes de veículos e vivenciam diferentes tipos de solicitações de garantia, o Relatório 126 não compara simplesmente as despesas de garantia. Em vez disso, o relatório instrui uma concessionária sobre como suas práticas de garantia se comparam às dos outros distribuidores Ford na mesma região, e identifica as tendências preocupantes. O Relatório 126 usa o desvio-padrão para medir o desempenho relativo dos distribuidores. Se o desempenho de um distribuidor se desviar excessivamente dos padrões aceitáveis, a Ford sugere que o distribuidor entre no processo da Ford de aconselhamento sobre garantias. O problema do Relatório 126 é que poucos distribuidores têm tempo de ler os detalhes.

Como resultado, a Ford desenvolveu uma nova versão do Relatório 126, que é distribuído pela Web. Ele contém gráficos e tabelas coloridos. Os distribuidores podem clicar em um gráfico e se aprofundar nos dados em que se baseiam, movendo do custo médio dos reparos para tabelas e dados que mostram os reparos por componentes, como motores, transmissões e suspensões.

Mais importante, os novos relatórios esclarecem imediatamente o quadro geral. Se o registro de garantia de uma concessionária estiver fora da linha, ou mesmo começando a sair da linha, um ou mais elementos dos gráficos aparecerão em amarelo ou vermelho. Essas co-res indicam que o registro de garantia do distribuidor não está atendendo aos padrões aceitáveis. O botão "encontrar variação mais alta" permite que um distribuidor identifique o maior problema potencial. Um distribuidor ficou tão entusiasmado com os gráficos que colocou gráficos semelhantes em grandes cartazes no departamento de serviços. Os mecânicos podem não entender as estatísticas por trás dos gráficos, mas sabem que, se estiverem acima de zero, estão em apuros, e se estiverem abaixo de zero, isso é bom. Se a tendência de garantia para reparos de freios fica acima de zero, a equipe vai até o empregado encarregado dos freios para colocar os números dentro dos padrões. A recompensa para a Ford: uma economia de mais de US$25 milhões por ano como resultado da distribuição rápida e precisa das informações aos distribuidores.

*Fontes*: Compilado de P. DeGroot, "WEBFOCUS Draws the Picture for Ford's Warranty Business", *Information Builders Magazine*, 24 de abril de 2005; B. Ploskina, "The Gestalt of Data", *eWeek*, 18 de junho de 2001, *www.ford.com* e *www.informationbuilders.com*, acessados em 5 de abril de 2005.

### PERGUNTAS

1. Por que a Ford achou necessário desenvolver a versão do Relatório 126 baseada na Web?
2. Quais são as vantagens do Relatório 126 para a Ford? E para as concessionárias?

*Perícia* se refere ao conhecimento intensivo e específico à tarefa, adquirido através de treinamento, leitura e experiência. Esse conhecimento permite que especialistas (peritos) tomem decisões melhores e mais rápidas que as dos não-especialistas na solução de problemas complexos. A perícia requer um longo tempo (possivelmente anos) para ser adquirida, e está distribuída nas organizações de maneira desigual.

Os **sistemas especialistas (SEs)** são uma tentativa de imitar os especialistas humanos por meio da aplicação de metodologias de raciocínio ou conhecimento sobre uma área específica. Os sistemas especialistas podem *apoiar* os tomadores de decisões ou *substituí-los* completamente. Esses sistemas são a tecnologia de IA mais aplicada e comercialmente bem-sucedida.

Em geral, um SE é um software de tomada de decisões que pode alcançar um nível de desempenho comparável a um perito humano em determinada área problemática especializada. Basicamente, um SE transfere a perícia de um especialista (ou de outra fonte) para o computador. Esse conhecimento é, então, armazenado no computador, e os usuários podem solicitar que o computador forneça uma sugestão específica conforme necessário. O computador pode fazer inferências e chegar a uma conclusão. Depois, como um especialista humano, ele fornece conselhos ou recomendações e, se necessário, explica a lógica em que se baseia o conselho. Como os SEs podem integrar e manipular uma grande quantidade de dados, eles, às vezes, podem ter um desempenho melhor que qualquer especialista.

**Tabela 9.2**   Comparação entre as habilidades da inteligência natural e da inteligência artificial

| Capacidades | Inteligência natural | Inteligência artificial |
|---|---|---|
| Preservação do conhecimento | Perecível, de uma perspectiva organizacional. | Permanente. |
| Duplicação e disseminação do conhecimento | Difícil, dispendiosa e demorada. | Fácil, rápida e barata, uma vez que o conhecimento esteja em um computador. |
| Custo total do conhecimento | Pode ser errático e inconsistente. Algumas vezes, incompleto. | Coerente e minucioso. |
| Documentação de processos e do conhecimento | Difícil e dispendiosa. | Bastante fácil, barata. |
| Criatividade | Pode ser muito alta. | Baixa, insípida. |
| Uso de experiências sensoriais | Direto e rico em possibilidades. | Limitado; as experiências primeiro têm de ser interpretadas. |
| Reconhecimento de padrões e relações | Rápido; fácil de explicar. | O aprendizado da máquina, na maioria dos casos, ainda não é tão bom quanto o das pessoas, mas, em alguns casos, pode ser melhor. |
| Raciocínio | Faz uso de um grande contexto de experiências. | Bom apenas em domínios curtos, concentrados e estáveis. |

A transferência de perícia de um especialista para um computador e, depois, para o usuário envolve quatro etapas:

1. **Aquisição do conhecimento.** O conhecimento é adquirido de especialistas ou de fontes documentadas.
2. **Representação do conhecimento.** O conhecimento adquirido é organizado na forma de regras ou quadros (orientados a objetos) e armazenado eletronicamente em uma base de conhecimento.
3. **Inferência do conhecimento.** O computador é programado de modo a fazer inferências com base no conhecimento armazenado.
4. **Transferência do conhecimento.** A perícia inferida é transferida para o usuário na forma de uma recomendação.

### Os componentes dos sistemas especialistas

Os seguintes componentes estão presentes em um sistema especialista: base de conhecimento, mecanismo de inferência, interface com o usuário, quadro-negro (área de trabalho) e subsistema de explicação (justificador). No futuro, os sistemas incluirão um componente de refinamento do conhecimento. Discutiremos esses componentes a seguir. Além disso, as relações entre os componentes são mostradas na Figura 9.4.

- **Base de conhecimento.** A *base de conhecimento* contém o conhecimento necessário para entender, formular e resolver problemas. Ela inclui dois elementos básicos: (1) *fatos*, como a situação problemática; e (2) *regras* que direcionam o uso do conhecimento para resolver problemas específicos em determinada área.
- **Mecanismo de inferência.** O *mecanismo de inferência* é, em essência, um programa de computador que fornece uma metodologia para raciocinar e formular conclusões. Ele permite que o sistema faça inferências com base no conhecimento armazenado. O mecanismo de inferência é o cérebro do SE.
- **Interface com o usuário.** A *interface com o usuário* possibilita o diálogo do usuário com o computador. Esse diálogo pode ser mais bem conduzido em uma linguagem natural, geralmente em um formato de pergunta e resposta. Em alguns casos, ele é complementado por elementos gráficos. O diálogo entre o usuário e o computador aciona o mecanismo de inferência para associar os sintomas do problema ao conhecimento na base de conhecimento e, depois, gerar uma recomendação.
- **Quadro-negro.** O *quadro-negro* é uma área da memória reservada para a descrição de um problema atual, como especificado pelos dados de entrada. Ele é um tipo de bancos de dados.

- ***Subsistema de explicação.*** Uma característica peculiar de um SE é sua habilidade de *explicar* as recomendações. Ele realiza essa função em um subsistema chamado *subsistema de explicação*. O subsistema de explicação responde interativamente a perguntas como: *Por que* determinada pergunta foi feita pelo sistema especialista? *Como* o SE chegou a uma conclusão específica? *Qual* é o plano para chegar à solução?

Os especialistas humanos possuem um sistema de *refinamento de conhecimento*; ou seja, eles podem analisar seu próprio desempenho, aprender com ele e aprimorá-lo para consultas futuras. Esse tipo de avaliação também é necessário na aprendizagem computadorizada para que o programa seja capaz de melhorar através da análise das razões de seu sucesso ou fracasso. Infelizmente, esse componente ainda não está disponível nos sistemas especialistas comerciais, mas está sendo desenvolvido em sistemas experimentais. O Quadro 9.5 descreve uma tecnologia que pode ser considerada um SAD e um SE ao mesmo tempo.

### Aplicações, vantagens e limitações dos sistemas especialistas

Atualmente, os sistemas especialistas estão em uso em todos os tipos de organização. São particularmente úteis em 10 categorias genéricas, apresentadas na Tabela 9.3. Para ver outros exemplos de aplicações de SEs, divididas por setor, visite *www.exsys.com* (veja os estudos de casos).

Nos últimos anos, a tecnologia dos sistemas especialistas tem sido aplicada com sucesso em milhares de organizações no mundo inteiro para ajudar a resolver problemas desde pesquisas da AIDS até análises de solo em minas. Por que os SEs se tornaram tão populares? Devido à grande quantidade de habilidades e benefícios que eles oferecem. Os principais benefícios são listados na Tabela 9.4.

Entretanto, apesar das muitas vantagens, os SEs nem sempre são diretos e eficazes. Por exemplo, mesmo alguns sistemas especialistas complexos totalmente desenvolvidos são incapazes de atender cerca de 2% das solicitações a eles apresentadas. Por fim, os sistemas especialistas, como os humanos, algumas vezes produzem recomendações incorretas.

### Processamento de linguagem natural e tecnologias de voz

O **processamento de linguagem natural (PLN)** se refere à comunicação com um computador no idioma nativo do usuário. Para entender um pedido de informação em linguagem natural, o computador

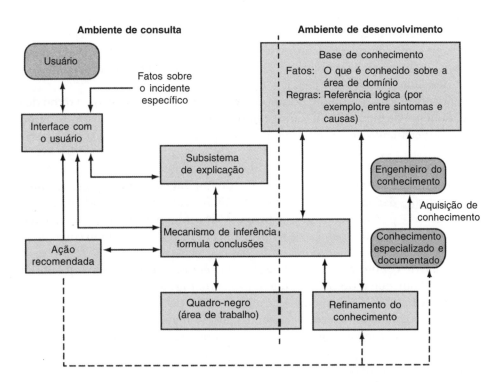

**Figura 9.4** Estrutura e processo de um sistema especialista.

## TI E A EMPRESA

### 9.5   Sistema ajuda médicos a diagnosticarem pacientes

Em abril de 1999, Isabel Maude, de 3 anos de idade, poderia ter morrido. O clínico geral da família e os médicos na sala de emergência do hospital no Reino Unido não conseguiram perceber que ela havia desenvolvido complicações potencialmente fatais decorrentes da catapora. Felizmente, ela se recuperou. Segundo um relatório de 2004 da HealthGrades Inc. (*www.healthgrades.com*), uma empresa de avaliações de saúde, informações e serviços de consultoria, muitas vidas são perdidas desnecessariamente como resultado de diagnósticos errados.

Os pais de Isabel decidiram fazer alguma coisa sobre a situação. Em 2002, fundaram a Isabel Healthcare Ltd. Essa empresa fornece um SAD clínico que se baseia em software da Autonomy Corporation. Com um mínimo de entrada de dados por parte dos médicos, o sistema apresenta a eles uma gama de diagnósticos diferentes, alguns dos quais podem não ser imediatamente óbvios, sobretudo aos profissionais menos experientes.

Apenas alguns meses após a empresa ser iniciada, o SAD clínico possuía 20.000 usuários de mais de 100 países. Uma importante razão para usar o sistema é que o conhecimento biomédico está aumentando rapidamente. O SAD acumulou um enorme número de diagnósticos. Os médicos podem usar o sistema para considerar muito mais rapidamente os diagnósticos anormais em casos difíceis.

Com a entrada em vigor do Health Insurance Portability and Accountability Act (HIPAA), os hospitais estão transferindo os registros médicos dos pacientes para o formato eletrônico. Esses registros eletrônicos estão sendo usados para aumentar o grau de precisão dos dados no sistema Isabel.

*Fontes*: Compilado de T. Claburn, "Software Aggregates Medical Knowledge in Hopes of Averting Misdiagnoses", *Information Week*, 22 de dezembro de 2004; P. Enrado, "Buyer's Guide to DSS: Isabel Healthcare", *Healthcare IT News*, julho de 2004; e *www.isabelhealthcare.com* e *www.autonomy.com*, acessados em 5 de abril de 2005.

### PERGUNTAS

1. O sistema Isabel Healthcare é um SAD ou um sistema especialista? Defenda sua resposta.
2. Como paciente, você se sentiria confortável se seu médico consultasse o sistema? Por quê?

---

precisa ter o conhecimento para analisar e, depois, interpretar a entrada. Isso pode incluir conhecimento lingüístico sobre palavras, conhecimento de domínio (conhecimento de uma área específica, com uma definição estrita, como uma matrícula de estudante ou viagem aérea), conhecimento de bom-senso e, até mesmo, conhecimento sobre os usuários e seus objetivos. Depois que a entrada é entendida pelo computador, ele pode tomar a ação desejada.

Nesta seção, discutiremos brevemente dois tipos de PLN: reconhecimento de voz ou de fala (também chamado de entendimento de linguagem natural) e síntese de voz (também chamado de geração de linguagem natural). O reconhecimento de voz é o lado da entrada e a síntese de voz é o lado da saída do PLN.

### Reconhecimento de voz

O **reconhecimento de voz (fala)**, ou **entendimento de linguagem natural**, permite que um computador compreenda instruções dadas no idioma normal do usuário, através do teclado ou por voz. O objetivo do reconhecimento de voz é permitir que um sistema não só reconheça a entrada de voz, mas que também a compreenda. Hoje, o reconhecimento de voz é empregado em PDAs sem fio, bem como em muitas aplicações em lojas e depósitos.

O reconhecimento de voz oferece várias vantagens. Primeiro, é fácil de usar. A quantidade de pessoas que consegue falar é maior que a de pessoas que é capaz de digitar. Visto que a comunicação com um computador depende de habilidades de digitação, muitas pessoas podem não ser capazes de usar os computadores de modo eficaz. Além disso, o reconhecimento de voz é mais rápido que a digitação. Até mesmo o mais competente digitador consegue falar mais rápido do que digitar. Estima-se que uma pessoa comum pode falar duas vezes mais rápido que um digitador profissional pode digitar.

Uma última vantagem é a liberdade das mãos. Obviamente, a comunicação com um computador através da digitação mantém as mãos do usuário ocupadas. Existem muitas situações em que os computadores

**Tabela 9.3** Dez categorias genéricas dos sistemas especialistas

| Categoria | Problema tratado |
|---|---|
| Interpretação | Inferir descrições de situações a partir de observações. |
| Previsão | Inferir as prováveis conseqüências de determinadas situações. |
| Diagnóstico | Inferir problemas no funcionamento de sistemas a partir de observações. |
| Design | Configurar objetos sob restrições. |
| Planejamento | Desenvolver planos para atingir objetivos. |
| Monitoramento | Comparar observações com planos; sinalizar exceções. |
| Depuração | Prescrever soluções para problemas de funcionamento. |
| Reparo | Executar um plano para administrar uma solução prescrita. |
| Instrução | Diagnosticar, depurar e corrigir desempenho de alunos. |
| Controle | Interpretar, prever, reparar e monitorar o comportamento de sistemas. |

podem ser úteis a pessoas cujas mãos estão ocupadas de outra forma, como montadores de produtos, pilotos de aeronave e executivos ocupados. O reconhecimento de voz também permite que pessoas com deficiências físicas na mão possam usar computadores.

Entretanto, existem limitações no reconhecimento de voz, o que restringe seu uso. A principal limitação é a incapacidade desses sistemas reconhecerem frases longas. Além disso, quanto melhor o reconhecimento de voz de um sistema, mais alto o custo. Nesses sistemas, como não é possível manipular ícones e janelas. Sendo assim, em alguns casos, a fala pode ter de ser conjugada com uma entrada de teclado, o que torna a comunicação mais lenta.

### Síntese de voz

A **síntese de voz**, ou **geração de linguagem natural**, é uma tecnologia que permite que os computadores gerem linguagem natural, por "voz" ou na tela, de modo que as pessoas possam entender os computadores com mais facilidade. Como indica o termo *síntese*, os sons que formam as palavras e frases são eletronicamente construídos a partir de componentes de som básicos e podem ser dispostos para formar qualquer padrão de voz desejado.

A qualidade atual da voz sintética é muito boa, mas a tecnologia ainda é um pouco cara. A previsão de custos menores e da melhoria no desempenho da voz sintética devem estimular o desenvolvimento de mais aplicações comerciais de *unidade de resposta audível (URA)*, especialmente na Web. Teoricamente, a URA pode ser usada em quase todas as aplicações que podem fornecer uma resposta automatizada para o usuário, como perguntas de funcionários relativas à folha de pagamento e aos benefícios. Muitos bancos e empresas de cartão de crédito já oferecem serviço de voz aos clientes, informando-os sobre saldo, cheques compensados etc. Para ver uma lista de outras aplicações do reconhecimento de voz, consulte a Tabela 9.5.

### Redes neurais

Uma **rede neural** é um sistema de programas e estruturas de dados que procura simular o funcionamento do cérebro humano. Uma rede neural normalmente envolve um grande número de processadores que operam em paralelo, cada qual com sua própria pequena esfera de conhecimento e acesso a dados na memória local (ver a Figura 9.5). Geralmente, uma rede neural é inicialmente "treinada" ou alimentada com grandes quantidades de dados e regras sobre relacionamentos entre dados.

As **redes neurais** são especialmente eficazes no reconhecimento de padrões sutis, ocultos e novos entre dados complexos, bem como na interpretação de entradas incompletas. As redes neurais podem ajudar uma

**Tabela 9.4** Benefícios dos sistemas especialistas

| Benefício | Descrição |
|---|---|
| Melhorias no resultado e na produtividade | Os SEs podem configurar componentes para cada pedido personalizado, aumentando as capacidades de produção. |
| Aumento da qualidade | Os SEs podem oferecer orientações coerentes e reduzir os índices de erro. |
| Captura e disseminação de especialização escassa | A especialização de qualquer lugar no mundo pode ser obtida e usada. |
| Operação em ambientes perigosos | Sensores podem coletar informações que um SE interpreta, permitindo que trabalhadores humanos evitem ambientes quentes, úmidos ou tóxicos. |
| Acessibilidade a postos de conhecimento e auxílio | Os SEs podem aumentar a produtividade dos funcionários de help-desk ou mesmo automatizar essa função. |
| Confiabilidade | Os SEs não ficam cansados nem entediados; não ficam doentes nem entram em greve. Prestam atenção constante nos detalhes. |
| Capacidade de trabalhar com informações incompletas ou incertas | Mesmo com uma resposta "não sei", um SE pode produzir uma solução, embora possa não ser definitiva. |
| Provisão de treinamento | O subsistema de explicação de um SE pode servir como dispositivo de ensino e base de conhecimento para iniciantes. |
| Melhoria das capacidades de tomada de decisões e resolução de problemas | Os SEs possibilitam a integração do julgamento especialista na análise (por exemplo, diagnóstico de problemas no funcionamento de máquinas e mesmo diagnósticos médicos). |
| Redução do tempo de tomada de decisão | Os SEs normalmente podem tomar decisões mais rapidamente do que pessoas trabalhando sozinhas. |
| Redução do tempo ocioso | Os SEs podem diagnosticar rapidamente problemas no funcionamento de máquinas e prescrever reparos. |

ampla gama de problemas, desde a segurança em vôos até o controle de doenças infecciosas. Elas se tornaram o padrão no combate à fraude nos setores de cartões de crédito, saúde e telecomunicação, e estão se tornando cada vez mais importantes no aumento dos esforços internacionais para evitar a lavagem de dinheiro. O exemplo a seguir mostra redes neurais em ação contra a fraude.

Vejamos um exemplo de aplicação de hipoteca, como mostra a Figura 9.5. A figura apresenta a ilustração de uma rede neural, que tem três níveis de nós interconectados (semelhantes ao cérebro humano). Vemos uma camada de nós de entrada, uma camada intermediária ou oculta e uma camada de saída. Conforme você treina a rede neural, as forças (ou pesos) das conexões mudam. Em nosso exemplo, os nós de entrada seriam idade, renda, ocupação, estado civil, empregador, tempo no emprego, valor da hipoteca desejada, taxa de juros atual e muito mais. A rede neural já foi treinada com entrada de dados de muitas aplicações de hipoteca bem-sucedidas e malsucedidas. Ou seja, a rede neural estabeleceu um padrão em relação a quais variáveis de entrada são necessárias para uma aplicação de hipoteca bem-sucedida. É interessante notar que a rede neural pode se ajustar conforme as quantias de hipoteca e os juros aumentam ou diminuem. No exemplo a seguir, a rede neural é treinada com suas compras de cartão de crédito no passado.

## Exemplo

### ■ Redes neurais protegem contra fraude em muitos setores

Nos Estados Unidos, se você tem um cartão de crédito ou celular, é quase certo que o software da Fair Isaac (*www.fairisaac.com*) está protegendo você. O software da empresa também pode estar combatendo fraudes quando você envia uma requisição médica, compra remédios de acordo com uma receita, candidata-se a obter um cartão de crédito ou compra um carro.

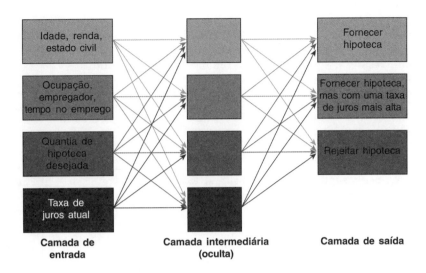

| Camada de entrada | Camada intermediária (oculta) | Camada de saída |

**Figura 9.5** Rede neural

Para protegê-lo, as empresas usam o software Fair Isaac Falcon. Considere a fraude de cartão de crédito. O software Falcon analisa suas compras de cartão de crédito anteriores e estabelece seus padrões de compra (por exemplo, valores, lojas, locais etc.). As compras nesse cartão de crédito são comparadas com o padrão para analisar se são fraudulentas. Se você já recebeu uma ligação telefônica da sua empresa de cartão de crédito pedindo para verificar uma compra específica, isso provavelmente foi resultado da ação do Falcon. Com o Falcon protegendo tantos cartões Visa, MasterCard e cartões de débito no mundo, cerca de um décimo de 1% dos lançamentos de cartão de crédito são fraudulentos, representando entre US$1 bilhão e US$2 bilhões em fraudes anualmente.

(*Fontes*: Compilado de K. Balint, "Fair Isaac Corporation Products Protect Consumers, Companies", *San Diego Union Tribune*, 19 de maio de 2005; "Fair Isaac Provides Both Credit Scores and Protection from Fraud", *NewsTarget.com*, 19 de maio de 2005; e *www.fairisaac.com*, acessado em 21 de maio de 2005.)

## Lógica difusa

A lógica difusa lida com incertezas ao simular o processo do raciocínio humano, permitindo que o computador se comporte com menos precisão e mais lógica do que os computadores convencionais. O fundamento em que se baseia esse método é que a tomada de decisão nem sempre é uma questão de preto e branco, verdadeiro ou falso. Ela normalmente envolve áreas intermediárias em que o termo "talvez" seja mais apropriado. Na verdade, os processos de tomada de decisão criativos freqüentemente são não-estruturados, informais, controversos e desconexos. Atualmente, existem apenas alguns exemplos de aplicações de lógica difusa nas empresas.

## Antes de prosseguir...

1. Descreva o significado de comportamento inteligente.
2. Compare a inteligência artificial e a natural.
3. Descreva a transferência da perícia dos especialistas humanos para um computador e, depois, para um usuário.
4. Quais são os benefícios e as limitações dos sistemas especialistas?
5. Quais são as vantagens e as desvantagens do reconhecimento de voz?
6. Quais são as vantagens e as desvantagens das redes neurais artificiais?
7. O que é lógica difusa?

**Tabela 9.5**  Exemplos de aplicações de tecnologia de voz

| Tipos de aplicações | Empresas | Dispositivos usados |
|---|---|---|
| Responder a perguntas sobre reservas, programações, bagagens perdidas etc. | Scandinavian Airlines, outras empresas aréreas | Saída |
| Informar portadores de cartões de crédito sobre saldos e créditos, fornecer saldos de conta bancária e outras informações a clientes | Citibank, muitos outros bancos | Saída |
| Verificar informações de cobertura | Delta Dental Plan (CA) | Saída |
| Solicitar a retirada de pacotes, pedir suprimentos | Federal Express | Entrada |
| Fornecer informações sobre serviços, receber pedidos | Illinois Bell, outras empresas de telefone | Saída e entrada |
| Permitir que lojas peçam suprimentos, fornecer informações de preço | Domino's Pizza | Saída e entrada |
| Permitir que inspetores apresentem resultados de testes de controle de qualidade | General Electric, Rockwell International, Austin Rover, Westpoint Pepperell, Eastman Kodak | Entrada |
| Permitir que recebedores de cargas informem pesos e níveis de estoque de várias carnes e queijos | Cara Donna Provisions | Entrada |
| Realizar pesquisas de mercado e telemarketing | Weidner Insurance, AT&T | Entrada |
| Notificar pessoas de emergências detectadas por sensores | Departamento de Energia dos Estados Unidos, Idaho National Engineering Lab, Honeywell | Saída |
| Notificar pais sobre cancelamento de aulas e ausência de alunos | Departamento de Educação de Nova Jersey | Saída |
| Lembrar pacientes de horários, resumir e informar resultados de exames | Kaiser-Permanente HMO | Saída |
| Acionar rádios, aquecedores, luzes etc. | Fabricantes de automóveis | Entrada |
| Registrar entrada e saída no departamento de pessoal | Taxoma Medical Center | Entrada |
| Solicitar cirurgiões na sala de emergência para realizar exames, informar resultados de exames por médicos | St. Elizabeth's Hospital | Saída e entrada |
| Enviar e receber dados de pacientes, pesquisar médicos, preparar programações e registros médicos | Hospital Corporation of America | Saída e entrada |

## O que a **TI** pode me proporcionar?

■ **Para a área de contabilidade**

Os sistemas inteligentes são amplamente usados na auditoria para descobrir irregularidades. Também são usados para descobrir e evitar fraudes. Atualmente, os contadores usam sistemas inteligentes para muitas tarefas, variando desde análises de risco até controle de custos. O pessoal de contabilidade também usa agentes inteligentes para várias tarefas corriqueiras, como gerenciar contas ou monitorar o uso da Internet pelos funcionários.

■ **Para a área de finanças**

As pessoas usam computadores há décadas para resolver problemas financeiros. Existem aplicações inovadoras de apoio à decisão para atividades como decisões relacionadas ao mercado de ações, refinanciamento de títulos, avaliação de risco de endividamento, análise de condições financeiras, previsão de falhas empresariais, projeção de tendências financeiras e investimento no mercado global. Os sistemas inteligentes provaram ser superiores a outros métodos computadorizados em muitas situações. Os agentes inteligentes podem facilitar o uso de planilhas e outros sistemas computadorizados empregados nas finanças. Finalmente, os sistemas inteligentes podem ajudar a reduzir as fraudes em cartões de crédito, ações e outros serviços financeiros.

■ **Para a área de marketing**

O pessoal de marketing utiliza modelos de SAD em muitas aplicações, como, por exemplo, alocação de verbas de publicidade e avaliação de rotas alternativas para vendedores. Novos métodos de marketing, como o marketing focalizado e os bancos de dados de transações de marketing, são fortemente dependentes da TI em geral e dos sistemas inteligentes em particular. Os sistemas inteligentes são especialmente úteis para pesquisar bancos de dados de clientes e prever seu comportamento. Aplicações bem-sucedidas são encontradas em quase todas as áreas de marketing e vendas, desde a análise do sucesso da propaganda boca a boca até o apoio a help-desks para clientes. Com a crescente importância do serviço ao cliente, o uso dos agentes inteligentes está se tornando vital para fornecer respostas rápidas.

■ **Para a área de produção/operações**

Os SADs apóiam operações complexas e decisões de produção, desde o estoque até o planejamento da produção. Muitos dos primeiros SEs foram desenvolvidos no campo do gerenciamento de produção/operações para tarefas que vão desde o diagnóstico de falhas em máquinas e prescrição dos reparos até a programação complexa da produção e o controle de estoques. Algumas empresas, como a DuPont e a Kodak, têm implementado centenas de SEs no planejamento, na organização e no controle de seus sistemas operacionais.

■ **Para a área de recursos humanos**

O departamento de recursos humanos usa sistemas inteligentes para muitas aplicações. Por exemplo, os agentes inteligentes podem encontrar currículos de candidatos publicados na Web e selecionar os que correspondem às qualificações exigidas. Os sistemas especialistas são usados na avaliação dos candidatos (testes, entrevistas). Os sistemas inteligentes são usados para facilitar o treinamento e para apoiar o autogerenciamento de benefícios trabalhistas. A computação neural é usada para prever o desempenho dos funcionários no cargo e para estimar as necessidades de mão-de-obra. Os sistemas de reconhecimento de voz fornecem informações sobre benefícios aos funcionários.

■ **A função do SIG**

A função do SIG fornece os dados e modelos que os gerentes usam nos sistemas de apoio à decisão. O pessoal de SIG também é responsável pelas informações em cada tela dos sistemas de apoio ao executivo. Os engenheiros de conhecimento normalmente são empregados de SIG e têm a difícil tarefa de interagir com especialistas da área objeto para desenvolver sistemas especialistas.

## RESUMO

*1. Descrever os conceitos de gerenciamento, tomada de decisões e apoio computadorizado à tomada de decisões.*

Gerenciamento é um processo pelo qual as metas organizacionais são alcançadas com o uso de recursos (pessoas, dinheiro, energia, materiais, tempo e espaço). Os gerentes possuem três funções básicas: interpessoais, informativas e de decisão. Ao tomar uma decisão, seja organizacional ou pessoal, o tomador de decisão passa por um processo de quatro etapas: inteligência, projeto, escolha e implementação. Diversas tecnologias da informação têm sido utilizadas com sucesso para apoiar diretamente os gerentes. Coletivamente, elas são chamadas de sistemas de apoio gerencial (SAGs). Essas tecnologias incluem sistemas de apoio à decisão, sistemas de apoio ao executivo, sistemas de apoio à decisão em grupo e sistemas inteligentes.

## 2. Descrever os sistemas de apoio à decisão (SADs), concentrando-se em sua estrutura e nos benefícios que oferecem para os gerentes.

Um sistema de apoio à decisão é um sistema de informação computadorizado que combina modelos e dados na tentativa de resolver problemas semi-estruturados e alguns problemas não-estruturados com intenso envolvimento do usuário. As vantagens do SAD incluem (entre outras): apoio para tomadores de decisão em todos os níveis administrativos; apoio para todas as etapas do processo de tomada de decisão; aprimoramento do aprendizado; e intensa análise de dados baseada no usuário, normalmente através de modelagem. Um SAD consiste nos componentes de gerenciamento de dados e gerenciamento de modelos, uma interface com o usuário, usuários finais e, algumas vezes, componentes de gestão do conhecimento.

## 3. Descrever o apoio computadorizado à tomada de decisões em grupo.

Um sistema de apoio à decisão em grupo (GDSS) é um sistema interativo computadorizado que facilita a solução de problemas semi-estruturados e não-estruturados por um grupo de tomadores de decisão. O objetivo de um GDSS é apoiar o *processo* de chegar a uma conclusão.

## 4. Descrever os sistemas de apoio à decisão organizacionais e os sistemas de apoio ao executivo.

Um sistema de apoio à decisão organizacional (ODSS) se concentra em uma tarefa ou atividade organizacional, envolvendo uma seqüência de operações e tomadores de decisão. Visa resolver problemas e melhorar a comunicação e a coordenação das atividades organizacionais.

Um sistema de informação executiva (SIE) atende às necessidades de informação dos altos executivos. Fornece acesso rápido a informações atuais e acesso direto a relatórios gerenciais. Um SIE possui uma interface bastante amigável, baseada em gráficos, e oferece as habilidades de relatórios detalhados e de exceção.

## 5. Descrever a inteligência artificial (IA).

A inteligência artificial envolve o estudo dos processos de raciocínio humano e tenta representar esses processos em máquinas (computadores, robôs etc.). O principal objetivo da IA é construir máquinas que imitem a inteligência humana.

## 6. Definir um sistema especialista e identificar seus componentes.

Os sistemas especialistas (SEs) são uma tentativa de reproduzir as capacidades de raciocínio dos especialistas humanos. Um SE é um software de tomada de decisões que pode alcançar um nível de desempenho comparável a um especialista humano em determinada área problemática especializada e normalmente restrita.

Os componentes dos sistemas especialistas incluem a base de conhecimentos, o mecanismo de inferência, a interface com o usuário, o quadro-negro (uma área da memória de trabalho) e o subsistema de explicação. Espera-se que, no futuro, os SEs também tenham um sistema de refinamento do conhecimento que possa analisar o desempenho e se aprimorar de acordo com essa análise.

## 7. Descrever o reconhecimento e a síntese de voz e as redes neurais.

O reconhecimento de voz, ou entendimento de linguagem natural, permite que um computador compreenda instruções dadas em linguagem comum, através do teclado ou da voz, de modo que os computadores sejam capazes de entender as pessoas. A síntese de voz, ou geração de linguagem natural, procura permitir que os computadores produzam linguagem normal, na tela ou por voz, de modo que as pessoas possam entender os computadores com mais facilidade.

Uma rede neural é um sistema de programas e estruturas de dados que procura simular o funcionamento do cérebro humano. Uma rede neural normalmente envolve um grande número de processadores operando em paralelo, cada um com sua própria pequena esfera do conhecimento e acesso a dados em sua memória local. Em geral, uma rede neural é inicialmente "treinada" ou alimentada com grandes quantidades de dados e regras sobre relacionamentos entre dados.

# Glossário

**análise de busca de metas** Estudo que tenta descobrir o valor das entradas necessárias para alcançar determinado nível de saída.

**análise de sensibilidade** Estudo do impacto que as mudanças em uma ou mais partes de um modelo exercem sobre as outras partes.

**análise de variações hipotéticas (what-if)** Estudo do impacto de uma alteração nas suposições (dados de entrada) sobre a solução proposta.

**gerenciamento** Processo pelo qual as metas da organização são atingidas por meio do uso de recursos.

**inteligência artificial (IA)** Subcampo da ciência da computação que visa estudar os processos do pensamento humano e recriar esses processos através de máquinas.

**modelo (na tomada de decisões)** Representação simplificada, ou abstração, da realidade.

**processamento de linguagem natural (PLN)** Comunicação com um computador em inglês ou em qualquer outro idioma falado pelo usuário.

**produtividade** Relação entre as entradas para um processo e as saídas desse processo.

**reconhecimento de voz (fala)** ou **entendimento de linguagem natural** Capacidade de um computador de compreender instruções dadas em linguagem normal, através do teclado ou da fala.

**rede neural** Sistema de programas e estruturas de dados que procura simular o funcionamento do cérebro humano.

**sala de decisão** Cenário em que pessoas se reúnem para um SAD em grupo, em que terminais estão disponíveis aos participantes.

**síntese de voz** ou **geração de linguagem natural** Tecnologia que permite que computadores gerem uma linguagem natural, por "voz" ou na tela, de modo que as pessoas possam entender os computadores mais facilmente.

**sistema de informação executiva (SIE)** Sistema de informação computadorizado, projetado em resposta às necessidades específicas dos executivos; também conhecido com *sistema de apoio ao executivo*.

**sistema de apoio à decisão (SAD)** Sistema de informação computadorizado que combina modelos e dados em uma tentativa de resolver problemas semi-estruturados e alguns problemas não-estruturados com intenso envolvimento do usuário.

**sistema de apoio à decisão em grupo (GDSS)** Sistema interativo computadorizado que apóia o processo de encontrar soluções por um grupo de tomadores de decisão.

**sistema de apoio à decisão organizacional (ODSS)** SAD que se concentra em uma tarefa ou atividade organizacional envolvendo tomadores de decisão e uma seqüência de operações.

**sistema especialista (SE)** Sistema de computação que tenta imitar especialistas humanos aplicando metodologias de raciocínio ou conhecimento sobre uma área específica.

**sistemas de apoio gerencial** Tecnologias da informação projetadas para apoiar gerentes: sistemas de apoio à decisão, sistemas de apoio ao executivo, sistemas de apoio à decisão em grupo e sistemas inteligentes.

**sistemas inteligentes** Termo que descreve as diversas aplicações comerciais da inteligência artificial.

**teste de Turing** Teste para a inteligência artificial, em que um entrevistador humano, ao conversar com um ser humano e um computador, ambos sem serem vistos, não consegue determinar qual é qual; formulado pelo matemático inglês Alan Turing.

# Perguntas para discussão

1. Sua empresa está pensando em abrir uma nova fábrica na China. Faça uma lista de várias atividades típicas em cada etapa da decisão (inteligência, projeto, escolha e implementação).

2. A American Can Company anunciou que está interessada em adquirir uma empresa na área da organização de manutenção de saúde (HMO). Duas decisões estão envolvidas nesse ato: (1) a decisão de adquirir uma HMO; e (2) a decisão de qual adquirir. De que maneiras um SAD, um SE e um SAE podem ser usados nessa situação?

3. Uma diferença importante entre um sistema de apoio à decisão convencional e um SE é que o primeiro pode explicar uma pergunta *como*, enquanto o segundo também pode explicar uma pergunta *por quê*. Discuta essa questão.

4. Os sistemas de apoio ao executivo deveriam ser renomeados e disponibilizados para mais níveis administrativos do que apenas os executivos? Justifique sua resposta. Se sua resposta for sim, como você justificaria esse uso expandido do SAE?

## Atividades para solução de problemas

1. A Tabela 9.3 fornece uma lista de 10 categorias de SE. Compile uma lista de 10 exemplos das diversas áreas funcionais em uma organização (contabilidade, finanças, produção, marketing e recursos humanos) que mostrem aplicações funcionais relacionadas às 10 categorias.
2. Prepare uma tabela mostrando todos os argumentos que você consiga imaginar que justifiquem a opinião de que os computadores não podem raciocinar. Depois, prepare argumentos que provem o contrário.

## Atividades na Internet

1. Entre nos sites *www.microstrategy.com*, *www.hyperion.com* e *www.businessobjects.com* e identifique os principais produtos de SAD de cada empresa. Encontre histórias de sucesso de clientes que utilizam esses produtos.
2. Prepare um relatório sobre o uso de sistemas especialistas em help-desks. Colete informações de *www.ginesys.com*, *www.exsys.com* e *www.ilog.com*.
3. Na MIT (*www.media.mit.edu*), existe um considerável interesse nos agentes inteligentes. Descubra as últimas atividades relacionadas à IA. (Veja pesquisas e projetos.)
4. Visite *www.sas.com/technologies/bi/visualization/index.html*. Identifique links para aplicações reais nas áreas de finanças, produção, saúde e automotiva. (Sugestão: veja a lista das atividades no lado esquerdo do site.) Prepare um relatório sobre as aplicações atuais.

## Trabalhos em equipe

1. Prepare um relatório sobre os SADs e a Web. Para começar, visite *dssresources.com* (clique em "tour DSS"). Cada grupo representa um fornecedor, como *www.microstrategy.com*, *www.sas.com*, *www.hyperion.com*, *www.ca.com*, *www.oracle.com*, *www.ibm.com* etc. Cada grupo deve preparar um relatório visando convencer uma empresa de que suas ferramentas de SAD para a Web são as melhores.
2. Encontre aplicações recentes dos sistemas inteligentes em uma organização. Atribua uma ampla área funcional a cada grupo. Depois, usando uma pesquisa literária, materiais de fornecedores ou contatos com empresas, cada membro de grupo deve encontrar duas ou três aplicações recentes (dos últimos seis meses) dos sistemas inteligentes nessa área. Tente os periódicos *Expert Systems* e *IEEE Intelligent Systems*.
   a. O grupo fará uma apresentação na qual tentará, com exemplos, convencer a turma de que os sistemas inteligentes são mais úteis na área funcional que lhe foi atribuída.
   b. A turma inteira realizará uma análise das semelhanças e diferenças entre as aplicações para todas as áreas funcionais.
   c. A turma votará na área funcional que está se beneficiando mais dos sistemas inteligentes.

## Varejista de roupas precisa se manter atualizado

### O PROBLEMA DA EMPRESA

Elie Tahari (*www.elietahari.com*), a maior empresa de vestuário feminino de Nova York, quer que seus executivos, designers e gerentes de vendas tomem decisões melhores para lançar a moda nas lojas mais rapidamente. A chave para ajudar a empresa a manter vivos seus planos de expansão é fornecer melhores informações aos tomadores de decisões. A empresa planeja crescer de US$200 milhões hoje para US$1 bilhão em 2012.

Para conseguir esse crescimento, a Tahari precisa ser capaz de identificar tendências de moda imediatamente. Os estilos e o marketing da empresa têm sido constantemente arrojados. Entretanto, em 2004, os sistemas de informação usados para monitorar as operações eram simplesmente inadequados. Na época, a empresa tinha pouco mais do que notas de embarque para rastrear os produtos desde os fabricantes até os centros de distribuição e, daí, aos varejistas. Para piorar as coisas, a qualidade dos dados de vendas que os executivos da empresa estavam recebendo dos varejistas era extremamente ruim.

Os relatórios de vendas eram compilados pelas dezenas de redes de varejistas que vendem roupas da Elie Tahari. Depois, eram enviados ao final de cada semana para o designer em formatos como planilhas Excel e documentos de intercâmbio eletrônico de dados. Entretanto, as informações nos documentos muitas vezes eram incompletas. Em outros casos, eram repetidas. Finalmente, alguns varejistas enviavam aumentos ou reduções nas porcentagens sobre as vendas, enquanto outros forneciam quantias reais em dólares.

A Tahari tinha dois empregados que trabalhavam em tempo integral dois dias inteiros no início de cada semana para reunir os relatórios e verificar se estavam completos e corretos. Isso não só levava tempo, mas os gerentes de empresa não viam os relatórios de vendas até o meio da semana. Esse arranjo não dava aos gerentes muito tempo para usar as informações de modo a influenciar as vendas da semana.

A Tahari precisava saber que tecidos estavam no estoque e se eles podiam ser usados quando designs novos ou alterados eram pedidos. A empresa queria um sistema que lhe permitisse transmitir claramente às fábricas instruções sobre alterações no design. A empresa também precisava de uma ferramenta para registrar alterações nos designs iniciais. Por exemplo, se os designers quisessem uma alteração no design, podiam fazer anotações de medida no sistema e, depois, inserir um diagrama que mostrasse aos fabricantes exatamente o que precisava ser feito. A Tahari decidiu criar um único sistema de informação que permitisse aos gerentes monitorar a atividade comercial desde a fabricação até o caixa registrador.

## A SOLUÇÃO DA TI

A Tahari escolheu o WebFocus (*www.informationbuilders.com*), um software de apoio à decisão que pode acessar dados de diversas fontes. A empresa também implementou um software que coleta informações de varejo semanais. Os varejistas agora enviam os relatórios de vendas ao final da semana para essa aplicação. O software, então, corrige erros de digitação, elimina duplicidades e transmite os dados "limpos" para o data warehouse da Tahari toda segunda de manhã. O WebFocus usa esses dados para produzir relatórios de vendas e financeiros personalizados para os gerentes.

A Tahari também implementou um sistema de produção que permite que a empresa transmita eletronicamente esboços de estilo e especificações de acessórios com as fábricas. Os gerentes também podem usar o sistema para monitorar embarques de pedidos e controlar matérias-primas, como tecidos. Esse sistema oferece à empresa uma ajuda no controle do estoque de material. Depois que a Tahari implementou essas duas aplicações, a empresa desenvolveu um "painel" que exibe informações dos dois sistemas. Essa configuração permite que os gerentes comparem informações de vendas e produção na mesma tela.

## OS RESULTADOS

Os gerentes da Tahari agora sabem o que está acontecendo nos depósitos, nas fábricas que fazem seus produtos e nas lojas que os vendem. Os executivos de vendas agora podem ver quais produtos estão vendendo e quais produtos os clientes têm pedido. Os gerentes de vendas também podem detectar problemas potenciais com uma conta. Por exemplo, se um carregamento for obstruído por falta de crédito, o representante da conta saberá imediatamente e poderá contatar o varejista para definir opções de pagamento e embarque.

As novas aplicações reduziram as despesas da empresa em US$1 milhão por ano. Também eliminaram o processo de dois dias para reunir os relatórios de vendas dos varejistas toda semana. Finalmente, eles economizaram uma semana no processo de design e produção da empresa.

*Fontes*: Compilado de McCormick, J. "Elie Tahari: Ready to Wear", *Baseline Magazine,* 1º de setembro de 2004; Ohlson, K. "Elie Tahari Discovers Business Intelligence", *ADTMagazine,* 27 de abril de 2005; D. Baum, "Elie Tahari Ltd. Unveils New End-User Reporting Framework", *Information Builders Magazine,* outono de 2003; e *www.elietahari.com* e *www.informationbuilders.com,* acessados em 5 de abril de 2005.

## PERGUNTAS

1. Por que as informações atuais e rápidas são tão importantes para a Elie Tahari?
2. Examine a relação entre as aplicações de apoio à decisão na produção e nas vendas.

# Capítulo 10

# Aquisição de aplicações de TI

## PRÉVIA DO CAPÍTULO

As organizações competitivas se movem o mais rapidamente possível para adquirir novas tecnologias da informação (ou modificar as existentes) quando precisam melhorar a eficiência e conquistar vantagem estratégica. Mas, atualmente, a aquisição vai além de construir novos sistemas internos, e os recursos da tecnologia da informação vão além de software e hardware. O antigo modelo de as empresas desenvolverem seus próprios sistemas está sendo substituído por uma perspectiva mais ampla de aquisição de recursos de TI que fornece às empresas inúmeras opções. As empresas agora precisam decidir que tarefas de TI permanecerão internas e, até mesmo, se o recurso de TI inteiro deve ser fornecido e gerenciado por outras organizações. Este capítulo descreve o processo da aquisição de recursos de TI a partir de uma perspectiva gerencial. Daremos atenção especial às opções disponíveis e a como avaliá-las. Também veremos de perto o planejamento e a justificativa da necessidade de sistemas de informação.

## Esboço do capítulo

10.1  Planejamento e justificativa das aplicações de TI
10.2  Estratégias para aquisição de aplicações de TI
10.3  O ciclo de vida do desenvolvimento de sistemas tradicional
10.4  Métodos e ferramentas alternativos para desenvolvimento de sistemas
10.5  Terceirização e provedores de serviços de aplicação
10.6  Escolha de fornecedor e software

## Metas de aprendizagem

1. Descrever o processo de planejamento da TI.
2. Descrever o processo e os métodos de justificativa.
3. Descrever o ciclo de vida do desenvolvimento de sistemas e suas vantagens e limitações.
4. Descrever os principais métodos e ferramentas alternativos para a construção de sistemas de informação.
5. Listar as principais opções de aquisição de TI e os critérios para a escolha da opção.
6. Descrever o papel dos ASPs.
7. Descrever o processo de escolha de fornecedor e software.

## O que a **TI** pode me proporcionar?

CTB  FIN  MKT  GPO  GRH  SIG

---

## Desenvolvimento rápido de sistemas

---

- ### O problema da empresa

A AgriBeef (*www.agribeef.com*), empresa de US$500 milhões de Idaho, com 1.100 empregados, atua no negócio de criação e distribuição de gado. A empresa não queria continuar usando o antigo software financeiro porque ele não permitia o registro automatizado de transações entre suas 22 unidades comerciais. Toda vez que um pedido de carne era enviado de um dos ranchos para uma das unidades distribuidoras, um empregado precisava preencher um pedido em papel e, depois, destacar um cheque para a outra divisão. Quando ocorria uma transação com outra empresa, esse cheque físico era depositado na conta da outra empresa. Nesse ponto, eram criadas todas as transações de vendas, custos de vendas, estoque e contas a pagar e a receber. Finalmente, para fins de consolidação, essas transações eram inseridas manualmente e enviadas para o controlador corporativo para aprovação.

A empresa decidiu implementar um novo sistema de informação financeiro que funcionaria a partir de 1º de janeiro. Ao entrar em atividade no início do ano (e também no início do ano fiscal da empresa), a AgriBeef teria de transferir apenas os balanços das contas de razão geral. Não teria de converter os detalhes de milhares de transações de razão geral, contas a receber e contas a pagar que surgiriam após 1º de janeiro. Além disso, o primeiro trimestre tende a ser o mais movimentado na AgriBeef. Por essa razão, se a empresa não conseguisse ter o sistema funcionando em 1º de janeiro, teria de adiar o projeto até maio ou junho. Infelizmente, embora quisessem ter o novo sistema funcionando em 1º de janeiro, os executivos da AgriBeef só escolheram a PeopleSoft em novembro, com apenas 42 dias até a data desejada.

- ### A solução da TI

Para a PeopleSoft, o prazo de 1º de janeiro parecia irreal, na melhor das hipóteses, e potencialmente desastroso na pior. Implementar um novo sistema financeiro normalmente envolve uma configuração intensa para que o sistema possa produzir resultados financeiros da maneira com que a empresa está acostumada. Para a PeopleSoft, sabendo o quanto isso pode ser complicado, a definição de uma implementação "rápida" era 12 semanas. Mesmo essa programação era apertada e envolvia um alto grau de tensão.

Mesmo assim, a PeopleSoft concordou em pegar o projeto. No entanto, a empresa percebeu que poderia não haver tempo suficiente para treinar os empregados da AgriBeef ou desenvolver as 13 interfaces necessárias para importar as informações dos sistemas e aplicações existentes da AgriBeef. Além disso, teria de limitar o tempo dedicado aos testes e à depuração do novo sistema.

A PeopleSoft imediatamente mobilizou quatro controladores de divisão da AgriBeef como "usuários principais" do esforço. Essas pessoas haviam trabalhado penosamente durante anos com dezenas de planilhas Excel geradas de vários sistemas financeiros todo mês e trimestre para compilar relatórios consolidados. No início do processo, os controladores concordaram com um novo sistema de numeração para fornecedores e clientes. Desse modo, todas as contas e declarações de cobrança estariam uniformes ao longo da organização inteira.

Originalmente, o plano exigia que seis módulos financeiros fossem implementados em 1º de janeiro. Na verdade, apenas os quatro primeiros foram implementados: razão geral, contas a pagar, contas a receber e cobrança. Gerenciamento de caixa e gerenciamento de ativos fixos vieram mais tarde.

Para que a implementação de seis semanas fosse bem-sucedida, a AgriBeef tinha de tomar uma decisão crucial: usar o software da PeopleSoft com as configurações originais, sem qualquer personalização. Isso significava que a AgriBeef precisava fazer escolhas sobre como configuraria o software da PeopleSoft a partir das opções existentes. Além disso, os empregados da AgriBeef precisavam ser treinados na metade do tempo normalmente necessário. Em geral, um cliente mandaria seus usuários principais para a universidade da PeopleSoft para fazer um treinamento local de quatro dias. Para esse projeto, a PeopleSoft enviou seus consultores para Idaho por dois dias a fim de realizar um curso intensivo na AgriBeef.

- ### Os resultados

A AgriBeef e a PeopleSoft cumpriram o prazo fixado. A AgriBeef agora economiza pelo menos 200 horas de funcionários por mês na compilação dos dados para seus relatórios financeiros. As transações entre unidades comerciais são automatizadas e, pela primeira vez na história da empresa, todas as unidades da organização estão usando o mesmo sistema.

- ### O que aprendemos com este caso

O caso da AgriBeef demonstra como surge a necessidade de uma nova aplicação de TI: uma organização é confrontada com um sério problema comercial. A questão, então, refere-se a que aplicações de TI implementar e como fazer isso. A tendência hoje é usar parceiros tecnológicos (a PeopleSoft, neste caso) dos quais comprar ou alugar software, para os quais terceirizar o trabalho, ou com os quais trabalhar em conjunto. Neste caso, a PeopleSoft trabalhou muito perto da AgriBeef para desenvolver a aplicação de que a AgriBeef precisava em um período de tempo muito curto.

Este capítulo aborda a aquisição de sistemas de TI. Por "aquisição" queremos dizer todos os métodos de obter sistemas: compra, aluguel e construção. O fator aquisição é complexo por várias razões. Primeiro, há uma grande variedade de aplicações de TI e elas sempre mudam com o tempo. Além disso, a aquisição de TI pode envolver vários parceiros comerciais, e não há uma forma única de adquirir aplicações de TI. Elas podem ser desenvolvidas internamente, obtidas de um fornecedor ou desenvolvidas por meio de uma combinação das duas. Não é de surpreender que as organizações usem diferentes metodologias e métodos de desenvolvimento para adquirir aplicações de TI.

*Fontes*: Compilado de L. Barrett, "AgriBeef: Cattle Drive", *Baseline Magazine,* 1º de novembro de 2004; "AgriBeef Company: Beefing Up Financial Systems Pays Off", *www.peopletalkonline.com,* julho de 2004; e *www.peoplesoft.com* e *www.agribeef.com,* acessados em 11 de março de 2005.

## 10.1 Planejamento e justificativa das aplicações de TI

As organizações precisam analisar a necessidade das aplicações e, depois, justificar cada aplicação em termos de custos e benefícios. A necessidade de um sistema de informação geralmente está relacionada ao planejamento organizacional e à análise do desempenho da empresa comparado com o dos concorrentes. A justificativa de custo-benefício precisa avaliar a sabedoria do investimento em TI em relação ao investimento em projetos alternativos.

Quando uma empresa examina suas necessidades e seu desempenho, ela gera uma lista priorizada das aplicações de TI tanto existentes quanto potenciais, chamada **portfólio de aplicações**. Essas são as aplicações que precisam ser acrescentadas, ou modificadas se já existirem. O Quadro 10.1 descreve o processo de planejamento.

### Planejamento de TI

O processo de planejamento para novas aplicações de TI começa com a análise do *plano estratégico da organização*, como mostra a Figura 10.1. O plano estratégico da organização determina a missão geral da empresa, as metas que advêm dessa missão e as etapas gerais necessárias para alcançar essas metas. O processo de planejamento estratégico compara os objetivos e os recursos da organização para satisfazer seus mercados em processo de transformação e suas oportunidades.

O plano estratégico organizacional e a arquitetura de TI existente fornecem os dados para desenvolver o plano estratégico de TI. Como vimos no Capítulo 1, a *arquitetura de TI* delineia a forma como se devem utilizar os recursos de informação da organização para realizar a missão. Ela abrange os aspectos técnicos e gerenciais dos recursos de informação. Os aspectos técnicos englobam o hardware e os sistemas operacionais, as redes, os sistemas de gerenciamento de dados e software de aplicações. Os aspectos gerenciais especificam como administrar o departamento de SI, como os gerentes de áreas funcionais participarão e como as decisões de TI serão tomadas.

O **plano estratégico de TI** é um conjunto de metas de longo prazo que descrevem a infra-estrutura de TI e as principais iniciativas de TI necessárias para alcançar as metas da organização. O plano estratégico de TI deve atender a três objetivos:

1. Estar alinhado com o plano estratégico da organização.
2. Fornecer uma arquitetura de TI que permita que usuários, aplicações e bancos de dados sejam integrados e operem em rede sem interrupções.
3. Alocar de forma eficiente os recursos de desenvolvimento de SI entre projetos concorrentes, para que os projetos possam ser concluídos a tempo, dentro do orçamento e com a funcionalidade necessária.

Depois que uma empresa chega a uma conclusão quanto ao plano estratégico de TI, ela desenvolve o *plano operacional de SI*. Esse plano consiste em um conjunto claro de projetos que serão executados pelo

## TI E A EMPRESA

### 10.1 AFLAC aprende a planejar seus projetos de TI

Em 2000, a American Family Life Assurance Co. (AFLAC) (*www.aflac.com*) tinha dezenas de projetos de tecnologia — em tudo, desde processamento de requisições até análise financeira — em desenvolvimento ao mesmo tempo. A AFLAC havia decidido produzir grande parte de seu software internamente, mas não estava completando os projetos de desenvolvimento de TI no prazo. Em 2001, a empresa instituiu um processo de planejamento para identificar idéias de projeto dúbias antes de entrarem na fila de desenvolvimento.

A empresa criou um ciclo de planejamento de seis etapas que chama de "portões". Nos Portões 1 e 2, ocorre a maior parte das idéias e do planejamento. Cerca de 75% das idéias que surgem nas unidades comerciais passam pelo Portão 1. Por sua vez, 90% das idéias que passam pelo Portão 1 passam pelo Portão 2 e são, então, desenvolvidas.

Para chegar ao Portão 1, um gerente de negócios chega ao escritório da gerência de projeto de TI com uma idéia. Eles trabalham juntos para: (1) desenvolver o caso empresarial para o projeto; (2) determinar que recursos de tecnologia são necessários, incluindo qualquer novo software e a quantidade de programadores; e (3) calcular os custos. Se o estudo inicial fizer sentido, o projeto chega ao Portão 1 e o gerente de negócios apresenta o projeto ao comitê diretor de projetos da AFLAC. A reunião do Portão 1 concentra-se nos objetivos tangíveis, como a redução da quantidade de empregados que lidam com uma única solicitação de cliente.

Se o comitê aprovar o projeto, ele aloca cerca de 25% do custo total estimado do projeto para desenvolver o caso empresarial detalhado e a declaração de impacto de TI necessários para atravessar o Portão 2. A análise resultante é resumida em um documento de 10 páginas com os objetivos, os custos e o retorno financeiro do projeto, que é apresentado ao comitê diretor na reunião do Portão 2. Passar pelo Portão 2 é o ponto mais crítico da vida — ou morte — de um projeto.

Os projetos que sobrevivem ao Portão 2 entram no Portão 3 (design), Portão 4 (construção e teste), Portão 5 (instalação) e Portão 6 (avaliação dos benefícios). Em 2003, a AFLAC completou apenas 9 projetos. Por outro lado, em 2004, como os projetos eram avaliados com mais cuidado, a empresa completou todos os 40 projetos que passaram pelo Portão 2.

*Fontes*: Compilado de Nash, K. "AFLAC: Duck Soup", *Baseline Magazine*, 1º de setembro de 2004; "AFLAC and Primavera: A Partnership for Success", *www.primavera.com*, acessado em 29 de abril de 2005; O'Donnell, A. "Worth the Effort: Tackling the New Project Management", *Insurance & Technology*, 4 de março de 2003; e *www.aflac.com*, acessado em 7 de abril de 2005.

**PERGUNTAS**

1. Por que os portões são tão importantes para a AFLAC?
2. Qual é a relação entre gerenciamento de projetos e desenvolvimento de sistemas?

---

departamento de SI e pelos gerentes das áreas funcionais para apoiar o plano estratégico de TI. Um plano operacional de SI típico contém os seguintes elementos:

- *Missão:* A missão da função de SI (derivada da estratégia de TI).
- *Ambiente de SI:* Um resumo das necessidades de informação das áreas funcionais e da organização como um todo.
- *Objetivos da função de SI:* A melhor estimativa atual das metas da função de SI.
- *Restrições da função de SI:* As limitações dos recursos tecnológicos, financeiros e pessoais da função de SI.
- *O portfólio de aplicações:* Um inventário priorizado das aplicações atuais e um plano detalhado dos projetos a serem desenvolvidos ou continuados durante o ano em curso.
- *Alocação de recursos e gerenciamento de projeto:* Listagem de quem fará o quê, como e quando.

### Avaliando e justificando o investimento em TI: custos, benefícios e problemas

Como já discutimos, o desenvolvimento de um plano de TI é o primeiro passo no processo de aquisição. Todas as empresas possuem uma quantidade limitada de recursos disponíveis. Por essa razão, precisam justificar o investimento de recursos em algumas áreas, incluindo TI, em vez de em outras. Basicamente, justificar o investimento em TI inclui três funções: avaliação de custos, avaliação de benefícios (valores) e a comparação dos dois. Essa comparação normalmente é chamada de análise de custo-benefício. A análise de custo-benefício não é uma tarefa simples.

## Avaliando os custos

Estabelecer um valor em dinheiro para o custo dos investimentos em TI pode não ser tão simples quanto parece. Uma das principais dificuldades é alocar custos fixos entre diversos projetos de TI. Os *custos fixos* são aqueles que permanecem iguais seja qual for o nível de atividade. Para a TI, os custos fixos incluem o custo da infra-estrutura, o custo dos serviços de TI e o custo do gerenciamento de TI. Por exemplo, o salário do diretor de TI é fixo, e o acréscimo de mais uma aplicação não o alterará.

Outro problema é o fato de que o custo de um sistema não termina quando o sistema é instalado. Os custos de manutenção, depuração e melhorias no sistema podem continuar por muitos anos. Em alguns casos, sequer vão ser previstos quando o investimento é feito. Um exemplo foi o custo dos projetos de reprogramação para o ano 2000, que totalizaram bilhões de dólares para organizações no mundo inteiro.

## Avaliando os benefícios

Avaliar os benefícios dos projetos de TI normalmente é ainda mais complexo do que calcular seus custos. Os benefícios podem ser mais difíceis de quantificar, especialmente porque muitos deles são intangíveis (por exemplo, melhoria do relacionamento com clientes ou parceiros e melhoria na tomada de decisões). O fato de que as organizações usam TI para várias finalidades diferentes complica ainda mais a análise de benefícios. Além disso, para obter retorno de um investimento em TI, a tecnologia precisa ser implementada corretamente. Na verdade, muitos sistemas não são implementados a tempo, dentro do orçamento ou com todos os recursos originalmente imaginados para eles. Finalmente, o sistema proposto pode ser de última geração. Nesses casos, pode não haver qualquer evidência anterior de que tipo de retorno financeiro a empresa pode esperar.

### *Realizando análise de custo-benefício*

Após uma empresa ter avaliado os custos e os benefícios dos investimentos em TI, ela precisa comparar os dois. Não existe uma estratégia uniforme para realizar essa análise. Em vez disso, ela pode ser realizada de

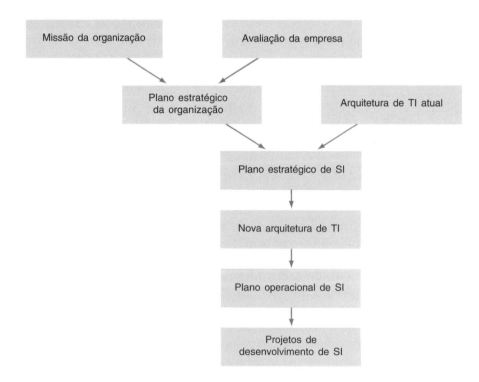

**Figura 10.1** O processo de planejamento dos sistemas de informação.

várias maneiras. Aqui, discutimos quatro métodos comuns: valor presente líquido, retorno sobre o investimento, análise do ponto de equilíbrio e método do caso empresarial.

As organizações geralmente usam cálculos de *valor presente líquido (VPL)* para as análises de custobenefício. Usando o método VPL, os analistas convertem os valores futuros dos benefícios em seu valor presente equivalente "descontando-os" no custo de fundos da organização. Eles podem, então, comparar o valor presente dos benefícios futuros com o custo necessário para alcançar esses benefícios, a fim de determinar se os benefícios são maiores que os custos. A análise de VPL funciona bem em situações em que os custos e os benefícios são bem definidos ou "tangíveis" o bastante para serem convertidos em valores monetários.

Outra ferramenta tradicional para avaliar o investimento de capital é o *retorno sobre o investimento (ROI — return on investiment)*. Ele mede a eficiência da gerência em gerar lucros com os ativos disponíveis. A medição de ROI é uma porcentagem, e quanto maior a porcentagem de retorno, melhor. Ele é calculado basicamente por meio da divisão do rendimento líquido atribuível a um projeto pela média dos ativos investidos no projeto. No caso da TI, então, a empresa dividiria a renda gerada por um investimento em TI pelos custos desse investimento. Quanto maior o valor do ROI, maior a probabilidade de a empresa aprovar o investimento.

A *análise do ponto de equilíbrio* determina o ponto em que o valor financeiro cumulativo dos benefícios de um projeto se iguala ao investimento feito no projeto.

O último método usado para justificar investimentos em projetos é o *método do caso empresarial*. Um caso empresarial é um documento escrito que os gerentes usam para justificar o financiamento de uma ou mais aplicações ou projetos específicos. Além disso, um caso empresarial oferece a ponte entre o plano inicial e sua execução. A finalidade é não apenas obter aprovação e financiamento, mas também fornecer a base para a tomada de decisões táticas e o gerenciamento de risco de tecnologia. O método do caso empresarial normalmente é utilizado em organizações que querem embarcar em novos projetos de TI. O caso empresarial ajuda a organização a se concentrar na justificativa do investimento. Ele também abrange o gerenciamento de risco e a correspondência de um projeto de TI com a missão da organização.

---

### Antes de prosseguir...

1. Cite alguns problemas associados à avaliação dos custos de TI?
2. Que dificuldades acompanham os benefícios intangíveis da TI?
3. Descreva os métodos VPL, ROI e caso empresarial.

---

## 10.2 Estratégias para aquisição de aplicações de TI

Se uma empresa tiver justificado com sucesso um investimento em TI, ela precisa, então, adquiri-lo. As empresas possuem várias opções para adquirir aplicações de TI. As principais são: comprar, alugar, desenvolver internamente ou terceirizar a aplicação. Nesta seção, descreveremos a compra, o aluguel e o desenvolvimento interno. Analisaremos um tipo específico de aluguel (os provedores de serviço de aplicação) e a terceirização na Seção 10.5.

### Comprar as aplicações (método do software "pronto")

Os recursos básicos necessários às aplicações de TI podem ser encontrados em muitos pacotes comerciais. Comprar um pacote pronto pode ser uma estratégia econômica e rápida comparada ao desenvolvimento interno da aplicação. Entretanto, a opção da "compra" deve ser considerada e planejada com cuidado para garantir que o pacote escolhido inclua todos os recursos importantes para lidar com as necessidades atuais e futuras da empresa. Caso contrário, esses pacotes podem rapidamente se tornar obsoletos.

Na realidade, as necessidades organizacionais raramente são satisfeitas por completo com um único pacote de software. Portanto, normalmente é necessário adquirir vários pacotes para atender a diferentes necessidades. Esses pacotes podem, então, ser integrados uns aos outros e/ou a softwares existentes.

O Quadro 10.2 ilustra as vantagens de comprar software existente. Especificamente, a Vistakon — uma divisão da Johnson & Johnson — usou a opção de compra para tornar seu processo de gerenciamento de pedidos mais eficiente.

## TI E A EMPRESA

### 10.2 O novo sistema da Vistakon na Europa

A Vistakon (*www.jnjvision.com*) vende US$1 bilhão de lentes de contato descartáveis todo ano. No ambiente empresarial da Vistakon, a velocidade é essencial e a complexidade é regra. A Vistakon possui 15.000 unidades de estoque do produto. A empresa recebe 15.000 pedidos por dia do mundo inteiro. Como resultado, a Vistakon teve de padronizar o modo como lidava com os pedidos globais.

Em agosto de 2002, a Vistakon operava 20 centros de distribuição e 20 centros de serviço ao cliente apenas na Europa. Operava 60 sistemas empresariais computadorizados de 60 fornecedores diferentes. Os gerentes de vendas nos 20 países em que a Vistakon operava enviavam planilhas Excel no final de cada mês para a empresa, onde os resultados eram importados manualmente e se transformavam nas declarações financeiras consolidadas. Para aumentar essa complexidade, as diferentes exigências legais e tributárias tinham de ser levadas em conta em toda fatura e requisição.

O principal objetivo da Vistakon era obter "velocidade absoluta" no gerenciamento de pedidos. Para atingir essa meta, a empresa decidiu padronizar suas operações com base em um único pacote de software da SAP.

Os custos estimados de aquisição e implementação do novo sistema eram substanciais: US$50 milhões. Entretanto, usando a análise de custo-benefício, a Vistakon calculou que, se reduzisse as operações espalhadas e executasse um único sistema de processamento de pedidos, os benefícios seriam tangíveis. A empresa economizaria dinheiro em diversas áreas, como estoque, planejamento dinâmico, cancelamento de produtos

obsoletos e custos de aquisição e tecnologia. Portanto, a empresa teria o retorno do investimento em TI em apenas dois anos. Tendo justificado o investimento, a Vistakon comprou o software da SAP em 2003. A Vistakon criou equipes de projeto para lidar com a tecnologia e as finanças, incluindo processos para converter pedidos em dinheiro, emitir requisições e fazer pagamentos, colocar produtos no estoque e converter os dados para um formato que os novos sistemas pudessem usar. No mês anterior à ativação dos novos sistemas, os membros dessas equipes realizaram sessões de treinamento sobre os novos procedimentos. Após a transição para o novo sistema, as equipes treinaram os empregados.

A Vistakon não teve de lidar com nenhuma grande falha no sistema. A empresa, agora, tem apenas um centro de distribuição, uma unidade de fabricação, um "centro de interação com o cliente" e um sistema de recebimento de pedidos para toda a Europa.

*Fontes*: Compilado de T. Steinert-Threlkeld, "Vistakon: Far Sighted", *Baseline Magazine*, 1º de outubro de 2004; Anthony, S. "Mind over Merger", *Optimize*, fevereiro de 2005; e *www.jnjvision.com* e *www.sap.com*, acessados em 9 de abril de 2005.

**PERGUNTAS**
1. Por que a Vistakon precisa de um novo sistema de pedidos? (*Dica*: leve em conta o produto da empresa.)
2. Descreva o processo de implementação do novo sistema.

A opção de compra é especialmente atraente se o fornecedor de software permitir que a empresa modifique a tecnologia para atender a suas necessidades. Entretanto, a opção pode não ser atraente nos casos em que a personalização é o único método de oferecer a flexibilidade necessária para atender às necessidades da empresa. Também não é a melhor estratégia quando o software é muito caro ou provavelmente se tornará obsoleto em um curto tempo. As vantagens e limitações da opção de compra estão resumidas no Checklist Gerencial 10.1. Quando a opção de compra não é apropriada, as organizações consideram o aluguel.

### Alugar as aplicações

Comparada com a opção de compra e a opção de desenvolver as aplicações na empresa, a opção de aluguel pode resultar em economias substanciais de tempo e dinheiro. É claro, os pacotes alugados (assim como os pacotes comprados) nem sempre atendem exatamente às exigências da empresa em termos de aplicação. No entanto, o software de fornecedor geralmente inclui os recursos mais comumente necessários às organizações de determinado setor. É comum as empresas interessadas aplicarem a regra 80/20 durante a avaliação do software de fornecedor. Se o software atender a 80% das necessidades da empresa, a empresa deve considerar seriamente mudar seus processos comerciais para resolver os outros 20%. Muitas vezes, essa

**Checklist Gerencial 10.1**

Vantagens e limitações da opção de comprar

**Vantagens**

❑ Muitos tipos diferentes de software pronto estão disponíveis.

❑ O software pode ser testado.

❑ É possível economizar muito tempo optando-se pela compra em vez de pela construção.

❑ A empresa pode saber o que está adquirindo antes de investir no produto.

❑ A empresa não é o primeiro e único usuário.

❑ O software comprado pode evitar a necessidade de contratar pessoal especificamente dedicado a um projeto.

**Desvantagens**

❑ O software pode não satisfazer completamente as necessidades da empresa.

❑ O software pode ser difícil ou impossível de modificar, ou pode exigir grandes alterações nos processos empresariais para ser implementado.

❑ A empresa não terá controle sobre melhorias e novas versões do software.

❑ Pode ser difícil integrar o software comprado com os sistemas existentes.

❑ Os fornecedores podem desistir de um produto ou fechar as portas.

❑ O software é controlado por outra empresa com suas próprias prioridades e considerações comerciais.

❑ A falta de conhecimento profundo da empresa compradora sobre o funcionamento do software e por que ele funciona de determinada maneira.

é uma solução de longo prazo melhor do que modificar o software de fornecedor. Caso contrário, a empresa precisará personalizar o software toda vez que o fornecedor lançar uma versão atualizada.

O aluguel pode ser especialmente atraente para pequenas e médias empresas que não podem fazer grandes investimentos em software de TI. As grandes empresas também podem preferir alugar pacotes a fim de testar soluções de TI potenciais antes de se comprometer com investimentos pesados. Além disso, como existe uma escassez de pessoal de TI com capacidades apropriadas para desenvolver aplicações de TI personalizadas, muitas empresas optam por alugar em vez de desenvolver software na empresa. Mesmo as empresas que possuem pessoal especializado podem não dispor do longo tempo necessário para que aplicações

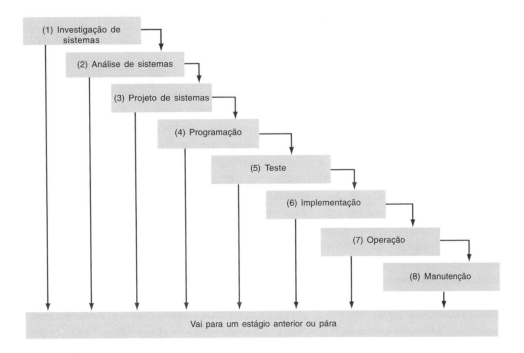

**Figura 10.2** Um ciclo de vida de desenvolvimento de sistemas (SDLC) de oito estágios.

estratégicas sejam desenvolvidas internamente. Assim, elas alugam (ou compram) aplicações de recursos externos para estabelecer uma presença mais rápida no mercado.

O aluguel de aplicações pode ser feito de duas maneiras. A primeira é alugar a aplicação de um fornecedor externo e instalá-la na empresa. O fornecedor pode ajudar com a instalação e normalmente oferecerá, também, um contrato para suporte e manutenção do sistema. Muitas aplicações convencionais são alugadas dessa forma. A segunda maneira, usar um provedor de serviços de aplicação (ASP), está se tornando mais comum. Os ASPs serão abordados na Seção 10.5.

### Desenvolver a aplicação dentro da empresa

A terceira estratégia de desenvolvimento é "construir" as aplicações internamente. Embora esse método normalmente seja mais complexo e demorado do que comprar ou alugar, ele freqüentemente leva a uma satisfação maior das necessidades organizacionais específicas. No entanto, o desenvolvimento interno é uma tarefa repleta de desafios. Primeiro, muitas aplicações são proprietárias. Segundo, muitas pessoas de fora da organização usam essas aplicações. Por fim, essas aplicações envolvem várias organizações.

O desenvolvimento interno pode usar várias metodologias. A metodologia básica é o ciclo de vida do desenvolvimento de sistemas (SDLC), que discutiremos na próxima seção. Na Seção 10.4, discutiremos as metodologias que complementam o SDLC: prototipagem, desenvolvimento conjunto de aplicações, desenvolvimento rápido de aplicações e ferramentas integradas de desenvolvimento de sistemas auxiliado por computador. Também abordaremos outras duas metodologias: o desenvolvimento pelo usuário final e o desenvolvimento orientado a objetos.

## 10.3 O ciclo de vida do desenvolvimento de sistemas tradicional

O **ciclo de vida do desenvolvimento de sistemas (SDLC)** é o método tradicional de desenvolvimento de sistemas que as organizações usam para grandes projetos de TI. O SDLC é uma estrutura que consiste em processos seqüenciais pelos quais os sistemas de informação são desenvolvidos. Como mostra a Figura 10.2, esses processos são investigação de sistemas, análise de sistemas, projeto de sistemas, programação, teste, implementação, operação e manutenção. Cada processo, por sua vez, consiste em tarefas bem definidas. Consideraremos todos os oito processos nesta seção.

Outros modelos de SDLC podem conter mais ou menos que os oito estágios que apresentamos aqui. O fluxo das tarefas, no entanto, permanece praticamente o mesmo. No passado, os desenvolvedores usavam o **método em cascata** para o SDLC. Ou seja, as tarefas em um estágio eram completadas antes de o trabalho passar para o próximo estágio. Hoje, entretanto, as ferramentas de projeto permitem maior flexibilidade do que havia no método tradicional.

Os projetos de desenvolvimento de sistemas produzem resultados desejados através de esforços de equipe. As equipes de desenvolvimento normalmente incluem usuários, analistas de sistemas, programadores e especialistas técnicos. Os *usuários* são os empregados de todas as áreas funcionais e níveis da organização que interagem direta ou indiretamente com o sistema. Os **analistas de sistemas** são profissionais de sistemas de informação especializados em analisar e projetar sistemas de informação. Os programadores são profissionais de sistemas de informação que modificam programas de computador existentes ou escrevem novos programas de computador para satisfazer as necessidades do usuário. Os **especialistas técnicos** são peritos em certo tipo de tecnologia, como bancos de dados ou telecomunicação. Todas as pessoas afetadas pelas mudanças nos sistemas de informação (usuários e gerentes, por exemplo) são chamados de **interessados nos sistemas**. Todos os interessados normalmente estão envolvidos em graus variados e em diversos momentos do desenvolvimento de sistemas.

O SDLC possui três vantagens principais: controle, responsabilidade e detecção de erros. Um importante aspecto no desenvolvimento de sistemas é que, quanto mais tarde os erros são detectados no processo de desenvolvimento, mais cara é a correção desses erros. Assim, a seqüência estruturada de tarefas e etapas completadas no SDLC facilita a prevenção e a detecção de erros e economiza recursos no longo prazo.

Entretanto, o SDLC tem desvantagens. Devido a sua natureza estruturada, ele é relativamente inflexível. Também é demorado e caro e desencoraja mudanças nas necessidades de usuário depois de estabelecidas. Os gerentes de desenvolvimento que precisam desenvolver grandes aplicações para toda a empresa precisam considerar essas desvantagens com atenção. O Quadro 10.3 ilustra como o FBI fracassou no desenvolvimento de um novo sistema de informação.

### Investigação de sistemas

O estágio inicial em um SDLC tradicional é a investigação de sistemas. Os profissionais de desenvolvimento de sistemas concordam que, quanto mais tempo investem entendendo o problema empresarial a ser resolvido, as opções técnicas para os sistemas e os problemas que provavelmente ocorrerão durante o desenvolvimento, maiores são as chances de sucesso. Por esses motivos, a investigação de sistemas começa com o *problema empresarial* (ou oportunidade empresarial), seguido da análise de viabilidade.

### Estudo de viabilidade

A principal tarefa no estágio de investigação de sistemas é o estudo de viabilidade. As organizações possuem três soluções básicas para qualquer problema empresarial relacionado a um sistema de informação: (1) não fazer nada e continuar a utilizar o sistema existente, sem mudanças; (2) modificar ou aprimorar o sistema existente; (3) desenvolver um novo sistema. O **estudo de viabilidade** analisa qual das três soluções atende melhor ao problema empresarial específico. Esse estudo determina a probabilidade de sucesso do

---

## TI E A EMPRESA

### 10.3 Novo sistema do FBI falha

Um alto agente do FBI disse que a agência pode ser obrigada a descartar um programa de computador que, até agora, custou US$170 milhões e foi criado para ser uma importante ferramenta na luta contra o terrorismo. Os oficiais da agência esperam descobrir que, após quatro anos de desenvolvimento, o divulgado sistema Virtual Case File não funciona. Eles afirmam, entretanto, que uma substituição adequada está disponível comercialmente.

Desde os ataques terroristas de 11 de setembro de 2001, o FBI e o fornecedor Science Applications International Corporation têm corrido para concluir o sistema Virtual Case File, que se destina a agilizar o compartilhamento de informações. As informações de contraterrorismo coletadas por agentes através de entrevistas e vigilância atualmente se tornam disponíveis apenas após serem atualizadas toda noite em um sistema acessível à comunidade de inteligência do país. O programa atual exige que o pessoal do FBI manualmente digite, imprima, assine e digitalize suas informações em um "data warehouse investigativo". As informações de contraterrorismo coletadas por agentes têm prioridade máxima e são inseridas no sistema em 24 horas.

As informações que lidam com questões como crime violento, crime organizado, fraude e outros crimes de colarinho branco podem levar dias para serem compartilhadas em toda a comunidade policial. O sistema Virtual Case File deveria permitir que os agentes transmitissem informações criminais e de inteligência em tempo real.

Os oficiais do FBI disseram que não entendiam a condição de mudanças rápidas na tecnologia. Na verdade, seria necessário desenvolver um sistema inteiro para substituir os antiquados sistemas de computador e de gerenciamento de registros do FBI. Os oficiais também notaram que a missão do FBI, alterada após o 11 de setembro (o contraterrorismo doméstico agora é a maior prioridade do FBI), colocou mais peso sobre os ombros dos desenvolvedores do sistema.

O FBI não foi bem-sucedido em desenvolver o sistema Virtual Case File por várias razões: a falta de uma arquitetura de TI coerente para a agência, mau planejamento, objetivos arrastados, delegação incorreta da autoridade para os fornecedores externos e exclusão dos usuários. O resultado: quatro anos de trabalho perdido e US$170 milhões de prejuízo.

*Fontes*: Compilado de T. Frieden, "FBI May Scrap $170 Million Project", *CNN.com*, 15 de janeiro de 2005; "IT Infrastructure for 21st Century Crime", *www.fbi.gov*, 2 de abril de 2004; J. Kumagai, "Mission Impossible?", *IEEE Spectrum Online, www.spectrum.ieee.org*, acessado em 22 de maio de 2005; e *www.saic.com*, acessado em 8 de abril de 2005.

**PERGUNTAS**

1. Você acha que quatro anos é muito tempo para esperar pela realização de um projeto? Que orientações você proporia para que o FBI tivesse limitado as despesas e o tempo desperdiçados nesse projeto?
2. O que o FBI deve fazer agora? Comprar o pacote comercial? Iniciar um novo projeto de desenvolvimento internamente?

projeto de desenvolvimento de sistemas proposto e avalia a viabilidade técnica, econômica, comportamental e organizacional do projeto, como discutiremos a seguir. O estudo de viabilidade tem importância crítica para o processo de desenvolvimento de sistemas porque, se realizado corretamente, pode evitar que as organizações cometam erros dispendiosos.

A *viabilidade técnica* determina se os componentes de hardware, software e comunicação podem ser desenvolvidos e/ou adquiridos para resolver o problema empresarial. A viabilidade técnica também determina se a tecnologia existente na organização poderá ser utilizada para alcançar os objetivos de desempenho do projeto.

A *viabilidade econômica* determina se o projeto é um risco financeiro aceitável e se a organização pode assumir as despesas e o tempo necessários para concluir o projeto. A viabilidade econômica trata de duas questões principais: (1) os benefícios superam os custos do projeto?; (2) a empresa pode arcar com os custos do projeto? Já discutimos os métodos comumente usados para determinar a viabilidade econômica: valor presente líquido, retorno sobre o investimento, análise do ponto de equilíbrio e método do caso empresarial.

A *viabilidade comportamental* trata das questões humanas do projeto. Todos os projetos de desenvolvimento de sistemas introduzem mudanças na organização, e as pessoas geralmente temem mudanças. A resistência declarada pode assumir a forma de sabotagem do novo sistema (por exemplo, inserindo dados incorretos) ou falar mal do novo sistema a qualquer um que queira ouvir. A resistência velada geralmente acontece quando os empregados se recusam silenciosamente a utilizar o novo sistema. Eles simplesmente fazem seu trabalho utilizando os velhos métodos.

A *viabilidade organizacional* se refere à capacidade da organização de aceitar o projeto proposto. Algumas vezes, por exemplo, as organizações não podem aceitar um projeto viável devido a restrições legais ou de outra natureza. Ao verificar a viabilidade organizacional, a empresa deve considerar se o projeto proposto atende aos critérios especificados no plano estratégico da empresa.

### Decisão de "prosseguir/não prosseguir"

Após a análise de viabilidade ser apresentada pelo gerente da área para a qual o sistema será desenvolvido e pelo gerente de projeto de SI, uma decisão de "prosseguir/não prosseguir" é tomada pelo conselho diretor, se houver um, ou pelo gerente sênior na ausência de um conselho. Se a decisão for de "não prosseguir", o projeto é colocado em espera até que as condições sejam mais favoráveis ou é descartado. Se a decisão for "prosseguir", o projeto de desenvolvimento de sistemas prossegue e começa a fase de análise de sistemas.

### *Análise de sistemas*

Depois que um projeto de desenvolvimento obtém as aprovações necessárias de todos os participantes, começa a etapa da análise de sistemas. A **análise de sistemas** é o exame do problema empresarial que a organização planeja resolver com um sistema de informação. Essa etapa define o problema comercial, identifica suas causas, especifica a solução e identifica os requisitos de informações que a solução deverá satisfazer. Compreender o problema comercial exige compreender os diversos processos envolvidos. Eles freqüentemente podem ser muito complicados e interdependentes.

A finalidade principal da etapa da análise de sistemas é reunir informações sobre o sistema existente para determinar os requisitos de um sistema aprimorado ou novo. O produto final (o "resultado") dessa etapa é um conjunto de *requisitos do sistema*.

Sem dúvida, a tarefa mais difícil na análise de sistemas é identificar os requisitos específicos que o sistema deve satisfazer. Nessa etapa, a equipe precisa determinar quais informações são necessárias, quanta informação é necessária, de quem, quando e em que formato. Os analistas de sistemas utilizam muitas técnicas diferentes para identificar os requisitos de informação do novo sistema. Essas técnicas incluem entrevistas com os usuários, observação direta e análise de documentos. Na observação direta, os analistas observam os usuários interagindo com o sistema existente.

Existem problemas associados à descoberta dos requisitos de informação, independentemente do método utilizado pelo analista. Primeiro, o problema empresarial pode estar mal definido. Em segundo lugar, os usuários podem não saber exatamente qual é o problema, o que desejam ou do que necessitam. Em terceiro lugar, os usuários podem discordar entre si quanto aos procedimentos comerciais ou mesmo sobre o problema empresarial. Finalmente, o problema pode não ter relação com a informação. Em vez disso, pode exigir outras soluções, como uma mudança na estrutura administrativa ou organizacional. O Quadro 10.4 ilustra os problemas associados à coleta de requisitos de informação.

A etapa de análise de sistemas gera as seguintes informações: (1) pontos fortes e fracos do sistema existente; (2) funções que o novo sistema terá de apresentar para resolver o problema empresarial; (3) requisitos de informação do usuário para o novo sistema. De posse dessas informações, os desenvolvedores de sistemas podem prosseguir para a etapa do projeto de sistemas.

### Projeto de Sistemas

Os analistas de sistemas descrevem o que um sistema deve fazer para resolver o problema empresarial, e o **projeto de sistemas** descreve como o sistema realizará essa tarefa. O resultado da fase de projeto de sistemas é o *projeto técnico* que especifica o seguinte:

- Saídas, entradas e interfaces com o usuário do sistema
- Hardware, software, bancos de dados, telecomunicações, pessoal e procedimentos
- Um projeto de como esses componentes serão integrados

Esse resultado é o conjunto de *especificações do sistema*.

O projeto de sistemas abrange dois aspectos principais do novo sistema: o projeto lógico e o projeto físico do sistema. O **projeto lógico do sistema** determina *o que* o sistema fará, usando especificações abstratas. O **projeto físico do sistema** determina *como* o sistema realizará suas funções, usando especificações

---

## TI E A EMPRESA

### 10.4 Requisitos de informações causam problemas na VA

A administração de benefícios da Veterans Administration (VA) embarcou em seu novo sistema de processamento, monitoramento e pagamento de requisições em 1986. Dez anos depois, o General Accounting Office (GAO) concluiu que, após "inúmeros inícios falsos" e cerca de US$300 milhões, a VA tinha pouco a mostrar por seus esforços. Os investigadores citaram uma falha na identificação dos requisitos de informações do sistema.

Entretanto, a VA tentou novamente em 1996. A nova iniciativa, chamada VetsNet, deveria levar dois anos e custar US$8 milhões. Mais uma vez, os resultados foram decepcionantes. Em meados de 2000, apesar dos US$100 milhões gastos no VetsNet, o projeto não estava nem perto da conclusão.

Em março de 2002, um novo gerente de projeto foi contratado para corrigir o problema. Sua primeira atitude foi "congelar os requisitos", dizendo a todos os membros da equipe para não aceitar dos usuários novas sugestões sobre recursos ou funções. Anteriormente, por solicitação dos médicos e administradores, a equipe de projeto mudava constantemente o número de campos a serem exibidos nos menus nas telas do VetsNet. Definir o projeto e mantê-lo fixo é o principal fator no sucesso de um projeto.

O congelamento permitiu que a equipe de projeto avaliasse o quanto estava distante do desenvolvimento final do sistema. A equipe, então, identificou as "lacunas", escreveu o código que era necessário para terminar o sistema e testou o software para se certificar de que todas as partes do sistema funcionavam.

O projeto voltou para os trilhos e foi entregue com sucesso, embora tivesse excedido o prazo e o orçamento. Em 2004, o número de requisições à espera de processamento foi reduzido quase pela metade, de um pico de 420.603 em setembro de 2001.

*Fontes*: Compilado de J. McCormick, "Soldiering On", *Baseline Magazine*, 4 de abril de 2004; P. Vasishtha, "Major Programs", *Government Computer News*, 8 de outubro de 2001; L. Margasak, "VA Upgrade Fails to Reduce Delays", *Associated Press*, 2000; L. Gross, "VA Computer Upgrade Is a Bust", *Advance for Health Information Professionals*, 1º de maio de 2000; e *www.va.gov*, acessado em 5 de abril de 2005.

**PERGUNTAS**

1. Quais eram os problemas do VetsNet? Quais foram as causas desses problemas?
2. Como a VA salvou o sistema?

físicas reais. As especificações do projeto lógico incluem o projeto das saídas, entradas, processamento, bancos de dados, telecomunicação, controles, segurança e tarefas de SI. As especificações do projeto físico incluem o projeto de hardware, software, banco de dados, telecomunicação e procedimentos. Por exemplo, o projeto lógico de telecomunicação pode exigir uma rede remota que conecte as fábricas da empresa. O projeto físico de telecomunicação especificará os tipos de hardware de comunicação (computadores e roteadores), de software (o sistema operacional da rede), a mídia (fibra óptica ou satélite) e a largura de banda (100 Mbps).

Quando os dois aspectos dessas especificações do sistema forem aprovados por todos os participantes, eles serão "congelados". Ou seja, depois que as especificações são definidas, não serão mais alteradas. Acrescentar funções após o projeto ter sido iniciado causa o **scope creep** (aumento descontrolado do escopo), que compromete o orçamento e a programação de um projeto. O scope creep ocorre durante o desenvolvimento, quando os usuários acrescentam ou modificam os requisitos de informação de um sistema após esses requisitos terem sido "congelados". O scope creep ocorre por diversos motivos. Primeiro, à medida que os usuários compreendem mais claramente como o sistema funcionará e quais são suas necessidades de processamento e informação, solicitam que funções adicionais sejam incorporadas ao sistema. Segundo, após as especificações de projeto terem sido congeladas, as condições da empresa normalmente mudam, levando os usuários a solicitarem funções adicionais. Como o scope creep custa caro, os gerentes de projeto bem-sucedidos incluem controles nas mudanças solicitados pelos usuários. Esses controles ajudam a evitar *projetos descontrolados* — projetos de desenvolvimento de sistemas que ultrapassam tanto o orçamento e os prazos que deveriam ser abandonados, geralmente com grande prejuízo monetário.

### Programação

Os desenvolvedores de sistemas utilizam as especificações do projeto para adquirir o software necessário para que o sistema atenda a seus objetivos funcionais e resolva o problema empresarial. Embora muitas organizações tendam a adquirir pacotes de software, muitas outras empresas continuam a desenvolver internamente o software personalizado. Por exemplo, o Wal-Mart e a Eli Lilly constroem praticamente todo o seu software na empresa.

Se a organização decidir construir o software internamente, então a programação se inicia. A **programação** envolve a conversão das especificações do projeto para código de computador. Esse processo pode ser extenso e demorado, pois escrever código de computador é tanto uma arte quanto uma ciência. Grandes projetos de desenvolvimento de sistemas podem exigir centenas de milhares de linhas de código de computador e centenas de programadores de computador. Em tais projetos, utilizam-se equipes de programação. Essas equipes freqüentemente incluem usuários da área funcional para ajudar os programadores a se concentrarem no problema empresarial em questão.

Em uma tentativa de adicionar rigor (e alguma uniformidade) ao processo de programação, os programadores utilizam técnicas de *programação estruturada*. Essas técnicas aprimoram o fluxo lógico do programa ao decompor o código de computador em *módulos*, que são seções do código (subconjuntos do programa completo). Essa estrutura modular permite testes mais eficientes e eficazes, porque cada módulo pode ser testado isoladamente. As técnicas de programação estruturada incluem as seguintes restrições:

- Cada módulo tem uma função — e não mais que isso.
- Cada módulo tem apenas uma entrada e uma saída. Ou seja, a lógica do programa de computador entra em um módulo por um único local e sai por um único local.
- Não é permitido utilizar comandos de desvio Go To.

A Figura 10.3 apresenta um fluxograma para a programação estruturada de uma aplicação simples de folha de pagamento. A figura mostra apenas três tipos de estruturas utilizadas na programação estruturada: seqüência, decisão e loop. Na estrutura em *seqüência*, os comandos do programa são executados um após o outro, até que todos os comandos na seqüência sejam executados. A estrutura de *decisão* permite que a lógica flua para um ramo, dependendo de determinadas condições serem atendidas (as decisões são representadas por losangos no fluxograma). A estrutura de *loop* permite que o software execute o mesmo programa, ou partes de um programa, até que determinadas condições sejam atendidas (por exemplo, até chegar ao final do arquivo).

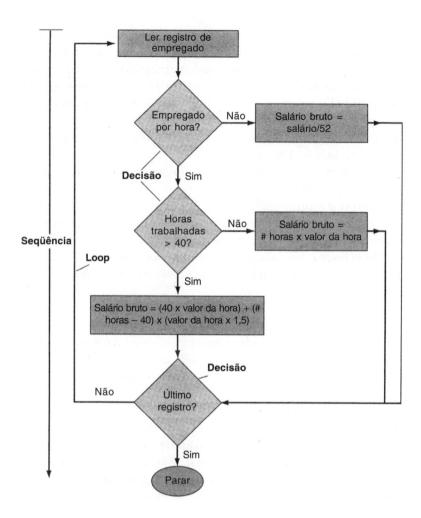

**Figura 10.3** Fluxograma da aplicação de folha de pagamento.

## Testes

Testes completos e contínuos ocorrem ao longo de toda a etapa de programação. Os testes verificam se o código de computador produz os resultados esperados e desejados, sob determinadas condições. O processo adequado de testes exige uma grande quantidade de tempo, esforço e despesas. Entretanto, os custos de testes inadequados, que poderiam levar a um sistema que não atende aos objetivos, são enormes.

Os testes são projetados para detectar erros ("bugs") no código de computador. Há dois tipos de erros: erros de sintaxe e erros de lógica. Os *erros de sintaxe* (por exemplo, uma palavra com letra errada ou uma vírgula fora do lugar) são fáceis de detectar e não permitirão que o programa seja executado. Os *erros lógicos* permitem a execução do programa, mas produzem resultados errados. Os erros lógicos são mais difíceis de detectar, porque a causa não é tão óbvia. O programador deve seguir o fluxo da lógica no programa para determinar a fonte do erro na saída.

À medida que aumenta a complexidade do software, aumenta o número de erros, tornando quase impossível descobrir todos eles. Essa situação levou à idéia do *software "bom o suficiente"*, um software que os desenvolvedores acreditam que cumprirá seus objetivos funcionais mesmo sabendo que há erros no código. Ou seja, os desenvolvedores acreditam que encontraram todos os bugs que causam interrupções. Esses são os erros que derrubam o sistema ou provocam perdas catastróficas de dados. Os outros erros não devem afetar o desempenho do sistema de maneira significativa.

## Implementação

A **implementação** é o processo de conversão do antigo sistema para o novo. As organizações utilizam quatro estratégias principais de conversão: paralela, direta, piloto e em fases.

Em uma **conversão paralela**, o antigo e o novo sistema operam simultaneamente durante algum tempo. Ou seja, os dois sistemas processam os mesmos dados ao mesmo tempo, e os resultados são comparados. Esse tipo de conversão é o mais dispendioso, mas também o menos arriscado de uma perspectiva tecnológica, pois ambos os sistemas estão operando. Entretanto, a possibilidade de que os empregados desejem continuar usando o antigo sistema e sabotem veladamente o novo sistema é muito maior que com os outros métodos. As conversões paralelas são usadas com alguns sistemas extremamente grandes.

Por outro lado, em um processo de **conversão direta**, em determinado momento o sistema antigo é desativado e o novo sistema é ativado. Esse tipo de conversão é o mais barato, porém o mais arriscado se o novo sistema não funcionar conforme planejado. Devido aos riscos envolvidos, poucos sistemas são implementados com este tipo de conversão.

Uma **conversão piloto** introduz o novo sistema em uma parte da organização, como uma fábrica ou uma área funcional. O novo sistema opera durante algum tempo e é avaliado. Se o novo sistema funcionar corretamente, será introduzido em outras partes da organização.

Finalmente, a **conversão em fases** introduz componentes do novo sistema, como módulos individuais, em etapas. Cada módulo é avaliado e, se funcionar corretamente, outros módulos serão introduzidos até que todo o novo sistema esteja operacional.

### Operação e Manutenção

Depois que o novo sistema é implementado, ele opera durante algum tempo, até que (como o sistema antigo que ele substituiu) não atenda mais aos objetivos. Quando as operações do novo sistema estão estabilizadas, são realizadas *auditorias* para avaliar os recursos do sistema e determinar se está sendo utilizado corretamente.

Os sistemas necessitam de diversos tipos de manutenção. O primeiro tipo é *depurar* o programa, um processo que continua durante toda a vida do sistema. O segundo tipo é *atualizar* o sistema para inserir as mudanças nas condições da empresa. Um exemplo disso é o ajuste a novas regulamentações governamentais, como mudanças nas alíquotas de impostos. Essas correções e atualizações geralmente não acrescentam nenhum recurso novo. Elas simplesmente ajudam o sistema a continuar a atender aos objetivos. Por outro lado, o terceiro tipo de manutenção *acrescenta novas funções* ao sistema existente sem perturbar sua operação.

---

### Antes de prosseguir...

1. Descreva o estudo de viabilidade.
2. Qual é a diferença entre análise de sistemas e projeto de sistemas?
3. Descreva a programação estruturada.
4. Quais são os quatro métodos de conversão?

---

## 10.4 Métodos e ferramentas alternativos para o desenvolvimento de sistemas

Existem diversas ferramentas que são usadas em conjunto com o ciclo de vida de desenvolvimento de sistemas (SDLC) tradicional. As primeiras quatro ferramentas que discutiremos nesta seção são destinadas a complementar o SDLC, além de facilitar e acelerar a realização de várias funções do SDLC. Essas ferramentas incluem a prototipagem, o desenvolvimento conjunto de aplicações, a engenharia de sistemas assistida por computador e o desenvolvimento rápido de aplicações.

Os métodos alternativos de desenvolvimento de sistemas são usados no lugar do SDLC. Esses métodos incluem o desenvolvimento pelo usuário final e o desenvolvimento orientado a objetos.

### Prototipagem

O método de **prototipagem** define uma lista inicial de requisitos de usuário, constrói um sistema de protótipos e, depois, aprimora o sistema em várias iterações com base no feedback dos usuários. Os desenvolvedores não tentam obter um conjunto completo de especificações do usuário para o sistema no início, e não planejam desenvolver todo o sistema de uma vez. Em vez disso, desenvolvem rapidamente uma versão reduzida do sistema, conhecida como *protótipo*. Um protótipo pode assumir duas formas. Em alguns casos, contém apenas os componentes do novo sistema que são de maior interesse para os usuários. Em outros casos, é um modelo funcional em pequena escala do sistema completo.

Os usuários fazem sugestões para melhorar o protótipo, com base em suas experiências com ele. Os desenvolvedores, então, revisam o protótipo com os usuários e usam suas sugestões para refiná-lo. Esse processo continua por várias iterações até que os usuários aprovem o sistema ou que fique evidente que o sistema não pode atender às necessidades dos usuários. Se o sistema for viável, os desenvolvedores podem usar o protótipo sobre qual o sistema completo será construído. Desenvolver as telas que um usuário verá e com as quais interagirá é um uso típico do método de prototipagem.

A principal vantagem da prototipagem é que essa abordagem acelera o processo de desenvolvimento. Além disso, a prototipagem dá aos usuários a oportunidade de esclarecer seus requisitos de informações à medida que revisam as iterações do novo sistema.

A prototipagem também tem desvantagens. Visto que pode substituir amplamente as etapas de análise e projeto do SDLC em alguns projetos, os analistas de sistemas podem não gerar uma documentação adequada para os programadores. Essa falta de documentação pode causar problemas depois que o sistema está operacional e precisa de manutenção. A prototipagem também pode provocar um excesso de iterações, que podem consumir o tempo que o protótipo deveria economizar. Além disso, há o risco de entrar em um ciclo sem fim de revisões do protótipo, já que os usuários podem nunca ficar completamente satisfeitos. Outra desvantagem é o risco do *projeto idiossincrático*. Ou seja, o protótipo pode ser revisado com base no feedback de apenas um pequeno grupo de usuários que não são necessariamente representativos da população de usuários inteira.

### Projeto conjunto de aplicações

O **projeto conjunto de aplicações (JAD)** é uma ferramenta baseada em grupos para reunir requisitos dos usuários e criar projetos de sistemas. O JAD costuma ser mais utilizado nas etapas de análise de sistemas e de projeto de sistemas do SDLC. O JAD envolve uma reunião de grupo na qual todos os usuários se encontram, ao mesmo tempo, com os analistas. Basicamente, é um processo de tomada de decisão em grupo que pode ser feito manualmente ou no computador. Durante essa reunião, todos os usuários definem os requisitos dos sistemas e chegam a um acordo sobre eles em conjunto. Esse processo economiza uma enorme quantidade de tempo.

O método JAD de desenvolvimento de sistemas tem diversas vantagens. Primeiro, o processo em grupo envolve mais usuários no processo de desenvolvimento, e ainda economiza tempo. Esse envolvimento leva a um maior apoio ao novo sistema. Além disso, pode melhorar a qualidade do sistema e facilitar a implementação. Por sua vez, isso levará a menores custos de treinamento.

O método JAD também apresenta desvantagens. Primeiro, é muito difícil levar todos os usuários a uma reunião do JAD. Por exemplo, grandes organizações podem ter usuários literalmente no mundo todo. Em segundo lugar, a abordagem do JAD apresenta todos os problemas causados por qualquer processo em grupo (por exemplo, uma pessoa pode dominar a reunião, alguns participantes podem não contribuir quando estão em grupo e assim por diante). Para reduzir esses problemas, as sessões de JAD geralmente contam com um facilitador experiente em análise e projeto de sistemas e também em administrar reuniões e processos de grupo. Além disso, o uso de groupware (como o GSAD) pode ajudar a facilitar a reunião.

### Ferramentas de engenharia integrada de software assistida por computador

A **engenharia de software assistida por computador (CASE)** é um método de desenvolvimento que usa ferramentas especializadas para automatizar grande parte das tarefas do SDLC. As ferramentas usadas para automatizar as primeiras etapas do SDLC (investigação, análise e projeto de sistemas) são chamadas de ferramentas upper CASE. As ferramentas usadas para automatizar as últimas etapas do SDLC (programação, teste, operação e manutenção) são chamadas de ferramentas lower CASE. As ferramentas CASE que reúnem as ferramentas CASE upper e lower são chamadas de **ferramentas CASE integradas (ICASE).**

As ferramentas CASE apresentam vantagens e desvantagens para os desenvolvedores de sistemas. Essas ferramentas podem produzir sistemas com uma vida operacional eficaz mais longa e que atendem melhor aos requisitos dos usuários. As ferramentas CASE podem acelerar o processo de desenvolvimento e resultar em sistemas mais flexíveis e adaptáveis às condições empresariais, que estão sempre mudando. Finalmente, os sistemas produzidos com ferramentas CASE geralmente têm uma excelente documentação.

Ao mesmo tempo, no entanto, as ferramentas CASE podem gerar sistemas iniciais mais caros de construir e manter. Além disso, as ferramentas CASE exigem uma definição mais extensa e precisa das necessidades e dos requisitos do usuário. Finalmente, como é difícil personalizar as ferramentas CASE, pode ser difícil utilizá-las em sistemas já existentes.

### Desenvolvimento rápido de aplicações

O **desenvolvimento rápido de aplicações (RAD)** é um método de desenvolvimento de sistemas que pode combinar JAD, prototipagem e ferramentas CASE integradas para gerar rapidamente um sistema de alta qualidade. Na primeira etapa do RAD, sessões de JAD são utilizadas para reunir requisitos do sistema, de modo que os usuários são intensamente envolvidos desde o início. No RAD, o processo de desenvolvimento é iterativo, semelhante à prototipagem. Ou seja, os requisitos, os projetos e o próprio sistema são desenvolvidos e, depois, passam por uma série, ou uma seqüência, de melhorias. O RAD usa as ferramentas ICASE para estruturar rapidamente requisitos e desenvolver protótipos. À medida que os protótipos são desenvolvidos e aperfeiçoados, os usuários os revisam em sessões adicionais de JAD. O RAD produz componentes funcionais de um sistema final, em vez de versões em escala limitada. Para entender como o RAD funciona e em que ele difere do SDLC, veja a Figura 10.4.

Os métodos e as ferramentas de RAD permitem que os desenvolvedores de sistemas construam aplicações mais depressa, especialmente sistemas em que a interface com o usuário é um componente importante. O RAD também pode melhorar o processo de reescrever aplicações legadas.

### Desenvolvimento pelo usuário final

Ao longo dos anos, os computadores se tornaram mais baratos, menores e mais amplamente disseminados nas organizações. Hoje, quase todo mundo que trabalha em uma mesa ou no campo possui um computador. Um resultado desses desenvolvimentos é que muitas atividades relacionadas ao computador se deslocaram para a área de trabalho. Por exemplo, os usuários finais agora manipulam a maior parte de sua própria entrada de dados. Eles criam muitos de seus próprios relatórios e os imprimem localmente, em vez de esperar que cheguem no malote da empresa após um operador de computador tê-los executado em um centro de dados remoto. Os usuários também fornecem treinamento e suporte extra-oficiais para outros trabalhadores em sua área. Finalmente, eles projetam e desenvolvem um número cada vez maior de suas próprias aplicações, algumas vezes até sistemas relativamente grandes e complexos.

Ainda que o desenvolvimento pelo usuário final seja benéfico para os empregados e a organização como um todo, ele tem algumas limitações. Os usuários finais podem não ter habilidades suficientes no que diz respeito a computadores. Essa falta de capacidade pode comprometer a qualidade e o custo, a menos que

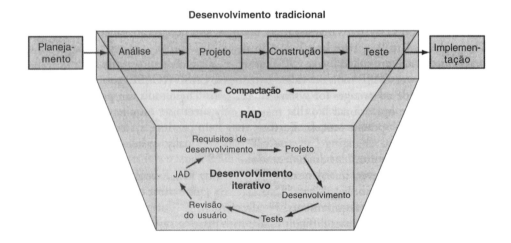

**Figura 10.4** Um processo de desenvolvimento rápido de protótipo comparado com o SDLC. *Fonte*: datawarehousetraining.com/Methodologies/rapid-application-development.

sejam instalados controles adequados. Muitos usuários finais também não investem tempo suficiente para documentar o trabalho. Além disso, eles às vezes não tomam medidas de segurança apropriadas. Finalmente, os usuários normalmente desenvolvem bancos de dados que não podem lidar de modo eficiente com todos os dados de produção.

### Desenvolvimento orientado a objetos

O **desenvolvimento orientado a objetos** se baseia em uma visão fundamentalmente diferente de sistemas de computação do que a encontrada nos métodos tradicionais de desenvolvimento por SDLC. Os métodos tradicionais fornecem instruções específicas passo a passo, na forma de programas de computador, nos quais os programadores devem especificar cada detalhe dos procedimentos. Geralmente, esses programas resultam em um sistema que realiza a tarefa original, mas podem não ser adequados para cuidar de outras tarefas. Essa observação se aplica mesmo quando as outras tarefas envolvem as mesmas entidades do mundo real. Por exemplo, um sistema de cobrança tratará de cobranças, mas provavelmente não será adaptável para lidar com a correspondência do departamento de marketing nem gerar instruções para a equipe de vendas, ainda que as funções de cobrança, marketing e vendas utilizem dados semelhantes, como nome e endereço dos clientes, e compras atuais e anteriores. Por outro lado, um *sistema orientado a objetos (OO)* começa não com a tarefa a ser executada, mas com os aspectos do mundo real que devem ser modelados para executar a tarefa. Assim, no exemplo anterior, se a empresa tem um bom modelo de seus clientes e de suas interações com eles, esse modelo poderá ser igualmente bem utilizado para cobranças, correspondência e instruções de vendas.

### Análise e projeto orientados a objetos

O processo de desenvolvimento de um sistema orientado a objetos começa com um estudo de viabilidade e uma análise do sistema existente. Os desenvolvedores de sistemas identificam os *objetos* no novo sistema — os elementos fundamentais para a análise e o projeto OO. Cada objeto representa uma entidade tangível do mundo real, como um cliente, uma conta bancária, um estudante ou uma disciplina. Os objetos têm *propriedades*, ou *valores de dados*. Por exemplo, um cliente tem um número de identificação, nome, endereço, número(s) de conta etc. O objeto também contém as *operações* que podem ser executadas nas propriedades. Por exemplo, as operações nos objetos do cliente podem incluir obter saldo da conta, abrir conta, retirar fundos etc. As operações também são chamadas de *comportamentos*.

Assim, os analistas OO definem todos os objetos relevantes necessários para o novo sistema, incluindo suas propriedades e operações. Depois, modelam como os objetos interagem para atender aos objetivos do novo sistema. Em alguns casos, os analistas podem reutilizar objetos existentes de outras aplicações (ou de uma biblioteca de objetos) no novo sistema. Esse processo economiza o tempo gasto na escrita de código desses objetos. No entanto, na maioria dos casos, mesmo reutilizando objetos, será necessário escrever algum código para personalizar os objetos e suas interações para o novo sistema.

---

**Antes de prosseguir...**

1. Descreva as ferramentas que aprimoram o SDLC tradicional.
2. Descreva os métodos alternativos que podem ser usados para o desenvolvimento de sistemas, além do SDLC.

---

## 10.5 Terceirização e provedores de serviços de aplicação

Pequenas ou médias empresas com pouco pessoal de TI e orçamentos pequenos recebem um serviço melhor de fornecedores externos. O uso de fornecedores ou organizações externos para adquirir serviços de TI é chamado de **terceirização**. As grandes empresas podem escolher a terceirização em certas circunstâncias. Por exemplo, elas podem querer experimentar novas tecnologias de TI sem um investimento inicial significativo. Também podem usar a terceirização para proteger suas próprias redes internas ou para ter acesso ao conhecimento de peritos. As empresas terceirizadas podem realizar qualquer ou todas as tarefas no desenvolvimento de TI. O Quadro 10.5 apresenta um exemplo de como administrar um grande contrato de terceirização.

Vários tipos de fornecedores oferecem serviços para criar e operar sistemas de TI, incluindo aplicações de comércio eletrônico:

- **Empresas de software.** Muitas empresas de software, da IBM à Oracle, oferecem uma gama de serviços de desenvolvimento, operação e manutenção de aplicações de TI.
- **Outras empresas terceirizadas**. Empresas de TI, como a EDS, oferecem uma variedade de serviços. Além disso, as grandes empresas de CPA e consultores administrativos (por exemplo, a Accenture) oferecem alguns serviços terceirizados.
- **Internacionalização**. Enquanto a tendência da terceirização crescer, também crescerá a tendência de realizá-la internacionalmente, principalmente na Índia e na China. A terceirização internacional certamente pode economizar recursos, mas também envolve riscos, como enviar dados corporativos sensíveis para o exterior.

Um dos tipos mais comuns de terceirização de TI é o uso de provedores de serviços de aplicação. Um **provedor de serviços de aplicação (ASP)** é um agente ou fornecedor que monta o software necessário às empresas e inclui a terceirização do desenvolvimento, das operações, da manutenção e de outros serviços. A diferença básica entre um ASP e um fornecedor terceirizado é que um ASP administrará os servidores de aplicação em um local controlado centralmente, e não nas instalações do cliente. As aplicações são, então, acessadas através da Internet ou de VANs por meio de uma interface de navegador Web comum. Esse arranjo possibilita uma completa gama de serviços para a empresa que está usando o ASP. As aplicações podem ser dimensionadas, as atualizações (upgrades) e a manutenção podem ser centralizadas, a segurança física das aplicações e dos servidores pode ser garantida e os recursos humanos necessários podem ser utilizados de maneira eficiente.

---

## TI E A EMPRESA

### 10.5 Procter & Gamble terceiriza para a Hewlett-Packard

O contrato de terceirização de serviços de tecnologia de US$3 bilhões da Procter & Gamble com a Hewlett-Packard significou que a HP teve de absorver os centros de dados da P&G em Cincinnati, Cingapura e Bruxelas, juntamente com a infra-estrutura de rede da P&G e 2.000 empregados da P&G. Com um contrato de 10.000 páginas e cerca de 3.700 tarefas para administrar, as empresas adotaram uma estratégia "onde está, como está", em que a HP inicialmente apenas colocou as operações e o pessoal de tecnologia da P&G em seus livros. As principais tarefas do contrato de terceirização são renovar os processos comerciais e ajudar a P&G a implementar com eficácia a tecnologia de computação sem fio e as etiquetas de identificação por radiofreqüência. A P&G avalia o desempenho da HP trimestralmente usando critérios como período de atividade da rede, disponibilidade do centro de dados e tempo de resposta às reclamações, bem como medidas qualitativas sobre satisfação do consumidor.

A P&G sabia que a HP era um ícone cultural, mas era nova em grandes contratos de terceirização. Para auxiliar a HP, ela implementou um sistema "dois em um". Essa configuração unia um gerente da HP a um correspondente da P&G para administrar a transição em frentes como recursos humanos, infra-estrutura de tecnologia e aplicações. O papel da HP era descobrir como fazer a transição, com a P&G assumindo uma função de suporte. Nas áreas em que a HP tinha pouca experiência, como o conteúdo dos 5.000 contratos de tecnologia global com suas várias normas e regras fiscais, a P&G assumiu a liderança.

*Fontes*: Compilado de L. Dignan, "P&G-HP Pact: Slow and Steady", *Baseline Magazine*, 29 de julho de 2004; P. McDougall, "Procter & Gamble's Deal with HP Grows", *Outsourcing Pipeline*, 16 de agosto de 2004; K. Cushing, "Procter & Gamble's HP Deal Shows Mega IT Outsourcing Is Still Tempting Some", *Computer Weekly*, 23 de abril de 2003; *www.pg.com* e *www.hp.com*, acessados em 6 de abril de 2005.

**PERGUNTAS**

1. Compare os lados qualitativo e quantitativo dos contratos de terceirização.
2. Discuta a estratégia "vá com calma" que a P&G e a HP usaram no contrato de terceirização.

Por esses serviços, as empresas usuárias finais pagam uma mensalidade ao ASP, que, em geral, inclui o pagamento do software de aplicação, hardware, serviço e suporte. Esse suporte inclui manutenção e atualizações. A taxa pode ser fixa ou com base na utilização, como o número de usuários ou transações.

Os ASPs atuam especialmente na computação empresarial e nas aplicações de comércio eletrônico, que podem ser muito complexas de construir e muito complicadas de modificar e manter. Portanto, os principais provedores de software de ERP, como a SAP e a Oracle, agora estão oferecendo opções de ASP, assim como a IBM, a Microsoft e a Computer Associates.

O aluguel dos serviços de um ASP é uma opção particularmente desejável para pequenas e médias empresas. Dito de forma simples, o desenvolvimento e a operação de aplicações de TI na própria empresa pode ser uma tarefa demorada e dispendiosa para essas entidades. Alugar de ASPs oferece várias vantagens a essas empresas. Primeiro, elimina várias despesas (como custos de mão-de-obra) na fase inicial do desenvolvimento. Também ajuda a reduzir os custos de manutenção e atualização de software e de treinamento de usuários no longo prazo. Além disso, uma empresa pode escolher outro produto de software do ASP para atender a alterações em suas necessidades. Essa opção economiza à empresa os custos de atualizar o software existente. Também torna a empresa mais competitiva ao reduzir o tempo desde o projeto até o mercado e ao aumentar a capacidade de se adaptar às alterações nas condições do mercado.

Apesar de todos esses benefícios, o aluguel de ASPs tem desvantagens. Por exemplo, muitas empresas se preocupam com a proteção oferecida pelo ASP contra hackers, roubo de informações confidenciais e ataques de vírus. Além disso, alugar software normalmente não oferece a adequação perfeita com a aplicação desejada. Finalmente, a empresa precisa se certificar de que a velocidade da conexão à Internet entre o cliente e o ASP seja adequada para manipular os requisitos da aplicação, com o objetivo de evitar distorções no desempenho.

Analisamos muitos métodos que podem ser usados para adquirir novos sistemas. A Tabela 10.1 apresenta um resumo das vantagens e desvantagens desses métodos.

---

### Antes de prosseguir...

1. Que tipos de empresas fornecem serviços terceirizados?
2. Defina ASPs e analise suas vantagens para as empresas que os utilizam.
3. Cite algumas desvantagens dos ASPs.

---

## 10.6 Escolha de fornecedor e software

Poucas organizações, especialmente as pequenas e médias empresas, dispõem do tempo, dos recursos financeiros e da especialização técnica necessários para desenvolver os complexos sistemas de TI ou e-business atuais. Conseqüentemente, as empresas estão cada vez mais se baseando em fornecedores externos para fornecer software, hardware e especialização técnica. Como resultado, a escolha e o gerenciamento desses fornecedores e seus produtos de software se tornaram um aspecto importante do desenvolvimento de uma aplicação de TI. As seis etapas seguintes na escolha de um fornecedor de software e de um pacote de aplicação são úteis.

### Etapa 1: Identificar os possíveis fornecedores

As empresas podem identificar possíveis fornecedores de software de aplicação através de várias fontes:

- Catálogos de software
- Listas oferecidas por fornecedores de hardware
- Revistas técnicas e especializadas no negócio
- Consultores experientes na área de aplicação
- Colegas de trabalho em outras empresas
- Pesquisas na Web

**Tabela 10.1** Vantagens e desvantagens dos métodos de aquisição de sistemas

| Desenvolvimento de sistemas tradicional (SDLC) |
| --- |
| *Vantagens* |
| Força a equipe a passar de modo sistemático por etapa de um processo estruturado. Reforça a qualidade ao manter padrões. Tem menos chances de deixar passar questões importantes ao reunir requisitos dos usuários. |
| *Desvantagens* |
| Pode gerar um excesso de documentação. Os usuários costumam não desejar ou não conseguir estudar as especificações que aprovam. Demora muito para passar das idéias originais até um sistema funcional. Os usuários têm problemas em descrever requisitos para um sistema proposto. |
| **Prototipagem** |
| *Vantagens* |
| Ajuda a esclarecer os requisitos dos usuários. Ajuda a verificar a viabilidade do projeto. Promove uma participação genuína do usuário no processo de desenvolvimento. Promove um relacionamento próximo de trabalho entre desenvolvedores e usuários dos sistemas. Funciona bem para problemas mal definidos. Pode produzir parte do sistema final. |
| *Desvantagens* |
| Pode estimular uma análise inadequada do problema. Não é prático quando se tem um grande número de usuários. O usuário pode não abrir mão do protótipo quando o sistema está concluído. Pode gerar confusão sobre se o sistema de informação está completo e pode ser mantido. O sistema pode ser construído rapidamente, o que pode resultar em menor qualidade. |
| **Projeto conjunto de aplicações** |
| *Vantagens* |
| Envolve muitos usuários no processo de desenvolvimento. Economiza tempo. Maior suporte ao usuário no novo sistema. Melhor qualidade do novo sistema. Novo sistema mais fácil de ser implementado. Novo sistema possui menores custos de treinamento. |
| *Desvantagens* |
| É difícil fazer todos os usuários participarem das reuniões de JAD. O método JAD tem todos os problemas associados a qualquer reunião de grupo. |
| **Engenharia integrada de software assistida por computador** |
| *Vantagens* |
| Pode gerar sistemas com uma vida operacional efetiva mais longa. Pode gerar sistemas que atendem mais de perto os requisitos do usuário. Pode agilizar o processo de desenvolvimento. Pode gerar sistemas mais flexíveis e adaptáveis às freqüentes mudanças nas condições empresariais. Pode produzir excelente documentação. |
| *Desvantagens* |
| Sistemas normalmente mais caros de construir e manter. Requer uma definição mais extensa e exata dos requisitos do usuário. Difícil de personalizar. |

## Desenvolvimento rápido de aplicações

*Vantagens*

Pode agilizar o desenvolvimento de sistemas.
Usuários intensamente envolvidos desde o início.
Melhora o processo de reescrever aplicações legadas.

*Desvantagens*

Gera os componentes funcionais dos sistemas finais, mas não os sistemas finais.

## Desenvolvimento orientado a objetos

*Vantagens*

Os objetos modelam entidades reais.
Pode ser capaz de reutilizar algum código de computador.

*Desvantagens*

Funciona melhor com sistemas de escopo mais limitado; ou seja, com sistemas que não têm quantidades enormes de objetos.

## Desenvolvimento pelo usuário final

*Vantagens*

Evita o departamento de sistemas de informação (SI) e evita atrasos.
O usuário controla a aplicação e pode alterá-la conforme necessário.
Atende diretamente aos requisitos do usuário.
Maior aceitação do novo sistema pelo usuário.
Libera recursos de TI.

*Desvantagens*

Pode criar sistemas de menor qualidade.
Pode exigir manutenção por parte do departamento de SI.
A documentação pode ser inadequada.
Controle de qualidade fraco.
O sistema pode não ter interfaces adequadas com os sistemas existentes.

## Terceirização

*Vantagens*

Reduz custos.
Baseia-se em especialistas.
Faz experiências com novas tecnologias da informação.

*Desvantagens*

Dados corporativos valiosos sob controle de outra empresa.
Durante o desenvolvimento do sistema, os programadores de outra empresa podem colocar código de computador malicioso (por exemplo, back-doors) nas aplicações.

## Provedores de serviço de aplicação

*Vantagens*

Reduz custos.
Diminui a manutenção e as atualizações de software.
Reduz o treinamento dos usuários.
Torna a empresa mais competitiva ao reduzir o tempo desde o projeto até a comercialização (time-to-market), e melhora a capacidade da empresa de se adaptar a alterações nas condições do mercado.

| *Desvantagens* |
| --- |
| Os ASPs podem não oferecer proteção de segurança adequada. |
| O software pode não ser perfeito para a aplicação desejada. |
| A empresa precisa se certificar que a velocidade da conexão à Internet entre o cliente e o ASP seja adequada para lidar com os requisitos da aplicação. |

Essas fontes normalmente apresentam tantos fornecedores e pacotes que é preciso usar algum critério de avaliação para eliminar a grande maioria, exceto os mais promissores. Por exemplo, você pode eliminar fornecedores que sejam muito pequenos ou que têm uma reputação questionável. Além disso, é possível eliminar os pacotes que não tenham os recursos necessários ou que não sejam compatíveis com o hardware e/ou software existente na empresa.

### Etapa 2: Determinar os critérios de avaliação

A tarefa mais difícil e mais importante na avaliação de um fornecedor e de um pacote de software é determinar um conjunto detalhado de critérios de avaliação. Algumas áreas em que o cliente deve desenvolver critérios detalhados são:

- Características do fornecedor
- Requisitos funcionais do sistema
- Necessidades técnicas que o software precisa satisfazer
- Quantidade e qualidade da documentação fornecida
- Suporte do fornecedor para o pacote

Esses critérios devem ser especificados em uma **requisição de proposta**, um documento que é enviado aos fornecedores potenciais solicitando-lhes que apresentem uma proposta descrevendo seu pacote de software e como ele atenderia às necessidades da empresa. A requisição de proposta oferece aos fornecedores as informações sobre os objetivos e as necessidades do sistema. Especificamente, ela descreve o ambiente em que o sistema será usado, os critérios gerais que serão usados para avaliar as propostas e as condições para a apresentação das propostas. A requisição de proposta também pode solicitar uma lista dos atuais usuários do pacote que a empresa pode contatar. Em alguns casos, a requisição de proposta descreve em detalhes a forma de resposta que o cliente deseja. Por fim, pode exigir que o forncedor faça uma demonstração do pacote nas instalações da empresa, usando entradas e arquivos de dados especificados.

### Etapa 3: Avaliar os fornecedores e os pacotes

As respostas à requisição de proposta geram grandes volumes de informação que a empresa tem de avaliar. O objetivo dessa avaliação é determinar as lacunas entre as necessidades da empresa (como especificadas na requisição) e as habilidades dos fornecedores e de seus pacotes de aplicação. Muitas vezes, a empresa dá uma nota geral aos fornecedores e pacotes (1) atribuindo um peso de importância a cada critério avaliado; (2) classificando os fornecedores em cada critério ponderado (por exemplo, de 1 a 10); e, depois, (3) multiplicando as notas pelos pesos associados. A empresa pode, então, encurtar a lista dos fornecedores potenciais e incluir apenas os fornecedores que atingiram as notas gerais mais altas.

### Etapa 4: Escolher o fornecedor e o pacote

Depois que a empresa faz uma seleção dos fornecedores potenciais, pode começar as negociações com esses fornecedores para determinar como seus pacotes podem ser modificados para remover quaisquer discrepâncias com as necessidades de TI da empresa. Portanto, um dos fatores mais importantes na decisão é o esforço de desenvolvimento adicional que pode ser necessário para adaptar o sistema às necessidades da empresa ou para integrá-lo ao ambiente de computação existente. Além disso, precisam ser consideradas as opiniões tanto dos usuários quanto do pessoal de TI que terá de apoiar o sistema.

Existem vários métodos de escolha. Para ver uma lista de critérios gerais, consulte o Checklist Gerencial 10.2.

**Checklist Gerencial 10.2**
Critérios de escolha de um pacote de aplicação de software

> ❑ Custo e condições financeiras
> ❑ Política e custo de atualização (upgrade)
> ❑ Reputação do fornecedor e disponibilidade de assistência
> ❑ Histórias de sucesso do fornecedor (visite o website, contate clientes)
> ❑ Flexibilidade do sistema
> ❑ Facilidade de interface com a Internet
> ❑ Disponibilidade e qualidade da documentação
> ❑ Recursos de hardware e de rede necessários
> ❑ Treinamento necessário (verifique se é fornecido)
> ❑ Segurança
> ❑ Tempo de aprendizado para desenvolvedores e usuários
> ❑ Apresentação gráfica
> ❑ Manipulação de dados
> ❑ Hardware exigido pelo sistema

## Etapa 5: Negociar um contrato

O contrato com o fornecedor de software é muito importante. Ele especifica tanto o preço do software quanto o tipo e o nível de suporte a ser oferecido pelo fornecedor. O contrato será o único recurso se o sistema não funcionar ou o fornecedor não agir conforme o combinado. É essencial, então, que o contrato faça referência direta à requisição de proposta, visto que este foi o veículo que o fornecedor usou para documentar a funcionalidade apoiada pelo sistema. Além do mais, se o fornecedor estiver modificando o software para adequá-lo às necessidades da empresa, o contrato tem de incluir especificações detalhadas (basicamente os requisitos) das modificações. Por fim, o contrato também deve descrever em detalhes os testes de aceitação pelos quais o software tem de passar.

Os contratos são documentos legais e podem ser bastante complicados. Por isso, a empresa pode necessitar dos serviços de negociadores de contrato e advogados experientes. Muitas organizações possuem especialistas em aquisição de software que participam das negociações e redigem ou aprovam o contrato. Eles devem ser envolvidos no processo de escolha desde o início.

## Etapa 6: Estabelecer um acordo de nível de serviço

Os **acordos de nível de serviço (ANSs)** são acordos formais que especificam como o trabalho será dividido entre a empresa e seus fornecedores. Essas divisões se baseiam em um conjunto de fatos, verificações de qualidade e situações hipotéticas. Elas descrevem como as verificações serão realizadas e quais serão as ações no caso de controvérsias. Os ANSs fazem isso (1) definindo as responsabilidades das partes; (2) fornecendo uma estrutura para o projeto dos serviços de suporte; e (3) permitindo que a empresa mantenha o máximo possível de controle sobre seus próprios sistemas. Os ANSs incluem recursos como desempenho, disponibilidade, backup e recuperação, atualizações, e propriedade de hardware e software. Por exemplo, o ANS pode especificar que o ASP mantém o sistema disponível ao cliente 99,9% do tempo.

---

**Antes de prosseguir...**

---

1. Cite as principais etapas na escolha de um fornecedor e de um pacote de software.
2. Descreva uma requisição de proposta.
3. Descreva os ANSs.

---

## O que a  pode me proporcionar?

- **Para a área de contabilidade**

   O departamento de contabilidade ajuda a realizar análises de custo-benefício dos projetos propostos. Também pode monitorar os custos dos projetos em andamento para que se mantenham dentro do orçamento. O pessoal de contabilidade sem dúvida se envolverá com o desenvolvimento de sistemas em vários pontos no decorrer de suas carreiras.

- **Para a área de finanças**

   O pessoal de finanças é freqüentemente envolvido nas questões financeiras que acompanham qualquer projeto de desenvolvimento de sistemas de grande escala (por exemplo, no orçamento). Também é envolvido nas análises de custo-benefício e de risco. Para realizar essas tarefas, precisam estar a par das novas técnicas usadas para determinar custos de projeto e retorno sobre o investimento. Finalmente, como precisam gerenciar grandes quantidades de informação, os departamentos de finanças também são recebedores comuns dos novos sistemas.

- **Para a área de marketing**

   Na maioria das organizações, o setor de marketing, assim como o de finanças, envolve uma grande quantidade de dados e informações. O setor de marketing, como o de finanças, também é uma incubadora para o desenvolvimento de sistemas. O pessoal de marketing cada vez mais participará de equipes de desenvolvimento de sistemas. Esse envolvimento cada vez mais significa auxiliar no desenvolvimento dos sistemas, especialmente dos sistemas baseados na Web, que envolvem diretamente desde a organização até os consumidores.

- **Para a área de produção/operações**

   A participação nas equipes de desenvolvimento também é um papel comum para o pessoal de produção/operações. A fabricação está se tornando cada vez mais controlada por computador e integrada a outros sistemas aliados, desde o projeto até a logística, controle de estoque e suporte ao cliente. Os sistemas de produção interagem freqüentemente com os sistemas de marketing, finanças e recursos humanos; também podem ser parte de um sistema mais amplo, para toda a empresa. Além disso, muitos usuários finais na área de produção/operações desenvolvem seus próprios sistemas ou colaboram com o pessoal de TI em aplicações específicas.

- **Para a área de recursos humanos**

   O departamento de recursos humanos está intimamente envolvido com vários aspectos do processo de aquisições de sistemas. A aquisição de novos sistemas pode exigir a contratação de novos funcionários, mudanças nas descrições de cargos ou dispensa de funcionários, tarefas administradas pelo RH. Além disso, se a organização contratar consultores para o projeto de desenvolvimento ou terceirizar o projeto, o departamento de recursos humanos poderá administrar os contratos com esses fornecedores.

- **A função do SIG**

   Independentemente do método que a organização usar para adquirir novos sistemas, o departamento de SIG o encabeçará. Se a organização escolher comprar a aplicação, o SIG liderará a análise das ofertas dos vários fornecedores e a negociação com eles. Se a organização escolher alugar a aplicação, o SIG novamente examinará as ofertas do fornecedor e tomará a frente na negociação. Se a organização optar por desenvolver a aplicação internamente, o processo cairá no departamento de SIG. Os analistas do SIG trabalham em conjunto com os usuários para desenvolver os requisitos de informação e, depois, os programadores do SIG escrevem o código de computador, testam-no e implementam o novo sistema.

## Resumo

### 1. Descrever o processo de planejamento da TI.

   O planejamento de sistemas de informação começa pela análise do plano estratégico da organização. O plano estratégico organizacional e a arquitetura de TI existente fornecem as entradas para o desenvolvimento do *plano estratégico de TI*, que descreve a arquitetura da TI e as principais iniciativas de SI necessárias para alcançar os objetivos da organização. O plano estratégico de TI também pode exigir uma nova arquitetura de TI, ou a arquitetura existente pode ser suficiente. De qualquer modo, o plano estratégico de TI leva ao *plano operacional de SI*, que é um conjunto claro dos projetos que serão executados pelo departamento de SI/TI e pelos gerentes de áreas funcionais para apoiar o plano estratégico de TI.

### 2. Descrever o processo e os métodos de justificativa.

O processo de justificativa é basicamente uma comparação dos custos esperados com os benefícios de cada aplicação. Medir os custos pode não ser uma tarefa complexa, mas medir os benefícios o é, devido à quantidade de benefícios intangíveis envolvidos. Existem várias metodologias para avaliar custos e benefícios, como valor líquido presente (VLP), retorno sobre o investimento (ROI), análise do ponto de equilíbrio e método do caso empresarial.

### 3. Descrever o ciclo de vida do desenvolvimento de sistemas e suas vantagens e limitações.

O ciclo de vida do desenvolvimento de sistemas (SDLC) é o método tradicional usado pela maioria das organizações atualmente. O SDLC é um modelo estruturado que consiste em processos seqüenciais distintos: investigação de sistemas, análise de sistemas, projeto de sistemas, programação, teste, implementação, operação e manutenção. Esses processos, por sua vez, consistem em tarefas bem definidas. Algumas dessas tarefas estão presentes na maioria dos projetos, enquanto outras estão presentes apenas em certos tipos de projetos. Ou seja, projetos de desenvolvimento menores podem exigir apenas um subconjunto de tarefas; grandes projetos normalmente exigem todas as tarefas. Usar o SDLC garante a qualidade e a segurança, mas é mais caro e demorado.

### 4. Descrever os principais métodos e ferramentas alternativos para a construção de sistemas de informação.

Uma alternativa comum para o SDLC é a prototipagem rápida, que ajuda a testar sistemas. Ferramentas de prototipagem úteis para o SDLC são o JAD (para encontrar as necessidades de informação) e o RAD (que usa ferramentas CASE). Para aplicações menores e rapidamente necessárias, os projetistas podem usar ferramentas de desenvolvimento orientadas a objetos, muito comuns nas aplicações baseadas na Web.

### 5. Listar as principais opções de aquisição de TI e os critérios para a escolha da opção.

As principais opções são comprar, alugar e construir (desenvolver internamente). Outras opções são as joint-ventures e o uso de e-marketplaces ou e-exchanges (privativos ou públicos). A construção na empresa pode ser realizada com o uso do SDLC, da prototipagem ou de outras metodologias; pode ser feita por terceiros, por funcionários do departamento de SI ou pelos usuários finais (individualmente ou em grupo).

### 6. Descrever o papel dos ASPs.

Os ASPs alugam aplicações de software, normalmente pela Internet. As taxas pagas pelas aplicações alugadas podem ser iguais todos os meses ou podem se basear no uso efetivo (como a energia elétrica).

### 7. Descrever o processo de escolha de fornecedor e software.

O processo de escolha de fornecedor e software é composto de cinco etapas: identificar os fornecedores potenciais, determinar os critérios de avaliação, avaliar fornecedores e pacotes, escolher o fornecedor e o pacote, negociar um contrato e estabelecer acordos de nível de serviço.

## Glossário

**acordos de nível de serviço (ANSs)** Acordos formais que especificam como o trabalho será dividido entre a empresa e seus fornecedores.

**análise de sistemas** Análise do problema empresarial que a organização planeja resolver com um sistema de informação.

**analistas de sistemas** Profissionais de sistemas de informação especializados em analisar e projetar sistemas de informação.

**ciclo de vida do desenvolvimento de sistemas (SDLC)** Modelo estruturado, usado para grandes projetos de TI, que consiste em processos seqüenciais pelos quais os sistemas de informação são desenvolvidos.

**conversão direta** Processo de implementação em que o sistema antigo é desativado e o novo sistema é ativado em determinado momento.

**conversão em fases** Processo de implementação que introduz componentes do novo sistema em etapas até que todo o novo sistema esteja operacional.

**conversão paralela** Processo de implementação em que o sistema antigo e o novo sistema operam simultaneamente durante algum tempo.

**conversão piloto** Processo de implementação que introduz o novo sistema experimentalmente em uma parte da organização; quando o novo sistema estiver funcionando corretamente, ele é introduzido em outras partes da organização.

**interessados nos sistemas** Todas as pessoas que são afetadas pelas mudanças nos sistemas de informação.

**desenvolvimento orientado a objetos** Começa com os aspectos do mundo real que precisam ser modelados para executar uma tarefa.

**desenvolvimento rápido de aplicações (RAD)** Método de desenvolvimento de sistemas que usa ferramentas especiais e um método iterativo para produzir rapidamente um sistema de alta qualidade.

**engenharia de software assistida por computador (CASE)** Método de desenvolvimento que usa ferramentas especializadas para automatizar grande parte das tarefas do SDLC; as ferramentas CASE upper automatizam os primeiros estágios do SDLC, e as ferramentas CASE lower automatizam os últimos estágios do SDLC.

**especialistas técnicos** Peritos em determinado tipo de tecnologia, como bancos de dados ou telecomunicação.

**estudo de viabilidade** Investigação que determina a probabilidade de sucesso de um projeto proposto e avalia a viabilidade técnica do projeto.

**ferramentas CASE integradas (ICASE)** Ferramentas CASE que reúnem as ferramentas CASE upper e lower.

**implementação** Processo de conversão de um antigo sistema para um novo.

**método em cascata** Método de SDLC em que as tarefas de uma etapa são completadas antes que o trabalho siga para a próxima etapa.

**portfólio de aplicações** Conjunto das aplicações recomendadas como resultado do processo de planejamento e justificativa no desenvolvimento de aplicações.

**plano estratégico de TI** Conjunto de metas de longo prazo que descrevem a infra-estrutura de TI e as principais iniciativas de TI necessárias para alcançar as metas da organização.

**programação** Conversão das especificações de projeto de um sistema para código de computador.

**projeto conjunto de aplicações (JAD)** Ferramenta baseada em grupos para reunir requisitos dos usuários e criar projetos de sistemas.

**projeto de sistemas** Descreve como o novo sistema fornecerá uma solução para o problema empresarial.

**projeto físico dos sistemas** Especificação física real que indica como um sistema de computação executará suas funções.

**projeto lógico dos sistemas** Especificação abstrata do que o sistema fará.

**prototipagem** Método que define uma lista inicial de requisitos de usuário, constrói um sistema de protótipos e, depois, aprimora o sistema em várias iterações com base no feedback dos usuários.

**provedor de serviços de aplicação (ASP)** Agente ou fornecedor que monta o software necessário às empresas e inclui a terceirização do desenvolvimento, das operações, da manutenção e outros serviços.

**requisição de proposta** Documento que é enviado aos potenciais fornecedores, solicitando-lhes que apresentem uma proposta descrevendo seu pacote de software e como ele atenderia às necessidades da empresa.

**scope creep** Acréscimo de funções a um sistema de informação após o projeto ter sido iniciado.

**terceirização** Uso de fornecedores ou organizações externos para adquirir serviços de TI.

## Perguntas para discussão

1. Discuta as vantagens de uma opção de aluguel sobre uma opção de compra.
2. Por que é importante que todos os gerentes empresariais entendam os problemas da aquisição de recursos de TI?

3. Por que é importante que todos nas organizações empresariais tenham um conhecimento básico do processo de desenvolvimento de sistemas?

4. O método de prototipagem deve ser usado em todos os projetos de desenvolvimento de sistemas? Justifique sua resposta.

5. Examine os diversos tipos de estudo de viabilidade. Por que todos eles são necessários?

6. Quais são as características da programação estruturada? Por que ela é tão importante?

7. Examine o problema de avaliar benefícios intangíveis e as soluções propostas.

8. Por que a atratividade dos ASPs está aumentando?

## Atividades para solução de problemas

1. Entre em *www.ibm.com* e busque informações sobre como a IBM mede o ROI do WebSphere. Depois, examine a análise de ROI da CIOView Corporation (*www.CIOview.com*). Identifique as variáveis incluídas na análise (nos dois sites). Prepare um relatório sobre a qualidade dessa ferramenta.

2. Use um mecanismo de busca na Internet para obter informações sobre as ferramentas de CASE e ICASE. Escolha vários fornecedores e compare o que eles oferecem.

3. Use a Web para aprender sobre análise e projeto de intranets. Que tipos de sites possuem mais informações (que sejam úteis)?

## Atividades na Internet

1. Acesse *www.ibm.com/software*. Encontre o produto WebSphere. Leia as recentes histórias de sucesso de clientes. O que torna esse software tão popular?

2. Entre nos sites do GartnerGroup (*www.gartnergroup.com*), Yankee Group (*www.yankeegroup.com*) e CIO (*www.cio.com*). Pesquise material recente sobre ASPs e terceirização, e prepare um relatório sobre suas descobertas.

3. Visite o website da IDC (*www.idc.com*) e descubra como a empresa avalia o ROI nas intranets, cadeia de suprimentos e outros projetos de TI.

4. Visite o site da Resource Management Systems (*www.rms.net*) e realize o autoteste de investimento em TI Management Approach Assessment Self-Test (*www.rms.net/self_test.htm*) para comparar o processo de tomada de decisão de TI da sua organização com o das organizações que usam as melhores práticas.

5. Acesse *www.plumtree.com* e veja como eles conduzem análise de ROI nos portais. Faça uma lista dos principais elementos da análise.

## Trabalhos em equipe

1. A avaliação da funcionalidade de uma aplicação é parte do processo de planejamento (Etapa 1). Selecione de três a cinco websites que fornecem para o mesmo tipo de cliente (por exemplo, vários sites que oferecem CDs ou hardware de computador) e divida os sites entre as equipes. Cada equipe avaliará a funcionalidade do website, preparando uma análise dos diferentes tipos de funções fornecidas por eles. Além disso, a equipe deverá comparar os pontos fortes e fracos de cada site, pela perspectiva do comprador.

2. Divida a turma em grupos e peça que cada grupo visite uma empresa local (incluindo a sua universidade). Em cada empresa, estude o processo de aquisição de sistemas utilizado. Descubra a metodologia ou metodologias usadas por cada organização e o tipo de aplicação a que cada metodologia se aplica. Prepare um relatório e apresente-o para a turma.

3. Em grupo, projete um sistema de informação para uma empresa iniciante de sua escolha. Descreva a estratégia de aquisição de recursos de TI que você escolheu e justifique suas escolhas de suporte de hardware, software, telecomunicação e outros aspectos do sistema proposto.

4. Em grupo, projete um sistema de informação para uma empresa iniciante de sua escolha. Descreva as metodologias de desenvolvimento de sistemas que você escolheu e justifique suas escolhas suporte de de hardware, software, telecomunicação e outros aspectos do sistema proposto.

## Canadá enfrenta problemas no desenvolvimento de um sistema

### O PROBLEMA DA EMPRESA

A nova lei de armas de fogo do Canadá, aprovada em 1995, aumentou as penalidades para crimes com armas de fogo e exigiu a criação de um registro nacional computadorizado de armas de fogo. A lei exige que todo proprietário de arma de fogo obtenha uma licença e se submeta a uma avaliação de antecedentes. Além disso, o proprietário precisa registrar cada arma que possui.

O lobby das armas do país se opôs frontalmente ao registro, alegando que o dinheiro necessário para desenvolver e operar o sistema seria mais bem empregado no combate ao crime. O governo respondeu que os custos seriam cobertos pelas taxas de licenciamento e registro das armas. O custo líquido projetado para os contribuintes teria de ser bem baixo.

Antes de 1995, o Canadá possuía um sistema limitado de órgãos federais e provinciais para manipular o licenciamento de novas armas. Além disso, o governo não controlava os 7 milhões de armas que já estavam em circulação. Inicialmente, o governo federal acreditava que poderia usar os mesmos órgãos que emitiam certificados de aquisição de arma de fogo para administrar o registro. Entretanto, esse plano não funcionou porque várias províncias, principalmente aquelas com fortes lobbies de caça, se recusaram a cooperar.

Diante dessa oposição, o governo federal foi obrigado a assumir sozinho a responsabilidade do projeto. Para isso, criou um novo órgão para tratar do programa. Esse órgão decidiu incluir todos os incidentes violentos relatados à polícia, quer tenham resultado em processo criminal ou não, como argumento para uma avaliação mais aprofundada dos pedidos de licença. Esse processo envolveu examinar os registros de computador de todas as delegacias policiais do país. Além disso, foi necessário inserir em um novo banco de dados as informações sobre todos os relatos de ameaças, violência doméstica ou incidentes relacionados. Esse novo banco de dados forneceria entradas para o novo banco de dados de registro de armas de fogo, assim como o banco de dados da polícia canadense.

## A SOLUÇÃO DA TI

O governo canadense concedeu o contrato de construção do sistema à Electronic Data Systems, dos Estados Unidos, e à SHL Systemhouse, do Reino Unido. O coração do sistema era um banco de dados para coletar informações de licenciamento e registro, como marca, modelo, calibre e número de série das armas. As empresas também criaram uma aplicação para inserir informações de formulários de registro recebidos pelo correio. Essa aplicação também conectaria esse novo banco de dados aos bancos de dados das delegacias policiais de todo o Canadá.

Enquanto isso, o argumento político e a pressão do lobby das armas e dos agentes do governo exigiam inúmeras mudanças nos formulários, nas regras e nos processos de licenciamento e registro. A equipe de desenvolvimento acabou tendo de lidar com mais de 1.000 pedidos de alterações no sistema. As alterações no software exigiam que os desenvolvedores lidassem com 50 diferentes sistemas de computador de órgãos e departamentos, desde a Polícia Montada Real Canadense até cada Ministério dos Transportes provincial para verificar as carteiras de motorista.

Quando o projeto foi concebido, previa-se que apenas 10% das aplicações exigiriam o acompanhamento de um empregado. Em vez disso, 90% das aplicações exigiram tal acompanhamento. Alguns erros eram deliberados: o lobby das armas encorajava as pessoas a preencherem os formulários incorretamente.

## OS RESULTADOS

O registro de armas de fogo se tornou um grande transtorno. O que deveria ser um projeto de TI relativamente modesto se transformou em um empreendimento gigantesco. Apenas como exemplo, o governo havia afirmado que recuperaria a grande maioria dos custos de desenvolvimento através das taxas de registro. Em vez disso, decidiu abrir mão ou eliminar a maioria das taxas para estimular os proprietários de armas a colaborarem.

Nas contas finais, o programa tinha acumulado mais de US$1 bilhão em custos. Na verdade, o sistema havia se tornado tão inviável que um comitê independente de avaliação recomendou que fosse abandonado.

*Fontes*: Compilado de M. Duvall, "Canada Firearms: Armed Robbery", *Baseline Magazine,* 1º de julho de 2004; "Government of Canada Caps Costs of Registry and Improves Gun Crime Measures", *Public Safety e Emergency Preparedness Canada (www.psepc-sppcc.gc.ca)*, 20 de maio de 2004; e *www.eds.com* e *www.shl.com*, acessados em 15 de março de 2005.

## PERGUNTAS

1. Comente os problemas da determinação de requisitos de informação e scope creep neste caso.
2. O governo canadense deveria abandonar o projeto?
3. Você acha que foi uma boa idéia construir esse projeto, em primeiro lugar? Defenda sua resposta realizando um estudo de viabilidade do caso.

# Guia de Tecnologia 1

# Hardware de computador

## Metas de aprendizagem

1. Identificar os principais componentes de hardware de um sistema de computador.
2. Descrever o projeto e o funcionamento da unidade central de processamento.
3. Analisar as relações entre projetos de componente de microprocessador e desempenho.
4. Descrever os principais tipos de armazenamento primário e secundário.
5. Estabelecer as diferenças entre armazenamento primário e secundário de acordo com as dimensões de velocidade, custo e capacidade.
6. Definir armazenamento empresarial e descrever os diversos tipos.
7. Descrever a hierarquia de computação de acordo com a capacidade e suas respectivas funções.
8. Estabelecer as diferenças entre os vários tipos de tecnologias de entrada e saída e seus usos.
9. Descrever os sistemas de multimídia e as tecnologias por eles utilizadas.
10. Examinar as tecnologias de hardware emergentes.
11. Discutir as questões estratégicas que associam o projeto de hardware à estratégia comercial.

## GT1.1 Introdução

As decisões sobre hardware se concentram em três fatores inter-relacionados: capacidade (potência e aplicabilidade para a tarefa), velocidade e custo. O incrível ritmo de inovação na indústria de computadores complica ainda mais as decisões de hardware. As tecnologias de computador podem se tornar obsoletas muito mais rapidamente do que outras tecnologias organizacionais.

Este guia de tecnologia o ajudará a entender melhor as decisões sobre hardware de computador em sua organização, bem como suas decisões relacionadas à computação pessoal. Muitos princípios de projeto apresentados aqui se aplicam a computadores de todos os tamanhos, desde um computador pessoal até um sistema empresarial. Além disso, a dinâmica da inovação e do custo que discutimos pode afetar as decisões de hardware corporativas e as pessoais.

Como vimos no Capítulo 1, *hardware* se refere ao equipamento físico usado para atividades de entrada, processamento, saída e armazenamento de um sistema de computador. Ele consiste no seguinte:

- *Unidade central de processamento (CPU).* Manipula os dados e controla as tarefas realizadas pelos outros componentes.
- *Armazenamento primário.* Interno à CPU; armazena temporariamente os dados e as instruções de programa durante o processamento.
- *Armazenamento secundário.* Externo à CPU; armazena dados e programas para uso futuro.
- *Tecnologias de entrada*. Recebe dados e instruções e os converte em um formato que o computador pode entender.
- *Tecnologias de saída.* Apresenta dados e informações em um formato que as pessoas podem entender.
- *Tecnologias de comunicação*. Favorece o fluxo de dados das redes de computador externas (por exemplo, Internet e intranets) para a CPU, e da CPU para as redes de computador.

---

## Antes de prosseguir...

1. Quais são os três fatores em que as decisões sobre tecnologia da informação se concentram?
2. Defina hardware e cite os principais componentes de hardware.

---

## GT1.2 A unidade central de processamento

A **unidade central de processamento (CPU)** realiza a computação propriamente dita dentro de qualquer computador. A CPU é um **microprocessador** (por exemplo, um Pentium 4 da Intel) composto de milhões de transistores microscópicos embutidos em um circuito sobre uma lâmina, ou *chip*, de silício. Por isso, os microprocessadores costumam ser chamados de chips.

Como mostra a Figura GT1.1, o microprocessador possui diferentes partes, que realizam diferentes funções. A **unidade de controle** acessa seqüencialmente instruções de programa, decodifica-as e controla o fluxo de dados de e para a **unidade lógica e aritmética** (ULA), os registradores, os caches, o armazenamento primário, o armazenamento secundário e vários dispositivos de saída. A **ULA** realiza os cálculos matemáticos e faz comparações lógicas. Os **registradores** são áreas de armazenamento de alta velocidade que armazenam pequenas quantidades de dados e instruções por curtos períodos.

### Como a CPU funciona

Na CPU, as entradas são inseridas e armazenadas até serem necessárias. Quando necessárias, são recuperadas e processadas, e a saída é armazenada e, depois, distribuída para algum lugar. A Figura GT1.2 ilustra esse processo, que funciona da seguinte maneira:

- As entradas consistem em dados e breves instruções sobre o que fazer com esses dados. Essas instruções vêm de softwares em outras partes do computador. Os dados podem ser inseridos pelo usuário por meio do teclado, por exemplo, ou lidos de um arquivo de dados em outra parte do computador. As entradas são armazenadas nos registradores até serem enviadas para a próxima etapa do processamento.
- Os dados e as instruções viajam no chip por caminhos elétricos chamados *barramentos*. O tamanho do barramento — análogo à largura de uma estrada — determina quanta informação pode fluir a qualquer momento.
- A unidade de controle direciona o fluxo de dados e instruções dentro do chip.
- A ULA recebe os dados e as instruções dos registradores e realiza a computação desejada. Esses dados e essas instruções foram traduzidos para o **formato binário**, ou seja, apenas 0s e 1s. A CPU pode processar apenas dados binários.

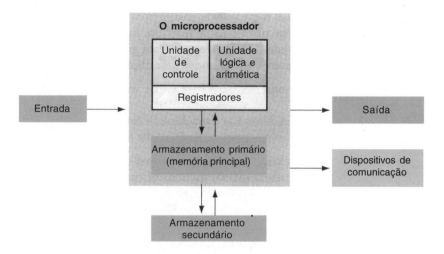

**Figura GT1.1** Partes de um microprocessador.

• Os dados em seu formato original e as instruções são enviados para registradores de armazenamento e, depois, devolvidos para um local de armazenamento fora do chip, como o disco rígido do computador (analisado mais adiante). Enquanto isso, os dados transformados vão para outro registrador e, depois, para outras partes do computador (para o monitor para exibição, ou para o armazenamento, por exemplo).

A Intel oferece excelentes demonstrações de como as CPUs funcionam: veja *www.intel.com/education/ mpworks/index.htm*.

Esse ciclo de processamento, conhecido como **ciclo de instrução de máquina**, ocorre milhões de vezes por segundo ou mais. A velocidade de processamento depende de quatro fatores de projeto do chip:

1. *Velocidade de clock*. A **velocidade de clock** é a velocidade predefinida do clock que temporiza todas as atividades, medidas em *megahertz* (MHz = milhões de ciclos por segundo) e *gigahertz* (GHz = bilhões de ciclos por segundo). Quanto maior a velocidade de clock, mais rápido o chip. Por exemplo, todos os outros fatores sendo iguais, um chip de 1.0 GHz é duas vezes mais rápido que um de 500 MHz.
2. *Tamanho do registrador*. O **tamanho do registrador** é a quantidade de bits (0s e 1s) que podem ser processados pela CPU a qualquer momento. A maioria dos chips atuais manipula tamanhos de registradores de 32 bits; o Pentium 4 é projetado para manipular tamanhos de registradores de 64 bits. Portanto, o chip do Pentium 4 processará 64 bits de dados em um ciclo de máquina. Quanto maior o tamanho do registrador, mais rápido o chip.
3. *Largura de barramento*. A **largura de barramento** é o tamanho dos caminhos físicos pelos quais os dados e as instruções viajam como pulsos elétricos. Quanto maior o *barramento*, mais dados podem ser movidos e mais rápido o processamento.
4. *Quantidade de transistores no chip*. Desejamos acondicionar o máximo possível de transistores dentro do chip. Se o chip for muito compacto e disposto de maneira eficiente, os dados e as instruções não precisam viajar muito enquanto estão sendo armazenados ou processados. A distância entre os transistores é conhecida como **largura de linha**. A largura de linha é expressa em nanômetros (bilionésimos de um metro). Atualmente, a maioria das CPUs é projetada com tecnologia de 90 nanômetros (0,09 micra). Quanto menor a largura de linha, mais transistores podem ser inseridos em um chip e mais rápido o chip.

Embora esses quatro fatores sejam quantificáveis, as diferenças nos fatores entre um chip e outro dificultam a comparação da velocidade de diferentes processadores. Como resultado, a Intel e outros fabricantes de chip desenvolveram vários *benchmarks* para comparar as velocidades dos processador.

### Avanços no projeto de microprocessadores

Inovações nos projetos de chip estão aparecendo em um ritmo cada vez mais rápido, como descrito pela **Lei de Moore**. Gordon Moore, co-fundador da Intel Corporation, previu, em 1965, que a complexida-

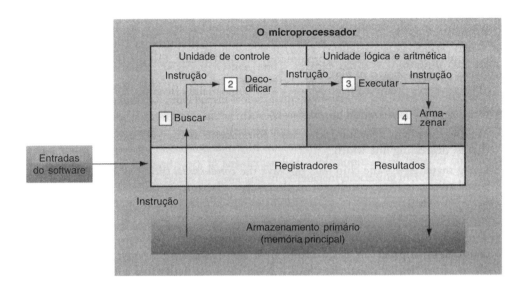

**Figura GT1.2** Como a CPU funciona.

de dos processadores dobraria aproximadamente a cada dois anos. Essa previsão foi incrivelmente precisa, como mostra a Figura GT1.3.

Os avanços previstos pela Lei de Moore vêem principalmente das seguintes mudanças:

- Aumento da miniaturização dos transistores.
- Tornar o layout físico dos componentes do chip o mais compacto e eficiente possível; ou seja, diminuir a largura de linha.
- Usar materiais para o chip que melhorem a *condutividade* (fluxo) da eletricidade. O silício tradicional é um semicondutor de eletricidade — os elétrons podem fluir através dele em certa velocidade. Novos materiais, como o *arsenieto de gálio* e o *germânio de silício*, permitem uma transmissão eletrônica ainda mais rápida, embora sejam mais caros de fabricar.
- Direcionar a quantidade de instruções básicas programadas no chip. As duas arquiteturas de microprocessador mais comuns são *computação de conjunto de instruções complexa (CISC)* e *computação de conjunto de instruções reduzida (RISC)*. A maioria dos chips é projetada como CISC e possui instruções bastante completas, direcionando cada aspecto do funcionamento do chip. Os chips RISC eliminam instruções raramente usadas. Os computadores que usam RISC se baseiam no software para fornecer as instruções especiais.
- Colocar múltiplos processadores em um único chip. Os *chips multinúcleo* possuem mais de um processador no chip. Por exemplo, o chip Cell, produzido por um consórcio entre Sony, Toshiba e IBM, contém nove processadores. O chip Cell promete uma nova era da computação rica em gráficos, bem como aparelhos de TV e home-theaters capazes de baixar e exibir grandes quantidades de programas de alta definição.

Além do aumento na velocidade e no desempenho, a Lei de Moore teve impacto nos custos. Por exemplo, em 1998, um computador pessoal com um chip Intel 80386 de 16 MHz, 1 MB de RAM, disco rígido de 40 MB e um sistema operacional DOS 3.31 (discutido no Guia de Tecnologia 2) custava U$5.200 sem um monitor. Em 2005, um computador pessoal com um chip Intel Pentium 4 de 3.4 GHz, 2 GB de RAM, disco rígido de 160 GB, sistema operacional Windows XP, Microsoft Office e um monitor de tela plana de 19 polegadas custava cerca de U$2.000 (de *www.dell.com*).

Embora as organizações certamente se beneficiem dos microprocessadores mais rápidos, elas também se beneficiam de chips menos potentes, mas que podem ser fabricados em tamanhos muito pequenos e baratos. Os **microcontroladores** são chips embutidos em inúmeros produtos e tecnologias, de celulares e brinquedos a sensores de automóveis. Os microprocessadores e microcontroladores são semelhantes, exceto que estes últi-

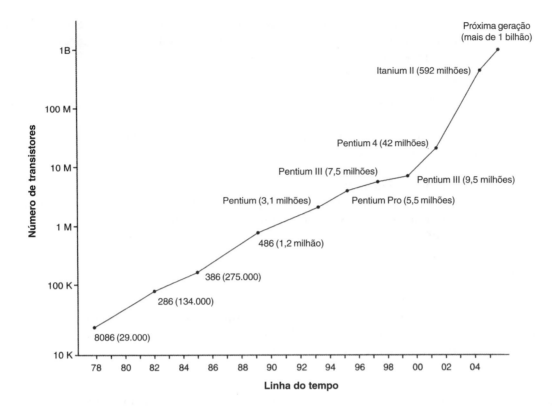

**Figura GT1.3** Lei de Moore, referente à quantidade de transistores nos processadores Intel.

mos normalmente custam menos e funcionam em aplicações menos exigentes. Novos tipos de chips continuam a ser produzidos à medida que aumenta a demanda por processamento mais rápido e eficiente.

---

### Antes de prosseguir...

1. Descreva brevemente como funciona um microprocessador.
2. Que fatores determinam a velocidade do microprocessador?
3. Como os projetos de microprocessador estão avançando?

---

## GT1.3 A memória do computador

A quantidade e o tipo de memória que um computador possui têm muito a ver com sua eficiência geral. A memória de um computador pode afetar os tipos de programas que ele pode executar, o trabalho que pode realizar, a velocidade, o custo da máquina e o custo do processamento de dados. Existem duas categorias básicas de memória de computador. A primeira é o *armazenamento primário*. Ele é considerado "primário" porque armazena pequenas quantidades de dados e informações que serão imediatamente usadas pela CPU. A segunda categoria é o *armazenamento secundário*, em que quantidades muito maiores de dados e informações (um programa de software inteiro, por exemplo) são armazenadas por longos períodos.

### Capacidade da memória

Como vimos, a CPU processa apenas 0s e 1s. Todos os dados são traduzidos por meio de linguagens de computador (abordadas no Guia de Tecnologia 2) para séries desses dígitos binários, ou **bits**. Uma combinação específica de bits representa determinado caracter alfanumérico ou uma operação matemática simples. São necessários oito bits para representar qualquer um desses caracteres. Essa string de 8 bits é conhecida como um **byte**. A capacidade de armazenamento de um computador é medida em bytes. Em geral, os bits são usados como unidades de medida apenas para habilidades de telecomunicação (por exemplo, quantos milhões de bits por segundo podem ser enviados através de determinado meio).

A hierarquia da capacidade de memória é a seguinte:

- **Kilobyte**. *Kilo* significa mil, então, um kilobyte (KB) representa aproximadamente mil bytes. Na verdade, um kilobyte são 1.024 bytes.
- **Megabyte**. *Mega* significa 1 milhão, então, um megabyte (MB) representa aproximadamente 1 milhão de bytes. A maioria dos computadores pessoais possui centenas de megabytes de memória RAM (um tipo de armazenamento primário, discutido mais tarde).
- **Gigabyte**. *Giga* significa 1 bilhão, então, um gigabyte (GB) representa aproximadamente 1 bilhão de bytes. A capacidade de armazenamento de um disco rígido (um tipo de armazenamento secundário, discutido em breve) nos computadores pessoais normalmente é de muitos gigabytes.
- **Terabyte**. Aproximadamente 1 trilhão de bytes formam um terabyte.
- **Petabyte**. Mil terabytes.
- **Exabyte**. Mil petabytes.

Para ter uma idéia melhor dessas quantidades, observe os seguintes exemplos. Se seu computador tem 120 GB de capacidade de armazenamento no disco rígido (um tipo de armazenado secundário), ele pode armazenar aproximadamente 120 bilhões de bytes de dados. Se a página de texto média tem cerca de 2.000 bytes, então, seu disco rígido pode armazenar perto de 60 milhões de páginas de texto.

### Armazenamento primário

O **armazenamento primário**, ou *memória principal*, como algumas vezes é chamado, armazena três tipos de informações por períodos muito curtos: (1) dados a serem processados pela CPU; (2) instruções para a CPU sobre como processar os dados; e (3) programas do sistema operacional que gerenciam vários aspectos da operação do computador. O armazenamento primário ocorre em chips montados na placa de circuito principal do computador, chamada *placa-mãe*, que são localizados o mais próximo possível do chip da CPU. Assim como a CPU, todos os dados e as instruções no armazenamento primário foram traduzidos para código binário.

Existem quatro tipos de armazenamento primário: (1) registrador; (2) memória de acesso aleatório (RAM); (3) memória cache; e (4) memória somente de leitura (ROM). A lógica do armazenamento primário é que os componentes que serão usados imediatamente são armazenados em quantidades muito pequenas o mais próximo possível da CPU. Lembre-se que, como ocorre com o projeto de chip da CPU, quanto menor a distância que os pulsos elétricos (dados) têm de viajar, mais rapidamente eles podem ser transportados e processados. Os quatro tipos de armazenamento primário, que seguem essa lógica, são descritos a seguir.

### Registradores

Como indicado anteriormente, os registradores são parte da CPU. Eles têm a menor capacidade, armazenando quantidades extremamente limitadas de instruções e dados apenas imediatamente antes e depois do processamento.

### Memória de acesso aleatório

A **memória de acesso aleatório (RAM)** é a parte do armazenamento primário que guarda um programa de software e pequenas quantidades de dados para processamento. Quando você inicia a maioria dos programas de software em um computador, o programa inteiro é trazido do armazenamento secundário para a RAM. Conforme você usa o programa, pequenas partes das instruções e dos dados do programa são enviadas para os registradores e, então, para a CPU. A RAM armazena mais informações que os registradores e está mais distante da CPU. Entretanto, comparada com o armazenamento secundário, ela armazena menos informações e está muito mais próxima da CPU. Novamente, colocar os dados e as instruções o mais próximo possível da CPU é fundamental para a velocidade do computador. Também vital para a velocidade do computador é o fato de que a RAM é um tipo de chip de microprocessador. Como veremos mais adiante, o chip é muito mais rápido (e mais caro) que os dispositivos de armazenamento secundário.

A RAM é temporária e *volátil*. Ou seja, os chips de RAM perdem o conteúdo se a corrente for perdida ou desligada, como em um pico de energia, falta de energia ou ruído elétrico gerado por relâmpagos ou máquinas próximas. Os chips de RAM são localizados diretamente sobre a placa-mãe ou em placas periféricas que se encaixam na placa-mãe.

Os dois principais tipos de RAM são *RAM dinâmica (DRAM)* e *RAM estática (SRAM)*. Os chips de DRAM oferecem as maiores capacidades e os menores custos por bit, mas são relativamente lentos. A SRAM custa mais do que a DRAM, mas possui um nível mais alto de desempenho. Por essa razão, a SRAM é a escolha preferida para aplicações sensíveis ao desempenho, incluindo os caches L2 e L3 externos (discutidos a seguir) que aceleram o desempenho do microprocessador.

Uma tecnologia emergente é a *RAM magnética (MRAM)*. A MRAM é não-volátil e usa o magnetismo, em vez da eletricidade, para armazenar dados. A DRAM desperdiça muita eletricidade porque precisa ser alimentada com uma corrente constante para armazenar dados. Por sua vez, a MRAM requer apenas uma pequena quantidade de eletricidade para armazenar dados. A MRAM combina a alta velocidade da SRAM, a alta capacidade de armazenamento da DRAM e a não-volatilidade da memória flash. A MRAM começou a substituir a DRAM em 2004.

### Memória cache

**Memória cache** é um tipo de memória de alta velocidade que permite ao computador armazenar temporariamente blocos de dados que são usados mais freqüentemente e que um processador pode acessar mais rapidamente do que a memória principal (RAM). Ela aumenta a RAM da seguinte maneira: muitas aplicações de computador modernas (Microsoft XP, por exemplo) são muito complexas e possuem uma enorme quantidade de instruções. É necessária uma considerável capacidade de RAM (normalmente um mínimo de 128 MB) para armazenar o conjunto de instruções inteiro. Ou você pode estar usando uma aplicação que excede sua RAM. Em qualquer caso, seu processador precisa recorrer ao armazenamento secundário para recuperar as instruções necessárias. Para amenizar esse problema, normalmente o software é escrito em blocos de instruções menores. Conforme necessário, esses blocos podem ser trazidos do armazenamento secundário para a RAM. Entretanto, esse processo ainda é lento.

A memória cache é um local mais próximo à CPU na qual o computador pode armazenar temporariamente os blocos de instruções que são usados com mais freqüência. Os blocos usados com menos freqüência permanecem na RAM até serem transferidos para o cache; os blocos raramente usados permanecem no armazenamento secundário. A memória cache é mais rápida que a RAM porque as instruções viajam por uma distância mais curta até a CPU.

Há três tipos de memória cache na maioria dos sistemas de computador: Nível 1 (L1), Nível 2 (L2) e Nível 3 (L3). Os caches L1 e L2 são localizados no processador, e o cache L3 é localizado na placa-mãe, mas não exatamente no processador. O cache L1 é menor e mais rápido que o cache L2, que, por sua vez, é menor e mais rápido que o cache L3.

### Memória somente de leitura

Existe uma necessidade maior de segurança quando se armazenam certos tipos de dados ou instruções críticos. A maioria das pessoas que usam computadores perde dados uma vez ou outra em razão de uma falha no computador ou falta de energia. Normalmente o que se perde é o que está na RAM, no cache ou nos registradores no momento, porque esses tipos de memória são voláteis. Usuários de computador cautelosos normalmente salvam dados na memória não-volátil (armazenamento secundário). Além disso, a maioria das aplicações de software modernas possui funções de auto-salvamento. Os programas armazenados no armazenamento secundário, ainda que sejam copiados temporariamente para a RAM quando usados, permanecem intactos porque apenas a cópia é perdida, não o original.

A **memória somente de leitura (read-only memory — ROM)** é o local (um tipo de chip) em que certas instruções críticas são guardadas com segurança. Como a ROM é não-volátil, ela mantém essas instruções quando a energia do computador é desligada. A designação "read-only" (literalmente, "somente leitura") significa que essas instruções podem ser apenas lidas pelo computador e não podem ser modificadas pelo usuário. Um exemplo de ROM são as instruções necessárias para iniciar o computador após ter sido desligado. Existem variantes dos chips de ROM que podem ser programados (PROM), e alguns que podem ser apagados e reescritos (EPROM). Esses chips são relativamente raros na computação organizacional comum. Geralmente são usados em outras tecnologias especializadas, como videogames (PROM) e fabricação de robôs (EPROM).

Outra forma de armazenamento de ROM regravável é chamada de **memória flash**. Essa tecnologia pode ser embutida em um sistema ou instalada em uma placa de computador pessoal. Esta última tecnologia é chamada de *placa flash*. Embora essas placas tenham capacidade limitada, elas são compactas, portáteis e exigem pouca energia para ler e escrever. A memória flash através de placas flash é muito usada para pequenas tecnologias portáteis, como telefones celulares, câmeras digitais e computadores portáteis.

### Armazenamento secundário

O **armazenamento secundário** é projetado para armazenar grandes quantidades de dados por extensos períodos. O armazenamento secundário pode ter capacidade de memória de vários terabytes ou mais. O importante é que apenas pequenas partes desses dados são colocadas no armazenamento primário em determinado momento. O armazenamento secundário tem as seguintes características:

- É não-volátil.
- Leva muito mais tempo para recuperar dados do armazenamento secundário do que da RAM devido à natureza eletromecânica dos dispositivos de armazenamento secundário.
- É mais barato que o armazenamento primário (veja a Figura GT1.4).
- Pode ocorrer em uma variedade de meios, cada um com sua própria tecnologia, como discutiremos a seguir.

As tendências gerais para o armazenamento secundário são em direção a métodos de acesso mais direto, maior capacidade com menores custos e maior portabilidade.

### Meios magnéticos

A **fita magnética** é mantida em um grande rolo aberto ou em um cassete ou cartucho menor. Embora seja uma tecnologia antiga, ela permanece popular porque é o meio de armazenamento mais barato e pode manipular enormes quantidades de dados. A desvantagem é que ela é o método mais lento para recuperar dados, pois todos os dados são colocados na fita de maneira seqüencial. O **acesso seqüencial** significa que o sistema pode ter de percorrer a maior parte da fita antes de chegar aos dados desejados.

O armazenamento em fita magnética costuma ser usado para informações que uma organização precisa manter, mas que utiliza apenas raramente ou que não precisam ser acessadas imediatamente. As organizações com enormes quantidades de arquivos (por exemplo, empresas de seguro) usam sistemas de fita magnética. As versões modernas dos sistemas de fita magnética usam cartuchos e, normalmente, um sistema de robótica que seleciona e carrega o cartucho apropriado automaticamente. Também existem alguns sistemas de fita, como fitas de áudio digital (DAT), para aplicações menores, como armazenar cópias de todo o conteúdo do armazenamento secundário de um computador pessoal (fazer backup do armazenamento).

Os **discos magnéticos** são uma forma de armazenamento secundário em um disco magnetizado que é dividido em trilhas e setores que fornecem acesso a vários fragmentos de dados. Eles existem em vários

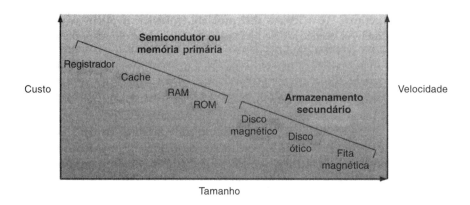

**Figura GT1.4** Memória primária comparada com o armazenamento secundário.

estilos e são populares porque permitem acesso muito mais rápido aos dados do que a fita magnética. Os discos magnéticos, chamados de **discos rígidos**, são os dispositivos de armazenamento em massa mais utilizados devido ao baixo custo, à alta velocidade e à grande capacidade de armazenamento. Os discos rígidos lêem de e escrevem em pilhas de discos magnéticos giratórios (até 15.000 RPM) montados em invólucros rígidos e vedados contra a contaminação ambiental ou atmosférica. Esses discos são montados permanentemente em uma unidade que pode ser interna ou externa ao computador.

Todas as unidades de disco (incluindo módulos de disco removíveis, unidades de disquete e unidades óticas) são chamados de discos rígidos e armazenam dados em discos divididos em trilhas concêntricas. Cada trilha também é dividida em segmentos chamados *setores*. Para acessar determinado setor, uma cabeça de leitura/escrita se move através dos discos em rotação para localizar a trilha correta, que é calculada por meio de uma tabela de índice. A cabeça, então, espera que o disco gire até o setor correto se posicionar abaixo dela.

Cada dado possui um endereço anexado a ele, correspondendo a determinada trilha e setor. Qualquer fragmento dos dados desejados pode ser recuperado de maneira não seqüencial, por acesso direto. É por isso que os discos rígidos às vezes são chamados de *dispositivos de armazenamento de acesso direto*. As cabeças de leitura/escrita usam o endereço dos dados para localizar e ler rapidamente os dados (veja a Figura GT1.5). Diferentemente da fita magnética, o sistema não precisa ler todos os dados para encontrar o que deseja.

As cabeças de leitura/escrita são conectadas a braços posicionados sobre os discos, que se movem para dentro e para fora (veja a Figura GT1.5). Elas lêem os dados quando posicionadas sobre a trilha correta e quando o setor correto estaciona. Como a cabeça flutua logo acima da superfície do disco (a menos de 25 micra), qualquer poeira ou contaminação pode danificar o dispositivo. Quando isso acontece, dizemos que ocorreu uma *falha de disco*, e normalmente isso gera uma catastrófica perda de dados. Por essa razão, as unidades de disco rígido são hermeticamente seladas na fabricação.

Um computador pessoal moderno normalmente possui muitos gigabytes de capacidade de armazenamento no disco rígido interno. O acesso aos dados é bastante rápido, medido em milissegundos, mais ainda é muito mais lento que a RAM. Por essas razões, os discos rígidos são populares e comuns. Por serem um tanto suscetíveis a falhas mecânicas, e porque os usuários podem precisar transferir todo o conteúdo do disco rígido para outro local, muitos usuários gostam de fazer backup do conteúdo do disco rígido com um sistema de disco rígido portátil, como o Iomega Jaz.

Para tirar vantagem das tecnologias novas e mais rápidas, as interfaces de disco rígido também precisam ser mais rápidas. A maioria dos PCs e das estações de trabalho usa um destes dois padrões de interface de disco de alto desempenho: *Enhanced Integrated Drive Electronics (EIDE)* ou *Small Computer Systems Interface (SCSI)*. O EIDE oferece um bom desempenho, é barato e aceita até 4 discos, fitas ou unidades de CD-ROM. Por outro lado, as unidades SCSI são mais caras que as unidades EIDE, mas oferecem uma interface mais rápida e aceita mais dispositivos. Portanto, o padrão SCSI é usado para estações de trabalho gráficas, armazenamento baseado em servidor e grandes bancos de dados.

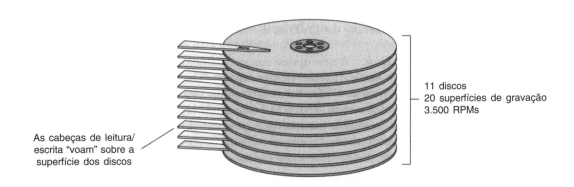

As cabeças de leitura/escrita "voam" sobre a superfície dos discos

11 discos
20 superfícies de gravação
3.500 RPMs

**Figura GT1.5** Cabeças de leitura/escrita.

## Disquetes magnéticos

Os **disquetes magnéticos**, ou simplesmente *disquetes*, como normalmente são chamados, funcionam de maneira semelhante aos discos rígidos, mas são muito mais lentos. Possuem muito menos capacidade, variando de 1,44 megabytes para um disco de alta densidade padrão até vários gigabytes para uma unidade de Zip drive, em que os dados são compactados. Além disso, embora os disquetes sejam individualmente baratos, sua relação custo-benefício é maior que a do armazenamento de disco rígido devido à baixíssima capacidade de armazenamento. Entretanto, a grande vantagem dos disquetes é que eles são portáteis.

## Dispositivos de armazenamento ótico

Diferentemente dos meios magnéticos, os **dispositivos de armazenamento ótico** não armazenam dados por meio de magnetismo. Em vez disso, um laser lê a superfície de um disco de plástico reflexivo. As unidades de disco ótico são mais lentas que os discos rígidos magnéticos, mas são menos suscetíveis a danos por contaminação e são menos frágeis.

Além disso, os discos óticos podem armazenar muito mais informações, seja de modo rotineiro ou quando combinados em sistemas de armazenamento. Os sistemas de armazenamento de disco ótico podem ser usados para o armazenamento de dados de grande capacidade. Essas tecnologias, conhecidas como jukeboxes óticos, armazenam muitos discos e funcionam de maneira muito parecida com os tocadores automáticos de LPs que lhes deram o nome. Os tipos de discos óticos incluem o CD-ROM, o DVD e o disco fluorescente multicamada (FMD-ROM).

*CD-ROM (Compact Disk Read-Only Memory).* O dispositivo de armazenamento **CD-ROM** apresenta alta capacidade, baixo custo e alta durabilidade. Entretanto, por ser um meio apenas de leitura, o CD-ROM não pode ser regravado. O CD regravável (CD-RW) acrescenta essa funcionalidade ao mercado de CDs, que, anteriormente, só oferecia a tecnologia de CD-ROM (gravação única).

*DVD (Digital Video Disk).* O **DVD** é um disco de cinco polegadas com capacidade para armazenar cerca de 135 minutos de vídeo digital. O DVD fornece detalhes nítidos, cores reais e nenhuma tremulação ou distorção. Os DVDs possuem vantagens sobre as fitas de videocassete, incluindo melhor qualidade, menor tamanho (o que significa que ocupam menos espaço na prateleira) e menor custo de duplicação. Os DVDs também podem servir como discos de armazenamento de dados de computador, apresentando uma capacidade de armazenamento de 17 gigabytes. Os tocadores de DVD podem ler os CD-ROMs atuais, mas os tocadores de CD-ROM atuais não conseguem ler DVDs. A velocidade de acesso de uma unidade de DVD é mais rápida que uma unidade de CD-ROM típica.

Uma empresa chamada Flexplay (*www.flexplay.com*) está produzindo *DVDs descartáveis*. Esses DVDs possuem uma janela de tempo de visualização predefinida, que inicia quando o disco é retirado da embalagem. Após esse tempo (normalmente 48 horas), o disco não será mais legível por um tocador de DVD e poderá ser jogado fora. A empresa acredita que os DVDs descartáveis eliminarão as multas por atraso nas locações de filmes, o incômodo de devolver o DVD para a locadora e os discos arranhados.

*Disco fluorescente multicamada (FMD-ROM).* Uma nova tecnologia de armazenamento ótico chamada FMD-ROM aumenta significativamente a capacidade de armazenamento. A idéia de usar múltiplas camadas em um disco ótico não é nova, já que os DVDs atuais aceitam duas camadas. Entretanto, com um novo sistema ótico baseado na fluorescência, os FMDs podem aceitar 20 camadas ou mais. Os FMDs são discos transparentes. As camadas contêm materiais fluorescentes que emitem luz. A presença ou ausência desses materiais diz à unidade se a camada contém informações. Todas as camadas de um FMD podem ser lidas simultaneamente, aumentando, assim, a velocidade de transferência de dados.

## Placas de memória

As **placas de memória** de PC são dispositivos de tamanho aproximado ao de um cartão de crédito, que podem ser instaladas em um adaptador ou um slot em muitos computadores pessoais. A placa de memória de PC funciona como se fosse uma unidade fixa de disco rígido. Na verdade, o custo por megabyte de armazenamento é maior que o do armazenamento de disco rígido tradicional. Entretanto, as placas apresentam vantagens. São menos propensas a falhas que os discos rígidos, são portáteis e relativamente fáceis de usar. Os fabricantes de software normalmente armazenam as instruções para seus programas em uma placa de memória para uso em laptops. A Personal Computer Memory Card International Association (PCMCIA) é um grupo de fabricantes de computador que está criando padrões para essas placas de memória.

Placas ainda menores, chamadas *memory sticks, memória keychain* e *pen drives*, também são inseridas nas portas USB do PC e podem armazenar vários gigabytes. Esses "pen drives" substituíram quase completamente os disquetes magnéticos em matéria de armazenamento portátil.

## Armazenamento expansível

Os **dispositivos de armazenamento expansível** são cartuchos de disco removíveis. Possuem uma capacidade que varia de 100 megabytes a vários gigabytes por cartucho, e uma velocidade de acesso semelhante à de um disco rígido interno. Embora sejam mais caros que os discos rígidos internos, os dispositivos de armazenamento expansível combinam a capacidade de armazenamento dos discos rígidos com a portabilidade dos disquetes. Os dispositivos de armazenamento expansível são ideais para backups do disco rígido interno, uma vez que podem armazenar mais de 80 vezes a quantidade de dados e operar cinco vezes mais rápido que as unidades de disquete existentes.

### Sistemas de armazenamento empresariais

A quantidade de informação digital está dobrando a cada dois anos. Para lidar com esses volumes de informação sempre crescentes, muitas empresas estão empregando sistemas de armazenamento empresariais. Um **sistema de armazenamento empresarial** é um sistema externo e independente, com uma inteligência que inclui dois ou mais dispositivos de armazenamento. Esses sistemas oferecem grandes quantidades de armazenamento, transferência de dados de alto desempenho, um alto grau de disponibilidade, proteção contra perda de dados e ferramentas de gerenciamento sofisticadas.

A relação preço/desempenho para o hardware no sistema de armazenamento empresarial tem melhorado ainda mais rapidamente do que para os chips. Em 1956, a primeira unidade de armazenamento de disco pesava mais de 450 quilogramas, tinha o tamanho de dois refrigeradores, era alugada por U\$3.200 por mês e armazenava 5 megabytes. Em meados de 2005, o microdrive IBM/Hitachi, com uma polegada quadrada, custava cerca de U\$300 e armazenava aproximadamente 6 gigabytes. Existem três tipos principais de sistemas de armazenamento empresarial: matrizes redundantes de discos independentes (RAID), área de armazenamento em rede e armazenamento anexado à rede.

## Matrizes redundantes de discos independentes

Os discos rígidos em todos os sistemas de computador são suscetíveis a falhas causadas por variações de temperatura, problemas na cabeça, falha no motor e variações de voltagem. Para melhorar a segurança e proteger os dados em seus sistemas de armazenamento empresariais, muitos sistemas de computador usam **matrizes redundantes de discos independentes (RAID)**. O RAID associa grupos de discos rígidos comuns a um microcontrolador especializado. O microcontrolador coordena as unidades de modo que elas aparecem como uma única unidade lógica, mas tiram proveito das múltiplas unidades físicas armazenando dados de modo redundante. Esse arranjo protege contra a perda de dados devido à falha em qualquer unidade individual.

## Área de armazenamento em rede

Uma **área de armazenamento em rede (SAN)** é uma arquitetura para construir redes dedicadas especiais que permitem acesso rápido e seguro a dispositivos de armazenamento por diversos servidores. O **armazenamento sobre IP**, algumas vezes chamado de *IP sobre SCSI* ou *iSCSI*, é uma tecnologia que usa o Internet Protocol para transportar dados armazenados entre dispositivos dentro de uma SAN. As SANs empregam **software de visualização de armazenamento** para representar graficamente uma rede inteira e permitir que administradores de armazenamento vejam e monitorem, de um único console, as propriedades de todos os dispositivos.

## Armazenamento anexado à rede

Um dispositivo de **armazenamento anexado à rede (NAS)** é um servidor de finalidade especial que oferece armazenamento de arquivo aos usuários que acessam o dispositivo por meio de uma rede. O servidor NAS é simples de instalar (ou seja, plug-and-play) e funciona exatamente como um servidor de arquivos de finalidade geral, dispensando a necessidade de qualquer treinamento de usuário ou software especial.

A Tabela GT1.1 compara as vantagens e desvantagens dos vários meios de armazenamento secundário.

**Tabela GT1.1** Armazenamento secundário

| Tipo | Vantagens | Desvantagens | Aplicação |
|------|-----------|--------------|-----------|
| *Dispositivos de armazenamento magnético* | | | |
| Fita magnética | Menor custo por unidade armazenada | O acesso seqüencial significa baixa velocidade de recuperação | Arquivamento de dados corporativos |
| Disco rígido | Capacidade relativamente alta e velocidade de recuperação alta | Frágil; alto custo por unidade armazenada | Computadores pessoais por meio de mainframes |
| RAID | Alta capacidade; projetado para tolerar falhas e reduzir o risco de perda de dados; baixo custo por unidade armazenada | Instalação cara e semipermanente | Armazenamento de dados corporativos que exige acesso rápido e freqüente |
| SAN | Alta capacidade; projetado para grandes quantidades de dados empresariais | Caro | Armazenamento de dados corporativos que exige acesso rápido e freqüente |
| NAS | Alta capacidade; projetado para grandes quantidades de dados empresariais | Caro | Armazenamento de dados corporativos que exige acesso rápido e freqüente |
| Disquetes magnéticos | Baixo custo por disquete, portabilidade | Baixa capacidade; altíssimo custo por unidade armazenada; frágil | Computadores pessoais |
| Placas de memória | Portáteis; fáceis de usar; menos propensas a falhas do que os discos rígidos | Caras | Computadores pessoais e laptops |
| Memory sticks | Extremamente portáteis e fáceis de usar | Relativamente caras | Dispositivos eletrônicos de consumo; transferir arquivos de dispositivos portáteis para computadores desktop |
| Armazenamento expansível | Portátil; alta capacidade | Mais caro do que discos rígidos | Backup de disco rígido interno |
| *Dispositivos de armazenamento ótico* | | | |
| CD-ROM | Alta capacidade; custo moderado por unidade armazenada; alta durabilidade | Velocidade de recuperação mais lenta que a dos discos rígidos; apenas certos tipos podem ser regravados | De computadores pessoais até armazenamento de dados corporativos |
| DVD | Alta capacidade; custo moderado por unidade armazenada | Velocidade de recuperação mais lenta que a dos discos rígidos | De computadores pessoais até armazenamento de dados corporativos |
| FMD-ROM | Altíssima capacidade; custo moderado por unidade armazenada | Velocidade de recuperação mais rápida que a do DVD ou CD-ROM; velocidade de recuperação mais lenta que a dos discos rígidos | De computadores pessoais até armazenamento de dados corporativos |

## Antes de prosseguir...

1. Descreva os quatro tipos de armazenamento primário.
2. Descreva diferentes tipos de armazenamento secundário.
3. De que forma o armazenamento primário difere do armazenamento secundário em termos de velocidade, custo e capacidade?

# GT1.4 Hierarquia de computação

O hardware de computador evoluiu ao longo de cinco fases, ou gerações de tecnologia. A Tabela GT1.2 mostra essas gerações. Cada geração forneceu maior poder de processamento e maior capacidade de armazenamento que a anterior, embora simultaneamente apresentasse uma diminuição nos custos.

O modo tradicional de comparar classes de computadores é por seu poder de processamento. Os analistas normalmente dividem os computadores — o que se chama *plataforma* na indústria de computação — em seis categorias: supercomputadores, mainframes, computadores medianos (minicomputadores e servidores), estações de trabalho, notebooks e computadores de mesa (desktop), e aparelhos. Recentemente, os limites entre essas categorias têm se tornado indistintos. Esta seção apresenta cada classe de computadores, começando com o mais poderoso e terminando com o menos poderoso. Descreveremos os computadores e suas respectivas funções nas organizações modernas.

## Supercomputadores

O termo **supercomputador** não se refere a uma tecnologia específica. Em vez disso, indica os mecanismos de computação mais rápidos disponíveis em qualquer momento específico. Os supercomputadores geralmente cuidam de tarefas computacionalmente exigentes em conjuntos de dados extremamente grandes. Em vez de processamento de transações e aplicações comerciais — o forte dos mainframes e de outras plataformas de multiprocessamento —, os supercomputadores geralmente executam aplicações militares e científicas. (Embora seu uso para aplicações comerciais, como data mining, tenha aumentado.)

As velocidades dos supercomputadores são medidas em *teraflops* (trilhões de operações de ponto flutuante por segundo). Uma operação de ponto flutuante é uma operação aritmética que envolve decimais. Os supercomputadores custam milhões de dólares.

## Computadores mainframe

Embora os computadores mainframe sejam cada vez mais vistos apenas como outro tipo de servidor — ainda que no topo das curvas de desempenho e segurança —, eles permanecem como uma classe de sistemas distinta, diferenciada pelos recursos de hardware e software. Os **mainframes** permanecem populares nas grandes empresas para aplicações de computação intensa que são acessadas por milhares de usuários. Exemplos de aplicações de mainframe são sistemas de reserva de vôo, programas de folha de pagamento corporativos e cálculo e relatório de notas de alunos. Os analistas prevêem que a computação baseada na Internet levará a um crescimento contínuo no mercado de mainframes.

Os mainframes são menos poderosos e geralmente menos dispendiosos que os supercomputadores. O custo da capacidade de um mainframe (medida em dólares por MIP) caiu de U$9.410 em 1997 para U$2.260 em 2000 e para U$400 em 2005. MIP significa milhões de instruções por segundo. Observe que a velocidade do mainframe é medida em MIPs e a velocidade do supercomputador é medida em teraflops. A razão para isso é que os supercomputadores e os mainframes processam dados diferentemente e, portanto, possuem medidas diferentes para a velocidade de processamento.

**Tabela GT1.2**  Gerações do hardware de computador

| Geração | Tecnologia usada |
|---|---|
| Primeira | Válvulas |
| Segunda | Transistores |
| Terceira | Circuitos integrados |
| Quarta | |
| Inicial | Circuitos integrados em escala muito grande |
| Final | Circuitos integrados em escala ultragrande |
| Quinta | Processamento extremamente paralelo |

Um sistema de mainframe pode ter até vários gigabytes de armazenamento primário. O armazenamento secundário (veja a discussão anterior dos sistemas de armazenamento empresariais) pode usar meios de armazenamento magnético e ótico de alta capacidade, com capacidades na faixa dos terabytes. Em geral, várias centenas ou milhares de computadores on-line podem ser vinculados a um mainframe. Os mainframes mais avançados de hoje trabalham em um ritmo de mais de 5.000 MIPs e podem manipular mais de 1 bilhão de transações por dia.

Algumas grandes organizações que começaram mudando de mainframes para sistemas distribuídos agora estão voltando para os mainframes devido à administração centralizada, à alta confiabilidade e à crescente flexibilidade. Esse processo é chamado *recentralização*. Essa mudança ocorreu por várias razões, que incluem o seguinte:

- Apoiar os altos níveis de transação associados ao comércio eletrônico
- Reduzir o custo total de propriedade (TCO) dos sistemas distribuídos
- Simplificar a administração
- Reduzir as necessidades de pessoal de suporte
- Melhorar o desempenho do sistema

Além disso, a computação de mainframe oferece um ambiente seguro e robusto para o qual as aplicações estratégicas e de missão crítica devem ser direcionadas.

### Computadores medianos

Os computadores medianos maiores, chamados **minicomputadores**, são computadores relativamente pequenos, baratos e compactos que realizam as mesmas funções dos computadores mainframe, mas em um nível mais limitado. Na verdade, os limites entre os minicomputadores e os mainframes têm se tornado indistintos tanto no preço quanto no desempenho. Os minicomputadores são um tipo de **servidor**, provendo suporte para redes de computador e permitindo que usuários compartilhem arquivos, software, dispositivos periféricos e outros recursos. Observe que os mainframes também são um tipo de servidor, oferecendo suporte para redes empresariais inteiras.

Os minicomputadores podem proporcionar flexibilidade para organizações que não desejam aplicar recursos de TI em mainframes, que são menos escaláveis. Os computadores escaláveis são baratos o suficiente para que a adição de mais computadores desse tipo não seja proibitiva. Como os mainframes são muito dispendiosos, dizemos que eles não são muito escaláveis.

As organizações com muitas exigências de comércio eletrônico e sites muito grandes normalmente executam suas aplicações Web e de comércio eletrônico em diversos servidores em *server farms*. Conforme as empresas colocam quantidades cada vez maiores de servidores nos server farms, elas usam cada vez mais servidores do tamanho de uma caixa de pizza, chamados *rack servers*, que podem ser empilhados em racks. Esses computadores se aquecem menos e, portanto, podem ser acondicionados com maior proximidade, necessitando de menos espaço. Para aumentar ainda mais a densidade, as empresas usam um projeto de servidor chamado lâmina. Uma *lâmina* é uma placa do tamanho de um livro de capa mole, sobre a qual a memória, o processador e os discos rígidos são montados.

### Estações de trabalho

Os fabricantes de computador originalmente projetavam estações de trabalho com engenharia de desktop, ou apenas *estações de trabalho*, para oferecer os altos níveis de desempenho exigidos pelos engenheiros. Ou seja, as **estações de trabalho** executam aplicações científicas, de engenharia e financeiras computacionalmente intensas. As estações de trabalho normalmente se baseiam na *arquitetura RISC* (computação de conjunto de instruções reduzido) e fornecem cálculos de altíssima velocidade e gráficos de alta resolução. Esses computadores encontraram ampla aceitação dentro da comunidade científica e, mais recentemente, dentro da comunidade empresarial. As aplicações de estação de trabalho incluem projeto eletrônico e mecânico, criação de imagens gráficas, visualização científica, animação 3D e edição de vídeo. Na segunda metade da década de 1990, muitos recursos de estação de trabalho eram comuns nos PCs, diminuindo os limites entre as estações de trabalho e os computadores pessoais.

*Microcomputadores*

Os **microcomputadores** (também chamados de *micros*, *computadores pessoais* ou *PCs*) são a categoria menor e mais barata dos computadores de aplicação geral. Podem ser subdivididos em quatro classificações com base no tamanho: desktops, thin-clients, notebooks e laptops, e dispositivos móveis.

## PCs desktop

O *PC desktop* se tornou a opção dominante de acesso a aplicações de workgroup e para toda a empresa. É o típico sistema de microcomputador familiar que se tornou uma ferramenta comum para empresas e, cada vez mais, para as casas. Normalmente, possui monitor, teclado e gabinete separados, mas conectados. Em geral, os micros modernos possuem 1 gigabyte de armazenamento primário, uma unidade de CD-ROM/ DVD regravável, e 100 gigabytes ou mais de armazenamento secundário.

A maioria dos sistemas desktop atualmente usa tecnologia Intel de 32 bits (mas estão migrando para a tecnologia de 64 bits), rodando alguma versão do Windows. Uma exceção é o Apple Macintosh, que roda o Mac OS (sistema operacional) em um processador PowerPC.

## Sistemas thin-client

Os **sistemas thin-client** são sistemas de computador desktop que não oferecem a funcionalidade completa de um PC. Em comparação com um PC, ou **fat-client**, os thin-clients são menos complexos, especialmente porque não possuem software instalado localmente. Portanto, são mais fáceis e menos dispendiosos de operar e manter do que os PCs. As vantagens dos thin-clients incluem rápida implementação de aplicação, gerenciamento centralizado, baixo custo total de propriedade e maior facilidade de instalação, gerenciamento, manutenção e suporte. As desvantagens incluem a resistência do usuário e a necessidade de atualizar servidores e comprar aplicações e licenças de servidor adicionais.

Um tipo de thin-client é um **computador de rede (NC)**, que é um sistema que oferece acesso a aplicações baseadas na Internet por meio de um navegador Web e pode fazer download de software. O software normalmente assume a forma de applets Java, que são pequenos programas escritos na linguagem de programação Java. Com os fornecedores de PC baixando o preço e simplificando a manutenção de suas máquinas, os NCs permanecem como produtos de nicho. Entretanto, os fornecedores continuam a fabricar sistemas thin-clients para uso em estações de varejo, quiosques e outros locais que exigem acesso a depositos corporativos, mas precisam de pouca funcionalidade de desktop.

## Laptops e notebooks

À medida que os computadores se tornaram muito menores e muito mais poderosos, eles também se tornaram mais portáveis. Os **computadores laptop e notebook** são microcomputadores leves, pequenos e facilmente transportáveis que cabem facilmente em uma pasta. Em geral, os notebooks são menores que os laptops. Os notebooks e laptops são projetados para a máxima conveniência e transportabilidade. Oferecem aos usuários acesso ao poder de processamento e dados fora do ambiente de trabalho. Ao mesmo tempo, são mais caros que os desktops com uma funcionalidade semelhante.

## Dispositivos móveis

As plataformas emergentes para computação e comunicações incluem **dispositivos móveis**, como computadores de mão, normalmente chamados de assistentes digitais pessoais (PDAs) ou *PCs de mão*, e telefones celulares com novas habilidades de acesso sem fio à Internet anteriormente associadas aos PDAs. Outras plataformas emergentes (consoles de games e caixas set-top de cabo) são os dispositivos eletrônicos de consumo que estão se expandindo para a computação e as telecomunicações. Os dispositivos móveis são mais populares e mais capazes de aumentar, ou mesmo substituir, a funcionalidade dos computadores desktop e notebook.

A Tabela GT1.3 descreve os vários tipos de dispositivos móveis. Em geral, os dispositivos móveis possuem as seguintes características:

- Custam muito menos que os PCs.
- Seus sistemas operacionais são mais simples que os do PC desktop.
- Oferecem um bom desempenho em tarefas específicas, mas não substituem as funções completas de um PC.

**Tabela GT1.3** Dispositivos móveis e seus usos

| Dispositivo | Descrição e uso |
|---|---|
| Organizadores de mão | Dispositivos com uma funcionalidade básica de acessar e gerenciar dados; projetados como complementos dos notebooks ou PCs. |
| Organizadores de PC | Dispositivos usados principalmente para gerenciamento de informações pessoais (PIM), e-mail e criação de dados leves. |
| Organizadores pessoais | Dispositivos usados principalmente para atividades de PIM e de visualização de dados. |
| PDAs clássicos | Unidades de mão projetadas para PIM e coleta de dados vertical. |
| Smartphones | Telefones móveis com habilidades adicionais de criação/serviço de mensagens, PDA, PIM, dados ou e-mail. |
| Dispositivos de aplicações verticais | Dispositivos com uma funcionalidade básica de acesso, gerenciamento, criação e coleta de dados; projetados para uso em redes verticais.* |
| Mesas digitalizadoras | Dispositivos comerciais com entrada por meio de caneta e em formato de mesa para coletar dados em campo ou em uma situação de mobilidade. |
| Notepads com caneta | Dispositivos baseados em caneta para aplicações de coleta de dados vertical. |
| Keypads | Dispositivos comerciais com teclado alfanumérico, usados em aplicações especializadas de coleta de dados. |

* Os mercados verticais se referem a setores específicos, como indústria, finanças e saúde.

- Fornecem recursos de computação e/ou comunicação.
- Oferecem um portal Web que é visualizável na tela.

### Dispositivos de computação

À medida que a tecnologia melhorou, dispositivos de computação/comunicação cada vez menores se tornaram possíveis. Tecnologias como dispositivos de computação/comunicação "de vestir" (à la *Star Trek*) — que, por gerações, pareciam ficção científica — agora se tornaram realidade. Esta seção examina brevemente alguns desses novos dispositivos de computação.

Os *computadores de vestir* são projetados para serem vestidos e usados no corpo. Aplicações industriais de computação de vestir incluem sistemas para automação de fábricas, gerenciamento de depósitos e apoio ao desempenho, como visualização de manuais técnicos e diagramas enquanto se constrói ou repara algo. A tecnologia já é amplamente utilizada em vários setores, como entrega de encomendas (por exemplo, a prancheta eletrônica que os mensageiros da UPS carregam), indústria aeroespacial, negociação de títulos e polícia. Os governos têm avaliado esses dispositivos para uso militar.

Os *computadores embutidos* são colocados dentro de outros produtos para acrescentar recursos e habilidades. Por exemplo, o automóvel típico de tamanho médio possui mais de 3.000 computadores embutidos, chamados *controladores*, que monitoram cada função desde os freios até o desempenho do motor e os controles de assento com memória.

Outros dispositivos de computação de tamanho pequeno são crachás ativos e botões de memória. Os *crachás ativos* podem ser vestidos como crachás de identificação pelos empregados que precisam estar conectados o tempo todo enquanto se movem pelas instalações da empresa. Os *botões de memória* são dispositivos do tamanho de uma moeda que armazenam um pequeno banco de dados, relacionando-se a qualquer coisa à qual estejam conectados. Esses dispositivos são semelhantes a um código de barras, mas com muito mais conteúdo informacional e um conteúdo sujeito a alterações.

---

### Antes de prosseguir...

1. Descreva a hierarquia de computação dos maiores até os menores computadores.
2. Que tipo de PC desktop possui o menor poder de processamento?
3. Dê exemplos de usos dos supercomputadores e computadores de mão.

---

## GT1.5 Tecnologias de entrada e saída

As tecnologias de entrada e saída permitem que pessoas e outras tecnologias insiram dados em um computador. Os dois tipos principais de dispositivos de entrada são os dispositivos de entrada de dados humana e os dispositivos de automação da entrada de dados. Os dispositivos de *entrada de dados humana* incluem teclado, mouse, trackball, joystick, touch-screen, stylus e reconhecimento de voz. Os dispositivos de *automação da entrada de dados* inserem dados com o mínimo de intervenção humana. Essas tecnologias agilizam a coleta de dados, reduzem os erros e reúnem dados na fonte de uma transação ou outro evento. São exemplos os leitores de código de barras. A Tabela GT1.4 descreve os diversos dispositivos de entrada.

A saída gerada por um computador pode ser transmitida para o usuário por vários dispositivos e meios de saída. Esses dispositivos incluem monitores, impressoras, plotadoras e voz. A Tabela GT1.5 descreve os vários dispositivos de saída.

A **tecnologia de multimídia** é a integração computadorizada de texto, som, imagens, animação e vídeo digitalizado. Ela mistura as habilidades dos computadores com as tecnologias de televisores, videocassetes, tocadores de CD, tocadores de DVD, equipamentos de gravação de áudio e vídeo, jogos e música. A multimídia geralmente representa um conjunto de diversas tecnologias de entrada e saída, um sistema em si, como mostra a Figura GT1.6.

O processamento de multimídia de alta qualidade exige os microprocessadores mais poderosos e sofisticados disponíveis. Empresas como a Intel produzem gerações de chips especialmente projetados para processamento de multimídia. Devido à variedade dos dados que podem formar um sistema multimídia, padrões como a certificação do Multimedia Personal Computer Council (MPC) são importantes para assegurar que os dispositivos sejam concordantes e compatíveis.

Uma capacidade de memória extensível — tanto no armazenamento primário quanto no secundário — também é essencial para o processamento de multimídia, particularmente quando se trata de vídeo. O vídeo geralmente exige o uso de técnicas de compactação para reduzir a quantidade de armazenamento necessária. Mesmo com tecnologias de compactação, os profissionais que trabalham com processamento de vídeo freqüentemente precisam aumentar o armazenamento secundário com dispositivos como unidades de CD/DVD graváveis ou discos rígidos externos.

---

### Antes de prosseguir...

1. Estabeleça as diferenças entre dispositivos de entrada de dados humana e automação da entrada de dados.
2. Quais são as diferenças entre os vários tipos de monitores?
3. Quais são os principais tipos de impressoras? Como elas funcionam?
4. Descreva o conceito de multimídia e dê um exemplo de sistema multimídia.

---

## GT1.6 Tecnologias emergentes

Para entender totalmente o hardware, precisamos ter uma idéia da rapidez com que o hardware está mudando. Nesta seção, discutimos as tecnologias de hardware emergentes, incluindo tecnologias de grade, computação utilitária, computação por demanda e nanotecnologia.

A **computação de grade** envolve aplicar os recursos de muitos computadores em uma rede ao mesmo tempo para resolver um único problema. O problema normalmente é científico ou técnico e requer um grande

**Tabela GT1.4** Dispositivos de entrada

| Dispositivo de entrada | Descrição |
|---|---|
| *Dispositivos de entrada de dados humana* | |
| Teclado | O dispositivo de entrada mais comum (para texto e dados numéricos). |
| Mouse | Dispositivo de mão usado para apontar o cursor para um local na tela, como um ícone; o usuário clica o botão no mouse para instruir o computador a realizar alguma ação. |
| Mouse ótico sem fio | O mouse não é conectado ao computador por um cabo; usa um chip de câmera para capturar imagens da superfície sobre a qual ele passa, comparando imagens sucessivas para determinar sua posição. |
| Trackball | O usuário rola uma esfera embutida no alto do dispositivo para mover o cursor (em vez de mover o dispositivo inteiro, como no mouse). |
| Touchpad | O usuário move o cursor deslizando o dedo em uma superfície sensível e, depois, pode clicar quando o cursor estiver na posição desejada para instruir o computador a executar a ação. |
| Joystick | O joystick move o cursor para o ponto desejado na tela; comumente usado em estações de trabalho que exibem gráficos dinâmicos e em videogames. |
| Touch-screen | Os usuários instruem o computador a realizar alguma ação tocando em uma parte específica do monitor; comumente usado em quiosques de informação, como máquinas de auto-atendimento bancário. |
| Stylus | Dispositivo em formato de caneta que permite que o usuário toque partes de um menu de opções predeterminado ou escreva manualmente informações no computador (como em alguns PDAs); funciona com telas sensíveis ao toque. |
| Reconhecimento de voz | Converte sons de voz em entrada digital para computadores; tecnologia vital para pessoas com deficiência física que não podem usar outros dispositivos de entrada. |
| *Dispositivos de entrada de automação da entrada de dados* | |
| Máquinas de caixa automático | Dispositivos interativos que permitem que as pessoas façam transações bancárias a partir de locais remotos. |
| Terminais de ponto-de-venda | Caixas registradoras automatizadas que também podem incorporar tecnologia touch-screen e leitores de código de barras (veja a seguir) para inserir dados, como item vendido e preço. |
| Leitores de código de barras | Dispositivos que lêem linhas de código de barras em preto-e-branco impressos nos rótulos de mercadorias. |
| Leitor de marca ótico | Leitor para detectar a presença de marcas escuras em uma grade predeterminada, como folhas de resposta em testes de múltipla escolha. |
| Leitor de caracter de tinta magnética | Lê a tinta magnética impressa em cheques, que identifica o banco, a conta e o número do cheque. |
| Reconhecimento ótico de caracteres (OCR) | Software que converte texto impresso para a forma digital para entrada no computador. |
| Sensores | Coletam dados diretamente do ambiente e inserem dados diretamente no computador; são exemplos o sensor de ativação do airbag em carros e as etiquetas de identificação por radiofreqüência. |
| Câmeras | As câmeras digitais capturam imagens e as convertem em arquivos digitais. |
| Telas de leitura de retina | Projeta uma imagem, pixel a pixel, diretamente na retina da pessoa; usado com dispositivos móveis; veja o Nomad da Microvision (*www.mvis.com*) e o Poma da Xybernaut (*www.xybernaut.com*). |

**Tabela GT1.5** Dispositivos de saída

| Dispositivo de saída | Descrição |
| --- | --- |
| *Monitores* | |
| Tubos de raios catódicos | Monitores de vídeo em que um feixe de elétrons ilumina os pixels na tela. |
| Telas de cristal líquido (LCDs) | Telas planas que possuem cristais líquidos entre dois polarizadores para formar os caracteres e as imagens em uma tela iluminada por trás. |
| Emissão de luz orgânica | Telas que são diodos (OLEDs) mais brilhantes, finos, leves, baratos e rápidos, e usam menos energia para funcionar do que os LCDs. |
| Telas de leitura de retina | Projeta a imagem diretamente na retina de um observador; usadas na medicina, no controle de tráfego aéreo e no controle de máquinas industriais. |
| *Impressoras* | |
| Impacto | Lenta, ruidosa e sujeita a falhas mecânicas, mas barata. |
| Sem impacto | |
| Laser | Usa feixes de laser para escrever informações em canhões fotossensíveis; produz texto e gráficos de alta resolução. |
| Jato de tinta | Dispara fluxos finos de tinta colorida no papel; menos cara do que as impressoras a laser, mas oferecem menos qualidade de resolução. |
| Plotadoras | Usam canetas guiadas pelo computador para criar imagens, plantas, esquemas e desenhos de alta qualidade. |
| *Saída de voz* | Converte dados digitais em fala inteligível. |

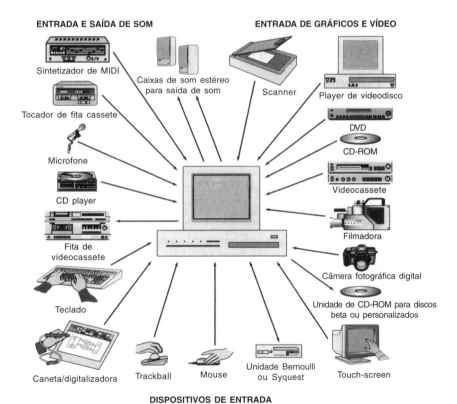

**Figura GT1.6** Sistema de autoria de multimídia com uma grande variedade de dispositivos de entrada e saída. (*Fonte*: Baseado na ilustração em *Reseller Management*, novembro de 1993. Da VAR Workbook Series 11/93 de John McCormick e Tom Fare, Multimedia Today Supplement: VAR Workbook Series, p. 4-5, 7.)

número de ciclos de processamento de computador ou acesso a grandes quantidades de dados. Um exemplo de projeto de computação de grade realiza pesquisas sobre varíola (*www.grid.org/projects/smallpox/index.html*).

Na **computação utilitária**, um provedor de serviços torna o gerenciamento de recursos de computação e infra-estrutura disponíveis a um cliente conforme necessário. O provedor, então, cobra o cliente pelo uso específico em vez de uma taxa fixa. A computação utilitária também é chamada de *computação por assinatura* e *computação por demanda*. A computação utilitária foi desenvolvida para permitir que as empresas atendam com eficiência às demandas flutuantes por poder de computação.

Finalmente, a **nanotecnologia** se refere à criação de materiais, dispositivos e sistemas em uma escala de 1 a 100 nanômetros (bilionésimos de um metro). No futuro próximo, computadores ainda experimentais serão construídos em uma escala de nanotecnologia e poderão ser usados literalmente em qualquer lugar. Exigirão pouquíssima energia, mesmo tendo uma enorme capacidade de armazenamento, e serão imunes a vírus de computador, falhas e outros problemas. Em uma aplicação interessante, uma indústria têxtil, a NanoTex, está incorporando nanotecnologia nos tecidos para que sejam resistentes a rugas e manchas. Para ver uma demonstração, visite *www.nano-tex.com*.

---

### Antes de prosseguir...

1. O que é computação de grade? Como é usada?
2. O que é nanotecnologia?

---

## GT1.7 Questões estratégicas de hardware

Este guia de tecnologia explicou como o hardware é projetado e como ele funciona. Entretanto, para a maioria dos empresários, as questões mais complexas e importantes são o que o hardware permite, como ele está avançando e a velocidade desse avanço. Em muitos setores, a exploração do hardware de computador é a chave para obter vantagem competitiva. A exploração bem-sucedida do hardware vem de uma criteriosa consideração das seguintes questões:

- Como as organizações acompanham os rápidos avanços de preço e desempenho no que diz respeito ao hardware? Por exemplo, com que freqüência uma organização atualiza seus computadores e sistemas de armazenamento? As atualizações aumentam a produtividade pessoal e organizacional? Como as organizações podem medir esses aumentos?
- Os computadores portáteis e as tecnologias avançadas de comunicação permitiram que os empregados trabalhem em casa ou em qualquer lugar. Esses novos estilos de trabalho beneficiarão os empregados e a organização? Como as organizações gerenciam esses novos estilos de trabalho?

---

### Antes de prosseguir...

1. Como você acha que os vários tipos de hardware de computador afetam a produtividade pessoal? E a produtividade organizacional?
2. Para você, quais seriam as desvantagens dos avanços no projeto de microprocessadores?

---

## O que a **TI** pode me proporcionar?

■ **Para todas as áreas da empresa**

Praticamente todas as tarefas profissionais na empresa moderna exigem conhecimento e habilidade de computação para a produtividade pessoal. Indo mais além, todos os setores usam a tecnologia de computador como uma forma de vantagem competitiva.

É evidente que o projeto do hardware de computador tem impactos profundos para os empresários. Também  está claro que o sucesso pessoal e organizacional pode depender de um entendimento do projeto de hardware e de um comprometimento em saber para onde ele está indo e que oportunidades e desafios as inovações trarão. Como essas inovações podem ocorrer muito rapidamente, as decisões de hardware no nível individual e no nível  organizacional são difíceis.

No *nível individual*, a maioria das pessoas que possui um sistema de computador em casa ou no escritório e quer atualizá-lo, ou as pessoas que estudam sua primeira compra de computador, estão diante da decisão de *quando* comprar, tanto como *o que* comprar e a que custo. No *nível organizacional*, essas mesmas questões afligem  os profissionais de SI. Entretanto, elas são mais complexas e mais dispendiosas. A maioria das organizações possui muitos sistemas de computador diferentes operando ao mesmo tempo. As inovações podem ocorrer em diferentes classes de computadores em épocas e velocidades diferentes. Portanto, os gerentes precisam decidir com que  idade os *sistemas legados* de hardware ainda terão um papel produtivo na arquitetura de SI e quando eles devem ser substituídos.

A gerência de SI no nível corporativo é uma das carreiras mais difíceis atualmente, devido, em grande parte, à constante inovação no hardware de computador. Esse pode não ser seu objetivo de carreira, mas é importante  conhecer essa área. Afinal, as pessoas que o mantêm equipado com o hardware de computação correto, como você pode ver agora, são aliados muito importantes para o seu sucesso.

## Resumo

### 1. Identificar os principais componentes de hardware de um sistema de computador.

Os sistemas de computador atuais possuem seis componentes principais: a unidade central de processamento (CPU), o armazenamento primário, o armazenamento secundário, as tecnologias de entrada, as tecnologias de saída e as tecnologias de comunicação.

### 2. Descrever o projeto e o funcionamento da unidade central de processamento.

A CPU é composta da unidade de lógica e aritmética, que realiza os cálculos; os registradores, que armazenam minúsculas quantidades de dados e instruções imediatamente antes e depois do processamento; e a unidade de controle, que controla o fluxo de informações no chip do microprocessador. Após o processamento, os dados em seu formato original e as instruções são enviados novamente para um local de armazenamento fora do chip.

### 3. Discutir as relações entre projetos de componente de microprocessador e desempenho.

Os projetos de microprocessador visam aumentar a velocidade de processamento minimizando a distância física que os dados (como pulsos elétricos) precisam viajar e aumentando a largura de barramento, a velocidade de clock e a quantidade de transistores no chip.

### 4. Descrever os principais tipos de armazenamento primário e secundário.

Existem quatro tipos de armazenamento primário: registradores, memória de acesso aleatório (RAM), memória cache e memória somente de leitura (ROM). Todos são memórias de acesso direto; apenas a ROM é não-volátil. O armazenamento secundário inclui meios magnéticos (fitas, discos rígidos e disquetes) e meios óticos (CD-ROM, DVD, FMD-ROM e jukeboxes óticos).

### 5. Estabelecer as diferenças entre armazenamento primário e secundário de acordo com as dimensões de velocidade, custo e capacidade.

O armazenamento primário tem muito menos capacidade que o armazenamento secundário e é mais rápido e mais caro por byte armazenado. O armazenamento primário é localizado muito mais próximo da CPU que o armazenamento secundário. Os meios de armazenamento secundário de acesso seqüencial, como fita magnética, são muito mais lentos e menos caros que os meios de acesso direto (por exemplo, discos rígidos, meios óticos).

## 6. Definir armazenamento empresarial e descrever os diversos tipos.

Um sistema de armazenamento empresarial é um sistema independente e externo com uma inteligência que inclui dois ou mais dispositivos de armazenamento. Existem três tipos principais de subsistemas de armazenamento empresarial: matrizes redundantes de discos independentes (RAIDs), área de armazenamento em rede (SANs) e armazenamento anexado à rede (NAS). O RAID associa grupos de discos rígidos comuns a um microcontrolador especializado. A SAN é uma arquitetura para construir redes dedicadas especiais que dão acesso a dispositivos de armazenamento por múltiplos servidores. Um dispositivo de NAS é um servidor de finalidade especial que oferece armazenamento de arquivos a usuários que acessam o dispositivo por meio de uma rede.

## 7. Descrever a hierarquia de computação de acordo com a capacidade e suas respectivas funções.

Os supercomputadores são os computadores mais poderosos, projetados para manipular o excesso de necessidades computacionais das áreas científica e militar. Os mainframes não são tão poderosos quanto os supercomputadores, mas são poderosos o bastante para serem usados por grandes organizações para o processamento de dados centralizado e grandes bancos de dados. Os minicomputadores são versões menores e menos poderosas dos mainframes, normalmente dedicados a manipular subsistemas específicos. As estações de trabalho estão entre os minicomputadores e os computadores pessoais em termos de velocidade, capacidade e habilidade gráfica. Os computadores pessoais desktop (PCs) são os computadores empresariais e pessoais mais comuns. Os computadores de rede (NCs) têm menos poder de computação e armazenamento, baseando-se na conexão a uma rede para obter recursos de comunicação, dados, processamento e armazenamento. Os computadores laptop ou notebook são PCs pequenos e facilmente transportáveis. Os assistentes digitais pessoais (PDAs) e os telefones celulares com suporte para Internet são exemplos de microcomputadores de mão, normalmente configurados para aplicações específicas e limitados no modo de recebimento de entradas do usuário e de fornecimento de saídas. Os computadores "de vestir" liberam os movimentos dos usuários. Os computadores embutidos são colocados dentro de outros produtos para acrescentar recursos e habilidades. Os empregados podem usar crachás ativos como cartões de identificação. Os botões de memória armazenam um pequeno banco de dados relacionando-se a qualquer coisa à qual estejam conectados.

## 8. Fazer a distinção entre os vários tipos de tecnologias de entrada e saída e seus usos.

As principais tecnologias de entrada de dados humana incluem teclado, mouse, mouse ótico, trackball, touchpad, joystick, touch-screen, stylus e sistemas de reconhecimento de voz. Os principais dispositivos de entrada para automação da entrada de dados são os caixas eletrônicos automáticos, terminais de ponto-de-venda, leitores de código de barras, leitores de marca ótica, leitores de caracter de tinta magnética, leitores de reconhecimento ótico de caracter, sensores, câmeras e telas de leitura da retina. As tecnologias de saída comuns incluem vários tipos de monitores, impressoras de impacto e sem impacto, plotadoras e saída de voz.

## 9. Descrever os sistemas de multimídia e as tecnologias por eles utilizadas.

Os sistemas de computador de multimídia integram dois ou mais tipos de mídia, como texto, gráficos, som, voz, vídeo, imagens e animação. Eles usam uma variedade de tecnologias de entrada e saída, freqüentemente incluindo microfones, instrumentos musicais, digitalizadores, CD-ROM, fita magnética e alto-falantes. Os sistemas multimídia normalmente exigem uma capacidade adicional de processamento e armazenamento.

## 10. Analisar as tecnologias de hardware emergentes.

A computação de grade envolve aplicar os recursos de muitos computadores em uma rede ao mesmo tempo para resolver um único problema. Na computação utilitária (também chamada de computação por assinatura ou por demanda), um provedor de serviços torna o gerenciamento de recursos de computação e de infra-estrutura disponíveis a um cliente conforme a necessidade. O provedor, então, cobra o cliente pelo uso específico, e não com uma taxa fixa. A nanotecnologia se refere à criação de materiais, dispositivos e sistemas em uma escala de 1 a 100 nanômetros (bilionésimos de um metro).

## 11. Discutir as questões estratégicas que associam o projeto de hardware à estratégia comercial.

As questões estratégicas que associam o projeto de hardware à estratégia empresarial incluem: como as organizações acompanham os rápidos avanços de preço e desempenho no hardware? Com que freqüência uma organização deve atualizar seus sistemas de computadores e armazenamento? Como as organizações podem medir os benefícios obtidos com as melhorias no preço/desempenho do hardware?

## Glossário

**acesso seqüencial** Acesso a dados em que o sistema de computador precisa percorrer os dados em seqüência para localizar uma parte específica.

**área de armazenamento em rede (SAN)** Arquitetura de sistema de armazenamento empresarial para construir redes dedicadas especiais que permitem acesso rápido e seguro aos dispositivos de armazenamento por vários servidores.

**armazenamento anexado à rede (NAS)** Servidor de finalidade especial que oferece armazenamento de arquivo aos usuários que acessam o dispositivo através de uma rede.

**armazenamento primário** (ou **memória principal**) Armazenamento de alta velocidade, localizado diretamente na placa-mãe, que armazena dados a serem processados pela CPU, instruções para a CPU sobre como processar os dados e programas do sistema operacional.

**armazenamento sobre IP** Tecnologia que usa o Internet Protocol para transportar dados armazenados entre dispositivos dentro de uma SAN; algumas vezes chamado de IP sobre SCSI ou iSCSI.

**bit** Abreviação de dígito binário (0s e 1s), os únicos dados que uma CPU pode processar.

**byte** String de dados de 8 bits, necessária para representar qualquer caracter alfanumérico ou operação matemática simples.

**CD-ROM (Compact Disk Read-Only Memory)** Forma de armazenamento secundário que pode apenas ser lido e não gravado.

**ciclo de instrução de máquina** Ciclo de processamento de computador, cuja velocidade é medida em termos do número de instruções que um chip processa por segundo.

**computação de grade** Tecnologia que envolve aplicar os recursos de muitos computadores em uma rede ao mesmo tempo para resolver um único problema.

**computação utilitária** Tipo de computação em que um provedor de serviços torna os recursos de computação disponíveis a um cliente conforme necessário; também chamada de computação por assinatura e computação por demanda.

**computador de rede** Tipo de sistema thin-client, que tem menos funcionalidade que um PC desktop, mas fornece acesso a aplicações baseadas na Internet por intermédio de um navegador Web e pode realizar download de software.

**computadores laptop e notebook** Microcomputadores pequenos e leves, portáteis, que cabem facilmente em uma pasta.

**disco fluorescente multicamada (FMD-ROM)** Dispositivo de armazenamento ótico com capacidade de armazenamento muito maior que a dos DVDs.

**discos magnéticos** Forma de armazenamento secundário em um disco magnetizado que é dividido em trilhas e setores que oferecem acesso a vários fragmentos de dados; também chamados de discos rígidos.

**discos rígidos** Forma de armazenamento secundário que armazena dados em discos divididos em trilhas e setores concêntricos, que podem ser lidos por uma cabeça de leitura/escrita que se move por intermédio dos discos em rotação.

**dispositivos de armazenamento expansível** Cartuchos de disco removíveis, usados como armazenamento de backup para discos rígidos internos de PCs.

**dispositivos de armazenamento ótico** Forma de armazenamento secundário em que um laser lê a superfície de um disco de plástico reflexivo.

**dispositivos móveis** Plataformas leves e portáteis para computação e comunicação, incluindo PDAs, computadores pessoais de mão e telefones celulares com acesso sem fio à Internet.

**disquetes magnéticos** Forma de armazenamento secundário facilmente portável em discos flexíveis; também chamados apenas de disquetes.

**DVD (Digital Video Disk)** Dispositivo de armazenamento ótico para armazenar vídeo digital ou dados de computadores.

**estações de trabalho** Computadores poderosos do tamanho de um desktop, que executam aplicações científicas, de engenharia e finanças computacionalmente intensas.

**fita magnética** Meio de armazenamento secundário em um grande rolo aberto ou em um cassete ou cartucho menor.

**formato binário** Formato em que dados e as instruções podem ser lidos pela CPU — apenas 0s e 1s.

**largura de barramento** Tamanho dos caminhos físicos pelos quais os dados e as instruções viajam como pulsos elétricos.

**largura de linha** Distância entre transistores; quanto menor a largura de linha, mais rápido o chip.

**Lei de Moore** Previsão de Gordon Moore, co-fundador da Intel, que disse que a complexidade dos processadores dobraria aproximadamente a cada dois anos.

**mainframes** Computadores relativamente grandes, usados em grandes empresas para aplicações de computação intensa que são acessadas por milhares de usuários.

**matrizes redundantes de discos independentes (RAID)** Sistema de armazenamento empresarial que associa grupos de discos rígidos comuns a um microcontrolador especializado, que coordena as unidades de modo que elas apareçam como uma única unidade lógica.

**memória de acesso aleatório (RAM)** Parte do armazenamento primário que guarda um programa de software e pequenas quantidades de dados para processamento.

**memória de armazenamento secundário** Tecnologia que pode armazenar grandes quantidades de dados por longos períodos.

**memória cache** Tipo de memória de alta velocidade que permite que o computador armazene temporariamente blocos de dados que são usados com mais freqüência, e que um processador pode acessar mais rapidamente do que a memória principal (RAM).

**memória somente de leitura (ROM)** Tipo de armazenamento primário em que certas instruções críticas são guardadas com segurança; o armazenamento é não-volátil e mantém as instruções quando a energia do computador é desligada.

**memória flash** Formato de memória somente de leitura regravável que é compacta, portátil e exige pouca energia.

**microcomputadores** A categoria menor e mais barata dos computadores de finalidade geral; também chamados de micros, computadores pessoais ou PCs.

**microcontroladores** Chips embutidos em inúmeros produtos e tecnologias, de celulares e brinquedos a sensores de automóveis.

**microprocessador** CPU composta de milhões de transistores embutidos em um circuito sobre uma lâmina, ou chip, de silício.

**minicomputadores** Computadores relativamente pequenos, baratos e compactos, que realizam as mesmas funções dos computadores mainframe, mas em um nível mais limitado.

**nanotecnologia** Criação de materiais, dispositivos e sistemas em uma escala de 1 a 100 nanômetros (bilionésimos de um metro).

**placas de memória** Dispositivos de tamanho aproximado ao de um cartão de crédito, que podem ser instaladas em um adaptador ou um slot em muitos computadores pessoais.

**registradores** Áreas de armazenamento de alta velocidade que armazenam pequenas quantidades de dados e instruções por curtos períodos.

**servidores** Computadores medianos menores, com suporte para redes, que permitem que os usuários compartilhem arquivos, software e outros dispositivos de rede.

**sistema de armazenamento empresarial** Sistema externo e independente, com uma inteligência que inclui dois ou mais dispositivos de armazenamento.

**sistemas fat-client** Sistemas de computador desktop que oferecem funcionalidade completa.

**sistemas thin-client** Sistemas de computador desktop que não oferecem a funcionalidade completa de um PC.

**software de visualização de armazenamento** Software usado com as SANs para representar graficamente uma rede inteira e permitir que os administradores de armazenamento monitorem todos os dispositivos por meio de um único console.

**supercomputadores** Computadores com o maior poder de processamento disponível; usados principalmente no trabalho científico e militar para tarefas computacionalmente exigentes em conjuntos de dados extremamente grandes.

**tamanho de registrador** Quantidade de bits (0s e 1s) que podem ser processados pela CPU a qualquer momento.

**tecnologia de multimídia** Integração computadorizada de texto, som, imagens, animação e vídeo digitalizado.

**unidade central de processamento (CPU)** Hardware que realiza a computação propriamente dita dentro de qualquer computador.

**unidade de controle** Parte da CPU que controla o fluxo de informações.

**unidade lógica e aritmética (ULA)** Parte da CPU que realiza os cálculos matemáticos e faz as comparações lógicas.

**velocidade de clock** Velocidade predefinida do clock que temporiza todas as atividades, medidas em megahertz e gigahertz.

## Perguntas para discussão

1.  Que fatores afetam a velocidade de um microprocessador?
2.  Se você fosse o CIO de uma empresa, que fatores consideraria ao escolher meios de armazenamento secundário para os registros (arquivos) da empresa?
3.  Visto que a Lei de Moore tem se provado verdadeira ao longo das duas últimas décadas, especule sobre quais serão as capacidades dos chips daqui a 10 anos. O que seu PC desktop será capaz de fazer?
4.  Se você fosse o CIO de uma empresa, como explicaria o funcionamento, as vantagens e as limitações de um sistema de rede baseado em computador, em comparação com usar PCs em rede (ou seja, thin-client *versus* fat-client)?
5.  Onde você poderia encontrar computadores embutidos em sua casa, faculdade e/ou trabalho?

## Atividades na Internet

1.  Acesse sites dos principais fabricantes de chips de computador, por exemplo, Intel (*www.intel.com*), Motorola (*www.motorola.com*) e Advanced Micro Devices (*www.amd.com*), e obtenha as últimas informações sobre chips novos e projetados. Compare o desempenho e o custo desses fornecedores.
2.  Acesse o site da Intel (*www.intel.com*) e visite o museu e a página de microprocessador animada. Prepare uma apresentação sobre cada etapa do ciclo de instrução de máquina.

## Trabalhos em equipe

Entreviste o CIO do seu campus e descubra como ele decide atualizar sistemas específicos. Qual é a visão dele quanto à dinâmica do avanço tecnológico, os custos das novas tecnologias, os custos dos sistemas estabelecidos e os ganhos previstos em produtividade?

# Software de computador

**Metas de aprendizagem**

1. Estabelecer as diferenças entre os dois principais tipos de software.
2. Descrever as funções gerais do sistema operacional.
3. Estabelecer as diferenças entre os tipos de sistema operacional e descrever cada um.
4. Identificar três métodos de desenvolvimento de software de aplicação.
5. Descrever os principais tipos de software de aplicação.
6. Apresentar os principais problemas de software enfrentados pelas organizações modernas.
7. Explicar como o software evoluiu e considerar as tendências para o futuro.

## GT2.1 A importância do software

A eficácia do hardware de computador é equivalente à das instruções que lhe damos, e essas instruções estão contidas no **software**. O software de computador tem uma importância inestimável. As primeiras aplicações de software dos computadores em empresas foram desenvolvidas no início da década de 1950. O software era menos importante (e menos caro) nos sistemas de computação da época, pois os primeiros hardwares eram literalmente programados à mão para cada aplicação. Hoje, o software representa uma porcentagem muito maior do custo dos sistemas de computação modernos. O preço do hardware caiu de maneira impressionante, enquanto a complexidade e, conseqüentemente, o preço do software aumentaram assustadoramente.

A complexidade cada vez maior do software também leva a um potencial maior para erros ou defeitos. As grandes aplicações hoje podem conter milhões de linhas de código, escritas por centenas de pessoas no decorrer de vários anos. O potencial para defeitos é enorme, e o teste e a *depuração* de software são caros e demorados.

Independentemente das tendências gerais no software (aumento da complexidade, do custo, da quantidade de defeitos, do uso de software de código aberto), o software se tornou um recurso cotidiano em nossas vidas profissionais e pessoais. Tenha em mente que, seja qual for sua área, você estará envolvido com vários tipos de software em toda a sua carreira.

Começaremos nosso estudo do software com a definição de alguns conceitos fundamentais. O software consiste em **programas de computador**, que são seqüências de instruções para o computador. O processo de escrever, ou *codificar*, programas é chamado de *programação*. As pessoas que realizam essa tarefa são chamadas de *programadores*.

Ao contrário dos computadores dos anos 50, o software moderno usa o **conceito de programa armazenado**, em que programas de software são armazenados no hardware do computador. Esses programas são acessados e suas instruções são executadas (seguidas) na CPU do computador. Depois que o programa termina a execução, um novo programa é carregado na memória principal e o hardware do computador passa a cuidar de outra tarefa.

Os programas de computador incluem uma **documentação**, que são descrições escritas das funções do programa. A documentação ajuda o usuário a operar o sistema de computação e ajuda outros programadores a entenderem o que o programa faz e como atinge seu objetivo. A documentação é vital para a organização empresarial. Sem ela, se um programador ou usuário importante deixar a empresa, o conhecimento de como usar o programa ou como ele é projetado pode ser perdido.

O computador não é capaz de fazer nada até que seja instruído por software. Embora o hardware de computador seja, por projeto, de finalidade geral, o software permite que o usuário instrua um sistema de computação a realizar funções específicas que geram valor comercial. Existem dois tipos principais de software: software de sistemas e software de aplicação. A relação entre hardware, software de sistemas e software de aplicação é ilustrada na Figura GT2.1.

O **software de sistema** é um conjunto de instruções que age principalmente como intermediário entre o hardware de computador e os programas de aplicação. Também pode ser manipulado diretamente por usuários treinados. O software de sistema oferece importantes funções auto-reguladoras para os sistemas de computação, como carregar-se quando o computador é ligado e oferecer conjuntos de instruções comumente usados para todas as aplicações. A *programação de sistemas* se refere à criação ou à manutenção do software de sistema.

O **software de aplicação** é um conjunto de instruções de computador que oferece uma funcionalidade mais específica a um usuário. Essa funcionalidade pode ser ampla, como processamento de texto geral, ou estrita, como um programa de folha de pagamento da organização. Essencialmente, um programa de aplicação usa um computador de acordo com uma certa necessidade. A *programação de aplicação* se refere à criação ou à modificação e melhoria do software de aplicação. O software de aplicação pode ser específico ou comercial. Como veremos, existem muitas aplicações de software diferentes nas organizações de hoje.

---

## Antes de prosseguir...

1. O que essa afirmação significa: "Hardware é inútil sem software"?
2. Quais são as diferenças entre software de sistema e software de aplicação?

---

## GT2.2 Software de sistema

Como discutimos anteriormente, o software de sistema é a classe de programas que controla e apóia um sistema de computação e suas atividades de processamento de informações. O software de sistema também facilita a programação, o teste e a depuração dos programas de computador. Os programas de software de sistema apóiam o software de aplicação direcionando as funções básicas do computador. Por exemplo, quando o computador é ligado, o programa de inicialização (um software de sistema) prepara todos os dispositivos para o processamento. O software de sistema pode ser agrupado em duas categorias funcionais principais: programas de controle do sistema e programas de apoio ao sistema.

### Programas de controle do sistema

Os **programas de controle do sistema** controlam o uso do hardware, do software e dos recursos de dados de um sistema de computação. O principal programa de controle do sistema é o sistema operacional.

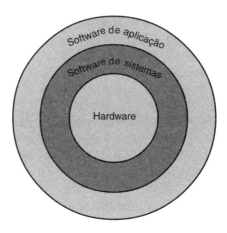

**Figura GT2.1** O software de sistemas age como intermediário entre o hardware e as aplicações funcionais.

O **sistema operacional** supervisiona a operação geral do computador. Uma de suas principais funções é monitorar o estado do computador e as operações de agendamento, incluindo os processos de entrada e saída. Além disso, o sistema operacional aloca tempo de CPU e memória principal para os programas em execução no computador. Ele também cria uma interface entre o usuário e o hardware. Essa interface oculta do usuário a complexidade do hardware. Ou seja, você não precisa saber como o hardware realmente funciona. Simplesmente precisa saber o que o hardware fará e o que você precisa fazer para obter os resultados desejados.

## Funções do sistema operacional

O sistema operacional gerencia o programa ou programas (também chamados de tarefas) em execução no processador em determinado momento. No caso mais simples — um sistema operacional de desktop —, o sistema operacional carrega um programa na memória principal e o executa. O programa utiliza os recursos do computador até devolver o controle. Alguns sistemas operacionais oferecem formas mais sofisticadas de gerenciamento de programas, como *multitarefa*, *multithreading* e *multiprocessamento*.

O gerenciamento de duas ou mais tarefas, ou programas, rodando no sistema de computação ao mesmo tempo é chamado de **multitarefa**, ou **multiprogramação**. O primeiro programa é executado até que ocorra uma interrupção, como uma requisição de entrada. Enquanto a requisição de entrada é manipulada, começa a execução de um segundo programa. Como a troca entre esses programas ocorre muito rapidamente, eles parecem ser executados ao mesmo tempo. Entretanto, como existe apenas um processador, apenas um programa está realmente sendo executado de cada vez. O **multithreading** é uma forma de multitarefa que envolve realizar múltiplas tarefas, ou threads, dentro de uma única aplicação simultaneamente. Por exemplo, uma aplicação de processamento de texto pode editar um documento enquanto verifica a ortografia de outro.

O **multiprocessamento** ocorre quando um sistema de computação com dois ou mais processadores pode executar mais de um programa ao mesmo tempo atribuindo-os a diferentes processadores. Não confunda multiprocessamento com multiprogramação. O multiprocessamento usa processamento simultâneo com várias CPUs, enquanto a multiprogramação envolve processamento simultâneo com uma única CPU.

A **memória virtual** simula mais memória principal do que realmente existe no sistema de computação. Ela permite que um programa se comporte como se tivesse acesso a toda a capacidade de armazenamento de um computador, em vez de apenas acesso à quantidade de armazenamento primário instalada no computador. A memória virtual divide um programa de aplicação ou módulo em partes de tamanho fixo chamadas *páginas*. O sistema executa algumas páginas de instruções enquanto recupera outras do armazenamento secundário. Na verdade, a memória virtual permite que os usuários escrevam programas como se o armazenamento primário fosse maior do que realmente é.

A facilidade ou dificuldade de interação entre o usuário e o computador é determinada, em grande parte, pelo *projeto de interface*. As interfaces baseadas em texto mais antigas, como o DOS, exigiam que o usuário digitasse comandos enigmáticos. Em um esforço para tornar os computadores mais amigáveis, os programadores desenvolveram a interface gráfica com o usuário. A **interface gráfica com o usuário (GUI)** permite que os usuários exerçam controle direto sobre objetos visíveis (como ícones) e ações que substituem comandos complexos. A GUI foi desenvolvida por pesquisadores da Xerox PARC (Palo Alto Research Center) e, depois, popularizada pelo Apple Macintosh. A Microsoft logo introduziu o sistema operacional Windows baseado em GUI para os PCs compatíveis com IBM.

A próxima geração da tecnologia GUI incorporará recursos como realidade virtual, visores instalados na cabeça, som e fala, reconhecimento de caneta e gestos, animação, multimídia, inteligência artificial e habilidades de comunicação celular/sem fio. As GUIs futuras também oferecerão interfaces sociais. Uma **interface social** é uma interface que usa personagens parecidos com os de desenho animado, gráficos, animação e comandos de voz para guiar o usuário nas aplicações de computador. Os personagens podem ser representados como bonecos, narradores, guias, habitantes ou avatares (figuras humanas geradas por computador).

### Tipos de sistemas operacionais

Como discutimos anteriormente, os sistemas operacionais são necessários para que o hardware de computador funcione. Os **ambientes operacionais** são conjuntos de programas de computador que acrescentam recursos que permitem que os desenvolvedores de sistemas criem aplicações sem acessar diretamente o sistema operacional; eles funcionam apenas *com* um sistema operacional. Ou seja, os ambientes operacionais não são sistemas operacionais, mas trabalham apenas com um sistema operacional. Por exemplo, as primeiras versões do Windows eram ambientes operacionais que ofereciam uma interface gráfica com o usuário e eram funcionais apenas com o MS-DOS.

Os sistemas operacionais são classificados em diferentes tipos, dependendo do número de usuários que aceitam, bem como do nível de sofisticação. Os *sistemas operacionais para dispositivos móveis* são projetados para aceitar uma única pessoa usando um dispositivo móvel de mão ou dispositivo de informação. Sistemas operacionais para computadores de pequeno porte (*sistemas operacionais de desktop* e *sistemas operacionais de estação de trabalho*) são projetados para aceitar um único usuário ou um pequeno grupo de trabalho de usuários. Sistemas operacionais para computadores de grande porte (*sistemas operacionais médios* e *sistemas operacionais de mainframe*) normalmente aceitam entre algumas dezenas e milhares de usuários. Sistemas operacionais para computadores de grande porte oferecem uma funcionalidade maior que a dos outros tipos de sistema operacional. Essas funções incluem estabilidade, backup, segurança, tolerância a falhas e altas velocidades de processamento. Entretanto, a interface com o usuário é uma importante exceção, já que ela é mais sofisticada nos sistemas operacionais de desktop e menos sofisticada nos sistemas operacionais para computadores de grande porte.

A família de sistemas operacionais Windows domina entre os sistemas operacionais para computadores de pequeno porte. Ele roda em laptops, notebooks, desktops e servidores. A versão atual, *Windows XP*, usa uma GUI com ícones para fornecer acesso instantâneo a tarefas comuns e habilidades de plug-and-play. **Plug-and-play** é um recurso que pode automatizar a instalação de um novo hardware permitindo que o sistema operacional o reconheça e, depois, instale automaticamente o software necessário, chamado *driver de dispositivo*. Outros sistemas operacionais comuns incluem o UNIX, o Mac OS X para Apple Macintosh, o OS/2 da IBM, o Linux e o Java.

O **Linux** é uma versão poderosa do sistema operacional UNIX, que está disponível como software de código aberto. Em outras palavras, o código-fonte do Linux está disponível pública e gratuitamente. Portanto, os programadores em todo o mundo trabalham no Linux e escrevem software para ele. O resultado é que, diferentemente do UNIX, o Linux agora roda em muitos tipos diferentes de computador. Além disso, aceita muitos dispositivos de hardware diferentes, e inúmeras aplicações podem ser escritas para rodar nele. O Linux está se tornando muito usado pelos provedores de serviço de Internet (ISPs), as empresas que fornecem conexões à Internet, e está conquistando participação no mercado de servidores de empresas. O quartel general de informações sobre o Linux é *www.linuxhq.com*.

O **sistema operacional Java (JavaOS)**, da Sun, executa programas escritos na linguagem Java (descrita mais adiante neste capítulo) sem a necessidade de um sistema operacional tradicional. Ele é projetado para aplicações de Internet e intranet, dispositivos embutidos, produtos de mão e computação thin-client.

## Programas de apoio ao sistema

A segunda grande categoria de software de sistema é constituída pelos **programas de apoio ao sistema**, que apóiam as operações, o gerenciamento e os usuários de um sistema de computação oferecendo diversos serviços de suporte. Exemplos de programas de apoio ao sistema são os programas utilitários de sistema, os monitores de desempenho e os monitores de segurança.

Os **utilitários de sistema** são programas que foram escritos para realizar tarefas comuns, como classificar registros, verificar a integridade de disquetes (isto é, a quantidade de armazenamento disponível e a existência de qualquer dano) e criar diretórios e subdiretórios. Eles também recuperam arquivos excluídos acidentalmente, localizam arquivos dentro da estrutura de diretórios e gerenciam o uso da memória. Os **monitores de desempenho do sistema** são programas que monitoram o processamento de tarefas em um sistema de computação. Eles monitoram o desempenho em áreas como tempo de processador, espaço de memória, dispositivos de entrada/saída e programas de aplicação e de sistema. Os **monitores de segurança do sistema** são programas que monitoram o uso de um sistema de computação para protegê-lo e a seus recursos contra uso não-autorizado, fraude ou destruição.

---

### Antes de prosseguir...

1. Quais são os dois tipos principais de software de sistema?
2. Quais são as principais diferenças entre sistemas operacionais para dispositivos móveis, desktops, servidores departamentais, empresas e supercomputadores?

---

## GT2.3 Software de aplicação

Como definido anteriormente, software de aplicação consiste em instruções que orientam um sistema de computação a realizar atividades específicas de processamento de informações e que oferecem funcionalidade para os usuários. Como existem muitos usos diferentes para os computadores, existe um número igualmente grande de programas de software de aplicação diferentes.

### Tipos de software de aplicação

O software de aplicação pode ser específico e comercial. O **software de aplicação específico** lida com uma necessidade empresarial específica ou exclusiva de uma empresa. Esse tipo de software pode ser desenvolvido internamente pelo pessoal de sistemas de informação da organização ou pode ser encomendado de um fornecedor de software. Os programas de software específicos desenvolvidos para uma empresa em particular são chamados de **software contratado.**

Já o **software de aplicação comercial** pode ser comprado ou alugado de um fornecedor que desenvolve programas e os vende para muitas organizações. O software comercial pode ser um pacote padrão ou pode ser personalizável. Os programas de finalidade especial ou "pacotes" podem ser personalizados para um fim específico, como controle de estoque ou folha de pagamento. O termo **pacote** é comumente usado para indicar um programa de computador (ou grupo de programas) que foi desenvolvido por um fornecedor e está disponível para compra em uma forma agrupada. Discutimos a metodologia envolvida na aquisição de software de aplicação, seja ele específico ou comercial, no Capítulo 10.

### Tipos de software de aplicação pessoal

Os programas de aplicação comerciais de finalidade geral que apóiam tipos gerais de processamento, em vez de estar associados a uma função empresarial específica, são chamados de **software de aplicação pessoal**. Esse tipo de software consiste em nove pacotes amplamente usados: planilhas, gerenciamento de dados, processamento de texto, editoração eletrônica, gráfico, multimídia, comunicação, software de reconhecimento de fala e groupware. As *famílias de software* combinam alguns desses pacotes e integram suas funções.

O software de aplicação pessoal é projetado para ajudar usuários individuais a aumentarem sua produtividade. Consideraremos os nove principais tipos de software de aplicação pessoal a seguir.

## Planilhas

O **software de planilha** de computador transforma uma tela de computador em uma folha de livro-razão, ou grade, de linhas e colunas. O usuário pode inserir dados numéricos ou textuais em cada grade, chamada de *célula*. Além disso, o usuário pode inserir uma *fórmula* em uma célula para obter um resultado calculado, que é exibido nessa célula. Com as planilhas, o usuário também pode desenvolver e usar **macros**, que são seqüências de comandos que podem ser executados com apenas uma simples instrução.

Os pacotes de planilha de computador podem ser usados para manipular informações financeiras, como declarações de renda e análise de fluxo de caixa. Também são usados para projetar vendas, analisar programas de seguros, resumir dados de imposto de renda e analisar investimentos. Também são importantes para muitos outros tipos de dados que podem ser organizados em linhas e colunas. Embora os pacotes de planilha como o Microsoft Excel e o Lotus 1-2-3 sejam vistos principalmente como planilhas, eles também oferecem habilidades gráficas e de gerenciamento de dados. Portanto, eles podem ser chamados de **pacotes integrados**. A Figura GT2.2 mostra um exemplo de formato de planilha.

As planilhas são valiosas para aplicações que exigem modelagem e análise hipotéticas. Após o usuário ter estabelecido um conjunto de relações matemáticas, ele pode usar um conjunto diferente de suposições (isto é, um conjunto diferente de relações matemáticas) para recalcular a planilha instantaneamente.

## Gerenciamento de dados

O **software de gerenciamento de dados** oferece suporte para o armazenamento, a recuperação e a manipulação de dados relacionados. Existem dois tipos básicos de software de gerenciamento de dados: programas de arquivamento simples e programas de gerenciamento de banco de dados. Os *programas de arquivamento simples* são padronizados segundo técnicas tradicionais de arquivamento manual de dados. Por sua vez, os *programas de gerenciamento de banco de dados* tiram proveito da capacidade de um computador de armazenar e recuperar dados de modo rápido e preciso no armazenamento primário e secundário. O software de gerenciamento baseado em arquivo normalmente é muito simples de usar e freqüentemente é muito rápido. Entretanto, ele oferece uma flexibilidade limitada no modo como os dados podem ser pesquisados. O software de gerenciamento de banco de dados possui os pontos fortes e fracos opostos. O Microsoft Access é um exemplo de software de gerenciamento de banco de dados popular. Examinamos mais detalhadamente o gerenciamento de dados no Capítulo 4.

## Processamento de texto

O **software de processamento de texto** permite que o usuário manipule texto em vez de apenas números. Os processadores de texto modernos possuem muitos recursos produtivos de escrita e edição. Um pacote de processamento de texto típico consiste em um conjunto integrado de programas, incluindo um programa editor, um programa de formatação, um programa de impressão, um dicionário, um corretor ortográfico e gramatical, um programa de mala direta e programas integrados de desenho e gráfico. Os processadores de texto **WYSIWYG** (um acrônimo para "o que você vê é o que será impresso") possuem a vantagem adicional de exibir o texto na tela exatamente — ou quase exatamente — como aparecerá na página impressa final, com base no tipo de impressora conectada ao computador. O software de processamento de texto permite que o usuário seja muito mais produtivo porque o software possibilita criar e modificar o documento eletronicamente na memória.

| Nome do aluno | Prova 1 | Prova 2 | Prova 3 | Total de pontos | Nota |
|---|---|---|---|---|---|
| Carr, Harold | 73 | 95 | 92 | 258 | B |
| Ford, Nelson | 92 | 90 | 81 | 263 | B |
| Lewis, Bruce | 86 | 88 | 98 | 272 | A |
| Synder, Charles | 63 | 71 | 76 | 210 | C |
| **Média** | 78,5 | 86,0 | 86,25 | 250,75 | |

**Figura GT2.2** Exemplo de cálculo das notas de alunos em uma planilha.

### Editoração eletrônica

O **software de editoração eletrônica** representa um nível de sofisticação além do processamento de texto regular. No passado, revistas, jornais, cartazes, anúncios e outros documentos especializados tinham de ser diagramados manualmente e, depois, compostos. O software de editoração eletrônica permite que microcomputadores realizem essas tarefas diretamente. Fotografias, diagramas e outras imagens podem ser combinadas com texto, incluindo várias fontes diferentes, para produzir um documento final pronto para impressão.

### Gráficos

O **software gráfico** permite que o usuário crie, armazene e exiba ou imprima diagramas, gráficos, mapas e desenhos. Ele permite que os usuários absorvam uma quantidade maior de informações mais rapidamente e detecte relações e tendências nos dados com mais facilidade do que poderiam com texto ou tabelas. Existem três categorias básicas de pacotes de software gráfico: gráficos de apresentação, gráficos de análise e software de projeto auxiliado por computador.

O **software gráfico de apresentação** permite que o usuário crie graficamente apresentações interessantes. Muitos pacotes possuem grandes bibliotecas de clip-art — figuras que podem ser eletronicamente "recortadas" e "coladas" na imagem acabada. Um dos programas gráficos de apresentação mais utilizados é o Microsoft PowerPoint.

O **software de gráfico de análise** adicionalmente fornece a capacidade de converter dados previamente analisados — como dados estatísticos — em formatos de gráficos, como gráficos de barra, de linha, de setores e de dispersão. Tanto os gráficos de apresentação quanto os gráficos de análise são úteis para preparar apresentações comerciais, desde resultados de vendas até dados de pesquisas de marketing.

O **software de projeto auxiliado por computador (CAD)** é usado para projetar itens para fabricação. O software de CAD permite que os projetistas desenhem e "construam" protótipos de produção no software. Os projetistas podem, então, testar esses protótipos como objetos de computador sob parâmetros especificados. Esse processo algumas vezes é chamado de *engenharia auxiliada por computador (CAE)*. Após os projetistas terem completado o teste, eles compilam listas de peças e quantidade e resumem os procedimentos de produção e montagem. Por fim, eles transmitem o projeto final diretamente para as máquinas.

Fabricantes de todos os tipos estão encontrando usos para o software de CAD. O software de *fabricação auxiliada por computador (CAM)* usa a saída de um projeto digital, como a de um sistema de CAD, para controlar diretamente as máquinas da produção. O software de *fabricação integrada por computador (CIM)* é embutido dentro de cada máquina de produção automatizada para fabricar um produto. Em geral, o software de CAM utiliza o projeto de um software de CAD para controlar programas de CIM individuais em máquinas individuais. Quando usados com eficácia, os softwares de CAD/CAM/CIM podem reduzir drasticamente o tempo de desenvolvimento.

### Multimídia

O **software de multimídia** combina pelo menos dois meios de entrada ou saída de dados. Esses meios incluem áudio (som), voz, animação, vídeo, texto, gráficos e imagens. A multimídia também pode ser imaginada como a combinação de meios baseados no *espaço* (texto e imagens) com meios baseados no *tempo* (som e vídeo).

### Comunicação

Os computadores normalmente são interconectados para compartilhar ou relacionar informações. Para trocar informações, os computadores usam **software de comunicação.** Esse software permite que os computadores troquem dados através de fios ou cabos públicos ou dedicados, linhas telefônicas, sistemas de relé de satélite ou circuitos de microondas, independentemente de estarem localizados próximos ou distantes. O e-mail e a videoconferência em desktops se baseiam em software de comunicação.

### Software de reconhecimento de fala

Duas categorias de **software de reconhecimento de fala** estão disponíveis atualmente: fala isolada e fala contínua. O *reconhecimento de fala isolada* pode interpretar apenas uma palavra de cada vez. Ao utilizar esse sistema, então, o usuário precisa dar pausas distintas entre as palavras. Esse sistema pode ser usado para controlar software de PC (usando palavras como "executar" ou "imprimir"). Entretanto, é inadequado para ditar uma carta, pois os usuários acham difícil falar com pausas entre cada palavra e ainda manter a linha de raciocínio.

O software de *reconhecimento de fala contínua* pode interpretar um fluxo contínuo de palavras. O software precisa entender o contexto de uma palavra para determinar sua grafia correta. Além disso, ele precisa ser capaz de ignorar sotaques e interpretar palavras muito rapidamente. Para atender a esses requisitos, o software de reconhecimento de fala contínua precisa ser instalado em um computador com velocidade e memória significativamente maiores do que para o software de fala isolada.

Muitas empresas e pessoas usam software de reconhecimento de fala quando é impossível usar um mouse e um teclado. Por exemplo, o software de reconhecimento de fala é valioso para usuários com deficiências físicas, lesões por esforço repetitivo ou artrite grave.

### Groupware

O **groupware** é uma classe de produtos de software que facilita a comunicação, a coordenação e a colaboração entre as pessoas. O groupware é importante porque permite que os grupos de trabalho — pessoas que precisam interagir umas com as outras dentro de uma organização — transmitam e compartilhem informações, mesmo quando estão trabalhando em locais diferentes. Discutimos o groupware em detalhes no Capítulo 5.

---

### Antes de prosseguir...

1. Que classes de software de aplicação pessoal são essenciais para a produtividade de uma empresa ou outra organização que você conhece? Quais não são essenciais?
2. O que é groupware?

---

## GT2.4 Problemas de software

A importância do software nos sistemas de computação gerou novos problemas para os administradores das organizações. Esses problemas incluem defeitos de software (bugs), avaliação e escolha de software, licenciamento, atualizações (upgrades), sistemas abertos e software de código aberto.

### Defeitos de software

Com muita freqüência, um código de programa de computador é ineficiente, mal projetado e infestado de erros. O Software Engineering Institute (SEI) da Carnegie Mellon University, em Pittsburgh, define o bom software como usável, seguro, livre de erros, economicamente viável e de manutenção simples. Só nos últimos 15 anos, os defeitos de software frustraram o lançamento de um satélite europeu, atrasaram a abertura do Aeroporto Internacional de Denver por um ano e causaram a falha de uma missão a Marte da NASA. Em outro exemplo, no mesmo dia em que a Microsoft lançou o Windows XP, a empresa publicou 18 megabytes de patches em seu site. Esses patches (consertos) consistem em reparos de bugs, atualizações de compatibilidade e melhorias. À medida que nos tornamos cada vez mais dependentes dos computadores e das redes, os riscos associados aos defeitos de software vão se tornando maiores.

O SEI afirma que, em média, os programadores profissionais cometem entre 100 e 150 erros em cada 1.000 linhas de código que escrevem. Usando os números do SEI, o Windows XP, com 41 milhões de linhas de código, teria mais de 4 milhões de bugs. Felizmente, a indústria de software reconhece o problema. Entretanto, a situação é tão grave que o setor está apenas nas medidas iniciais para resolvê-lo. Um passo crítico é projetar e planejar melhor no início do processo de desenvolvimento (comentado no Capítulo 10).

### Avaliação e escolha de software

A avaliação e escolha de software é uma decisão difícil porque é influenciada por muitos fatores. O Checklist Gerencial GT2.1 resume esses fatores de escolha. A primeira parte do processo de escolha envolve entender as necessidades de software da organização e identificar os critérios que serão usados para tomar a

**Checklist Gerencial GT2.1**

Fatores para a escolha de software

| Fator | Considerações |
|---|---|
| Tamanho e local da base de usuários | ❑ O software proposto aceita vários usuários em um único local? <br> ❑ Pode acomodar grandes números de usuários geograficamente dispersos? |
| Disponibilidade do sistema | ❑ O software oferece ferramentas para que a administração monitore o uso do sistema? <br> ❑ Mantém uma lista dos usuários autorizados e apresenta o nível de segurança necessário? |
| Custos — iniciais e subseqüentes | ❑ O software é acessível, levando-se em conta todos os custos, inclusive os de instalação, treinamento e manutenção? |
| Capacidades do sistema | ❑ O software atende às necessidades atuais e futuras previstas? |
| Ambiente de computação existente | ❑ O software é compatível com o hardware, o software e as redes de comunicação existentes? |
| Conhecimento técnico interno | ❑ A organização deve desenvolver aplicações de software internamente? <br> ❑ A organização deve comprar aplicações comerciais ou contratar software específico? |

decisão. Uma vez estabelecidos os requisitos do software, um software específico deve ser avaliado. Uma equipe de avaliação composta de representantes de cada grupo que usará o software deve ser escolhida para o processo de avaliação. A equipe estudará as alternativas propostas e encontrará o software que promete a melhor relação entre as necessidades da organização e as capacidades do software.

### Licenciamento de software

Embora muitas pessoas façam isso rotineiramente, copiar software é ilegal. A Software Publishers Association (SPA) afirmou que a pirataria de software totaliza aproximadamente US$15 bilhões anualmente.

Para proteger seu investimento, os fornecedores de software precisam proteger seu software de ser copiado e distribuído por pessoas e outras empresas de software. Uma empresa pode proteger os direitos autorais de seu software, o que significa que o U.S. Copyright Office concede à empresa o direito legal exclusivo de reproduzir, publicar e vender esse software. A SPA impõe leis de direito autoral de software em organizações fazendo auditorias para garantir que o software usado esteja devidamente licenciado.

À medida que o número de computadores desktop continua a crescer e as empresas continuam a descentralizar, torna-se cada vez mais difícil os gerentes de SI supervisionarem os recursos de software. Por isso, estão surgindo novas empresas especializadas em controlar licenças de software por uma taxa. Empresas como ASAP Software, Software Spectrum e outras controlam e gerenciam as licenças de software de uma organização para garantir que essa organização está de acordo com as leis de direito autoral dos Estados Unidos.

### Atualizações de software

Outro problema de interesse para a gerência de SI são as atualizações de software. Os fornecedores de software revisam freqüentemente seus programas e vendem novas versões. Em alguns casos, o software revisado oferece valiosas melhorias. Em outros casos, oferece poucas capacidades adicionais e pode até conter bugs. Decidir se um software mais recente deve ser comprado pode ser um problema para os gerentes de SI. Essa decisão é especialmente complicada quando se trata de software novo. As empresas que agem rapidamente podem tirar vantagem estratégica do novo software antes que seus concorrentes o façam. Entretanto, elas se arriscam a se tornarem vítimas de bugs ainda não descobertos.

## Sistemas portáveis

O conceito de **sistema portável** se refere a um modelo de produtos de computação que operam em conjunto. É possível atingir esse objetivo com o uso do mesmo sistema operacional com software compatível em todos os diferentes computadores que interagiriam uns com os outros em uma organização. Um método complementar é produzir software de aplicação que seja executado em todas as plataformas de computador. Se o hardware, os sistemas operacionais e o software de aplicação forem projetados como sistemas portáveis, o usuário será capaz de comprar o melhor software para o trabalho sem se preocupar se ele rodará em um hardware específico. Recentes avanços em direção à meta dos sistemas portáveis envolvem o uso da linguagem Java, que pode ser executada em muitos tipos de computadores no lugar de um sistema operacional tradicional. Os programas escritos em Java podem, então, ser executados por qualquer máquina, como veremos mais adiante neste capítulo.

## Software de código aberto

Os sistemas portáveis não devem ser confundidos com software de código aberto. Como vimos em nossa análise do Linux, **software de código aberto** é um software cujo código-fonte está disponível sem custo para desenvolvedores ou usuários. Há muitos exemplos de software de código aberto, incluindo a família de software GNU (*www.gnu.org*) desenvolvida pela Free Software Foundation (*www.fsf.org*); o sistema operacional Linux; o servidor Web Apache (*www.apache.org*); o servidor de e-mail sendmail SMTP — Send Mail Transport Protocol (*www.sendmail.org*) —; a linguagem de programação Perl (*www.perl.com*); o navegador Netscape Mozilla (*www.mozilla.org*); e a família de aplicações da Sun, StarOffice (*www.sun.com*).

Em muitos casos, o software de código aberto é mais confiável que o software comercial. Como o código está disponível para muitos desenvolvedores, mais bugs são descobertos precoce e rapidamente, e são corrigidos de imediato. O suporte para software de código aberto também está disponível em empresas que fornecem produtos derivados do software. Um exemplo é o Red Hat para Linux (*www.redhat.com*). Essas empresas fornecem instrução, treinamento e suporte técnico para o software, cobrando apenas uma taxa.

---

### Antes de prosseguir...

1. Cite alguns dos aspectos legais envolvidos na aquisição e no uso de software na maioria das organizações empresariais.
2. Cite alguns critérios usados para avaliar um software ao planejar uma compra.
3. O que é software de código aberto e quais são suas vantagens?

---

# GT2.5 Linguagens de programação

As linguagens de programação oferecem os blocos de construção básicos para qualquer software de sistema e de aplicação. As linguagens de programação permitem que as pessoas digam aos computadores o que fazer e são o meio pelo qual os sistemas de software são desenvolvidos. Esta seção descreverá as cinco gerações das linguagens de programação. A Tabela GT2.1 apresenta um resumo dos recursos básicos de cada geração de linguagens de programação.

## Linguagem de máquina

A **linguagem de máquina** é a linguagem de computador de nível mais baixo. Consiste unicamente na representação interna de instruções e dados. Esse código de máquina — as instruções reais entendidas e diretamente executáveis pela CPU — é composto de dígitos binários. A linguagem de máquina é a única linguagem de programação que a máquina realmente compreende. Por isso, a linguagem de máquina é considerada a **linguagem de primeira geração**. Todas as outras linguagens precisam ser traduzidas para a linguagem de máquina antes de o computador executar as instruções.

A linguagem de máquina é extremamente difícil de ser entendida e usada pelos programadores. Como resultado, linguagens cada vez mais amigáveis estão sendo desenvolvidas, tornando mais fácil e menos

**Tabela GT2.1** Gerações de linguagens de programação

| Gerações Características | Primeira Máquina | Segunda Assembly | Terceira Procedimental | Quarta Não-procedimental |
|---|---|---|---|---|
| Portável (independente da máquina) | Não | Não | Sim | Sim |
| Concisa (1:muitos) | Não | Não | Sim | Sim |
| Uso de mnemônicos e rótulos | Não | Sim | Sim | Sim |
| Procedimental | Sim | Sim | Sim | Não |
| Estruturada | Sim | Sim | Sim | Não |
| Amigável | Não | Não | Um pouco | Sim |
| Uso intenso da máquina (tempo de processador) | Não | Não | Um pouco | Muito |
| Tempo do programador | Excessivo | Muito | Um pouco | Pouco |

demorado a programação e o uso. Entretanto, é necessário tempo de processador adicional para traduzir o programa antes que possa ser executado.

### Linguagem assembly

Assim como a linguagem de máquina, a **linguagem assembly** é considerada uma linguagem de baixo nível. Entretanto, ela é mais amigável porque representa as instruções da linguagem de máquina com *mnemônicos*, ou auxílios de memória, que as pessoas podem usar com mais facilidade. Por exemplo, ADD para add (somar), SUB para subtract (subtrair) e MOV para move (mover). Por essa razão, as linguagens assembly são classificadas como **linguagens de segunda geração**. A tradução de um programa na linguagem assembly para uma linguagem de máquina é conseguida por um programa de software de sistema chamado **assembler**.

### Linguagens procedimentais

As **linguagens procedimentais** são o próximo passo na evolução das linguagens de programação orientadas ao usuário. Também são chamadas de **linguagens de terceira geração**, ou **3GLs**. As linguagens procedimentais são consideradas o primeiro nível de linguagens de alto nível.

As linguagens procedimentais exigem que o programador especifique, passo a passo, exatamente como o computador precisa realizar uma tarefa. Ou seja, o programador precisa identificar os procedimentos que o programa deve executar para atingir o resultado desejado.

As linguagens procedimentais precisam ser convertidas do programa de alto nível, chamado *código-fonte*, para o código de linguagem de máquina, chamado *código-objeto*. Esse processo permite que o computador entenda os comandos da linguagem procedimental.

### Linguagens não-procedimentais

Outro tipo de linguagem de alto nível, chamada **linguagem não-procedimental**, permite que o usuário especifique o resultado desejado sem precisar especificar os procedimentos detalhados necessários para obter o resultado. Essas são as **linguagens de quarta geração (4GLs)**. Uma vantagem das linguagens não-procedimentais é que usuários leigos podem utilizá-las para realizar tarefas funcionais específicas. Essas linguagens simplificam e agilizam enormemente o processo de programação, além de reduzirem o número de erros de codificação. As 4GLs são comuns em aplicações de banco de dados como linguagens de consulta, geradores de relatório e linguagens de manipulação de dados. Elas permitem que os usuários e programadores interroguem e acessem bancos de dados de computador usando instruções que se assemelham à linguagem natural. Assim como nas linguagens procedimentais, as linguagens não-procedimentais precisam ser convertidas do código-fonte para o código-objeto.

## Linguagens de programação visual

As linguagens de programação que são usadas dentro de um ambiente gráfico normalmente são chamadas de **linguagens de programação visual**. Essas linguagens usam um mouse, ícones, símbolos na tela ou menus suspensos para tornar a programação mais fácil e mais intuitiva. O Visual Basic e o Visual C++ são exemplos de linguagens de programação visual. A facilidade de uso as torna populares entre os usuários leigos, mas as linguagens geralmente não apresentam a especificidade e o poder de suas correspondentes não-visuais. Embora a programação em linguagens visuais seja popular em algumas organizações, as aplicações mais complexas e de missão crítica normalmente não são escritas em linguagens visuais.

## Hypertext Markup Language

**Hipertexto** é um método de gerenciamento de documentos em que os documentos são armazenados em uma rede de nós conectados por links, que são chamados de **hyperlinks**. Os usuários acessam dados através de um sistema de navegação interativo. A combinação dos nós, links e índices associados para qualquer tópico específico constitui um **documento de hipertexto**. Um documento de hipertexto pode conter texto, imagens e outros tipos de informação, como arquivos de dados, áudio, vídeo e programas de computador executáveis.

A linguagem padrão usada na World Wide Web para criar e reconhecer documentos de hipertexto é a **Hypertext Markup Language (HTML)**. A HTML oferece aos usuários a opção de controlar elementos visuais como fontes, tamanho de fonte e espaçamento de parágrafo sem mudar as informações originais. A HTML é muito fácil de usar, e algumas aplicações de processamento de texto modernas convertem e armazenam automaticamente um documento convencional em HTML. A Dynamic HTML é um passo além da HTML. A **Dynamic HTML** apresenta páginas ricamente formatadas e permite que o usuário interaja com o conteúdo dessas páginas sem precisar baixar conteúdo adicional do servidor. Essa funcionalidade permite que páginas Web usando Dynamic HTML forneçam informações mais empolgantes e úteis.

Aprimoramentos e variações da HTML possibilitam novos recursos de layout e design em páginas Web. Por exemplo, as **Cascading Style Sheets (CSSs)** são um aprimoramento da HTML que agem como um modelo que define a aparência ou o estilo (como tamanho, cor e fonte) de um elemento em uma página Web, como uma caixa.

## Extensible Markup Language

A **Extensible Markup Language (XML)** é projetada para melhorar a funcionalidade dos documentos Web fornecendo uma identificação de informações mais flexível e adaptável do que a HTML. A XML também melhora a compatibilidade entre os diferentes sistemas de parceiros comerciais definindo o significado dos dados nos documentos comerciais. A XML descreve o que realmente significam os dados no documento. Os documentos XML podem ser movidos para qualquer formato em qualquer plataforma sem que os elementos percam seu significado. Como resultado, a mesma informação poderia ser publicada em um navegador Web, um PDA ou um smartphone, e cada dispositivo usaria as informações apropriadamente.

XML e HTML não são a mesma coisa. A finalidade da HTML é ajudar a construir páginas Web e exibir dados nas páginas. O propósito da XML é descrever dados e informações. Ela não diz *como* os dados serão exibidos (a HTML faz isso). A XML pode ser usada para enviar mensagens complexas que incluem diferentes arquivos (a HTML não pode).

A Figura GT2.2 compara HTML e XML. Observe que a HTML descreve apenas onde um item aparece em uma página, enquanto a XML descreve o que é o item. Por exemplo, o HTML mostra apenas que

| Texto em inglês | HTML | XML |
|---|---|---|
| MNGT 3070<br>Introduction to<br>MIS TITLE><br>3 semester hours<br>Professor Smith | `<TITLE>Course Number</TITLE>`<br>`<BODY>`<br><br>`<UL>`<br>`<LI>Introduction to MIS>`<br>`<LI>3 semester hours`<br>`<LI>Professor Smith`<br>`</UL></BODY>` | `<Department and course="MNGT 3070">`<br>`<COURSE TITLE>Introduction to MIS<COURSE`<br><br>`<HOURS UNIT="Semester">3</NUMBER OF HOURS>`<br>`<INSTRUCTOR>Professor Smith<INSTRUCTOR>` |

**Figura GT2.3** Comparação entre HTML e XML.

"Introduction to MIS" (Introdução a SIG) aparece na linha 1, enquanto a XML mostra que "Introduction to MIS" é um "Course Title" (Título de Disciplina).

### Linguagens de programação orientadas a objetos

As **linguagens de programação orientadas a objetos (OO)** se baseiam na idéia de pegar uma pequena quantidade de dados e as instruções sobre o que fazer com esses dados, que são chamados **métodos**, e combiná-los em algo que se chama um **objeto**. Esse processo é conhecido como **encapsulamento**. Quando o objeto é selecionado ou ativado, o computador tem os dados desejados e toma a ação desejada. Isso é o que ocorre quando você clica em um ícone no monitor de seu computador equipado com GUI. As janelas em sua GUI não precisam ser desenhadas através de uma série de instruções. Em vez disso, um objeto Janela pode receber uma mensagem para ser aberto em determinado local na tela, e a janela aparecerá nesse local. O objeto Janela contém o código de programa para abrir e se posicionar.

As linguagens OO também possuem um **recurso de reusabilidade**, que significa que objetos criados para uma finalidade podem ser usados em um programa OO diferente, se desejado. Por exemplo, um objeto Aluno em uma universidade pode ser usado para aplicações que variam desde notas e taxas a verificações de graduação. As linguagens OO populares incluem Smalltalk, C++ e Java. Como a Java é uma linguagem poderosa e popular, será examinada aqui em maiores detalhes.

### Java

**Java** é uma linguagem de programação orientada a objetos desenvolvida pela Sun Microsystems. A linguagem oferece aos programadores a capacidade de desenvolver aplicações que funcionam pela Internet. A Java pode manipular texto, dados, gráficos, som e vídeo, tudo dentro de um único programa. A Java é usada para desenvolver pequenas aplicações, chamadas **applets**, que podem ser incluídas em uma página HTML na Internet. Quando o usuário utiliza um navegador compatível com Java para ver uma página contendo um applet Java, o código do applet é transferido para o sistema do usuário e é executado pelo navegador.

A Java se torna ainda mais interessante quando consideramos que muitas organizações estão convertendo suas redes internas para usar o protocolo TCP/IP da Internet. Quando uma rede de computadores executa o protocolo da Internet, as aplicações escritas em Java podem ser armazenadas na rede, baixadas conforme necessário e, depois, excluídas do computador local quando o processamento é concluído. Os usuários não precisam mais armazenar cópias da aplicação no disco rígido de seus PCs. Em vez disso, eles simplesmente baixam os applets Java conforme necessário.

A Java pode beneficiar organizações de muitas maneiras. As empresas não precisarão comprar inúmeras cópias de um software comercial para serem executadas em computadores individuais. Em vez disso, comprarão uma cópia de rede do pacote de software, que consiste em applets Java. Em vez de pagar por várias cópias do software, as empresas podem ser cobradas pelo uso de uma única cópia de rede, semelhante a uma fotocópia. As empresas também acharão mais fácil estabelecer padrões de TI para hardware, software e comunicações, porque, com a Java, todas as aplicações processadas serão independentes do tipo de plataforma do computador. As empresas terão melhor controle sobre dados e aplicações porque poderão controlar essas funções centralmente nos servidores de rede. Finalmente, o gerenciamento de software (por exemplo, distribuição e atualizações) será muito mais fácil e rápido.

### Unified Modeling Language (UML)

Desenvolver um modelo para sistemas de software complexos é tão essencial quanto ter uma planta baixa para uma grande construção. A **Unified Modeling Language (UML)** é uma linguagem para especificar, visualizar, construir e documentar sistemas de software orientados a objetos. A UML facilita a reutilização porque a linguagem fornece um conjunto de notações comum que pode ser usado para todos os tipos de projetos de software.

---

## Antes de prosseguir...

1. Que geração de linguagens é ideal para interagir com bancos de dados?
2. A que linguagem uma CPU realmente responde?

3. Qual é a diferença entre aplicações e componentes?
4. Quais são as vantagens estratégicas de usar linguagens orientadas a objetos?
5. O que é a Unified Modeling Language?

# O que a **TI** pode me proporcionar?

- ### Para a área de contabilidade

O software de aplicação de contabilidade realiza as funções de contabilidade da organização, que são repetitivas e de grande volume. Cada transação empresarial (por exemplo, uma pessoa contratada, um contra-cheque produzido, um item vendido) gera dados que precisam ser capturados. Após capturarem os dados, as aplicações de contabilidade os manipulam conforme necessário. As aplicações de contabilidade apóiam proce-dimentos relativamente padronizados, lidam com os dados detalhados e possuem um foco histórico (ou seja, o que ocorreu no passado).

- ### Para a área de finanças

O software de aplicação financeiro fornece informações sobre a condição financeira da empresa para pessoas e grupos dentro e fora da organização. As aplicações financeiras incluem aplicações de projeção, gerenciamento de fundos e controle. As aplicações de projeção prevêem e projetam a atividade futura da empresa no ambiente econômico. As aplicações de gerenciamento de fundos usam modelos de fluxo de caixa para analisar os fluxos de caixa esperados. As aplicações de controle permitem que os gerentes monitorem o desempenho financeiro, normalmente fornecendo informações sobre o processo de orçamento e os índices de desempenho.

- ### Para a área de marketing

O software de aplicação de marketing ajuda a gerência a resolver problemas que envolvem a venda dos produtos da empresa. O software de marketing inclui aplicações de pesquisa de marketing e inteligência de marketing. As aplicações de marketing fornecem informações sobre os produtos e os concorrentes da empresa, o sistema de distribuição, as atividades de propaganda e venda pessoal e as estratégias de preço. Em geral, as aplicações de marketing ajudam os gerentes a desenvolverem estratégias que combinem os quatro elementos principais do marketing: produto, propaganda, praça e preço.

- ### Para a área de produção/operações

Os gerentes usam software de gerenciamento de produção/operações para planejar a produção e como parte do sistema de produção física. As aplicações de GPO incluem software de produção, estoque, qualidade e custo. Essas aplicações ajudam a gerência a operar instalações de fabricação e logística. O software de planeja-mento de necessidades de material (MRP) também é amplamente usado na fabricação. Ele identifica os materiais que serão necessários, as quantidades e as datas em que serão necessários. Essas informações permitem que os gerentes sejam proativos.

- ### Para a área de recursos humanos

O software de gerenciamento de recursos humanos fornece informações relativas à seleção e contratação, à instrução e ao treinamento, à manutenção do banco de dados de empregados, rescisão e administração de benefícios. As aplicações de gerenciamento de recursos humanos incluem planejamento de mão-de-obra, sele-ção, gerenciamento de mão-de-obra, remuneração, benefícios e subsistemas de relatório ambiental (por exem-plo, registros e análises de oportunidades iguais de emprego, registros em sindicatos, substâncias tóxicas e reclamações).

- ### A função do SIG

Se sua empresa decidir desenvolver ela mesma um software, a função do SIG é gerenciar essa atividade. Se a empresa decidir comprar um software, a função do SIG é lidar com os fornecedores de software para analisar seus produtos. A função do SIG também é atualizar o software quando os fornecedores lançam novas versões.

## Resumo

*1. Estabelecer as diferenças entre os dois principais tipos de software.*

O software consiste em programas de computador (instruções codificadas) que controlam as funções do hardware de computador. Existem duas categorias principais de software: software de sistema e software de aplicação. O software de sistema gerencia os recursos de hardware do sistema de computação e opera entre o hardware e o software de aplicação. O software de sistema inclui os programas de controle do sistema (sistemas operacionais) e os programas de apoio ao sistema. O software de aplicação permite que o usuário realize tarefas específicas e atividades de processamento de informações. O software de aplicação pode ser específico ou comercial.

*2. Descrever as funções gerais do sistema operacional.*

Os sistemas operacionais gerenciam os recursos de computador propriamente ditos (isto é, o hardware). Os sistemas operacionais agendam e processam aplicações (tarefas), gerenciam e protegem a memória, gerenciam as funções e o hardware de entrada e saída, gerenciam dados e arquivos e fornecem suporte de agrupamento, segurança, tolerância a falhas, interfaces gráficas com o usuário e gerenciamento de janelas.

*3. Estabelecer as diferenças entre os tipos de sistema operacional e descrever cada um.*

Os tipos básicos de sistemas operacionais são para dispositivos móveis, sistemas de pequeno porte e sistemas de grande porte. Os sistemas operacionais para dispositivos móveis são projetados para aceitar uma única pessoa usando um dispositivo móvel de mão ou dispositivo de informação. Os sistemas operacionais para sistemas de pequeno porte normalmente são projetados para um usuário ou um pequeno grupo de usuários. Os sistemas operacionais para sistemas de grande porte podem manipular milhares de usuários e milhões de transações simultaneamente.

*4. Identificar três métodos de desenvolvimento de software de aplicação.*

O software específico pode ser desenvolvido internamente para atender às necessidades específicas de uma organização. Além disso, programas de software existentes podem ser comprados de fornecedores que vendem programas para muitas organizações e pessoas. Ou uma combinação desses dois métodos pode ser usada, comprando programas comerciais e personalizando-os para atender às necessidades específicas de uma organização.

*5. Descrever os principais tipos de software de aplicação.*

Os principais tipos de software de aplicação são planilha, gerenciamento de dados, processamento de texto, editoração eletrônica, gráficos, multimídia, comunicação, reconhecimento de fala e groupware. As famílias de software combinam vários tipos de software de aplicação (por exemplo, processamento de texto, planilha e gerenciamento de dados) em um único pacote integrado.

*6. Apresentar os principais problemas de software enfrentados pelas organizações modernas.*

Os códigos de programa de computador freqüentemente contêm erros. O setor reconhece o problema dos defeitos de software, mas ele é tão grande que apenas ações iniciais estão sendo tomadas. A decisão de avaliação e escolha de software é difícil porque é afetada por muitos fatores (resumidos no Checklist Gerencial GT2.1). O licenciamento de software é outro problema para organizações e indivíduos. A cópia de software é uma atividade ilegal. Os fornecedores de software protegem o direito autoral de seus softwares para evitar que sejam copiados. Como resultado, as empresas precisam licenciar o software desenvolvido por um fornecedor para poderem usá-lo. As organizações também precisam decidir como agir em relação às atualizações de software. Os fornecedores de software freqüentemente revisam seus programas e vendem novas versões. Decidir se devem comprar o software mais recente pode ser um problema para as organizações e os gerentes de SI.

*7. Explicar como o software evoluiu e considerar as tendências para o futuro.*

O software e as linguagens de programação estão se tornando cada vez mais orientados ao usuário. As linguagens de programação evoluíram da primeira geração de linguagens de máquina, que é entendida diretamente pela CPU, para níveis mais altos, que usam linguagem mais natural e não exigem que os usuários especifiquem os processamentos detalhados para obter os resultados desejados. O software em si está se tornando muito mais complexo, caro e demorado de desenvolver.

## Glossário

**ambiente operacional** Conjunto de programas de computador que acrescenta recursos que permitem que os desenvolvedores de sistemas criem aplicações sem acessar diretamente o sistema operacional.

**applets** Pequenas aplicações que podem ser incluídas em uma página HTML na Internet.

**assembler** Programa que traduz um código de programa na linguagem assembly para linguagem de máquina.

**Cascading Style Sheets (CSSs)** Aprimoramento da HTML que acrescenta recursos de layout de página em documentos da Web.

**conceito de programa armazenado** Arquitetura de hardware moderna em que programas de software armazenados são acessados e suas instruções são executadas (seguidas), uma após outra, na CPU do computador.

**documentação** Descrições escritas das funções de um programa de software.

**documento de hipertexto** Combinação dos nós, links e índices associados para qualquer tópico específico em hipertexto.

**dynamic HTML** Um passo além da HTML, que permite que o usuário interaja com o conteúdo dessas páginas sem precisar baixar conteúdo adicional do servidor.

**encapsulamento** Na programação orientada a objetos, o processo de criar um objeto.

**Extensible Markup Language (XML)** Linguagem de programação projetada para melhorar a funcionalidade dos documentos Web fornecendo uma identificação de informações mais flexível e adaptável.

**groupware** Classe de produtos de software que facilita a comunicação, a coordenação e a colaboração entre as pessoas.

**hipertexto** Método de gerenciamento de documentos em que os documentos são armazenados em uma rede de nós conectados por links, que são acessados através de um sistema de navegação interativo.

**hyperlinks** Links que conectam nós de documentos em hipertextos.

**Hypertext Markup Language (HTML)** Linguagem padrão usada na World Wide Web para criar e reconhecer documentos de hipertexto.

**interface gráfica de usuário (GUI)** Software de sistema que permite que os usuários exerçam controle direto sobre os objetos visíveis (como ícones) e ações, que substituem sintaxe de comandos.

**interface social** Interface que guia o usuário através das aplicações de computador usando personagens parecidos com os de desenho animado, gráficos, animação e comandos de voz.

**Java** Linguagem de programação orientada a objetos, desenvolvida pela Sun Microsystems, que oferece aos programadores a capacidade de desenvolver aplicações que funcionam pela Internet.

**linguagem assembly** Linguagem de programação de baixo nível que é ligeiramente mais amigável que a linguagem de máquina.

**linguagem de máquina** Linguagem de computador de nível mais baixo, composta de dígitos binários.

**linguagem de primeira geração** Linguagem de máquina; o nível de linguagens de programação realmente compreendida pela CPU.

**linguagem não-procedimental** Tipo de linguagem de programação de alto nível que permite que o usuário especifique o resultado desejado sem precisar especificar os procedimentos detalhados necessários para obter o resultado.

**linguagens de programação orientadas a objetos (OO)** Linguagens de programação que encapsulam uma pequena quantidade de dados com as instruções sobre o que fazer com esses dados.

**linguagens de programação visual** Linguagens de programação que usam um mouse, ícones, símbolos na tela ou menus suspensos para tornar a programação mais fácil e mais intuitiva.

**linguagens de quarta geração (4GLs)** Tipo de linguagem de programação de alto nível que pode ser usada por usuários leigos para realizar tarefas funcionais específicas.

**linguagens de segunda geração** Linguagem assembly; exige que cada instrução seja traduzida de um programa na linguagem assembly para uma linguagem de máquina através do uso de um assembler.

**linguagens de terceira geração**   Primeiro nível das linguagens de programação de alto nível, que estão mais próximas da linguagem natural e, portanto, são mais fáceis para os programadores usarem.

**linguagens procedimentais**   Linguagens de programação orientadas ao usuário que exigem que o programador especifique, passo a passo, exatamente como o computador precisa realizar uma tarefa.

**Linux**   Versão poderosa do sistema operacional UNIX, que está disponível como software de código aberto (disponível pública e gratuitamente).

**macros**   Seqüências de comandos usados em software de planilha que podem ser executados com apenas uma simples instrução.

**memória virtual**   Recurso que simula mais memória principal do que realmente existe no sistema de computação estendendo o armazenamento primário para o armazenamento secundário.

**métodos**   Na programação orientada a objetos, as instruções sobre o que fazer com objetos de dados encapsulados.

**monitores de desempenho do sistema**   Programas que monitoram o processamento de tarefas em um sistema de computação e monitoram o desempenho em áreas como tempo de processador, espaço de memória e programas de aplicação.

**monitores de segurança do sistema**   Programas que monitoram o uso de um sistema de computação para protegê-lo e a seus recursos contra uso não-autorizado, fraude ou destruição.

**multiprocessamento**   Processamento simultâneo de mais de um programa, atribuindo-os a diferentes processadores (múltiplas CPUs).

**multitarefa/multiprogramação**   Gerenciamento de duas ou mais tarefas, ou programas, rodando simultaneamente no sistema de computação (uma CPU).

**multithreading**   Forma de multitarefa que envolve realizar múltiplas tarefas, ou threads, dentro de uma única aplicação simultaneamente.

**objeto**   Na programação orientada a objetos, a combinação de uma pequena quantidade de dados com as instruções sobre o que fazer com esses dados.

**pacote**   Termo comumente usado para indicar um programa de computador desenvolvido por um fornecedor e disponível para compra em uma forma agrupada.

**pacotes integrados**   Pacotes de planilha que oferecem capacidades de gerenciamento de dados e capacidades gráficas, além da funcionalidade de planilha regular.

**plug-and-play**   Recurso que permite que o sistema operacional reconheça um novo hardware e instale automaticamente o software necessário (chamado driver de dispositivo).

**programas de computador**   Seqüências de instruções para o computador que formam o software.

**programas de controle do sistema**   Programas de software que controlam o uso do hardware, software e recursos de dados de um sistema de computação.

**programas de apoio ao sistema**   Software que apóia as operações, o gerenciamento e os usuários de um sistema de computação fornecendo diversos serviços de suporte (programas utilitários de sistema, monitores de desempenho e monitores de segurança).

**recurso de reusabilidade**   Recurso das linguagens orientadas a objetos que permite que objetos criados para uma finalidade possam ser usados em um programa OO diferente, se desejado.

**sistema portável**   Modelo de produtos de computação que operam em conjunto pelo uso do mesmo sistema operacional com software compatível em todos os diferentes computadores que interagiriam uns com os outros em uma organização.

**sistema operacional**   Principal programa de controle do sistema, que supervisiona as operações gerais do computador, aloca tempo de CPU e memória principal para os programas e oferece uma interface entre o usuário e o hardware.

**sistema operacional Java (JavaOS)**   Sistema operacional projetado para executar programas escritos em Java, para aplicações de Internet e intranet, dispositivos embutidos, produtos de mão e computação thin-client.

**software**   Conjunto de programas de computador que permite que o hardware processe dados.

**software de aplicação**   Conjunto de instruções de computador que fornece funcionalidades mais específicas a um usuário.

**software de aplicação comercial**   Software comprado ou alugado de um fornecedor que desenvolve programas e os vende para muitas organizações; pode ser padrão ou personalizável.

**software de aplicação pessoal**   Programa de aplicação comercial de finalidade geral que apóia tipos gerais de processamento, em vez de estar associado a uma função empresarial específica.

**software de aplicação específico** Software que cuida de uma necessidade empresarial específica ou exclusiva de uma empresa; pode ser desenvolvido internamente ou encomendado de um fornecedor de software.

**software de comunicação** Software que permite que os computadores, onde quer que estejam localizados, troquem dados através de cabos, linhas telefônicas, sistemas de relé de satélite ou circuitos de microondas.

**software contratado** Programas de software específicos desenvolvidos para uma empresa em particular por um fornecedor.

**software de editoração eletrônica** Software que permite que microcomputadores combinem fotografias e imagens gráficas com texto para produzir um documento final pronto para impressão.

**software de código aberto** Software cujo código-fonte está disponível sem custo para desenvolvedores ou usuários.

**software de gerenciamento de dados** Software que apóia o armazenamento, a recuperação e a manipulação de dados relacionados.

**software de gráfico de análise** Software que fornece a capacidade de converter dados previamente analisados para formatos de gráficos (como gráficos de barra ou de linha).

**software de multimídia** Combina meios baseados no espaço (texto e imagens) com meios baseados no tempo (som e vídeo) para a entrada ou saída de dados.

**software de planilha** Software que usa uma grade de linhas e colunas codificadas para exibir dados numéricos ou textuais em células.

**software de processamento de texto** Software que permite que o usuário manipule texto usando diversos recursos de escrita e edição.

**software de projeto auxiliado por computador (CAD)** Software que permite que projetistas desenhem e "construam" protótipos de produção no software, testem esses protótipos, compilem listas de peças e resumam os procedimentos de montagem e, depois, transmitam o projeto final diretamente para as máquinas.

**software de reconhecimento de fala** Software que reconhece e interpreta a fala humana, seja uma palavra de cada vez (fala isolada) ou em um fluxo (fala contínua).

**software de sistema** Classe de instruções de computador que age principalmente como intermediária entre o hardware de computador e os programas de aplicação; oferece importantes funções auto-reguladoras para os sistemas de computação.

**software gráfico** Software que permite que o usuário crie, armazene e exiba ou imprima diagramas, gráficos, mapas e desenhos.

**software gráfico de apresentação** Software que permite que o usuário crie apresentações interessantes "colando" imagens gráficas em uma apresentação textual.

**Unified Modeling Language (UML)** Linguagem para especificar, visualizar, construir e documentar sistemas de software orientados a objetos.

**utilitários de sistema** Programas que realizam tarefas comuns, como classificar registros, criar diretórios e subdiretórios, localizar arquivos e gerenciar o uso da memória.

**WYSIWYG** Acrônimo para "o que você vê é o que será impresso", indicando que o texto é exibido na tela do computador exatamente como aparecerá na página impressa final.

## Perguntas para discussão

1. Você é o CIO de uma empresa e precisa desenvolver uma aplicação de importância estratégica para a empresa. Você compra uma aplicação comercial ou a desenvolve internamente? Justifique sua resposta com os prós e os contras de cada escolha.

2. Você é o CIO de uma empresa. Que modelo de computação você apoiará no plano estratégico de tecnologia da informação: o *modelo de computação de desktop padrão*, com toda a funcionalidade necessária na máquina local, ou o *modelo de computação em rede*, em que a funcionalidade é baixada da rede conforme necessário? Justifique sua resposta com os prós e os contras de cada escolha.

3. Você precisa fazer um curso de programação, ou talvez mais de um, em seu programa de SIG. Que linguagem(ns) de programação você escolheria estudar? Por quê? Você precisaria mesmo aprender uma linguagem de programação?

4. Qual é a relação entre computadores de rede e Java?

5. Se o Java e o computador de rede se tornarem o modelo dominante no setor, haveria a necessidade de equipes de sistemas de informação internas? O que a equipe ainda teria de fazer?

## Atividades na Internet

1. Uma grande quantidade de software está disponível gratuitamente pela Internet. Acesse *www.shareware.com* e observe todo o software disponível. Escolha um e baixe-o para seu computador. Prepare um breve relatório sobre o software para a turma.
2. Entre no site da IBM (*www.ibm.com*) e pesquise "software". Clique na caixa suspensa de "Products" e observe quantos produtos de software a IBM produz. A IBM é apenas uma empresa de hardware?

## Trabalhos em equipe

Discuta com o CIO da sua universidade o problema do licenciamento de software. Como sua universidade mantém o cumprimento das leis? E o seu departamento na faculdade?

# Referências Bibliográficas

## Capítulo 1

Carr, D. "Cunard Line: Royal Treatment", *Baseline Magazine*, 1º de agosto de 2004.

Duvall, M. "Boston Red Sox: Backstop Your Business", *Baseline Magazine*, 14 de maio de 2004.

Duvall, M. "Boston Red Sox: Backstop Your Business", *e-Week*, 21 de maio de 2004.

Duvall, M., and K. Nash. "Albertson's: A Shot at the Crown", *Baseline Magazine*, 5 de fevereiro de 2004.

Esfahani, Elizabeth. "7-Eleven Gets Sophisticated", *Business 2.0,* janeiro/fevereiro de 2005.

Fitzgerald, M. "Branching Our", *CIO Insight,* janeiro de 5, 2005. Rich, L. "Case Study: Pratt & Whirney", *CIO Insight,* 1º de junho de 2004.

Rothfelder, J. "Better Safe Than Sorry: Blue Rhino Corp", *CIO Insight,* 1º de fevereiro de 2004.

Steinart-Threlkeld, T. "Trek Bicycle Corp: Tour de Force", *Baseline Magazine,* 28 de junho de 2004.

*www.albertsons.com,* acessado em 19 de janeiro de 2005.

*www.bluerhino.com,* acessado em 4 de março de 2005.

*www.commerceonline.com,* acessado em 3 de março de 2005.

*www.cunard.com,* acessado em 1º de março de 2005.

*www.pratt-whitney.com,* acessado em 27 de fevereiro de 2005.

*www.7-eleven.com,* acessado em 10 de março de 2005.

*www.trekbikes.com,* acessado em 3 de março de 2005.

## Capítulo 2

Barrett, L., and D. F. Carro "Eastman Kodak: Picture 1mperfect", *Baseline Magazine,* 1º de setembro de 2004.

Briody, D. "Seize the Gate", *CIO Insight,* 1º de julho de 2004. Brooke, J. "Rural Cambodia, Though Par Off the Grid, Is Finding Its Way Online", *New York Times,* 26 de janeiro de 2004. Brown, S. F. "Send in the Robots", *Fortune,* 24 de janeiro de 2005, p. 140 [C]-140 [L].

Carey, J. "Big Brother's Passport to Pry", *BusinessWeek Online,* 5 de novembro de 2004.

Dignan, L. "Oh, Yeah, the Computers", *Baseline Magazine,* 6 de dezembro de 2004.

Edwards, C. "Ready to Buy a Home Robot?" *BusinessWeek,* 19 de julho de 2004; p. 84-90.

"Finnish Army Drops Web Addicts", *BBC News,* 5 de agosto de 2004.

Freed, J. "The Customer Is Always Right? Not Anymore", *www.sjgate.com,* 5 de julho de 2004.

Greenemeier, L. "Report Says IRS Software Program Is Not Ooing the Job", *Information '-\7eek,* 31 de agosto de 2004. Grossman, D. "Disappearing Hub: It's a Myth", *USA Today,* 14 de março de 2005.

Hancocks, P. "Scanner Creates Perfect-Fit Jeans", *CNN.com,* 7 de janeiro de 2005.

"LAPD maio de *Use* Facial Recognition Software", *NewsMax Wires,* 26 de dezembro de 2004.

"Kodak Posts Loss, Citing Costs of Shifts to Digital Photography", *New York Times,* 23 de abril de 2005.

Lok, C. "Fighting Infections with Data", *MIT Technology Review,* outubro de 2004, p. 24.

McKay, N. "Two-Faced and Tight-Fisted", *CIO Insight,* 1º de dezembro de 2004.

Mullaney, T. J. "Real Estate's New Reality", *BusinessWeek,* 10 de maio de 2004.

Nash, Kim. "Dollar General: 8 Days to Grow", *Baseline Magazine,* 1º de julho de 2004.

Porter, M. E. *Competitive Advantage: Creating and Sustaining Superior Performance,* New York: Free Press, 1985.

Porter, M. E. "Strategy and the Internet", *Harvard Business Review,* março de 2001.

Rothfeder, J. "Analysis: High Speed Compliance", *CIO Insight,* 1º de maio de 2004.

"Sears Holding Corporation", *http://premium.hoovers.com,* 14 de março de 2005.

"Web Addiction Gets Conscripts Our *of* Army", *Reuters,* 3 de agosto de 2004.

*http://company.monster.com/dgcorp/,* acessado em 30 de março de 2005.

*www.bodymetrics.com,* acessado em 21 de março de 2005.

*www.crownmedia.net,* acessado em 22 de março de 2005.

*www.dollargeneral.com,* acessado em 30 de março de 2005.

*www.gtaa.com,* acessado em 22 de fevereiro de 2005.

*www.homegain.com,* acessado em 3 de março de 2005.

*www.irs.gov,* acessado em 31 de março de 2005.

*www.lendingtree.com,* acessado em 3 de março de 2005.

*www.media.mit.edu,* acessado em 12 de março de 2005.

*www.medmined.com,* acessado em 17 de março de 2005.

*www.movaris.com,* acessado em 22 de março de 2005.

*www.peoplesoft.com,* acessado em 7 de fevereiro de 2005.

*www.pwc.com,* acessado em 7 de fevereiro de 2005.

*www.sears.com,* acessado em 21 de março de 2005.

*www.ziprealty.com,* acessado em 3 de março de 2005.

## Capítulo 3

"A Post-Privacy Future for Workers", BW *Online,* 13 de abril de 2004.

Barrett, L., and S. Gallagher. "What Sin City Can Teach Tom Ridge", *Baseline Magazine,* abril de4, 2004.

Biever, C. "Spam Being Rapidly Outpaced by Spim", *www.NewScientist.com.* março de 26, 2004.

Cha, A. "Thieves Find Exactly What They're Looking For on eBay", *The Washington Post,* janeiro de 6, 2005.

Claburn, T. "Law Prampts Company to Disclose Data Breach", *InformationWeek,* fevereiro de 21, 2005.

Cone, E., and S. Gallagher. "Cantor-Fitzgerald: Forty-Seven Hours", *Baseline Magazine,* outubro de 29, 2001.

Dignan, L. "Hack to Schoo!", *Baseline Magazine,* setembro de 1, 2004.

"Hacker Hits California-Berkeley Compurer", *CNNcom, outubro de* 10, 2004.

James, G. "Can't Hide Your Prying Eyes", *Computerworld,* março de 1, 2004.

Jarvis, R. "Casinos Bet Big on RFID", *Business 2.0,* março de 23, 2005.

Kerner, S. "Hilton's T-Mobile Hack a Password Wake-Up", *www.internetnews.com.* fevereiro de 22, 2005.

Mark, R. "Teen's Extortion Plot Spims Our *of* Contra!", *lnternetnews.com,* fevereiro de 22, 2005.

McNichol, T. "Street Maps in Political Hues", *The New York Times,* maio de 20, 2004.

Morse, J. "Pair Admit Selling Stolen Goods on eBay", *The* En*quirer,* junho de 24, 2004.

"Pop Culture", *Baseline Magazine,* setembro de 8, 2004. Roberts, P. "SCO Web Site Hack Mocks Company's Legal Claims", *Computerworld,* novembro de 29, 2004.

Roberts, P. "MyDoom One Year Later: More Zombies, More Spam", *Computerworld,* janeiro de 27, 2005.

Schonfeld, E. "GPS-Tracked Car Insurance", *Business 2.0,* janeiro de fevereiro de 2005, p. 49.

"Seller Charged over Stolen Goods on eBay", *ABC News Online,* fevereiro de 2, 2005.

Sherriff, L. "Paris Hilton's Sidekick Hacked", *The Register,* fevereiro de 21, 2005.

Sooman, D. "Fake FBI E-mail Carries Virus", *www.techspot. com,* fevereiro de 24, 2005.

Sullivan, B. "Database Giant Gives Access to Fake Firms", *MSNBC News,* fevereiro de 14, 2005.

"The ChoicePoint Incident", *Red Herring,* fevereiro de 23, 2005. "UK: Customised Car Insurance", *www.qualisteam.comlnewsl mar05/15-03-05-7html,* março de 10, 2005.

Weiss, T. "New Virus Being Distributed in Fake FBI E-mail", *Computerworld,* fevereiro de 23, 2005.

*http://lasvegas.about.com!cs!casinohotelsjobs/a/Security.htm,* acessado em março de 3, 2005.

*http://libraries.mit.edu/gis/teach/geocoding. htm~,* acessado em março de 8, 2005.

*www.fimdrace.org,* acessado em março de 8, 2005.

*www.privacyrights.orgIfi1fi7-work.htms.* acessado em março de 7, 2005.

## Capítulo 4

Barrett, L. "Snyder's *of* Hanover: Twisted Logic", *Baseline Magazine,* janeiro de 16, 2004.

Booth, B. "Clean Data Is Good Business", *ComputerWeekly. com,* fevereiro de 8, 2005.

Briody, D. "Toyota's Business Intelligence: Oh! What a Feeling", *CIO lnsight,* outubro de 1, 2004.

Briody, D. "Business Intelligence Beats Back Food Stamp Fraud", *CIO Insight,* dezembro de 1, 2004.

D'Agostino, D. "Expertise Management: Who Knows About This?" *CIO Insight,* julho de 1, 2004.

D'Agostino, D. "Data Management: Getting Clean", *CIO Insight,* agosto de 1, 2004.

Dignan, L. "Diageo: Kindred Spirits", *Baseline Magazine,* dezembro de 1, 2004.

Hardy, Q. "Data ofReckoning", *Forbes,* maio de 10, 2004.

Kontzer, T. "Help Wanted: Expertise-Management Tools Locate Talent", *Inftrmation Week,* maio de 5, 2003.

Kwon, R. "Primer: The Virtual Database", *Baseline Magazine,* maio de 1, 2003.

Mearian, L. "MetLife Building Giant Customer Relational Database", *Computerworld,* janeiro de 1, 2002.

Nucleus Research. "ROI Case Study: Brio and Toyota Motor Sales", *Computerworld,* dezembro de, 2003.

"Procurement Perfected", *Inftconomy.com,* maio de 1, 2005. Rothfeder, J. "Pay *As* You Go", *PCMagazine,* outubro de 15, 2004.

"Satori Group Tears Open Snaek Food Manufaeruring *Seeror:* Snyder's *of* Hanover, rhe #1 National Brand *of* Speeialty Pretzels, Rolls with ProCube", *Business Wire,* janeiro de 16, 2003.

Soat, J. "Louisiana Fights Fraud with Mapping Software", *Information Week,* maio de 25, 2004.

Songini, M. "IBM Pushes Out Virtual Database Teehnology", *Computerworld,* fevereiro de 6, 2003.

Virzl, A. M. "United Pareel Serviee: Stieky Fix", *Baseline Magazine,* fevereiro de 5, 2004.

Wheadey, M. "Operation Clean Data", *CIO,* julho de 1, 2004.

*www.dwl.com,* acessado em março de 22, 2005.

*www.metlift.com,* acessado em março de 22, 2005.

*www.ups.com,* acessado em março de 25, 2005.

# Capítulo 5

"Advanced Auto Parts Opens", *Chesterton Tribune,* agosto de 5, 2004.

Babcock, C. "Software's Next Step", *Wall Street Technology,* novembro de 29, 2004.

"Big Challenges, Big Rewards", *www.cio.com.* março de 9, 2005.

Carr, D. "The 100-Million-Mile Network", *Baseline Magazine,* fevereiro de 6, 2004.

Dignan, L. "Diageo: Kindred Spirits", *Baseline Magazine,* dezembro de 1, 2004.

Duvall, M. "Screening Rooms", *Baseline Magazine,* março de 1, 2004.

Fitzgerald, J. "Marketer's First Breakthrough: ltself ", *Boston Herald,* janeiro de 24, 2005.

Fonda, D. "Downloading Hollywood", *Time,* fevereiro de 14, 2005.

Kelleher, K. "66, 207, 896 Botdes of Beer on the Wall", *Business 2.0,* fevereiro de 1, 2004.

Kelly, L. "Online Buying Means Business for Heinz", *Computing,* outubro de 15, 2003.

Kirkpatrick, D., and Roth, D. "Why There's No Escaping the Blog", *Fortune,* janeiro de 10, 2005.

Lasswell, M. "Lost in Translation", *Business 2.0,* agosto de *2004.* Metz, C. "The New Peer-to-Peer Players", *PC Magazine,* novembro de 16, 2004.

"NewsEdge Desktop Applieations Real-Time *News* Keeps British Aerospaee Professionals on Top ofTheir World", *www. dialog.comlproducts!casestudieslbritish.shtml,* março de 29, 2005.

Reynolds, P. "Paekaging for Kids at Kellogg and Dannon", *www.packworld.com.* março de 31, 2005.

Rojas, P. "Kryptonite Offers Free Upgrades for Easily Pieked Bike Loeks", *www.engadget.com.* setembro de 19, 2004. Serafin, T. "Hoping for a Bad Wimer", *Forbes,* janeiro de 10, 2005. Steinert-Threlkeld, T. "Say Helio to Your *New* Phone Company: You", *Baseline Magazine,* Oetober 1, 2004. "Torremspy.eom", *PC Magazine,* abril de 6, 2005.

Wells, M. "Have Ir Your Way", *Forbes,* fevereiro de 14, 2005. *www.anheuser-busch.com.* acessado em março de 3, 2005.

*www.baeportal.datathree.coml,* acessado em abril de 3, 2005.

*www.bhesc.org,* acessado em fevereiro de 19, 2005.

*www.inftres.comlpublicluslnewsEventslpress,* acessado em março de 3, 2005.

*www.microsoft.comlresourceslcasestudies,* acessado em março de 23, 2005.

*www.workflowsystems.com,* acessado em fevereiro de 17, 2005.

*http://marsrovers.jpl.nasa.gov/homel,* último acesso em março de 24, 2005.

*http://babelfish.altavista.com, www.google.com,* último acesso em março de 25, 2005.

# Capítulo 6

Baker, s. "The Online Ad Surge", *Business Week,* novembro de 22, 2004; p.76-82.

Barrett, L., and T. Steinert-Threlkeld. "Procter & Gamble: Delivering Goods", *Baseline Magazine,* julho de 1, 2004.

Berner, R., and B. Grow. "Jewelry Heist", *Business Week,* maio de 10, 2004; p.82-83.

Buderi, R. "E-Commeree *Gets* Smarter", *MIT Technology Review,* abril de 2005; p. 54-59.

"California lnstalls Wi-Fi Aeeess at State Parks", *Reuters,* janeiro de 21, 2005.

Kellam, L. "P & G Rethinks Supply Chain", *Optimize Magazine,* Oetober 2003.

McCarthy, K. "Microsoft Lawyers Threaten Mike Rowe", *The Register,* janeiro de 19, 2004.

"Microsoft Takes on Teen's Site MikeRoweSoft.com", *CNN.com,* janeiro de 19, 2004.

Mount, L "Target's Not-So-Smart Cards", *Business 2.0,* setembro de 2004.

Mullaney, T. "Checks Check Out", *Business Wéek,* maio de 10, 2004, p. 83-84.

*"No* One Will Know Vou Are a Procrastinator", *PRNewswire,* dezembro de 16, 2004.

"Plastic Overtakes Checks", *http://moneycentral.msn.com,* dezembro de 6, 2004.

Schlough, B. "How IT Bolsters the Baseball Experience and Revenues", *CIO Insight,* outubro de 1, 2004.

"Striking a Balance", *CIO Insight,* dezembro de 1, 2004. "Target Taking Brains Out of Smart Cards", *Retail Merchandiser,* abril de, 2004.

*www.bluenile.com,* acessado em março de 11, 2005.

*www.debeers.com,* acessado em março de 11, 2005.

*www.deluxe.com,* acessado em março de 5, 2005.

*www.diamondhelpers.com,* acessado em março de 11, 2005.

*www.ford.com,* acessado em fevereiro de 21, 2005.

*www.microsoft.com,* acessado em março de 9, 2005.

*www.mikerowesoft.com,* acessado em março de 9, 2005.

*www.pg.com,* acessado em março de 12, 2005.

*www.rei.com,* acessado em março de 10, 2005.

*www.returnexchange.com,* acessado em março de 10, 2005.

*www.sfgiants.com,* acessado em março de 19, 2005.

*www.staples.com,* acessado em março de 10, 2005.

*www.target.com,* acessado em março de 17, 2005.

## Capítulo 7

Carr, D. E, and L. Barrett. "Philip *Morris* International: Smoke Screen", *Baseline Magazine*, fevereiro de 1, 2005. Cohen, P. "Panera Bread *Goes* Wi-Fi for Free", *MacWorld*, agosto de 12, 2003.

Douglas, M. "Some Cities Are in a Fine Mesh", *www.mrt.com.* março de 1, 2004.

Durman, P. "WiMax Technology *Goes* Live in Southwest England", *The Times Online*, fevereiro de 6, 2005.

Ellison, C. "Muni, Mesh Wireless Players Meet in Philadelphia", *eWeek*, abril de 29, 2005.

Freedman, M. "Untapped Market", *Forbes*, janeiro de 10, 2005. Greenemeier, L. "Jersey City Cops Add Video to Shoe Leather", *InternetWéek*, março de 7, 2005.

Herskovitz, J. "Live, Digital Video Heading to U.S. Police Cars", *Reuters*, abril de 20, 2004.

Hoffman, T. "Smart Dust", *Computerworld*, março de 23, 2003. Judge, P. "Blending Wi-Fi and Bluetooth for a Tracking System", *Techworld*, julho de 2, 2004.

Mashberg, T. "Brown *Goes* Bluetooth", *MIT Technology Review*, junho de 2005.

Nee, E. "Municipalities Starting to Mesh", *CIO Insight*, março de 22, 2005.

Nobel, C. "MCl Expands Wi-Fi Coverage", *eWeek*, março de 22, 2005.

Ricadcla, A. "Sensors Everywhere", *Information Week*, janeiro de 24, 2005.

Roberti, M. "Where RFID Is Happening", *RFID Journal*, janeiro de 26, 2004.

Schmidt, K. "Smart Dust Is Way Cool", *Science & Society*, fevereiro de 16, 2004.

Schuman, E. "Circuit City's New Approach to Customer Service", *eW'eek*, janeiro de 17, 2005.

Smith, B. "Police Drive imo Next Gen", *Wireless Week*, agosto de 1, 2003.

Smith, B. "Raising the RF1D Profile", *Wireless Week*, dezembro de 15, 2003.

Ulanoff, L. "Bargain Huming Online", *PC Magazine*, novembro de 17, 2004.

*www.boingo.com*, acessado em março de 15, 2005.

*www.btplc.com*, acessado em março de 21, 2005.

*www.circuitcity.com*, acessado em março de 3, 2005.

*www.dust-inc.com*, último acesso em março de 11, 2005.

*www.mci.com*, acessado em março de 15, 2005.

*www.saic.com*, acessado em março de 11, 2005.

*www.symbol.com*, acessado em abril de 4, 2005.

*www.telabria.com*, acessado em março de 21, 2005.

*www.ups.com*, acessado em abril 4, 2005.

*www.xbox.com*, acessado em março de 12, 2005.

## Capítulo 8

Ackerman, A. "Ahead of the Carne", *Consumer Goods Technology*, agosto de 2003.

Barrett, L. "Ingersoll-Rand: Hidden Nuggets", *Baseline Magazine*, outubro de 1, 2004.

Bednarz, A. "The Art of Balancing E-Commerce Processes", *Network World*, fevereiro de 7, 2005.

Bennett, E., and A. M. Virzi. "Museum of Modern Art: Untided Work", *Baseline Magazine*, dezembro de 1, 2004.

Cone, E. "Dressed for Success", *Baseline Magazine*, março de 5, 2005.

Cone, E. "On Target", *Baseline Magazine*, março de 1, 2004. Cone, E. "VF Corp-Inching Along", Baseline Magazine, outubro de, 2001.

Dunn, D. "Renovated Art Museum Relies on IT", *lnformation Wéek*, março de 18, 2005.

Duvall, M. "RBC's Account Imbalance", *Baseline Magazine;* julho de 1, 2004.

Fogarty, K. "Under Armour: No Sweat", *Baseline Magazine*, setembro de 1, 2004.

Gage, D. "FedEx: Personal Touch", *Baseline Magazine*, janeiro de 13, 2005.

Gage, D. "Stanford University: Hard Lesson", Baseline Magazine; junho de 8, 2004.

Haber, L. "Putting a Lid on CRM Costs with Self-Service", *ZdNet UK*, julho de 16, 2002.

"Ingersoll-Rand Selects OpenPages SOX Express for SarbanesOxley Compliance", *www.openpages.com.* novembro de 22, 2004.

Middlewood, M. "How Remington Self Serves Its Customers", *Mac News World*, junho de 22, 2004.

Navas, D. "Under Armour Cears Up for Triple Digit Growth", *Supply Chain Systems Magazine*, março de 2003.

Rasmussen, E. "Execurives' Guide *to* Call Centet Excellence: Best Practices-FedEx: An Overnight Success Story", *www.destinationcrm.com.* fevereiro de 2003.

"RBC Financial Group Automates Bank Statemem Reconstruct Activities", *lnftrmation Builders Magazine*, Wimer 2003.

Songini, M. L. "Supply Chain System Failures Hampered *Army* Units in Iraq", *Computerworld*, julho de 26, 2004. "Supply Chains and the *Army*", *CNET News*, dezembro de 6, 2003.

Wailgum, T. "Big Mess on Campus", *CIO Magazine*, maio de 1, 2005.

Zuckerman, A. "lmegrating Security Compliance imo Supply Chain Managemem Software", *World Trade Magazine*, abril de 1, 2005.

*www.army.mil*, acessado em abril de 2, 2005.

*www.briggsandstratton.com*, acessado em abril de 2, 2005.

*www.ftdex.com*, acessado em abril de 3, 2005.

*www.irco.com*, acessado em abril de 2, 2005.

*www.lillysoftware.com*, acessado em abril de 2, 2005.

*www.moma.org*, acessado em abril de 3, 2005.

*www.oracle.com*, acessado em março de 1, 2005.

*www.peoplesoft.com,* acessado em março de 1, 2005.
*www.rbc.com,* acessado em fevereiro de 22, 2005.
*www.remington.com,* acessado em abril de 2, 2005.
*www.stanford.edu.* acessado em março de 1, 2005.
*www.underarmour.com,* acessado em abril de 2, 2005.
*www.vf.com,* acessado em abril de 3, 2005.

## Capítulo 9

"Aema Promotes Healthy Living While Controlling Costs with DB2 Data Warehouse", *http://www-306ibm.com.* acessado em abril de 6, 2005.
Balint, K. "Fair Isaac Corporation Products Protect Consumers, Companies", *San Diego Union Tribune,* maio de 19, 2005.
Barr, G. "Route Cuide", *Houston Business Journal,* fevereiro de 21, 2005.
Barrett, L. "San Jose Sharks: On Thick Ice", *Baseline Magazine,* maio de 14, 2004.
Baum, D. "Elie Tahari Ltd. Unveils New End-User Reporting Framework", *Information Builders Magazine,* Fali 2003.
Carr, D. 'The Aetna Cure", *Baseline Magazine,* fevereiro de 1, 2005.
Claburn, T. "Software Aggregates Medical Knowledge in Hopes *of* Averting Misdiagnoses", *Inftrmation Week,* dezembro de 22, 2004.
DeGroot, P. "WEBFOCUS Draws the Picture for Ford's Warramy Business", *Inftrmation Builders Magazine,* abril de 24, 2005.
Dignan, L. "Waste Management: Waste Not", *Baseline Magazine,* agosto de 1, 2004.
Duvall, M. "Zarlink: Chipping Away", *Baseline Magazine,* agosto de 1, 2004.
Enrado, P. "Buyer's Guide to DSS: Isabel Healthcare", *Healthcare IT News,* julho de, 2004.
Fainaru, S. "Programmed for Success", *Washington Post,* maio de 9, 2004.
"Fair Isaac Provides Both Credit Scores and Protection from Fraud", *NewsTarget.com,* maio de 19, 2005.
Gorry, G. A., and M. S. Scorr-Morton. "A Framework for Management Information Systems", *Sloan Management Review,* v. 13, no. 1, Fali 1971.
Hackathorn, R. D., and P. G. W Keen, "Organizational Strategies for Personal Computing in Decision Support Systems", *MIS Quarterly,* setembro de 1981.
Leahy, T. "The Link to Berrer Business Performance Management", *Business Finance,* dezembro de 2004.
Leon, M. "Enterprise Business Intelligence Standardization Gains Steam", *Biz Intelligence Pipeline,* maio de 20, 2004. McCormick, J. "Elie Tahari: Ready to Wear", *Baseline Magazine,* setembro de 1, 2004.
Mintzberg, H. *The Nature o/ Managerial \-\7ork.* New York: Harper & Row, 1973.
Ohlson, K. "Elie Tahari Discovers Business Intelligence", *ADT Magazine,* abril de 27, 2005.
Ploskina, B. "The Gestalt ofData", *e1Veek,* junho de 18, 200l. Simon, H. *The New Science o/ Management Decisions,* rev. ed, Englewood Cliffs, NJ: Prentice- Hall, 1977.
*www.aetna.com,* acessado em abril de 6, 2005.
*www.autonomy.com,* acessado em abril de 5, 2005.
*www.cognos.com,* acessado em abril de 4, 2005.
*www.e-iit.comlnews-detail2.asp,* acessado em abril de 5, 2005.
*www.elietahari.com,* acessado em abril de 5, 2005.
*www.fàirisaac.com,* acessado em maio de 21, 2005.
*www.firrd.com,* acessado em abril de 6, 2005.
*www.informationbuilders.com,* acessado em abril de 5, 2005.
*www.internationalscouting.com,* acessado em abril de 2, 2005.
*www.isabelhealthcare.com,* acessado em abril de 5, 2005.
*www.sjsharks.com,* acessado em abril de 2, 2005.
*www.wm.com,* acessado emabril de 5, 2005.
*www.zarlink.com,* acessado em abril de 4, 2005.

## Capítulo 10

"AFLAC and Primavera: A Partnership for Success", *www.primavera.com,* acessado em abril de 29, 2005.
"AgriBeef Company: Beefing Up Financial Systems Pays Off ", *www.peopletalkonline.com.* julho de 2004.
Anthony, S. "Mind over Merger", *Optimize,* fevereiro de 2005. Barrett, L. "AgriBeef: Carrle Drive", *Baseline Magazine,* novembro de 1, 2004.
Cushing, K. "Procter & Gamble's HP Deal Shows Mega IT Outsourcing Is Still Tempting Some", *Computer Weekly,* abril de 23, 2003.
Dignan, L. "P&G-HP Pact: Slow and Steady", *Baseline Magazine,* julho de 29, 2004.
Duvall, M. "Canada Firearms: Armed Robbery", *Baseline Magazine,* julho de 1, 2004.
Frieden, T. "FBI maio de Scrap $170 Million Project", *CNNcom,* janeiro de 15, 2005.
"Government of Canada Caps Costs of Registry and Improves Gun Crime Measures", *Public Safity and Emergency Preparedness Canada (www.psepc-sppcc.gc.ca).* maio de 20, 2004.
Gross, L. "YA Computer Upgrade Is a Bust", *Advance fór Health Infórmation Profissionais,* maio de 1, 2000.
"IT Infrastructure for 21st Century Crime", *www.fbi.gov.* abril de 2, 2004.
Kumagai, J. "Mission Impossible?" *IEEE Spectrum Online, www.spectrum.ieee.org.* acessado em maio de 22, 2005.
Margasak, L. "YA Upgrade Fails to Reduce Delays", *Associated Press,* 2000.
McCormick, J. "Soldiering On", *Baseline Magazine,* abril de 4, 2004.

McDougall, P. "Procter & Gamble's Deal with HP Grows", *Outsourcing Pipeline,* agosto de 16, 2004.

Nash, K. "AFLAC: Duck Soup", *Baseline Magazine,* setembro de 1, 2004.

O'Donnell, A. "Worth the Effort: Tackling the New Project Management", *Insurance 6- Technology,* março de 4, 2003. Steinert-Threlkeld, T. "Vistakon: Far Sighted", *Baseline Magazine,* outubro de 1, 2004.

Vasishtha, P. "Major Programs", *Government Computer News,* outubro de 8, 2001.

*www.aflac.com,* acessado em abril de 7, 2005.

*www.agribeefcom,* acessado em março de 11, 2005.

*www.eds.com,* acessado em março de 15, 2005.

*www.hp.com,* acessado em abril de 6, 2005.

*www.jnjvision.com,* acessado em abril de 9, 2005.

*www.peoplesoft.com,* acessado em março de 11, 2005.

*www.pg.com,* acessado em abril de 6, 2005.

*www.saic.com,* acessado em abril de 8, 2005.

*www.sap.com,* acessado em abril de 9, 2005.

*www.shl.com,* acessado em março de 15, 2005.

*www.va.gov,* acessado em abril de 5, 2005.

# Glossário

**911 sem fio** Nos Estados Unidos, chamadas de emergência feitas com dispositivos sem fio.

**aceitação do risco** Atitude em que as organizações aceitam o risco potencial, continuam operando sem controle e absorvem quaisquer danos que ocorram.

**acordos de nível de serviço (ANSs)** Acordos formais que especificam como o trabalho será dividido entre a empresa e seus fornecedores.

**adware** Software invasivo projetado para ajudar a exibir anúncios pop-up na tela de um computador.

**agentes de software** Programas de computador que realizam um conjunto de tarefas rotineiras de computação para o usuário e, ao fazer isso, empregam algum tipo de conhecimento dos objetivos do usuário.

**agrupamento** Tipo de venda cruzada em que um conjunto de produtos é vendido por um preço inferior aos custos combinados dos produtos individuais.

**ameaça** Perigo ao qual um recurso de informação pode estar exposto.

**análise de busca de metas** Estudo que tenta descobrir o valor das entradas necessárias para alcançar determinado nível de saída.

**análise de risco** Processo pelo qual uma organização avalia o valor de cada recurso a ser protegido, estima a probabilidade de cada recurso ser comprometido e compara os custos prováveis do comprometimento de cada um com os custos de protegê-lo.

**análise de sensibilidade** Estudo do impacto que as mudanças em uma ou mais partes de um modelo exercem sobre as outras partes.

**análise de sistemas** Análise do problema empresarial que a organização planeja resolver com um sistema de informação.

**análise de variações hipotéticas (what-if)** Estudo do impacto de uma alteração nas suposições (dados de entrada) sobre a solução proposta.

**analistas de sistemas** Profissionais de sistemas de informação especializados em analisar e projetar sistemas de informação.

**anúncio pop-under** Anúncio que abre automaticamente por meio de algum acionador e aparece atrás da janela ativa do navegador.

**anúncio pop-up** Anúncio que abre automaticamente por meio de algum acionador e aparece na frente da janela ativa do navegador.

**aprendizado a distância (educação a distância)** Qualquer situação de aprendizagem em que os professores e os alunos não se encontram pessoalmente.

**aquisição eletrônica** Compra que usa apoio eletrônico.

**arquivo** Agrupamento de registros logicamente relacionados.

**assistente digital pessoal (PDA)** Pequeno computador portátil que pode transmitir sinais digitais.

**Asynchronous Transfer Mode (ATM)** Tecnologia de transmissão de dados que usa a comutação de pacotes e oferece largura de banda quase ilimitada de acordo com a demanda.

**atraso na propagação** Atraso de um quarto de segundo na transmissão durante a comunicação de e para satélites geosíncronos.

**atributo** Cada característica ou qualidade de uma entidade específica.

**auditoria** Verificação dos sistemas de informação, suas entradas, saídas e processamento.

**autoridade de certificação** Terceira parte que age como intermediário confiável entre computadores (e empresas) por meio da emissão de certificados digitais e da verificação do valor e da integridade dos certificados.

**avaliação dos controles** Processo pelo qual a organização identifica problemas na segurança e calcula os custos da implementação de medidas de controle adequadas.

**back door** (ou trap door) Normalmente, uma senha, conhecida apenas pelo atacante, que lhe permite acessar o sistema à vontade, sem precisar executar quaisquer procedimentos de segurança.

**banco de dados** Agrupamento de arquivos logicamente relacionados que armazena dados e as associações entre eles.

**banco de dados virtual** Banco de dados que consiste apenas em software; gerencia dados que podem residir fisicamente em qualquer lugar na rede e em uma variedade de formatos.

**banco virtual** Instituição bancária dedicada unicamente às transações pela Internet.

**banners** Quadros de anúncios eletrônicos que normalmente contêm um texto curto ou mensagem gráfica para promover um produto ou fornecedor.

**barra de ferramentas** Linha horizontal ou coluna vertical de ícones ou botões com imagem selecionáveis.

**biometria** Ciência e tecnologia da autenticação (ou seja, estabelecer a identidade de um indivíduo), por meio da medição de características fisiológicas ou comportamentais do indivíduo.

**Bluetooth** Tecnologia de chip que permite a conexão de curta distância (dados e voz) entre dispositivos.

**bomba lógica** Segmento de código de computador que é embutido dentro dos programas existentes em uma organização.

**cabo coaxial** Fio de cobre isolado usado para realizar o tráfego de dados em alta velocidade e sinais de televisão.

**cabo de fibra ótica** Tipo de cabo com milhares de filamentos extremamente finos de fibra de vidro que transmitem informações através de pulsos de luz gerados por lasers.

**cadeia de suprimentos** Fluxo de materiais, informações, dinheiro e serviços dos fornecedores de matéria-prima, através de fábricas e armazéns, até os clientes finais; inclui as organizações e os processos envolvidos.

**campo** Agrupamento de caracteres logicamente relacionados em uma palavra, um pequeno grupo de palavras ou um número completo.

**canal de comunicação** Caminho para transmitir dados de um local para outro.

**capital intelectual (recursos intelectuais)** Outros termos freqüentemente usados como sinônimo de conhecimento.

**cartão de débito com valor armazenado** Forma de dinheiro eletrônico em que uma quantia pré-paga fixa em dinheiro é armazenada; a quantia é reduzida cada vez que o cartão é usado.

**cartão inteligente** Cartão que contém um chip que pode armazenar uma considerável quantidade de informações (incluindo fundos armazenados) e realizar processamento.

**carteiras digitais** (ou **e-wallets**) Mecanismos de software em que um usuário armazena informações pessoais e de cartão de crédito seguras para reutilizá-las em um clique.

**cavalo de Tróia** Programa de software com uma função oculta que apresenta um risco à segurança.

**certificado digital** Documento eletrônico anexado a um arquivo certificando que esse arquivo vem da organização que alega e que não foi modificado em seu formato ou conteúdo original.

**chave primária** Campo identificador ou atributo que identifica exclusivamente um registro.

**chave secundária** Campo identificador ou atributo que possui alguma informação de identificação, mas normalmente não identifica o arquivo com precisão absoluta.

**cibercrimes** Atividades fraudulentas executadas na Internet.

**ciberguerra** Guerra em que os sistemas de informação de um país poderiam ser paralisados por um ataque em massa de software destrutivo.

**ciberterrorismo** Ataque premeditado e com motivação política contra informações, sistemas de computação, programas de computador e dados, que resulta em violência contra alvos civis por grupos subnacionais ou agentes clandestinos.

**ciclo de vida do desenvolvimento de sistemas (SDLC)** Modelo estruturado, usado para grandes projetos de TI, que consiste em processos seqüenciais pelos quais os sistemas de informação são desenvolvidos.

**classes de entidades** Agrupamento de entidades de determinado tipo.

**clientes** Computadores, como o computador pessoal de um usuário, que usam qualquer um dos serviços fornecidos pelos servidores.

**código de ética** Conjunto de princípios destinados a guiar a tomada de decisões pelos membros da organização.

**colaboração** Esforços de dois ou mais indivíduos que trabalham em conjunto para realizar certas tarefas.

**colaboração virtual** Uso de tecnologias digitais que permitem às organizações ou aos indivíduos planejar, projetar, desenvolver, gerenciar e pesquisar colaborativamente produtos, serviços e aplicações inovadoras.

**comércio eletrônico (CE ou e-commerce)** Processo de comprar, vender, transferir ou trocar produtos, serviços ou informações através de redes de computação, incluindo a Internet.

**comércio eletrônico business-to-business (B2B)** Comércio eletrônico em que tanto os vendedores quanto os compradores são organizações.

**comércio eletrônico business-to-consumer (B2C)** Comércio eletrônico em que os vendedores são organizações e os compradores são pessoas; também conhecido como varejo eletrônico.

**comércio eletrônico business-to-employee (B2E)** Organização que usa o comércio eletrônico internamente para oferecer informações e serviços aos empregados.

**comércio eletrônico consumer-to-consumer (C2C)** Comércio eletrônico em que tanto o comprador quanto o vendedor são pessoas (não empresas).

**comércio localizado (l-commerce)** Transações de comércio móvel voltadas para indivíduos em locais específicos, em horas específicas.

**comércio móvel (m-commerce)** Comércio eletrônico realizado inteiramente em um ambiente sem fio.

**comércio móvel (m-commerce)** Transações de comércio eletrônico que são realizadas em um ambiente sem fio, especialmente por meio da Internet.

**compras em grupo** Agregação dos pedidos de compra de muitos compradores de modo a se obter um desconto por volume.

**computação cliente/servidor** Forma de processamento distribuído em que algumas máquinas (servidores) desempenham funções de computação para PCs de usuários finais (clientes).

**computação móvel** Conexão de tempo real, sem fio, entre um dispositivo móvel e outros ambientes de computação, como a Internet ou uma intranet.

**computação ubíqua** (também chamada de **computação onipresente)** Ambiente de computação em que praticamente todos os objetos possuem poder de processamento com conexões sem fio ou com fio a uma rede global.

**comutação de pacotes** Tecnologia de transmissão de dados que desmembra blocos de texto em pequenos blocos fixos de dados (pacotes) que são enviados independentemente pela rede.

**conflito de canais** Afastamento dos distribuidores existentes quando uma empresa decide vender diretamente aos consumidores on-line.

**conhecimento** Informação contextual, relevante e acionável.

**conhecimento explícito** Tipo de conhecimento mais objetivo, racional e técnico.

**conhecimento tácito** Depósito cumulativo da aprendizagem subjetiva ou experimental; é altamente pessoal e difícil de formalizar.

**controles de acesso** Controles que evitam que indivíduos não-autorizados usem recursos de informação e se dedicam à identificação do usuário.

**controles de aplicação** Controles que protegem aplicações específicas.

**controles de comunicações** Controles que lidam com a movimentação de dados pelas redes.

**controles de sistemas de informação** Procedimentos, dispositivos ou software destinados a evitar o comprometimento do sistema.

**controles físicos** Controles que impedem que indivíduos não-autorizados tenham acesso aos recursos computacionais de uma empresa.

**controles gerais** Controles de segurança estabelecidos para proteger o sistema independentemente da aplicação específica.

**conversão direta** Processo de implementação em que o sistema antigo é desativado e o novo sistema é ativado em determinado momento.

**conversão em fases** Processo de implementação que introduz componentes do novo sistema em etapas até que todo o novo sistema esteja operacional.

**conversão paralela** Processo de implementação em que o sistema antigo e o novo sistema operam simultaneamente durante algum tempo.

**conversão piloto** Processo de implementação que introduz o novo sistema experimentalmente em uma parte da organização; quando o novo sistema estiver funcionando corretamente, ele é introduzido em outras partes da organização.

**cookies** Pequenas quantidades de informação que os websites armazenam em seu computador, temporariamente ou quase permanentemente.

**cracker** Hacker malicioso.

**criptografia assimétrica** (veja **criptografia de chave pública**)

**criptografia de chave pública** (também conhecida como **criptografia assimétrica**) Tipo de criptografia que usa duas chaves diferentes: uma chave pública e uma privada.

**criptografia** Processo de converter uma mensagem original em um formato que não pode ser lido por ninguém, exceto o destinatário pretendido.

**criptografia simétrica** Forma de criptografia em que o remetente e o destinatário usam a mesma chave.

**cyberbanking** Várias atividades bancárias realizadas eletronicamente a partir de casa, do escritório ou em viagem, em vez de em um banco físico.

**cybersquatting** Prática de registrar nomes de domínio com a única finalidade de vendê-los no futuro por um preço mais alto.

**dados clickstream** Dados coletados sobre padrões de comportamento e navegação do usuário através do monitoramento das atividades dos visitantes e clientes em um website.

**darknet** Rede particular que opera na Internet, mas é aberta apenas aos usuários que pertencem à rede.

**data mart** Data warehouse pequeno, projetado para uma unidade estratégica de negócios (UEN) ou um departamento.

**data mining** Processo de busca de informações comerciais valiosas em um grande banco de dados, data warehouse ou data mart.

**data warehouse** Depósito de dados históricos orientados por assunto que são organizados para serem acessados em um formato prontamente aceitável para atividades de processamento analítico.

**desenvolvimento orientado a objetos** Começa com os aspectos do mundo real que precisam ser modelados para executar uma tarefa.

**desenvolvimento rápido de aplicações (RAD)** Método de desenvolvimento de sistemas que usa ferramentas especiais e um método iterativo para produzir rapidamente um sistema de alta qualidade.

**desintermediação** Eliminação de intermediários no comércio eletrônico.

**diagrama de entidade-relacionamento** Documento que mostra as entidades e os atributos dos dados, bem como o relacionamento entre eles.

**dicionário de dados** Coleção de definições de elementos de dados, características de dados que usam os elementos de dados, e os indivíduos, funções comerciais, aplicações e relatórios que usam esses elementos de dados.

**Digital Subscriber Line (DSL)** Tecnologia de transmissão digital de dados em alta velocidade que usa linhas telefônicas analógicas.

**direito autoral** Concessão legal que cede aos criadores do produto intelectual a sua propriedade durante a vida do criador e mais 70 anos.

**diretório** Coleção hierarquicamente organizada de links para páginas Web, compilada manualmente; um exemplo é o Yahoo.

**e-business** Conceito mais amplo do comércio eletrônico, incluindo comprar e vender bens e serviços, e também servir os consumidores, colaborar com parceiros comerciais, conduzir aprendizado a distância e realizar transações eletrônicas dentro de uma organização.

**"efeito bullwhip"** Alterações erráticas nos pedidos, para cima e para baixo na cadeia de suprimentos.

**e-government** Uso da tecnologia do comércio eletrônico para distribuir informações e serviços públicos aos cidadãos, parceiros comerciais e fornecedores de entidades governamentais e àqueles que trabalham no setor público.

**e-learning** Aprendizado apoiado pela Web; pode ocorrer dentro de salas de aula tradicionais ou em salas de aula virtuais.

**endereço IP** Endereço atribuído que identifica exclusivamente um computador na Internet.

**engenharia de software assistida por computador (CASE)** Método de desenvolvimento que usa ferramentas especializadas para automatizar grande parte das tarefas do SDLC; as ferramentas CASE upper automatizam os primeiros estágios do SDLC, e as ferramentas CASE lower automatizam os últimos estágios do SDLC.

**engenharia social** Burlar sistemas de segurança enganando os usuários de computador dentro de uma empresa, a fim de obter informações importantes ou de obter privilégios de acesso não-autorizado.

**entidade** Pessoa, lugar, coisa ou evento sobre os quais as informações são mantidas em um registro.

**especialistas técnicos** Peritos em determinado tipo de tecnologia, como bancos de dados ou telecomunicação.

**especificação de nível superior** Parte na extrema direita de um nome da Internet, indicando o tipo de organização que possui o site.

**estoque gerenciado pelo distribuidor (VMI)** Estratégia em que o fornecedor monitora os níveis de estoque de um distribuidor e repõe os produtos quando for necessário.

**estrutura multidimensional** Maneira como os dados são estruturados em um data warehouse de modo a serem analisados por diferentes visões ou perspectivas, chamadas de dimensões.

**estudo de viabilidade** Investigação que determina a probabilidade de sucesso de um projeto proposto e avalia a viabilidade técnica do projeto.

**Ethernet** Protocolo de rede mais comum.

**exposição** Prejuízo, perda ou dano que pode resultar se uma ameaça comprometer esse recurso.

**extranet** Rede que conecta partes das intranets de diferentes organizações.

**ferramentas CASE integradas (ICASE)** Ferramentas CASE que reúnem as ferramentas CASE upper e lower.

**fio de par trançado** Cordões de fio de cobre trançados em pares.

**firewall** Sistema (hardware, software ou uma combinação de ambos) que evita que um tipo específico de informação se movimente entre redes não confiáveis, como a Internet, e redes privadas, como a rede de uma empresa.

**gateway** Processador de comunicações que conecta redes distintas fazendo a tradução de um conjunto de protocolos para outro.

**gerenciamento** Processo pelo qual as metas da organização são atingidas por meio do uso de recursos.

**gerenciamento da cadeia de suprimentos (SCM)** Planejamento, organização e otimização de uma ou mais atividades da cadeia de suprimentos.

**gerenciamento de riscos** Processo que identifica, controla e minimiza o impacto das ameaças.

**gestão de relacionamento com o cliente (CRM)** Esforço de toda a empresa para conquistar e manter clientes, normalmente com o apoio da TI.

**gestão do conhecimento** Processo que ajuda as organizações a identificar, selecionar, organizar, disseminar, transferir e aplicar informações e experiência que fazem parte da memória da organização, e que normalmente residem dentro da organização em um formato não estruturado.

**Global Positioning System (GPS)** Sistema sem fio que usa satélites para permitir que os usuários determinem sua posição em qualquer lugar na Terra.

**groupware** Produtos de software que aceitam grupos de pessoas que colaboram uns com os outros em uma tarefa ou objetivo comum e proporcionam um modo de os grupos compartilharem recursos.

**grupo (ou equipe) virtual** Grupo cujos membros estão em diferentes locais e que se reúnem eletronicamente.

**grupo de trabalho** Dois ou mais indivíduos que colaboram entre si, temporária ou permanentemente, para realizar determinada tarefa.

**hacker** Pessoa externa que invade um sistema de computação, normalmente sem intenção de cometer um crime.

**home page** Tela com texto e gráficos que dá as boas-vindas ao usuário e descreve a organização que criou a página.

**hot site** Sistema de computação totalmente configurado, com todos os recursos e serviços de informação, links de comunicações e operações físicas das instalações, que duplicam os recursos de computação de uma empresa e proporcionam uma recuperação quase em tempo real das operações de TI.

**hotspot** Pequeno perímetro geográfico dentro do qual um ponto de acesso sem fio oferece serviço a diversos usuários.

**Hypertext Transport Protocol (HTTP)** Padrão de comunicação usado para transferir páginas através da parte Web da Internet; define como as mensagens são formatadas e transmitidas.

**identificador** Atributo que identifica uma instância de entidade.

**implementação** Processo de conversão de um antigo sistema para um novo.

**infravermelho** Tipo de transmissão sem fio que usa luz vermelha normalmente invisível aos olhos humanos.

**instância** Entidade específica dentro de uma classe de entidades.

**integração vertical** Estratégia de integrar a parte superior da cadeia de suprimentos com a parte interna, normalmente comprando de fornecedores na parte superior, a fim de garantir a pronta disponibilidade de suprimentos.

**Integrated Services Digital Network (ISDN)** Tecnologia de alta velocidade que permite ao usuário transferir voz, vídeo, imagem e dados simultaneamente, usando linhas telefônicas.

**inteligência artificial (IA)** Subcampo da ciência da computação que visa estudar os processos do pensamento humano e recriar esses processos através de máquinas.

**intercâmbio eletrônico de dados (EDI)** Padrão de comunicação que permite a transferência eletrônica de documentos de rotina entre parceiros comerciais.

**interessados nos sistemas** Todas as pessoas que são afetadas pelas mudanças nos sistemas de informação.

**Internet** Rede gigante que conecta redes de computação de empresas, organizações, órgãos governamentais e escolas em todo o mundo, de maneira rápida, estável e barata.

**Internet de coisas** Rede que conecta computadores a objetos.

**Internet Protocol (IP)** Conjunto de regras para enviar e receber pacotes de uma máquina para outra pela Internet.

**Internet2** Nova rede de telecomunicação mais rápida, com acesso limitado, dedicada exclusivamente a pesquisas.

**intranet** Rede particular que usa software de Internet e protocolos TCP/IP.

**largura de banda** Faixa de freqüências disponíveis em qualquer canal de comunicação, representada em bits por segundo.

**leilão** Processo de concorrência em que um vendedor solicita lances consecutivos dos compradores ou um comprador solicita lances dos vendedores, e os preços são determinados dinamicamente pelos lances concorrentes.

**leilão regular** Leilão que os vendedores usam como canal para muitos compradores potenciais; quem dá o maior lance ganha o direito de comprar o item.

**leilão reverso** Leilão em que um comprador, geralmente uma organização, deseja comprar um produto ou serviço, e os fornecedores enviam propostas; o ofertante com proposta mais baixa ganha o direito de vender.

**limitação do risco** Atitude segundo a qual a organização limita o risco por meio da implementação de controles que minimizem o impacto da ameaça.

**loja eletrônica** Website na Internet que representa uma única loja.

**lousa (eletrônica)** Área em uma tela de computador em que vários usuários podem escrever ou desenhar; diversos usuários podem usar um único documento "colado" na tela.

**marketing de permissão** Método de marketing que pede aos consumidores para darem permissão para receber voluntariamente anúncios on-line e por e-mail.

**marketing viral** Marketing "boca a boca" on-line.

**mecanismo de busca** Programa de computador que é capaz de contatar outros recursos de rede na Internet, buscar informações específicas por palavras-chave e retornar os resultados; um exemplo é o Google.

**mecanismo de metabusca** Programa de computador que pesquisa vários mecanismos ao mesmo tempo e integra os resultados de diversos mecanismos de busca para responder a consultas enviadas pelos usuários.

**meios de cabo** Canais de comunicação que usam fios ou cabos físicos para transmitir dados e informações.

**meios de difusão (sem fio)** Canais de comunicação que usam meios eletromagnéticos (as "ondas de ar") para transmitir dados.

**melhores práticas** As maneiras mais eficientes e eficazes de fazer as coisas.

**melhores práticas** As soluções ou métodos de solução de problemas mais bem-sucedidos para se conseguir um resultado empresarial.

**mercado do lado da compra (buy-side)** Modelo B2B em que as organizações compram eletronicamente os produtos ou serviços necessários de outras organizações, em geral, através de um leilão reverso.

**mercado do lado da venda** Modelo B2B em que as organizações tentam vender eletronicamente seus produtos ou serviços para outras organizações através do seu próprio website de mercado eletrônico privado e/ou através de um site de intermediários.

**mercado eletrônico** Espaço de mercado virtual na Web em que muitos compradores e muitos vendedores realizam atividades empresariais eletrônicas.

**método em cascata** Método de SDLC em que as tarefas de uma etapa são completadas antes que o trabalho siga para a próxima etapa.

**microbrowser** Browsers (navegadores) da Internet com um arquivo pequeno, que podem trabalhar dentro das restrições de pouca memória dos dispositivos sem fio e baixa largura de banda das redes sem fio.

**modelagem de entidade-relacionamento** Processo de projetar um banco de dados por meio da organização das entidades de dados a serem usadas e da identificação das relações entre elas.

**modelo (na tomada de decisões)** Representação simplificada, ou abstração, da realidade.

**modelo de banco de dados relacional** Modelo de dados baseado no conceito simples de tabelas a fim de capitalizar sobre características das linhas e colunas de dados.

**modelo de dados** Definição da maneira como os dados são conceitualmente estruturados em um SGBD.

**modelo empresarial** Método pelo qual uma empresa gera renda para se manter.

**modem** Dispositivo que converte sinais do formato analógico para o digital e vice-versa.

**modem para conexão por cabo** Modem que opera através de cabo coaxial e oferece acesso de alta velocidade à Internet ou a intranets corporativas.

**multicanais** Processo pelo qual muitas empresas integram seus canais on-line e off-line.

**multiplexador** Dispositivo eletrônico que permite que um único canal de comunicação carregue transmissões de dados simultaneamente de muitas fontes.

**navegação** Processo de navegar na Web com um mouse em um navegador Web.

**navegadores** Principais aplicações de software por meio das quais os usuários acessam a Web.

**negação de serviço (DoS)** Ciberataque em que um atacante envia uma grande quantidade de pacotes de dados para um sistema-alvo, com o objetivo de sobrecarregar os recursos.

**negação de serviço distribuída (DDoS)** Ataque de negação de serviço que envia simultaneamente um fluxo coordenado de pacotes de dados a partir de muitos computadores comprometidos.

**Next Generation Internet (NGI)** Programa de pesquisa e desenvolvimento do governo federal dos Estados Unidos que está desenvolvendo aplicações revolucionárias que exigem uma rede avançada.

**nome de domínio** Nome atribuído a um website, consistindo em várias partes, separadas por pontos, que são lidas da direita para a esquerda.

**normalização** Método para analisar e reduzir um banco de dados relacional ao formato mais eficaz para minimizar a redundância, maximizar a integridade de dados e melhorar o desempenho de processamento.

**nós** Dispositivos de computação conectados a uma rede, incluindo a Internet.

**organizações** *brick-and-mortar* Organizações em que o produto, o processo e o agente de entrega são todos físicos.

**organizações click-and-mortar** Organizações que realizam negócios tanto na dimensão física quanto na digital.

**organizações virtuais** Organizações em que o produto, o processo e o agente de entrega são todos digitais.

**pagamento direto** Forma de dinheiro eletrônico que permite a dois indivíduos ou um indivíduo e uma empresa transferir fundos sem usar um cartão de crédito.

**pager** Sistema de mensagens sem fio, unidirecional.

**passphrase** Série de caracteres mais longa que uma senha, mas que pode ser memorizada com facilidade.

**patente** Documento que concede ao proprietário direitos exclusivos sobre uma invenção ou processo durante 20 anos.

**pestware** Software clandestino que é instalado no PC através de canais não-confiáveis.

**pharming** Cibercrime em que o atacante adquire fraudulentamente o nome de domínio do website de uma empresa, para que, quando a pessoa digite o URL desse website, seja levada para o site falso.

**phishing** Ataque que usa o logro para adquirir informações pessoais valiosas, como números e senhas de contas, aparentando ser um e-mail autêntico.

**pirataria** Copiar um programa de software sem pagar ao proprietário.

**placa de interface de rede** Hardware que especifica a velocidade da transmissão de dados, o tamanho das unidades de mensagem, as informações de endereçamento anexadas a cada mensagem e a topologia da rede.

**placa de interface de rede sem fio** Dispositivo que possui rádio e antena embutidos e é essencial para permitir que um computador tenha habilidades de comunicação sem fio.

**planejamento de recursos empresariais (ERP)** Software que integra o planejamento, o gerenciamento e o uso de todos os recursos na empresa inteira.

**plano estratégico de TI** Conjunto de metas de longo prazo que descrevem a infra-estrutura de TI e as principais iniciativas de TI necessárias para alcançar as metas da organização.

**política de privacidade** (também chamada de **código de privacidade**) Diretrizes de uma organização em relação à proteção da privacidade dos consumidores, clientes e empregados.

**ponte** Processador de comunicações que conecta duas redes do mesmo tipo.

**ponto de acesso sem fio** Antena que conecta um dispositivo móvel a uma rede local com fio.

**ponto de contato com o cliente** Qualquer método de interação com um cliente.

**pontos de acesso à rede (NAPs)** Computadores que agem como pontos de troca para tráfego da Internet e determinam como o tráfego é roteado.

**portais comerciais (públicos)** Website que oferece conteúdo comum para diversos públicos; oferece personalização apenas na interface com o usuário.

**portal** Gateway personalizado baseado na Web para informações e conhecimento que oferece informações relevantes de diferentes sistemas de TI e da Internet e usa técnicas de busca e indexação avançadas.

**portal corporativo** Website que fornece um único ponto de acesso para informações comerciais importantes localizadas dentro e fora de uma organização.

**portal de afinidade** Website que oferece um único ponto de entrada para uma comunidade inteira de interesses afiliados.

**portal de voz** Website com uma interface de áudio.

**portal móvel** Portal que agrega e oferece conteúdo e serviços para usuários móveis.

**portal móvel** Website acessível a partir de dispositivos móveis.

**portal setorial** Gateway baseado na Web para disseminar informações e conhecimento para um setor inteiro.

**portfólio de aplicações** Conjunto das aplicações recomendadas como resultado do processo de planejamento e justificativa no desenvolvimento de aplicações.

**prevenção de acidentes** Método de segurança voltado para a prevenção.

**privacidade** Direito de ficar em paz e de estar livre de invasões pessoais injustificáveis.

**processador front-end** Pequeno computador secundário dedicado exclusivamente à comunicação, que gerencia todas as comunicações de rotina com os dispositivos periféricos.

**processadores de comunicações** Dispositivos de hardware que apóiam a transmissão e a recepção de dados por meio de um sistema de telecomunicação.

**processamento analítico on-line (OLAP)** Processamento analítico dos dados assim que as transações ocorrem.

**processamento de linguagem natural (PLN)** Comunicação com um computador em inglês ou em qualquer outro idioma falado pelo usuário.

**processamento de transações on-line (OLTP)** SPT que processa dados depois que as transações ocorrem, normalmente em tempo real.

**processamento de transações on-line (OLTP)** Tipo de processamento por computador em que as transações comerciais são processadas on-line tão logo ocorrem.

**processamento distribuído** Arquitetura de rede que divide o trabalho do processamento entre dois ou mais computadores.

**processamento em lote** SPT que processa dados em lotes em intervalos periódicos fixos.

**processamento peer-to-peer (P2P)** Tipo de processamento cliente/servidor distribuído que permite que dois ou mais computadores conjuguem seus recursos, tornando cada computador tanto um cliente quanto um servidor.

**processo empresarial** Conjunto de etapas ou procedimentos relacionados para gerar um resultado específico.

**produtividade** Relação entre as entradas para um processo e as saídas desse processo.

**programação** Conversão das especificações de projeto de um sistema para código de computador.

**projeto conjunto de aplicações (JAD)** Ferramenta baseada em grupos para reunir requisitos dos usuários e criar projetos de sistemas.

**projeto de sistemas** Descreve como o novo sistema fornecerá uma solução para o problema empresarial.

**projeto físico dos sistemas** Especificação física real que indica como um sistema de computação executará suas funções.

**projeto lógico dos sistemas** Especificação abstrata do que o sistema fará.

**propriedade intelectual** Propriedade intangível criada por indivíduos ou organizações que é protegida por leis de segredo comercial, patente e direito autoral.

**protocolo** Conjunto de regras e procedimentos que regulam as transmissões através de uma rede.

**protocolo de aplicação sem fio (WAP)** Padrão que permite que os dispositivos sem fio com pequenas telas de vídeo, conexões de pouca largura de banda e memória mínima acessem informações e serviços baseados na Web.

**prototipagem** Método que define uma lista inicial de requisitos de usuário, constrói um sistema de protótipos e, depois, aprimora o sistema em várias iterações com base no feedback dos usuários.

**provedor de serviço de Internet (ISP)** Empresa que oferece conexão à Internet cobrando uma mensalidade.

**provedor de serviços de aplicação (ASP)** Agente ou fornecedor que monta o software necessário às empresas e inclui a terceirização do desenvolvimento, das operações, da manutenção e outros serviços.

**Query By Example (QBE)** Linguagem de banco de dados que permite que um usuário preencha uma grade (formulário) para construir um exemplo ou descrição dos dados que deseja.

**quiosques de Internet** Terminais públicos para acesso à Internet.

**rádio satélite (também chamado rádio digital)** Sistema sem fio que oferece música não interrompida, com qualidade quase de CD, que é direcionada para o seu rádio a partir dos satélites.

**realidade virtual (RV)** Gráficos tridimensionais interativos e gerados por computador, apresentados ao usuário por meio de um visor colocado na cabeça.

**reconhecimento de voz (fala)** ou **entendimento de linguagem natural** Capacidade de um computador de compreender instruções dadas em linguagem normal, através do teclado ou da fala.

**recuperação de acidentes** Cadeia de eventos que abrange desde o planejamento até a proteção e a recuperação.

**rede backbone** Rede de fibra ótica principal que une os nós de uma rede.

**rede de computação** Sistema que conecta meios de comunicação, hardware e software necessários por meio de dois ou mais sistemas de computação e/ou dispositivos.

**rede de sensor sem fio (WSN)** Redes de sensores sem fio, interconectados, alimentados por bateria, colocados no ambiente físico.

**rede de valor agregado (VAN)** Rede privada e apenas para dados, administrada por empresas terceirizadas e usada por várias organizações para obter economia no custo dos serviços de rede e no gerenciamento de rede.

**rede empresarial** Diversas redes locais e remotas interconectadas.

**rede local (LAN)** Rede que conecta dois ou mais dispositivos em uma região geográfica limitada (por exemplo, um prédio) de modo que cada dispositivo na rede tem o potencial de se comunicar com cada um dos outros dispositivos.

**rede local sem fio (WLAN)** Rede de computação em uma área geográfica limitada que usa a transmissão sem fio para a comunicação.

**rede mesh** Rede composta de motes no ambiente físico que "acordam" de tempos em tempos para transmitir dados ao mote do bairro mais próximo.

**rede neural** Sistema de programas e estruturas de dados que procura simular o funcionamento do cérebro humano.

**rede pessoal (PAN)** Rede de computação usada para a comunicação entre dispositivos de computação perto de uma pessoa.

**rede privada virtual** Rede particular que usa uma rede pública (normalmente a Internet) para conectar usuários com segurança por meio de criptografia.

**rede privada virtual (VPN)** Rede remota operada por uma operadora comum; fornece um gateway entre uma LAN corporativa e a Internet.

**rede remota (WAN)** Rede, geralmente oferecida por operadoras comuns, que cobre grandes áreas geográficas.

**redução de risco** Processo em que a organização executa ações concretas contra os riscos, como implementar controles e desenvolver um plano de recuperação de acidentes.

**registro** Agrupamento de campos logicamente relacionados.

**relatórios comparativos** Relatórios que comparam o desempenho de diferentes unidades de negócios ou períodos de tempo.

**relatórios de exceção** Relatórios que incluem apenas informações que ultrapassam certos padrões limite.

**relatórios de indicadores principais** Relatórios que resumem o desempenho de atividades críticas.

**relatórios de rotina** Relatórios produzidos em intervalos programados.

**relatórios detalhados** Relatórios que mostram um nível maior de detalhe do que está incluído nos relatórios de rotina.

**relatórios ocasionais (por demanda)** Relatórios fora da rotina.

**requisição de proposta** Documento que é enviado aos potenciais fornecedores, solicitando-lhes que apresentem uma proposta descrevendo seu pacote de software e como ele atenderia às necessidades da empresa.

**risco** Probabilidade de uma ameaça se concretizar.

**roteador** Processador de comunicações que roteia mensagens através de várias LANs conectadas ou para uma rede remota.

**roubo de identidade** Crime em que alguém usa as informações pessoais de outrem para criar uma identidade falsa que, então, é usada para cometer uma fraude.

**sala de bate-papo** Local virtual onde grupos de freqüentadores conversam uns com os outros.

**sala de decisão** Cenário em que pessoas se reúnem para um SAD em grupo, em que terminais estão disponíveis aos participantes.

**scope creep** Acréscimo de funções a um sistema de informação após o projeto ter sido iniciado.

**segredo comercial** Trabalho intelectual, como um plano de marketing, que configura um segredo comercial e não é baseado em informações públicas.

**senha** Combinação particular de caracteres que somente o usuário deve conhecer.

**senha forte** Senha difícil de se descobrir, mais longa que curta, contém letras maiúsculas e minúsculas, números e caracteres especiais e não é uma palavra ou string de números reconhecíveis.

**servidor** Computador que oferece acesso a vários serviços disponíveis na rede, como impressão, dados e comunicações.

**servidor de arquivos** Depósito de vários softwares e arquivos de dados para a rede, que determina quem tem acesso a quais arquivos e em que seqüência.

**shopping eletrônico** Grupo de lojas individuais no mesmo endereço da Internet.

**Short Message Service (SMS)** Serviço fornecido por telefones celulares digitais que pode enviar e receber mensagens de texto curtas (até 160 caracteres de extensão).

**sinais analógicos** Ondas contínuas que transmitem informações alterando a amplitude e a freqüência das ondas.

**sinais digitais** Pulsos descontínuos, ligados ou desligados, que transportam informações em um formato binário.

**síntese de voz** ou **geração de linguagem natural** Tecnologia que permite que computadores gerem uma linguagem natural, por "voz" ou na tela, de modo que as pessoas possam entender os computadores mais facilmente.

**sistema de apoio à decisão (SAD)** Sistema de informação computadorizado que combina modelos e dados em uma tentativa de resolver problemas semi-estruturados e alguns problemas não-estruturados com intenso envolvimento do usuário.

**sistema de apoio à decisão em grupo (GDSS)** Sistema interativo computadorizado que apóia o processo de encontrar soluções por um grupo de tomadores de decisão.

**sistema de apoio à decisão organizacional (ODSS)** SAD que se concentra em uma tarefa ou atividade organizacional envolvendo tomadores de decisão e uma seqüência de operações.

**sistema de gerenciamento de banco de dados (SGBD)** Programa de software (ou conjunto de programas) que fornece acesso a um banco de dados.

**sistema de informação executiva (SIE)** Sistema de informação computadorizado, projetado em resposta às necessidades específicas dos executivos; também conhecido com *sistema de apoio ao executivo*.

**sistema de informação geográfica (GIS)** Sistema de computação usado para capturar, integrar, manipular e exibir dados usando mapas digitalizados.

**sistema de informações de gerenciamento (SIG)** Sistema que fornece informações aos gerentes (normalmente, de nível intermediário) das áreas funcionais, a fim de apoiar as tarefas gerenciais de planejamento, organização e controle de operações.

**sistema de informações interorganizacionais (SII)** Sistema de informação que apóia o fluxo de informações entre duas ou mais organizações.

**sistema de nome de domínio (DNS)** Sistema administrado pela Internet Corporation for Assigned Names (ICANN) que atribui nomes a cada site na Internet.

**sistema de processamento de transações (SPT)** Sistema de informação que apóia as transações comerciais centrais, de rotina.

**sistema de telecomunicação** Combinação de hardware e software que transmite informações (texto, dados, gráficos e voz) de um local para outro.

**sistema especialista (SE)** Sistema de computação que tenta imitar especialistas humanos aplicando metodologias de raciocínio ou conhecimento sobre uma área específica.

**sistema T-carrier** Sistema de transmissão digital que define circuitos que operam em diferentes velocidades, todas múltiplas da velocidade básica de 64 Kbps usada para transportar uma única chamada de voz.

**sistemas de apoio gerencial** Tecnologias da informação projetadas para apoiar gerentes: sistemas de apoio à decisão, sistemas de apoio ao executivo, sistemas de apoio à decisão em grupo e sistemas inteligentes.

**sistemas de gestão do conhecimento** Tecnologias da informação usadas para sistematizar, aprimorar e disseminar a gestão do conhecimento dentro da empresa e entre empresas.

**sistemas de informação globais** Sistemas interorganizacionais que conectam empresas localizadas em dois ou mais países.

**sistemas de pagamento eletrônico** Sistemas computadorizados que permitem o pagamento de produtos e serviços eletronicamente, em vez de preencher um cheque ou usar dinheiro.

**sistemas inteligentes** Termo que descreve as diversas aplicações comerciais da inteligência artificial.

**spam** E-mail não solicitado.

**spamming** Distribuição indiscriminada de e-mails sem permissão do destinatário.

**spamware** Software invasivo que usa o computador alheio para enviar spam.

**spyware** Software invasivo que pode registrar os toques no teclado e/ou capturar senhas.

**Structured Query Language (SQL)** Linguagem de banco de dados relacional popular que permite que os usuários realizem consultas complexas com instruções relativamente simples.

**Synchronous Optical Network (SONET)** Padrão de interface para transmitir sinais digitais através de linhas de fibra ótica; permite a integração das transmissões de diversos fornecedores.

**tabela** Agrupamento lógico de registros relacionados.

**tecnologia de hub comutado** Tecnologia de transmissão de dados que melhora as redes locais acrescentando uma habilidade de comutação de pacotes ao estilo do ATM.

**tecnologia RFID (identificação por radiofreqüência)** Tecnologia sem fio que permite que os fabricantes conectem etiquetas com antenas e chips de computador nas mercadorias e depois rastreiem sua movimentação por sinais de rádio.

**teleconferência** Uso da comunicação eletrônica que permite a duas ou mais pessoas em diferentes locais manterem uma conferência simultânea.

**telefones celulares** (também chamados de celulares) Telefones que usam ondas de rádio para oferecer uma comunicação bidirecional.

**telefones inteligentes** Nova classe de aparelhos de comunicação digital que combinam a funcionalidade de um assistente digital pessoal com a de um telefone celular digital.

**telefonia pela Internet (voz sobre IP ou VoIP)** Uso da Internet como meio de transmissão para chamadas telefônicas.

**telemetria** Transmissão e recebimento sem fio dos dados colhidos de sensores remotos.

**teletrabalho** Arranjo pelo qual empregados podem trabalhar em casa, nas instalações dos clientes e em locais de trabalho especiais, ou enquanto viajam, geralmente usando um computador que esteja conectado pela Internet ao seu local de emprego.

**terceirização** Uso de fornecedores ou organizações externos para adquirir serviços de TI.

**teste de Turing** Teste para a inteligência artificial, em que um entrevistador humano, ao conversar com um ser humano e um computador, ambos sem serem vistos, não consegue determinar qual é qual; formulado pelo matemático inglês Alan Turing.

**topologia** Layout e conectividade físicos de uma rede.

**transferência de dados entre fronteiras** Fluxo de dados corporativos entre fronteiras de nações.

**transferência do risco** Atitude em que a organização transfere o risco usando outros meios para compensar a perda, como a contratação de seguros.

**transmissão por microondas** Sistema sem fio que usa microondas para a comunicação de grande volume, longa distância, ponto a ponto.

**transmissão por rádio** Usa freqüências de onda de rádio para transportar dados diretamente entre transmissores e receptores.

**transmissão por satélite** Sistema de transmissão sem fio que usa satélites para as comunicações por broadcast.

**Transmission Control Protocol/Internet Protocol (TCP/IP)** Protocolo de transferência de arquivos que pode enviar grandes arquivos de informação através de redes ocasionalmente não confiáveis, com a garantia de que os dados chegarão de forma não corrompida.

**trap door** (ver back door)

**trocas funcionais** Mercados eletrônicos em que serviços necessários, como funcionários temporários ou espaço adicional de escritório, são negociados apenas quando necessários.

**trocas horizontais** Mercados eletrônicos que conectam compradores e vendedores através de muitas indústrias e são usados principalmente para materiais de manutenção, operações e reparos.

**trocas públicas** Mercado eletrônico em que existem muitos vendedores e muitos compradores, e cuja entrada é aberta a todos; freqüentemente mantido e operado por intermediários.

**trocas verticais** Mercados eletrônicos que conectam compradores e vendedores de determinado setor.

**tunelamento** Processo de enviar dados pela Internet na forma criptografada.

**universidades virtuais** Universidades on-line nas quais os alunos freqüentam aulas a partir de casa ou em um local externo, através da Internet.

**URL (uniform resource locator)** Conjunto de caracteres que identifica o endereço de um recurso específico na Web.

**varejo eletrônico** Venda direta de produtos e serviços por meio de lojas ou shoppings eletrônicos, normalmente projetados em torno de um formato de catálogo e/ou leilões eletrônicos.

**vBNS (Very-High-Speed Backbone Network Service)** Rede de alta velocidade projetada para aceitar a Internet2 acadêmica e as iniciativas da NGI patrocinadas pelo governo.

**venda cruzada** Marketing de produtos complementares aos clientes.

**venda de valor mais alto (up-selling)** Marketing de produtos e serviços de valor mais alto para clientes novos ou existentes.

**videoconferência** Reunião virtual em que os participantes em um local podem ver e ouvir os participantes em outros locais e podem compartilhar dados e gráficos por meio eletrônico.

**vigilância eletrônica** Monitorar ou rastrear as atividades das pessoas com o auxílio de computadores.

**vírus** Software malicioso que pode se anexar (ou "infectar") outros programas de computador sem que o proprietário do programa fique ciente da infecção.

**visualização de dados** Apresentação visual dos dados por meio de tecnologias como imagens digitais, tabelas e gráficos multidimensionais, vídeos e animação, realidade virtual e outros formatos de multimídia.

**vulnerabilidade** Possibilidade de o sistema sofrer algum dano devido a uma ameaça.

**wallet móvel** Tecnologia que permite que os usuários façam compras com um único clique a partir de seus dispositivos móveis.

**Web bugs** Imagens gráficas pequenas e normalmente invisíveis adicionadas a uma página da Web ou mensagem de e-mail.

**Web Services** Aplicações modulares e auto-suficientes de empresa/consumidor, distribuídas por meio da Internet.

**webconferência** Videoconferência realizada unicamente pela Internet (não por linhas telefônicas).

**weblog (blog)** Website pessoal, aberto ao público, em que o criador do site expressa seus sentimentos ou opiniões.

**webmaster** Pessoa responsável pelo website de uma organização.

**website** Coletivamente, todas as páginas de determinada organização ou indivíduo na Web.

**wiki** Website em que qualquer pessoa pode postar material e fazer mudanças rapidamente, sem usar comandos difíceis.

**wireless** Telecomunicações em que as ondas eletromagnéticas transportam o sinal entre dispositivos de comunicação.

**Wireless Fidelity (Wi-Fi)** Conjunto de padrões para redes locais sem fio baseado no padrão IEEE 802.11.

**workflow (fluxo de trabalho)** Movimento de informações conforme elas fluem através da seqüência de etapas que compõem os procedimentos de trabalho de uma organização.

**World Wide Web (a Web)** Sistema com padrões universalmente aceitos para armazenar, recuperar, formatar e exibir informações através de uma arquitetura cliente/servidor; usa as funções de transporte da Internet.

**worm** Programa destrutivo que se duplica sem a necessidade de qualquer outro programa para garantir um ambiente seguro para a duplicação.

# Índice analítico

**Gestão da Inovação**
Paulo Bastos Tigre

ISBN 85-352-1785-1
ou ISBN 978-85-352-1785-8
304 páginas

**Gestão de Inovação de Produtos**
Sérgio Takahashi,
Vânia Passarini Takahashi

ISBN 85-352-2090-9
ou ISBN 978-85-352-2090-2
256 páginas

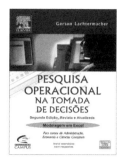

**Pesquisa Operacional
na Tomada de Decisões**
Gerson Lachtermacher

ISBN 85-352-2087-9
ou ISBN 978-85-352-2087-2
240 páginas

**Internacionalização
de Empresas Brasileiras**
André Almeida

ISBN 85-352-2056-9
ou ISBN 978-85-352-2056-8
344 páginas

**A Gestão de Pessoas no Brasil**
Betania Tanure, Paul Evans
e Vladimir Pucik

ISBN 85-352-1686-3
ou ISBN 978-85-352-1686-8
232 páginas

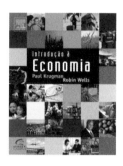

**Introdução à Economia**
Paul Krugman e Robin Wells

ISBN 85-352-1108-X
ou ISBN 978-85-352-1108-5
864 páginas

**Teoria dos Jogos**
Ronaldo Fiani

ISBN 85-352-2073-9
ou ISBN 978-85-352-2073-5
408 páginas

**Administração da Produção
e Operações**
Steve Brown, Richard Lamming,
John Bessant e Peter Jones

ISBN 85-352-1748-7
ou ISBN 978-85-352-1748-3
384 páginas

**Competências Gerenciais**
Robert E. Quinn, Sue R. Faerman,
Michael P. Thompson
e Michael R. Mcgrath

ISBN 85-352-1318-X
ou ISBN 978-85-352-1318-8
440 páginas

  Uma empresa Elsevier
www.campus.com.br

**Construindo Planos de Negócios**
César Salim, Andrea Cecilia Ramal,
Silvina Ana Ramal e Nelson Hochman

ISBN 85-352-1736-3
ou ISBN 978-85-352-1736-0
360 páginas

**Empreendedorismo**
José Dornelas

ISBN 85-352-1500-X
ou ISBN 978-85-352-1500-7
300 páginas

**Empreendedorismo Corporativo**
José Dornelas

ISBN 85-352-1262-0
ou ISBN 978-85-352-1262-4
200 páginas

**Ética e Economia**
Marcos Fernandes Gonçalves da Silva

ISBN 85-352-2075-5
ou ISBN 978-85-352-2075-9
232 páginas

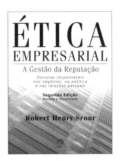

**Ética Empresarial**
Robert Srour

ISBN 85-352-1173-X
ou ISBN 978-85-352-1173-3
416 páginas

**Planos de Marketing**
Malcolm Mc Donald

ISBN 85-352-1381-3
ou ISBN 978-85-352-1381-2
584 páginas

**Processo Decisório**
Max H. Bazerman

ISBN 85-352-1332-5
ou ISBN 978-85-352-1332-4
248 páginas

**Administração de Materiais**
Paulo Sérgio Gonçalves

ISBN 85-352-2359-2
ou ISBN 978-85-352-2359-0
376 páginas

**Planejamento Estratégico**
Idalberto Chiavenato e Arão Sapiro

ISBN 85-352-1235-3
ou ISBN 978-85-352-1235-8
448 páginas

Uma empresa Elsevier
www.campus.com.br

# Outras maneiras fáceis de receber informações sobre nossos lançamentos e ficar atualizado.

- ligue grátis: **0800-265340** (2ª a 6ª feira, das 8:00 h às 18:30 h)
- preencha o cupom e envie pelos correios (o selo será pago pela editora)
- ou mande um e-mail para: **info@elsevier.com.br**

ELSEVIER

---

Nome: _____

Escolaridade: _____ ☐ Masc ☐ Fem   Nasc ___/___/___

Endereço residencial: _____

Bairro: _____ Cidade: _____ Estado: _____

CEP: _____ Tel.: _____ Fax: _____

Empresa: _____

CPF/CNPJ: _____ e-mail: _____

Costuma comprar livros através de: ☐ Livrarias ☐ Feiras e eventos ☐ Mala direta ☐ Internet

Sua área de interesse é:

**☐ UNIVERSITÁRIOS**
- ☐ Administração
- ☐ Computação
- ☐ Economia
- ☐ Comunicação
- ☐ Engenharia
- ☐ Estatística
- ☐ Física
- ☐ Turismo
- ☐ Psicologia

**☐ EDUCAÇÃO/ REFERÊNCIA**
- ☐ Idiomas
- ☐ Dicionários
- ☐ Gramáticas
- ☐ Soc. e Política
- ☐ Div. Científica

**☐ PROFISSIONAL**
- ☐ Tecnologia
- ☐ Negócios

**☐ DESENVOLVIMENTO PESSOAL**
- ☐ Educação Familiar
- ☐ Finanças Pessoais
- ☐ Qualidade de Vida
- ☐ Comportamento
- ☐ Motivação

20299-999 - Rio de Janeiro - RJ

O SELO SERÁ PAGO POR
Elsevier Editora Ltda

**CARTÃO RESPOSTA**
Não é necessário selar

ELSEVIER

CAMPUS
NEGÓCIO EDITORA
Alegro

Cartão Resposta
0501 20048-7/2003-DR/RJ
Elsevier Editora Ltda
CORREIOS

Este livro foi impresso nas oficinas gráficas da Editora Vozes Ltda.,
Rua Frei Luís, 100 – Petrópolis, RJ,
com papel fornecido pelo editor.